高等院校市场营销专业系列教材

市场营销策划

秦仲篪　袁　超　钟　妙　编著

清華大學出版社
北京

内 容 简 介

本书在系统地介绍市场营销策划概念和理论的基础上，吸收了营销策划学近年来的新成果，注重企业开展市场营销策划活动的实用性和可操作性，做到理论与实际并重，旨在使本书对读者的营销活动起到积极的指导作用。本书共 12 章，主要介绍市场营销策划概述、市场营销策划流程、市场营销调研策划、市场定位策划、品牌策划、广告策划、促销策划、渠道策划、价格策划、产品策划、企业形象策划、网络营销策划。

本书内容全面、结构新颖、重点突出、理论与实践紧密结合，既可作为市场营销、电子商务、网络营销、工商管理或其他相关专业的教学用书，也可作为企业营销管理者的培训用书或企业营销人员的参考书。

图书在版编目(CIP)数据

市场营销策划/秦仲篪，袁超，钟妙编著. --北京：清华大学出版社，2015(2023.9 重印)
(高等院校市场营销专业系列教材)
ISBN 978-7-302-39477-8

Ⅰ. ①市…　Ⅱ. ①秦…　②袁…　③钟…　Ⅲ. ①市场营销—营销策划—高等学校—教材　Ⅳ. ①F713.50

中国版本图书馆 CIP 数据核字(2015)第 036188 号

责任编辑：陈冬梅
封面设计：杨玉兰
责任校对：周剑云
责任印制：沈　露
出版发行：清华大学出版社
网　　址：http://www.tup.com.cn, http://www.wqbook.com
地　　址：北京清华大学学研大厦 A 座　　**邮　　编：**100084
社 总 机：010-83470000　　**邮　　购：**010-62786544
投稿与读者服务：010-62776969, c-service@tup.tsinghua.edu.cn
质量反馈：010-62772015, zhiliang@tup.tsinghua.edu.cn
课件下载：http://www.tup.com.cn, 010-62791865
印 装 者：北京建宏印刷有限公司
经　　销：全国新华书店
开　　本：185mm×260mm　　**印　　张：**29.25　　**字　　数：**708 千字
版　　次：2015 年 6 月第 1 版　　**印　　次：**2023 年 9 月第 7 次印刷
定　　价：78.00 元

产品编号：056126-02

前　言

在市场环境不断变化的今天，市场营销在企业中的地位与作用越来越重要，然而，一个企业的营销活动能否达到目标，与所采取的营销策略以及营销策划的质量关系很大。企业要抢占市场的领先地位，只有实施有效的营销战略，才能保持一定的市场占有率并开拓新市场。

尽管营销策划对企业营销活动具有巨大的促进作用，但在我国企业并没有得到足够的重视，这与我国缺少营销策划相关理论知识及人才有关，也与我国的经济体制有一定的关系。营销策划要全面进入企业，必须加快经济体制改革，创造一个自由、开放的市场秩序，否则，企业营销策划活动难以顺利开展。

在全球化的经济形势下，企业面临更大的挑战，为了帮助企业培养高素质的营销策划人才，促使企业从战略的高度认识营销策划以及营销策划人才的重要性，也为了满足高校培养高素质人才的教学需要，本书将结合实际阐述营销策划理论知识，培养学生的营销策划实战能力，根据企业需求强化企业营销人员的综合素质。

本书共分 12 章，主要内容如下所述。

第 1 章：在全面介绍市场与市场体系基本内涵的基础上，揭示了市场与市场营销的关系，并在此基础上对市场营销策划的发展进行了探讨。

第 2 章：介绍了市场营销策划的流程，详细介绍了市场营销策划的程序和原则，并阐述了六个不同的市场营销策划的方法和市场营销策划书的编制。

第 3 章：介绍了市场营销调研策划，主要包括市场营销调研策划的内涵、原则、内容、类型及作用，流程，方案，市场营销调研问卷的设计。

第 4 章：介绍市场定位策划，首先论述了市场细分、目标市场和市场定位，再结合这三点对市场定位策划的方法、原则、模式、内容、有效途径、步骤等进行介绍。

第 5 章：在全面介绍品牌与品牌策划基本内容的基础上，拓展品牌形象策划，并提供塑造品牌形象的方法。

第 6 章：介绍了广告策划，从广告与广告策划的基本理论入手，讲述了广告创意策划和广告媒体策划的具体内容与实践方法。

第 7 章：从促销策划的基本原理入手，介绍了促销策划的概念、作用、目标、原则和内容，引申出促销组合的要素、影响因素和类型，而后则分别阐述了公关策划的内涵、意义、程序及策划方式和营业推广促销策划的各项内容。

第 8 章：以渠道策划为主题，介绍了营销渠道的基本构架、渠道设计和渠道冲突，重点是渠道设计的原则、方式和影响因素。

第 9 章：主要从价格策划的基本理论入手，通过介绍价格策划的概念、原则和影响因素，引申出价格策划的方法、步骤及其意义，同时详细地介绍了价格策划的内容，重点分析了新产品价格策划。

第 10 章：从产品整体入手，介绍了产品整体的意义、产品策划的概念和内容，引申出产品策划的创意来源、策划思路和意义，之后分别阐述了包装策划和新产品策划的内容。

第 11 章：主要介绍企业形象及企业形象策划的内涵、构成、功能与意义，企业形象策划与市场营销、企业文化建设、公共关系、广告、宣传的关系，企业形象评价与管理的基本思路。

第 12 章：从网络营销策划的基本内涵入手，重点介绍了网络营销策划的基本原则、策划分层、策划流程和注意要素，进而引申出网络营销战略分析的概念，解释了网络营销的竞争优势。

综合上述内容，本书特点主要体现在如下几方面。

(1) 理论系统性强。本书力争对一些基本概念进行详细准确的定义，力图使读者对营销策划的基本理论和方法有清晰的认识，能够全面地理解和掌握营销策划的基本内容。

(2) 实用性强。按照正常、合理的教学顺序设计教材结构与内容，突出教学与管理实践相结合，同时也密切联系实际，更加贴近教学与教改的需要，有利于培养具有实践能力的营销人才。

(3) 内容精简。与多媒体教学手段相结合，以深入浅出的方式进行表述，增强教材的易读性，使学生便于理解。

本书由长沙学院秦仲篪编写第 1～4 章，长沙学院戴恩勇编写第 5 章，湖南大众传媒职业技术学院袁超编写第 6～9 章，湖南信息学院钟妙编写第 10～12 章。全书由秦仲篪和袁超负责设计、策划、组织和定稿，蒋佳丽、何丹负责图片整理和数据搜集工作。

在本书编写过程中，我们查阅了大量国内外同行、专家的研究成果，在此一并向有关人士致以诚挚的谢意。此外，本书在编写过程中参阅的大量教材、专著与期刊，我们已在参考文献中尽可能地逐一列出，如有疏漏，敬请原作者见谅。

尽管我们做了大量的准备工作，但是由于学术水平有限，书中难免存在不妥和疏漏之处，敬请各位专家、读者提出宝贵意见并反馈，以便及时完善。

本书为湖南省哲学社会科学基金项目资助(项目编号：11YBA026)、湖南省普通高等学校教学改革研究项目资助(项目编号：2012-475)阶段性成果。

编　者

目　录

第1章 市场营销策划概述

【学习目标】

- 掌握市场的含义及其作用。
- 掌握市场划分的不同类型。
- 了解市场体系的含义及特征。
- 掌握策划与市场营销策划的含义。
- 掌握市场营销策划的步骤及方法。
- 了解市场营销策划的重要性。
- 熟悉市场营销策划的内容及原理。

研究市场营销策划，不仅要学习和掌握市场营销策划的方法与技巧，更重要的是要认识和掌握市场营销策划的一般规律性，并以创新思维为灵魂，遵循市场经济的客观规律，更好地开展市场营销策划的实践活动。当今世界经济发展的重要特点是企业经营环境的复杂多变。随着市场营销理论的普及，绝大多数的企业都领会到了市场营销的真谛，即以市场需求来规划企业的营销行为。这样一来，就导致了新的问题：当所有的企业认识接近甚至趋同时，所使用的竞争手段及其力度就很接近，竞争在此时将呈现胶着状态。这时，不同的市场营销策划方案和策略所起的重要作用就开始凸显出来。

1.1 市场与市场体系

在市场以及以市场为基础的现代社会中，每一个人作为生产者都要在他所属的行业兢兢业业，为社会上所有的其他人服务，谦恭地把他人奉为上帝，而在他们所属行业以外的整个社会生活领域，他作为消费者就像上帝一样接受他人把自己奉为上帝。正是市场的这种作用，才使现代社会产生出“我为人人，人人为我”的人际关系准则，并在此基础上建立起现代社会的精神文明。

1.1.1 市场

市场起源于古时人类对于固定时段或地点进行交易的场所的称呼，当城市成长并且繁荣起来后，住在城市邻近区域的农夫、工匠、技工们就会开始互相交易并且对城市的经济产生贡献。显而易见，最好的交易方式就是在城市中有一个集中的地方，像市场，可以让人们在此提供货物以及买卖服务，方便人们寻找货物及接洽生意。当一个城市的市场变得庞大而且更开放时，城市的经济活力也会相对增长起来。

随着社会交往的网络虚拟化，市场不一定是真实的场所和地点，当今许多买卖都是通过计算机网络来实现的，中国最大的电子商务网站(淘宝网)就是提供交换的虚拟市场。淘宝网，亚洲第一大网络零售商圈，致力于创造全球首选网络零售商圈，由阿里巴巴集团于2003年5月10日投资创立。淘宝网目前业务跨越C2C(个人对个人)、B2C(商家对个人)两大部分。截至2014年8月注册用户超过8亿，除去一人拥有多个账号的情况，淘宝的用户也应有5亿以上，拥有中国绝大多数网购用户，覆盖了中国绝大部分网购人群。

1. 市场的含义

狭义上的市场是指买卖双方进行商品交换的场所，广义上的市场是指为了买、卖某些商品而与其他厂商和个人相联系的一群厂商和个人。市场规模即市场容量，是指一个特定市场供应品的购买人数。

市场是由一切具有特定需求和欲望，并且愿意和能够通过交换的方式来满足需求和欲望的顾客构成。市场体系是由各类专业市场，如商品服务市场、金融市场、劳务市场、技术市场、信息市场、房地产市场、文化市场、旅游市场等组成的完整体系。同时，在市场体系中的各专业市场均有其特殊功能，它们互相依存、相互制约，共同作用于社会经济。

市场是社会分工和商品经济发展的必然产物，同时，市场在其发育和壮大过程中，也推动着社会分工和商品经济的进一步发展。市场通过信息反馈，直接影响人们生产什么、生产多少以及上市时间、产品销售状况等。联结商品经济发展过程中产、供、销各方，为产、供、销各方提供交换场所、交换时间和其他交换条件，以此实现商品生产者、经营者和消费者各自的经济利益。

所以，市场的本质内涵包含三个要素，即需求与欲望、满足与商品、交换规则。

1) 需求与欲望

需求是需要满足的欲望，有欲望不一定有需求，但欲望是需求的前提，没有欲望就没有需求。在市场上，需求者就是买家，就是消费者，就是顾客，就是使用者，就是需要满足的人。母亲带着小孩来买玩具，付钱的是母亲，玩玩具的是小孩，家里的父亲对小孩的玩具提出限制性要求，这三个人中谁是真正的顾客，应该满足谁的需求，是满足小孩的需求还是三个人都满足。有欲望，也就是想买，但买不起，也是没有需求。所以，简单来说，需求就是想买又买得起的欲望。关键要清楚，谁来做买的决策，谁就是需求的主体。

经济学中需求是在一定的时期、在既定的价格水平下，消费者愿意并且能够购买的商品数量。影响需求量的因素有以下几点。

(1) 商品本身价格。一般而言，商品的价格与需求量成反方向变动，即价格越高，需求越少，反之则需求越多。

(2) 替代品的价格。所谓替代品是指使用价值相近，可以互相替代来满足人们同一需要的商品，比如煤气和电力等。一般来说，相互替代商品之间某一种商品的价格提高，消费者就会把其需求转向可以替代的商品上，从而使替代品的需求增加，被替代品的需求减少，反之亦然。

(3) 互补品的价格。所谓互补品是指使用价值上必须互相补充才能满足人们某种需求的商品，比如汽车和汽油、家用电器和电等。在互补商品之间，其中一种商品的价格上升，需求量降低，会引起另一种商品的需求随之降低。

(4) 消费者的收入水平。当消费者的收入提高时，会增加商品的需求量，反之则会减少

商品的需求量，劣等品除外。

(5) 消费者的偏好。当消费者对某种商品的偏好程度增强时，该商品的需求量就会增加，反之需求量就会减少。

(6) 消费者的预期(对未来商品的价格以及对自己未来收入的预期)。当消费者预期某种商品的价格即将上升时，社会就会增加对该商品的现期需求量，因为理性的人会在价格上升以前购买产品。反之，就会减少对该商品的预期需求量。同样地，当消费者预期未来的收入将上升时，就会增加对商品的现期需求，反之则会减少对该商品的现期需求。

(7) 人口规模。人口越多，需求主体基数越大，需求可能越大。

2) 满足与商品

满足是指需求得到实现，或者说填补，需求、欲望已经足够满意了。商品只是用来满足需求的工具，或者说载体。满足是目标，商品是桥梁，通过桥梁满足需求。满足一种需求，会有很多种途径，也就会延伸出很多种商品；很多种商品，可能都是满足一种需求；同一种商品，会分出很多的品牌、型号和厂家。比如说渴了，有水、有茶、有饮料等。如果说需求是树根，那么商品种类就是树干，品牌、型号、厂家就是树枝。另外，同一类商品，可能会满足不同需求，商品和需求是交叉满足。欲望无穷，满足无限，人的满足与所处环境和氛围息息相关。生活在社会底层的人，如果他们的收入可以保证日常生活的开销，他们就会觉得满足。并且，越是小的环境，条件恶劣的环境，人心越容易满足。倘若到了大城市，生活在琳琅满目的商品间，漫步在流光溢彩的世界里，陶醉在灯红酒绿的天堂中，日子虽然好过，内心却总觉得不满足。

3) 交换规则

商品满足欲望是通过交换来完成的，既然是交换就要有一个交换规则，否则就是抢劫。抢劫是杀鸡取卵、涸泽而渔，交换是繁荣昌盛、欣欣向荣。交换的灵魂是自愿，而不是强迫，强迫就会变成抢劫。在公平、诚信的基础上自愿交换，由此而形成交换规则，也就是市场规则。交换是自己拿一种东西与别人的另一种东西比较，双方觉得满意认可了，你的东西给我，我的东西给你；抢劫却是掠夺别人的东西，不管对方愿不愿意。交换需要规则，抢劫只需暴力。

市场经济的灵魂就是自由交换，自愿、公平、诚信，需要得到满足，必须付出代价，必须偿还付出。市场是由一切具有特定需求和欲望，并且愿意和能够通过交换的方式来满足需求和欲望的顾客构成。市场体系是由各类专业市场(如商品服务市场、金融市场、劳务市场等)组成的完整体系。同时，在市场体系中的各专业市场均有其特殊功能，它们互相依存、相互制约，共同作用于社会经济。

2. 市场的类型

经济学鼻祖亚当·斯密(Adam Smith)在《国富论》中提出的价值悖论：“没有什么东西比水更有用，然而水很少能交换到任何东西。相反，钻石几乎没有任何使用价值，但是通过交换可以得到大量的其他物品。”人们总是愿意付出更多的钱购买为他带来更多满足感的物品，这就是市场的魅力。现实社会是市场经济社会，我们每天从早晨起床到夜晚入眠都在和市场打交道。作为一个社会人，我们和社会的接触小到每天使用的牙膏、牙刷，大到购房、买车。

市场按照不同的标准可以划分为不同类型。

1) 按购买者的购买目的和身份来划分

(1) 消费者市场。消费者市场又称最终消费者市场、消费品市场或生活资料市场，是指个人或家庭为满足生活需求而购买或租用商品的市场，它是市场体系的基础，是起决定作用的市场。从交易的商品看，产品的花色多样、品种复杂，产品的生命周期短，商品的专业技术性不强，替代品较多，因而商品的价格需求弹性较大，即价格变动对需求量的影响较大；从交易的规模和方式看，消费品市场购买者众多，市场分散，成交次数频繁，但交易数量零星；从购买行为看，消费者的购买行为具有很大程度的可诱导性；从市场动态看，由于消费者的需求复杂，供求矛盾频繁。

消费者市场是现代市场营销理论研究的主要对象。成功的市场营销者是那些能够有效地发展对消费者有价值的产品，并运用富有吸引力和说服力的方法将产品有效地呈现给消费者的企业和个人。因而，研究影响消费者购买行为的主要因素及其购买决策过程，对于开展有效的市场营销活动至关重要。

(2) 生产者市场。生产者市场又称产业市场或工业市场，是由那些购买货物和劳务，并用来生产其他货物和劳务，以出售、出租给其他人的个人或组织构成。它具有购买者数量较少、规模较大、生产者市场的需求波动性较大、生产者市场的需求一般都缺乏弹性等特点。它对于国民经济的发展具有重要的作用。

生产者市场上的买卖双方倾向于建立长期的业务联系，相互依存，卖方在顾客购买决策的各个阶段往往要参与决策，帮助顾客解决一些购买过程中的问题，提供完善的售前咨询、答疑及售中、售后服务，有时要帮助顾客寻找能满足其需要的商品，甚至按顾客要求的品种、性能、规格和时间定期向顾客供货。生产者市场的供方一定要通过有效的服务与顾客建立长期的业务联系，以保持自己产品的市场占有率和企业的稳定客户群。

(3) 转卖者市场。转卖者市场又称中间商市场，是指那些通过购买商品和劳务以转售或出租给他人获取利润为目的的个人和组织。转卖者提供的是时间效用、地点效用和占有效用。转卖者市场由各种批发商和零售商组成。

中间商在现代营销中扮演着重要的角色，中间商的存在符合经济性原则和专业化分工原则。企业在营销策略安排上应根据企业的实际和产品特征选择中间商，在与中间商的友好合作基础上实现“共赢”。这一目标的实现是以企业对中间商的市场功能、利益基础的认识为前提条件的。

(4) 政府市场。政府市场是指那些为执行政府的主要职能而采购或租用商品的各级政府单位。政府市场上的购买者是政府的采购机构。政府市场是一个庞大的市场。

我国的政府采购市场还是一个新兴市场，交易规则和管理体制尚不完善，市场意识普遍不强，市场处于分割状态，主要表现在以下几方面。

① 搞地区封锁。一些地区规定采购人必须购买当地供应商提供的货物，工程和服务项目要由当地供应商提供，将外地产品和供应商排除在外。

② 实行行业垄断。一些行业主管部门对进入本行业的产品或供应商做出限制性规定，限制其他产品和供应商的进入。

③ 人为干预。按照个人偏好确定产品或供应商。

这种局面极不利于全国政府采购市场的形成，限制了生产要素的自由流动，不能形成充分竞争，难以实现实行政府采购制度的目的。

2) 按参与市场商品交易的供需双方的力量对比来划分

(1) 卖方市场。卖方市场又称卖主市场，是指市场商品普遍处于供不应求状态，是卖方处于相对有利地位时的市场态势。从市场选择权方面看，生产者集团在市场选择中占据优势，因而在卖方市场中会形成“生产者主权”。卖方市场是计划经济、短缺经济的产物，卖方在市场上处于主导地位，商品质次价高，物价不断上涨，消费者的正当权益得不到保护。因此，这是一种极不理想的市场。

(2) 买方市场。买方市场又称买主市场，是指市场商品普遍处于供过于求的状态，是买方处于相对有利地位时的市场态势。从市场选择权方面看，消费者集团在市场选择中占据优势，因而在买方市场中会形成“消费者主权”。买方市场是市场经济、剩余价值生产的产物，买方在市场上处于主导地位，市场商品供应充足、物美价廉，消费者的正当权益受到法律和社会各界的保护。

(3) 均衡市场。均衡市场是指供求相对平衡的市场，它是在国家宏观计划调控和市场经济紧密、恰当结合下的产物，卖方和买方之间、商品供应和商品需求之间处于均势和协调状态，既没有严重的商品供不应求问题，又没有周期性的商品过剩危机，经济高速发展，居民收入不断增加，市场繁荣稳定，是建设社会主义市场经济的重要目标之一。

3) 按产品或服务供给方的状况(即市场上的竞争状况)来划分

(1) 完全竞争市场。完全竞争市场(perfectly competitive market)又叫作纯粹竞争市场，是指竞争充分而不受任何阻碍和干扰的一种市场结构。在这种市场类型中，买卖人数众多，买者和卖者是价格的接受者，资源可自由流动，市场完全由“看不见的手”进行调节，政府对市场不做任何干预，只起维护社会安定和抵御外来侵略的作用，承担的只是“守夜人”的角色。

一般来说，在现实经济生活中，只有农业生产等极少数行业比较接近完全竞争市场。因为在农业生产中农户的数量多而且每个农户的生产规模一般都不大，同时，每个农户生产的农产品产量及其在整个农产品总产量中所占的比例都极小。因而，每个农户的生产和销售行为都无法影响农产品的市场价格，只能接受农产品的市场价格。如果有的农户要提高其农产品的出售价格，农产品的市场价格不会因此而提高，其最终结果只能是自己的产品卖不出去。如果农户要降低自己农产品的出售价格，农产品的市场价格也不会因此而下降，虽然该农户的农产品能以比市场价格更低的价格较快地销售出去。但是，不可避免地要遭受很大的经济损失。这样，农户降低其农产品价格的行为就显得毫无实际意义了。

(2) 完全垄断市场。完全垄断市场(perfect monopoly market)是一种与完全竞争市场相对立的极端形式的市场类型。完全垄断市场也叫作纯粹垄断市场，一般简称垄断市场。“垄断”一词出自希腊语，意思是“一个销售者”，也就是指某一个人控制了一个产品的全部市场供给。因而，完全垄断市场，就是指只有唯一一个供给者的市场类型。完全垄断市场的假设条件有三个方面：①整个市场的物品、劳务或资源都由一个供给者提供，消费者众多；②没有任何接近的替代品，消费者不可能购买到性能等方面相近的替代品；③进入限制使新的企业无法进入市场，从而完全排除了竞争。

即使完全垄断市场在现实经济实践中几乎不存在，但是，研究完全垄断市场仍具有积极意义。例如，研究完全垄断市场可以促使我们了解完全垄断市场条件下出现的各种经济关系，从而有利于我们运用这种理论来研究现实市场类型条件下市场主体行为如何最佳化。研究完全垄断市场理论还可以使我们明确政府对垄断行为进行干预、调节的必要性，以及政府干预、调节活动对市场正常运行及对市场主体利益的协调所起的重要作用等。

(3) 垄断竞争市场。垄断竞争市场(perfect competitive market)是指一种既有垄断又有竞争，既不是完全竞争又不是完全垄断的市场，是处于完全竞争和完全垄断之间的一种市场。在这种市场中，既存在激烈的竞争，又具有垄断的因素。

处在垄断竞争市场上的企业，一般来说，其垄断程度高低与其经营效益的好坏成正比关系。如果企业的垄断程度高即竞争程度低，那么，企业在市场上就处于优势地位，就能取得较理想的经营效益。因为垄断程度高源于产品的差异性大，即产品具有目前市场上同类产品所不具备的特色，客户如果对这种特色产品有偏好，只能向该企业购买，这就形成了局部的卖方市场，对企业经营非常有利，一是产品能迅速销售出去；二是企业对产品价格有较强的控制力量，有条件获得超过行业平均利润的超额利润。如果企业生产的产品差异性小，替代性强，竞争性高，那么垄断性必然低，企业在市场上就处于劣势，经营比较困难。

(4) 寡头垄断市场。寡头垄断市场(oligopoly market)是介于垄断竞争与完全垄断之间的一种比较现实的混合市场，是指少数几个企业控制整个市场的生产和销售的市场结构，这几个企业被称为寡头企业。寡头垄断就是少数企业控制整个市场，它们供应的商品占这个市场最大最主要的份额。该市场的典型特征是厂商之间的行为相互影响，以至于厂商的决策要考虑竞争对手的反应。根据产品特征，寡头市场可以分为纯粹寡头行业和差别寡头行业两类。在纯粹寡头行业中，厂商生产无差别产品；而在差别寡头行业中，厂商生产有差别产品。按厂商的行动方式，寡头市场又可分为有勾结行为的市场和独立行动的市场两类。寡头行业被认为是一种较为普遍的市场组织。

当今产品技术含量日益提高，新产品的研制往往需要相当规模的研究人员长时间运用大量现代化仪器设备，在这一点上寡头垄断企业的雄厚财力更可以起到重要作用。而且，寡头垄断企业有能力综合利用科研力量和科研成果，进行系列开发和废物利用，产生出许多附带成果。

如果说寡头垄断企业在缺乏竞争的环境中，一般不会自觉地追求高效率，从而导致实际效率往往与最大可能效率之间存在巨大偏差。如果说高效率只是寡头垄断企业自身天然优势带来的一种可能性的话，那么寡头垄断企业并非真正独占市场，这一点就使寡头垄断企业不得不追求高效率，从而使其高效率具有现实性。

4) 按交易对象的最终用途来划分

(1) 生产资料市场。生产资料市场，是市场体系的组成部分，是交换人们在物质资料生产过程中所需要使用的劳动工具、劳动对象等商品的市场。例如，生产所需的原材料、机械设备、仪表仪器等，都是生产资料市场的客体。

生产资料是构成生产力的物的要素，生产资料市场是实现社会再生产的前提条件，因此，开拓生产资料市场对促进整个国民经济的发展具有重要意义。

(2) 生活资料市场。生活资料市场也称为消费者市场，是由那些为满足生活消费需要而购买商品的所有个人和家庭所组成的。消费者的购买行为，指的是消费者在整个购买过程中所进行的一系列有意识的活动。这一购买过程包括从引起需要开始，经过形成购买动机、评价选择、决定购买到购买后的评价行为等。

生活资料市场是现代市场营销理论研究的主要对象。成功的市场营销者是那些能够有效地发展对消费者有价值的产品，并运用富有吸引力和说服力的方法将产品有效地呈现给消费者的企业和个人。因而，研究影响消费者购买行为的主要因素及其购买决策过程，对于开展有效的市场营销活动至关重要。

5) 按交易对象的具体内容不同来划分

(1) 商品市场。商品市场(commodity markets)是由消费品市场、生产资料市场和服务市场构成的。消费品市场按消费的对象来分有两大类，即农副产品市场和工业消费品市场，它是连接生产和生活消费的纽带。

商品市场的形成与发展需要一定的条件，可分析归纳为：①区域经济发展水平；②人们的文化素质；③地方政府对于市场的垄断与保护政策；④市场商品供求的丰富性和经营客商的广泛参与程度；⑤小企业的发展。

(2) 现货市场。现货市场(spot markets)是对与期货、期权和互换等衍生工具市场相对的市场的一个统称。现货市场交易的货币、债券或股票是衍生工具的标的资产。在外汇和债券市场，现货市场指期限为 12 个月左右的债务工具(如票据、债券、银行承兑汇票)的交易。

(3) 期货市场。期货市场(future markets)是进行期货交易的场所，是多种期货交易关系的总和。它是按照“公开、公平、公正”原则，在现货市场基础上发展起来的高度组织化和高度规范化的市场形式。既是现货市场的延伸，又是市场的另一个高级发展阶段。从组织结构上看，广义上的期货市场包括期货交易所、结算所或结算公司、经纪公司和期货交易员；狭义上的期货市场仅指期货交易所。

期货是相对现货而言的，它们的交割方式不同。现货是现钱现货，期货是合同交易，也就是合同的相互转让。期货的交割是有期限的，在到期以前是合同交易，而到期日却是要兑现合同进行现货交割的。所以，期货的大户机构往往是现货和期货都做的，既可以套期保值也可以价格投机。普通投资人往往不能做到期的交割，只好做纯粹投机，而商品的投机价值往往和现货走势以及商品的期限等因素有关。

3. 市场的作用

1) 实现商品交换

不论在任何社会形态下，只要社会经济在商品经济形式下运转，要保持社会再生产的顺利进行，就必须具备以下两个前提条件。

(1) 商品生产出来以后，要通过市场销售出去，实现商品的价值。

(2) 商品生产者要通过市场购买进行再生产所必需的生产资料和消费资料，使社会再生产能够持续地进行。

上述两个条件都发生在市场上，都必须通过市场交换才能得到解决，离开了市场，生产目的就无法实现，社会再生产就无法循环。所以，实现商品的交换，实现商品的价值，是市场的重要作用。

2) 引导生产发展

市场通过实现商品交换，对生产起着重要的促进和引导作用。这种作用主要表现在以下两方面。

(1) 它可以促进生产在总体规模和结构、比例等量的投入方面与购买者投入市场的货币量相适应。

(2) 它可以从花色、品种、规格、式样等质的要求方面引导生产部门制造出符合市场消费需要的适销对路的产品。

生产的这一促进和引导作用，是唯有通过市场才能得以发挥的。因为，生产出来的东西是否卖得出去，只有进入市场，才能见分晓。市场的这个检验作用，促进着生产的不断发展，引导着生产按照消费的需要来进行。

3) 满足消费需求

在商品经济条件下，人们的消费需求是通过市场交换得到满足的。消费需求能否满足，是由生产所决定的。生产为消费创造了物质对象，丰富着消费的物质内容。市场为消费需求的满足提供了客观条件。商品只有通过市场，才能到达消费者手中。市场为消费者提供了选择商品的场所；商品通过市场和流通渠道可以为消费者缩短购买商品的空间距离；市场通过扩大规模，增加网点，为消费者购买商品创造物质条件；市场还通过提供良好的、完善的、不断扩大的销售服务，从多方面满足消费者的需要。同时，市场还对消费起着指导的作用。人们消费需要的形成、消费方式、消费习惯的改变，要受实际购买能力，以及心理、生理等多方面因素的制约。他们在购买行动中对具体商品的选择，除上述因素外，还要受政治、经济、文化和具体生活环境等多方面因素的影响，这些因素是极其复杂而又多变的。一种新产品投放市场能否被消费者所接受，有多大销路，这固然取决于产品本身。但是，市场对于新产品的销售具有巨大的推动作用。它可以引导消费、带动消费，推动新产品的消费，从而更快地引发新的消费需求。总之，市场可以引导消费需求转向，促进新的消费需求的形成和消费方式及消费习惯的演变。

4) 实现按劳分配

市场是实现按劳分配、满足消费需求、改善人民生活的重要条件。在市场经济条件下，市场是生产转化为消费的前提条件。在我国它是实现社会主义生产目的的基本渠道。由于商品从生产到消费是以市场为媒介的，商品生产出来以后，只有在市场上通过交换或买卖才能进入消费、满足人民的需要。我国对个人消费品的分配，实行按劳分配原则，劳动者根据自己对国家或人民所提供的劳动数量或质量的多少，取得相应的货币收入后，即可到市场上选购自己和家庭所需要的各种生活消费品和支付服务性费用。由此可见，我国社会主义统一市场，对于实现按劳分配、满足人民生活需求、提高人民生活水平，具有十分重要的作用。

5) 调节经济利益

由于市场上存在多种经济形式，客观上存在多种经济利益，国家除了通过行政方法直接进行调节以外，主要通过市场有效地运用各种经济杠杆的积极作用来调节各方面的经济利益。例如，市场价格提高，对生产者有利，收入增加；价格下降，对消费者有利，支出

减少。同时，市场也是实现社会分配的场所，例如，个人消费品的分配主要是采取货币工资的形式通过市场交换取得的。

1.1.2　市场体系

市场体系的产生，对于市场经济来说具有重要的意义。市场经济是由市场机制发挥资源配置功能的经济，而市场体系则是市场机制发挥作用的必要条件。当商品市场上价格随着供求变化而变化时，作为市场主体的商品生产者根据市场提供的价格信号进行决策。如果价格上涨，商品生产者就会做出增加生产或扩大投资的决策，相应地，必须有可供其融资的资本市场和可供其获得新增劳动力的劳动力市场，这是最基本的条件，否则价格无法发挥其调节供求的作用。因此，如果市场体系没有形成，只有商品市场而无要素市场，市场机制的配置资源功能就难以发挥。

1. 市场体系的含义

市场体系是相互联系的各类市场的有机统一体，具体包括以下三点。

1) 买卖货物的市场

这种市场可以是有形的，即有固定的交易场所，买者和卖者聚集在一个场所中，进行交易。交易所为买、卖双方提供各种方便措施，有生产资料交易市场和消费品交易市场。另外，这种市场也可以是无形的，依靠买、卖双方的个别接触，中介人的邮政通信、电话电报或计算机网络来完成交易。

2) 各种服务市场

服务市场是指不通过实物形态的产品而为消费者提供服务的市场。服务市场可以分为广义服务市场和狭义服务市场两类。广义服务市场是指除物质生产部门之外的所有其他部门，包括金融业、保险业、政府行政机关和事业单位等第三产业提供的服务。狭义服务市场一般包括公用事业、个人服务、企业服务、各种修理、教育和社会慈善事业、法律、会计等专业性服务。

3) 生产要素市场

土地、劳动和资本是三种最基本的生产要素，要素市场主要有房地产市场、劳动力市场、人才市场、科技市场、金融和证券市场、外汇调剂市场等。

2. 市场体系的功能

市场体系的功能是其利用自身活动，实现某种既定经济目标的能力。一般来说，一个完善的市场体系，应具备如下五种主要功能。

1) 配置功能

市场体系配置资源的功能，是以利益杠杆为约束力和动力，遵循商品交换的平等法则，通过市场竞争和价值规律的作用实现的。它集中表现在两个方面：一是通过市场优胜劣汰竞争的作用，使有限的资源集中到较先进的企业手里，从而实现资源的有效配置；二是通过价值规律自发调节生产资料和劳动力在各个生产部门之间的分配，从而使社会资源在各生产部门之间达到合理配置。

2) 平衡供求功能

供给与需求既是市场经济运行的两个重要变量，又是市场经济运行的一对矛盾。在社会再生产过程中，供给与需求是不断变化的，供给要适应需求，又要创造出新的需求。当社会总供求保持基本平衡时，社会最终产品和劳务一方面都能卖掉；另一方面又都能买到，社会再生产就能顺利进行，国民经济就能持续、稳定、协调、保持一定的增长速度顺利地向前发展。由此可知，保持社会总供求的基本平衡，对整个国民经济的健康发展具有十分重要的意义。在市场经济条件下，供求的平衡协调发展主要是靠价格制度和有效竞争的市场体系来完成的。因为，在市场上，由于价值规律的作用，生产要素会充分流动，通过市场信息横向融通，经过多次反馈协调，使生产与消费相互沟通，完成供求之间的动态平衡。不仅宏观经济运行如此，具体到微观经济运行上也是如此。由于受社会经济条件、自然条件、交通运输条件等多种因素的限制，商品的生产和消费在时间上和空间上不可能总是一致的。例如，有些商品集中在某一季节生产，而消费却是常年性的；有些商品常年生产，而消费却集中在某些季节；有些商品在甲地生产，而消费却在乙地。这些供求矛盾的解决，也要靠市场功能的发挥。在一般情况下，市场的需求可以通过收购、运输、储存和销售等环节保证供给。

3) 服务功能

由于市场集中了所有的需求与供给，使得很多商品都可以通过购买而获得。因此，一个完善的市场体系，除了有直接从事商品买卖的各种组织机构之外，还应存在一系列为商品买卖提供服务的设施和机构，如银行、信托公司、保险机构和技术咨询部门等。这些机构分别发挥不同的作用，为商品交换提供了种种便利，为生产者和消费者服务。

4) 利益调整功能

市场是商品交换关系的总和，因而也是商品生产者、经营者和消费者实现各自经济利益的集合点和实现地。市场体系的利益调节功能，不仅表现在直接的市场交易活动中通过价格涨落对买卖双方的经济利益进行调节，而且还表现在通过市场价格及与价格相关的税收、利率、工资、税率等经济杠杆来对整个社会经济生活的调节。市场运用经济杠杆调节社会经济生活的途径，是通过价格与价值的背离等方式，影响生产者、经营者与消费者的收入和支出，其本质在于经济利益的重新分配。例如，我们提高农副产品的价格，就能增加农民的收入，使农民的经济利益得到更多地实现。

5) 信息传递反馈功能

市场是市场经济的主要信息来源。市场上形成、传递和反馈的经济信息，成为微观主体和宏观调控部门决策的重要依据。在市场上，生产者、经营者和消费者可以通过各种经济信息的传递反馈，了解行情，合理安排生产和消费。作为宏观调节的国家及其各级经济部门，也能通过市场了解到供求信息和消费者的行为表现，掌握市场动向，为制订经济计划和调节市场提供可靠的依据。同时，国家在进行宏观经济管理时发出的各项政策、计划和调节信息，也需要通过市场向生产者、经营者和消费者传递。

3. 市场体系的特征

由市场商品交换关系的内在要求所决定，健全、充满活力的市场体系应具有以下特征。

1) 多维性

市场体系是一个多维立体结构式的组合体。市场体系不仅包括一般商品市场，还包括生产要素市场；不仅包括生产资料市场，还包括消费品市场；不仅包括经营股票、债券等的金融市场，还包括劳动力、技术、房地产市场；不仅包括现货市场，还包括期货市场；不仅包括零售市场，还包括批发市场；不仅包括农村市场和城市市场，地方市场和全国市场，还包括国际市场。市场体系就是由上述纵横交错的各类市场共同构成的多维组合体。

2) 完整性

市场体系是由各种市场相互联系、相互制约、相互依存所组成的有机整体。某一种市场的发展，为另一种市场的发育准备了前提条件，而某一种市场的运行不畅也必然波及其他市场的成长。因为在市场经济条件下，商品和各种生产要素都要通过市场流通来实现，以市场体系为中介进行合理的流通和组合。因此，完善的市场体系不仅要具有发达的商品市场，即消费品市场和生产资料市场，还要有发达的要素市场，即发达的资金市场、劳动力市场、技术市场、信息市场、房地产市场等。这些市场应该齐全、完整，相互配套，相互衔接，从而形成市场体系的整体功能。

3) 关联性

市场体系不是各类市场的简单相加，而是一个分工协作、相互配合的有机体，即市场体系中各类市场分别承担不同的经济功能，各自为国民经济运行发挥着不可或缺的独特作用。它们既相互联系又相互制约，一个市场的供求状况会通过价格信息迅速传递到另一个市场上，使它的供求与价格发生相应的改变。各类市场的这种互动式影响，使市场体系成为一个有机体。

4) 统一性

统一性是指构成市场体系的各个市场的相互协调、统一。市场体系的统一性主要体现在：各个市场没有地区、行业壁垒，商品可以自由流通；各个市场交易规则的统一和各个市场管制程度的统一不能有地方封锁和部门分割，不允许因地方或部门利益而设置市场壁垒，各种商品和要素要在全国统一的市场上自如流动。只有统一的市场体系，才能发挥市场对资源配置的基础性作用，才能保证商品流通的顺利进行，进而才能保证社会主义市场经济的健康发展。因此，市场体系的统一性不仅是商品流通运行的前提条件，也是市场经济运行的客观要求。当然，我们所说的统一性是就总体而言的，它并不意味着个别市场是绝对无差别的。事实上，由于各个市场的主体与客体的自然差别，因此，各个市场在运行过程中也会表现出各自的特点与差别。

5) 竞争性

完整的市场体系是以竞争性市场为基础的。组成市场体系的各类市场都是充满竞争的。只有通过市场主体的平等竞争，才能形成真正反映资源稀缺程度的价格信号，只有通过市场竞争形成的价格，才能成为权衡成本与收益，协调各个市场主体利益的基本尺度，才能正确引导社会资源的合理配置。不仅如此，公平部分还调节着各类市场供求关系的变化，决定着各市场主体在竞争中的优胜劣汰。所以，在构成市场体系的各类市场上，在价值规律、供求规律、竞争规律的作用下，各种交换行为的主体按照自愿交换和自由契约原则进行竞争，不断排除由竞争本身和行政干预造成的垄断，确保优胜劣汰和社会资源自由流动，促使各个市场主体不断创新，推动社会生产不断向广度和深度发展。

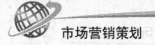

6) 有序性

市场经济是法制经济。市场体系的发育、运行、发展、完善都必须有法律、法规作为基本保证；市场体系的各个行为主体的活动，都必须要按照市场规则的要求有序进行。所谓市场规则，是指由立法机关、政府和行业协会按照市场运行的客观要求制定或沿袭下来的由法律、法规、制度所规定的行为准则，主要有市场进入规则、市场竞争规则和市场交易规则。这些规则是参与市场活动的各个方面都必须严格遵守的，以保证市场运行的有序，抑制市场经济的负面效应。

7) 动态性

市场体系是市场经济的产物，市场经济是不断发展变化的，由此就决定了市场体系也不会是一成不变的，而是顺应经济发展的客观要求而变化的。随着生产力的发展，随着买者和卖者、生产者和消费者等市场主体关系的发展，随着各类商品供给与需求关系的发展变化，市场体系从内涵上要不断完善，从外延上必然不断扩大，市场体系的功能、机制和结构一定会越来越健全。

8) 开放性

开放性是市场体系的又一重要特征。这种开放性既包括国内各地区之间、各部门之间、城乡之间的相互开放，也包括在保障国家主权的前提下，向世界开放，向所有的商品生产者、经营者和购买者开放。市场经济的实践证明，市场体系的开放性越强，市场就越活跃、越繁荣，从而也就越能充分发挥市场机制的作用。市场体系的开放性是同市场的孤立和封闭相对立的，它要求打破地区之间、部门之间由于自然的、经济的和人为的因素所形成的一切障碍和壁垒，形成一个全方位开放的、四通八达、相互联系、相互依存的大系统。

总之，市场体系是一个结构复杂，统一性、开放性、竞争性和有序性相统一的完整的体系。在培育市场体系的过程中，要全面考虑、统筹规划、合理兼顾，绝对不能顾此失彼。

复杂的市场营销体系和市场流程如图 1-1 所示。

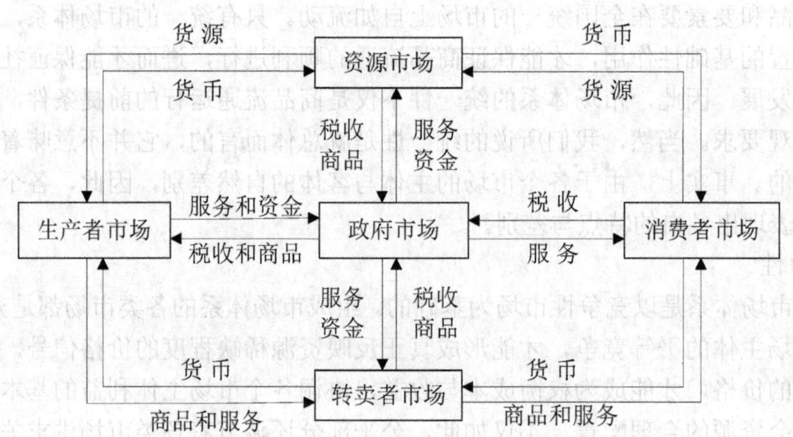

图 1-1　复杂的市场营销体系和市场流程

1.2　策划与市场营销策划

在现代社会，策划并非企业的主观意识，其存在是有客观必然性的。计划经济时代企业只要经营好生产、抓好质量就万事大吉了，而市场经济发展到今天，面对激烈的竞争，企业不得不更多地考虑如何搞好销售。现在许多有实力的大企业都建立了自己的策划部门。职能的设置也逐步完善，如开发部、市场部、广告部、公关部等，这些部门成为现代企业占领市场的利剑。从人才市场看，营销类仍是需求量最大的，缺口也是最大的。因此可以说，营销策划的出现是历史发展的必然趋势。

1.2.1　策划

策划最早始于军事领域，在古希腊神话和我国古代的军事战例中就有策划的雏形。第二次世界大战以后，“策划”一词由军事领域扩展到社会生活的各个方面，出现了政治策划、文化策划、营销策划等。例如，某些国家的总统竞选人成立专门的策划班子进行周密的策划，以帮助他在竞选中获胜，这就是典型的政治策划。策划在《辞海》里解释为计划、打算；在《现代汉语词典》里解释为筹划、谋划。在美国通常认为策划是一种程序，在本质上是一种运用脑力的体力行为；而在日本，策划又称企划。

1. 策划的含义

策划是以最低的投入或最小的代价达到预期目的，让策划对象赢得更高的经济效益、社会效益的前提下，策划人为实现上述目标在科学调查研究的基础上，运用所掌握的策划技能、新颖超前的创意和跨越式思维，对现有资源进行优化整合，并进行全面、细致的构思谋划，从而制订详细、可操作性强的，并在执行中可以进行完善的方案的过程。

从理论上讲，策划是指人们为了达到某种预期的目标，借助科学、系统的方法和创造性的思维，为了对策划对象的环境因素进行分析、对资源进行重新组合和优化配置而进行的调查、分析、创意、设计并制订行动方案的行为。

策划作为人类超前思维和创造思维的最佳结合形式，在不断地创造着历史，推动着社会进步和发展，也在促使人类自身的不断完善与提高，就像一座桥梁连接着过去、现在与将来。

策划是围绕实现某一目标或解决某一难题而出谋划策的活动过程的重要内容，但不是它的全部。更为重要的是，无论多么高明的“点子”离开了企业踏实、长期的整体动作，也难以得到实现。不能实现的“点子”，对企业毫无意义。

全面理解策划的丰富内涵应把握以下三个要素。

1) 创意

创意是与众不同、新奇而富有魅力的构思和设想，策划的关键是创意。可以说，创意是策划的核心和灵魂。因此，创意是策划的第一要素。

创意并非是高深莫测的，那么怎样去获得创意呢？

(1) 思维的积累，只有长期地积累有关事物的信息并重视对其中重要信息的加工，才有灵感的爆发、火花的闪现和创意的获得。

(2) 充分发挥想象力、联想力和创造力，思路开阔。

(3) 独特的思维方式，策划人员需打破常规习惯、定式、收敛的思维方式，而采用一定条件下的逆向思维、立体思维、发散思维和交叉思维等。

2) 目标

策划是围绕解决某一难题，达成某一目标而进行的活动，因此，它具有较强的方向性和目的性。为使目标切实可行，要做到以下几点。

(1) 确定目标焦点，使之具体化、数量化。

(2) 对长期目标进行分解，制定出阶段性的短期目标，各阶段的短期目标之间保持连续性和协调性。

(3) 目标的价值性，即策划确定的目标对企业的管理人员和员工是有意义、有价值的，和他们的利益息息相关，以取得他们的认可、支持和配合，以便充分调动他们的积极性。

3) 可操作性

策划不仅要有新颖的构想，具体的目标，还要具有很强的可操作性，能够实施，易于实施。可操作性是指：①在企业现有的人、财、物等有形资源和信息、荣誉、品牌等无形资源与条件下可以实现；②考虑到外部环境的制约，与外部环境不冲突；③有具体的、清晰的行动方案，使策划的参与者能懂得游戏规则，遵循游戏规则。

策划作为一种程序，在本质上是一种运用知识和智慧的理性行为。策划又是具有前瞻性的行为，它要求对未来一段时间将要发生的事情做出决策。策划就是找出事物的主客观条件和因果关系，选择或制定出可采用的对策，作为当前决策的依据，即策划是事先决定什么，如何做，何时做，由谁来做的系统方案。

2．策划的特点

从策划定义中，我们可以看出策划包括以下几个特点。

(1) 策划应该是有明确的主题目标的。策划如果没有主题目标，就成了一些无目的的构思的拼凑，根本没有成功而言，更不能说解决问题了。

(2) 策划应该是创新的，前所未有的，即相对的新颖性，但是策划又不能过于新颖，如新颖到让决策者、管理者无法理解的程度则无法被接受。

(3) 策划是想出来的，是别人没有想到的，即要有一定的虚构性。策划首先是一种假象和想象，或因现有条件和能力不足而需要策划，以小博大、以无博有，所以策划“从虚构出发，然后创造事实”，虚构需要一定的想象力，是合理的具有预见性的想象，绝非胡思乱想。

(4) 策划是要为竞争服务的。在现在社会时间就是金钱，即要有相对的超前性，但是不能太超前，否则让人们难以接受，就失去了策划的意义。策划必须基本满足以下两个条件：相对于其他决策者，思维形成所需要的时间超前；相对于市场，形成和成熟的时间超前。

(5) 策划是要整合资源的，但是并不是任何资源都能为我们所调用，即策划要有现实可操作性。策划仅仅新颖超前还不够，还必须有可操作性。所谓可操作性，即方案切实可行，技术经济合理。

(6) 策划要有实现的可能性。应当在现有人力、财力、物力及技术条件下有实现的可能性，否则再好的策划也是空谈。

3．策划与计划、点子、决策的关系

1) 策划与计划

计划是按经验和常规对企业营销活动涉及的人、财、物率先所做的安排和平衡，而策划更强调创造性、主动性、针对性和可操作性。策划不拘泥于以往的经验。面对一个将要解决的问题，总是先策划后计划。

策划不同于计划。策划近似英文 strategy+plan，而计划则是英文的 plan。策划是研究“去做什么”，是一种围绕已定目标而开展的具有崭新创意的设计；计划是研究“怎样去做”，是一种围绕已定设计而组织实施的具体安排。

2) 策划与点子

社会上曾经流传着许多关于“点子”的神话，似乎企业凭某个点子就能起死回生，就能得到奇迹般地发展。这是人们在激烈的市场竞争中产生的一种浮躁心理，因为不能冷静地面对客观形势，总想孤注一掷地解决问题，因而就把希望寄托在某些“绝招”上，“点子”的神话正是迎合了这种心理。

点子与策划不是等同的概念，不能用点子代替策划。但这样讲，并不是对所有点子都加以否定，也并不是贬低点子的作用，好的点子就是创意。任何策划都是起自一个初始的创意，经过决策者审时度势，制定出实施战术，进行推演和运作，最终实现所要达到的经营目标。

因而一个好的点子发展起来就是策划，策划离不开点子。很多说得神乎其神的点子并不是这种策划的起点，而是脱离企业本质的奇谋怪计，其基本特征是利用消费者的幼稚和社会不良风气，钻市场空子，它给社会带来不良的影响，使企业出现短暂的繁荣，最终却使企业陷入困境而难以自拔。策划与上面所列出的点子有着本质的区别，策划是为了组织的长远发展开辟生存空间，使组织在市场竞争中显示出更强的生命力。

3) 策划与决策

决策就是做决定，重在优选方案，以抉择为重点，以聚合思维为主。决策属于对一个事物的判断，有的时候并不需要创意和论证，也不需要实施和评估。表述得明确一些，决策就是个人或群体为实现其目的，制订各种可供选择的方案并决定采取某种方案的过程。决策并不需要瞬间完成，拍板定案前必须进行一系列的活动，否则就会出现臆断。

策划也是一种新兴学科，它与决策显然是不同的。策划的四个程序：创意—论证—操作—反馈，在决策中都是不强调的。决策显然是建立在论证的基础上，但决策对创意这个环节并不强调。论证只是决策的前奏，策划强调创意、创新，这是策划的灵魂，没有创意、创新就不是策划。通俗来讲，策划是决定做好做坏，而决策是决定做与不做，这是二者的本质区别。

4．策划的原理

无论是古代策划还是现代策划，都是对科学原理自觉或不自觉地把握和运用。通过对古今中外大量经典策划案例的分析和研究，策划的基本原理主要有以下几方面。

1) 奇正原理

奇正原理是策划的第一大原理，它是思维创新的核心表现。奇正原理出自《孙子兵法》：“凡战者，以正合，以奇胜。”对于奇正的概念，春秋以后各代大师多有阐述：动为奇，静为正(宋·梅尧臣)；正者当敌，奇兵从旁击不备也(汉·曹操)；正兵贵先，奇兵贵后(《尉缭子》)；正亦胜，奇亦胜(唐·李世民)。成语当中更有许多耳熟能详的词语，如“出奇制胜”、“出其不意，攻其不备”等。

策划贵在用奇，奇在众所不意，也就是在众人所忽视或意料之外而又在情理之中。我们知道，竞争产生策划，策划为了更有利于竞争，竞争的核心是寻求和突出差异。我们在针对对手进行相应策划时，也正是对手在针对我们进行策划的时候，奇于对方之外，则胜；奇于对方之同，则平；奇于对方之料中，则败。

如何用奇呢，在很大程度上是对“正”的透彻把握和应变，所以古人的告诫是：“不知用正焉知用奇。”当然真正明白策划的奇正原理，还需要掌握运用上的辩证性、灵活性、应变性，这正如唐朝军事家所说的：善用兵者，无不正，无不奇，使敌莫测。

2) 系统原理

系统原理要求策划人高瞻远瞩、深谋远虑，从整体上把握、控制和驾驭全局。系统原理的核心，是把“策划”当作一个完整的系统和过程，用控制论、信息论、系统论等方法中整体的、联系的、结构的、功能的、层次的、非线性的观点，对某一策划对象进行分析、综合、归纳，从而求得好的策划方法，最终达成整体效益。

系统有条理要求策划人或决策者必须在思维过程中，始终围绕策划的目标，将策划对象、策划目标、策划环境以及策划主体所构成的系统的各个要素整合统筹起来，把策划涉及的方方面面以及构成策划的各个部分统一起来，形成完整的策划方案和达到优化的策划效果。

3) 博弈原理

管理学有关决策的基本原则中，有一条叫作“满意原则”，意思是不求最优而求满意，这也是博弈所追求的原则。博弈原理的核心与著名的博弈论(又称对策论)有关，顾名思义，就是研究冲突对抗等竞争条件下最优决策问题和不同决策之间的均衡问题。

在中国古代著名典故中，有一个“田忌赛马”的故事，说的是齐国大将军田忌经常与齐威王赛马，但每次比赛都输了。因为齐威王的一等马比田忌的一等马强，齐王的二等马比田忌的二等马强，齐王的三等马也比田忌的三等马强，因此，一对一，每次都是齐王赢，田忌输。孙膑听说后为田忌献上一个计策，他让田忌用自己的三等马对齐王的一等马，用一等马对齐王的二等马，用二等马对齐王的三等马。结果，田忌先输第一场，却接连赢了后两场，终于2∶1反败为胜。孙膑这样安排为什么就能赢呢？这正是巧妙地运用了博弈原理，分清了“总胜”与“局胜”的不同目标间的关系，从而实现三局两胜。

“田忌赛马”是以己长，克敌之短，舍弃局部利益赢得整体利益的典范。博弈制胜，真正的难点，往往不是技巧的运用，而是心态上对得失平衡的把握，是对代价、对“损失”的看法，是对对手的正确分析判断。世界永远是动态的平衡，先舍后得，方为成就大事业的大智慧。

需要说明的是，策划原理中的“博弈”一词，并不完全等同于数学和经济学中的现代

博弈论，更不是简单地赌博。

4) 裂变原理

裂变，是现代物理学的概念，物理学家研究发现核能释放基本上就是无休无止的原子碰撞。引用到策划学上，就是点子创意之间的无休止地碰撞与互动激发。

策划往往由创意引发，所以，创意是策划的前提，是策划的艺术境界。如果创意错了，策划再好也不会产生正向作用。原子核能够产生裂变，其裂变原理由爱因斯坦的质能公式给出，例如一千克铀裂变可以释放出约 900 亿度电的能量，够北京市用好几年；而仅仅 13 克的铀，可以使一艘航空母舰绕地球一周。

如同原子核裂变的道理一样，人的创意、智慧也能产生裂变。

当策划的能力发展到一定阶段后，它所积累、聚合的各种主客观资源及创新思维习惯、实战经验就会产生“核裂变”，不断衍生出新的创意、新的概念、新的模式。

裂变原理体现在策划的过程中，表现为策划思路的不断延伸和丰富，产生一系列的变化，使得策划方案的全过程更加完善与生动。

以上四条原理体现出策划思维的基本特性和必要过程，策划过程中应根据策划对象的不同有所侧重，但不可截然分开。

5. 策划的原则

1) 需求创造原则

需求创造原则是策划的核心原则。该原则的中心内容是需求并非固定或有一定限度，而是可以通过企业的努力去扩大和创造。

(1) 需求创造原则要求企业明确需求的可创造性。需求具有多样性、发展性和层次性等特点，它会随社会和科技的进步以及经济的发展而变化。有些需求实际存在，但却未被企业发现或者企业对其不予关注。这往往是因为这些企业根本不考虑有这样的需求存在，也不去进行调查分析，而一味地“坚持企业自己的想法，固执己见”，或者“构思僵化”等所致。连顾客自己也不知道是否存在的需求，即潜在需求，要靠企业去挖掘，去诱导，去培养。

(2) 需求创造原则要求企业懂得如何创造需求，即发现、创造、提供什么样的价值。现在最重要的是，企业必须提供顾客认为最有价值的利益，即真正解决顾客问题和满足顾客需求的产品和服务，如化妆品为顾客提供的利益是“美”。如果企业站在顾客的角度来考虑问题，把“售货处”当作“使顾客心情舒畅的场所”来对待，那么就一定能创造并获得更多的需求。

2) 目标诉求原则

目标诉求原则大致经历了以下三个阶段。

(1) 大量营销，即大量生产和销售单一产品。

(2) 多品种营销，即生产和销售两种以上不同规格、式样、花色的产品，但没有针对性，只是给顾客提供了几种选择。

(3) 目标营销，即针对自己所选定的目标市场开展营销。这就要求产品价格、渠道、促销等都必须与目标市场相适应，以目标市场的需求为其产品的诉求点，以目标人群为其诉

求对象，制定目标人群能接受的价格，开拓最能接近目标人群的渠道，采用目标人群普遍欢迎的促销方式和广告媒体。

3) 非价格竞争原则

企业间的竞争大致可分为两类：价格竞争和非价格竞争。价格竞争是通过降价来使顾客花更少的钱却得到同样满足的一种竞争。如果在产品、服务等其他方面几乎相同的情况下，往往容易陷入价格竞争，使企业成为“无利益的繁忙”。价格竞争用来评价价值的尺度是大家都知道的，所以价格的决定就是显得非常重要。

非价格竞争，就是为顾客提供更好、更有特色，或者更能适合各自需求的产品和服务的一种竞争。非价格竞争，对顾客和企业都有利。①产品和消费者需求都存在差异性。②不同的产品有不同的价格需求关系，一些体现身份地位的产品非高价卖不出。例如，汽车就有两种功能，“身份象征”的社会功能和作为运输工具的物理功能。③运用价格以外的竞争手段，如产品的品种、质量、性能、专利、品牌、款式、包装、保证、服务、形象、各种促销活动等来唤起顾客的购买欲望，并使其购买产品，从而达到战胜竞争对手的目的。

4) 企业主体性原则

市场营销总是站在以企业为主体的角度来考虑企业的主体原则。该原则认为，企业生产出来的产品和服务绝不会像自然流水一样地流通，而要求企业有意图、有计划地开展市场营销活动。也就是说，这些业务的关系者涉及制造业、批发业和零售业等流通的各个阶段，希望处在各个阶段的企业都能开展各自的市场营销活动。换言之，流通过程中的企业都必须积极主动地开展对应市场的活动，即市场营销活动。

5) 科学认识市场原则

在推销策划中，市场和顾客是出发点。但并不能因为作为这种出发点的市场和顾客发生着较大变化而受其影响，而必须正确地掌握现场、现实和现物的实际情况。为此，必须坚决克服那种单凭感觉和经验的自我本位主义、主观主义，要充分运用市场分析、消费者行为分析、竞争分析、顾客满意度调查、各种试验、试销等科学的分析技术，正确地把握市场和顾客的现状和发展趋势。此外，企业之间围绕所限定的买卖活动展开激烈的竞争，这不仅要求企业付出极大的努力，而且必须积极探索合理的竞争机制，采取适当的竞争对应措施。

6) 推拉结合原则

各种促销措施结合起来不外乎推进策略和拉引策略。推进策略，是指制造商派推销人员作用于批发商，促进产品交易，批发商再向零售商推销产品，零售商再向消费者推销产品，这样从上游到下游，逐步地进行信息传递和沟通，并转移其产品。拉引策略，是指制造商直接作用于消费者唤起消费者的兴趣和购买欲望，引导消费者到商店寻购其产品，零售商再向批发商、批发商再向制造商寻问或订购产品。

(1) 推进策略必须说服流通业者，调动流通业者的积极性，所以人员推销的沟通形式最受重视，其次是营业推广，这包括对流通业者的推销活动和销售店支援活动等。相反，拉引策略是针对消费者，向消费者传递信息，唤起消费者的兴趣和欲望，为此，需要广告，搞好公共关系，进行消费者教育，或者直接邮寄广告等。

(2) 最现实且最有效的做法，并不是其中哪一个，而应该是前拉后推，推拉结合。这对

消费者和中间商都非常重要。不过也有几个因素必须予以考虑：①根据产品特性，其侧重点要有所不同；②在顾客心理过程中的不同阶段，要区别运用推、拉策略；③推拉必须有机配合，协调启动。要把握好时机，保证推、拉活动涉及的范围与目标市场基本吻合。

(3) 在推进流程中，信息的传递和沟通不能是单纯的接力式，制造商应该在整个过程中发挥主导作用，首先向批发商推进，接着要配合和协助批发商向零售商推进，再配合零售商向消费者推进。例如，向终端提供宣传手册、展示牌、招贴、灯箱、POP 等，进行硬包装，营造引导购买的氛围，同时进行软包装，搞好与店铺的关系，培训激励营业员，甚至派推销员到终端直接向消费者推销产品。

7) 社会责任原则

当今时代，企业规模不断扩大，对社会的影响也越来越大。因此，策划活动要被消费者所接受，就必然要承担起对社会的责任。

(1) 保护消费者。企业要按法律要求保护消费者及其利益，并使其享受应该享有的权利。

(2) 顾客满意。要注意不断提高顾客满意度，要以顾客为中心推进经营活动。如果顾客不满意就不会再购买，或者不再光顾。市场营销活动的最终目的就是要使顾客满意。

(3) 保护地球环境。近年来，绿色营销、绿色产品、绿色消费、绿色推广等词语像雨后春笋般涌现出来。企业必须面对并适应这种“绿色”趋势。

(4) 消费者需求与社会的协调。既要满足消费者的欲望和需要，又要符合道德规范，符合消费者和整个社会的长远利益。例如，吸烟，虽然有很大的需求，但它无论对吸烟者本人还是对其他人都会造成危害。要正确处理消费者欲望、企业利润和社会整体利益之间的矛盾，统筹兼顾。要考虑企业发展和社会的协调。要考虑目的性结果与伴随性结果的一致性或者预防伴随性结果的负面影响。例如，特殊钢厂，其目的是为顾客制造高性能的金属，但它却在实现其目的的同时，产生噪声，放射出热量，排放烟雾和有害气体等。

1.2.2　市场营销策划

市场营销策划建立在市场营销学理论基础之上，但绝不是市场营销学的翻版。它忠实于市场营销学的基本理论，广泛汲取现代新兴学科的精华，立足于“强化思辨性和操作性”，形成有别于市场营销学的新体系和新框架。它以企业营销行为为经，以策划所涉及的方方面面为纬，构织成市场营销策划的基本体例。

1. 市场营销策划的含义

市场营销策划，顾名思义就是对市场营销活动有目的地进行筹划、谋划，通过对市场进行分析，选择市场需要的产品。确定适当的价格、时间和地点，采用合适的促销方式，让顾客得到某种需求的满足。简单来说，市场营销策划就是指导市场营销人员明白消费者需要什么样的商品，再找到他们，然后将商品卖给他们的方案。

市场营销策划是针对企业将要发生的营销行为的超前决策，具体来说是市场营销活动策划的主体(即企业)，在市场营销活动中，为达到预定目标，从新的营销视角、新的营销观念、新的营销思维出发，运用系统、科学、理论联系实际的方法，对企业生存和发展的宏观经济环境和微观市场环境进行分析，寻找企业与目标市场顾客群的利益共性；以消费者满意为目标，重新组合和优化配置企业所拥有的和可开发利用的各种资源，对整体市场营销活动或某一方面的市场营销活动进行分析、判断、推理、预测、构思、设计和制订市场营销方案的行为。

可见，营销策划提供的是一套有关企业的未来发展方案，因此它首先必须以未来市场趋势为前提，然后才能提出适合未来的操作计划。营销策划设计的方案是一套围绕企业未来销售的行为措施，这些措施包括市场调查与判断、信息收集与整理、营销方式与方法等。

营销策划是一种超前决策，它不可能详细知悉未来的一切因素，必然会出现方案与现实脱节的情形。因此，任何策划方案都是不完善的，都需要在实施过程中根据实际情况加以调整和补充。

2. 市场营销策划的内容

1) 市场营销基础策划

任何市场营销活动都必须从市场入手，因为只有了解市场，才能找到目标，才能制订方案实施市场营销活动。所以市场调研策划首先要做的就是市场营销基础策划。

企业战略决策依靠市场预测。预测是决策的先导，是决策科学化的前提。没有准确、科学的市场预测要取得企业战略决策的成功是不可能的。

中国有句哲言："凡事预则立，不预则废。"由此可知，市场预测是为企业决策者服务的。而市场预测必须依靠市场信息，市场信息的获取则要依靠市场调研，从而取得关于事物未来发展变化趋势的各种信息，通过分析比较，趋利避害，选取最优方案，确定企业战略决策。

根据市场调研部门提供的市场的机会与威胁、企业的优势和劣势、市场供求的关系和消费者的行为习惯等，我们就可以确定企业战略策划。

在对机会和威胁进行分析后，按照机会发生的可能性和威胁的程度，对企业所处的地位进行分类管理。根据不同类型可做如下的决策分析过程。

(1) 机会强度高、威胁程度小的理想型：面临良机，稳操胜券。

(2) 机会强度高、威胁程度大的风险型：机会多，威胁大，理智冒险，争取成功。

(3) 机会强度低、威胁程度小的成熟型：风平浪静，等待机会。

(4) 机会强度低、威胁程度大的困难型：风雨飘摇，危在旦夕。

企业根据面临的市场机会与威胁，评估自身在环境作用下的市场地位，采取不同的对策，利用机会，避开风险，获得稳定发展。优秀的企业都善于分析市场，避开威胁，利用自身的优势，抓住机会，制定出企业战略。好的企业战略策划可对市场营销运行策划起纲领性、指导性的作用。

2) 市场营销战略策划

市场营销战略是企业战略的一个职能战略，是企业战略体系的核心，它依据企业战略的要求与规范制定市场营销的目标、途径和手段，并通过市场营销目标的实现支持和服务于企业战略。因此，市场营销战略策划的任务就是站在战略经营单位的角度分析形势，制定目标和制订计划。

市场营销战略策划是市场营销策划中至关重要的具有方向性、全局性和综合性的谋划，

其主要包括市场定位策划、企业形象策划等。

市场定位策划是企业在寻求市场营销机会、选定目标市场后，在目标消费者心目中树立某一特定位置及形象的行为方案、措施。例如，“娃哈哈”的成功固然有多方面的因素，但其进行有效市场定位的策划尤其令人瞩目。

企业形象策划又称企业识别，比较通行的说法是企业形象设计或塑造。进一步表述，则是指对企业用于市场竞争的一切设计采取一贯性和统一的视觉形象，并通过广告以及其他媒体加以扩散，有意识地造成个性化的视觉效果，以便更好地唤起公众的注意，使企业知名度不断提高。

3) 市场营销战术策划

营销战术策划注重企业营销活动的可操作性，是为实现企业的营销战略所进行的战术、措施、项目与程序的策划。它包括以下两个方面的内容。

(1) 营销组合的整合策划。根据企业的营销战略，对企业可以控制的市场营销组合进行整合策划，以期达到整体优化的目的。营销因素除了包括传统意义上的产品、价格、分销和促销以外，还应该包括许多其他因素，如权利与公共关系等。

(2) 营销项目策划。根据企业营销战略所确定的营销重点，企业还可以进行一些项目策划，如市场调查策划、品牌策划、产品策划、价格策划、分销渠道策划、促销策划和广告策划等。此外，营销战略的制定还需要营销战术的具体运用。

在当今日趋激烈的市场竞争中，每个企业的营销活动都必须“精耕细作”，通过对每个营销项目的精心策划与实施，以提高企业的市场竞争力，实现营销战略策划的目标。

3．营销策划的基本特点

营销策划作为市场营销学领域中新崛起的细分学科和新的实践活动，具有如下一些主要特征。

1) 明确的目的性

对任何企业来说，只有明确发展目标才有冲刺的动力，才有可能据此制订出科学有效的方案。因此，确立正确的营销目标是企业营销策划的首要任务，而这恰恰体现出市场营销策划具有明确目的性的特点。只有目的明确、方向正确，才能进一步考虑什么是达到目标的最好路线，应由哪些人，在什么时间和地点，采取什么具体行动。为企业确立营销目标时应该遵循针对性和实用性的原则。企业在某一时期因竞争需要确立的目标可能有许多项，为了提高效率，应该抓主要矛盾，解决最急迫、最关键的问题。此外，还要充分考虑企业现有的经济实力。企业的经济实力是一切目标的出发点、依据和限制条件，离开这个基础，目标就会缺乏实用性。因此，策划时制定的目标，必须是企业经过营销努力确能达到的。

2) 超前性

市场营销策划是对未来环境的判断和对未来行动的安排，是一种超前性行为。市场营销策划是一种准确的判断，这个判断是借助组织起来的形象系统和概念系统来实现的。前者是凭借现实世界的各种形象资料，通过形象思维所做出的未来预测；后者则是凭借抽象世界中间接化和概括化了的理论资料，通过逻辑思维所做出的未来预测。由这两大系统形成的判断预测，就构成了市场营销策划的前提。没有这两个前提，市场营销策划就变成了盲目的冒险行为。市场营销策划又是一种巧妙的安排，这种安排是借助组织起来的经验系统和创造系统来完成的。前者是借助丰富的经验将各种营销要素进行传统的组合而形成的优化模式，这种方法安全性和保险系数较高，但容易受制于经验，效用可能稍差；后者是借助高超的创造力将各种营销要素进行前所未有的创新组合而形成的优化模式，虽然这种方法具有很大的风险性，操作得当却能产生最佳效果。

3) 系统性

市场营销策划是关于企业营销的系统工程，其系统性首先表现在时间上的前后呼应上。市场营销策划的每一个环节总是环环相扣，一个活动的结束，意味着下一个活动的开始，循环往复，构成了营销活动链。缺乏前后呼应的营销活动链的市场营销策划必然会短命，当然也不会有效果。其次，是表现在空间的立体组合上。单一的产品销售模式，或称平面销售模式，与策划时代的营销要求是不适应的。企业的市场营销活动，总是多种营销要素的立体组合，通过这种组合才能形成综合推进力，去推动产品或劳务的销售。

4) 复杂性

市场营销策划是一项非常复杂的智力操作工程。

(1) 市场营销策划要求引入大量的间接经验。一项优秀的营销策划方案，要求引入经济学、管理学、市场学、商品学、心理学、社会学、文化学等多学科知识，并且还要能非常灵活地将其运用到策划之中去。所以，对市场营销策划人的要求至少有两项，一是必须具有广博的知识，以此构成策划的支持系统；二是这些广博的知识要能够灵活运用到策划之中，这是因为有了广博的知识，并不能保证它们就必然能发挥作用，而只有将这些知识消化，灵活地运用到策划活动中，才能策划出一流的市场营销方案。

(2) 市场营销策划要求引入大量的直接经验。间接知识的最大缺陷就是它的滞后性，而市场营销策划是针对当前和未来的。因此，滞后的间接知识可能不适应当前和未来的形势，这就要求策划人必须具备大量的直接营销经验，一个连市场都不了解的策划人根本不可能策划出高水准的营销方案。

(3) 市场营销策划需要对庞杂的信息进行处理。在策划之初，便要对搜集到的关于政治、法律、文化及各类市场信息进行综合处理，并从中筛选出有效信息加以处理。在这整个过程中，涉及许多复杂问题，如怎样收集各种信息、收集什么信息、筛选什么信息、用什么方式处理信息、如何检验信息处理结果等，这些都是十分复杂的劳动。

(4) 市场营销策划还是一项复杂的高智慧的脑力操作。策划人一方面要将各种营销信息摄入短时记忆系统暂储；另一方面要从长时记忆系统中检索大量知识和经验进入短时记忆系统。这些摄入短时记忆系统的信息，经思维的分析、综合、比较分类、抽象概括，而后加工裂变出新的思想，这些思想在复杂的智力激荡中被系统化、语言化、文字化，最后才以方案的形式凝结下来。由此可见，市场营销策划的确不是一件容易的事情。

5) 调适性

任何营销策划活动，都非一成不变，必须留有一定余地，具有一定的弹性，能因时、因地、因机制宜。因为事物总是变化着的，大至天体，小至分子、原子，无时无刻不在运动变化着，这是一个普遍规律，而作为营销策划操作空间的市场，更是瞬息万变，反复无

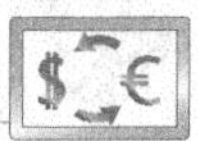

常。如果没有集灵活性和变通性于一体的市场营销策划，就不可能适应当今商战的特别需要。市场营销策划的调适性主要表现在两个方面：①在营销策划之初，就要充分设想到未来形势的变化，让方案具备相应的灵活性，能适应变化的环境；②任何方案都不是一成不变的，在执行过程中，可以根据市场的反馈及时修正、调整方案，让方案充分贴近市场，取得预期效果。

4．市场营销策划的四大要素

1) 市场环境分析

进行市场环境分析的主要目的是了解产品的潜在市场和销售量，以及竞争对手的产品信息。以凉茶为例，凉茶一直以来为南方人所热衷，这其中有气候、饮食上的差异，因此应该将主要的营销力量集中在南方城市，如果进行错误的定位，将力量转移到北方，无论投入多大的人力、财力，都不会取得好的营销效果。

2) 消费心理分析

只有掌握了消费者会因为什么原因、什么目的去购买产品，才能制定出有针对性的营销创意。如脑白金能够畅销数十年，从它间断的广告和广告语中就能看出端倪：“过节不收礼”正是利用了国人在过节时爱送礼的特性；而作为保健品，两个活泼老人的形象在无形中驱使晚辈在过节时选择脑白金，相信如果换成两个年轻人在说广告语，影响力就会下降很多。

3) 产品优势分析

分析产品优势包括本品分析和竞品分析。只有做到知己知彼，才能战无不胜。在营销活动中，本品难免会被拿来与其他产品进行对比，如果无法了解本品和竞品各自的优势和劣势，就无法打动消费者。营销的目的也是如此，通过营销手段，让消费者了解到本品的优势，进而产生购买欲望是营销活动中重要的环节。

4) 营销方式和平台的选择

营销方式和平台的选择既要考虑到企业的自身情况和战略，同时还要兼顾目标群体的喜好来进行。例如，针对全国儿童的产品，就可以根据儿童的特点，在央视的儿童频道以动画短片的形式展现出来，这样不仅符合企业战略，将产品传达给全国儿童，同时能够吸引儿童的目光。对于一些快速消费品，则可以选择和产品契合度较高的方式，其中 SNS 平台中十分流行的争车位、开心农场等游戏，就吸引了很多汽车企业和饮料企业的加入，并且取得了非常好的效果。

5．市场营销策划的原理

营销策划原理是指营销策划活动中通过科学总结而形成的具有理性指导意义和行为规律性的知识。营销策划原理具有客观性、稳定性和系统性。一般来说，营销策划所依据的基本原理包括以下几方面。

1) 整合原理

营销策划人要把所策划的对象视为一个系统，用集合性、动态性、层次性、相关性的观点处理策划对象各个要素之间的关系，用正确的营销理念将各个要素整合统筹起来，以形成完整的策划方案和达到优化的策划效果。整合原理要求营销策划要围绕策划的主题把策划所涉及的方方面面以及构成策划书的各个部分统一起来，形成独具特色的整体。

整合原理同时强调策划对象的优化组合，包括主附组合、同类组合、异类组合、信息组合等。这些原理用以指导营销策划的应用就会产生产品功能组合、营销方式组合、企业资源组合、企业各种职能组合等策划思路和灵感。

2) 人本原理

人本原理是指营销策划以人力资源为本，通过发掘人的积极性和创造性作为企业进步的动力的理论系统。这里涉及的人既包括企业内部的管理者和员工，也包括广大的消费者。人本原理要求营销策划人员在拟订策划方案时要兼顾两个方面：一方面要调动和激发企业人员的积极性和创造性，要有“以人为本”的理念，即企业的行为是企业人的行为，不能撇开人孤立地设计企业活动；另一方面要体现“以消费者为中心，为消费者服务，令消费者满意”的内容，把企业行为紧密地与销售对象的利益联系在一起，使营销策划方案有利于培育忠诚的顾客群。

3) 差异原理

差异原理是指在不同时期、对不同主体、视不同环境而做出不同选择的理论体系。营销策划没有固定的模式，营销策划工作也不能一味地生搬硬套。不同的策划主体和客体，不同的时间和环境形成的策划书应是千差万别的。那种无视客观生活的变化而盲目照搬别人现成的“创意”或“模式”的营销策划行为是不科学、不诚实的行为。对于初学者而言，可能会有一段模拟学习的过程，但真正实战则不能停留在模仿的水平上，而必须创造。检验营销策划书优劣与否的标准只能是实践。只有在具体实践活动中提炼的素材，才是“这一个”企业的，才会在此基础上产生新的创意，形成新的有别于其他企业的营销策划书，从而产生差异。从这个意义上讲，差异就是创新，就是创造。

4) 效益原理

效益原理是指在营销策划活动中，以成本控制为核心，以追求企业与策划行为本身双重的经济效益和社会效益为目的的理论体系。营销策划效益是策划主体和对象谋求的终极目的。企业之所以要进行营销策划，就在于谋求企业的经济效益和社会效益，不论企业是采取成本最低化途径，还是市场占有率最大化途径，都无一例外的是为达到提高效益的目的。营销策划主体行为也是以营销策划对象能获取较佳的效益为生存条件的。

5) 连动原理

在策划活动中，运行活动产生的是整体效果，整个过程中也会连动影响，我们称之为策划活动的连动效应原理。策划活动能产生连动效应，从而达到营销的目的，比实施某种单独的手段，营销效果要好得多。

6) 互动原理

所谓媒介的互动效应是指各种媒介混合宣传所产生的策划效果，也称策划的立体效果。通过媒介的互动影响才能达到策划的最大或最佳效果，叫作媒介的互动效应原理。在营销策划过程中，媒介的互动效应是不容忽视的。

有时只在某一种媒介上做新闻、广告的效果不是很好，但与其他媒介配合后，效果就可能大增。例如，花巨资在中央电视台黄金板块做广告，而缺乏报纸媒介的炒作，效果不一定很好，有了报纸连篇登载的渲染，广告会同时引起人们更大的关注，从而加深对电视

广告的印象。

媒介之所以产生互动效应原理是因为以下两点。

(1) 不同媒介的配合，可以扬长避短。不同形式的媒介因为载体不同，都有各自的长处与短处。电视广告的长处是：随着电视的普及，它已深入到千家万户，电视因为声音、图像的配合具有立体的形象性，而受到大家的喜爱。其短处是：难以保存、查阅，而且因为价格昂贵、时间短，缺乏深度了解。

报纸广告的长处是：及时、方便，便于保存、查阅，有深度。其短处是：报纸要受交通条件的制约，时效性较差；在交通落后的地区电视、收音机影响大，时效性好。

广播广告的长处是：及时、方便，声音不可回避，广告与新闻只能一起听。其短处是：缺乏对该广告商品形象的了解，时间短，信息无法保存和查阅，而且听广播的人越来越少。

杂志广告的长处是：保存期长，印刷很精美。其短处是：周期太长，发行量少，阅读率低。

(2) 媒介的配合会产生交叉影响效果。不同载体的媒介的交叉影响所得的效果，不只是简单地相加，一种媒介效果加另一种媒介效果大于两种媒介效果，效果会成倍增长。

策划中媒介互动影响产生的立体效果的增长难以用准确的数据来衡量、比较，然而成倍增长的广告效果却是实实在在地存在。例如，在电视上、广播中做广告，让消费者知道了产品名、公司名，消费者就可能对报纸上的新闻或广告产生兴趣，能够耐心阅读完报纸上更详细的新闻或广告介绍，或主动去查阅更详细的有关信息，从而产生购买行为。消费者从报纸上看到新闻或广告是从文字感官的刺激上受到影响，再从电视上看到新闻或广告，则是从听觉、视觉形象感官的刺激上得到深化与加强。有时消费者受到影响后，会去关注另外的不同载体的媒介的报道。这些影响是细微的、交叉的、立体的。可以肯定地说，这种立体影响产生的效果不再是简单地相加，而是成倍地增长。

7) 效应原理

口碑效应是指企业形象、产品等信息通过群体传播的途径进行扩散，让更多的人以及人群知道，从而扩大影响的过程，也就是人们经常说的“一传十，十传百”。产品的知名度在很大程度上依赖于群体传播的影响，并经常利用消费者对群体身份、归属感和对社会团体的忠诚度来增强感染力。比如，牙膏、香水、化妆品、服装和许多其他产品均有这种特点。群体传播的主要途径有以下几点。

(1) 内部影响。内部影响是指决策受个人或群体精神方面的影响。例如，人们购买产品作为礼物送给他人时，就要考虑与受礼者的交互作用。此时人们购买产品主要是因为它们具有象征意义，可能象征一种特殊的社会阶层或身份。还有一些产品，尤其是服装和流行的产品，消费者考虑购买时会受到“其他人会怎么想”或“我在一般人眼中是什么形象”这种判断的强烈影响。当然，也有人购买产品只是因为想“成为最新产品的第一批使用者”。

(2) 参照群体影响。参照群体是指对个人的态度与行为有直接或间接影响的所有群体。

直接参照群体又称为成员群体，即某个所属的群体或与其有直接关系的群体。成员群体又分为首要群体和次要群体。首要群体是指与个人直接、经常接触的一群人，一般都是非正式群体，如家庭成员、亲朋好友、同事、邻居等。次要群体是指对其成员影响并不是经常的，但一般都较为正式的群体，如宗教组织、职业协会等。

间接参照群体是指个人的非成员群体，即此人不属于其中的成员，但又受其影响的一群人。这种参照群体又分为向往群体和厌恶群体，向往群体是指个人推崇的群体；厌恶群体是指个人讨厌或反对的一群人。一个人总是不愿意与厌恶群体发生任何联系，在各方面都希望与其保持一定距离，甚至经常反其道而行之。

参照群体对消费者购买行为的影响主要表现在以下三个方面。

① 参照群体为消费者展示出新的生活方式和行为模式。

② 由于消费者有效仿其参照群体的愿望，因而消费者对某些事物的看法和对某些产品的态度也会受到参照群体的影响。

③ 参照群体促使人们的行为趋于某种“一体化”，从而影响消费者对某些产品和品牌的选择。

参照群体的影响力取决于产品、品牌以及产品生命周期。企业应善于运用参照群体对消费者施加影响，扩大产品销售。例如，阿迪达斯公司在这方面的做法就值得借鉴。在国际体坛，人们常用“哪里有世界冠军，哪里就有阿迪达斯公司的产品”来形容阿迪达斯公司在世界体育界的影响，这并不是夸张、过誉之词。

6. 市场营销策划的意义

比尔·盖茨(Bill Gates)说过：“创意犹如原子裂变一样，只需一盎司就会带来无以数计的商业效益。”的确，在现代社会，绝妙的创意与策划就是“聚宝盆”，它会给企业带来滚滚财富。市场营销策划的意义主要体现在以下三个方面。

1) 提高企业的核心竞争力

企业面临的环境特别是市场环境在不断变化，如消费者价值观日趋多样化；商品价格不断下降；商品品种层出不穷。企业要想在竞争中取胜，就须不断变革，不断调整或重新确定自己的战略与策略。这时，企业就必须针对诸多问题进行企业策划，开展有计划的竞争，市场竞争首先是企划能力的竞争。随着知识经济时代的来临，创意与策划的作用越来越大。发达国家国民生产总值的增长中，知识的成分已由20世纪初的5%，上升为20世纪末的30%～90%，而知识经济成分中创意与策划所占的比例是相当大的。美国未来学家阿尔温·托夫勒(Alvin Toffler)曾经预言：“主宰21世纪商业命脉的将是创意，因为资本的时代已经过去，创意的时代正在来临。”创意与策划是提高企业“核心竞争力”的重要手段。不断创意与策划并获得成功的企业，它具有领先者的优势，即能在竞争中表现出自己的独特之处、独有吸引力，而这个独特优势不能轻易地被对手所模仿。目前，我国经济整体上呈现出供过于求的状况，不少企业的生产能力过剩，企业资源利用率低。但是，只要结合企业实际，深入了解市场，大胆创意与策划，提高企业的核心竞争力，就会在激烈的市场竞争中获胜。

2) 延长企业的生命周期

营销永远是为了未来，企业策划的目的就是能对未来多一点准备，多一分把握。所以，营销工作必须慎重地使用一些合理的假设和前提来推论未来的发展，以免因为信息不完全而导致在错误的企划引导下进行错误的决策。营销一般都具有弹性，保留修订的余地。企业作为宏观经济机体的组成部分，因其所处的行业、产品结构、技术革命的影响、消费需求的变化、政府相关政策的调整等的综合作用，也有自身的生命周期。美国学者阿里·德赫斯(Arie de Geus)在《长寿公司》一书中指出，世界各国企业发展中有两个死亡率很高的门槛：10 年左右和 40 年左右。10 年左右衰亡的多为中小企业，如婴儿早夭；40 年左右衰亡的则为大中企业，如英年早逝。对于每个企业来说，如何才能“延年益寿”呢？

纵观工业革命以来的企业发展史，从 19 世纪末期至 20 世纪初期，一些叱咤风云的企业家，建立了以专业化及技术联系为特征的庞大的企业王国，但从 20 世纪中期开始，一些大的企业集团往往采取以资本经营为纽带的跨行业多角度经营，从而降低经营风险，并使得企业的生命得以延续和提升。因此，要使企业“常葆青春”，也必须通过不断地创新与策划来实现。通过经营方式或经营模式的改变，以确保企业竞争力的提高，从而使企业在竞争中立于不败之地。

在第二次世界大战之后，西方的大公司普遍设立企业内部的策划机构，还都用高薪聘请高级策划专家。例如，历史悠久的福特汽车公司就在当时组建了策划机构，从推行策划、计划、预算一体化取得显著效果的通用汽车公司和美国空军中重金聘用一批策划专家，其结果不仅使公司摆脱了困境，而且重振雄风，老企业又焕发出青春活力。企业生命周期的一般模型如图 1-2 所示。

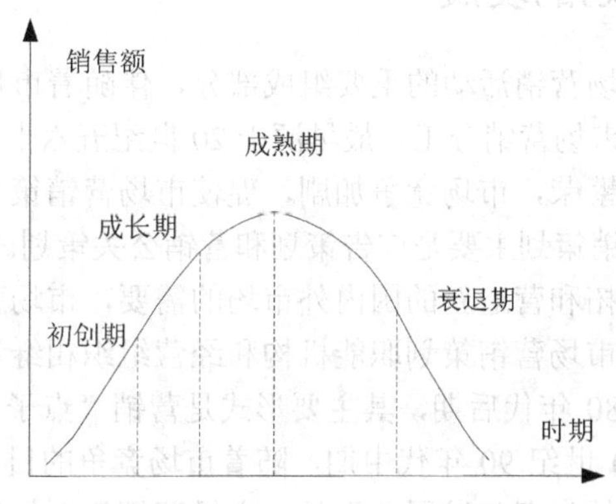

图 1-2　企业生命周期一般模型

3) 追求企业的利润最大化目标

营销策划需要对企业的各种资源进行合理的调配运用。无论是物质、信息还是时间都是相对有限的资源，没有任何一种资源能够随意取用。因此，资源的有限性也是为什么需要企划的重要原因之一。现代企业是伴随着工业化进程的现代化大生产的产物。尽管企业作为特定的社会角色要承担诸多的责任和义务，但从企业生存和发展的线索看，其本质仍然是生产出适合社会需要的产品并由此获取适当的利润。企业的利润是通过市场的交换来得以实现的，由于工业化大生产不仅提高了人们的生产效率，也提高了生产质量，人们在生产同样的产品时同质性越来越相近，这就需要企业在产品投放市场时采取与众不同的方法来吸引消费者，而采取什么样的决策就需要策划的参与和实施。其次是信息交流的快速与敏捷，使企业在采取策略上，要有独创性、要有创新，不仅是产品的全新，还包括外在的包装和与众不同的销售模式。在企业形成决策之前进行创意与策划，从而降低决策失误率，提高决策成功率；在企业管理过程中进行创新与策划，实行策划、计划、预算一体化，

就不会出现计划预算与市场供需脱节、背离的情况，从而提高计划预算的成功率。

例如，福特汽车公司的创始人福特在汽车发展的初期，通过在技术、管理等方面的不断创新与策划，使汽车的价格大幅度下降，成为普通消费者乐于接受的交通工具，因而财源滚滚而来，福特汽车公司也获得了迅速发展。

1.3 市场营销策划的发展与研究

随着高新技术特别是信息技术的发展，知识、技术和信息对经济增长和社会发展的作用越来越显著，人类将迎来一个崭新的时代——知识经济时代。知识经济的发展，将促使人们的生产方式、思维方式、消费方式及生活方式等发生深刻的变化，也使得未来的市场营销将发生许多重大的变革。传统的营销方式在一定时期内仍将发挥重要作用，同时，一些新的营销方式也在市场营销过程中不断涌现出来，越来越多地发挥着惊人的作用，其实施的好坏正是市场营销策划技能的直接体现。

1.3.1 市场营销策划的发展

市场营销策划作为市场营销活动的重要组成部分，伴随着市场营销学的形成而出现。市场营销策划作为独立的市场营销分工，最早源于20世纪五六十年代的美国。由于美国经济在第二次世界大战后的繁荣，市场竞争加剧，促使市场营销策划职能机构和中介机构应运而生，但早期的市场营销策划主要是广告策划和营销公关策划。20世纪六七十年代日本经济高速增长，因市场开拓和营造新的国内外市场的需要，市场营销策划在日本逐渐成长起来，许多兼职或专职的市场营销策划职能机构和经营组织相继涌现出来。在中国，市场策划最早出现在20世纪80年代后期，其主要形式是营销“点子”、营销“创意”、广告策划和公关策划等。进入20世纪90年代中期，随着市场竞争的日益激烈，市场营销的成功与否已经直接影响着企业的生存与发展，于是，市场营销策划的研究从介绍国外市场营销策划的理论、方法、策略和案例，逐步过渡到结合中国的具体实际、开始探索中国市场营销策划的特点、方法和策略，并指导企业的市场营销实践活动。相应地，市场营销策划的实践，也由“点子”、“创意”等进化为一个个广告公司、公关公司、顾问公司、营销策划公司等专业性公司。

纵观国内外营销策划的发展过程，大致经历了两大阶段。营销策划从消费心理角度看，从顾客满足到顾客满意，可以称为市场营销的第一个历史发展阶段。这个跨越是人类的一大进步，标志着从物质贫乏到商品丰富的伟大转折。然而，历史并不会因此而停止脚步，仍将继续向前发展。从顾客满意到顾客乐意，是市场营销策划的第二个历史性跨越。随着生产力过剩，高科技的发展，人类文明的进步，对世界和自身认识的深入，价值观念的更新，人生心态的转变，势必提出对产品及服务的更高要求。顾客满意与顾客乐意的最根本区别，就在于前者是被动接受，后者是主动寻求和创造。顾客乐意购买和消费，将成为市场活动的首要驱动因素。只要看看当今年轻人频繁更换手机，“苹果”粉丝彻夜排队等候抢购最新产品，就可以窥见一斑。这类消费者不是因为所谓的需求，仅仅是为了时髦新奇，

以及从中体验到的开心快乐。即使面对传统的消费产品和服务，消费者因为选择余地之多，也把自己是否觉得开心快乐作为第一标准，其次才考虑其他因素。比如，现在人们外出旅游，目的地风景是否优美，景观是否奇特，名声是否响亮，食物是否可口，住宿是否舒适等已不重要，重要的是自己开心愉悦。所以农家乐、郊区步行、自驾游等大行其道。“知之者不如好之者，好之者不如乐之者”，这句话也适用于市场营销。最好的营销不是推销出去，而是造成顾客乐意并主动前来的态势。

营销策划要实现顾客乐意的局面，就要把眼光从以物为本转向以人为本的核心理念上。不要去钻研质量、价格、服务、包装、特色等物质特性，也不要预测和估算市场容量和占有率，更不要去琢磨营销策略和广告技巧，只要将立足点放在人本身即可，即从人心出发寻找顾客消费行为的心理驱动因素。

1.3.2　市场营销策划的研究对象

市场营销策划是一门涉及多种学科的综合性应用科学，其研究对象是市场营销策划过程中的市场进入障碍分析、营销资源的配置、营销创意、营销理念设计和制订市场营销策划方案等的基本方法、技巧及其一般规律。市场营销策划是在现代市场营销观念的指导下，以市场营销管理为基础，从市场需求入手，深入市场调查研究。认真分析市场营销环境、竞争对象、企业市场竞争条件，以及实现目标市场顾客群达到满意状态的条件，因时、因地制宜，因人而异地提出“创意—构架—行动”的系统过程。

虽然，各个市场营销策划案存在着千差万别，各有其创新的特色和营销要素整合的技巧，但不论是哪种性质的市场营销策划，哪种层次的市场营销策划或哪个行业的市场营销策划，其策划的过程、基本方法、基本技巧都具有一定的规律性和共同的特点，只是因时间、地点、行为和产品的差异而各有侧重。例如，每一个成功的市场营销策划都是以顾客满意为出发点，其最终目标或结果必然是顾客满意的实现和达到企业盈利的最大化；每一个市场营销策划都必须坚持“1+1>2”的资源投入产出优化配置等。研究市场营销策划，不仅要学习和掌握市场营销策划的方法和技巧，最重要的是认识和掌握市场营销策划的一般规律性，并以创新思维为灵魂，遵循市场经济的客观规律，更好地开展市场营销策划实践活动。

本 章 小 结

市场营销策划，首先要确定营销的概念，其次是在营销理念基础上的策划。市场营销策划的核心在于如何打动消费者，让消费者认识品牌、了解品牌、信任品牌到最后的依赖品牌。随着网络的发展，互联网品牌推广以高性价比的优势，逐渐受到企业的青睐。

市场营销策划是为了改变企业现状，完成营销目标，借助科学方法与创新思维，立足于企业现有营销状况，对企业未来的营销发展做出战略性的决策和指导，带有前瞻性、全局性、创新性、系统性。市场营销策划适合任何一个产品，包括无形的服务，它要求企业根据市场环境变化和自身资源状况做出相适应的规划，从而提高产品销售，获取利润。

本章通过对市场与市场体系、策划与营销策划进行区分，使读者对市场营销策划所涵盖的范畴和包含的内容有了一个大致的了解，明确了市场营销策划就是指导市场营销人员明白消费者需要什么样的商品，再找到他们，然后将商品卖给他们的方案。其研究对象是市场营销策划过程中的市场进入障碍分析、营销资源的配置、营销创意、营销理念设计和制订市场营销策划方案等的基本方法、技巧及其一般规律。

思考与练习

1. 什么是市场？
2. 市场根据不同标准划分的类型有哪些？
3. 什么是策划？
4. 什么是市场营销策划？
5. 市场营销策划的原理有哪些？
6. 怎样理解市场营销策划既是一门科学，又是一门艺术？
7. 通过一个你见过的实例谈谈你对市场营销策划的理解。

第 2 章　市场营销策划流程

【学习目标】

- 掌握市场营销策划的程序。
- 熟悉市场营销策划的原则。
- 了解市场营销策划的方法。
- 熟悉市场营销策划书的编制原则。
- 掌握市场营销策划书编制的一般格式。
- 了解市场营销策划书编写的基本技巧。

市场营销策划是一个较为复杂而又科学的运作过程。它需要一定的操作程序来保证，通过做好事先的准备、时间的安排、调研的分析、创意的筛选等一系列过程，来确保市场营销策划的成功。在进行市场营销策划的过程中，我们经常要考虑策划方案在实际操作过程中可能会遇到的问题。也就是说，在实际执行的过程中还存在许多的不确定因素，而这些因素正是影响策划方案有效执行的重要原因。

2.1　市场营销策划的程序

市场营销策划是科学的策划、规范的策划。市场营销策划的科学性和规范化主要通过完整、有序的程序来实现。

2.1.1　建立策划组织机构

所谓市场营销策划组织机构，是指企业内部为开展市场营销策划业务活动而设计的相应职位及组织机构。市场营销策划组织机构是保证市场营销策划工作实现的组织手段，是企业为了实现市场营销策划目标、发挥市场营销策划功能，由有关部门和人员协作配合的有机的科学体系。企业的所有市场营销策划活动都应该由市场营销策划组织机构来完成。要使市场营销活动的策划科学化，确保市场营销策划的实施达到预期目标，必须建立市场营销策划组织机构，对营销策划活动进行策划和安排。

1．市场营销策划组织机构的构成

市场营销策划是一个系统工程，市场营销策划行为是集思广益、广纳贤才进行协作创意与设计的过程，因而市场营销策划组织机构必须在充分发挥主创人智慧的基础上形成团结合作的组织系统。当然，这种组织机构只是临时性的，即在从事企业市场营销策划的时段内加以组织并行使职责，一旦市场营销策划任务完成，可由企业的常设组织机构负责市场营销策划的后续任务，如市场营销策划方案的实施及监督管理等。

1) 策划组织机构的人员构成

市场营销策划组织机构一般称为市场营销策划委员会或市场营销策划小组，该机构设主任或组长(或副组长)2～3 名，成员若干名。一般来说，市场营销策划小组的人员包括策划总监、主策划人、方案撰稿人、美术设计人员、计算机操作人员等。

(1) 策划总监。如果市场营销策划主任由企业总经理担任，那么，策划总监由企业营销副总经理担任比较恰当。其职责和任务是负责领导、保证、监督市场营销策划委员会(小组)的全盘工作，协调和安排市场营销策划委员会与企业各部门、各方人士的关系，全面掌握工作进度和效率。

(2) 主策划人。主策划人应是市场营销策划组织的业务中心，相当于文娱节目的编导，负责指挥各类策划人员的业务，组织调研，牵头组织业务人员的创意活动，并负责最后拟订策划书。主策划人应具备良好的业务素质和业务能力，并要对企业市场营销行为比较熟悉，富有企业市场营销策划的成功经验和高度责任感。

(3) 方案撰稿人。营销策划书的撰写不应只是主策划人的个人行为，在主策划人的领导下，要有若干撰稿人参与工作。这些撰稿人可能撰写方案中的某一部分内容，但他们必须对市场营销策划的全程非常熟悉，撰稿前的调研工作应该是全面和系统的，这样才能做到胸中有全局，笔下有特色。对这类人员而言，熟练的文字表达能力是最起码的要求，对问题有深刻的认识和富于创新思维则是衡量其水平的主要标准。

(4) 美术设计人员。市场营销策划中常涉及企业视觉形象、商标、广告、包装等方面，市场营销策划过程也是对商品、企业进行美化包装的过程，美术设计人员可依据美学原理对上述方面进行创新性设计，以增强市场营销策划书的吸引力和感染力。

(5) 计算机操作人员。计算机操作不仅要起到收集资料、储存资料和随时输出资料的作用，而且还要进行适应多媒体需要的、能进行动态链接和形成互动效应的高难度的操作，以备市场营销策划之需。

总之，市场营销策划组织机构是由多方人员组成的、富有创造性的机构。市场营销策划组织机构应该是开放性的组织，要善于组织人才，善于开发智力，这样才会有活力。

2) 策划人员的素质要求

市场营销策划组织机构的成员应该具备一定的素质，一般来说，这些素质主要体现在以下几个方面。

(1) 政治思想和道德素质。主要包括：政治思想素质，即有正确的政治方向、信念、立场和观点，包括人生观和价值观；职业道德，即在经营活动中遵守策划咨询业的道德规范。

(2) 知识和技能素质。主要包括：政策理论知识，对国际和国内的政治经济和军事的基本政策和理论有全面系统的了解，具有对迅猛发展的科技动态的跟踪和科学预测的能力；具有专业技术知识，包括各种咨询理论、方法、技术等；具有金融法律知识；具有经营管理知识。

(3) 行为和经验素质。主要包括：领航素质，在变幻莫测的市场环境中能站在战略的高度寻找适合企业发展的航向；管理和组织协调素质；公关素质；使用和培养人才的素质。

(4) 身体和心理素质。主要包括：身体素质，即力量、速度、耐力、灵敏与柔韧等；心理素质，即心理潜能、心理能量、心理特点、心理品质与心理行为。

2．市场营销策划组织机构设置的原则

市场营销策划组织机构的设立必须遵循如下原则。

1) 明确组织，指挥系统的原则

在设立策划组织机构的时候，首先要明确组织机构中的各级关系，使每一个员工只对一个上司负责。组织机构指挥系统的明确过程，实际上是分权过程，即将职权自上而下逐步适当转移下去。实行权力分解，有利于建立有效的组织机构控制系统。

2) 统一命令，分层管理的原则

在市场营销策划过程中，对于战略性、全局性的重大事项，管理控制权限应集中在企业策划高层部门，在实际经营管理活动中应统一指挥、统一领导，避免多头领导，消除有令不行、有禁不止等现象，以确保企业市场营销活动的顺利开展。为了避免乱指挥、官僚主义等现象，企业有必要实行分层管理，针对企业营销的实际状况，让市场营销策划系统中的每个部门的主管必须拥有一定的权力，承担一定的责任。也就是说，市场营销策划系统中各层市场营销管理组织在规定的权限范围内，能够灵活地处理与本部门相关的业务事项。

3) 合理分工，利于沟通的原则

企业的市场营销部门是个完整的系统，所有市场营销业务活动之间存在着相互影响、相互制约的关系。因此，健全的市场营销策划组织机构必须从企业市场营销业务活动的本质出发，利于组织机构内部各种业务职能的合理分工、职责分明。同时，市场营销策划组织机构的组建，要利于各部门沟通协调，这对企业市场营销目标能否顺利实现关系极大。组织机构的选择要有利于组织各职能机构的纵向协调和横向合作，使信息能有效地沟通和资源被最佳地利用。

4) 精简高效，减少成本的原则

建立企业市场营销策划组织机构的根本目的是，通过市场营销资源的最佳配置以有效地实现营销目标。因此，企业市场营销系统内部各部门和各环节都必须与其承担的职能相符，必须杜绝环节重叠、功能冲突、人浮于事的现象发生，只有极其精简的组织机构才能创造出较高的效率；市场营销策划机构必须精简，这样才能以最小的营销成本来获取最大的营销收益。

5) 适度弹性，灵活应变的原则

现代市场营销活动日趋复杂，知识化、智能化、专业化和科技化程度日益提高，且影响市场营销活动的因素也难以预测，因此，企业设计的市场营销策划组织机构也应随其市场营销活动的动态变化而进行相应调整，以适应市场营销环境的发展变化，提高企业组织机构的应变能力。有时，企业为了实现某一特定的目标，还需要聚合有关专家，适时地组建临时性机构，并通过临时性授权以完成某项特定的目标任务。这种适度弹性，有利于提高企业策划组织机构的战斗力，提高企业的经济效益。

3．市场营销策划组织机构的形式

为了实现市场营销策划的目标，必须选择适宜的市场营销策划组织机构形式。市场营销策划组织机构的形式主要有以下三种。

1) “家族型”的策划组织机构

“家族型”的策划组织机构是指以企业内部的市场营销职能部门作为策划的主体单位，借助企业原有的市场营销组织机构和人员来采集信息、制订市场营销方案并组织实施。

对于市场营销职能部门来说，在进行市场营销策划时必须考虑到企业市场营销组织机构的具体形式，以提高策划方案的针对性，并有利于组织实施。这种形式的策划组织机构渗透在企业的市场营销职能部门中，具有稳定性和系统性的特点。

2) “智囊团型”的策划组织机构

“智囊团型”的策划组织机构是指由企业抽调部分营销人员，并聘请专家或管理顾问成立专门的策划班子，进行企业的市场营销研究，对企业的市场营销战略和策略做出规划和策划，然后通过企业的市场营销职能部门来组织实施策划方案。

这一策划机构的特点就在于它的灵活性和高效性。企业凭借“外脑”来策划营销方案，大大提高了市场营销策划的起点和水准。它通常是在企业经营的特定时期，如公司组织机构调整、业务经营范围发生重大变化、新产品上市、企业经营陷入困境以及面临重大事件时(如企业战略目标调整、行业内出现威胁性的竞争对手、竞争者采取了新的竞争策略等)设立并运作，在完成特定任务后即可解散。

3) “混合型”的策划组织机构

混合型的策划组织机构是指许多企业将以上两种形式的策划组织机构结合运用，由“家族型”策划组织机构承担企业市场营销活动过程中常规的策划任务，而以“智囊团型”的策划组织机构承担特定的市场营销策划任务，真正实现市场营销策划组织机构的系统性、稳定性、灵活性和高效性。

2.1.2 明确策划目标

设定策划目标是制作策划方案的前提，具体步骤如下。

1. 设定问题

人们往往重视问题的解决，却对问题的设定不以为然，其实，只有能提出问题，并把握住设定问题，将问题简单化、明确化、重要化，那么事情就解决了一半。因此，我们首先就要进行主要问题的设定。如果认为每件事情都是重点，那么其结果将会是没有一件事成为重点。正如要在同一时间内完成多个目标，其结果往往一事无成，追逐两兔，不如择一。对于问题的设定就好比射击时瞄准枪的准星一样，失之毫厘，差之千里，所以一定要慎重对待。

世界知名的管理顾问彼得·杜拉克(Peter F. Drucker)在从事诊断顾问工作时，对问题的设定总是慎之又慎。在工作的过程中，客户总会提出一大堆的难题向杜拉克请教，但杜拉克却避而不谈，反而向客户说：“你最想做的事情是什么呢？”“你为什么要去做呢？”“你现在正要做什么呢？”“你为什么这样做呢？”杜拉克不替客户“解决问题”，而是替客户“设定问题”。他从不同的角度改变客户所提的问题，然后提出一连串问题反问客户，其目的是引导客户理清思路，找出问题，然后让客户自己动手去解决其最需要处理的问题。此时，客户往往满意而归。

2. 确立目标

市场营销目标是指通过市场营销策划的实施，希望达到的销售收入及预期的利润率和产品在市场上的占有率等。企业要将自己的产品或品牌打出去，必须有得力的措施，制订切实可行的计划和目标，能否制定一个切合实际的目标是市场营销策划的关键。在进行目标制定的时候，要尽量避免市场营销策划方案的“浮夸”，即脱离实际，制定过高目标。同时也要避免过于保守，市场营销目标若过于保守也将会对营销组合的效力发挥产生影响。总而言之，企业的市场营销策划目标必须适应企业的实际情况，这不仅是一种必要，更是市场营销能否成功的关键所在。

一般来说，企业策划要达到的目标有以下几种。

1) 维持生存

企业的生存危机表现为：资金无法周转，产品大量积压，职工情绪低落。此时与利润、市场占有率相比，生存是第一目标，只有渡过生存难关之后才能考虑其他问题。

2) 获取当前最高利润

许多企业都把获得当前最高利润作为第一目标。例如，如果某企业在推出某一产品时，就计划在将来另一时间推出另一种替代品，那么，这时该企业就应将获得当前最高利润作为第一目标。

3) 提高市场占有率

提高市场占有率是增加企业利润的重要方式，也是战胜竞争对手的重要标志。有的企业为提高市场占有率，甚至采取低利策略，待竞争对手节节败退之后，再提升价格，获取可观利润。

4) 获取优异质量

质量是企业的生命。把生产最优质的产品作为主要目标是许多企业的常用策略，以树立市场领导者的形象，保持长久的竞争实力。当然，有时企业也可以将特定环境下的特定利益作为目标。

3. 量化目标

目标的量化处理，可以使策划方案在实施过程中用数量标准加以衡量，因而为许多企业所采用。例如，把“尽可能大幅度地降低成本”作为策划目标，这里的所谓“尽可能”是降低 15%的成本还是降低 20%的成本？这种表述有可能导致对策划内容的不同理解，难以达成共识。由于策划主题的不同，也有不少目标很难直接量化表示。但是，如果加以某种处理，往往还是可以达到量化的目的。例如，某一企业在拟定教育训练目标时这样表述：“达到与高等学校毕业后有 5 年实践经验的人才具有的技术知识和技术能力。”为了达到量化目标，于是又进一步定为“知识与能力，以专门委员会提出的问题和学习课题测验，并以各达到 70 分以上的成绩为判定标准”。这样一来，企业教育训练的目的就可以用数量来判定了。

2.1.3 分析市场现状

1. 掌握现状

为了所做策划能符合实际情况，在拟订策划方案之前，还应围绕目标有针对性地了解市场营销现状。了解现状不仅包括对市场情况、消费者需求进行深入调查，还包括对市场上竞争产品的了解以及对经销商情况的了解，大致有以下几方面。

(1) 市场形势了解，是指对不同地区的销售状况、购买动态以及可能达到的市场空间进行了解。

(2) 产品情况了解，是指对原来产品资料进行了解，找出其不足及有待加强、改进之处。

(3) 竞争形势了解，是指对竞争者的情况要有一个全方位的了解，包括其产品的市场占有率、采取的市场营销战略等方面。

(4) 分析情况了解，是指对各地经销商的情况及变化趋势要进行适当调查，了解他们的需求。

(5) 宏观环境了解，指要对整个社会大环境有所了解和把握，从中找出对自己有利的切入点。

以上是整个市场营销策划的基础，只有充分掌握了企业、产品的情况，才能为后面的策划打基础。

2. 搜集资料

1) 直接资料的搜集

收集直接资料，可以从了解以下几个方面入手。

(1) 环境状况，如经济、技术、贸易、政治、法律、竞争环境等。

(2) 市场需求，如顾客购买动机、购买行为、采购人员、组织及程序、顾客满意程度、对售前及售后服务要求等。

(3) 企业现状，如用户、产品、市场占有率、销售、广告等。

2) 间接资料的搜集

要搜集间接资料(又称现成资料)，可以通过以下几种方式查阅。

(1) 书籍与报纸杂志。

(2) 现成的企业内部资料，如从企业各部门可查阅客户的名称、地址、订货日期、订货项目、订货数量、价格等客户资料；从生产部门可查阅各生产部门的作业流程、生产能力、产品检验、机器设备、使用率等资料；从其他部门(如财务、人事、总务部门)可以获得薪金、资产负债表、利润率、设备折旧率、客户状况等方面的信息。

(3) 政府部门资料，如政府统计年鉴、各政策研究部门的报告、政府年度报告等。

(4) 登记资料，如出生与死亡登记、新公司的工商登记、交通机动车登记、特种营业登记等。

3. 分析市场

在市场调查和预测的基础上，根据策划目的，分析市场环境，寻找市场机会。市场营

销策划是对市场机会的把握和利用。因此，正确地分析市场机会，就成为市场营销策划的关键，找准了市场机会，市场营销策划就成功了一半。

一个好的市场营销策划必须对市场、竞争对手、行业动态有一个较为客观的分析，主要包括以下三个方面。

(1) 机会与风险的分析。分析市场上该产品可能受到的冲击，寻找市场上的机会和“空当”。

(2) 优势与弱点分析。认清该企业的弱项和强项，同时尽可能地充分发挥其优势，改正或弱化其不足。

(3) 结果总结。通过对整个市场综合情况的全盘考虑和各种分析，为制定应当采用的市场营销目标、市场营销战略和措施打好基础。分析情况是一次去粗取精、去伪存真的过程，是市场营销策划的前奏。

4．了解企业

企业的市场营销策划必须量力而行，只求策划方案本身的“亮丽”而忽视企业的实力，将导致失败，因此，对企业实力进行分析是不可或缺的重要一环。企业实力可从以下几个方面进行考察。

1) 企业的技术力量

企业的技术力量即技术人员的多少、技术水平的高低以及技术开发和创新能力的强弱等。企业技术力量强可以提高生产效率、提高产品的性能、档次、降低成本、拥有品质优势、开发创新产品、获取独占利润，使企业处于领先地位。现今的市场竞争，不再单纯地依靠成本、价格或其他传统手段，而是更多地靠技术来取得竞争优势。技术落后的企业，难以同技术先进的企业竞争，处处被动。

2) 企业的资金

企业的资金即企业的财务状况和筹资能力，它反映了企业的经营状况和对环境的应变能力。资金雄厚，财务状况良好，有利于企业各方的经济合作、新产品的开发以及改善经营。筹资能力强，企业易于应对外部风险、抓住发展机遇。

3) 企业的设备条件

良好的设备条件是保证产品的高质量、适应新产品开发的必要条件。这与企业经营是否能跃上新台阶有着密切的关系。

4) 企业的管理能力

企业强而有力的管理能力，是制定科学的经营方略并顺利实施，以获取大量的利润的根本保证，否则再好的经营策略都将无法实现。管理人员的高素质和管理的规范有序可以保证工作的高效率，可以提高对外界变化的应变能力和反应速度，捕捉到其他企业难以把握的机会。相反，管理不善，人浮于事，职责不明，赏罚不分，就会降低工作效率，降低企业竞争能力。这些在市场营销策划中都是不可忽视的重要条件。

5) 企业内外部支持能力

企业竞争能力来源于企业的生机与活力，而这种生机与活力则来源于企业精神，来源于企业内外部的各种支持。企业的内部支持主要是企业员工的凝聚力和向心力，而企业的外部支持，则是企业外部环境的支撑，良好的外部环境能使企业的经营更富活力，从而大大增强企业的竞争能力。

2.1.4 开展创意策划

1. 创意策划的内涵

创意即创新、创造或创造物。创意作为策划的专业性词汇，可以理解为企业形象设计，广告、艺术创作，市场营销技巧以及现代文化娱乐活动等创作中的构思。策划创意是指通过非凡的“构思”来体现策划的战略目标。

策划创意是策划运行中的最高层次，不言而喻，它有一定的难度，它不但需要策划人具有广博的知识，敏锐的眼光、灵活的思维、独特的见解等，还需要有能产生策划活动效果的专业知识。比如，市场营销知识、新闻知识、广告制作的专业知识、操作技术等。

市场营销策划目标的确定，市场营销现状的分析，为随之进行的创意策划提供了依据，而如何激发创意则成为最关键的环节。

好的创意，通常是由创意的灵感产生的。这种灵感人们通常称之为创意暗示或联想，或模糊印象，或灵机闪现等。丰富的创意灵感，还必须纳入实际策划方案中，化为可能实现的创意时，才有实际意义。有能力的策划人才能够根据策划目标，适时激发出非常出色的创意。创意的灵感，还要让它成熟，并整理出可能实现的构想，然后组合进策划方案中，才能成为策划方案的灵魂。

优秀的策划人才需要不断地训练和学习才能产生，需要做出艰苦的努力，需要不断地积累和磨炼，并不存在简单地产生杰出创意的秘诀，所有策划人员都应懂得这一浅显的道理。

2. 创意的基本原理

市场营销整体策划的创意就是通过对其基本理论的探索与把握，并采用某种特殊的心理活动、意识活动去寻找策划创意的契机。因此，研究市场营销策划创意，离不开对心理学范畴的探索。

1) 创意的表象

创意是天才所为，但不是天生所具。创意的第一步是迈进想象的空间，表象就是想象之源。所谓表象，一般可理解为显露在表层的征象。表象是通过知觉所形成的最表层的感性形象。

表象可分为记忆表象与想象表象两种。记忆表象是感知过的事物在记忆中再现的形象；想象表象是人们记忆中并不存在的形象，是由记忆表象和知觉形象想象出来的形象。

2) 创意的意象

“意”就是心，“象”则为心中之想象。意象是景观营造出来的形象。意象思维具有极大的创造性。意象与表象的区别在于：表象是外化的感性形象，意象则具有理智的思维，是带有一定意向的感性形象。例如，毕加索笔下的“和平鸽”明显带有理性化的色彩，是信仰与心态的表现，是“似与不似之中”的意象。

3) 创意的意念

所谓意念是意向、意志、念头，具有明确的意志倾向的意思。在策划创意时将更多地体现主观的意愿和明确的意志行动。要表现策划创意的意念，应强化挑战性、自觉性、坚持性和自制性等基本品格，所以有人称“创意是伟大的意念”。

4) 创意的意境

意境即境界，是情境交融的艺术境界。

5) 创意的印象

所谓印象就是感觉过的事物在人的头脑里所留下的迹象，主要包括：图形印象、语言印象、形式印象。市场营销诉求的形式可谓多姿多彩、样式无穷。从类型上来讲，可以是理念型、新闻型，也可以利用悬念心理、恐惧心理等；在表现手法上则可以采用超级写实、广告摄影、计算机作图，也可以用漫画手法等。策划人可以根据内容充分调动最佳形式进行策划，以保证给予受众最佳印象。

3. 创意的基本规律

创意是市场营销策划的核心，也是策划方案的生命和灵魂。一般的创意就是人们常说的“好主意、好点子”。但市场营销策划的创意不同于一般的“点子”，它需要一定的系统性，即除了具有一定的虚构性外，还必须产生相对的新颖性、相对的超前性和可操作性，这是一种复杂高级的思维活动，需要遵从一定的规律。

研究创意思维活动的内在规律，是有组织地进行创意的要求。创意的规律主要体现在以下几个方面。

1) 择优律

择优律就是通过“择优选取”，以实现创造意图的规律。在市场营销策划的创造性活动中，选择无时不有、无处不在，选择就是通过比较定取舍，而择优的标准就是有利于知己知彼，有利于出奇制胜。由于市场营销活动是动态的系统，因此，市场营销策划创意择优的标准不能一成不变。优劣是相对的，是比较的结果，所以，市场营销策划的择优过程是永无止境的，要本着“有所发现，有所发明，有所创造，有所前进”的原则，不断总结提高。

2) 相似律

相似律就是对客观事物中存在的大量相似的现象加以研究和运用，以实现创造意图的规律。相似不是相同，而是“近似加上变异”。市场营销活动中有很多问题存在着相似之处。对这些相似现象深入研究，了解它们之间的关系和规律，往往能产生新的创意。例如，“看板管理”方法的产生，最初是受到超级市场供货方式的启发，创造了“看板”这种具体方式来实现生产过程组织的及时、准确、按需供货。相似律的运用，还表现在纵向的集成上，任何管理方法的发展，总是在原有的基础上一步步地改进，从量的发展，最后达到质的创新。

3) 综合律

综合律就是把解决市场营销问题的某些要素、方法等重新加以组合，以实现创造意图的规律。管理大师约瑟夫·熊彼特(Joseph Alois Schumpeter)曾把创新定义为“生产要素的重新组合”。根据唯物论的观点，世上一切事物，大到浩瀚宇宙，小到基本粒子，组合现象是普遍存在的，不同的组合其效应也不同。在市场营销活动中，以组合为手段，以提高协作水平为标准，就可以有所创意，并取得成效。例如，企业内部银行的产生，就是把银行的工作制度与企业内部经济责任制结合起来，从而提高了企业经济核算工作的程序化、标准化、科学化水平。

4) 对应律

对应律就是按照事物间存在的对立性、对称性去构思，以实现创造意图的规律。一切事物都存在对立面。对立统一规律也表现在市场营销策划活动的创新中，如少品种、大批量、追求规模效益与多品种、小批量、追求品种效益，就是两种思路完全相反的经营方法。在市场竞争中，别人生产“矛”，你就生产“盾”；别人以高档产品见长，你可以薄利多销取胜。总之，不能跟在别人后面亦步亦趋，要走自己的路，创出自己的特色，才能出奇制胜。

在市场营销策划的创意活动中，对创意规律一般都是综合应用渗透。

4. 创意的步骤

市场营销策划工作是一个复杂的系统工程，必须有一个路线图。从策划工作的背景、问题点、策划实效，探寻策划的运行途径、作业流程，明确应该如何推进，如何走，最终能带来什么效果。市场营销策划创意有固定的步骤可循，一般包括以下内容。

1) 明确策划目标

市场营销创意者必须弄清委托者的本意、要求并从中提炼出主题，把有限的时间与合作者的智慧汇集其中，避免产生歧义或南辕北辙。

2) 探求策划线索

策划线索的寻找大致可从以下两方面进行。

(1) 从现有的知识、情报中获得。发表于报纸、杂志、书籍中的知识或信息能够启发策划人员，给他们以暗示或启迪。策划者运用智慧对这些信息进行选择、加工、整理和组合，就可以获得策划线索。

(2) 通过个人或集体的智慧产生。每个人的先天智商与后天积累聚合成为智能。思维火花的激发，凭借个人的智能，可能产生新奇的“点子”，或者依靠众人产生“真知灼见”，最后成为策划的线索。

3) 运行环境分析

企业的内外部环境是进行创意的依据，因而要对企业的内外部环境分析透彻，以引发出合乎环境的正确创意。一般来说，企业的外部环境包括政治环境、社会环境、经济环境和文化环境等；企业的内部环境包括生产状况、经营状况、管理状况等。

4) 信息加工处理

创意者要对企业提供的二手资料和自身深入企业各方面所取得的一手资料进行认真分析，要借助人脑与计算机的合作，借助计算机对信息的量化分析和人脑对企业实态的感性分析进行整理加工，去粗取精，去伪存真，在反复的调研、探究、切磋的过程中，创意者不仅对情况把握要十分清楚，而且要产生出强烈的创意冲动，这样才可以进入下一步骤。

5) 产生创意灵感

创意既是创意者灵感闪现的过程，也是一种可以引发，并需要催生的系统工作。引发创意一般要具备以下条件：即刻反应的灵敏反应能力、卓越的图形感觉、丰富的情报信息量、清晰的系统概念和思路、娴熟的战略构思和控制能力、高度的抽象化提炼能力、敏锐的关联性反应能力、丰富的想象力；广博的阅历与深入的感性体验、多角度思考问题的灵活性以及同时进行多种工作的能力等。

6) 形成策划创意

策划创意是将暗示、灵感、突发念头等初级层次的“想法”，经过整理、琢磨而形成有结构层次的可能实现的“构思”。换句话说，单纯的念头，只能算一种“想法”，而不能当作策划创意。在诸多“想法”中，实际能发展成策划创意的，只不过几分之一而已。

在各种策划线索的基础上形成策划创意是一个再创造的过程。如果把发表于书报、杂志的知识，或在研讨会、演讲会中获得的情报这种公开信息，稍加修改就采用“拿来主义”，那就未免太缺乏“创新”了。这种策划实在缺乏“个性”和生命力。只有对已知情报进行增减，进行重新塑造，加上新的灵感或新的构思，才能用在本企业策划上，才有希望获得成功。例如，要拟订一个海外旅游的新策划方案，如果照搬现有旅行社一样的内容与日程安排，那么，要想吸引顾客并与知名度比较高的大旅行社对抗竞争，恐怕难以成功。这时候，必须在已有的各旅行社的策划中加上新的创意，改变追求重点，才能创出自己的特色。

7) 制作创意方案

创意方案或称创意报告，包括以下几个部分。

(1) 命名。命名要简洁明了、立意新颖、蕴含深远、画龙点睛。

(2) 创意者。说明创意人的单位及主创人简况。注意体现创意者的名气与信誉，使人产生信赖感。

(3) 创意的目标。突发创意的创新性、适用性，目标概述的用语力求准确、肯定、明朗，避免概念不清和表达模糊。

(4) 创意的内容。说明创意者的创意依据、对创意内容的表述、创意者赋予的内涵及创意的表现特色。

(5) 费用预算。列出并说明创意计划实施所需的各项费用及可能收到的效益，以及围绕效益进行的可行性分析。

(6) 参考资料。列出完成创意的主要参考资料。

(7) 备注。说明创意实施要注意的事项。

5. 创意的途径

开发市场营销策划创意是研究创意、进行策划活动的关键。市场营销策划创意的途径有以下几个方面。

1) 培养创意意识

人的创意意识有习惯性创意意识和强制性创意意识之分。习惯性创意意识是指不需要主体意识主动地特别干预就能有效地支配人的创意活动的意识。这种创意意识一旦形成，就具有稳定持续的特点，因此要从小培养。强制性创意意识是指必须由主体意识的强制性干预而形成的创意意识，它受创意主体目的性的支配，当创意活动的目的性达到后，这种创意意识多半会消失。培养创意意识要从培养习惯性创意意识和强化强制性创意意识两个方面着手。

(1) 培养习惯性创意意识。习惯性创意意识的培养要从小抓起，注意开发右脑，注意从品格加以磨炼。

① 开发右脑。人脑有左、右两个半球，一般认为，左脑主司逻辑思维，表现为语言、运算功能；右脑则主司形象思维，表现为形象识别、艺术鉴赏等。开发右脑，即是开发人的创造性思维的核心。开发右脑就要多做一些与形象思维有关的活动，即要多用右脑。

② 品格磨炼。创意性品格是一种稳定的心理品质，它一经形成，就可以激发创意意识的持续延展。创意性品格包括：尊重知识、崇尚科学、仰慕创意的品质；勤于思考、善于钻研、敏于质疑的习惯；勇于探索、刻意求新、独树一帜的创新精神。

(2) 强化强制性创意意识。强制性创意意识的培养途径有外部强制和自我强制之分。

① 外部强制是指一切由外部因素激发的创意意识，如上级布置的指令性课题、领导委派的开发任务等。对于具有一定的敬业精神和责任感的人来说，外部强制可以在一定时期保持其旺盛的创意意识。

② 自我强制是由自我需要的目的性而引发的创意意识。自我需要的目的性既有经济利益的需要，如为获取资金、转让费等而强制自己去创意；也有个人显示心理的需要，如要借此显示自己的才能，认为发明创造是一种享受，可以满足心理上的成就欲和成功感，故强制自己去创意。更高境界的则是宏伟的抱负和崇高理想的需要，从而激发创意意识。

2) 训练发散思维

训练发散思维要求消除思维定式，思维定式是一种严重的创意障碍。思维定式的要害是总在不知不觉地把人们的思维引至旧的逻辑链上，并确信这是唯一正确的选择，表现在生活中即是：循规蹈矩，墨守成规，唯书唯上，迷信权威，人云亦云，步人后尘，谨小慎微，追求完美等。

3) 刺激诱发灵感

灵感是人类心灵深处的一种体验。人的思维有理性状态和非理性状态之分，理性状态是思维由主体意识支配的状态，是一种有控状态；非理性状态则相反，可称之为无控状态。灵感是人在非理性状态条件下，由外界的触发而在人的心灵中产生的突如其来的感觉。

灵感的触发是与丰富的想象力分不开的，人们要获取灵感即要提高想象力，必须要进行创造性思维。提高想象力的途径主要有以下几点。

(1) 排除想象的阻力。想象的阻力是指创意的障碍，包括外部环境障碍，如失去了创意的前提条件(如资金、科研立项等)；非智能障碍，如怠惰、涣散；智能障碍，如思维定式等。排除想象的阻力，就是要克服外部环境、智能和非智能障碍。

(2) 扩大想象的空间。这里所说的想象空间是指人的知识结构及质和量所形成的个体认识空间。一般而言，想象空间是没有边界的，但是每个人的想象空间是有差别的，知识面广、素质高的人，想象空间大；相反，则想象空间小。因此，不断丰富各类知识、更新知识结构，提高知识水平是扩大想象空间的根本途径。

(3) 充实想象的源泉。想象产生于人脑，人脑是想象的载体，知识积累则是想象的源泉，为此，要充实知识，积累素材。

6．创意的方法

1) 移植创意法

移植创意法是指将某一领域的原理、方法、技术或构思移植到另一领域而形成新创意的方法。它是人们思维领域的一种嫁接现象。生物领域的嫁接或杂交可以产生新的物种，科技领域的移植、嫁接可以产生新的科技成果。同样，企业市场营销策划可通过对不同领域、不同行业的企业的某些方面进行移植、嫁接，从而形成新的市场营销策划创意。

对策划的移植创意，尽管相对于时代而言没有新颖性，但对于策划人自己和策划的实施者是新颖的，把别处的项目移植过来，也有一个改造或改良的问题。许多国内外策划案例，在本质上颇有相似之处，这说明策划思路是可以在更深、更高的层面上进行移植的。

移植创意法又分直接移植创意和间接移植创意两种。直接移植创意是学习过程，也是全面的克隆过程；而间接移植创意不仅是学习过程，还包括创造过程，是策划者通过对事物相似性的发现，套用某一事物的规律的结果。例如，国内外的大型百货商店、超级市场、主题公园，明星形象代言人，以至好莱坞和我国香港的商业电影，电视台的直播新闻与综艺节目等，都是移植法运用的典型案例。国际上的一些咨询公司，在解决国内一些大型企业的战略和流程管理课题时，其方案也基本是移植自美国、日本等一些成熟企业的模式与范例。

移植创意法的核心是人类的模仿本能。对于策划新手而言，这一方法成功的前提，是足够广博的信息和判断能力，寻求移植对象与策划对象之间的共同点，把一个事物搬到别的地方，将新事物移到别的领域，从而产生新的创意。例如，将电视上的拉杆天线“搬”到圆珠笔上去，成了可伸缩的“教棒”圆珠笔，再将它“搬”到鞋跟上去，可设计出后跟高低可调的新式鞋。

移植创意法提示我们，一项新的创意成功以后，应当不失时机地总结经验，迅速而灵巧地向其他创意方向转移或移植，以形成一种连锁反应，扩大创意成果。这种横向转移，在当今的企业经营模式上最突出的表现，就是特许经营的连锁加盟。

2) 改良创意法

改良创意法是利用符合自身市场营销策划目的、已经公开的信息，进行修改、提升、加工，从而转化为新的策划创意，这种方法简便而实用。由于这一方法是以现成的情报或策划案加上或减掉一些内容而提出的，因此，这些情报和原策划方案应是公开的，允许采用的，如果未经对方允许则不应该使用。比如，拟订赴澳洲旅游的策划方案，就可以在其他公司已有方案的基础上做某些改变，取长补短，推陈出新，做出本公司的新策划案，如可增减旅游内容，可改变组团对象，或集中加强某方面的特色，这样同样可以产生新的策划创意。

3) 分解创意法

分解创意法就是把一个整体的策划过程分解成若干个步骤或相对独立的策划子过程，或把一个整体的策划内容分解成若干个相对独立的策划子内容。

根据策划目标，寻找自我的差异、优势和客观环境中被对手所忽视的机会与利润点，尤其在竞争激烈的同质化市场，在大同之中寻找小异的过程，这就是一种分解。由于对手能力的不断提高，寻求差异的难度也在不断提高，这就要求分解要更加细致、更加周密。细节往往带来机会，细节甚至决定成败，所以分解也是重点法运用的前提保证。

市场营销策划可以分解成为 4P，即产品(product)、价格(price)、渠道(place)和促销(promotion)。而针对某一个具体的市场营销策划项目而言，这样大而统之的解释显然不可能创新，甚至不可行，还必须进一步分解，如将其中的“产品”分解为：效益、利润、品牌、特性、质量、形态、规格、包装、保障、运输、安装、维护等，其余以此类推，这其中任何一个“点”都可以做出不同的策划文章。

分解是策划工作乃至所有管理工作的基础，我们所说的“分解”是围绕策划的对象与目标，把这个点分解为几个点或者数个台阶来逐步引导消费者，就是把 A 到 B，分解成 A 到 B 到 C 到 D……的过程，这是一个细化的过程，也是寻找可操作方法和发现机会的过程。

分解创意法在实际运用中，要求策划人善于获取和掌握新鲜的信息，不轻易排除各种有用性，尽可能多地寻求细化和精密。

4) 组合创意法

组合创意法是指将多种因素通过建立某种关系组合在一起从而形成新的创意。组合创意法是现代生产经营活动中常用的方法。例如，市场营销过程是产品、价格、分销渠道、促销等可控因素的组合；市场营销观念中的产品是核心产品、形式产品和附加产品的组合。组合的基本前提是各组成要素必须建立某种关系而成为统一体。没有规则约束即为堆砌，有了规则约束才会形成新的事物。组合可以是原理组合、结构组合、功能组合、材料组合、方法组合。不论什么组合，都要考虑两点：一是其前提条件能否组合；二是组合的结果是否优化、是否有更佳的效果。

组合创意法是最常用的创意方法之一，其组合的奇巧，经常会产生意想不到的效果。江河湖海是涓流的组合，崇山峻岭是岩石的组合，组合到无以复加，便能形成其他对手无法复制的核心竞争力。

组合创意法可通过一定的程序和方式，将若干独立因素巧妙地结合或重组，从而获得新的创意优势；把似乎不相关的事物有机地合为一体，并产生新奇。组合是想象的本质特征，不仅仅停留在相似点的类比上，而是更进一步把二者组合起来，因此方法层次更高。它也是以联想为基础的，它可以以一个事物为出发点(即焦点)，联想其他事物并与之结合，形成新创意。例如，玻璃纤维和塑料结合，就可以制成耐高温、高强度的玻璃钢；把机械和电工两个传统的产业结合起来，就变成了技术含量很高的机电一体化；同理，光学和电学结合起来变成光电技术、手机和照相机结合起来变成流行产品等。

在商务竞争中，组合法的应用更是不胜枚举。例如，招商银行的“一卡通”即是典例。一卡通作为银行卡并不是什么创新，如何才能独具优势，如何通过开发拥有最全面、最丰富的功能以超越以前各大银行已畅行多年的信用卡？通过组合式创意，以上问题得以圆满解决。一卡通几乎汇聚了个人理财所有可能的各种功能：一卡多户，可存人民币、外币，可定期、活期；综合缴费，电费、水费、煤气费、液化气费、电话费、手机费、上网费；全国联网，消费、查询、通存通兑、自动存取款、转账，自助服务，酒店预订，电话银行，网上银行，电话银行捐赠，网上银行捐赠，终端捐赠，红十字捐赠；投资理财、代发工资、

贷款、预存手机话费、双密码控制，银证资金转账、银证通炒股、证券买卖、外汇买卖等。组合使一卡通因方便用户而通行天下。

可见，组合法作为常用的一种策划思路与方法，能够产生快速、强大的效应，但前期投入一般较大，没有足够的资源实力以及高执行能力的团队，不可轻率使用。

5) 重点创意法

重点创意法就是抓住重点，从核心点、关键处进行突破的创意方法。

重点创意法是策划工作的重要创意方法与思路之一，其核心是解决问题要善于从一点突破，不要眉毛胡子一把抓。策划人在面对复杂的策划问题和策划对象时，首先要努力寻求突出某一节、某项业务等个别线索，主动地缩小策划对象，使所策划的对象简单化、明了化，通过重点突破，把局部策划产生的功效传递给整个原策划对象，最终解决整体策划问题。也就是说，要善于捕捉要点并加以放大、突出，甚至要大肆张扬，使整个策划对象显现出不可替代的优势。

重点创意法在营销及广告表现中，就是要着力加以突出和渲染，以独到的想象抓住一点或一个局部，通过加工延伸放大，以更充分地表达主题思想。这种艺术处理以一点观全面，以小见大，从局部到全局，给设计者带来了很大的灵活性和无限的表现力，同时为接受者提供了广阔的想象空间，可以获得生动的情趣和丰富的联想。

重点创意法也是形成差异的关键所在，依照“USP——独特的销售主张”观点，这个“点”必须符合：①强化策划对象具体的特殊功效和利益；②这个特殊性是对手做不到或无法提出的；③所强调的主张必须是强有力的，聚焦一点，吸引消费者。这个点是突出的一点，营销人员称为“诉求点”，传媒又称之为“卖点”、“亮点”、“炒作点”。

重点创意法在产品特色和品牌诉求的策划定位中尤为广泛，如“农夫山泉”新入市时的品牌诉求定位“有点甜”，就以一个很模糊的概念点，压倒了 27 层净化的“乐百氏”纯净水；而哈药三厂的“三精”口服液，则选择了一个看似与产品品质等要素毫无关系的重点——蓝瓶。正是借助这些似乎平常甚至旁门的“重点”，使得许多企业在竞争中胜出。

对专业策划师而言，重点法的掌握和运用是一项必备的技能。用好这一方法，对个人洞察能力、分析判断力的提高都有显而易见的作用。

6) 模仿创意法

模仿创意法是指通过模拟仿制已知事物来创意构造未知事物的方法。模仿创意法又分为仿生创意法和仿形创意法。仿生创意法是指被模仿的已知事物是我们熟知的某种生物而进行模仿创意的方法。仿形创意法是指仅仅模仿已知事物的形状而进行模仿创意的方法。模仿创意法包括以下几方面。

(1) 原理性模仿创意。即按照已知事物的动作原理来创意构建新事物的运作机制。例如，计算机人工智能即是模仿人脑神经设计而成的。

(2) 形态性模仿创意。即对已知事物的形状和物态进行模仿创意而形成新的事物。如迷彩服就是对大自然色彩的模仿性创意。

(3) 结构性模仿创意。即模仿已知事物的结构特点而创意，形成新作品、新产品，如复式住宅来自对双层公共汽车的结构模仿；决策树方法是对自然界中树干与树枝的结构模仿。

(4) 功能性模仿创意。即从某一事物的某种功能要求出发模仿类似的已知事物，如人们受智能相机的启发，正试图研制出全智能操作的傻瓜计算机、傻瓜汽车。

(5) 仿生性模仿创意，包括原理性仿生、技术落后性仿生、控制性仿生和信息性仿生等。以生物界事物的生存、发展的原理、形状、功能为参照物，进行仿生性模仿创意。

7) 转换创意法

所谓转换创意法就是转换、制造或寻找更加有利于策划行为展开的外界背景，使策划行为效果更加显著的创意方法。

企业、人、产品的价值往往与其背景有关，背景的转换及背景下的所有组成要素都会发生价值变化。企业是以行业为背景还是以地区为背景，是以规模为背景还是以质量为背景，其定位的结果会大不一样。“做最大的产业企业”与“不求最大，但求最佳”完全是两种定位。人存在做“鸡头”还是做“凤尾”的选择。产品的销售背景更是这样，消毒肥皂是作为清洁用品，还是作为保健用品，又或是作为化妆品，其价值一定会大有出入。例如，百事可乐在20世纪五六十年代就采取了将苏联总理赫鲁晓夫、美国总统尼克松转换成企业背景的品牌营销策略，使百事可乐占领了苏联市场。

8) 联想创意法

联想创意法是由此及彼的扩散性思维创意方式。把联想转化为创意进而成为策划方案是一种常用的方法。

例如，进行生啤酒冬季促销的策划，其目的是制止冬季啤酒销量下降，维持甚至提高营业额，则可以展开“联想”：将生啤烫热喝、充分利用冬季球赛、冬天也开啤酒连锁店、在冬季或雪天举行喝生啤比赛、强调围炉喝生啤、与电热器厂商联合做广告、冬季优惠价销售等。这些“联想”激发创意的念头，再经过分类筛选，筛选的标准是这些想法是否容易实行，是否适合冬季进行等。经过筛选，其中大部分念头被删除，留下来的联想只能算创意雏形，需经过具体化，使其成为具有实现可能性的策划创意，再归入策划方案之中。

9) 逆向创意法

逆向创意法是指按常规思维去解决问题而不见效时，即反其道而行之进行逆向思维以获得意想不到的效果的策划创意方法。

逆向思维法改变了人们固定的思维模式和轨迹，提供了全新的思维方式和切入点，这无疑拓宽了创意的渠道。例如，固定的八小时工作制改为非固定的弹性工作制；到商店购物改为送货上门；传统的汽车都用金属材料制造，而现代有些汽车则采用非金属的塑料制造；电动车是电能转换成机械能的装置，发电机则是将机械能转换成电能等。

逆向创意法实际上是一种沿原有思路的相反方向进行思索的创意方式，使用逆向思维创意方式常常能获得新奇的策划创意。

10) 激荡创意法

激荡创意法是一种刺激大脑、激发思考能力而产生创意的方法。大脑的功能在于思考，这种功能的发挥只有通过不断训练才能达到最佳状态，安逸懈怠，思考能力就会下降，因此，应经常保持用脑习惯，使自己的思路向各个方向扩展，不断提高用脑能力。激荡创意法还常常用于多人一起相互启发、激发思维火花，以达到思潮澎湃、创意涌动的境界。

2.1.5　制订策划行动方案

有了好的策划创意，关键是要将其具体化，把它发展成行动方案，其具体步骤有以下几方面。

1. 设计方案

从市场营销策划的操作实务看，市场营销策划方案设计，一般要经历五个阶段。

1) 准备阶段

准备阶段的主要工作是为市场营销策划方案的正式设计进行信息准备。所有的调研信息都是以文字、表格或图像的形式予以载录的，它必须转录到策划人的头脑之中，才能最终被利用。信息转录的方式有信息消化和信息研究两种。

(1) 信息消化，就是对所收集整理出的信息进行系统的吸收，使它变成大脑中信息系统的一部分。信息消化的结果是要求策划人必须对所有汇总的调研信息做到心中有数，能随时调遣使用。

(2) 信息研究，就是对信息的本质、外部联系进行系统的考虑，使信息能与策划人的知识和经验相结合，使信息成为方案的直接支持系统。

2) 设计阶段

经过准备阶段的信息、知识和经验准备后，就进入了市场营销策划方案的设计阶段。设计阶段是借助于信息、知识和经验，在大脑中构思各种可能方案，然后对这些方案进行自我考证和自我否定的过程。

设计阶段是痛苦的智力操作过程，之所以用“痛苦”来形容，原因如下。

(1) 漫长性。市场营销策划方案设计阶段的时间，主要就分配在这一阶段。因为任何一项有创意、有价值、有效果的方案构成，都不是一蹴而就的，都必须经历这一历程的脑力积累，才能最后出现“得来全不费功夫”的结局。

(2) 否定性。虽然策划人提出了一个又一个的方案构思，但它们总是很快因为这样或那样的标准，被自我否定了。这种否定开始是轻松的，但随着否定的不断继续，策划人就开始痛苦起来。因为总是在否定中挣扎，而见不到一点胜利的曙光，的确令人大伤脑筋。凡做过策划的人，恐怕都体验过这种“黔驴技穷”的滋味。

(3) 枯燥性。设计需要思考，而思考却是一种纯粹的脑力劳动，日复一日、夜复一夜的冥思苦想，既枯燥又乏味，有时直弄得人心力交瘁，寝食难安。

基于以上三点原因，策划人在进行市场营销方案设计时，必须有充分的思想准备。持之以恒，才会有优秀的策划方案出台。

3) 成熟阶段

经过设计阶段的紧张思索后，在脑中突然闪现出新的构思，使百思不得其解的方案瞬间跃现。一段时间的艰苦工作，终于有了一个结果。豁然开朗的状态是令人愉快的，但是否能够进入，还取决于两个基本条件。

(1) 思维积累。只有经过日常的点滴积累和酝酿阶段的强力思维撞击，并达到某一个临界值时，大脑对方案的构思才会达到豁然开朗的境界。

(2) 信息触动。当思维积累达到临界值时，如果这时有相关信息触动，即可瞬间出现豁然开朗的状态。

所谓相关信息，主要有两种：一种是来自外界环境的信息；另一种是来自记忆系统的信息。两种信息无论是哪一种，只要进入大脑的思维操作系统，并发生触动作用，豁然开朗的状态就会立即出现。

4) 论证阶段

对市场营销策划方案的论证，有以下几种方式。

(1) 经验判断。经验判断是借助已有经验对已经设计好的方案的可行性进行的主观评估。经验判断有直接经验判断和间接经验判断两种。

① 直接经验判断。这是借助于自身经历的各种直接营销事实，来对营销方案进行的直接评估。这种评估的可靠性取决于评估人自身直接经验的丰富程度。直接经验越丰富，评估就越准确，否则就越不准确。因此，那些经常从事市场营销策划和营销操作的营销大师们，常常一眼就能判断出方案的可行性。

② 间接经验判断。这是借助自身所掌握的他人的营销事实，来对营销方案进行的直接评估。间接经验判断的可靠性取决于间接经验的丰富程度，但其准确性稍逊于直接经验判断。

(2) 逻辑推论。逻辑推论是借助逻辑学原理，对需要论证的方案进行恰当的推演，以此来判断方案可行性的方法。

逻辑推论的方式多种多样，但在方案评估中多使用类比推论。类比推论是依据别的类比的成功方案来推论目前正在讨论的方案。采用类比推论时，要将类比原型与类比新型的前提条件进行比较分析，只有当两者基本类似时，这种推论才有科学性，否则，就会差之毫厘，谬以千里。

(3) 专家论证。专家论证是方案论证中使用得最多的一种方法。它是将营销方案交给有丰富市场营销知识和经验的营销专家进行论证，借助于专家的知识、经验来判断方案的可行性。采用专家论证法，应该考虑以下三个基本条件。

① 论证专家必须是营销方面的专家。

② 论证专家不仅是理论家，还必须是实践家。

③ 论证专家必须对企业、行业和环境情况非常熟悉。

满足上述三个条件的专家，才能进行方案评估，否则会出现更大误差。

(4) 选点试行。有些市场营销策划方案，由于涉及面大，投入多，除了采用上述方式进行论证外，还应当在一定范围内进行试运行。借助试运行的反馈效果来确认方案的可行性。试点选点时，应该选择最能代表目标市场特点的局部市场，这样才可以保证试验具有可推广性。

5) 文案阶段

当市场营销策划方案经过论证认为可行时，就进入方案设计的最后阶段——文案阶段。这一阶段的主要任务是将设计好的方案用文字等形式表达出来，写成具体的可操作的策划书。

2. 方案优化

方案优化是市场营销策划中最重要的一步，也是整个策划过程中最困难、最有意义的环节。方案优化，主要是对以下各项内容加以明确：营销目标、实现营销目标所需要的条件、营销战略与战术、营销方案策划的步骤与时间、营销方案策划的人员与经费、营销策划方案的效果与评估、营销策划方案实施的附加条件等。

在市场营销策划方案优化的过程中，其可行性问题更加明显地显现出来。任何一个方案均受人力、财力、时间等的限制，一个方案若不可能实现，那么该方案就是毫无价值的空想。

在制订行动方案时，还要十分重视上层主管的态度。策划方案是否能顺利推行并执行到底，与主管的信任与支持程度密切相关。如果上层主管的意志游移，对策划方案的信心不足，该策划方案的行动计划就难以实施到底。

同时，还要注意各部门的全力配合。策划方案倘若得不到相关部门的参与、支持和认同，在实际执行时，往往会左右牵制，时时受阻。因此，策划方案必须与有关部门沟通、协调，请各部门的主管共同参与，尽量使策划方案得到各方认可，这种方案才会得到各部门的全力支持，收到事半功倍的效果。

3. 确定程序

行动方案应注意时间性。各项任务何时开始，何时结束，都要十分具体，应有行动日程表。

有时策划创意修改意见会不断出现，决策层会不断有新的指示，频繁修改策划方案将会使方案永远无法确定，实施将遥遥无期，最终可能导致策划的失败。因此，创意和策划方案制作、方案的实施不能无限期地拖延。每一步骤的开始与结束均要有时间界限，只有这样才能保证策划方案的实施按时、按质、按量地进行，预期效果才能按时达到。

策划进程大致有以下四个阶段。

1) 准备阶段

这一阶段是为正式策划所进行的前期准备。它包括物质准备、人员准备、知识准备和舆论准备等，这一阶段时间不宜太长。

2) 调研阶段

这一阶段主要是为正式的策划收集资料。虽然调研阶段不是策划的核心，也不是策划的目的和结果，但它是全面策划工作的基础，也是关系到策划成功和失败的重要环节。因此在时间安排上，这一阶段必须分配较多的时间，时间太少，肯定会影响调研的质量。

3) 设计阶段

方案设计是基于大量调研材料，并借助理论知识和实践经验所进行的智力操作活动，这是市场营销策划的核心。但尽管如此，并不表明这一阶段必然花费最多的时间。如果前期工作做得到位，已经是“心有灵犀”，那么这一阶段仅仅是“一点通”的问题，不必花太多的时间。但如果前面工作进展并不尽如人意，复杂的局面会令策划人“胸无成竹”，这时时间占用必然较多。在拟定策划进程表时，可以根据个人一贯经验，来灵活确定这一时段的长短。

4) 实施阶段

市场营销策划实施阶段的时间长短，取决于营销方案的性质。营销方案有两种：一种是企业的市场营销战略方案，该方案涉及企业的全局营销，它具有长期性特征，因此其实施只有起点，没有终点。至于它究竟何时为止，是由未来的市场和产品的变化而定，现在不必去硬性设定，可不必设时限。另一种是企业的市场营销策划方案，该方案仅涉及企业某一次或某一段时间的营销活动，它就不仅有起点，也有终点。至于起于何时，又终于何时，这由活动的目的和性质而定。

4. 经费预算

市场营销策划的经费预算是企业综合预算的重要内容，是调节和控制经营活动的重要工具，也是市场营销策划方案顺利实施的具体保障，是市场营销策划组织的一个重要环节。经费预算应尽可能详尽周密，各项费用应尽可能细化，尽可能真实反映策划方案实施的投入大小，力争将各项费用控制在最低成本上，以求获得最优的经济效益。

2.1.6 实施营销策划方案

策划方案实施是将制定好的策划书变成具体的营销行动。市场营销策划方案实施中应当注意如下两个问题。

1. 全面贯彻

既然历尽艰辛才策划出一个方案，就应当全面贯彻，不得任意更改。一个好的方案还必须有好的行动来落实它，经常有好的方案而未取得一流的效果，就是由于贯彻无力或无方所至。设计一个好方案已属不易，如果仅因贯彻不到位而前功尽弃，不仅令人遗憾，还将因为局部贯彻造成新的损失。

2. 反馈调节

任何市场营销策划方案在实施过程中，都可能出现与现实情况不相适应的地方，因此在贯彻方案时必须随时根据市场的反馈情况对方案进行及时调整。在市场营销方案实践中经常会发现，一个非常普通的营销方案，却收到了非常好的营销效果，这就是方案在实施中贴紧市场，进行了适时调整，充分遵循了市场运行规律的结果。

2.1.7 控制应急措施

在这一阶段，市场营销策划人员的任务是为经过效益预测感到满意的战略和行动方案构思有关的控制和应急措施。设计控制措施的目的是便于操作时对计划的执行过程、进度进行管理。典型的做法是把目标、任务和预算按月或季度分开，使企业及有关部门能够及时了解各个时期的销售业绩，找出未完成任务的部门、环节，并限期做出解释和提出改进意见。设计控制应急措施的目的是事先充分考虑到可能出现的各种困难，防患于未然。可以扼要地列举出最有可能发生的某些不利情况，提出有关部门、人员应当采取的对策。

市场营销策划控制，既不同于营销方案本身，也不同于企业营销，它既不是对营销活

动未来目标的设计，也不是对营销活动结果的考评，而是对营销活动现状的把握，即控制对象是现实营销活动过程本身。其特点是市场营销策划方案控制与营销活动的开展同时、同步运动。从一定意义上讲，市场营销策划方案控制，实际上是对企业营销活动过程所实施的同步管理，是由一系列调控行为组成的动态过程。

2.1.8　实施效果评估

当方案实施后，就应对其效果进行跟踪测评。测评形式包括进行性测评和终结性测评两种。

1. 进行性测评

进行性测评是在方案实施过程中进行的阶段性测评，其目的是了解前一阶段方案实施的效果并为下一阶段更好地实施方案提供反馈指导。

2. 终结性测评

终结性测评是在方案实施完毕后进行的最终测评，其目的是要了解整个方案的实施效果，为以后制订营销方案提供依据。

2.2　市场营销策划的原则

策划有其自身的规律，在实践中必须把握其客观规律，依据一定的法则进行，策划应遵循以下原则。

2.2.1　战略性原则

市场营销策划一般是从战略的高度对企业营销目标、营销手段进行整体性、长期性、层次性、动态性的规划和设计，策划方案一旦完成，将成为企业在较长时期内的营销指南。也就是说，企业整个营销工作必须依此方案进行。因此，在进行企业市场营销策划时，必须站在企业市场营销战略的高度去审视它，务求细致、周密完善。从市场营销战略的高度进行策划，主要包括以下几点。

1. 整体性

市场营销策划要从整体性出发，注意全局的目标、效益和效果。在整体规划的前提下，部分服从整体，局部服从全局。在市场调研阶段，如果图省事，不深入了解当时的市场状况、竞争态势、对手强弱，以及宏观政策等问题，盲目上马项目，结果会造成惨重的失败。

2. 长期性

市场营销策划要从长期性出发，处理好项目眼前利益和长远利益的关系。

3. 层次性

市场营销策划要从层次性出发，统揽全局。一般策划对象是个大系统，任何一个系统都可以被看成是一个全局，而系统是有层次性的，大系统下有子系统，子系统下还有孙系统，层次分明。因此，考虑下一个层次的策划时，应该同上一层次的战略要求相符合。

4. 动态性

市场营销策划要从动态性出发，注意全局的动态发展。市场是变幻莫测的，变化发展有时会影响全局。这时，策划人要善于抓住市场的动态规律，掌稳全局，避免市场变化触动全局的根基。

2.2.2 信息性原则

市场营销策划是在掌握大量而有效的营销信息基础上进行的，没有这些信息，将导致市场营销策划的盲目性和误导性。同时，在执行市场营销策划方案的过程中将会出现方案和现实有出入的情况。调整方案也要在充分调研现有信息的基础上进行，占有大量的市场信息是市场营销策划及实施成功的保证。

2.2.3 系统性原则

做策划，一切都要从系统的概念出发，注意每一个因素的变化所引起各种变化后产生的影响。坚持系统原则，就是要把策划作为一个整体来考察，在系统整体与部分之间的相互依赖、互相制约的关系中进行系统综合分析，抉择最优方案，以实现决策目标。

呆板肤浅的“点子”时代已经过去，过于倚重一两个灵光突现的“点子”，缺乏系统的配套措施，对企业的发展有害无益。强调系统原则，就是强调广告策划活动的整体性、全局性和效益性。

企业市场营销策划是一个系统的工程，其系统性具体表现为两点：一是市场营销策划工作是企业全部经营活动的一部分，工作的完成有赖于企业其他部门的支持和合作，并非营销一个部门所能解决的，如产品质量、产品款式、货款收回等，还需要生产部门、设计部门、财务部门的分工配合；二是进行市场营销策划时要系统地分析诸多因素的影响，如宏观环境因素、竞争情况、消费需求、本企业产品及市场情况等，将这些因素中的有利一面最大限度地综合利用起来，为企业市场营销策划服务。

系统原则要求对系统中各个部分的策略做统筹安排，确定最优目标。系统是个有机整体，整体大于部分之和，具有其中各要素简单相加起不到的作用。策划要在市场调研和营运管理等各环节策划到位，因为今天的市场，无论是生产、销售，还是传播，都是系统的工程，为使系统最优化，必须对系统中各组成要素全盘考虑，并且要与外部环境协调起来，如资源整合、政治糅合等。另外，协调广告活动各要素与环境的关系，讲究整体最佳组合效应也要遵循系统原则。

2.2.4　时机性原则

企业市场营销策划要把握好"开盘时机"和"开市时机"等重要节点，如各种节日、大型活动、社会文化变化等。例如，房地产开盘时机把握应仿效"水库原理"，在水源充足或降雨充分时，尽可能多地蓄水；当需要泄洪或为下游补水时开闸放水，气势如虹、一泻千里。同理，在内部认购阶段商业地产要充分地营销推广、充分地累积意向客户，并尽可能地与客户签署认购协议。当积累期协议认购面积达到总体商业可销售面积的一定比例时，即可组织声势浩大的开盘庆典，当日实行客户转化、当日签署正式的商铺买卖合同，以最强大的销售势头亮相，为后期持续热销打下坚实的基础，首战必然全面告捷。

"开市时机"一定"稳"字为先，在没有达到一定进驻率时，切不可为赶时间节点而仓促开市，否则商业气氛的营造工作将出师不利。如果开市缺乏应有的火爆，那么后期将更难聚拢商业人气，从此一蹶不振。因此在招商工作紧密配合下，应确保使进驻率达到 90%以上才可以举行盛大的开市庆典，充分地塑造开市的鼎盛商业气势，为后期商业的繁华打下坚实的基础。时机把握在商业策划的各时间节点上都显得尤为重要，有时甚至会影响策划的成败。时机是市场创造的，同时又反作用于市场。

2.2.5　权变性原则

市场就是战场，竞争犹如战争。现代市场经济中演绎着一场场激烈的竞争，权变性原则在策划中成为不可或缺的思维因素。所谓权变就是要求策划要在动态变化的复杂环境中，及时准确地把握发展变化的目标、信息，预测事物可能发展变化的方向、轨迹，并以此为依据来调整策划目标和修改策划方案。具体要求有以下几点。

1. 增强动态意识和随机应变观念

企业是处在自身不可控制的动态变化的营销环境之中的。在策划的设计和实施过程中，有可能遇到一些对策划产生一定影响的突发事件和风险因素，这就增添了策划的风险性。突发事件与风险一旦发生而无应对措施，很有可能导致策划的流产或破产。因此，在进行市场营销策划时，应尽量对各种可能的意外情况和风险因素进行预测分析，制定相应的对策，以增加市场营销策划的灵活性和应变性。对于媒体舆论误导、公众误解、设备故障等风险因素可以事先估计，提前预防并制定应对措施。对于政策变化、社会动乱等企业自身不可控因素，应随时注意事件变化苗头，及时采取措施，使风险发生时的损失和危害降到最低限度。

2. 时刻掌握策划对象的信息变化

时刻掌握策划对象的变化信息，预测对象的变化趋势，掌握随机应变的主动性。策划对象信息是策划的基础材料和客观依据，这个基础和依据变化了，策划也应该随之变化，否则，其策划就失去了准确性、科学性和有效性。必须不停地广泛了解、全面收集和及时分析并加工处理这些信息，为策划提供具有真实性、时效性、系统性和可靠的信息资料。

3. 及时调整策划目标，修正策划方案

当客观情况发生变化影响到策划目标的基本方面或主要方面时，要对策划目标做必要的调整，自然也就要对策划方案进行修正，以保证策划方案与调整后的策划目标相一致。

2.2.6 可行性原则

可行性原则是指策划运行的方案在技术、资源、方法等方面是否具有可操作性，是否达到并符合切实可行的策划目标和效果。可行性原则就是要求策划行为应时时刻刻地为项目的科学性、可行性着想，避免出现不必要的差错。市场营销策划不是一般的理论原则，它要回答和解决企业在现实的市场营销活动中存在的各种疑难问题。市场营销策划不仅要提出开拓市场的思路，更要在创新思维的基础上制订市场营销的行动方案，提出创造市场、开拓市场、扩大市场的整体性、系统性策略和措施，而且还必须具有特定资源约束条件下的高度可行性。为保证营销策划的可行性，需要企业组织过硬的市场营销策划团队，设计出务实的、操作性强的市场营销策划方案。在市场营销策划过程中，需要依据企业实力和实际情况，将发展目标与现实状况、需要与可能结合起来。同时，需要企业具备完整顺畅的策划实施程序和统一的管理中心、监控中心，以保证具有可行性的策划方案的实施执行。策划方案的可行性主要体现在以下几方面。

1. 策划方案是否可行

策划过程中，确定方案的可行性是贯彻可行原则的第一步。从策划的本质特征可以看出，在多种策划方案中选择最优秀、最可行的方案是项目成功的基础。有了可行的方案以后，还要对方案实施的可行性进行分析，使方案符合市场变化的具体要求，这是贯彻可行性原则的第二步。

2. 方案经济性是否可行

策划方案的经济性是指以最小的经济投入达到最好的策划目标，这也是方案是否可行的基本要求。其次，投资方案的可行性分析也是一个不可忽视的重要因素。投资方案通过量的论证和分析，可以确定策划方案是否可行，为项目的顺利运作保驾护航。

3. 方案有效性是否可行

策划方案的有效性是指策划方案实施过程中能合理有效地利用人力、物力、财力和时间，实施效果能达到甚至超过方案设计的具体要求。策划方案要达到有效、可行，一是要用最小的消耗和代价争取最大的利益；二是所冒的风险最小，失败的可能性最小，经过努力基本上有成功的把握；三是要能圆满地实现策划的预定目标，不可行的方案创意再好也毫无价值可言。

2.2.7 效益性原则

市场营销策划必须以最小的投入使企业获得最大的收益。归根结底，市场营销策划的直接目的就是取得经济效益，否则就有违企业开展市场营销策划的初衷，是失败的市场营

销策划。

市场营销策划不同于军事策划、外交策划，市场营销策划实施之后必然产生直接的经济效果和传播效果。企业市场营销策划无论是以无形而间接的品牌形象还是以有形而直接的经济效益为目标，最终都是要增加企业效益。即使是参与公益性慈善活动，也是为了提高企业的知名度与美誉度，为了树立企业的形象增加品牌资产。因此，效益的高低，就成为在风云变幻的市场中检验市场营销策划方案优劣的最直观的标准。效益性是市场营销活动中最内在，也是最根本的要求。

效益性不仅要求市场营销策划人员善于利用企业自身的资源，还要善于利用社会上的各种资源，如区域性资源和国内性资源，显性资源和隐性资源，可控制资源和可借用资源，用系统的方法加以整合利用，使其在市场运作过程中产生“核裂变”效应，产生“1+1>2”的功能。

2.2.8　创新性原则

创意语言要新，就要注意从生活中提炼警句、名言，使广告词既幽默又富有哲理性，蕴含人情味。

此外，表现手法要新，要有新的艺术构思、格调和形式。比如概念的创新，从传播的角度来讲，创新性的“概念”设计只有通俗易懂才会最大限度地降低传播成本，在众多的传播中引起关注，形成和消费者真正深层次的沟通。

例如，减肥产品竞争一向十分激烈，但因婷美减肥美容胶囊有着与其他减肥产品明显差异化的、创新性的“阻糖”概念，因此在广告宣传上就起到了事半功倍的传播效果。

又如，“骨中金”在这点上也做得很好，本来骨质疏松是个比较含混的概念，但是文案高手创造出“生物骨水泥”的新概念，以打比方的方式说明骨中金是“往骨头里填水泥”，因为“中老年人的骨头松脆，充满了空洞，医生在病人骨头疏松的碎裂部位注入一种化学品‘骨水泥’修补骨头的裂缝”、“通过填补骨壁空洞，帮助变薄、易稀疏的骨骼恢复厚实坚固，达到混凝土般密实骨骼的效果”、“通过修补变细、断裂的骨小梁，帮助变脆易骨折的骨头恢复韧性，达到钢筋般支撑骨骼的效果”，把本来复杂的问题讲得明明白白，消费者自然认同。

市场营销策划的创造性，是指市场营销策划必须运用创新思维，提出解决市场问题、实现营销目标的新创意、新方法，甚至创造新的生活方式和消费观念，唤起消费者的购买愿望，把潜在消费者转换为现实消费者。市场营销策划的定位、理念、策划方案的创意、营销推广的策略，没有独创、毫无新意，要在市场竞争中赢得主动地位是不可能的。创新具有超越一般的功能，它应贯穿策划项目的各个环节，具体有以下几个要求。

1. 策划观念要独创

策划观念是否独创、新颖关系到策划人的基本素质。有的人经常有新的创意，有的人只能“克隆”或照搬别人的概念，这些都会影响到策划人的策划项目的成败。

2. 策划主题要独创

主题是策划项目的总体主导思想，是发展商赋予项目的“灵魂”。策划主题是否独创、新颖，立意是否创新，关系到项目的差异化和个性化，并直接影响到项目在竞争中是否能取胜。大到贯穿整个项目的主题，小到报纸广告主题，无不是这样。策划主题独创，与市场发展潮流有很大的关系。例如，房地产中当人们都沉醉在市中心区建住宅的时候，一些有远见的发展商却发起一场“郊区化运动”，建起一栋栋低容积率、高绿化率的住宅小区，迎合市民们返回大自然的心理状态；在人们欣赏小区内花草成片的时候，一些有创意的策划人却举起了山景、江景、海景的大旗，使居民们的窗外视线无比宽阔，风景悦人。

3. 策划手段要独创

策划手段就是策划的具体方法。方法、手段不同，策划出的效果也就不一样。例如，在人们还在用单一手段策划楼盘的时候，奥林匹克花园的发展商却用复合手段策划楼盘，地产业和体育业的复合，引领了房地产策划领域的新里程。策划手段独到，往往会达到意想不到的效果。广州远洋明珠大厦，在建好的楼宇中，推出十套主题样板间，以不同人的个性及生活方式进行延伸、发挥、变形，使人看了以后大开眼界，我们居住的空间可以那样艺术、舒适和优美。策划手段独到，增强了人们的购买欲。

2.2.9 心理原则

人们在接受广告时，总是遵循一定的心理活动规律，这种心理活动规律可以概括为引起注意、激发兴趣、确立信念、加强记忆、导致行动等过程，这也是人们购买活动的心理过程。在这个心理活动中，购买力量是前提，没有购买力，这个心理活动过程就会中断，广告就不能达到预期的目的。广告策划不能与这种规律相抗衡，只能遵循。广告心理策略的运用应当是综合的、连续的，把人们心理活动的各个阶段联系起来统一在一个广告之中。

在运用心理原则策划广告时，要搭配好广告信息的事实部分和心理部分。一般来说，新产品导入阶段，由于消费者一无所知，相关信息应以事实部分为主；当某种产品有许多竞争者时，广告信息要侧重于心理部分，宣传本企业及产品形象。当然，这样搭配也非绝对，有的企业一开始就注意塑造形象，注重心理感受累积，便于记忆。在广告内容安排上也应体现心理因素，人们认识事物的一般规律是从感性到理性，但有时从理性到感性，先提出结果，后提出原因，给人的印象更深，效果更好。

比如，美国 V 姿服务为祛斑霜做文案筹备工作时，做了一篇《长斑容易祛斑难》的报纸广告，迎合了 30 岁以上成年女性为祛斑而烦恼的心态，从而达到很好的广告效果。

在国外，这方面的例子也很多，比如，速溶咖啡产生于美国 20 世纪初期，在上市之初，速溶咖啡制造商麦斯威尔咖啡决策层认为，速溶咖啡相比传统的手磨咖啡，能让美国的家庭主妇们从烦琐的咖啡制作中解脱出来，省时省力，因此，他们决定向美国家庭主妇展开宣传攻势，大力宣扬速溶咖啡省时省力的特点。在策划推出后，市场反应平平，没有达到推广速溶咖啡的效果，可以说，当初的策划是失败的。

麦斯威尔的营销人员百思不得其解，只好求助于心理学家。通过心理学家广泛而深入的分析，找到了问题的症结。原来在 20 世纪初期，美国家庭主妇的观念里，制作咖啡的烦

琐过程被视为勤劳的表现，是一个勤快的家庭主妇的标志，而购买速溶咖啡则有悖于这一观念，购买速溶咖啡图省时省力则是家庭主妇懒惰的表现，难怪速溶咖啡不能被家庭主妇们接受。

了解到这一微妙的消费心理之后，麦斯威尔咖啡重新调整了策划方案，转而诉求速溶咖啡的醇香美味，并邀请当时的总统罗斯福为之做广告，在罗斯福总统的那句“滴滴香浓，意犹未尽”感召下，美国的家庭主妇争相品尝速溶咖啡的醇香美味，从此速溶咖啡进入美国的千家万户，麦斯威尔也成为美国最具竞争力的速溶咖啡品牌。

总体来说，策划不能保证你肯定成功，但可以保证你少走弯路。达到目的的路可能有一百条，但最近的路只有一条，策划的目的就是寻找这一条路。

2.3　市场营销策划的方法

市场营销策划方法是采用不同的工具对营销进行科学的策划，是利用有效资源，选择最佳手段完成策划目标的过程。市场营销策划中常用的方法主要有以下几种。

2.3.1　主题法

在某些市场营销策划实践活动中，策划实际上是一个概念挖掘、主题开发的过程。在市场营销策划过程中，策划人需要学会如何进行概念挖掘和进行市场营销策划主题的开发。

所谓市场营销策划主题是指策划为达到某个目的而要说明的基本观念。市场营销策划主题是市场营销策划活动的中心内容，是市场营销策划书所要表达的中心思想，是企业进行市场营销策划的指向。

市场营销策划主题是多级、多层面的。它表达的可能是企业发展战略的大主题，也可能是企业实施某方面活动、推进某种营销策略和具体举措的小主题。一个综合性的大型策划活动所体现的主题可能是单一的，更多的则是多层次的。

市场营销策划涉及的营销战略主题有：市场开发主题、市场拓展主题、产品开发主题、企业入市主题、企业拓展主题、企业形象主题和跨国营销主题等。

市场营销策划涉及的营销策略主题有：营销广告主题、产品延伸主题、多品牌主题、包装改进主题、商标设计主题、商标注册主题、产品认证主题、渠道选择主题、营销方式选择主题和商品定价调整主题等。

不论是营销战略性主题，还是营销战术性主题，最终都可归结为扩大市场占有率、降低营销成本、推动企业的成长发展、获取更大的经济效益和社会效益这一最终目的。

市场营销策划主题的表达要有简明扼要的文字叙述，更重要的是通过营销创意和设计加以形象化地传递，以期起到扣人心弦、潜移默化地感染人的作用。对主题表达要准确、鲜明、生动，以提高营销策划的质量水准。

完整的策划主题具有三要素：策划者的策划目标、策划者提供给策划对象的信息和参与者的心理需求。

主题的开发要在概念的基础上进行，其过程和概念的挖掘过程类似，即首先运用创造

性思维，发挥丰富的想象力，得到多个构思，然后再运用分析性思维进行筛选，依据主题的特点来确定主题。

在此阶段，发挥想象力非常重要。在发挥想象力的过程中，要注意以下三点。

1. 去掉为自己设置的障碍

自己所设置的障碍主要来自自己给思考设定限制、建立单一模式或寻找单一答案、不愿追根究底、太快地对想象进行评估以及害怕别人的嘲笑等。

2. 以概念作为发挥想象的支点

在挖掘概念时，想象不能天马行空，漫无边际，而要以概念作为自己的想象支点。任何浮想联翩的构思均需回归到概念，接受概念的检验，如果这一想象不符合概念，那也只能忍痛割爱。

3. 重新组合不同的元素

广告大师詹姆斯·韦伯·扬(James Webb Young)认为：“创意完全是原来许多旧要素的新组合。”创造学家罗吉尔·冯·奥赫(Roger von Ojeda)也认为：“世界上一切东西都可以是有关联的，组合不同的概念是创造性思维的核心。”

2.3.2 造势法

市场营销策划方案在实施前和实施过程中，企业要注意进行对外宣传造势，这样能够扩大影响，有助于提升企业形象，改善公共关系。

1. 策划造势的意义

1) 促进市场营销策划方案的顺利实施

不同的市场营销策划方案所要解决的问题不同，根据策划方案的目的进行各具特色的宣传造势，有利于处理好外部关系，促进策划方案的顺利实施。对于产品品牌的策划，宣传造势有利于品牌力的提升；对于价格的策划，宣传造势有利于突出产品的市场定位；对于顾客满意的策划，宣传造势有利于体现企业为顾客着想的形象。无论哪一种市场营销策划，对外的宣传造势都是必要的。

2) 传播信息

传播信息是策划宣传的立足点。市场营销策划中的宣传造势就是要向各有关方面传播企业的相关信息，可能是向目标顾客传送产品、价格信息，可能是向销售商传送企业销售渠道的管理信息，也可能是向社会大众传送企业的形象与理念信息。

3) 提升企业形象

市场营销策划的宣传展现了企业为提高自身的经营管理水平而做出的努力，对于塑造企业良好的形象、提升企业的知名度及美誉度有促进作用，从而能够改善企业的公共关系。当然，企业形象是日积月累形成的，并非是一时的宣传就能树立起来，而且，如果宣传的内容与实际不符，言过其实，反而会造成相反的效果。因此，策划宣传对于企业形象的作用是双面的，应注意把握。

4) 促进产品销售

策划的宣传将企业的产品信息传播出去，提高了产品的知名度，吸引了目标消费者群，使其有了尝试消费的愿望，有利于建立和促进企业与顾客的关系，促进产品的销售。但是，过度的宣传可能会引起顾客的逆反心理，产生负面影响，应注意适度原则。

5) 建立公共关系

公共关系是指企业与社会各有关方面的联系和作用，公共关系已成为企业管理中的一个重要部分，包括企业与消费者、供销商、政府部门及民间组织等方面的关系。市场营销策划的宣传造势展示了企业改善经营管理和公共关系的决心与努力，显示了企业为消费者、为销售商、为社会大众服务的态度，有利于改善公共关系，有利于企业发展。

2．策划造势的原则

市场营销策划造势必须遵循一定的原则，否则可能适得其反，不但达不到预期效果，反而不利于市场营销策划方案的实施。

1) 准确性原则

准确性原则是市场营销策划造势的首要原则。真实是新闻报道的生命，对于造势而言，也是极为重要的。言过其实的宣传不仅无助于企业市场营销策划的顺利实施，反而会令社会公众产生不信任感，有损企业形象，不利于企业的发展。即使虚假宣传造势为企业带来了短期利益，从长远来看也会有碍企业的发展。

2) 及时性原则

及时的造势才是有效的宣传造势，在宣传造势工作中时间就是效果，过早或过迟的宣传都不能达到预期的效果。应根据整个市场营销策划活动的实施过程适时地进行宣传造势，精确地安排时间表，这样才能以最少的花费达到良好的效果。

3) 针对性原则

宣传工作一定要有的放矢，对不同的对象采取不同的方法。市场营销策划宣传造势的对象也就是策划活动所要影响的目标，市场营销策划的宣传造势应针对现实与潜在的顾客，企业形象策划的宣传造势应针对社会大众。市场营销策划的宣传造势不能漫无目的，或是想“一锅端”，只有针对特定的对象采取特定的方法，才能达到理想的效果。

4) 适度性原则

一般人都有这种感觉，某个广告刚推出来的时候觉得新鲜，经过一段时间的重复变得熟悉，再反复出现就令人生厌了。在进行市场营销策划宣传时要尽量避免产生这种情形，就需要坚持适度性原则，既能让目标对象熟知将要或正在进行的活动，又不致引起其反感。

5) 反馈性原则

市场营销策划的宣传造势一定要注意反馈分析，将目标对象对策划活动的看法与认识及时地反馈过来，并进行适时的修正与补充，使活动的开展更符合目标对象的意愿，同时也能重新确定宣传造势的重点，突出活动的主题。

6) 创造性原则

创造性原则是指市场营销策划的宣传造势一定要有创意，不能人云亦云，毫无新意。个性化的宣传造势才能吸引人们的注意，为企业的市场营销策划活动创造良好的外部环境。

创造性原则既要体现在宣传造势的内容上，也要体现在宣传造势的形式上，做到内容与形式的个性化。

3．策划造势的对象

市场营销策划宣传造势是为整个策划活动服务的，策划活动的对象也就是宣传的对象，总体来说就是企业外部的有关方面，包括现实与潜在的顾客(这是策划宣传造势的主体对象)、社会公众、供货商、销售商、政府部门和民间社团组织等。

不同的市场营销策划有不同的目标对象，相应的宣传工作所针对的对象也不同。促销策划的宣传造势对象是消费者，分解策划的宣传造势对象是销售商，产品、价格策划的宣传造势对象包括消费者和销售商，而企业形象策划和公共关系策划的宣传造势对象则包括以上所有对象。市场营销策划的宣传造势应根据目标对象的不同采取不同的方法。

4．策划造势的渗透

市场营销策划的造势工作不仅体现在对外宣传上，对企业的内部渗透也是必要的环节。内部统一认识，企业员工齐心协力，才能实现企业市场营销策划的目标。

市场营销策划的企业渗透是在企业市场营销策划方案实施之前和实施的过程中，通过各种方式使企业全体员工了解策划方案，理解策划活动的重要性，从而支持并认真执行企业市场营销策划方案的过程。市场营销策划的造势渗透可以通过以下几种方法进行。

1) 印发内部刊物

内部刊物是企业内部传递信息的重要媒介，分为报纸和杂志两种。策划人员可以通过内部刊物向企业员工解释说明策划活动，企业员工可以通过这种形式反馈意见。这种方式花费低，覆盖范围广，但效果有限。

2) 举行报告会

这是策划人员通过作报告来影响企业员工的一种形式，在需要传达新理念、转换员工观念时有一定效果。

3) 进行培训

这是一种较为有效的方式，通过培训可以深入地解析策划方案，同时收集学员意见。此种方式成本高、时间长，培训范围也有限。

4) 召开座谈会

这是较常使用的一种方式，通过召开座谈会或者讨论会可以充分地交流意见，容易营造出平等民主的氛围，但该方式涉及的人员有限，只能由企业员工代表与策划人员交流。

5) 填写调查表

通过发放、回收调查表的方式来征集企业员工的意见，可以较为客观地获得信息，但是员工对调查表的内容可能会产生误解，影响调查结果。

6) 进行非正式沟通

策划人员不是通过正式的场合和方式与企业员工交流意见，而是以一种比较随便的方式走访员工，与之交谈。这种方式比较容易让员工说出心里话，沟通的效果较好，但是这种方式涉及的范围有限，同时耗费的时间也太长。

无论是哪一种策划造势渗透方法，都各有优缺点，策划人员要考虑综合使用，取长补

短，以立体方式与企业员工沟通，获得员工的支持，保证策划方案顺利、有效地实施。

2.3.3　其他方法

1. 创意法

创意是指在市场调研前提下，以市场策略为依据，经过独特的心智训练后，有意识地运用新的方法组合旧的要素的过程。创意其实就是要不断寻找各种事物与事物间存在的一般或不一般的关系，然后把这些关系重新组合、搭配，使其产生奇妙、变幻的创意。

创意方法是市场营销策划的核心和精髓，许多市场营销策划的成功之处往往来源于一个绝妙而大胆的创意。例如，有这样一个广告牌曾树立在北京长安街上，广告的画面是在蓝天下奔驰着一列火车，这列火车实际上是由一些罐装可口可乐组成的。这则广告创意便是巧妙地将可口可乐与火车联想，进行大胆创意，以期产生意想不到的效果。

2. 程序法

按照一定的程序进行市场营销策划，这是市场营销策划及其他任何策划的重要方法。按照程序法的要求，企业在进行市场营销策划时一般经过七个阶段：确定策划目的、收集和分析策划信息、创意构思与提炼、制订策划方案、方案评估与论证、实施和控制策划方案、测评策划效果。

3. 案例法

案例法是指根据过去的成功案例，吸取其经验进行策划的一种方法。在市场营销策划过程中，有些情况和决策与过去发生的问题极其相似，甚至可以说是过去问题的复制或者再现，在这种情况下，可以利用过去案例的操作方法，这如同法律上的判例一样，同时，也可以作为研究新问题的依据。案例法的好处是可以节省决策成本，提高决策效率、增强决策的可行性。

4. 模型法

在市场营销策划中，有时也可以利用现有的模型进行策划。因为模型本身已经经过检验、判断和逻辑分析，并通过实践证明在某些情况下是成功的，利用模型进行策划更为简便，因此模型法是企业市场营销策划的重要工具。在市场营销策划中，常用的模型有预测模型、新产品开发模型、定价模型、物流决策模型、广告决策模型、推销员管理模型、促销组合决策模型以及购买者行为研究模型等。

2.4　市场营销策划书的编制

市场营销策划书的编制是将策划的思路、工作步骤等内容予以形式化、具体化。同时，市场营销策划书是实施营销活动的具体行动指南。通过市场营销策划书可以使企业相关工作人员获悉企业营销的若干细节，明白下一步应做什么，应如何做。

2.4.1 编制市场营销策划书的作用

1. 全面思考企业面临的营销问题

市场营销策划书的撰写过程是一个帮助营销人员整理企业信息，全面、系统地思考企业面临的营销问题的过程。通过撰写市场营销策划书，帮助企业策划人员根据企业内外部环境和企业营销问题，为企业提出解决问题的方法及其依据，为企业下一阶段的营销活动提供建设性的意见。市场营销策划需要周密的计划和严密的论证，迫使策划者全面思考企业面临的营销问题。

2. 准确、完整地反映营销策划的内容

市场营销策划书是市场营销策划方案的书面反映形式。因此，市场营销策划书的内容必须准确地传达策划者的真实意图。

3. 充分、有效地说服企业决策者

市场营销策划书可以帮助营销策划人员更好地与企业决策者进行沟通，帮助企业决策者判断营销方案的可行性。通过市场营销策划书的文字表述，首先使企业决策者信服并认同市场营销策划的内容，说服企业决策者采纳市场营销策划中的意见，并按市场营销策划的内容去实施。

4. 作为执行和控制的依据

市场营销策划书将帮助企业市场营销管理者更为有效地实施营销管理活动。市场营销策划书作为企业实施营销方案的依据，可使营销职能部门在操作过程中增强行动的准确性和可控性。

2.4.2 市场营销策划书的编制原则

1. 逻辑思维原则

策划的目的在于解决企业营销中的问题，按照逻辑性思维的构思来编制策划书。

(1) 设定情况，交代策划背景，分析产品市场现状。

(2) 把策划中心目的和盘托出。

(3) 进行具体策划内容的详细阐述。

(4) 最后明确提出解决问题的对策。

2. 实事求是、科学发展的原则

由于市场营销策划书是一份执行手册，因此必须务实，方案要符合企业条件的实际、员工操作能力的实际、环境变化和竞争格局的实际等。撰写市场营销策划书一定要坚持实事求是、科学发展的态度，在制定指标、选择方法、划分步骤的时候，要从主客观条件出发，尊重员工和他人的意见，克服自以为是和先入为主的主观主义，用全面的、本质的、发展的观点观察、认识事物，分析研究问题。

3. 严肃规范原则

市场营销策划书是营销策划者所策划的市场营销策划方案的书面表达，是策划者与委托人交流和沟通的重要工具，(如获批准)还将成为企业营销活动的行动指南，所以市场营销策划书的撰写必须严肃、规范，准确表达策划者的真实意图。

4. 可操作性原则

编制的策划书是要用于指导营销活动的，其指导性涉及营销活动中的每个人的工作及各环节关系的处理，因此其可操作性非常重要。创意再好也没有任何价值，不易操作就意味着要耗费大量人力、物力、财力，管理要求高，过程复杂，且效率低。

5. 创意新颖原则

要求策划的“点子(创意)”新、内容新、表现手法也新，新颖的创意是策划书的核心内容。

6. 简洁朴实原则

在撰写市场营销策划书时务必做到简单明了、通俗易懂，要注意突出重点，抓住企业营销中所需解决的核心问题，深入分析，提出针对性强的、可行性高的相应对策，切忌华而不实，废话连篇，失去实际操作意义。

2.4.3　市场营销策划书的格式与内容

1. 市场营销策划书的基本要素

Who(谁)——策划人员：确定策划中承担各项任务的主要人员及责权利。

Where(何处)——策划实施：确定策划中承担各项任务的部门及场所。

When(何时)——策划日程：列出实现各个目标的时间进度表。

What(什么)——策划内容：策划营销活动的具体事项。

Why(为什么)——策划原因：主要是向策划实施人员说明策划目标，阐述策划的必要性、可行性等，以期实施人员便于理解和执行。

How(怎样)——策划手段：确定各部门、人员，实现目标及行为的顺序、时间、资金、其他资源等的管理控制方式。

How much(费用多少)——营销策划的总体预算：按策划确定的目标(总目标或若干分目标)，列出细目，计算所需经费，以控制策划活动严格按预算进行。

Evaluation(估测)——策划效益评估，预测策划实施后的经济效益及对可能产生的社会效果进行评估。

2. 市场营销策划书的结构框架

市场营销策划的最终成果将在策划书中体现出来，市场营销策划书是受体企业营销操作的全部依据。策划书一般来说没有一成不变的格式，它依据产品或营销活动的不同要求，在策划书的内容与编制格式上有所变化。但是，从市场营销策划活动一般规律来看，其中有些要素是共同的。本节就是以一些共同的要素分析，来说明市场营销策划书的基本结构，如表 2-1 所示。

表 2-1　营销策划书的基本结构

构　成		内　容	作　用
封面		委托方、策划书的名称、完成日期、策划机构或策划者、编号	形象定位
前言		策划性质、概括内容	交代背景
目录		策划案提纲	构成框架
摘要		策划对象、策划目标	策划要点
正文	问题界定	明确策划主体和目标	策划任务
	环境分析	重要环境因素分析	策划依据
	SWOT 分析	分析优势、劣势、机会与威胁	提出问题
	营销目标	市场目标、财务目标等	明确营销目标
	营销战略	STP(市场细分、目标市场与市场定位)、竞争战略、形象策划以及顾客满意战略	总体布局
	营销战术	产品策略、价格策略、渠道策略和促销策略	具体对策
	行动方案	人员安排、道具设备、时间计划、地点选择	执行蓝本
	财务分析	费用预算、效益分析	可行性分析
	营销控制	执行控制、风险预测、应急方案	保障成功
结束语		总结、突出、强化策划人意见	总结主张
附录		数据资料、问卷样本以及其他背景资料	提高可信度

1) 封面

阅读者首先看到的是营销策划书的封面。封面能产生强烈的视觉效果，给人们留下深刻的第一印象，从而对策划内容的形象定位起到良好的辅助作用。

封面可以起到美化、装饰策划书整体，清晰表明策划的标题，传达策划内容，表述在正文中不宜表达的内容等作用。

封面设计的原则是醒目、整洁，切忌花哨，至于字体、字号、颜色则应根据视觉效果具体考虑。

市场营销策划书的封面应该提供如下信息。

(1) 委托方。如果是受委托的市场营销策划，那么在策划书封面上要把委托方的名称列出来，如“×××公司×××策划书”　。

(2) 策划书的名称。名称的确定要简洁明了。有时为了突出策划的主题或者表现策划的目的，也可以加副标题或小标题。

(3) 完成日期。日期应以正式提交日为准，同时要用完整的年月日表示，如“2014 年 9 月 8 日”。

(4) 策划机构或策划者。一般在封面的最下部标出策划者。如果策划者是公司，则须列

出企业全称。

(5) 编号。如果是专业策划公司，须在市场营销策划书的下方列明本策划书的编号，以标明是本公司第××号作品。

2) 前言

前言需要简要说明策划的性质，其作用有三个：一是交代本策划的背景；二是对市场营销策划书的内容做高度概括性的表述；三是引起阅读者的注意和兴趣，使其产生急于阅读正文的强烈欲望。前言的文字以不超过一页为宜，字数可控制在 1 000 字以内。

(1) 简要交代接受市场营销策划委托的情况，如“×××公司接受×××公司的委托，就 2015 年度的广告宣传计划进行具体策划”。

(2) 进行市场营销策划的原因，即将市场营销策划的重要性和必要性表达清楚。

(3) 策划的概况，即策划的主要过程和策划实施后要达到的理想状态。

3) 目录

目录要涵盖全方案的主体内容和要点，读过后应能使人对策划的全貌、策划人的思路、策划方案的整体结构有一个大体的了解，并为使用者查找相关内容提供方便。

4) 摘要

摘要是对市场营销策划项目的一个简单而概括的说明。通过摘要说明的是：为谁做的一项什么性质的策划，要解决什么问题，结论是什么。阅读者通过摘要提示，可以大致理解策划内容的要点。

摘要的撰写要简明扼要。另外，摘要不是简单地罗列策划内容，而是要单独形成一个系统，因此，遣词造句等都要仔细斟酌。要让读者了解整个策划案的大致内容，特别是本策划的精华与亮点。

摘要的撰写一般要在正文撰写并定稿后完成。

5) 问题界定

这一部分不是策划书的必备内容，主要是对读者容易混淆或误解的概念、问题进行界定，以使问题简单化、明确化。

6) 环境分析

环境分析是营销策划的依据与基础，所有市场营销策划都是以环境分析为出发点的。环境分析一般应在企业的外部环境与内部环境中抓重点，描绘出环境变化的轨迹，形成令人信服的依据。

环境分析要求做到准确性和明了性。所谓准确性是指分析要符合客观实际，不能有太多的主观臆断。任何一个带有结论性的说明或观点都必须建立在客观事实的基础上。所谓明了性是指列举的事实和数据要有条理，使人能抓住重点。

7) SWOT 分析

在这一部分，要从上面的环境分析中进一步进行 SWOT 分析，归纳出企业的机会与威胁、优势与劣势，然后找出企业存在的真正问题与潜力，为后面的方案制订打下基础。企业的机会与威胁一般通过外部环境的分析来把握，企业的优势与劣势一般通过内部环境的分析来把握。

(1) 优势/劣势：本企业自身在销售、经济、技术、管理等方面的优势和劣势。

(2) 机会/威胁：外部环境变化给本企业营销带来的机会或造成的威胁。

(3) SWOT 综合分析：即综合分析市场机会、环境威胁，企业优势与劣势等战略要素，明确能够为我有效利用的市场机会，即尽可能将良好的市场机会与企业优势有机结合；同时要努力防范和化解因环境威胁或企业劣势可能带来的市场风险。

(4) 问题分析：在 SWOT 分析的基础上，明确在制订和实施市场营销战略计划过程中还必须妥善解决好的主要问题。

8) 营销目标

无论是什么方面的市场营销策划方案，其营销目标的主体内容都要具体明确，如市场占有率、销售增长率、分销网点数、营业额及利润目标等。营销目标的确定要遵循 SMART 原则。

9) 营销战略

在市场营销策划方案中的“营销战略”部分，要清楚地表述企业所要实行的具体战略，主要包括市场细分(Segmenting)、目标市场(Targeting)和市场定位(Positioning)三方面的内容。

10) 营销战术

在相应的营销组合理论(如 4Ps、6Ps 或 11Ps)的指导下制定与贯彻执行营销战略的战术措施。

11) 行动方案

根据策划期内各时间段特点，推出各项具体行动方案。行动方案要细致、周密，操作性强又不乏灵活性。还要考虑费用支出，一切要量力而行，尽量以较低费用取得良好效果。另外，要将市场营销策划战略与策略方案付诸实施，还要将这些战略与策略具体落实成各项具体的工作、各时段具体的任务，也就是说要制订出周密细致的行动方案。具体包括：做什么、何时做、何地做、何人做、怎么做、对谁做、为什么做、需要多长时间、需要多少物资和人员及费用、达到什么程度等。按照这些问题为每项活动编制出详细的程序，以便于执行和检查，如表 2-2 所示。

表 2-2 行动方案安排样表

活动名称	负责人	活动地点	开始时间		结束时间		费用		人员	物资	备注
			计划	实际	计划	实际	预算	实际			
项目 1											
项目 2											
……											

在行动方案中，需确定以下的内容：要做什么作业、何时开始、何时完成，其中的个别作业为多少天、个别作业的关联性怎样、在何地、需要何种方式的协助、需要什么样的布置、要建立什么样的组织机构、由谁来负责、实施怎样的奖酬制度、需要哪些资源、各项作业收支预算为多少等。

12) 财务分析

费用预算主要是对策划方案各项费用的预算，包括营销过程中的总费用、阶段费用、项目费用等，其原则是以较少的投入获得最优效果。

预算费用是策划方案必不可少的部分。预算应尽可能地详尽周密，各费用项目应尽可能细化。预算费用应尽可能准确，能真实反映该策划案实施的投入大小。同时，应尽可能将各项花费控制在最小规模上，以求获得最大的经济效益。

费用预算作为策划的、方案的补充部分，应该明确对方案实施过程的管理与控制。具体来说，方案实施过程要做好以下几方面的工作。

(1) 动员和准备工作方案。新营销方案的实施往往涉及客户企业内部许多部门、许多人员，还有涉及企业外部中间商、合作者等许多方面。所以，策划案中最好安排有实施方案之前的动员和准备工作计划。

(2) 实施时机确定方案。方案的实施选择合适的时机十分重要，实施太早，时机不成熟，难见效果；实施太晚，又错过机会，贻误战机。除一些不可选的方案实施时机(节庆日、社会重大活动日、新法规颁布日、新标准出台日等)外，企业实施某项营销策划方案之前，应有专人或专门的机构负责观测研究方案实施时机何时成熟、何时最好，以适时实施方案。

(3) 实施过程监控方案。策划书中，还要明确具体制订各种实施监控方案。如实施效果评估方案、实施业绩奖惩制度、实施效果监制机制、实施效果监控组织建设、实施状况信息反馈制度等。

(4) 应急方案。市场营销策划方案实施过程中，会受到许多不确定因素的影响，可能会产生许多突变因素，也可能会产生一些突发事件，还可能难以预料地产生这样或那样的营销危机，这就需要制定多套应急预案，其中要列出各种可能发生的突发情况，一旦出现这些情况，该如何应对等。

13) 营销控制

营销控制主要说明如何对计划的执行过程、进度进行管理。常用的做法是把目标、预算按月或季度分开，便于上级主管及时了解各个阶段的销售业绩，掌握未能完成任务的部门、环节，分析原因，并要求限期做出解释和提出改进措施。

在有些市场营销计划的控制部分，还包括针对意外事件的应急计划。应急计划应扼要地列举可能发生的各种不利情况，发生的概率和危害程度，应当采取的预防措施和必须准备的善后措施。制订和附列应急方案，目的是事先考虑可能出现的重大危机和可能产生的各种困难。

14) 结束语

结束语主要起到与前言的呼应作用，使市场营销策划书有一个圆满的结束，而不至于使人感到太突然。结束语中应再强调一下主要观点并概述策划要点。

15) 附录

附录是市场营销策划方案的附件，附录的内容对方案起着补充说明的作用，便于策划方案的实施者了解有关问题的来龙去脉，为市场营销策划提供有力的佐证。

凡是有助于阅读者对策划内容理解的可信资料都可以列入附录。但是为了突出重点，可列可不列的资料以不列为宜。附录的另一种形式是提供原始资料，如消费者问卷的样本、座谈会原始照片等图像资料。附录内容还要标明顺序，以便查找。

3. 市场营销策划书的撰写技巧

市场营销策划书和一般的报告文章有所不同，它对可信性、可操作性以及说服力的要

求特别高，因此运用撰写技巧提高可信性、可操作性以及说服力，也就是策划书撰写的目标追求。

1) 以理论为依据，但要防止理论的堆砌

要提高策划内容的可信性，并使阅读者接受，就要为策划者的观点寻找理论依据。事实证明，这是一个事半功倍的有效办法。但是，理论依据要有对应关系，纯粹的理论堆砌不仅不能提高可信性，反而会给人脱离实际的感觉。

2) 适当举例说明

这里的举例是指通过正、反两方面的例子来证明自己的观点。在策划书中，加入适当的成功与失败的例子既能起调节结构的作用，又能增强说服力，真可谓一举两得。一般来说，以多举成功的事例为宜，选择一些国内外先进的经验与做法、以印证自己的观点是非常有效的。

3) 利用数字说明问题

策划书是一份指导企业实践的文件，其可靠程度如何是决策者首先要考虑的。策划书的内容不能留下查无凭据之嫌，每一个论点最好都有依据，而数字就是最好的依据。在策划书中利用各种数据来进行比较对照是绝对不可少的，但这些数据一定要有出处，以证明其可靠性。

4) 运用图表帮助理解

运用图表能有助于阅读者理解策划书的内容，同时，图表还能提高页面的美观性。它的主要优点在于有强烈的直观效果、用其进行比较分析、概括归纳、辅助说明等非常有效。图表的另一优点是能调节阅读者的情绪，从而有利于对策划书的深刻理解。

5) 合理利用版面安排

策划书的视觉效果的优劣在一定程度上影响着策划效果的发挥。有效利用版面安排也是策划书撰写的技巧之一。版面安排包括打印的字体、字体的大小、字与字的空隙、行与行的间隔、黑体字的采用以及插图和颜色等。如果整篇策划书的字体、字号完全一样、没有层次、主辅，那么这份策划书就会显得呆板，缺少生气。总之，通过版面安排可以使重点突出、层次分明、严谨而不失活泼。应该说，随着文字处理的计算机化，这些工作是不难完成的，策划者可以先设计几种版面，通过比较分析，确定一种最好效果的设计，最后才正式打印。

6) 注意细节

细节决定成败，对于市场营销策划书来说细节仍然是十分重要的。一份策划书中错字、漏字连续出现的话，读者肯定不会对策划者抱有好的印象。因此，对打印好的策划书要反复仔细地校对，特别是对于企业的名称、专业术语等更应仔细检查，尤其是涉及一些专业性很强的问题最好请教一些专家进一步核实，保证策划书准确无误。

另外，纸张的好坏、打印的质量等都会对市场营销策划书本身产生影响，所以也绝不可掉以轻心。

7) 考虑周全，万无一失

策划人在方案策划过程中，应该设想各种可能出现的情况和风险。除主方案外还应备有应急方案与措施，及时根据方案执行情况和客观环境变化进行调适。

策划人与客户企业决策人考虑问题的角度很难完全一致，这就要求策划人要多准备几套方案供决策人选择。如果只准备一套方案，决策人完全否定后，策划人就无路可退了。

8) 突出创意，强调效益

一套策划案的核心内容是创意、核心竞争力在于创意。因此，策划书中第一应该重点阐述的内容是创意。一套策划案最有说服力的内容是效益，最能打动决策者的还是效益，因此，策划书中第二应该重点阐述的是效益，即该项策划案的实施投入多少，回报能有多少。

9) 总案分案，相辅相成

对于一些综合性强的大型市场营销策划项目而言，不要希望通过一份总体的营销活动方案就把所有问题解决。因此，就要在总体市场营销策划案的统摄之下，单独制订许多具体项目、各个时段、各个分主题的活动方案。也就是说，常常在一份策划书内，既有总体策划书，又包括若干具体项目的策划书或某一具体时段活动方案的策划书。这就要求，在策划书撰写过程中，要注意总案与分案之间的前后对应与衔接，处理好总案与分案之间承启与分工关系。要努力做到，让决策者看了感到思路清晰、主辅分明；让执行者看了感到分工明确、详略得当。

2.4.4 市场营销策划书的版面设计

1. 版面大小

市场营销策划书的印制纸张一般都应采用国际标准的纸张，如 A4、B5 等。特别需要注意的是不要采用我国原来使用的 16 开、32 开这些规格的纸张，因为这些开本的页面，在以后进行装订、制作封面时，会遇到没有合适的设备与材料的问题。而且，与国外机构交往时，这类策划书也显得不符合国际惯例。

与一般的公文或普通文件排版相比，市场营销策划书的版心应设计得小一些，即页面边缘空白要留得多一些。这样不但较为美观，而且便于利用它进行装帧美化，也便于阅读者进行批注。

2. 标题格式与位置

各级标题要注意格式与位置的前后统一。不同级的标题可分别设计，以使版面活泼，更显得好看。标题的格式与位置要前后统一，便于读者知道论证和阐述的策划内容的逻辑关系，也显示出策划人员清晰的思路。

标题可以分为主标题、副标题、小标题等。通过简练的文字，可以使市场营销策划书的内容与层次一目了然。

3. 图片

图片在正文中的安排应该尽量做到放在与其内容相关的文字附近，并且应该加上图片的编号和说明文字。对于对开形式装订的策划书，则可以放在对开时的偶数页上，以方便读者阅读，而不会因为来回寻找图片和对应的文字而心生不快。

4. 页码、页眉的设计

市场营销策划书的一个画龙点睛之处就是其页码与页眉。它不仅可以起到记录页数的作用，更重要的是，它能够进行版面的美化和独特的装饰设计，使市场营销策划书的外观呈现出独特性和美观性。因此，应考虑做些艺术化的设计或处理。

在市场营销策划书的页眉处，一般应写上策划人的单位名称、策划书标题等内容，以进一步加深阅读者对市场营销策划书作者的印象。

5. 版面装饰

市场营销策划书可以通过一些辅助性的装饰图片，使市场营销策划书显得更加活泼，同时用一些强调或能够引起读者注意的特殊符号，将希望引起注意的内容突出出来。

2.4.5 市场营销策划书的完善

1. 市场营销策划书的校正

市场营销策划书撰写完毕后，要对其进行全面、仔细地校正，就是对市场营销策划书的内容、结构、逻辑以及文字等进行检查与修改。

在市场营销策划书校正完毕以后，要将市场营销策划书从头读到尾，进行最后的确认。通过这种方式来确认市场营销策划内容及其表现手法是否合适，市场营销策划书文字是否有错误。

2. 市场营销策划书的装订

市场营销策划书的撰写、校正工作完成以后，还要对市场营销策划书进行装订。一份装订整齐、美观得体的市场营销策划书同样是使市场营销策划工作顺利推进的重要内容之一。

在装订市场营销策划书时需要注意：市场营销策划书是否要分成若干册；各大部分之间是否要插分隔页；如果市场营销策划书内含彩色图片，则应考虑采用彩色复印，确定市场营销策划书的复印或印刷册数。

本 章 小 结

未来的营销，将更多的是由个人销售走向团队销售，由一次性销售服务走向终身服务，由经验式的特种兵销售走向业务流程式销售，由扩大客户数量走向提升客户质量，由明星式销售走向流程化、协作性销售。这就要求我们，首先选择适合企业的营销模式，再对企业的营销流程做出分解，从而打造出一支销售的“铁军”。所以，市场营销策划是企业强大之前首先要做的事。

市场营销策划适合任何一个产品，包括无形的服务，它要求企业根据市场环境变化和自身资源状况做出相适应的规划，从而提高产品销售，获取利润。市场营销策划的内容包含市场细分、产品创新、营销战略设计、营销组合 4P 战术四个方面的内容。

企业的市场营销策划完成以后，要通过企业的营销管理部门组织策划的实施。市场营销策划实施，指的就是市场营销策划方案在实施过程中的组织、指挥与协调活动，是把市场营销策划方案转化为具体行动的过程。为此，企业营销管理部门必须根据策划的要求，分配企业的人、财、物等各种资源，处理好企业内外的各种关系，加强领导与激励，提高执行力、把市场营销策划的内容落实到位。

本章首先阐述了市场营销策划的一般程序、原则和方法，使读者了解到做一个市场营销策划需要具备哪些因素及应该注意的问题，然后介绍了市场营销策划书的编制。学习完本章之后，读者应能够熟悉及掌握市场营销策划所包含的内容及策划书的编写。

思考与练习

1. 试述市场营销创意策划的方法。
2. 市场营销策划应遵循哪些原则？
3. 如何实施市场营销策划方案？
4. 市场营销策划有哪些方法？
5. 市场营销策划书包括哪些内容？
6. 试述编制市场营销策划书的基本要求。

第 3 章　市场营销调研策划

【学习目标】

- 熟悉市场营销调研的原则。
- 掌握市场营销调研的内容及不同类型。
- 了解市场营销调研的作用。
- 掌握市场营销调研策划的程序。
- 熟悉市场营销调研方案设计的意义。
- 了解问卷的类型及结构。
- 掌握问卷的设计程序。

市场营销是以市场和消费者需求为基础而开展的经营活动，科学地认识市场和消费者，准确地把握市场和消费者的实际情况是市场营销的出发点。为了了解和掌握市场和消费者的实际情况，市场营销调研也就成了市场营销活动一个不可或缺的、最基本的环节。现在，国外很多成熟企业都有自己完善的营销调研机构和体系，在它们看来，企业没有开展营销调研就进行市场决策是不可思议的，营销调研成果给企业带来了千百倍的回报。相反，企业若不重视市场调研，盲目生产，就将受到市场规律无情的惩罚。有效的营销调研会使企业获益匪浅，使企业能够得到更好的发展。

3.1　市场营销调研概述

市场营销调研是发现和提出企业营销的问题与需求，系统地、客观地识别、收集、分析和传播信息，从而提高营销决策的准确性并修正企业的营销活动偏差的过程。市场营销调研是市场营销的重要职能之一，是企业市场预测及理性决策的基础和前提。在现代企业市场营销活动中，市场营销调研已经成为企业市场营销活动的重要组成部分，成为企业在战略上和战术上都必须认真对待和重视的工作。

3.1.1　市场营销调研的含义及特征

1．市场营销调研的含义

市场营销调研，又称市场调研、市场调查、市场研究、市场营销调查和营销调研等。在调研实践中有时简称为“市调”。随着社会经济的发展，市场营销始终处于不断发展之中，市场营销调研也在不断的发展，加之研究角度不同和认识上存在差异，导致不同国家和地区对市场营销调研有不同的理解。

中国台湾学者樊志育认为，市场营销调研有狭义和广义之分。狭义的市场营销调研主要是指针对顾客所做的调查，即以购买商品、消费商品的个人或工厂为对象，探讨商品的

购买、消费等各种事实、意见及动机。广义的市场营销调研的每一阶段，都是以市场运营所有的功能作用为调查研究的对象。

现代营销之父菲利普·科特勒(Philip Kotler)认为，营销调研是系统地设计、收集、分析和提出数据资料以及提出与公司所面临的特定的营销状况有关的调查研究结果。

综合国内外学者的观点，本书认为市场营销调研是指个人或组织为了给市场营销决策提供依据，针对某一特定的市场营销问题，运用科学的方法和手段，系统地判断、收集、整理和分析有关市场的各种资料，反映市场的客观状况和发展趋势的活动。

2. 市场营销调研的特征

市场营销调研作为一项职能活动，它具有系统性、科学性、不确定性、时效性、应用性和客观性等基本特征。

1) 系统性

市场营销调研是对市场营销活动、市场状况进行的分析，研究是全过程性的活动，它包括调研立题、调研设计、资料整理收集、资料分析、调研报告等阶段。这一过程中的每一环节密切联系，并形成一个有机的系统。在各个阶段如果不按照这一系统的要求周密计划、精心组织和科学实施，就难以得出正确的调研结果。因此，在进行决策时，一定要系统地进行市场营销调研，否则根据不完全的调研信息进行决策，将会导致难以挽回的损失。

2) 科学性

在进行市场营销调研时，调研目标的确定、方案设计、资料搜集方法、资料整理方法和数据信息分析方法都必须以经济学、市场营销学、统计学、消费者行为学、组织行为学等相关学科的理论和方法为指导，依据抽样推断、误差控制等理论以及统计整理、统计分析等方法，并体现该领域工作的逻辑性。特别要指出的是，在进行方案设计时要先提出一定的假设，然后在以后的资料搜集、资料分析中再进一步验证假设，不受感情因素的影响，克服个人偏见和主观影响。

3) 不确定性

市场是不断变化的，政府政策的改变、竞争力量的改变、供应条件的改变等多种因素的影响使得市场营销调研的结果具有不确定性特点。这种不确定性在产业用品市场营销调研中并不明显，但在日用消费品的调研中有时会表现得很明显。基于调研结果做出的判断或决策存在着风险。市场营销调研就是要通过努力，将误差控制在一个允许的范围内，获取尽可能接近市场事实或反映市场状况的信息，以减少信息的不确定性，降低营销决策的失误率。

4) 时效性

市场营销调研是在一定时间范围内进行的，它所反映的只是特定时间内的信息和情况，在一定时期内调研结果是有效的。随着新情况和新问题的出现，以前的调研结果就会滞后于形势的发展，变为无效的。此时企业若仍沿用过去的结论，只会使企业贻误时机，甚至陷入困境。

5) 应用性

市场营销调研可以分为基础性调研和应用性调研，两者的不同之处在于其研究目的不

同。基础性调研旨在拓展新的知识领域，或者扩大一个学科的知识体系，而不是以某个具体问题为目标。通常，基础性调研的结果在短期内不能直接应用于实践。应用性调研是为了解决企业所面临的特定问题而进行的调研，如更好地了解市场、为决策提供依据、减少决策的盲目性等。在实际中，企业进行的市场营销调研大多数是应用性的。

6) 客观性

市场营销调研的客观性是指市场调查人员要有良好的专业素质，在研究工作中不应受个人或其他权威人士的价值取向及信仰的影响，要保持“中立”的态度，调查的数据要有时效性及全面性。

3.1.2　市场营销调研的原则

1. 客观性原则

客观性原则是指在市场营销调研中，对信息的提供收集、加工处理都必须真实地反映实际情况。客观性原则是贯穿整个调研过程的最重要的原则。市场营销调研是为了解企业的决策提供依据的，如果调研后获取的资料内容虚假，可能会对企业产生误导作用，它所造成的危害比没有调研可能还要大得多。由于市场的复杂性和多变性，为了尽可能地减少信息的误差，对所收集的信息要进行反复的核实，不能有任何主观臆断，更不能任意歪曲或虚构事实。唯有如此，市场研究才能够为决策提供科学的依据。

2. 全面性原则

全面性原则要求在研究市场现象时不能只抓一点不及其余，而要从多方面入手准确认识所调研的市场现象。因为市场现象并不是由某一因素决定的。例如，这一段时间采用了降价促销，商品销售大有起色，这实质上可能还有许多其他因素在起作用，如节令消费的影响、产品进入成长期、形成了消费热潮等。再如，汽车潜在消费者的调研，这些对象在考虑购买汽车时会受到很多因素的影响，如汽车的价格、品牌、性价比、养护以及其他各种费用等。所以，在调研的内容设计上应综合考虑影响市场现象的因素，进行全面调研，综合分析从而得出正确的结论。

3. 准确性原则

市场营销调研所获取的资料是过去和现在的信息资料，调研人员通过对这些资料进行筛选、整理分析后得出的结论，为市场预测及决策服务。这就要求资料必须真实地反映客观实际，对调研资料的分析必须实事求是，尊重客观事实，只有准确的信息资料，才会有正确的认识及科学的决策，切忌以主观意识来代替科学的分析。如果通过市场调研所获取的资料缺乏真实可靠性，那么，得到的资料不仅无益，而且十分有害，更重要的是依据这种资料无法做出科学的预测及正确的决策，市场营销调研工作也就毫无意义。

4. 科学性原则

市场营销调研不是简单地收集情报、信息的活动，为了在时间和经费有限的情况下，获得更多、更准确的资料和信息，就必须对调研的过程进行科学的安排。例如，用什么样

的调研方式、选择谁作为调研对象、问卷如何拟定才能达到既明确调研意图又能使被调研者易于答复的效果等。这些都需要进行认真的研究，同时还需要运用一些心理方面的知识，以便与被调研者更好地交流。在汇集调研资料的过程中，要使用计算机对大量信息进行准确严格的分类和统计，对资料所做的分析应由具有一定专业知识的人员进行，以便对汇总的资料和信息做出更深入的分析。分析人员还要掌握和运用相关的数学模型和公式，从而将汇总的资料以理性化的数据表示出来，精确地反映调研结果。市场调研的科学性要求开展市场调研时必须按照一般的程序科学地选择抽样方式、计算样本容量、计算误差、进行总体估计并分析归纳从而得出结论。这里要强调的是，市场调研的方式很多，各种方式都有其科学之处，必须严格按照每一方式所适应的情况及应用的要求来进行。例如，对大学生月消费支出的调研，可以用随机抽样调研，但误差会较大；也可以采用分群随机抽样调研，误差也较大；最好是采用分层随机抽样调研，误差可以减少一些。同时，要注意每一种方式都有应用的要求，如开展分层随机抽样要选择标志进行分层、选择等距离抽样要进行总体内的个体按一定标志排队等，这些都是必须遵循的科学要求。

5．系统性原则

市场调研的系统性表现为应全面收集有关企业生产和经营方面的信息资料，因为在社会化大生产的条件下，企业的生产和经营活动既受内部也受外部因素的影响和制约，这些因素既可以起到积极作用，也可以阻碍企业的正常发展。由于很多因素之间的变动是互为因果的，如果只是单纯地了解某一事物，而不去考察这一事物如何对企业发挥作用和为什么会产生这样的作用，就不能把握这一事物的本质，也就难以对影响经营的关键因素做出正确的结论。从这个意义上讲，市场调研既要了解该企业的生产和经营实际，又要了解竞争对手的有关情况；既要认识到企业内部机构设置、人员配备、管理素质和方式等对经营的影响，也要调研社会环境的各方面对企业和消费者的影响程度。

6．时效性原则

市场信息具有一定的时效性，一份好的市场调研营销资料应该是最及时的。因为只有最及时的调研资料，才能反映市场的最新情况。在市场调研工作开始进行之后，要在规定的时间内，尽可能多地收集所需的信息资料。市场环境的变化十分迅速，这在客观上要求信息资料的处理与分析与之同步。如果调研工作拖延了时间，不仅会增加费用开支，而且不能捕获到即时信息，即易出现信息资料滞后的现象，不能满足市场调研的需要。所谓时效性原则，要求对信息的收集、加工处理、分析和提供必须及时，这样，才能使企业及时做出决策，对各种市场变化采取有效的对策，从而使企业处于有利的地位。市场就是战场，各种机会稍纵即逝，所以经济问题的核心是时效性原则。人们从事一切社会活动，总是期望在一定的时间内创造更多的劳动成果，在竞争激烈的市场上，时间就是机会，时间就是财富。用时间表的标准来要求市场营销调研工作有利于争取时间，创造机会，先行占领市场，使企业掌握市场竞争的主动权。

7．适用性原则

市场营销调研面临的是信息的汪洋大海，但并非收集的信息资料越多越好。市场营销

调研活动的质量不在数量上，而在对企业决策的适用性上。适用性原则包括两层含义：一是所收集的信息是对决策有用的信息，能够给企业的营销决策提供科学的依据；二是所收集的信息够用即可，企业依靠这些信息足以做出正确的决策。企业进行市场经营决策，有时需要的信息可能只有关键的几条。如果市场调研机构收集了数量比较大的信息资料，可是偏偏少了关键的那么几条，企业仍然不能很好地进行决策。所以，企业应根据不同的研究目的，针对不同的需求，收集与之相适应的信息。

8. 动态性原则

市场中的任何事物都处于不断的变化和发展过程中，因此，在市场调研活动中也必须用发展的、变化的、动态的观点指导工作。用动态性原则指导调研活动，不仅要注意市场的状况，而且还要了解市场的过去；不仅要满足于已经掌握的信息资料，而且还要注意发现和收集没有掌握的信息资料；不仅应该妥善保管已经拥有的信息资料，而且还要不断地进行信息资料的更新和完善，尽量保持信息资料与市场变化的动态同步性。

9. 经济性原则

市场营销调研是一种商业性活动，在保证调研质量的同时，还要考虑到经济效益，即考虑投入和产出之间的对比关系。因为市场调研需要具备人、财、物等条件，所以要根据调研的目的，结合企业自身的实际情况，选择适当的调研方式和方法，尽可能地用较少的消耗获取较多的优质信息资料。为此，进行投入与产出的比较，寻找一个最佳的结合点是必要的。

事实上，市场调研是一件费时、费力、费财的活动。它不仅需要人的体力和脑力的支出，同时还要利用一定的物质手段，以确保调研工作的顺利进行和调研结果的准确、完整。在调研内容不变的情况下，采用的调研方式不同，费用支出也会产生不同的效果。由于各企业的财力情况不同，因此，需要根据自己的实力确定调研费用的支出，并制定出相应的调研方案。对中小企业来说，没有像大企业那样的财力去搞规模较大的市场调研，就可以更多地采用参观访问、直接听取顾客意见、阅读大量新闻记者在各种宣传媒体上发布的有关信息、收集竞争者的产品等方式进行市场调研，只要工作做得认真细致又有连续性，同样会收到很好的调研效果。因此，市场调研也要讲求经济效益，力争以较少的投入取得最好的效果。

10. 深入性原则

市场调研是一项艰苦细致的工作，要把握市场的脉搏，要揭示市场内在的错综复杂的联系，要认识市场变化的本质规律，必须深入市场，要从市场控制第一手资料，深入再深入，要不怕吃苦、不怕流汗、不怕麻烦、不怕打击，要敢于说真话，办实事。同时，市场调研不能一蹴而就，要反复实践，不断反馈和总结。

11. 保密性原则

市场调研的保密性原则体现在两个方面：一是为客户保密。许多市场调研是由客户委托市场调研公司进行的，市场调研公司以及从事市场调研的人员必须对获得的信息保密，

不能将信息泄露给第三方。二是为受调研者提供的信息保密。不管受调研者提供的是什么信息，也不管受调研者提供的信息重要程度如何都必须保密。

3.1.3 市场营销调研的内容

市场营销调研的内容十分广泛，涵盖营销管理活动所涉及的全部领域，企业可根据确定的市场调研目标进行取舍。最普遍的几种市场调研活动是：市场特性的确认、市场潜量的衡量、市场份额的分析、销售分析、企业趋势分析、长期预测、短期预测、竞争产品研究、新产品的接受和潜量研究、价格研究。下面介绍市场营销经常调研的内容。

1. 营销环境调研

市场营销环境是企业生存和发展的基础。市场营销环境调研的主要目的是发现市场机会和可能产生的威胁，以便把握环境变化带来的机会，避免或减轻环境变化造成的不利影响。营销环境调研的具体内容包括经济环境、人口环境、技术和自然环境、政治和法律环境、社会和文化环境调研以及各种微观环境因素调研。一般来说，制订长期战略发展计划或经营方向发生重大变化或者战略性转移，或对业务进行整合和重组，或发展和开拓新的区域性市场和国际市场时，都必须对市场营销环境进行调研，通过对环境的分析，把握环境的变化趋势，增强企业对环境的适应能力。

1) 人口环境

人口是构成市场的第一位因素。人口数量的多少及增长速度直接决定市场的规模及其潜量，而人口的结果与布局直接决定目标市场和市场格局。

(1) 人口数量及增长速度。人口越多市场潜力越大。按人口数量可大概推算出市场规模和市场潜量。

(2) 人口结构。人口结构主要包括人口年龄结构、性别结构、家庭结构、民族结构和地理结构等。

2) 经济环境

(1) 经济发展水平。企业的市场营销活动要受到一个国家或地区的整体经济发展水平的制约。经济发展阶段不同，消费水平不同，必然影响市场状况。

(2) 产业发展状况。与企业自身密切相关的产业发展状况，对企业的投资方向、目标市场的确定等具有重要影响。产业发展状况可以通过产业结构指标得以反映。

(3) 居民个人收入状况。居民个人收入是指居民个人所得到的全部收入，包括工资、退休金、红利、租金等收入。居民个人收入状况很大程度上反映了市场购买力水平，而一定的购买力水平则是市场形成并影响其规模大小的决定因素。

3) 自然环境

(1) 自然资源环境，包括“无限”资源、有限但可以更新的资源、有限但不可再生的资源等。

(2) 自然地理环境。自然地理环境主要是指地形地貌和气候条件，它们是企业进行市场营销策划必须考虑的一个方面。

4) 技术环境

(1) 科学技术的发明和应用，可以造就一些新的行业和新的市场，同时又使一些旧的行业和市场走向衰落。

(2) 科学技术的发展，使得产品更新换代速度加快，产品的市场寿命缩短。

(3) 科学技术的进步，将使人们的生活方式、消费行为及消费结构发生深刻变化。一种新技术或新产品的出现，必然对消费市场产生一系列影响。

5) 政治法律

(1) 政治环境因素，主要是指一个国家或地区的政治局势、政策方针以及对外政治、经济、军事等关系。

(2) 法律环境因素。企业开展市场营销活动，必须了解并遵守国家或政府颁布的有关法律、法规，包括立法情况和执法情况。

6) 文化环境

(1) 教育水平。教育水平高的地区，消费者对商品的鉴别力强，容易接受广告宣传和接受新产品，购买的理性程度高。

(2) 价值观念。不同的价值观在很大程度上决定着人们的生活方式，从而决定着人们的消费行为。

(3) 宗教信仰。不同的宗教信仰有着不同的文化倾向，从而影响人们认识事物的方式、观念和行为准则，影响着人们的消费选择，决定着相应的市场需求。

(4) 风俗习惯。风俗习惯是人们根据自己的生活内容、生活方式和自然环境，在一定的社会物质条件下长期形成世袭相传的一种传统风尚和行为方式的综合。

2. 市场需求调研

对市场需求进行调研能够最大限度地满足消费者的需求，从而获得最丰厚的利润。调研的主要内容包括市场潜力、市场总需求规模、市场特征、市场发展趋势分析以及市场细分和目标市场调研、消费结构调研、消费者购买行为调研以及消费者满意度调研等。市场需求调研分为发现需求、明确需求以及规划需求三个阶段，如图 3-1 所示。

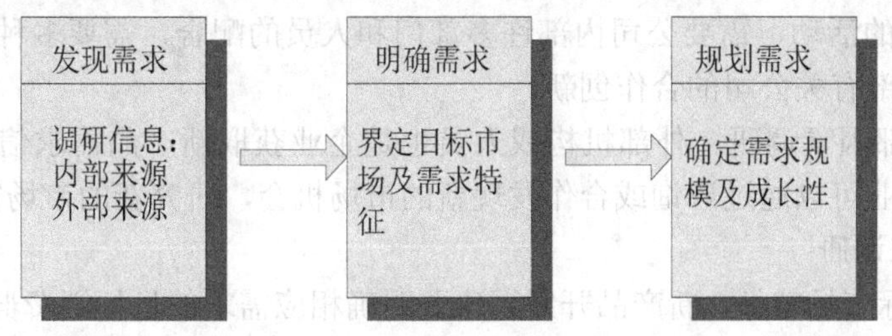

图 3-1　市场需求调研三阶段

1) 发现需求调研

市场机会首先来源于市场需求，企业可以通过对内外部主要环境因素的调研来发现市场需求，这些调研要素包括以下几个方面。

(1) 对消费者的调研。企业应经常调研消费者对产品的使用情况及其需求变动情况，进而预测产品可能的演变趋势。在对消费者进行调研时可以从以下两个角度进行。

① 从满足消费者需求的角度。从这个角度出发，企业应及时了解、分析消费者在使用产品过程中所关注的问题。认真及时的市场调研使企业能够保持对市场的密切关注，及时跟踪市场需求变化，及时发现新的市场需求，及时创新产品，以期领先对手满足顾客需求，抢占先机，赢得优势。

② 从引导消费者需求的角度。从这个角度出发，需要企业调研、分析顾客需求的双面性，既有理性的物质层次的需求，也有感性的精神层次的需求。由此，企业要关注目标顾客群体的价值观、生活方式及其感情需求，从而寻找产品创新的突破口。从这个角度出发，企业要调查了解新产品提供的新的价值与消费者认知是否吻合，能否为消费者认同和接受，从接受到购买是否还存在一些阻碍，这些阻碍是什么。

(2) 对中间商的调研。经营某种产品的中间商一头连着顾客，一头连着厂商，由于经常接触消费者，中间商大都熟悉和了解消费者的需求和抱怨。同时由于经营产品，他们也非常清楚市场上同类产品的现状和优劣。所以中间商是企业发现市场需求，获取新产品需求信息不可忽视的重要渠道。

(3) 对竞争者的调研。对于企业管理者来说，深入了解市场结构和市场竞争的性质非常重要。在市场调研方法和技术中，人们常常采用战略性市场调研，为企业管理者提供市场竞争环境的信息，对竞争者调研就是战略性市场调研方式中的一种。监测竞争对手的新产品开发情况也是一些企业获取新产品开发创意，满足市场需求常用的方法。

(4) 对企业内部人员进行调研。在对企业内部人员进行调研时可以从以下三个角度进行。

① 对企业高层管理人员的调研。许多公司的新产品创意来自公司的高管。高层管理者熟悉公司总体战略及全面情况，对企业产品组合有较成熟的设想，也非常乐意提出新产品的开发建议，但在制定开发决策时要注意克服公司高层领导权威带来的负面影响，避免由此做出不正确的决策，给企业带来不必要的损失。

② 对研发人员的调研。企业中的研究开发人员对技术问题非常熟悉，如果能将技术和需求很好地结合起来，则能够提出很有价值的新产品创意。

③ 对公司内其他员工的调研。公司各部门的员工都可能为新产品开发提出建议。新产品开发不是孤立的活动，需要公司内部许多部门和人员的配合，需要多种工艺技术创新的支持，也需要外部有关公司的合作创新。

(5) 其他外部因素调研。外部机构或人员也是企业获取新产品需求信息或新产品创意的重要来源，企业可以通过咨询或合作发现新的市场机会，研究新的市场需求。

2) 明确需求调研

(1) 明确目标市场特征。新产品开发调研要明确相应需求的目标消费群体是谁、有何特征，包括消费者的性别、年龄层次、所处社会阶层、经济状况、职业构成、教育水平、家庭状况、所处的外界环境和生活方式等。除此之外，还要调研及关注消费者特征的变化趋势。

(2) 了解消费者的购买动机。调查了解消费者为什么购买产品，消费者真正需要的价值是什么，消费者为什么使用该产品，消费者在何时使用该产品，消费者如何使用该产品，哪些因素会改变消费者增加购买该产品，哪些因素会导致消费者放弃购买该产品，并要调

查他们产生这些动机的原因。

(3) 了解消费者的购买决策过程和购买行为。具体了解谁是购买的决策者、影响者、推广者和使用者，他们之间的关系如何，他们如何相互影响形成购买决定，消费者在何地、何种情况下购买，产品是单独还是成套购买，消费者是单独购买还是群体购买等。

3) 规划需求调研

规划需求的过程主要是确定市场需求规模及其成长性。在进行新产品开发调研时，不仅调研市场需求的特征，还要界定需求量。要调查了解环境综合因素是否对新产品开发有利，市场成长因素和关键因素是什么，细分市场客户有多少，潜在销售额是多少，开发细分市场是否与总体目标一致，企业是否具备相应的营销、生产、资金、管理资源，宏观环境中经济发展水平的发展趋势、技术水平、政治法律因素以及社会文化因素现状如何等。

3. 产品调研

产品调研的目的主要是支持企业的产品发展战略决策。产品决策是企业最重要的决策之一，正确的产品决策是企业占领市场的“武器”。现代产品概念是多层次的，所以产品调研也是多方面和全方位的。产品调研的内容主要包括对产品实体、产品包装、产品使用价值和产品市场生命周期的调研。

1) 产品实体调研

(1) 产品的规格。产品规格的大小会在不同的消费者中产生不同的反应。对于企业所服务的目标市场，企业所提供的产品规格必须符合当地消费者的习惯或偏好。有些市场人们需要各种规格的产品，越齐全越好，但有的市场人们却只喜欢某一种或某几种特别规格的产品。

(2) 产品的颜色和图案。颜色和图案在不同地区、不同民族可能有不同的象征意义，消费者对颜色和图案的偏好也会因人因地区因民族而有差异。在某些地区或民族受到欢迎的颜色或图案，在其他地区或民族可能是忌讳或不祥的象征。

(3) 产品的式样和类型。不同消费者对产品的式样和类型可能有不同的要求，通过调研了解企业目标市场消费者对产品式样和类型的具体意见和要求，可以提供目标市场消费者所需要的式样和类型的产品。

(4) 产品的性能。产品性能是产品最基本、最主要的属性，是消费者最为关注的问题之一。产品的耐用性、安全性、使用和维修的方便性、产品使用时的能源消耗等都是消费者在购买时要考虑的问题。但不同的消费者对产品的某一个或某几个性能的关注是不同的，企业需要通过调研了解哪些是主要的，是企业在生产经营中应该特别注意的。

2) 产品包装调研

不同的包装有不同的作用，其调研的内容也不同。

(1) 销售包装。这种包装主要起到美观、保护和商品促销的作用，这就需要调研以下内容：①产品的包装与当地的推销环境是否协调；②消费者对哪一种包装图案或颜色有特殊的偏好；③在同类产品中消费者认为最好、最受欢迎的产品包装造型是什么样的；④竞争产品的包装是什么样的；⑤包装上是否需要详尽的说明；⑥什么样的包装材料能起到保护商品的作用；⑦目标顾客对包装材料有什么样的要求等。

(2) 运输包装。在运输过程中，产品包装是否适应运输方式的要求以保证产品的使用价值不受损害、包装材料不被损坏，对不同的运输工具要求的包装形式、装卸方法、防盗、防晒、防潮、仓储形式以及包装成本等内容的调研，可为决定采取何种包装材料和形式提供有用的参考资料。

3) 产品使用价值的调研

产品的使用价值是产品的核心功能，是消费者最为关心的方面。不同的消费者对同一种产品的使用价值有不同的要求。比如对化妆品，有的消费者最关注的是它的美容作用，而有的消费者关心的是它能否保护皮肤。再比如果汁饮料，它原来的主要功能就是为了解渴健康，但现在也有追求时尚的女性把它当成美容食品。所以企业必须调研目标市场的消费者对本企业提供产品使用价值最关注的方面，以便能够采取相应的营销对策。

4) 产品市场生命周期调研

任何进入市场的产品都有市场生命周期。产品的市场生命周期包括导入期、成长期、成熟期和衰退期四个阶段。企业首先需要明确自己所生产经营的产品处于生命周期的哪一阶段，在不同的市场生命周期阶段应该采取什么样的营销策略，所以需要在产品的销售量、利润率、经营者和消费者对产品的兴趣等方面进行调研。

4. 价格调研

产品是企业可控因素中最活跃、最敏感、最难以有效控制的因素，也是决定企业产品市场份额和盈利能力的最重要因素之一。企业的产品定价适当与否关系到产品能否顺利地进入市场，关系到产品的数量、市场占有率和利润的大小以及企业产品与企业形象的好坏。然而，产品定价又不完全是企业单方面决定的，它涉及消费者和经销商的利益，受到市场供求状况、竞争产品价格以及其他各种社会环境因素的影响和制约。因此，企业在为产品定价或调整之前，进行价格调研是完全必要的。

1) 价格敏感度调研

价格敏感度调研是指消费者对定价高低的接受程度及价格变动的敏感程度。不同性质的产品，价格弹性不同。消费者对生产资料价格变动的敏感度一般不太高，而对生活消费品价格变动往往十分敏感。

2) 消费者价值感受调研

消费者价值期望是引发购买的前提条件，消费者价值感受是消费者满意度的基础，是消费者忠诚度的有力保证。实施这一策略的关键就是要准确把握目标消费者对本企业产品价值在心理上的感受和认同程度，包括对现有价格的接受程度、可以接受的价格水平等。这种接受程度的调研也应同产品需求的强度、时间、地点、消费心理因素相结合，将调研项目进一步细化。

3) 竞争产品的价格调研

竞争产品的价格水平是企业定价时需要考虑的另一个重要因素。对采取以竞争为导向定价的企业来说，这种调研主要是了解消费者对竞争产品的认同程度和意见、竞争产品的价格目录以及买回竞争产品研究产品价值和价格之间的关系等。

4) 成本调研

产品成本是盈亏的临界点，也是企业定价的最低经济界限，是影响定价的重要因素。充分了解产品生产成本、销售成本、财务成本和管理成本也是价格调研的主要内容。其中，生产成本调研包括固定成本、变动成本、边际成本、规模成本和经验成本等项目；销售成本调研包括储运成本、流通成本和促销成本等具体项目。

除了上述四个方面的内容之外，企业价格调研还有不少项目，如国家价格法规和政策、国内外经济形势和金融形势、汇率和利率的高低等，可以由实际需求决定。

5. 分销渠道调研

分销渠道调研的目的主要是支持企业的分销战略决策，使分销渠道达到最佳组合。分销渠道是产品从生产者向消费者或用户转移过程中经过的通道，是企业产品通向市场的生命线，是企业的巨大财富与无形资产。分销渠道策略是营销活动的重要组成部分之一，合理的分销渠道可使产品及时、安全、经济地经过必要的环节和路线，以最低的成本、最短的时间实现最大的价值。因此，分销渠道的调研也是营销调研的一项重要内容。分销渠道调研的内容一般包括以下两点。

1) 渠道类型调研

分销渠道的类型多种多样且不断有新型的分销渠道出现。对于企业的产品销售来说，不同类型的渠道各有利弊，企业必须通过调研各种渠道与消费者的联系状况、成本和效益以及企业对渠道的控制能力和渠道对产品的适应性等方面的情况，做出分销渠道设计决策。这方面的调研还包括对企业现有渠道的调研，如是否能满足产品销售的需要，渠道是否畅通；消费者是否感到方便、满意；分销渠道各环节的产品库存是否合理，有无积压、脱销现象等。

2) 渠道成员调研

对于选择间接渠道来分销产品的企业，需要从成千上万的中间商中挑选一些较为理想的中间商作为自己分销渠道的成员，它们是否合适，极大地影响着企业产品分销系统运作的有效性和管理的经济性。渠道成员选择不当，则即使渠道系统设计再完美，也无法给企业带来效益，反而会严重损害企业的利益。企业在选择或调整成员时，要调查研究各层面中间商的信誉、形象、经营稳定性、顾客类型、所在地的社会经济环境以及中间商的实体分配能力、服务能力、销售能力、管理水平、营销技术、市场控制能力、信息收集能力、产品知识和专业经验、协作意向等。

6. 促销调研

促销调研的目的主要是支持企业的促销战略与战术决策，使促销组合达到最佳，以最少的促销费用达到最大的促销效果，并就出现的问题及时对促销方式进行调整和改进。促销是营销者与购买者之间的信息沟通与传递活动。促销的目的是激发消费者的购买欲望，影响和促成消费者的购买行为，扩大产品的销售，增加企业的效益。促销调研就是对企业在产品或服务的促销过程中所采用的各种促销方法的有效性进行测试和评价。促销调研的内容一般包括促销手段的调研和促销策略的可行性调研等。

1) 广告促销调研

在所有促销活动中，广告被公认是效果好、影响面广的一种形式，它被消费者广泛接受，而且对消费者购买动机的形成有重要的促进作用。作为一个好的广告，应具备如下条件：在广告播出的几秒钟内抓住顾客的视线，并能让顾客从中体味到美感；广告要使人相信，看后将广告中的商品作为考虑对象；广告词应易于记忆，可以长时间保留在受众的脑海里。

2) 人员推销调研

人员推销的目的是通过与消费者的直接联系，引导消费，激发消费者的购买欲望，促进产品销售。因此，人员推销调研主要是从推销效果方面进行的调研。推销效果调研分为以下两种类型：第一种是推销方式的效果调研，如登门推销、洽谈会推销等的效果。通过调研，以了解不同的商品采取什么样的推销活动最佳。第二种是人员推销所产生的反响和实际经济效果的调研，即评价人员推销目标的实现程度，如提高市场占有率情况、信息传递的“知晓度”等。

3) 营业推广活动调研

促销活动除了广告以外，还有优惠销售、有奖销售、现场演示、馈赠礼品等营销推广活动，其主要调研内容包括：进行优惠、赠品、有奖销售等方法以后销售额的增加幅度，消费者的反应是积极的还是漠不关心的，有多少使用其他品牌的消费者在上述促销活动以后，改用本公司的产品，改用本公司产品的顾客的反应程度如何，促销活动以后市场占有率的变化，竞争地位是否发生了变化。

7. 企业资源调研

调研分析企业内部能够影响新产品开发活动及其绩效的要素、力量和资源，找出资源优势和劣势，将现有能力与利用机会开发新产品所要求的能力进行比较，预测现有资源和能力与新产品开发的适应或匹配程度，找出差距，并制定提高相应能力的措施，是新产品开发调研中不可或缺的一个主要方面。企业内部资源调研主要包括对企业市场营销能力、财务能力、制造能力和组织能力等的调研。企业内部资源调研要素如表 3-1 所示。

表 3-1 企业内部资源调研要素一览表

主要项目	市场营销能力	财务能力	生产能力	组织执行能力
调研要素	公司形象 公司市场地位 品牌影响力 服务质量 创新政策 销售力量 地理优势	融资能力强弱 资金成本高低 资金秩序性大小 盈利能力大小	设备条件 生产规模 员工素质 技术和工艺 按时交货能力	领导者能力 组织结构 规章制度 企业文化 适应能力

3.1.4　市场营销调研的类型

区分不同的市场营销调研类型，是为了正确设计市场营销调研方案和保证市场营销调研的顺利实施。按照不同的标准，可以将市场营销调研分为不同的类型，如图 3-2 所示。

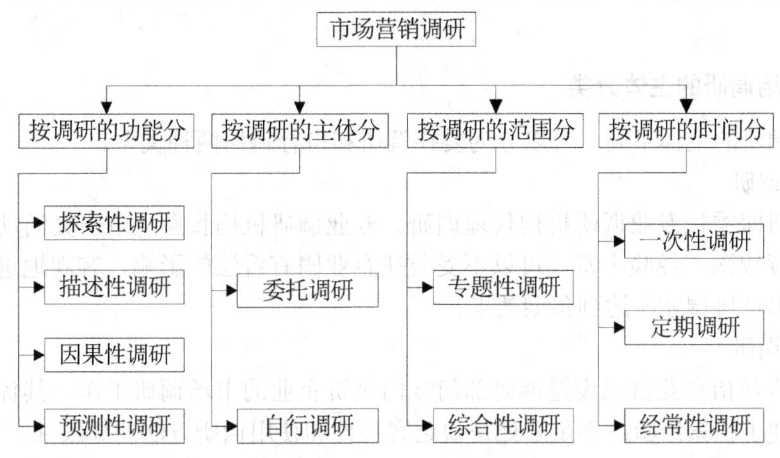

图 3-2　市场营销调研的类型

1. 按市场营销调研的功能分类

按市场营销调研的功能可分为探索性调研、描述性调研、因果性调研和预测性调研四类。其中，探索性调研的重点是“问题在哪”；描述性调研回答“是什么”；因果性调研重点是回答“为什么”；而预测性调研侧重定量研究，阐述“将来会怎样”。

1) 探索性调研

探索性调研是指对所研究的问题在不确定的情况下进行的试探性调研，掌握和识别所要研究的问题的基本特征和与之相关的各种影响因素，其目的在于发现问题，找出关键所在，明确调查对象，确定调查重点，为深入研究做必要的准备。探索性调研一般采用简便易行的方法，如第二手资料的收集、小规模的试点调研、案例分析法、定性调研、专家或相关人员的意见集合等。

2) 描述性调研

描述性市场调研是指对所研究的问题做出结论性的或准确的描述，使人们了解问题是什么样的。其目的是客观地反映研究对象的实际情况。按照描述的时空角度分类，描述性市场调研可分为时序描述和概观描述两类。所谓时序描述，又称时序分析或纵向分析，是指通过对一组固定样本的连续调研，分析和描述市场因素的变化趋势；而概观描述，也称横断面设计或横断面分析，是指通过对市场样本的时点调研或横断面调研，概括地描述市场的特征。常见的描述性调研有市场分析研究、销售分析研究、产品分析研究、销售渠道研究、价格分析研究、形象分析研究、广告分析研究等。

3) 因果性调研

因果性调研是指为了研究某种市场现象与各种影响因素之间客观存在的关系而进行的市场调研。因果性调研在探索性调研和描述性调研之后，即在探索性调研和描述性调研的

基础上进一步研究产生某种结果的原因，是对事物的更深入的认识，它要回答“为什么”的问题。

4) 预测性调研

预测性调研是指在说明研究对象的状况及变量之间关系的基础上，通过收集、分析和研究过去和现在的各种市场情况，运用预测方法，进一步研究和推测发展趋势的一种市场研究类型。

2. 按市场调研的主体分类

按市场调研的主体不同，可以分为委托调研和自行调研两种类型。

1) 委托调研

委托调研即委托专业调研机构代理调研。专业调研机构长期从事研究活动，专业技能强，专业程度较深，经验丰富，可以不受委托企业固有看法的影响，客观地进行调研，但需要与委托单位协调才能达到预期效果。

2) 自行调研

自行调研是指企业自己设置调研部门专门负责企业的市场调研工作。其优点是自行调研成本低，便于积累经验；不足之处是缺乏客观性和使用调研方法的局限性。

3. 按市场调研的范围分类

按市场调研的范围不同，可以分为专题性市场营销调研和综合性市场营销调研两类。

1) 专题性市场营销调研

专题性市场营销调研主要是为解决某个具体问题而进行的有针对性的市场营销调研。它所涉及的范围较小，研究目的明确，所需投入的资源较少，时间也较短。企业所做的大多数市场营销调研都是专题性的，如改变包装对产品销售的影响，对广告效果的评价，影响消费者购买某种产品的最主要的因素等。

2) 综合性市场营销调研

综合性市场营销调研一般是指企业为全面了解市场所进行的全面调研。企业开发某个新产品所进行或为进入一个新的市场领域所进行的市场营销调研属于这类调研。综合性市场营销调研涉及的问题比较多，时间长，费用高，决策难度大，风险也高。

4. 按调研时间分类

按调研时间分类，可分为一次性调研、定期调研和经常性调研三类。

1) 一次性调研

一次性调研又称临时性市场调研。市场范围、规模、交通条件等市场基本情况在一定时间内具有相对稳定性，又是企业进行经营活动的前提，针对其开展的市场调研属于一次性调研。例如，企业开拓新市场、建立新的经营机构或根据市场的特殊情况而要开展的临时市场调研活动。

2) 定期调研

定期调研是指企业针对市场情况和经营决策的要求，按时间定期所做的市场调研，其形式有月末调研、季末调研和年终调研等。

3) 经常性调研

经常性调研又称不定期市场调研，是指根据企业管理和决策的需要，随时开展的调研活动，每次调研的时间和内容不固定。

此外，对市场营销调研还可以从其他角度进行分类。如按空间层次可以区分为全国性市场调研、区域性市场调研、地区性市场调研；按照调研的对象可分为消费者市场调研、生产者市场调研；按产品品种可以分成服装、百货、鞋帽、五金、交电、食品等各类商品的市场调研等。

3.1.5　市场营销调研的作用

市场营销调研被视为企业的“雷达”或“眼睛”，其重要作用主要表现在以下几个方面。

1．有利于为企业决策或调整策略提供客观依据

经营决策决定了企业的经营方向和目标。它的正确与否，直接关系到企业的成功与失败。企业进行经营决策必须了解和掌握市场及其营销环境的基本状况及其发展趋势，了解和掌握企业自身的经营资源和条件，使企业的资源、活动范围和营销目标在可以接受的风险限度内与市场环境提供的各种机会相协调。进行系统、周密的市场调查和研究，为决策提供可靠的依据才能保证企业的经营战略方向是正确的，企业的战略目标是可行的，企业营销活动的中心和重点是符合市场要求的，企业的发展模式同外部环境是相适应的。

企业针对某些问题进行决策或修正原有策略，如产品策略、定价策略、分销策略、促销策略等，通常需要坚持不懈地进行市场调研，不断收集和反馈消费者及竞争者的信息，才能正确把握营销策略的制定和调整，从而在市场上站稳脚跟，立于不败之地。显然，科学决策或调整策略必须以市场调研为基本前提。

2．有利于企业发现市场机会

市场机会与市场营销环境的变化密切相关。通过市场营销调研，可以使企业随时掌握市场营销环境的变化，并从中寻找到新的市场机会，为企业带来新的发展机遇和新的经济增长点。随着科学技术的进步，新技术、新工艺不断涌现，企业只有通过市场调查，了解国际国内市场的需求情况，分析产品处在市场生命周期的哪个阶段，并分析市场空缺，才能确定在什么时候开发研制、生产和销售新产品，以满足消费者的需求，把握市场机会，使企业不断开拓新市场。

3．有利于进行准确的市场定位

企业要在竞争中求得生存和发展，关键是要比竞争者更好地满足目标顾客的需要。顾客的需求多种多样，而且会发生变化。企业只有通过市场调查，才能了解和掌握顾客的需求变化情况并进行准确的市场定位，只有提供其所需要的产品和服务，才能提高顾客的忠诚度，从而确立竞争优势，使企业在激烈的市场竞争中立于不败之地。

4．有利于企业建立和完善市场营销信息系统

市场营销信息系统是指由人、设备和程序组成的一个持续的彼此关联的结构，包括内部报告系统、营销情报系统、营销调研系统和决策支持系统四个子系统。其任务是准确、

及时地为营销决策者收集、挑选、分析、评估和分配有关信息。其中，营销调研系统是对特定的问题和机会进行研究，是非常重要的子系统。缺少它必然影响整个市场营销信息系统的运行，影响企业的生产经营正常进行。通过持续的、系统的市场营销调研，可以加深对市场机制作用及方式的了解，提高对影响市场变化的诸多因素及相互联系的认识，增强把握市场运行规律的能力，从而增强参与市场活动的主动性和自觉性，减少盲目性。同时，可以把握行业发展态势，了解消费者需求、竞争产品的市场表现，评估和监测市场运营情况，从而提高企业的经营管理水平。

3.2　市场营销调研流程

营销调研通常应根据不同客户的个性化需求有针对性地开展。它是一个由不同阶段、不同步骤、不同活动构成的动态过程，涉及调研内容的确定、样本量的确定、样本的抽取、问卷设计、调研方法选择、研究报告撰写等诸多方面。为保证调研活动的有效性，必须要对整个动态过程预先进行统筹规划，研究确定优选方案，并撰写调研策划书以便于管理人员决策与执行。

3.2.1　市场营销调研的程序

规范合理的工作程序是有效开展调研活动的必要条件之一。尽管国内外学者在营销调研程序所应包含的步骤方面尚存在不同看法，但对调研过程所涉及的基本环节、顺序等方面却有较为统一的观点。可以将营销调研程序划分为以下几个步骤来进行研究，如图 3-3 所示。

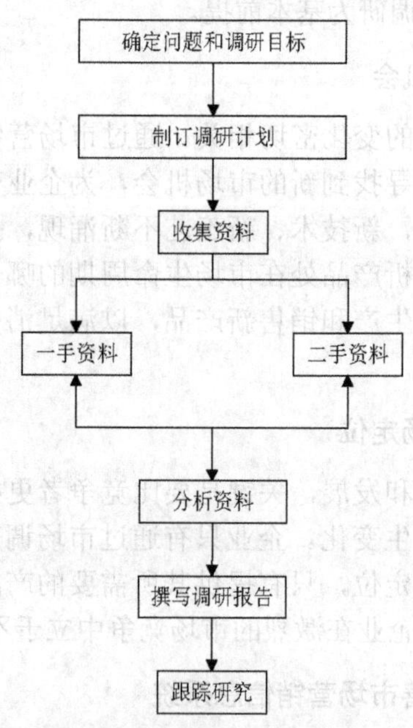

图 3-3　营销调研程序的步骤

1. 确定问题和调研目标

准确提出与界定研究问题是整个市场研究过程中最关键的一步。对研究问题的描述不够清晰或者问题的界定不正确都可能导致营销调研无法顺利进行、必要的决策所需信息不能取得、大量冗余信息及非必需的预算支出的产生。

通常，为了准确界定研究问题，调研人员需要对研究问题产生的背景有较深入的理解。比如，客户为什么要做营销调研；行业发展的基本状况与趋势；客户以往的经营情况、销售量、利润、市场占有率；可利用的资源(资金和研究技术)和面临的限制条件(成本和时间)；企业对市场前景的主观预测；客户要做的决策及要实现的目标是什么；现有顾客与潜在顾客的人数及地域分布、人口统计及心理统计特征、产品消费习惯等；相关的经济、法律环境等。

营销经理和市场研究人员一般需要借助二手资料收集和分析以及小范围的定性研究来进行背景分析。二手资料主要包括企业微观环境与宏观环境的内容，具体指企业内部有关生产、销售的记录与预测数据，外部有关政治、法律、人文方面的信息，有关产品的目标消费者的信息以及来自竞争者的消息尤为重要。小范围的定性研究经常通过与业内的专家以及其他有见识的人(比如关系良好的销售商等)的深度访谈或小组座谈来进行。将收集的二手资料与定性研究资料进行整理、分析，请企业决策者参与讨论，在财力的限制范围内归纳出问题要点。

营销调研人员必须解决的问题有两种类型，即营销管理问题与营销调研问题。营销管理问题以行动为导向，回答决策者需要做什么、可能采取什么行动，是决策者面对的问题，例如“是否应实施降价策略”、“是否应增加广告支出”等；营销调研问题则以信息为导向，涉及为解决营销管理问题到底需要什么信息、如何有效获取这些信息，是研究者面临的问题，例如“菜类产品的价格需求弹性”、“顾客消费行为中的广告支出效应”等(如表 3-2 所示)。因此，为了保障调研内容的合理性，首先必须做到准确地识别企业的营销管理问题，这是营销调研的出发点。

表 3-2　营销管理问题与营销调研问题之间的关系

营销管理问题	营销调研问题
是否推出一种新产品	确定消费者对此产品的偏好程度及购买意向
是否应进入新市场	确定市场规模、支付能力、竞争情况
是否应改变广告活动	确定现行广告活动效果
是否提高某产品价格	确定价格需求弹性、不同价格水平对销售和盈利的影响

营销管理问题的识别与确认步骤包括：①确定问题的征兆(如销售量、市场份额、利润等)。②列举产生征兆的各种可能原因(竞争者、顾客、企业自身及其他环境因素)，确认关键原因。③提出营销经理能接受的可能解决方案。

营销管理问题确认之后，研究人员应据此确定营销调研问题。其中，应遵循三个基本原则：①确保调研者获得营销决策所需的全部信息；②能指导调研者开展调研活动；③调研问题不能过于宽泛，也不能过于狭窄。

为了避免定义问题时过宽或过窄，可以将调研问题用比较宽泛的、一般的术语来陈述，但是同时具体地规定其各个组成部分。比较宽泛的陈述可以为解决问题提供较宽阔的视角，而具体的组成部分集中了问题的关键方面，从而可以为如何进一步操作提供清晰的指引路线。

营销调研目标是设计调研方案、编制调研策划书的重要依据。确定调研目标，就是指出在营销调研中要解决哪些问题，通过调研要取得哪些资料，获取这些资料有何用途。随着营销管理问题与营销调研问题的逐步明晰，营销调研目标便可相应得到确认。如某公司因原材料涨价导致利润降低，管理层考虑将成品提价，有关调研目标可描述为：通过对价格需求弹性的调研研究，确定不同价格水平对产品销售和盈利的影响，为公司制定合适的价格政策提供依据。

2. 制订调研计划

确定了调研问题和调研目标之后，研究人员便要着手设计详细的调研计划，编制营销调研策划书。调研策划书是指导调研活动开展的纲领性文件，一般应指明所要收集的具体信息、来源、采用的方法、时间进度、经费预算等。

1) 确定所需的信息资料及其来源

不同的调研项目所需的信息资料是大不一样的，但是按照来源可以归纳为两种基本类型，即一手资料和二手资料。一手资料也称原始资料，是指专为特定的研究目的而收集的资料；二手资料是指那些因其他目的而收集的资料。二手资料既可来自公司内部，也可来自公司外部。相对而言，二手资料的获得具有时间短、费用省的特点，因此它被研究人员广泛采用。但二手资料并不能完全满足特定研究项目的需求，因而一手资料的收集是必然的。

在一手资料的收集中还需进一步明确向谁调研和由谁具体提供资料的问题，即确定调研对象与范围。调研对象是根据调研目的、任务所确定的调研的范围以及所要调研的总体，它是由许多某些性质上相同的调研单位所组成的。

2) 确定收集资料的方法

二手资料的收集方法比较简单，比如网上搜索，查阅付费数据库，访问统计部门、图书馆等。一手资料的收集方法较多而且复杂，主要有访问法、观察法、实验法和一些特定的定性研究方法。

(1) 访问法主要是通过对受访者的询问获取信息，包括电话访问、邮寄访问、网络访问和人员访问，其中人员访问又包括入户访问、拦截访问和座谈访问。

(2) 观察法则是通过观察特定对象的行为来获取信息，按观察方式可分为人员观察和机器观察，按观察场所可分为购买现场观察和使用现场观察。

(3) 实验法是在一定的环境状况下，通过变量值的有目的调整，以确定不同变量相互间的影响和关系。

(4) 定性研究方法主要包括焦点小组访谈法、深度访谈法、投射法等。焦点小组访谈法主要通过小型座谈会的形式就某一个专题进行讨论从而获得对有关问题的深入了解；深度访谈法则是一种相对无限制的一对一深入的访谈、用以揭示对某一问题的潜在动机、态度

和情感；投射法通过给受试者一种相对无限制的、模糊的情景并要求其做出反应，从而探测其真实的情感和态度。

3) 确定获取信息的技术方案

在技术方案中应明确如何具体实施信息的收集、整理与分析。在信息收集方面往往涉及问卷设计、抽样方法的选择、样本容量的确定等问题；在资料整理与分析方面应明确资料处理的基本目标和要求、分析的具体方法等。

4) 制订时间规划

方案设计一旦完成，就应考虑进度安排和经费预算，以保证项目在可能的财力、人力和时间限制要求下完成。

在总体方案的设计或策划过程中，要制定整个调研工作完成的期限以及各个阶段的进程，即必须有详细的进度计划安排，以便督促或检查各个阶段的工作，保证按时完成调研工作。进度安排一般包括如下几个方面。

(1) 总体方案的论证、设计。

(2) 抽样方案的设计，调研实施的各种具体细节的制定。

(3) 问卷的设计、测试、修改和最后的定稿、印刷。

(4) 访问人员的挑选和培训。

(5) 调研实施。

(6) 调研数据的计算机录入和统计分析。

(7) 调研报告的撰写。

(8) 鉴定、论证、新闻发布会。

(9) 调研成果的出版。

最后两个方面的内容并不是每项调研都必须进行的，但前七个部分是一般抽样问卷调研必不可少的。

5) 制定经费预算

在进行经费预算时，一般需要考虑如下几个方面。

(1) 总体方案策划费或设计费。

(2) 抽样方案设计费(或实验方案设计)。

(3) 调研问卷设计费，包括测试费。

(4) 调研问卷印刷费。

(5) 调研实施费，包括访问员选拔、培训费、试调研费、劳务费、交通费、礼品或酬金费，复查费等。

(6) 数据录入费，包括编码、录入、查错等。

(7) 数据统计分析费，包括上机、统计、制表、作图、购买必需品等。

(8) 调研报告撰写费。

(9) 资料费、复印费、通信联络等办公费用。

(10) 专家咨询费。

(11) 劳务费(公关、协作人员劳务费等)。

(12) 上交管理费或税金。

(13) 鉴定费、新闻发布会及出版印刷费用等。

在进行预算时，要将可能需要的费用尽可能考虑全面，以免将来出现一些不必要的麻烦而影响调研的进度。例如，预算中没有鉴定费，但是调研结束后需要对成果做出科学鉴定，否则无法发布或报奖。在这种情况下，课题组将面临十分被动的局面。当然，没有必要的费用就不要列上，必要的费用也应该认真核算做出一个合理的估计，切不可随意多报乱报。不合实际的预算将不利于调研方案的审批或竞争。因此既要全面细致，又要实事求是。

客观上不存在唯一的调研计划方案，研究人员往往有很多的选择，每一种选择都会有其优缺点，这就需要调研人员进行综合的考虑和权衡。一般来说，主要需要权衡的是调研成本和调研信息的质量之间的关系，通常所获得的信息越精确，错误越少，成本就越高。若项目预算过高，则要修改设计方案以减少费用，或者改用较小的样本，或者用邮寄调研代替面访调研等。另外需要权衡的还有时间限制和调研类型，调研人员必须在很多条件的约束下，向客户提供尽可能科学的调研方案。

3. 收集资料

调研计划制订后，资料的收集是执行计划的第一个重要步骤。它是营销调研的核心阶段和主体部分，是研究人员根据调研方案采用各种手段和方法、通过各种途径和渠道获取所需信息的过程。有关方法和手段将在后面的章节中介绍。必须注意的是，在此阶段要尽量预防和控制非抽样误差的产生。非抽样误差是指由于抽样以外的因素而产生的误差。比如访问了错误的样本、访问对象不在、访问对象拒访或故意提供错误信息、访问员不诚实、访问员记录错误等。为了避免非抽样误差的产生，在资料收集过程中必须实施有效的组织管理与质量控制。专业的市场调研公司往往建立了严格的访问员管理制度及相关的工作流程。

4. 分析资料

资料收集完成以后，研究人员必须按照一定的标准和要求对所获取的各种一手资料和二手资料进行处理与分析，形成有用的信息，给出一定的结论，其中涉及的活动有资料的接收、编码、录入、统计预处理、统计分析等。

5. 撰写调研报告

在对所获取的资料进行深入的分析研究之后，研究人员应按照一定的格式和要求撰写营销调研报告并呈交客户。调研报告一般包括以下四部分。

(1) 序言，简单介绍有关调研项目的基本情况。

(2) 调研结果和结论摘要，简练和准确地概括市场调研的结果。

(3) 正文，准确载明全部有关论据，包括提出问题、结论、论证全过程、问题分析方法、可供决策者们不受支配地进行独立思考问题的全部调研结果，或重新提出具有个人创见的其他必要的信息。

(4) 附件，目的是集中所有论证、说明或深入分析报告正文内容所必须参考的资料。

6. 跟踪研究

营销调研报告的撰写与提交并不意味着营销调研过程的结束，有些调研项目还需要进一步实施追踪研究，以检查研究结论与现实状况是否存在偏差、偏差大小及其原因。这一方面有利于向客户或委托人提出改进建议，保证客户服务质量；另一方面可发现调研工作中存在的问题，从而改进调研机构的工作质量。

3.2.2 市场营销调研的方法

1. 询问法

询问法是将所要调查的事项以当面、书面或电话的方式，向被调查者提出询问，以获得所需要的资料，它是市场调查中最常见的一种方法。通常应该事先设计好询问程序及调查表或问卷，以便有步骤地提问。询问法主要可以用下列几种方式进行。

1) 面谈调查法

这种方法是将所拟调查事项，派出访问人员直接向被调查对象当面询问以获得所需资料的一种最常见的调查方式。这种方式具有回答率高、能深入了解情况、可以直接观察被调查者的反应等优点，相较其他的方法能得到更为真实、具体、深入的资料。但是这种方法也存在调查的成本高、资料受调查者的主观偏见的影响大等缺点。

2) 邮寄调查法

这是调查者把事先设计好的调查问卷或表格，通过邮局寄给被调查者，要求被调查人自行填妥寄回，借以收集所需资料的方法。其好处是调查范围大、成本低、被调查者有充分时间独立思考问题。同时存在所用时间长、受调查人文化程度限制、问卷回收率低等缺点，企业通常采用有奖、有酬的刺激方式加以弥补。

3) 电话调查法

通过电话和被调查者进行交谈以收集资料的方法。这种方法进行调查的主要优点是：收集资料快、成本低、电话簿有利于分类。其主要缺点是：只限于简单的问题，难以深入交谈；被调查人的年龄、收入、身份、家庭情况等不便询问；照片图像无法利用，这与访问法相比有隔靴搔痒之感；受电话装机的限制。

4) 混合调查法

三种询问调查方法混合起来加以综合使用。例如，派出专人访问，与收到邮寄调查表的人进行深入交谈，或在电话调查中发现线索再派专人出访。

2. 观察法

观察法是指研究者根据一定的研究目的、研究提纲或观察表，用自己的感官和辅助工具去直接观察被研究对象，从而获得资料的一种方法。科学的观察具有目的性和计划性、系统性和可重复性。

1) 常见观察法

常见的观察方法有以下几点。

(1) 直接观察法。直接观察是指观察员直接到销售、使用现场观察。其优点是：能通过观察直接获得资料，不需其他中间环节，因此，观察的资料比较真实。不足的是：受观察者本身限制，一方面人的感官都有生理限制，超出这个限度就很难直接观察；另一方面观察结果也会受到主观意识的影响。例如，企业派出若干观察员到出售本企业产品的商场、展销会，现场观察并记录顾客购买商品的习惯、态度、言行及使用商品的情况。

(2) 设计观察法。设计观察法是指调查机构事先设计模拟一种场景，调查员在一个已经设计好的并接近自然的环境中观察被调查对象的行为和举止。所设置的场景越接近自然，被观察者的行为就越接近真实。

(3) 掩饰观察法。众所周知，如果被观察人知道自己被观察，其行为可能会有所不同，观察的结果也就不同，调查所获得的数据就会出现偏差。掩饰观察法就是在不被观察人、物或者事件所知的情况下监视他们的行为过程。其优点是可以在自然状态下的观察，能获得生动的资料。

(4) 机器观察法。在某些情况下，用机器观察取代人员观察是可能的甚至是所希望的。在一些特定的环境中，机器可能比人员更便宜、更精确和更容易完成工作。但是也存在自身的局限性，即无法进行大范围的研究调查。

观察法分人工观察和非人工观察，在市场调研中用途很广。比如，研究人员可以通过观察消费者的行为来测定品牌偏好和促销的效果。现代科学技术的发展，人们设计了一些专门的仪器来观察消费者的行为。观察法可以观察到消费者的真实行为特征，但是只能观察到外部现象，无法观察到调查对象的一些动机、意向及态度等内在因素。

2) 注意事项

为了尽可能地避免调查偏差，市场调查人员在采用观察法收集资料时应注意以下几点。

(1) 调查人员要努力做到采取不偏不倚的态度，即不带有任何看法或偏见进行调查。

(2) 调查人员应注意选择具有代表性的调查对象和最合适的调查时间和地点，应尽量避免只观察表面的现象。

(3) 在观察过程中，调查人员应随时做记录，并尽量做较详细的记录。

(4) 除了在实验室等特定的环境下和在借助各种仪器进行观察时，调查人员应尽量使观察环境保持平常自然的状态，同时要注意被调查者的隐私权问题。

3. 市场实验法

市场实验调查法是指市场实验者有目的、有意识地通过改变或控制一个或几个市场影响因素的实践活动，来观察市场现象在这些因素影响下的变动情况，认识市场现象的本质和发展变化规律。

1) 常见的实验方法

实验调查法既是一种实践过程，也是一种认识过程，它将实践与认识统一为调查研究过程。市场实验调查的基本要素包括实验者、实验对象、实验环境、实验活动以及实验检测五个组成部分。常见的使用方法有以下几种。

(1) 实验室实验。实验室实验即在实验室内，利用专门的仪器、设备进行调研。比如，调研人员想知道几种不同的广告媒体进行促销宣传的优劣，便可通过测试实验对象的差异，评选出效果较好的一种广告媒体。

(2) 现场实验。现场实验是在完全真实的环境下，通过对实验变量的严格控制，观察实验变量对实验对象的影响，即在市场上进行小范围的实验。

比如，调研人员想要了解某种产品需求价格弹性，便可选择一个商店，选择几次不同的时间、同一产品安排几种不同的价格，通过分析顾客人数及购买数量的增减变化，即可得到所需信息资料。又如，某种产品在大批量生产之前，先把少量产品投放到几个有代表性的市场进行销售试验，看一看那里的销售反应如何，观察和搜集顾客对产品反映的有关资料。

(3) 模拟实验。模拟实验的基础是计算机模型。模拟实验必须建立在对市场情况充分了解的基础上，它所建立的假设和模型，必须以市场的客观实际为前提，否则就失去了实验的意义。

2) 市场实验法的优点及局限性

市场实验调查法是一种具有实践性、动态性、综合性的直接调查方法，它具有其他调查方法所没有的优点，同时也有自身的局限性。

(1) 市场实验调查法的优点。市场实验调查法，能够在市场现象的发展变化过程中，直接掌握大量的第一手实际资料。某市场现象的发展变化主要是由实验活动引发的，这是市场实验调查最突出的优点，也是其他调查方法不能做到的。

市场实验调查的另一个优点是能够揭示或确立市场现象之间的相关关系。因为市场实验调查不是等待某种现象发生再去调查，而是积极主动地改变某种条件，促进市场现象的发展，以达到实验目的。所以实验调查不但能够说明某市场是什么样，而且能够说明它为什么是这样。市场实验调查还具有可重复性，这使得实验调查的结论具有较高的准确性，具有较大的说服力。

市场实验调查还特别有利于探索解决市场问题的具体途径和方法。在进行商品生产和营销中，不论是从宏观管理还是从微观管理，都有很多具体的方针政策、措施方法等方面的问题，需要不断探索、研究和制定，实验调查法为此提供了重要的手段。因为只有经过实践检验的方针政策、措施方法，才能证明其正确性和可行性，实验调查过程恰恰起到了这个作用。

(2) 市场实验调查法的局限性。主要表现在实验对象和实验环境的选择，难以具有充分的代表性。实验调查的结论总带有一定的特殊性，其应用范围是很有限的。

实验调查中，人们很难对实验过程进行充分有效的控制。这是因为很多影响因素是无法也不能排除的，而对它们又很难一一测定或综合测定出来，因此准确区分和检测实验效果与非实验效果就很困难，在实验效果中往往混杂着非实验因素的影响结果。市场实验调查法对调查者的要求比较高，花费的时间也比较长。

3.3　市场营销调研方案设计

市场营销调研是针对企业特定的营销问题，采用科学的研究方法，系统地、客观地收集、整理、分析、解释和沟通有关市场营销各方面的信息，为营销管理者制定、评估和改

进营销决策提供依据。营销调研包括营销调研方案的设计、营销调研方案的可行性分析、营销调研问卷的设计、营销调研方案的评价等内容。企业要想获得成功，好的调研方案策划是必不可少的。

3.3.1 市场营销调研方案设计的内涵及意义

1. 市场营销调研方案设计的内涵

市场营销调研方案设计，就是根据调研的目的和调研对象的性质，在进行实际调研之前，对调研工作总任务的各个方面和各个阶段进行的通盘考虑和安排，提出相应的调研实施方案，制定合理的工作程序。也就是说，市场调研设计不是指营销调研工作过程的整体设计，而是指为了有效地收集和分析资料而预先确定的调查研究的类别及其基本模式。这种调研设计一般要提出某类调研的预期目标和形式，同时规定调研活动要获得什么、要做什么和如何做。

2. 市场营销调研方案设计的意义

市场营销调研方案是对市场营销研究活动的指导，它指导市场营销研究活动按计划去实现既定的目标。如果没有市场营销研究方案，就很难保证市场营销研究工作能满足决策者和管理层对信息的需要，或者需要承担更大的风险，付出更大的代价。所以，设计和制订一个好的市场营销研究方案有着重要的意义。它能保证研究目标的顺利实现，能提高研究活动本身的效率和有效性，具体有以下三方面。

1) 市场营销调研方案是统一所有有关人员认识的强有力工具

市场营销调研工作涉及委托调研的人员和被委托调研对象的情况。若是需要调研的机构决定由本机构自己进行调研，则包括该机构的有关决策人员和直接参加调研的人员。若是需要进行调研的机构决定委托专职的调研机构进行，则除了该机构内部有关的决策人员外，还包括被委托的调研机构中的有关决策人员和直接参与调研的人员。不论是哪一种调研方式，所有有关人员都需要事先统一认识，以便统一行动。在正式的市场调研工作进行之前所设计的调研方案正是统一所有人员认识的强有力工具。

2) 市场营销调研方案是使整个调研工作统筹兼顾、统一协调的有力保障

从整个调研过程来看，市场调研方案起着对调研工作的各个方面、各个环节和各类人员所进行的调研活动统筹兼顾、统一协调的作用。现代市场调研是一项复杂的系统工程，尤其是大规模的市场调研。在实际的市场调研过程中，各类人员之间可能会出现许多复杂的矛盾。例如，抽样调研中样本量的确定，按照抽样调研理论，可以根据允许误差和调研母体幅度的大小，应用公式计算出来，但这样计算出来的抽样数目是否可行，还受到调研经费和调研时间等条件的限制。样本数目是由直接参与调研人员所确定，而调研经费和调研时间一般是由调研机构的决策人员所决定的，这时在这两方面的人员之间就可能会出现矛盾和问题。再如，一项大型的市场调研，需要一个具有多功能的调研小组，既要有善于管理的组长，又要有擅长进行具体调研工作的人员，还要有善于写作的人员，而这些人员都需在某一方面具有一定的特长，他们可能在调研工作中难以相互合作，但是，如果事先

设计了调研方案，设置了调研工作流程，统一了认识，分清了各方的责、权、利，这类问题就可迎刃而解。

3) 市场营销调研方案是实现定性认识和定量认识有机结合的重要手段

市场调研方案设计是从定性认识过渡到定量认识的开始阶段。虽然市场调研工作所收集的许多资料都是定量资料，但应该看到，任何调研工作都是先从对调研对象的定性认识开始的，没有定性认识就不知道应该调研什么和怎样调研，也不知道要解决什么问题和如何解决。如要研究一个企业的生产经营状况，就必须先对该企业的生产经营活动过程的性质、特点等做详细了解，设计出相应的调研指标以及收集、整理资料的方法，然后再去实施市场调研。

3.3.2　市场营销调研方案设计的特点与原则

1. 市场营销调研方案设计的特点

1) 实操性

这是决定该市场调研方案实践价值的关键环节，也是任何一个实用性方案的基本要求。如果市场调研方案不实用，那么市场调研设计就是一大败笔，市场调研方案就失去了它存在的价值。

2) 全面性

调研方案设计本身带有一种全局性与规划性特点，它必须像指挥棒一样统领全局、直接调研目标并保证调研目的的实现，因此全面性是其又一个显著特征。

3) 规划性

市场调研方案设计本身正是针对整个调研统筹规划而出台的，是对整个调研工作各个环节的统一考虑和安排，未雨绸缪，谋划未来。

4) 最优性

调研方案的最后定稿是经过多方反复协调磋商、多次修改和完善而确定的，这样可以保证调研方案的效果最好而费用较少。作为商业调研机构，有时客户还会要求同时拿出两个以上的方案供其最后选择定案。

2. 市场营销调研方案设计的原则

1) 科学性原则

设计调研方案必须遵循科学性原则，这是毋庸置疑的。但在市场调研中，违背科学性的案例也有不少。例如，如何使用调研资料与采集这些资料的方法密切相关。如果希望用调研资料对总体的有关参数进行估计，就要采用概率抽样设计，并有概率抽样实施的具体措施。否则设计就是不科学、不完善的。再如，确定样本量是方案设计的一项重要内容，样本量的确定方式有多种，有些情况下需要计算，有些情况下可以根据经验或常规人为确定。如果调研结果要说明总体参数的置信区间，样本量的确定就必须有理论依据，即根据方案设计中具体的抽样方式及对估计的精度要求，采用正确的样本量计算方式。还有，在因果关系的研究中，为了验证事先的假设，有些调研需要采用试验法收集资料，社会经济现象中调研与实验室里的试验毕竟有很大差异，因为它不可能像实验室中那样能够把其他

影响因素完全控制住。但是如果采取试验法，就必须有因素控制设计的具体实施措施，选择的控制因素是合理的，符合假设中的理论框架，这样才能说明调研结果的有效性。

2) 可行性原则

设计调研方案必须依据实际情况，不仅要科学，而且要具有可行性。只有操作性强的调研方案才能真正成为调研工作的行动纲领。例如，进行概率抽样要具备抽样框。没有合适的抽样框，就难以实施真正的概率抽样。再如，对调研中的敏感性问题，受访者的拒访率通常是比较高的。如果这些敏感性问题不是特别必要，在设计中就可以删去，以便为调研创造一个宽松的环境。如果这些问题十分必要，不能删除，就要从可行性的角度想一些措施，降低问题的敏感性，使调研不会由此受到影响。如何控制其他影响因素，有没有操作性强的实施措施，如果设计的要求在实施中难以达到，调研的最终目标就无法实现。所以，调研方案各项内容的设计都必须从实际出发，具有可行性。尤其对一些复杂群体和复杂内容的调研，可行性是评价调研方案优劣的重要标准。

3) 有效性原则

市场营销调研方案设计不仅要科学、可行，而且要有效。对于有效性，不同的人可以给出不同的定义。这里的有效性是指在一定的经费约束下，调研结果的精度可以满足研究目的的需要。实质上，这是一个费用和精度的关系问题。人们都知道，在费用相同的条件下精度越高或在精度相同的条件下费用越少的调研设计越好。但实际中的问题可能要更复杂一些。可以说，设计是在费用与精度之间寻求某种平衡，而有效性则是进行这种平衡的依据。所以在方案设计中追求科学、可行的同时，还要考虑到调研的效率。能够很好地兼顾这些方面的调研方案就是较好的调研方案。

3.3.3 市场营销调研方案设计的内容

市场营销调研方案的设计是市场营销调研的前期准备工作。作为正式开展市场营销调研工作的整体规划，根据不同的市场营销调研目标或主题，调研方案的设计内容会不同，甚至相同的题目，也存在不同的设计方法。然而，以下的基本内容是必然要涵盖其中的。

1. 确定目标

识别研究问题是市场营销调研过程的第一个步骤，同时它也是制订市场营销研究方案的开始。在确定了市场营销研究的课题之后，还要进一步确定市场营销研究的目标。由于需要解决的问题不同，研究的课题也不同，目标也就有所不同。而且有的研究目标比较单一，有的比较复杂。例如，专题性研究的目标可能比较单一，而综合性研究的目标可能是一级目标的组合。

2. 确定所需的信息资料及其来源

不同的市场营销研究，所需的信息资料不同，所需的信息资料量也不同。市场营销研究的信息资料来源包括第一手资料和第二手资料。在制订具体方案时要将信息资料来源具体化，一般应本着先易后难、先近后远的原则，确定从什么渠道收集可行的信息资料。确定所需要的信息资料及其来源要兼顾需要和可能，要分析获取信息资料的成本。

3．确定研究对象

市场营销研究必须根据所需的信息资料及其来源确定具体的市场研究对象。在划定研究范围的基础上，应采取适当的抽样技术和抽样程序来确定样本规模，以保证所选取的样本能代表目标调研对象的总体。

4．选择资料收集方法

选择正确的资料收集方法，能提高工作效率。应根据资料来源和研究对象的不同采用不同的资料收集方法。例如，对第一手资料的收集，就可以采用访问法、观察法或者试验法。

5．设计问卷

在市场营销研究中，问卷的设计相当重要，因为在大多数情况下，市场营销研究的开展都要通过问卷的形式进行，问卷设计得好坏，将对研究结果产生直接影响。为了保证市场营销研究工作的顺利进行，为了使所收集的信息资料满足需要，为了使所收集的信息便于整理和分析，问卷一定要根据研究的目标来进行设计。

6．指定数据分析计划

数据分析是市场营销研究的重要内容，对收集的信息资料要进行加工处理，能充分地利用现代化的方法和手段。

7．人员的组织和资料的配备

市场营销研究是一项有组织的工作，其中人员的组织包括三个方面的内容：①合理确定研究人员的规模，即需要多少人来进行市场营销研究工作；②合理分工，确定每个人应完成的工作量；③要严格挑选参与研究的工作人员。

资料来源分为第一手资料和第二手资料。第一手资料是为当前的某种特定目的而收集的原始资料，第二手资料是在某处已经存在并已经为某种目的而收集起来的信息。资料无论来自哪里，都要注意资料的有效性和可靠性。确定资料配备方案，就是对资料的审核、订正、编码、分类、汇总、陈列等做出具体的安排。

总之，有效地组织和合理地资源分配是开展市场营销研究工作的前提。

8．事件计划和预算

市场营销研究具有明确的时间要求。在设计市场营销研究方案时，对每项工作的起始时间和进度都要精心计划、合理安排，要根据研究课题的难易程度来规划时间进度，要根据各项工作的难易程度来分配时间。

市场营销研究经费预算是市场营销研究的重要前提条件，如果没有研究经费，就不能开展任何形式的市场营销研究。在经费有限的情况下，要本着少花钱多办事的原则，合理分配，精打细算，提高资金的使用效率。

3.3.4　市场营销调研方案的可行性分析

调研方案常常不是唯一的，需要从多个方案中选取最佳方案。同时，调研方案的设计

也不是一次就能完成的，需要通过必要的可行性分析与评价，再对方案进行试行和修改，这是使调研方案具有科学性、实效性的必经步骤。

1．调研方案可行性分析的方法

调研方案的可行性分析主要有以下几种方法。

1) 逻辑分析法

逻辑分析法是指分析所设计的调研方案的内容是否符合逻辑和情理。比如，要求总的调研期限是一个月，而调研方案所确定的调研时间进度表中规定调研报告的撰写时间为10天。我们知道，调研工作主要由准备阶段、实施阶段和资料的分析处理阶段所构成。按照一般的逻辑和情理，在三个调研环节中，实施阶段用的时间应该占最大比例，而调研报告的撰写只是资料的分析与处理的一部分，它占用1/3的时间显然不合情理。

2) 经验判断法

经验判断法是指组织一些具有丰富调研经验的人士，应用他们的知识、经验和判断能力对调研方案进行初步的判断和研究，以说明方案的可行性。这种方法简便易行，费用低，时间短，但它具有较大的局限性，因为人们的知识、经验和判断能力是有限的，而且人们对事物的认识也是有偏差的。

3) 实验检验法

实验是调研方案可行性分析的重要步骤，对于大型调研更是不可缺的步骤，它可以真正检验出调研方案是否切合实际，哪些部分具有较大的可行性，哪些部分可行性较小，必须进行修改。

进行实验检验法需要注意：建立一支具有实干精神的实验团队；选择一个规模较小的具有典型代表意义的实验区域；必须认真分析实验的结果，找到方案成败的真正原因，充实和完善原调研方案。

显然，与前面两种分析方法相比，这种分析方法更科学、更有效，但它也更费时间和金钱。在实践中，对于中小型调研，主要应用前两种方法进行分析，而对于大型调研则需将三种方法结合起来应用。

4) 试点调研法

试点是整个调研方案可行性分析中十分重要的步骤，对于大规模的市场调研来讲尤为重要。试点调研法是在小范围内选择部分单位进行试点调研，对调研方案进行实地检验，目的是使调研方案更加科学和完善，而不仅仅是收集资料。在试点调研中重要的是选好试点。作为试点必须具备两个明显的特点：一是它的实践性，另一个是它的创新性。两者互相联系、相辅相成。试点可以为正式调研取得实践经验，可以修改、补充、丰富和完善对主体的认识，并把人们对客观事物的认识推进到一个更高的阶段。具体来讲，试点调研法的任务在于以下两点。

(1) 试点调研的目的在于对调研方案进行实地检验。我们的调研方案设计是否切实可行，可通过试点进行实地检验。检查调研目标的制定是否恰当，调研指标的设置是否正确，是否有哪些考核项目应该增加，哪些项目应该减少，哪些地方应该修改和补充等。试点工作完成后，要及时地提出具体意见和建议，对原方案进行修订和补充，以便使制订的调研方案既科学合理，又能解决实际问题。

(2) 试点调研还可以理解成空战前的演习，可以让我们在大规模推广应用之前及时了解

我们的调研工作哪些是合理的，哪些是薄弱环节。

试点工作也可理解为，在时间要求并不是那么紧迫的前提下，或者说在我们对方案的实施把握性不大、心中没底时所做的一种小范围测试。这样，万一失算也不会损失过大，而且这也是一种极好的调整方案的方法。

2. 调研方案的评价

对于一个调研方案的优劣，可以从以下几个方面进行评价。

(1) 方案设计是否体现了调研目的和要求。

(2) 方案是否科学、合理、完整和适用。

(3) 方案设计能否提高调研质量。

(4) 调研实效检验，即通过实践检验评价调研方案。

一般的市场调查方案评价表如表 3-3 所示。

表 3-3　市场调查方案评价表

被评人：________　　评价人：________　　填表日期：____年____月____日

整体评价(满分 10 分)	优　点	缺　点	修改意见	采纳意见
______分				

注：第 1 栏至第 4 栏由评价组填写，第 5 栏由被评组填写。

序号	项　目	得　分
1	题目设定准确(2 分)	
2	调查方案各部分齐全(10 分)	
3	调查背景合理、符合实际情况(5 分)	
4	调查目的明确，调查内容具体，能满足调查目的的需要(13 分)	
5	调查对象设定及选择合理、明确，符合调查目的，注明面向什么人和多少人调查，能完成调查目标(10 分)	
6	调查方法具体可行，能注明什么调查内容采用哪种具体调查方法(10 分)	
7	调查组织计划全面，能保证调查工作有质量、有效率地顺利完成(如注明人员配备和工作要求、调查质量控制措施、访问员的挑选和培训等)(10 分)	
8	调查进度安排完整，调查进程时间安排合理(5 分)	
9	资料的整理分析能考虑结合资料性质不同选择合适的方法(5 分)	
10	费用预算合理，能满足本次调查的需要(5 分)	
11	能注明提交调查报告的形式、份数、字数等要求(5 分)	
12	整个方案统一，各部分不存在矛盾，各部分之间关系紧密、一致(10 分)	
13	整篇文档语句通顺，无错字；序号使用统一、规范，层次清楚(5 分)	
14	版面设计合理，排版标准、美观(如字号、行距、缩进、字体等)(5 分)	
	合　计	

3.4 市场营销调研问卷设计

科学合理的问卷设计有助于调研工作的高效进行和调研目的的顺利实现，相反地，问卷设计的缺陷不仅会影响市场营销调研的其他环节，甚至有可能导致整个调查项目的失败，由此可见问卷设计对调查质量的重要作用。问卷设计涉及的知识面广泛，需要掌握高超的技术。问卷既要满足调查需要，又要照顾被调查者的感受。不同类型的调查项目，对问卷要求有较大的差异性。因此，了解问卷设计的诸种类型、熟悉问卷的基本结构、遵守问卷设计的基本程序、掌握问卷设计的相关技巧，是调研人员的基本职责和要求。

3.4.1 问卷的一般问题

1. 问卷的含义

问卷是调查问卷的简称，它是指调查人员根据调查目的和要求，设计出的由有关问题、备选答案及填制说明等部分组成的一种调研工具。调查人员在搜集第一手资料的过程中，对问卷的运用较为普遍。问卷不仅仅适用于邮寄调研和留置调研，而且还在入户访问、拦截访问、焦点小组访谈法和深度访谈法等多种调研形式中频繁出现。

2. 问卷的作用

有效的调查问卷设计是成功的市场调研的前提和基础，它是调查人员把握调研方向、控制调研进程、实现调研目的和要求的重要手段。具体来说，问卷的作用体现在以下几方面。

1) 实现调研目的和要求

调研目的和要求是指调查项目所要解决的主要问题，为便于调查，调研目的和要求必须具体化，转化为特定的问题。通过问卷设计，这一问题可以得到有效的解决。

2) 把握调研方向，控制调研进程

由于调研双方的信任度以及调研者的专业技能和调查对象的理解水准等因素的存在，有些调研(如邮寄调研、入户访问和拦截访问等)可能会失去控制，预先设计清晰明了的调研问卷是十分必要的。

3) 提高调研工作效率

问卷(尤其是封闭式问卷)便于回答，有利于数据的编码，也便于统计分析，因此节省了大量的调查时间，提高了调研工作效率。

4) 保证调研资料真实、准确和有效

问卷使问题和回答范围标准化，确保了问题环境的相似性和一致性，减少了由调查人员引起的计量误差。因此，可确保调研资料的真实、准确和有效。

3.4.2 问卷的类型

问卷的设计必须与调查目的和要求、调查主题、调查对象以及调查的方式相适应，因

而不同的研究问题、对象和方式适用不同的问卷类型。

1．根据使用问卷方法的不同分类

根据使用问卷方法的不同，可分为自填式问卷和访问式问卷。自填式问卷是由调查者发给(邮寄或网上提供)被调查者，由被调查者自行填答完成的一种问卷。报刊式问卷、邮寄式问卷和送发问卷均属于自填式问卷，自填式问卷是问卷调查的主要形式。访问式问卷是调查者事先设计好问卷，然后向被调查者当面提出问题，根据其口头回答由调查者代为填写完成的一种问卷。访问式问卷主要适用于派员访问调查、座谈会调查以及电话调查等。

由于这两类问卷的填制主体不同，所以它们在具体结构、问题类型、措辞以及版式等方面部会有所差异。一般来说，自填式问卷由于可以借助视觉功能，在问题的制作上要求格式清晰，内容详尽、全面，便于被调查者接受并正确理解和填答；而访问式问卷则更注重问卷的实地处理，灵活性较强。一般而言，访问式问卷要求简便，最好采用选择题进行设计。

2．根据问卷发放方式的不同分类

根据问卷发放方式的不同，可将调查问卷分为送发式问卷、邮寄式问卷、报刊式问卷、人员访问式问卷、电话访问式问卷和网上访问式问卷六种。其中前三类属于自填式问卷范畴，后三类属于访问式问卷。

(1) 送发式问卷是市场调研人员直接将调查问卷发送到选定的被调查者手中，待被调查者填写完毕后，再派专人收回问卷。

(2) 邮寄式问卷是通过邮局向选定的被调查者寄发问卷，被调查者按照问卷要求进行填写，并通过邮局寄还给调查者。

(3) 报刊式问卷是随报刊的传递发送问卷，并要求报刊读者对问题如实作答并回寄给报刊编辑部。

(4) 人员访问式问卷是由市场调研人员按照统一设计的问卷，向被调查者当面提出问题，然后再由调查者根据被调查者的口头回答来填写问卷的一种调查方式。

(5) 电话访问式问卷，是一种通过电话来对被调查者进行访问调查的问卷类型。

(6) 网上访问式问卷，它是将设计好的调查问卷通过各种网络传递给被调查者，被调查者点击回答之后，调查者通过有关程序来统计网上问卷的调查结果。

3.4.3　问卷的结构

问卷设计是一项十分重要和细致的工作，一份好的问卷应做到：主题鲜明突出，内容简明扼要，信息完整齐全，问题安排逻辑合理，填制简易，分析处理便利。因此，调研者必须把握好问卷的基本结构。问卷的一般结构通常包括六个部分，即前言、调查内容、样本特征资料、作业证明记载、计算机编号和结束语等。

1．前言

前言或称说明词，它是对调查项目的目的、意义及有关事项的说明，其主要作用是引起被调查者的重视和兴趣，争取他们的支持和合作。具体内容包括以下几点。

(1) 调查人自我介绍，包括对调查人员所代表的调研公司的介绍及本人的职务和姓名。

(2) 说明本项调查的目的、意义。

(3) 说明酬谢方式。

前言部分的文字应该简洁、准确，语气要谦虚、诚恳、平易近人。重要的是要有吸引力和可读性，以消除被调查者的疑虑，引起其重视，激发其参与意识，降低拒访率，取得其支持与合作。

2．调查内容

调查内容是调查问卷的主要部分，其篇幅也最大，它是整个问卷调查目的之所在。调查内容的设计优良与否，直接关系到整个调查过程的成败。调查内容主要包括以下几点。

(1) 根据调查目的而提出的各种问题。

(2) 各种不同问题的回答方式。

(3) 对回答方式的指导和说明。填表说明的目的在于规范和帮助受访者对问卷的正确理解与回答处理。尤其对自填式问卷，填表说明一定要清楚醒目，以免造成被调查者因理解错误而引起数据偏差或误差。

3．样本特征资料

样本特征资料是问卷所要搜集的辅助资料，被调查者往往对这部分问题比较敏感，但这些问题与研究目的密切相关，它有利于对问题的理解与分析。对消费者个人而言，如他(或她)的性别、年龄、婚姻、受教育程度、职业、收入等；对企业而言，如营业面积、企业类型、职员收入等。

4．作业证明记载

它是用来证明访问作业的执行、完成、修正等情况。作业证明记载的内容包括以下几点。

(1) 受访者姓名、电话。

(2) 访问的地点。

(3) 访问的时间。

5．计算机编号

计算机编号是为了对问卷调查结果资料进行计算机统计处理和分析，面对间接的有关项目预先做好的计算机编码。

6．结束语

结束语是在调查内容完成之后，简短地对被调查者表示谢意，或征询被调查者对本问卷的看法和感受。

3.4.4 问卷设计的程序

问卷设计是一项十分严谨和规范的工作，科学性、专业性和可行性是问卷设计的基本

要求。为此，调研人员必须明晰问卷设计的基本程序。

1．明确调研目的和主题

问卷设计的第一步就是界定调研目的和主题，据此确定所需要的调研的信息。调研目的和主题应始终贯穿于问卷设计的全过程，任何与调研目的和主题无关的问题都必须坚决摒弃。调研目的和主题清晰明确，调研人员才能把握调研方向，提高调研效率。

2．确定调查方式和问卷类型

根据调研目的和主题，确定所需的调研信息。确定了所需的调研信息以后，就要确定调查方式和问卷类型，不同的调查方式所采用的问卷类型是不同的。事实上，在街上进行拦截访问使用的问卷应比入户访问的问卷更简单明了，因为有时间限制；而邮寄调研问卷较之于深度访谈使用的问卷则需详细具体，无法现场沟通始终是调研人员必须面对的一个棘手问题。

3．确定问题的内容

问卷设计的一项关键工作就是确定问题的内容。在确定问题的内容时，应注意以下两点。

(1) 确保问题与调研目的和主题有关。与研究目的无关的问题，不仅增加了调研双方的负担，也浪费了时间和费用，必须坚决予以剔除。

(2) 问题的内容应易于理解、便于回答、愿意回答。问题与被调查者有关，才能引起被调查者的兴趣；问卷简短，被调查者易于回答；问题内容不涉及个人隐私，被调查者就愿意回答。

4．确定问题的回答形式

问题回答形式指研究与设计什么方法，让被调查者表达其意见。回答形式主要有开放性问句与封闭性问句两种。

1) 开放性问句

开放性问句是一种应答者可以自由地用自己的语言来回答和解释有关想法的问题，也就是说，调研者没有对被调查者的答案做任何的限制。

2) 封闭性问句

封闭性问句是一种需要应答者从事先给定的一系列应答项目中做出选择的问题。这种问句易于回答，便于统计。

5．决定问题的措辞

问题的措辞直接影响被调查者对接受调研的态度、对问题的正确理解和回答问题的准确程度等，调研人员必须认真斟酌。其中，用词必须清晰明了；语气客观中立，不具诱导性；应答者能够理解、愿意接受和准确回答。

6．问卷的排版和布局

问卷的设计工作基本完成之后，便要着手问卷的排版和布局。总的要求是整齐、美观，

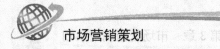

便于阅读、作答和统计。

7. 评价问卷

问卷草稿设计完成后，设计人员应对问卷内容做有关评估，以检验其是否科学、专业、合理与可行。评估时应考虑以下几点：问卷问题的必要性与相关性；问卷长度的合理性；问卷信息的完整性与全面性；问卷形式的美观性与可读性等。

8. 预先测试和修订

问卷设计完成后，在进行正式的询问调查之前，还必须预先进行小范围的测试。测试形式一般应接近于最终访问的形式，或者入户测试，或者街头拦截测试。测试目的在于发现问卷的错误和缺陷，以图对问卷进行相应的修订。

9. 打印、校对和装订问卷

问卷设计完成之后，要对其进行仔细地检查，检查完毕之后进行打印和装订。

3.4.5 问卷设计

问卷调查是目前调查业广泛采用的调查方式——由调查机构根据调查目的设计各类调查问卷，然后采取抽样的方式(随机抽样或整群抽样)确定调查样本，通过调查员对样本的访问，完成事先设计的调查项目，最后，由统计分析得出调查结果的一种方式。它严格遵循概率与统计原理，因而，调查方式具有较强的科学性，同时也便于操作。这一方式对调查结果的影响，除了样本选择、调查员素质、统计手段等因素外，问卷设计水平是其中的一个前提性条件。

1. 问句的含义

问句是指调研员根据调研目的和要求，为有效地收集调研资料而有针对性设计的调研语言文字和图表模型等。问卷中的问句不单指询问的语句，还包括将要记录的答案、计算机编号和说明怎样回答等部分。

例如，通常您每天花费多少时间进行体育运动？(请在括号内打上“√”)

a．半小时以内(　　)　　　　b．半小时到一小时(　　)

c．一小时到两小时(　　)　　d．两小时以上(　　)

以上的问、答和说明就构成了一个完整的问句。

2. 问句的类型

理想的问句设计应该既能使调查人员获得所需的相关信息，同时被调查者又能轻松、方便地回答问题。这就要求调查人员能依据调查内容的具体要求，设计选用合适的问句进行调查。问句的类型很多，根据其构造的形式、收集资料的性质以及运用的技巧不同等，可将问句分为如下种类。

1) 按照问句内容的结构不同划分

(1) 组织化——非伪装问句。这是运用最广泛的一类问句，组织化指的是有系统地询问

并系列式地记录答案；非伪装问句是指把询问的目的也就是答案在问句中明确地指出。

例如，针对当地一家发行量最大的报刊，设计如下问句。

上一个月中，您阅读过这家报纸多少次？

报纸是您自家订阅抑或零买，还是从他处看到的？

您是在家里抑或工作场所，还是其他地方阅读？

(2) 非组织化——非伪装问句。这类问句多用在做深度访谈时，作为预备调查或试探性调查、询问和记录，不做系统的处理，并且在问句中标明了答案。例如：

您认为顾客选购家电时最注重的因素是什么？(　　)(多选)

a．功能　b．款式　c．价格　d．品牌　e．色彩　f．其他(请说明)

(3) 非组织化——伪装问句。这类问句多用在采用联想技法的时候，或者是利用叙述故事来引发被调查者潜在的态度。这类问句不明确标明答案。例如：

你看到某大学的广告是怎样介绍其办学优势的？

(4) 组织化——伪装问句。这类问句是系统地询问，但不指明答案，一般运用得较少。在拟定初步问卷时可以看到，目的是为了获得尽可能详细的答案。例如：

① 您现在购买什么品牌的牛奶？

② 购买这种品牌的牛奶多久了？

③ 它的优点是什么？

④ 它的缺点是什么？

2) 按照问句收集的资料性质划分

(1) 事实问句。事实问句是要求被调查者依据现有客观事实来回答问题，不必提出主观看法。诸如“你使用的牙膏是什么品牌？”“你家庭的人口有多少？”“你的年龄是多少？”等。事实问句的主要特点是问题简单，回答方便，调查覆盖面广，结果便于统计处理。但也存在着不足，如由于时间长等原因，被调查者对某些事实记忆不清；或由于某些心理因素的影响，而使被调查者的回答结果在一定程度上失真。

(2) 意见问句。意见问句主要是用于了解被调查者对有关问题的意见、看法、要求和打算。例如，“你希望购买哪种品牌的手机？”“你打算何时购买高级职业装？”等。意见问句的主要作用在于帮助调查人员了解被调查者对商品(或服务)的需求意愿，使营销者不断改进产品设计、经营适销对路的商品，从而增强企业的生存和发展的能力。但它也存在着不足：①这类询问仅能了解调查者的意见、看法，而无法知晓产生这些意见、看法的内在原因。②这类问题在一定程度上受心理因素的制约和影响。如了解“你会不会为了找工作而去美容”这一类问题时，被调查者会因涉及个人隐私而拒绝回答或不认真回答。

(3) 解释问句。解释问句主要是用于探询被调查者的行为、意见、看法产生的真实原因，这类问句可以在一定程度上弥补事实问句和意见问句存在的缺陷。如前面提到的意见问句“你打算何时购买高级职业装？”若想进一步了解购买行为的原因，可提出“您购买高级职业装的理由是什么？”又如“你为什么选用‘海信’等离子电视？”等都属于解释性问句。

解释问句的主要作用是深入地了解消费者的心理活动，从而找到问题及问题产生的原因，为解决问题提供有针对性的依据。但它也存在着不足，如结果较为复杂，尤其是开放性的阐述问句，答复的结果不易整理，增添了统计工作的难度。

3) 按照问句答案设计的不同划分

(1) 开放性问句。开放性问句是由被调查者用自己的语言自由回答，自由决定回答的角度、形式、长度和细节，而非在固定选项中选择的一种问句，也称开放式问题。

例如，A：您最想去的国内旅游景点是哪里？

B：您认为国内物流业存在的最大问题是什么？

C：您假期最想做的一件事是什么？

(2) 封闭性问句。封闭性问句也称封闭式问题，给出固定选项，要求被调查者从中选择或由调查员根据被调查者的回答选择，主要形式有两项选择题、多项选择题、排序题等。

例如，A：您有没有买小汽车？(　　)

a．有　　b．没有

B：您若购买小汽车，主要考虑哪些因素？(　　)(可多选)

a．服务保障　b．价格　c．质量　d．品牌　e．颜色　f．舒适

C：您喜欢什么颜色的汽车？(　　)

a．黑色　b．白色　c．黄色　d．蓝色　e．红色　f．其他

3．问卷设计的技巧

在问卷调查中，问卷设计是非常重要的一个环节，直接决定着市场营销调研工作的成效。问卷的完美程度，反映了调研人员的专业水准。因此，掌握问卷设计过程中的各种技巧，对调研者来说是必需的，同时也是十分重要的。

1) 确定问题内容的技巧

在确定问卷所包含的问题内容时，要做到两个确保：一是确保问题内容与调研目的和主题有关；二是确保问题能明确地传达给被调查者，以取得真实、准确的答案。

确定问卷中各问题内容的技巧有以下几点。

(1) 问题是否必要，做到问题数量的合理化、逻辑化与规范化。问题的形式和内容固然重要，但是问题的数量同样是保证一份问卷调查是否成功的关键因素。由于时间和配合度的关系，人们往往不愿意接受一份繁杂冗长的问卷，即使接受，也不可能认真地完成，这样就不能保证问卷答案的真实性，因此与研究目的和主题无关的问题应该坚决剔除。同时在问题设计的时候也要注意逻辑性，不能产生矛盾。为了使被调查者能够更容易回答问题，可以对相关类别的题目进行排列。

(2) 问题的内容被调查者能否回答。被调查者不了解问题的含义，因而判定不了或难以说出确切的信息。这是调研中常见的困惑，因为问卷设计人员最可能构造出使被调查者凭“感觉”回答的问题。为此，应做到：①要具体，不要笼统。例如，“您对本饭店是否满意？”此问句较为笼统，哪方面满意？是指安全、娱乐、服务、卫生还是饮食？那些对安全和卫生感到满意，而对服务和饮食不满意的被调查者无疑会认为这是个“难”题。②不用程度副词。例如，“您是否经常出外旅游？”被访者无法判断“经常”是指每月一次呢？还是半年一次？③不用抽象概念。例如，“您喜欢和哪类气质的人交往？”“气质”虽然很熟悉，但同时也很抽象，甚至调研设计人员自己也说不出确切的含义。

(3) 被调查者虽了解问题的含义，愿意回答，但已记不清应有的答案。被调查者愿意回答，但无能力回答，包括被调查者不善于表达、不适合回答和不知道自己所拥有的答案等。被调查者了解问题的含义，也具备回答的条件，但也可能不愿意回答，即拒答。原因可能是被调查者对问题毫无兴趣。例如，“您想购买多少价位的小汽车？”这对目前拿低保费生活的被调查者来说，实在是一个很烦恼的问题。

(4) 问卷太长，内容过多，被调查者有畏难情绪。

(5) 对问题内容有所顾忌。一般而言，关于金钱、家庭生活、收入、健康等问题，人们往往不愿意回答。

(6) 问题是不是需要被调查者先搜集资料然后才能回答。如果所问问题专业性较强，需要被调查者查询资料或仔细思考才能回答，被调查者也会产生畏难情绪，往往不愿接受这样的调查。

确定问题内容时，既不要为节省成本而忽略重要信息，也不要为多获取信息而忽略可行性，盲目地增加题量。二者必须相互兼顾。

2) 确定各个问题形式的技巧

问题的形式是指研究者设计什么模式，让被调查者表达其意见或选定其答案。问题的形式主要有两种：开放性问句和封闭性问句，二者有不同的特点与要求，因而有着不同的适用范围。对此，调研人员必须注意选择问题形式的相应技巧。

3) 确定每个问题措辞的技巧

问题的措辞，就是将已定类型和内容的问题转化为标准提问的依据以及被调查者能够理解并据其回答的问题。表面看来，措辞不过是确定用词语气，然而其作用却至关重要。相同的问题，措辞不当往往会使被调查者误解题意，可能得到完全不同的结果，引起计量误差，从而直接影响数据质量。措辞不当甚至还会造成被调查者拒绝回答，事后弥补非常困难，成本太高。因此，问题措辞时应当注意相应的技巧。

(1) 措辞具体而不含糊。有时问卷选项经常显得模糊不清，这是因为它们太概括了。例如，某饮料厂设计一个开放性问句“当您口渴的时候，您想喝什么？”其中“想喝什么”就是一种模糊语言，被调查者不知道指的是喝水、喝饮料还是喝酒？所以很难对回答结果进行统计归类。问题应改为“当您口渴的时候，您想喝什么饮料？”

(2) 避免双管问题。确定问题内容时原则上应一题一问，尽量避免一题多问。一个问句一次涉及了好几个问题，就被叫作双管问题，这种问题应该尽量避免，因为对它的回答只会含糊不清。例如，针对“您认为某某产品是否价廉物美？”这一封闭性问句，被调查者在选择“是”或者“否”的答案时就会犹豫不决。其实，该问句可设计为两个问题。

① 您认为某某产品的价格是否合理？

② 您对某某产品的质量是否满意？

(3) 注意适应不同地区文化差异的影响。例如，要了解“您爱人的工作单位”，可能会招致港澳地区的被调查者的拒绝回答。而在信仰伊斯兰教的人眼里，您提出的“目前的猪肉市价是否合理”，也会引起他(她)们的极大不快。

(4) 避免使用行业性或专业性术语。由于被调查者的知识水平和实践经验存在很大的差异性，因而对问题的理解程度就有所不同，行业性或专业性的问卷词语势必会影响被调查

者对问题的正确理解。因此，调研人员应尽量规避使用行业性或专业性术语。例如在对零售商调查中，“品牌形象”、“市场定位”、“边际分析”、“CI战略”等语言对于一个商店的自主经营者来说可能不是同样的意思，甚至根本理解不了。

(5) 避免复杂性，使用简单、对话的语言。问卷中使用的措辞，应该是所有应答者都很容易理解的。调研人员任务的困难之处通常在于，要采用较低教育水平的人们的对话语言，而不要高人一等地对更高教育水平的应答者说话。被调查者顺利且充分理解问句的含义，是问句设计的基本原则。句子越复杂，被调查者出错的潜在可能性就越大。为此，句子应简单明确，要尽量通俗化、口语化。

(6) 避免过于笼统、抽象的问题。如“你对某商品的印象如何？”这样的问题过于笼统，很难达到预期效果。该问题可具体细化为多个问题：“你认为该商品价格是否合理？”“你认为该商品服务是否到位？”“你认为该商品的包装如何？”等。

(7) 避免使用诱导性问句。诱导性问句是指这一问题已事先对被调查者做了提示从而影响其客观回答，使调研结果出现误差。因此，设计中宜使用中性语言，即问题要设置在中性位置、不参与提示或主观臆断，完全将被访问者的独立性与客观性摆在问卷操作的限制条件的位置上。问题中出现褒义词或贬义词等都会影响被调查者的回答。

(8) 谨慎处理涉及隐私或敏感性问题。如果一个问题令应答者感到尴尬，就可能得不到答案或者只会得到一个有偏差的回答。这种情况在个人或分类数据中尤其普遍，例如年龄、收入或教育。要减轻这个问题，可以通过一个陈述引入问卷部分。例如，“为了帮助对你的答案进行分类，我们想问你几个问题。同样，你的答案将会得到严格保密。”

(9) 避免可能折磨应答者记忆力的繁重问题。人类生活的一个简单事实就是人们容易遗忘。调研人员在编写关于过去行为或事件的问题时，应该意识到特定的问题可能对应答者的记忆力要求过高，这就需要尽量使遗忘这个问题最小化。例如，“请问您自去年以来，用过什么品牌的洗发水？”

(10) 问题不宜假定，使被调查者能准确回答。例如，“假定您是部门主管，您急需解决哪一个问题？”或者“假定您是企业经理，您会给员工加薪吗？”由于被调查者事实上不是部门主管或企业经理，可能会对这一问题做出不负责任的回答。

4．确定问卷版面格式的技巧

问卷的版面格式将影响调查者询问或被调查者答题时的意愿及情绪，从而影响调查的质量。确定问卷的版面格式时应注意以下技巧。

(1) 问卷外观要整齐清楚，注重纸质及印刷质量，低档的纸张和粗糙的印刷会引起副作用。

(2) 适当的图案或图表会调动被调查者的积极性。

(3) 问卷应有足够的空间供填写答案用，同时考虑数据处理的方便性。

(4) 重要的地方要加以强调，引起被调查者的注意。

(5) 避免将一个题目印到两页，各题之间应有一定的间隔，以增加可读性。

(6) 装订好问卷，防止数据丢失。

本章小结

市场营销调研，即市场营销调查与研究的简称，是指个人或组织为某一个特定的营销决策问题而进行的收集、记录、整理、分析、研究市场的各种状况及其影响因素，并由此得出结论的系统活动过程。

消费者需求是企业一切活动的中心和出发点，因而调查消费者或用户的需求，就成了市场调查的重点内容。而与本行业有关的社会商品资源及其构成情况，有关企业的生产规模和技术进步情况，产品的质量、数量、品种、规格的发展情况，原料、材料、零备件的供应变化趋势等情况，通过市场调研企业能从中推测出对市场需求和企业经营的影响。了解商品销售渠道的过去与现状、推销机构和人员的基本情况、销售渠道的利用情况、促销手段的运用等问题也是使企业进行营销调研的重要因素。

本章在阐述了市场营销调研的概念、程序、市场调研策划书的结构的基础上，重点介绍了市场营销调研方案策划的含义、原则、内容与可行性分析。在章节的最后，还介绍了市场营销调查问卷的设计方法。通过本章的学习，要求掌握市场营销调研的内容、方案设计、问卷设计、实施调研数据分析和撰写市场营销调研报告的技能，并能在实际工作中加以运用。

思考与练习

1. 市场营销调研应遵循哪些原则？
2. 市场营销调研按照不同的分类标准有哪些类型？
3. 市场营销调研有何作用？
4. 如何进行市场营销调研的方案设计？
5. 如何有效实施市场营销调研？
6. 试述营销调研方案设计的内容。
7. 如何进行营销调研方案的可行性分析？
8. 如何进行营销调研问卷的设计？

第 4 章　市场定位策划

【学习目标】

- 掌握市场细分的原则。
- 掌握目标市场的概念。
- 掌握市场定位的概念。
- 掌握市场定位策划的内容。
- 掌握市场定位策划的流程。
- 熟悉市场定位的策略。

市场定位是企业及产品确定在目标市场上所处的位置。市场定位是由美国营销学家艾尔・里斯(Al Ries)和杰克・特劳特(Jack Trout)在 1972 年提出的，其含义是指企业根据竞争者现有产品在市场上所处的位置，针对顾客对该类产品某些特征或属性的重视程度，为本企业产品塑造与众不同的，给人印象鲜明的形象，并将这种形象生动地传递给顾客，从而使该产品在市场上确定适当的位置。

市场定位并不是你对一件产品本身做些什么，而是你在潜在消费者的心目中"做些什么"。市场定位的实质是使本企业与其他企业严格区分开来，使顾客明显感觉和认识到这种差别，从而在顾客心目中占有特殊的位置。市场定位的目的是使企业的产品和形象在目标顾客的心理上占据一个独特、有价值的位置。

面对日益激烈的市场竞争，企业只有更好地做好市场定位策划，才能在更短的时间内占据销售主动权，从而抢占消费市场。

4.1　市 场 细 分

市场细分是市场营销战略中最核心的部分，对企业的成败关系重大。任何企业在资源有限的情况下，其能力必然是有限的，只能有选择地去经营。所以如何选择，如何判断是企业的决策者面临的最大的挑战。通俗来讲，市场细分是决定放弃什么、保留什么的科学依据。

4.1.1　市场细分的概念

市场细分理论是由美国著名市场学家温德尔・斯密(Wendell R. Smith)在 20 世纪 50 年代中期提出来的。所谓市场细分，是指根据整体市场上顾客需求的差异性，以影响顾客需求和欲望的某些因素为依据，将一个整体市场划分为两个或两个以上的顾客群体，每一个需求特点相类似的顾客群就构成一个细分市场或子市场。在各个不同的细分市场上，顾客的需求有较明显的差异，而在同一细分市场上需求基本相似。

市场细分不是通过产品分类来细分市场，如汽车市场、服装市场、粮食市场等，它是按照顾客需求爱好的差别，求大同存小异来划分市场。市场细分是识别具有不同需求和欲望的购买者或用户群并加以分类的活动过程，其目的是使企业选择和确定目标市场，实施有效的市场营销组合，从而以最少、最省的营销费用取得最佳的经营。市场细分理论的提出被视为是营销学的第二次革命，是继以消费者为中心的观念提出后对营销理论的又一次质的发展，它的出现使营销学理论更趋于完整和成熟。

市场细分不是从产品出发，而是从区别消费者的不同需求出发。它是以消费者的需求差异为出发点，根据消费者购买行为的差异性，把消费者总体市场划分为许多类似性购买群体的细分市场，如图 4-1 所示。

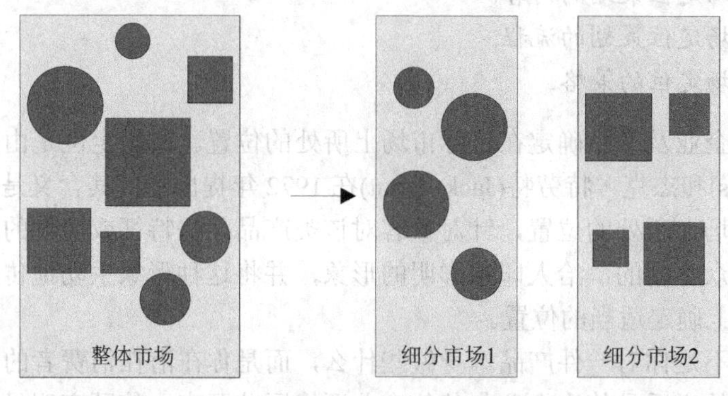

图 4-1 市场细分

市场细分是企业市场定位的第一步。市场上有成千上万的消费者，他们的需求和欲望千差万别，且随着环境因素的变化而不断变化，任何一个规模巨大的企业、资金实力雄厚的大公司，都不可能满足复杂多变的大市场上全部顾客的所有需求。另外，由于各个生产企业的资源、设备、技术等方面的限制，也不可能满足全部顾客的不同需求。所以，企业首先要进行市场的细分，在细分的基础上，根据自身的优势条件，找到适合自身生产和营销活动的目标市场。

4.1.2 市场细分的发展历程

从总体上看，有什么样的市场条件，就会产生什么样的营销战略思想。市场细分战略作为现代市场营销理论的产物，其产生与发展经历了以下几个主要阶段。

1. 大量营销阶段

19 世纪末 20 世纪初，西方经济发展的重心是速度和规模，企业市场营销的基本方式是大量营销，即大批量生产品种规格单一的产品和通过大众化的渠道推销。由于大量营销方式降低了成本和价格，在当时的市场环境下，获得了较丰厚的利润。不难看出，在大量营销的环境下，企业没有必要、也不可能重视市场需求的研究，市场细分战略不可能产生。

2. 产品差异化营销阶段

在 20 世纪 30 年代，发生了震撼世界的资本主义经济危机，西方企业面临产品严重过剩问题。市场迫使企业转变经营观念，企业营销方式经历了从大量营销向差异化营销的转变。产品差异化营销较大量营销是一种进步，但是，由于该策略的前提是以企业现有的能够提供的设计、技术为基础进行的生产，结果是使企业向市场推出了具有不同质量、外观和品种规格等与竞争者不同的产品或产品线。由于其产品差异化缺乏市场基础，因此不能大幅度地提高产品的适销率。由此可见，在产品差异化营销阶段，企业仍没有重视市场需求的研究，市场细分战略仍无产生的基础和条件。

3．目标营销阶段

20世纪50年代以后，在科学技术革命的推动下，生产力水平大幅度地提高，产品日新月异，生产与消费的矛盾日益尖锐，以产品差异化为中心的推销体制远远不能解决西方企业所面临的市场问题。于是，市场迫使企业再次转变经营观念和经营方式。由产品差异化营销转向以市场需求为导向的目标营销，即企业在研究市场和细分市场的基础上，结合自身的资源与优势，选择其中最有吸引力和最能有效地为之提供产品和服务的细分市场作为目标市场从事经营，设计与目标市场需求特点相互匹配的营销组合等。于是，市场细分战略应运而生。

市场细分理论的产生，使传统营销观念发生了根本变革，在理论和实践中都产生了极大的影响，以至于被西方理论家称之为“市场营销革命”。

市场细分化理论产生之后经过了一个不断完善的过程。最初，人们认为把市场划分得愈细愈能适应顾客需求，从而取得更大收益。但是，20世纪70年代以来，由于能源危机和整个资本主义市场不景气，营销管理者深感过分地细分市场必然导致企业总经营成本上升，进而导致总收益下降。因此，西方企业界又出现了一种“市场同合化”的理论。这一理论不是对市场细分化理论的简单否定，而是从成本和收益的比较出发，主张适度细分，是对过度细分的反思和矫正。而这一理论在20世纪90年代全球营销环境下，又有了新的内涵，适应了全球化营销趋势的发展。

4.1.3　市场细分的客观基础

1．消费者需求的差异性

由于消费者需求千差万别和不断变化，使得消费者需要的满足呈现差异性。人们的需求偏好可分为三种模式。

(1) 同质偏好型，即市场上的所有消费者有大致相同的偏好。

(2) 分散偏好型，即市场上的消费者对产品的不同属性要求非常分散，显著。

(3) 集群偏好型，即市场上的消费者对产品的不同属性形成群组偏好，同一群组内需求接近，不同群组间需求差异较大。

在同质偏好情况下，企业可推出一种产品去满足消费需求，而在分散偏好和集群偏好的情况下，要求提供不同的产品，才能使不同的需求得到满足。在实际生活中，同质偏好的情形很少，并且一些原来的同质偏好市场，随着时间的推移，也会逐渐向异质市场演变。因此，总地来说，只要存在两个以上的顾客，市场需求就会有所不同。

2．企业资源的有限性

企业规模再大，也不可能拥有人力、财力、物力、信息等一切资源，不可能向市场提供所有产品，满足市场上所有的消费需求。这就要求从中选择一部分作为服务对象，以利于发挥自己的经营优势。

4.1.4 市场细分的标准

1．消费者市场细分标准

市场细分标准，实际上是导致消费者需求出现异质性、多样化的因素，概括起来主要有地理变量、人文变量、心理变量、行为变量，见表4-1。

表4-1 消费者市场细分依据

细分标准		具体项目
地理变量	行政区划	东北、华北、华东、中南、西南、西北
	城镇	直辖市、省会城市、大城市、中等城市、小城市、乡镇
	自然环境	高原、山区、丘陵、平原、湖泊、草原
	气候条件	干燥、潮湿、温暖、严寒
人文变量	性别	男性、女性
	年龄	婴幼儿、儿童、少年、青年、中年、老年
	职业	工人、农民、干部、公务员、教师、经理、厂长、营销员等
	收入(元)	人均300以下、300～500、500～1000、1000～2000、2000以上
	受教育程度	小学及以下、中学、大学、研究生
	家庭状况	1～2人、3～4人、5人以上
	宗教信仰	佛教、道教、基督教、天主教、伊斯兰教
	民族	汉族、回族、蒙古族、藏族、苗族、傣族、壮族等
心理变量	社会阶层	上上层、上下层、中上层、中下层、下上层、下下层
	相关群体	家庭、亲朋、工作同事、团体、协会、组织、明星、影星
	生活方式	传统型、保守型、现代型、时髦型
	个性特征	理智型、冲动型、情绪型、情感型
行为变量	利益诉求	品牌、质量、价格、功效、式样、包装、服务
	购买时机	规律性、无规律性、季节性、节令性、非节令性
	使用数量	从未使用过、少量使用过、中量使用过、大量使用过
	使用频率	曾经使用者、首次使用者、经常使用者
	品牌忠诚	坚定忠诚者、不坚定忠诚者、转移者、非忠诚者

1) 按地理变量细分市场

按照消费者所处的地理位置、自然环境来细分市场。比如，根据国家、地区、城市规模、气候、人口密度、地形地貌等方面的差异将整体市场分为不同的小市场。地理变数之

所以作为市场细分的依据，是因为处在不同地理环境下的消费者所表现出的消费观念、价值观念、购买性格特征、流行与时尚都具有明显的不同，他们对企业采取的营销策略与措施会有不同的反应。例如，由于居住环境的差异，城市居民与农村消费者在室内装饰用品的需求上大相径庭。

地理变量易于识别，是细分市场应考虑的重要因素，但处于同一地理位置的消费者需求仍会有很大差异。简单地以某一地理特征区分市场，不一定能真实地反映消费者的需求共性与差异。企业在选择目标市场时，还需结合其他细分变量予以综合考虑。

2) 按人文变量细分市场

按人文变量，如年龄、性别、家庭规模、家庭生命周期、收入、职业、受教育程度、宗教、种族、国籍等为基础细分市场。消费者需求、偏好与人文变量有着很密切的关系，比如，只有收入水平很高的消费者才可能成为高档服装、名贵化妆品、高级珠宝等的经常买主。人文变量比较容易衡量，有关数据相对容易获取，由此构成了企业经常以它作为市场细分依据的重要原因。哪里有人群，哪里就有衣、食、住、行、用等各种需求。而人们在性别、年龄、职业、民族等方面的不同，也形成了人们在生理、心理、社交、兴趣、爱好等方面明显的差异，从而形成了以人文变量划分的不同需求的细分市场。例如，服装市场，就可以用性别变量细分为男式服装市场和女式服装市场；用年龄变量来细分，又可以分为婴幼儿服装市场、少儿服装市场、青年服装市场、中年服装市场、老年服装市场；按档次也可分为高、中、低档服装市场。又如，书籍、文化用品、艺术品，文化层次及受教育水平高的消费者群体，其需求量明显高于其他群体。而且，职业因素所带来的需求差别也是极为明显的。

(1) 性别。由于生理上的差别，男性与女性在产品需求与偏好上有很大不同，如在服饰、发型、生活必需品等方面均有差别。像美国的一些汽车制造商，过去一直是迎合男性要求设计汽车。现在，随着越来越多的女性参加工作和拥有自己的汽车，这些汽车制造商正研究市场机会，设计具有吸引女性消费者特点的汽车。

(2) 年龄。不同年龄的消费者有不同的需求特点，如青年人对服饰的需求，与老年人的需求差异较大。青年人需要鲜艳、时髦的服装，老年人需要端庄、素雅的服饰。

(3) 职业与教育，指按消费者职业的不同、所受教育的不同以及由此引起的需求差别细分市场。比如，农民购买自行车偏好载重自行车，而学生、教师则是喜欢轻型的、样式美观的自行车。由于消费者所受教育水平的差异所引起的审美观具有很大的差异，例如不同消费者对居室装修用品的品种、颜色等会有不同的偏好。

(4) 收入。高收入消费者与低收入消费者在产品选择、休闲时间的安排、社会交际与交往等方面都会有所不同。比如，同是外出旅游，在交通工具以及食宿地点的选择上，高收入者与低收入者会有很大的不同。正因为收入是引起需求差别的一个直接而重要的因素，在诸如服装、化妆品、旅游服务等领域根据收入细分市场相当普遍。

(5) 家庭生命周期。一个家庭，按年龄、婚姻和子女状况，可划分为七个阶段，如表 4-2 所示。在不同阶段，家庭购买力、家庭人员对商品的兴趣与偏好会有较大差别。

除了上述方面，经常用于市场细分的人口变数还有家庭规模、国籍、种族、宗教等。实际上，大多数公司通常是采用两个或两个以上人文变量来细分市场。

表 4-2 家庭生命周期不同阶段的特征

家庭生命周期阶段	各个阶段的特征	购买倾向
单身阶段	单身，几乎没有经济负担	新消费观念的带头人，娱乐导向型购买
新婚阶段	年轻夫妻，无子女，经济条件比最近的将来要好	购买力强，对耐用品、大件商品的欲望、要求强烈
满巢阶段	年轻夫妻，有 6 岁以下子女，家庭用品购买的高峰期	不满足现有的经济状况，注意储蓄，购买较多的儿童用品
	年轻夫妻，有 6 岁以上未成年子女，经济状况较好	购买趋向理智型，受广告及其他市场营销刺激的影响相对减少；注重档次较高的商品及子女的教育投资
	年长的夫妇与尚未独立的成年子女同住，经济状况仍然较好，妻子或子女皆有工作	注意储蓄、购买冷静、理智
空巢阶段	年长夫妇、子女离家自立前收入较高	购买能力达到高峰期，较多购买老年人用品，如医疗保健品；娱乐及服务性消费支出增加；后期退休收入减少
孤独阶段	单身老人独居、收入锐减	特别需要情感、关注，以及安全保障

3) 按心理变量细分市场

根据购买者所处的社会阶层、生活方式、个性特点等心理因素细分市场就叫作心理细分。它是消费者在购买、使用及消耗商品或劳务过程中反映出来的心理状态，可分为两类：一是本能性消费心理，取决于消费者的生活方式、个性特征；另一类是社会性消费心理，直接受社会阶层、相关群体的影响。总之，消费者的欲望、需求、购买动机、购买行为都直接受心理变量的影响。例如，商家乐此不疲的法宝“打折降价销售、惊爆价”，就是针对庞大的，具有求实、求廉心理动机的中低收入消费群体。

(1) 社会阶层。社会阶层是指在某一社会中具有相对同质性和持久性的群体。处于同一阶层的成员具有类似的价值观、兴趣爱好和行为方式，不同阶层的成员则在上述方面存在较大的差异。很显然，识别不同社会阶层的消费者所具有不同的特点，对于很多产品的市场细分将提供重要的依据。美国学者将美国社会分为六个阶层，即上上层、上下层、中上层、中下层、下上层、下下层。单就上上层和上下层来说，他们之间也有明显的需求差别。上上层由“老牌富豪”构成，他们出生于显赫世家，是政府、商界、文化圈中的领袖人物，也必然是消费“模范”。他们很少炫耀性地挥霍，而在教育上却不计代价。上下层由所谓的“暴发户”或新兴富豪构成，他们的财富是靠自己挣来的。新兴富豪都有一种强烈的愿望，即证明所获得的地位，为此，常会炫耀自己，一掷千金地去追求最为“尖端”的时髦。

(2) 相关群体。相关群体是指某个人的态度或行为有直接或间接影响的群体。相关群体对消费者购买行为的影响表现在：一是相关群体为每个人提供各种可供选择的消费行为或生活方式；二是相关群体引起人们的仿效欲望，从而影响人们对某种事物或商品的态度。例如，“追星现象”就是青年人受相关群体中明星的影响。近几年，因韩国偶像剧而引发

的“韩流”就直接迅猛地“席卷”了大江南北的无数青少年，他(她)们借助韩式服饰、发型，极丰富地表现出了超越传统的个性特征。

(3) 生活方式。通俗来讲，生活方式是指一个人怎样生活。人们追求的生活方式各不相同，如有的追求新潮时髦，有的追求恬静、简朴；有的追求刺激、冒险，有的追求稳定、安逸。

(4) 个性特征。个性是指一个人比较稳定的心理倾向与心理特征，它会导致一个人对其所处环境做出相对一致和持续不断的反应。俗语说：“人心不同，各如其面”，每个人的个性都会有所不同。通常，个性会通过自信、自主、支配、顺从、保守、适应等性格特征表现出来。因此，个性可以按这些性格特征进行分类，从而为企业细分市场提供依据。在西方国家，对诸如化妆品、香烟、啤酒、保险之类的产品，有些企业以个性特征为基础进行市场细分并取得了成功。

4) 按行为变量细分市场

所谓行为变量，是指与消费者购买行为和习惯密切相关的一些因素，包括利益诉求、购买时机、使用者状况、使用频率和消费者对品牌的忠诚度等。根据购买者对产品的了解程度、态度、使用情况及反应等将他们划分成不同的群体，叫作行为细分。行为变量能更直接地反映消费者的需求差异，因而成为市场细分的最佳起点。按行为变量细分市场主要包括以下几点。

(1) 利益诉求。消费者购买某种产品总是为了满足某种需要。企业提供产品的利益往往并不是单一的，而是多方面的。消费者对这些利益的追求有所侧重，如购买手表有的追求经济实惠、价格低廉，有的追求耐用可靠和使用维修的方便，还有的则偏向于显示出社会地位等。消费者购买商品最主要的目的，就是追求该商品能够给他带来怎样的利益。不同的消费者群所追求的利益效用各不相同。

(2) 购买时机。根据消费者提出需要、购买和使用产品的不同时机，将他们划分成不同的群体。有人按季节规律购物，也有人反季节购买；有的人经常大量使用某产品，而有的人却很少使用。例如，城市公共汽车运输公司可根据上班高峰时期和非高峰时期乘客的需求特点划分不同的细分市场并制定不同的营销策略；生产果珍之类清凉解渴饮料的企业，可以根据消费者在一年四季对果珍饮料口味的不同，将果珍市场的消费者划分为不同的子市场。

(3) 使用频率。根据顾客是否使用和使用程度细分市场。通常可分为：经常购买者、首次购买者和曾经使用者。大公司往往注重将潜在使用者变为实际使用者，较小的公司则注重于保持现有使用者，并设法吸引使用竞争产品的顾客转而使用本公司产品。

(4) 使用数量。根据消费者使用某一产品的数量大小细分市场。通常可分为大量使用者、中度使用者和轻度使用者。大量使用者人数可能并不是很多，但他们的消费量在全部消费量中占很大的比重。美国一家公司发现，美国啤酒的80%是被50%的顾客消费掉的，另外一半的顾客的消耗量只占消耗总量的12%。因此，啤酒公司宁愿吸引重度饮用啤酒者，而放弃轻度饮用啤酒者，并把重度饮用啤酒者作为目标市场。公司还进一步了解到大量喝啤酒的人多是工人，年龄在25～50岁，喜欢观看体育节目，每天看电视的时间不少于3～5小时。很显然，根据这些信息，企业可以大大改进其在定价、广告传播等方面的策略。

(5) 品牌忠诚度。企业还可根据消费者对产品的忠诚程度细分市场。有些消费者经常变换品牌，另外一些消费者则在较长时期内专注于某个或少数几个品牌。通过了解消费者品牌忠诚情况和品牌忠诚者与品牌转换者的各种行为与心理特征，不仅可为企业细分市场提供一个基础，同时也有助于企业了解为什么有些消费者忠诚本企业产品，而另外一些消费者则忠诚于竞争企业的产品，从而为企业选择目标市场提供启示。按照消费者对品牌的忠诚度来进行细分，可以将他们分为四类：一是坚定的品牌忠诚者——非该品牌的不买；二是不坚定的忠诚者——只忠诚于少数几个可以互相替代的品牌；三是转移者——对品牌的偏好时常会转移；四是非忠诚者——无忠诚的品牌。

另外企业还可根据市场上顾客对产品的态度来细分市场。不同消费者对同一产品的态度可能有很大差异，如有的很喜欢持肯定态度，有的持否定态度，还有的则处于既不肯定也不否定的无所谓态度。针对持不同态度的消费群体进行市场细分并在广告、促销等方面应当有所不同。

2. 产业市场细分标准

产业市场细分标准包括最终用户标准、顾客规模标准、工业者购买方式和其他标准。

1) 最终用户标准

根据最终对产品的使用去向细分市场，如轮胎厂将整体市场划分为飞机用轮胎、汽车用轮胎、自行车用轮胎。显然，飞机用轮胎安全系数远高于汽车用轮胎，而汽车用轮胎安全系数又大大高于自行车用轮胎。

2) 顾客规模标准

根据顾客规模，将市场划分为大客户、中等客户、小客户。一般对大客户，都由企业客户经理亲自负责业务联系；而对中小客户，其业务联系则由外勤推销人员负责。

3) 工业者购买方式

根据工业者购买方式来细分市场。工业者购买的主要方式包括直接重购、间接重购及新任务购买。不同的购买方式的采购程度、决策过程等不相同，因而可将整体市场细分为不同的小市场群。

4) 其他标准

其他标准，如技术要求标准、地理位置标准、产品服务标准等。需要指出，由于市场需求的复杂性和多变性，决定了无论是消费者市场细分，还是产业市场细分，仅凭某单一标准就能达到目的的情形是很少见的，往往需要同时考虑几个因素才能成功。

4.1.5 市场细分的原则

企业可根据单一因素，亦可根据多个因素对市场进行细分。选用的细分标准越多，相应的子市场也就越多，每个子市场的容量相应就越小。相反，选用的细分标准越小，子市场就越少，每个子市场的容量则相对较大。如何寻找合适的细分标准，对市场进行有效细分，在营销实践中并非易事。一般而言，成功、有效的市场细分应遵循以下基本原则。

1. 可衡量性

可衡量性指细分的市场是可以识别和衡量的，即细分出来的市场不仅范围明确，而且

对其容量大小也能大致做出判断。有些细分变量，如具有“依赖心理”的青年人，在实际中是很难测量的，以此为依据细分市场就不一定有意义。

2. 可进入性

可进入性指细分出来的市场应是企业营销活动能够抵达的，即是企业通过努力能够使产品进入并对顾客施加影响的市场。一方面，有关产品的信息能够通过一定媒体顺利传递给该市场的大多数消费者；另一方面，企业在一定时期内有可能将产品通过一定的分销渠道运送到该市场。否则，该细分市场的价值就不大。比如，生产冰激凌的企业，如果将我国中西部农村作为一个细分市场，恐怕在一个较长时期内都难以进入。

3. 有效性

有效性即细分出来的市场，其容量或规模要大到足以使企业获利。进行市场细分时，企业必须考虑细分市场上顾客的数量，以及他们的购买能力和购买产品的频率。如果细分市场的规模过小，市场容量太小，细分工作烦琐，成本耗费大，获利小，就不值得去细分。

4. 差异性

对营销策略反应的差异性指各细分市场的消费者对同一市场营销组合方案会有差异性反应，或者说对营销组合方案的变动，不同细分市场会有不同的反应。如果不同细分市场顾客对产品需求差异不大，行为上的同质性远大于其异质性，此时，企业就不必费力对市场进行细分。另一方面，对于细分出来的市场，企业应当分别制订出独立的营销方案。如果无法制订出这样的方案，或其中某几个细分市场对是否采用不同的营销方案不会有大的差异性反应，便不必进行市场细分。

企业在进行市场细分时，能否遵循可衡量、可进入、有效性、差异性这四点原则是决定后续营销成败的重要保证。另外，从市场细分到最终的产品营销，这中间的过程有几个关键环节是必须考虑到的。具体环节设计可参见下面的市场细分流程示意图，如图 4-2 所示。

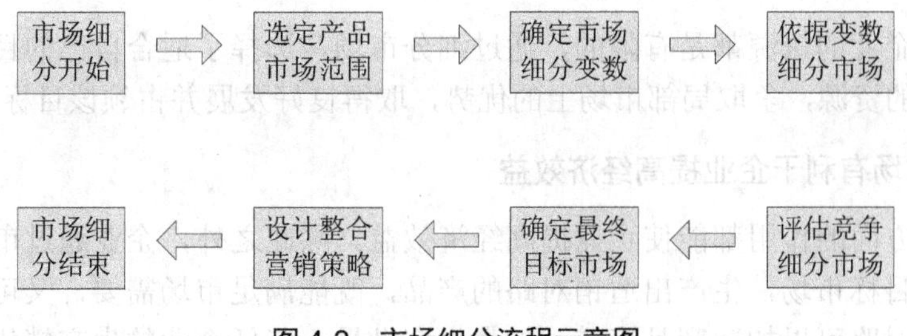

图 4-2　市场细分流程示意图

4.1.6　市场细分的作用

1. 细分市场是企业发展市场机会的起点

在发达的商品经济“买方市场”条件下，企业营销决策的起点在于发现具有吸引力的市场环境机会，这种环境机会能否发展成市场机会，取决于两点：①这种环境机会是否与企业战略目标一致；②利用这种环境机会能否比竞争者具有优势，并获得显著收益。显然，这些必须以市场细分为起点。通过细分市场，企业可以发现哪些市场需求已得到满足，哪些只满足了一部分，哪些仍是潜在需求。相应地，可以发现哪些产品竞争激烈，哪些产品较少竞争，哪些产品亟待开发。

发展最优的市场机会，对于中小企业至关重要。因为中小企业资源能力有限，技术水平相对较低，因此在市场上与实力雄厚的大企业相比，缺乏竞争力。通过市场细分，中小企业就可以根据自身的经营优势，选择一些大企业不愿顾及、相对市场需求量小一些的细分市场，集中力量满足某一特定市场的需求，即可在整体竞争激烈的市场条件下，在某一局部市场取得较好的经济效益，在竞争中求得生存和发展。

2. 细分市场有利于企业选择目标市场和创建市场营销策略

市场细分后的市场涵盖面较窄，所以企业容易了解消费者的需求，制定的营销策略也比较具有针对性。同时，在细分的市场上，信息更容易收集与反馈，一旦消费者的需求发生改变，企业可迅速改变营销方案，以适应市场需求的变化，有利于提高企业的应变能力和竞争力。

3. 细分市场有助于掌握目标市场的特点

不进行市场细分，企业选择目标市场必定是盲目的，不认真地鉴别各个细分市场的需求特点，就不能进行有针对性的市场营销。

4. 细分市场是企业制定市场营销组合策略的前提条件

市场营销组合是企业综合考虑产品、价格、促销形式和销售渠道等各种因素而制订的市场营销方案。上述几个因素各自又存在不同的层次，各个因素之间又有多种组合形式。但就每一个企业特定的市场而言，却只有一种最佳的组合形式，而这种最佳组合只能是进行市场细分的结果。

5. 细分市场有利于集中人力、物力，占领目标市场

任何一个企业的资源都是有限的，通过细分市场，选择了适合自己的目标市场，企业可以集中自身的资源，争取局部市场上的优势，取得良好发展并占领该目标市场。

6. 细分市场有利于企业提高经济效益

前面几个方面的作用都能使企业提高经济效益。除此之外，企业通过市场细分后，可以面对自己的目标市场，生产出适销对路的产品，既能满足市场需要，又可增加企业的收入。产品适销对路可以加速商品流转，加大生产批量，降低企业的生产销售成本，提高生产工人的劳动熟练程度，提高产品质量，全面提高企业的经济效益。

4.1.7 市场细分策划

1. 市场细分策划的步骤

1) 选定市场范围

(1) 选定产品的市场需求范围，即潜在的顾客群体。产品的市场范围应以市场的需求而

不是产品特性来定，并且产品市场范围应尽可能全面。

(2) 确定市场细分变量，即列举潜在顾客的基本需求、分析潜在顾客的各自需求、抽掉潜在顾客的共同要求。

2) 形成细分市场

(1) 根据差异性需求细分市场。公司找到差异性需求之后，把差异性需求相对应的顾客细分变量和利益细分变量作为市场细分变量；确定了所有的细分变量以后，选择合适的细分方法，然后将市场划分为不同的群体或子市场，并结合各分市场的顾客特点赋予每个子市场一定的名称，在分析中形成一个简明的、容易识别和表述的概念。

运用调查数据或者经验判断，重新按对顾客购买行为影响程度大小对变量进行降序排列，从而找出最合适的变量。

(2) 深入认识细分市场的特点。对每一个分市场的顾客及其行为做更深入的考察，看看各分市场的特点掌握了哪些，还要了解哪些，以便进一步明确各分市场有没有必要再做细分或重新合并。比如，经过这一步骤，可以看出，新婚者与老年人的需求差异很大，应当作为两个分市场，同做的公寓设计，也许能同时迎合两类顾客，但对他们的广告宣传和人员销售的方式却可能不同，企业要善于发现这些差异，要是他们原来被归属于同一个分市场，现在就要把他们区分开来。

3) 放弃较小或无利可图的细分市场

排除重复细分市场。首先弄清非重复细分市场的属性，所提供的产品或服务用途不相同，产品和服务在每一个细分市场中的比重及一切相对价值应各不相同，所提供的产品或服务不会取得相同的利益。

4) 合并较小且与其他需求相似的细分市场

拆分内部需求差异较大的细分市场。应注意：在能取得经济效益的细分中，拥有顾客数量的最低界限是什么？企业能够控制的细分市场数量是多少？其限度主要由企业自身的综合实力强弱来决定。

5) 初评细分市场规模

(1) 市场规模分析方法主要有分析预测法、市场因素组合法和多因素指数法。

① 分析预测法，具体步骤如下。

步骤一，确定产品的潜在购买者和使用者。有需求、有使用产品的必要资源和有支付能力的顾客，或运用反向提问：谁是不合格的潜在顾客？可来自调查数据、商业数据。

步骤二，确定第一步界定的每个潜在购买群体中有多少人。

步骤三，估计购买率或使用率。据调查或其他研究所获得的平均购买率来确定，或据假设前提潜在使用频率等于重度使用者的使用频率来确定。市场潜力就等于步骤二和三的乘积，即潜在顾客数乘以潜在使用频率。企业需要预测各个不同城市、地区的市场潜量。

② 市场因素组合法，要求辨别在每一个市场上的所有潜在购买者，并且对他们潜在的购买量进行估计。

③ 多因素指数法，其计算式为

$$B_i = 0.5y_i + 0.3r_i + 0.2p_i$$

式中，B_i 表示地区 i 的购买力占全国总购买力的百分比；y_i 表示地区 i 的个人可支配收入占全国的百分比；r_i 表示地区 i 的零售销货额占全国的百分比；p_i 表示地区 i 的居住人口占全国的百分比。

权数要加到每一个变量之上，还需要指定其他一些权数，制造商还应该为一些额外因素而调整市场规模。

(2) 预测细分市场未来需求。首先是环境预测，主要包括对通货膨胀、失业、利率、消费者开支和储蓄企业投资、政府支出、输出以及与本公司有关的其他重要环境因素和事件进行预测。然后依照预测结果进行行业预测。对照行业预测的销售额，再进行公司销售预测。

人们说什么的信息主要来源于对购买者或接近购买者的人(如推销员、外部专家等)的意见调查，主要方法是购买意图调查法、销售员意见综合法和专家意见法，人们做什么的信息主要来源于购买者对投入市场试销的产品反应，通过分析过去购买行为的记录或采用时间序列分析或统计需求分析来得到。

2. 市场细分策划的方法

根据细分时采用因素的多少，市场细分方法可归纳为三类：单一因素法、综合因素法和系列因素法。

1) 单一因素法

单一因素法就是只用一个因素细分市场的方法。例如，按家庭人口数量，把电饭锅市场分成三个部分，如表 4-3 所示。

表 4-3　单因素市场细分法

子市场 I	子市场 II	子市场 III
1～2 口人	3～4 口人	5 口人以上

2) 综合因素法

综合因素法即运用两个或两个以上因素进行市场细分。例如，根据消费者年龄、性别和收入，将服装市场分割成 18 个子市场。

3) 系列因素法

系列因素法也是运用两个或两个以上因素细分市场。但它与综合因素法不同的是，依据一定顺序，由粗到细，逐层展开，每下一步的细分，均在上一步选定的子市场中进行，其细分过程，也就是比较、选择目标市场的过程。

从理论上讲，细分市场时使用的因素越多，分得越细，越容易找到市场机会，当然，操作起来也越麻烦，成本越高。所以，在细分某一个具体市场时究竟使用几个因素为好，要通过综合权衡确定，既不是越少越好，也不是越多越好。

4.2 目 标 市 场

每一个产品不可能满足所有消费者的要求，每一家公司只有以部分特定顾客为其服务对象，才能充分发挥其优势，给予更有效的服务。因而明智的公司会根据消费者需求的差

别将市场细分化，并从中选出有一定规模和发展前景并符合公司的目的和能力的细分市场作为公司的目的市场。

4.2.1　目标市场概况

1. 目标市场的含义

著名的市场营销学者麦卡锡(E.J.McCarthy)提出了应当把消费者看作一个特定的群体，称为目标市场。通过市场细分，有利于明确目标市场，通过市场营销策略的应用，有利于满足目标市场的需要，即目标市场就是通过市场细分后，企业准备以相应的产品和服务满足其需要的一个或几个子市场。

所谓目标市场，就是指企业在市场细分之后的若干“子市场”中，所运用的企业营销活动之“矢”而瞄准的市场方向之“的”的优选过程。例如，现阶段我国城乡居民对照相机的需求，可分为高档、中档和普通三种不同的消费者群。调查表明，33%的消费者需要物美价廉的普通相机，52%的消费者需要使用质量可靠、价格适中的中档相机，16%的消费者需要美观、轻巧、耐用、高档的全自动或多镜头相机。国内各照相机生产厂家，大都以中档、普通相机为生产营销的目标，因而市场出现供过于求，而各大中型商场的高档相机，多为高价进口货。如果某一照相机厂家选定 16%的消费者目标，优先推出质优、价格合理的新型高级相机，就会受到这部分消费者的欢迎，从而迅速提高市场占有率。

2. 目标市场应具备的条件

1) 具有一定的规模及成长潜力

企业必须考虑的首要问题是即将进入的目标市场是否具有一定的规模和成长潜力。最佳的目标市场应该与企业的实力相匹配。过大的目标市场，对于实力较弱的企业来说，难以有效地占领和控制；较小的目标市场，则又不利于较大企业发挥生产潜力。

2) 具有足够的吸引力

细分市场即使具有一定的规模和成长潜力，但是从长期盈利的观点来看，细分市场未必具有长期吸引力。细分市场吸引力的衡量指标是成本和利润。

美国市场营销学家迈克尔·波特(Michael Porter)认为，有五种群体力量影响整个市场或其中任何细分市场。企业应对这五种群体力量对长期盈利能力的影响做出评价。这五种群体力量是：同行业竞争者、潜在的新参加的竞争者、替代产品、购买者和供应商议价能力。细分市场内激烈竞争，潜在的新参加的竞争者的加入、替代产品的出现、购买者议价能力的提高、供应商议价能力的加强都有可能对细分市场造成威胁，失去吸引力。

3) 符合企业的营销战略目标和资源条件

细分市场即使具有一定的规模和成长潜力，并且也具有长期的吸引力，然而，企业必须结合其市场营销战略目标和资源来综合评估。某些细分市场虽然有较大的吸引力，但不符合企业长远的市场营销战略目标，不能推动企业实现市场营销战略目标，甚至会分散企业的精力，因此，企业不得不放弃；即使细分市场可能也符合企业长远的市场营销战略目标，企业也必须对企业资源条件进行评估，必须考虑企业是否具备在细分市场所必需的资源条件。如果企业在细分市场缺乏必要的资源，并且没有获得必要资源的能力，企业就要

放弃这个细分市场；如果企业确实能在该细分市场取得成功，它也需要发挥其经营优势，以压倒竞争者。如果企业无法在细分市场创造某种形式的优势地位，它就不应贸然进入。

3. 确定目标市场的原则

企业在确定目标市场时，应遵循以下四个原则。

(1) 产品、市场和技术三者密切关联。企业所选择的目标市场，应能充分发挥企业的技术特长，生产符合目标市场需求的产品。

(2) 遵循企业既定的发展方向。目标市场的选择应根据企业市场营销战略目标的发展方向来确定。

(3) 发挥企业的竞争优势。应选择能够突出和发挥企业特长的细分市场作为目标市场，这样才能利用企业相对竞争优势，在竞争中处于有利的地位。

(4) 取得良好效果。新确定的目标市场不能对企业原有的产品带来消极的影响。新、老产品要能互相促进，实现同时扩大销售量和提高市场占有率的目的，从而使企业所拥有的人才、技术、资金等资源都能有效地加以利用，使企业获得更好的经济效益。

4.2.2 目标市场的覆盖模式

1. 市场集中化

市场集中化是一种最简单的目标市场涵盖战略，即企业只选取一个子市场为目标市场，然后集中人、财、物等资源生产单一产品满足其需要。例如某服装厂只生产儿童服装，满足儿童对服装的需要。选择市场集中化战略，一般基于以下考虑。

(1) 企业具备在该细分市场从事专业化经营或取胜的优势条件。

(2) 限于资金能力，只能经营一个细分市场。

(3) 该细分市场中没有竞争对手。

(4) 企业准备以此为出发点，待取得成功后再向更多的细分市场扩展。

2. 产品专业化

企业以一种产品向若干个子市场出售，如冰箱生产厂同时向家庭、科研单位、饭店宾馆销售不同容积的冰箱。这种涵盖方式既有利于发挥企业生产、技术潜力，分散经营风险，又可以提高企业声誉。不足之处是，科学技术的发展对企业威胁较大，一旦在这一生产领域出现全新技术，市场需求就会大幅萎缩。

3. 市场专业化

企业面向某一子市场，以多种产品满足其需要，如一些电器企业，专门生产家用电冰箱、电视机、录像机、洗衣机等，以满足家庭对各种电器的需要。这一涵盖方式可充分利用企业资源，扩大企业影响，分散经营风险。不过，一旦目标顾客购买力下降，或减少购买开支，企业收益就会明显下降。

4. 选择专业化

企业选择若干个子市场为目标市场，并分别以不同的产品满足其需要。这实际上是一

种多角化经营模式，它可以较好地分散经营风险，有较大的回旋余地，即使某个市场失利，也不会使企业陷入绝境，但它需要具备较强的资源和营销实力。

5. 市场全面化

企业用一种或多种产品满足市场上各种需要，以达到占领整体市场的目的，其具体方式又可分为如下两种。

1) 无差异市场营销

实行无差异市场营销，就是把整体市场看作一个大的目标市场，不进行细分，用统一的营销组合去加以占领。无差异市场营销战略有以下两种不同的情况。

(1) 从传统的产品观念出发，强调需求的共性，漠视需求差异，于是，企业为整体市场生产标准化产品，并实行无差异营销战略。

(2) 企业经过认真的市场调研，发现某一产品的市场需求大致相同，差异很小(比如食盐)，在客观上可以采取大致相同的市场营销策略。

从这一意义上讲，它符合现代市场营销理念。采用无差异市场营销战略的最大优点是成本的经济性。产品的大批量经营，会显著降低生产成本，减少促销费用。此外，不进行市场细分，也相应减少了市场调研、产品研制与开发，以及制定多种市场营销战略、战术方案等带来的成本开支。但是，无差异市场营销对市场上大多数产品是不适宜的，因为一种产品长期受到所有消费者青睐的情况，在现实生活中是不多见的。而且，一旦出现，就会引起众多企业的竞争，就某一个企业来说，要取得理想的经济效益是很难的。

2) 差异市场营销

从细分后各子市场的需求差异性出发，推出不同的产品，通过不同的渠道，利用多种促销形式，以吸引各种不同的消费者。例如，日本的狮王化工公司，将产品细分为美容用的狮王洁白牙膏、医疗用的狮王力大牙膏、吸烟者用的狮王洁垢牙膏等，并采用不同的营销组合方案，在牙膏市场上创造了很高的市场占有率。这种战略的最大长处是，可以有针对性地满足具有不同特征的顾客群的需求，提高产品的竞争力。但是，由于产品品种、销售渠道、广告宣传的扩大化与多样化，营销费用大幅增加。

4.2.3　目标市场的选择

上述目标市场的覆盖模式各有利弊，企业在运用时要考虑以下五个方面的因素恰当地加以选择。

1. 企业资源

如果企业资源雄厚，可以考虑实行差异市场营销。否则，应实行无差异市场营销或集中市场营销。

2. 产品同质性

产品同质性是指产品在性能、特点等方面的差异性大小。对于同质产品或需求性较大的产品，一般宜实行无差异市场营销。反之，对于异质产品，则应实行差异市场营销或集中市场营销。

3. 市场同质性

如果市场上所有顾客在同一时期偏好相同，购买的数量相同，并且对市场营销刺激的反应相同，则可视为同质市场，宜实行无差异市场营销。反之，如果市场需求的差异较大，则为异质市场，宜采用差异市场营销或集中市场营销。

4. 产品生命周期阶段

处在介绍期和成长期的新产品，市场营销的重点是启发和巩固消费者的偏好，最好实行无差异市场营销或针对某一特定子市场实行集中市场营销。当产品进入成熟期后，市场竞争激烈，消费者需求日益多样化，可改用差异市场营销以开拓市场，满足需求，延长产品生命周期。

5. 竞争对手战略

一般来说，一个企业的目标市场涵盖战略应与竞争者有所区别，反其道而行之。如果强大的竞争对手实行的是无差异市场营销，则企业应实行集中市场营销或更深一层的差异市场营销。如果企业面临的是较弱的竞争者，必要时可采取与之相同的战略，凭借实力击败竞争对手。

4.3 市 场 定 位

市场定位(market positioning)是20世纪70年代由美国学者阿尔·赖斯(Al Rice)提出的一个重要的营销学概念。市场定位有利于建立企业及产品的市场特色，是参与现代市场竞争的有力武器。在现代社会中，许多市场都存在严重的供大于求的现象，众多生产同类产品的厂家争夺有限的顾客，市场竞争异常激烈。为了使自己生产经营的产品获得稳定销路，防止被其他厂家的产品所替代，企业必须从各方面树立起一定的市场形象，以期在顾客心中形成一定的偏爱。市场定位决策是企业制定市场营销组合策略的基础。企业的市场营销组合要受到企业市场定位的制约，也就是说，企业的市场定位决定了企业必须设计和发展与之相适应的市场营销组合。

4.3.1 市场定位的概念

所谓市场定位就是企业为了适应消费者心目中的某一特定地位而设计自己的产品和营销组合的行为。这里的“位”，不是地理位置，而是产品在消费者感觉中所处的地位，是一个抽象的心理位置的概念。市场定位是树立企业形象、品牌形象、产品形象的基础。

定位这个词是由阿尔·赖斯(Al Rice)和杰克·特劳特(Jack Trout)于1972年提出来的，他们说：“定位并不是你对一件产品本身做什么，而是你在有可能成为你的顾客的人的心目中做些什么。也就是说，你得给你的产品在他们的心中定一个适当的位置。”不管企业是否意识到产品的定位问题，对于消费者来说，不同商标的产品在他们心目中会占据不同的位置，他们会在内心按自己认为重要的产品属性将市场上他们所知的产品进行排序。随着市

场上商品越来越丰富，与竞争者雷同的产品，通常无法吸引消费者的注意。因此，企业应该根据竞争者现有产品的特色以及在市场上所处的地位，针对顾客对产品特征或属性的重视程度，强有力地塑造本企业产品与众不同的、形象鲜明的个性或特征，并把这种形象生动地传递给顾客。从这个意义上来说，目标市场定位是一种竞争性定位。

市场定位的实质就在于取得目标市场的竞争优势，确定产品在顾客心目中的适当位置并留下深刻的印象，以便吸引更多的顾客。因此，市场定位是市场营销战略体系中的重要组成部分，它对于树立企业及产品的鲜明特色，满足顾客的需求偏好，从而提高企业竞争实力具有重要的意义。

4.3.2 市场定位策略的选择

市场定位作为一种竞争战略，显示了一种产品或一家企业与类似的产品或企业之间的竞争关系。定位策略不同，竞争态势也不同。下面分析四种主要定位策略。

1. 竞争定位策略

企业通过与竞争对手在产品、促销、成本、服务等方面的对比分析，了解自己的优势与劣势，进一步明确自己的竞争优势，最终可以进行恰当的市场定位。

竞争性定位策略又称“针锋相对”定位策略，指企业选择在目标市场上与现有的竞争者靠近或重合的市场定位，要与竞争对手争夺同一目标市场的消费者。实行这种定位策略的企业，必须具备以下条件。

(1) 能比竞争者生产出更好的产品。

(2) 该市场容量足以吸纳两个以上竞争者的产品。

(3) 比竞争者拥有更多的资源和更强的实力。

第二次世界大战后，百事可乐采取了针锋相对的策略，专门与可口可乐竞争，自此这两家公司为争夺市场而展开了激烈竞争，而他们都以相互间的激烈竞争作为促进自身发展的动力及最好的广告宣传，百事可乐也借机得到迅速发展。1988 年，百事可乐荣登全美十大顶尖企业榜，成为可口可乐强有力的竞争者，应该说这与百事可乐借名创名的市场定位策略是密不可分的。百事可乐总裁罗杰·恩可(R.Enrico)将竞争定义为“未必要打倒敌人”。事实正是这样，通过这场旷日持久的饮料大战，可乐饮料引起了越来越多消费者的关注，当大家对百事可乐同可口可乐之战兴趣盎然时，双方都是赢家，因为喝可乐的人越来越多，两家公司都获益匪浅。

2. “填空补缺式”定位策略

填补空隙策略也称避强定位策略，指企业尽力避免与实力较强的其他企业直接发生竞争，寻找新的尚未被占领的，但又为许多消费者所重视的市场进行定位。例如，“金利来”进入中国内地市场时，就是填补了男士高档衣物的空位。通常在两种情况下适用这种策略：一是这部分潜在市场即营销机会没有被发现，在这种情况下，企业容易取得成功；二是许多企业发现了这部分潜在市场，但无力去占领，这就需要有足够的实力才能取得成功。

在金融业兴旺发达的香港，“银行多过米铺”这句话毫不过分。在这一弹丸之地各家银行使出全身解数，走出了一条利用定位策略突出各自优势的道路，使香港的金融业呈现出一派繁荣景象。汇丰银行定位于分行最多、实力最强、全港最大的银行，是实力展示式的诉求。20世纪90年代以来，汇丰银行为拉近与顾客的情感距离，新的定位立足于“患难与共、伴同成长”，旨在与顾客建立同舟共济、共谋发展的亲密朋友关系；恒生银行定位于充满人情味、服务态度最佳的银行，通过走感情路线赢得顾客心，突出服务这一卖点也使它有别于其他银行；渣打银行定位于历史悠久、安全可靠的英资银行，这一定位树立了可信赖的“老大哥”形象，传达了让顾客放心的信息；中国银行定位于有强大后盾的中资银行，这一定位直接针对有民族情结、依赖中资的目标顾客群。

3. “另辟路径式”定位策略

当企业意识到自己无力与强大的同行竞争者相抗衡，从而获得绝对优势地位时，可根据自己的条件取得相对优势，即突出宣传自己与众不同的特色，在某些有价值的产品属性上取得领先地位，如美国“七喜”汽水突出宣传自己不含咖啡因的特点，成为非可乐型饮料的领先者。

4. 重新定位策略

企业对已经上市的产品实施再定位就是重新定位策略。采用这种策略的企业必须改变目标消费者对其原有的印象，使目标消费者对其建立新的认识。一般情况下，这种定位目的在于摆脱困境，重新获得增长与活力。例如，美国强生公司的洗发液由于产品不伤皮肤和眼睛，最初定位于婴儿市场，当年曾畅销一时。后来由于人口出生率下降，婴儿减少，产品逐渐滞销。经过分析，该公司决定重新将产品定位于年轻女性市场，突出介绍该产品能使头发松软、富有光泽等特点，再次吸引了大批年轻女性。传统代步工具自行车，20世纪50年代美国年产销400万，后下降为年130万，重新定位为健身休闲用品，增加品种类型和花色。橘汁的传统定位为维生素C保健饮品(保健功能)，新定位为消暑解渴、提神、恢复体力的饮品。

几种市场定位策略的比较如表4-4所示。

表4-4　市场定位策略比较

策略类型	典型特征	优　点	缺　点	试用范围
针锋相对式	与竞争对手定位相似或相同	发挥企业优势，占领市场最佳位置	风险较大，容易两败俱伤	企业产品、实力与对手相当，有足够的市场规模
填补空缺式	定位于市场的“空隙”	风险较小，成功率高	成本较高	中小企业
另辟蹊径式	创造新的需求	占位迅速，成功率高	成本较高	希望实施避强战略的企业
重新定位式	改变原有形象，重新定位	绝处逢生，柳暗花明	背水一战，从零开始	产品优质且有需求，但定位不理想

另外，企业在产品定位过程中应避免犯以下错误，否则会影响企业在顾客心目中的形象。

(1) 定位过低，使顾客不能真正认识到企业的独到之处。

(2) 定位过高，也使顾客不能正确了解企业。

(3) 定位混乱，与企业推出的主题过多或产品定位变化太频繁有关。

(4) 定位怀疑，顾客很难相信企业在产品特色、价格或制造商方面的有关宣传，对定位真实性产生怀疑。

总之，市场定位实际上是一种竞争策略，是企业在市场中寻求和创造竞争优势的手段，要根据企业及产品的特点、竞争者及目标市场消费需求特征加以选择。实际营销策划中往往是多种方法结合采用。

4.3.3　市场定位的技术

定位不仅是一种思考，在实践中需要专业性的工具使之操作具体化。定位图就是进行定位时最常使用的一种工具，科学地付诸应用，将会达到事半功倍的效果。在实践中策划者需要专业性的工具为产品、品牌及企业形象找出最好的位置的定位技术，使操作具体化。定位图是一种直观的、简洁的定位分析工具，主要有二维定位和多维定位。二维定位又称十字定位，就是在定位时，选择两个变量或两个因素，每个变量又选择两种状态，分析由两种状态组合而得到的四种不同结果，它又叫平面定位。图 4-3 所示的是啤酒品牌二维定位图，图上的横坐标表示啤酒口味苦甜程度，纵坐标表示口味的浓淡程度。而图上各点的位置反映了对啤酒味道的评价，如百威(Budweiser)被认为味道较甜，口味较浓；而菲斯达(Faistaff)则味道偏苦，口味较淡。

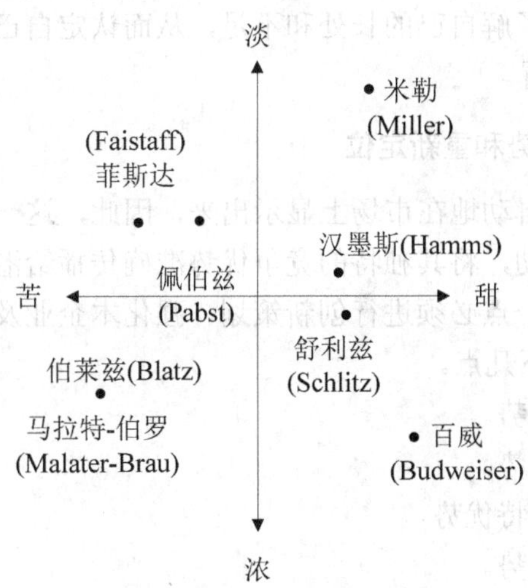

图 4-3　啤酒品牌定位图

通过定位图，可以显示各品牌在消费者心目中的印象及之间的差异，在此基础上作为多维定位通常选择三个或三个以上因素进行分析和定位，所以也叫作立体定位。例如，旅游鞋市场，可以按“年龄”、“性别”、“收入”三个变量进行市场定位。

4.3.4 市场定位的过程

市场定位过程的关键是企业要设法在自己的产品上找出比竞争者更具有竞争优势的特征。企业市场定位的全过程可以通过以下三大步骤来完成。

1. 分析目标市场的现状与特征，明确本企业潜在的竞争优势

这一步骤的中心任务是要回答以下三个问题。

(1) 目标市场上的竞争者做了什么，做得如何？

(2) 目标市场上的顾客确实需要什么，他们的欲望满足得如何？

(3) 本企业能够为此做些什么？

要回答这三个问题，企业市场营销人员必须通过一些调研手段，系统地设计、搜索、分析有关上述问题的资料和研究结果。通过回答上述三个问题，企业就可以从中把握和确定自己的潜在竞争优势在哪里。企业可将本企业产品与主要竞争对手的产品，按照消费者最感兴趣的两个主要特征画在坐标轴上，然后寻找坐标轴上有利的位置，以确定产品开发的方向和目标。

2. 准确选择相对的竞争优势，初步定位

相对的竞争优势是一个企业能够胜过竞争者的能力，有的是现有的，有的则是具备发展潜力的，还有的是可以通过努力创造的。选择竞争优势实际上就是一个企业与竞争者各方面实力相比较的过程。了解自己的长处和不足，从而认定自己的竞争优势，初步确定企业在目标市场上所处的位置。

3. 显示独特的竞争优势和重新定位

选定的竞争优势不会自动地在市场上显示出来，因此，这一步骤的主要任务是企业要通过一系列的宣传促销活动，将其独特的竞争优势准确传播给潜在顾客，并在顾客心目中留下深刻印象。要做到这一点必须进行创新策划，强化本企业及其产品与其他企业及其产品的差异性。主要在于以下几点。

(1) 创造产品的独特优势。

(2) 创造服务的独特优势。

(3) 创造人力资源的独特优势。

(4) 创造形象的独特优势。

如果对目标市场的初步定位比较顺利，没有发生什么意外，说明这个定位是正确的，可以将其正式确定下来。但是有些时候初步定位也需要矫正，需对质量、包装、广告等方面的策略做相应的改变，这就是重新定位。例如，专为年轻人设计的某种款式的服装在老年消费者中也流行开来，该服装就应因此而重新定位。

4.4　市场定位策划

4.4.1　市场定位策划的方法

一个产品要有好的定位，必须依赖一个好的定位方法。各种定位方法的目的就是寻求产品在某方面的特色优势并使这种特色优势有效地向目标市场显示。常用的定位方法有以下几点。

1. 根据产品实体的属性定位

这种定位方法是指通过技术创新，使产品具有区别于其他同类产品的某些属性，包括产品类别、形式、特色、性能、一致性、耐用性、可靠性、风格、包装、设计等。例如，某汽车公司推出“后窗除霜”、“省油控制”和“电动驾驶”三种特色中的一种、两种或三种来定位。

2. 根据产品利益定位

这种方法是指把品牌和顾客利益结合起来实现差别化定位。产品利益包括产品的实际效用和使用产品的心理感受。

1) 实际效用定位

不同的产品有不同的效用。例如，牙膏的实际效用有经济(低价)、医用(防蛀)、化妆(洁白牙齿)和味觉(气味好)。生产牙膏的企业可以从中选择一种或多种效用来定位。

2) 心理感受定位

这是把品牌与其能带给顾客的心理感受相结合实现差别化来定位。例如，高档名牌西服让人感觉到自己尊贵，休闲服装让人感觉到轻松、舒适。即使是同一种商品也可以强调不同的感受，例如，柒牌西服广告语是“让女人心动的男人”，含义是穿上柒牌西服能够吸引女性，得到女人的青睐；而杉杉牌西服广告语是“不要太潇洒”，含义是杉杉牌西服使你更潇洒。

3. 根据产品的质量与价格定位

这种方法是指企业依据产品的质量档次和价格高低来进行定位。产品可以定位于不同的质量和价格，质量和价格之间可以有不同的组合，如图 4-4 所示。

例如，青岛啤酒定位于高质量、高价格，地方啤酒品牌定位于低价格、低质量。再如，海尔实行高质量、优质服务、高档价格市场战略，在这种思想的指导下，海尔在质量与顾客服务方面实行了一系列创造性的做法，达到了中国家电业的一个高峰，在消费者中间建立了“海尔服务”的良好口碑。

4. 根据企业的竞争地位定位

这种定位已经超出了产品定位的范畴，是一种更为广泛意义上的定位。根据企业在市场上的竞争地位，可以将企业分为市场领先者、市场挑战者、市场追随者、市场补缺者。

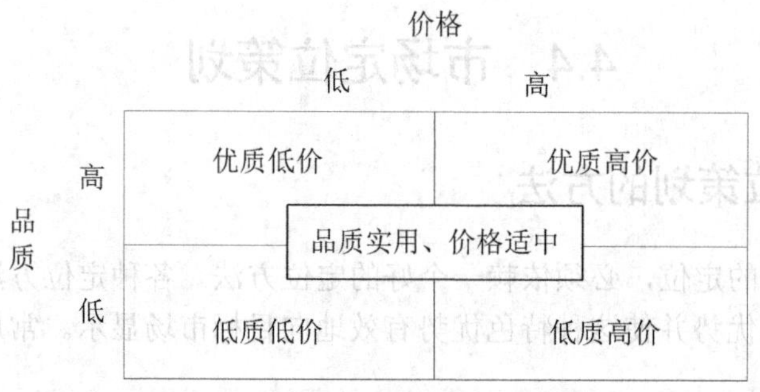

图 4-4 价格与品质定位图

竞争地位的差别也提供了一种定位方式。例如，我们可以说出世界第一高峰、世界第一深海洋，但可能说不出第二或者第三是什么。所以，“第一”就是一种重要资源。让人们记得你，就是成功的一半。

尽管人们一般认为，取得第一位的企业必有独到之处，但人们也有担心：巨大的企业由于其垄断性，官僚僵化性，就会不那么具有创新精神，甚至会“欺行霸市”。这就为以市场挑战者形象出现的企业提供了有利的定位机会。美国艾飞斯出租车公司成功地运用了这种定位战术。它在广告中声称：“在出租车行业中，艾飞斯不过是第二位，那么为什么顾客还要租用我们的车呢？因为我们更加努力啊！”这种公开承认自己是第二，并表示自己决心的促销策略得到了顾客的广泛支持。从此，艾飞斯告别了连续 13 年亏损的历史，走上了快速发展之路。

5. 根据质量和价格定位产品

质量就是产品的市场生命，企业对产品应有完善的质量保证体系。产品的质量和价格本身就是一种定位。人们一般认为：高质对应高价，所以高质高价可以作为一种定位方式。但也有企业反其道而行之，例如，华联超市的“天天平价，绝无假货”；日本汽车质高价不高，顾客得到了超值产品，企业的竞争力也大大提高。

6. 根据产品的不同用途定位

这种方法是指企业把产品定位于某项专门用途上。例如，耐克把运动鞋定位于篮球、排球、散步等多种用途上；海飞丝洗发水定位于“去头屑”这种用途上。

7. 根据产品使用人定位

这种方法是指企业选择特定的目标客户来进行定位。例如，“万事发”香烟定位于“医生、艺术家、影星和名流所用”。

8. 根据产品使用场合定位

这种方法是指把品牌与使用产品的场合结合起来实现差别化定位。例如，红双喜毛毯定位于“结婚用品”，金钱牌果酱定位于“早餐食品”。

9. 根据文化象征定位

这种方法是指使用本民族的一种文化特征标志与本商品品牌结合起来实现差别定位。例如，中国餐馆使用红灯笼或女服务员穿旗袍来表现形象，就属于文化象征定位。

10. 根据竞争地位定位

这种方法是指强调本企业产品在市场上的竞争位置实现产品定位。例如，百事可乐声称比可口可乐更好，以此来与可口可乐直接竞争。

4.4.2　市场定位策划的原则

市场定位策划需要遵循以下几个基本原则，如表 4-5 所示。

表 4-5　市场定位策划需要遵守的基本原则

原　则	目标市场应满足的要求
可衡量性原则	各子市场之间的界限清楚、便于识别和测量
可进入性原则	企业有能力进入和占领细分后的各子市场、分销渠道通畅
可营利性原则	有利可图、足以实现预期的利润目标
相对稳定性原则	一定时期内相对稳定

1. 可衡量性原则

可衡量性原则是指目标市场必须是可以识别和可以衡量的，即细分市场不仅范围明确，并且对其容量大小也能做出大致判断。例如，细分市场中消费者的年龄、性别、文化、职业、收入水平等都是可以衡量的，而要测量细分市场中有多少具有“依赖心理”的消费者，则相当困难，以此为依据细分市场，将会因此无法识别、衡量而难以描述，市场细分也就失去了可操作的实际意义。可衡量性原则，在于确保明晰地区分目标市场的消费者群。

2. 可进入性原则

可进入性原则是指目标市场应该是企业市场营销活动能够到达的市场，即企业通过市场营销活动能够使产品进入并对消费者施加影响的市场，这主要表现在三个方面：①企业具有进入某个目标市场的资源条件和竞争实力；②企业有关产品的信息能够通过一定传播途径顺利传递给目标市场的大多数消费者；③企业在一定时期内能将产品通过一定的分销渠道送达目标市场，否则，目标市场的价值就不大。

3. 可营利性原则

可营利性原则是指目标市场消费者需求的容量和规模必须大到足以使企业实现其利润目标。进行市场细分时，企业必须考虑细分市场上消费者的数量、消费者购买产品的频率、消费者购买力，并且细分市场能使企业获得预期利润。如果细分市场的规模过小、市场容量太小、获利小，就不值得进行市场细分。

4. 相对稳定性原则

相对稳定性原则是指目标市场必须具有相对的固定性。细分市场的相对稳定性并不是指细分市场一定是一成不变的，随着企业市场营销环境的变化，企业也可以放弃现有的细分市场，选择新的富有吸引力的细分市场。只有这样，企业的市场营销活动才能适应变化的市场营销环境。

4.4.3 市场定位策划的模式

市场定位的模式一般有以下三种类型。

1. 统一定位模式

这种定位模式是对市场不进行细分，而把整个公众都当作目标市场来推进营销的一种定位方式。这种定位方式产生于物资匮乏、产品供不应求的卖方市场时代，目前主要适用于少数消费者需求同质的产品(如食盐)的销售，即消费者需求广泛、能够大量生产、大量销售的产品。这种定位模式的优点是有利于标准化和大规模生产，有利于降低单位产品的成本费用，获得较好的规模效益；其缺点是不能满足消费者需求的多样性，不能满足其他较小的细分市场的消费者需求，不能适应多变的市场形势。

2. 集中定位模式

这种定位模式是企业针对某一特定的细分市场开发特定的产品，策划和制订特定的营销方案。很多企业限于资金实力而无法在一个大市场上争取到自己的份额时，便可采取集中定位模式，可以在某一个或者几个小的细分市场上去取得独占性地位或较大的市场占有率。这种定位模式的优点是可以减少市场竞争、节约资金；其缺点就是风险较大，一是市场开辟风险较大，二是市场维系风险较大。

3. 差异定位模式

这是企业针对多个细分市场分别为之设计不同产品，采取不同的市场营销组合，满足不同消费者需求来占领这些细分市场的定位模式。这是目前企业普遍采用的一种定位模式，也称多元化定位模式。这种模式的优点在于：能扩大销售，减少经营风险，提高市场占有率，因为多品种的生产能分别满足不同消费者群的需要，扩大产品销售。

但差异定位也有以下缺点。

(1) 增加了经营成本，因为要维持各个细分市场的产品生产和销售，这无疑将增加产品的生产、营销、改进、发展和存货的成本。

(2) 市场比较脆弱，因为在各个细分市场要占有一席之地，因而其份额一般不大，很容易被别人从细分市场上挤掉。

(3) 市场开拓深度不够，因为资金分散于各个细分市场，因而很难集中资金对某个细分市场进行深入开发。

4.4.4　市场定位策划的内容

企业营销的定位策划可分为产品定位、市场定位和企业定位等。

1. 产品定位

产品定位是在营销策划时确定产品各种属性的位置、档次，具体包括以下几点。

1) 根据属性定位

产品本身的属性能使消费者体会到它的定位。产品属性包括制造技术、设备、生产流程、产品功能，也包括产品的原料、产地、历史等因素。北京同仁堂的定位体现了使用的原料和悠久的历史；王守义十三香强调其专门的调料配方；宜宾五粮液、北京烤鸭等产品则强调其产地定位。如果企业的一种或几种属性是竞争者所没有或有所欠缺的，同时又是顾客认可和接受的，这时采用按产品属性定位的策略，往往容易收到良好效果。

2) 根据利益定位

根据利益定位即把产品定位在某一特定利益上。这里的“利益”包括顾客购买企业产品时追求的利益，也包括购买企业产品所能获得的附加利益。例如，手机市场中，摩托罗拉向目标消费者提供的利益点是“小、薄、轻”，而诺基亚则宣称“无辐射”。在汽车市场，宝马宣称“驾驶的乐趣”；马自达是“可靠”；TOYOTA 宣传“跑车外形”；菲亚特则是“精力充沛”；而奔驰是“高贵、王者、显赫、至尊”的象征，奔驰的电视广告中较出名的广告词是“世界元首使用最多的车”。新飞冰箱在同容积冰箱中耗电最省，给顾客提供“省电”的利益。

3) 根据产品的用途定位

这是工业产品最常用的市场定位方法。此外，为名产品找到一种新用途，是为该产品创造新的市场定位的好方法。例如，杜邦的尼龙最初在军事上用于制作降落伞，后来许多新的用途一个接一个地被发现，比如作为袜子、衬衫、地毯、汽车轮胎、椅套的原料等。又如，网络的研究开始于军事领域，随后广泛应用于通信、日常生活、汽车工业等。

4) 根据价格和质量定位

一件仿制的装饰性项链，无论其做工多么精美，都是不可能与真正的钻石项链定位相同的。所以对于那些消费者对价格和质量都很关心的产品，选择两者作为市场定位的因素是突出企业的好方法。据此定位有以下两种情况。

(1) 质价相符的情况，通俗地说就是“一分钱一分货”。当企业产品价格高于同类产品时，企业总是强调其产品的高质量和物有所值，说服顾客支付高价来购买其产品。海尔集团的家电产品很少卷入价格战，一直维持其同类产品中的较高价格，但其销售却一直稳定增长，就体现了其产品“优质高价”的定位。

(2) 质高价低的情况。一些企业将质高价低作为一种竞争手段，用以加深市场渗透，提高市场占有率。格兰仕集团就是采用这种定位方式，快速地占领了我国的微波炉市场并一直保持着 50%以上的极高市场占有率。这时，企业向顾客传递的信息是顾客所花的每一分钱都能获取更大的价值，即“物超所值”。采用这种定位方式，企业要重视优于价格水平的产品质量的宣传，而不能只宣传产品的低价，否则就会造成产品在顾客心目中定位降低，

从而造成定位失败。

5) 根据产品的档次定位

企业在选择目标市场时常根据本企业的产品档次来选择。市场可划分为高、中、低档。产品也可通过强调与同档次的产品的不同特点来进行定位，如美施贵宝公司出品的“日夜百服宁”等。

6) 根据形状定位

根据产品的形式、状态定位。这里的形状可以是产品的全部，也可以是产品的一部分。如“白加黑”感冒药将感冒药分为白、黑两种颜色，并以此外在形式为基础改革了传统感冒药的服用方法。这两种全新形式本身就是该产品的一种定位策略，同时将其名称定为“白加黑”，也使这一名称本身就表达了产品的形式特点及诉求点。又如，“大大”泡泡糖也是以产品本身表现出来的形式特征为定位点，打响了其市场竞争第一炮。

2. 市场定位

市场定位是指确定产品进入的目标市场。在进行营销策划时，首先必须进行市场定位，只有确立了目标市场，才能考虑推出与其相适应的产品。市场定位从总的方面看主要有以下七个方面内容。

1) 地域定位

地域定位，即考虑本企业产品的市场区域是世界范围、全国范围还是本地范围，是北美还是东南亚或是其他什么地区等。

2) 气候定位

气候定位，即产品在什么气候类型的地区销售，是北方还是南方，是少雨干燥地区还是多雨潮湿地区。

3) 性别定位

产品是男性用还是女性用，是两者兼用还是男女有所偏重。

4) 年龄定位

不同年龄段的消费者对产品的要求往往有较大的区别，只有充分掌握和利用这些特点，才能赢得各个不同年龄层次段的消费市场。

5) 层次定位

不同阶层的消费特点也会有所不同，通过阶层划分来确定自己的目标市场也是市场定位的一个重要因素，阶层定位可以按知识层次、收入层次、职位层次等标志进行多种划分。

6) 职业定位

这种定位除了按工人、农民、学生等明显不同的职业区分外，更应善于划分那些不太明显的职业区别，如城镇职工既有第一线操作工人，也有商店营业员，还有公司办公室职员等。

7) 文化定位

不同地区、国家、民族有着不同的文化，市场定位应充分考虑不同文化对产品需求的不同特点。个性市场特点，即考虑把自己的产品销售给具有什么样个性的消费者。

3. 企业定位

企业定位是对产品定位、市场定位的强化，它通过企业在市场上塑造和树立良好的形

象，形成企业的魅力，并产生“马太效应”，推动营销活动。企业定位一般要运用独特的产品、独特的企业文化、企业的杰出人物、企业环境和公共关系手段进行。

市场定位与产品定位、企业定位是三个不同层次。产品定位是基础、是前提，企业定位是完成整个企业营销定位的最后阶段，市场定位则是居于二者之间、承前启后的中间阶段。市场定位与产品定位、企业定位存在相互重叠、相互影响、相互依赖的内在联系。企业营销定位策划需要各个方面的通力合作和相互照应，以便最终实现共同的营销目标。

4.4.5　市场定位策划的有效途径

确定产品的特色，让本企业的产品与市场上的其他竞争者有所区别，这是市场定位策划的根本出发点。要做到这一点必须进行创新策划，强化产品差别化。一般来说，产品差别化策划可以从以下几个方面进行。

1. 通过产品实体的创新体现产品的差别化

通过产品实体的创新体现产品的差别化，即产品在功能、质量、构造、外观、包装等方面与其他企业生产的同类产品的差异。

同一产业内不同企业所生产的产品，虽然其用途是基本相同的，但各企业的产品在设计构造、功能、包装等方面，却可以通过不同的创新形式形成产品的差别化，从而赢得购买者的偏好。比如，改进质量、完善产品的使用性能；改进特性，在产品大小、重量、材料或附加物等方面改变或增加某些特性，扩大产品的适用性；改进产品的款式和包装，增加产品美感，这些做法都能吸引消费者的注意。

2. 通过服务创新实现产品差异化

通过服务创新实现产品差异化，即企业除向购买者提供产品外，还可向买方提供信息、服务、维修乃至提供信用资助等，在服务上形成产品差异化。比如，利用帮助安装培训、进行调试、使用指导、分期付款、良好的维修服务和质量承诺等服务手段实现产品差异化，使购买者产生对本企业产品的偏好，从而提高企业产品的市场占有率。在这方面，财力较弱、行动迅速、反应灵敏的中小企业，其创新空间更为广阔。

3. 通过信息传递实现产品差别化

通过信息传递实现产品差别化，即企业通过文字、图像、声音等媒体，利用各种传播手段，将有关的特征等信息传递到目标市场，让顾客感到本企业的产品与同类产品的差异，从而在顾客心目中树立该产品与众不同的形象。

4.4.6　市场定位策划的步骤

1. 分析竞争对手的市场定位

分析竞争对手的市场定位，必须弄清楚现有竞争者在该市场上究竟处于什么地位，实力如何，有什么特点等情况。

2. 分析目标顾客的需求

企业进行市场定位时，必须对目标市场顾客的需求状况、消费心理、消费动机、需求偏好等做深入地分析研究，搞清楚消费者对产品究竟“关心什么”、“对什么最介意”，从而为正确地确定定位指标提供依据。

3. 确定定位指标

选择目标顾客最关注的，最好是竞争对手所忽略的因素作为定位指标，如质量、价格、功能、款式、服务、质地、产地、历史、工艺、口感、情感、特殊人群等。这些定位指标可以单独使用，如“质量定位”、“价格定位”等，也可以综合使用，如“质量——价格定位”、“价格——服务定位”等。

4. 描绘定位图

定位图是一种直观的、简洁的定位分析工具，一般利用平面二维坐标图的品牌识别、品牌认知等状况做直观比较，以解决有关定位的问题。实质上就是一般的双因素分析图，其坐标轴代表消费者评价品牌的特征因子。各品牌在图中的位置表示消费者对其在各关键因素上表现的评价。通过定位图，可以清晰地展示各品牌在消费者心目中的印象及之间的差异，在此基础上作出定位决策。如图 4-5 所示，A、B、C、D、E、F 分别代表各品牌的产品。

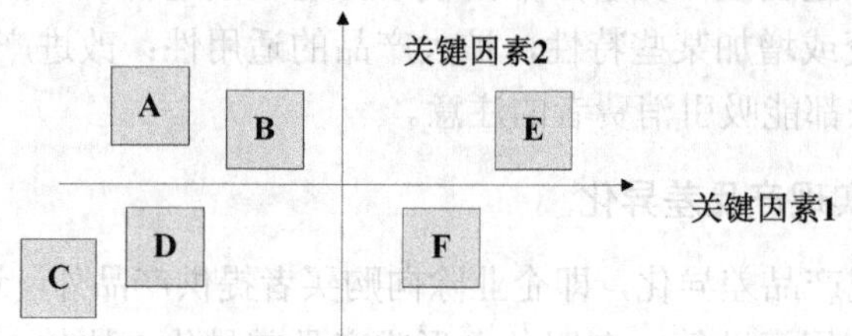

图 4-5　市场定位示意图

4.4.7　定位图的制作和运用

定位图的制作和运用如图 4-6 所示。

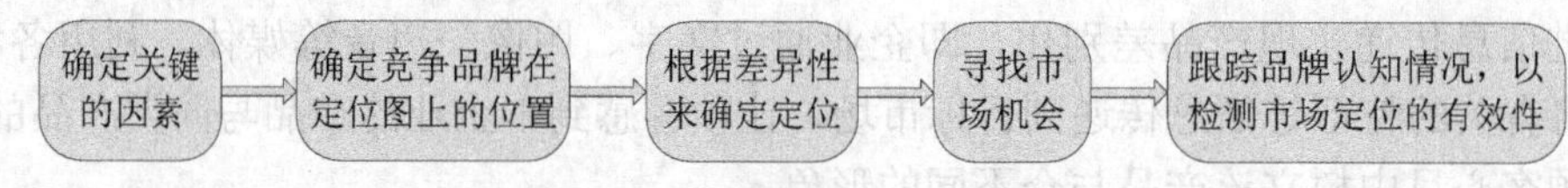

图 4-6　定位图制作和运用步骤

1. 确定关键的因素

确定关键因素是描绘定位图的关键。关键因素选择得正确与否决定定位图的有效性和结果，从而影响定位工作的成败。

定位图一般是二维的，这样是为追求其直观性。但影响消费者决策的因素是多种多样的，那么该如何在复杂的诸要素中找出作为坐标变量的两种关键因素呢？方法只有一个：

从消费者身上找。首先，我们要通过市场调查了解影响消费者购买决策的诸因素及消费者对它们的重视程度，然后通过统计分析确定出重要性较高的几个因素，再从中进行挑选。

在取舍时，首先要剔除那些难以区分各品牌差异的因素；其次要剔除那些无法做到的因素；最后一步就是在剩下的因素中选取两项对消费者决策影响最大的因素。有时对于相关程度甚高的若干个因素可将其合并为一个综合因素，来以此作为坐标变量。例如，可将运动鞋的舒适、耐用两个特征因素综合为品质因素。

2. 确定竞争品牌

在选取关键因素后，接着就要根据消费者对各品牌在关键因素上表现的评价来确定各品牌在定位图上的坐标。在确定位置之前，首先要保证各个品牌的变量值已量化，特别是对于一些主观变量(如啤酒口味的浓淡程度)，必须将消费者的评价转化为拟定量的数值，只有这样才便于在图上定位。

3. 根据差异性来确定定位

定位图直观地展示了消费者对各种品牌的产品性质及之间差异的认知。在图中，只要两点不重叠，就说明它们之间存在着差异，而纵、横向距离的大小则表示它们在这两方面特征因子上的差异程度的大小。明确了自己品牌的位置及与对手的差异后，就可以确定定位的方向，因为定位就是要突出产品与其他品牌的差异，定位的基础就是自己与众不同的地方。若自己的品牌与其他某些品牌的位置相当接近，则意味着在消费者的心目中，该品牌的产品在关键因素上表现缺乏出众之处。越是接近，就说明被替代的可能性越大，处境越为不妙。在这种情况下，就应考虑通过重新定位来拉开与其他品牌的距离以扩大差异。

4. 寻找市场机会

市场上即使品牌泛滥也不等于再没有插足的余地，利用定位图有助于清晰地找寻出被忽略的市场空白。运用定位图寻找市场机会时要注意两点。

(1) 定位图的空白部分不一定等于市场机会，只有存在潜在的需求才能称得上是市场机会，对于消费者不感兴趣的定位，即使空间再大也毫无意义。

(2) 有时可让发挥的定位范围空间较大，但具体定位于哪一点却不易把握。这时可引用“理想品牌”这一概念。其做法是：先确定目标消费者心目中的理想品牌是怎样的，然后将它在图上定位，以此作为产品定位的参照。定位与理想品牌越接近，则成功的可能性就越大。

5. 跟踪品牌认知情况，以检测市场定位的有效性

定位图反映了消费者对产品定位的理解，但他们的理解不一定与企业所确立的定位相符。其间的偏差万万不可推责于消费者，因为这其实意味着企业的营销沟通有欠缺。确定出定位并非就大功告成，将定位信息成功地传递并保证消费者正确理解才是定位成功的保证。

本章小结

市场定位策划是一个系统性的工作，首先需要做的就是进行产品定位，产品定位是市场定位的前提和基础，要进行定位策划必须强化产品的差别化。强化产品的差别化一般有三种途径：进行产品实体创新，实现产品差别化；服务创新，实现服务差别化；最后是信息传递，实现信息传递差别化。进行市场定位策划还需要遵循一定的过程和步骤。市场定位的过程一般是明确潜在的竞争优势，选择相对的竞争优势，最后是显示独特的竞争优势。

在进行市场定位策划时尤其需要注意的是，识别可能的竞争优势十分关键。消费者一般会选择那些给他们带来最大价值的商品或服务，因此，赢得和保持顾客的关键是比竞争者更好地了解顾客的需要和购买过程，以及向他们提供更多的价值。向目标市场提供优越的价值，从而企业可赢得竞争优势，这是每一个市场定位策划人员都需要明白的。

本章从市场细分入手，描述什么是市场细分，市场细分的标准、原则及怎样对市场进行细分，进而介绍了目标市场的概念，以使读者了解进行市场定位要做的前期工作，紧接着阐述了市场定位的概念及怎样进行市场定位策划。通过本章的学习，读者可对市场定位有一个明确的认识，知道怎样对企业进行定位，以及市场定位策划的步骤。

思考与练习

1. 市场细分的概念是什么？
2. 目标市场的概念是什么？
3. 简述市场细分对企业的作用。
4. 简述市场定位的过程。
5. 简述市场定位策划的原则。
6. 论述怎样对一个企业进行市场定位。

第5章　品牌策划

【学习目标】

- 掌握品牌与策划的关系。
- 掌握品牌形象的含义。
- 掌握品牌形象的多种驱动因素。
- 掌握品牌形象策划的基本内容。
- 熟悉塑造品牌形象的途径。

在物质生活日益丰富的今天，人们无形中形成了在购物时考虑其品牌的习惯。从衣服到饮食，从汽车到房子，几乎在各个有能力顾及消费对象的品牌的时候，消费者便会随着其品牌进行联想。例如，当你手拿一件香奈尔的衣服时，想到的便是优雅、时尚与地位的满足感；当你面对一辆奔驰车时，第一感觉是速度、尊贵、王者之风……由此可见品牌的重要性。在当今的市场环境中，品牌已是一个企业重要的无形资产之一。

5.1　品牌与品牌策划

随着市场经济不断由较低阶段发展到较高阶段，生产技术与营销水平日益提高，市场上有了更多的产品或服务可供消费者选择。在这种情形下，消费者往往会对知名度高的或消费者自身所信赖的品牌产品或服务产生兴趣，从而上升到情绪性的认同，甚至近似一种情感性的支持，最后促使消费者产生对这种品牌产品的购买行为的不断重复。由对品牌的分析和研究得知，品牌的真实经济意义已远远超过了其本身定义，它已关系到消费者的决策动向，更关系到企业家们的战略调整。为了能够全面、有效地进行品牌策划，我们首先必须仔细地剖析品牌概念，进而对品牌有一个全面深刻的认识。

5.1.1　品牌的内涵

当前国际市场生产力已经处于过剩状态，所有开放市场经济国家都不同程度地进入了买方市场，市场竞争的环境、手段与过去相比都发生了很大的变化。在这种新情况下，企业取胜的主要手段已不再单纯以产品本身来竞争，还包括品牌的竞争。可以说，未来国际市场竞争的主要形式将是品牌的竞争，品牌的优劣将成为企业在市场竞争中出奇制胜的法宝。

1．品牌的含义

品牌在生活中通俗地称作“牌子”，是一个复合概念，是商品或服务的脸谱，是一个名字、词语、符号或设计图案，或者以上四种的组合，用以识别一个出售者的商品或服务，使得与竞争者的商品或服务相区别。这一概念主要是从法律角度定义品牌。从品牌的实践来看，品牌是消费者对商品和服务以至公司的总体概念，这种概念是消费者使用该商品或服务而获得的，它是一种心理上的感受，这又说明品牌应是一个营销学上的概念。

在国际上公认的品牌还有六层具体的含义，具体如下。

(1) 利益：给购买者带来的物质、精神上的享受。

(2) 个性：和人一样品牌应传达出商品或服务的差异化。

(3) 属性：表达出产品特定的属性。

(4) 价值：应体现制造商的某些价值感。

(5) 文化：品牌附加及象征的文化内涵。

(6) 使用者：它应体现购买或使用这种产品的那一类消费者。

一般来说，品牌由品牌名称和品牌标记两部分组成。

品牌名称是指品牌中可以直接用语言表达或称呼的部分，如“奥迪”、“联想”、“奔驰”等。

品牌标记是指品牌中易于识别，但不能直接用语言称呼的部分，包括符号、图案色彩等，如奥迪汽车的四个环、海尔的两个小兄弟等。

总之，品牌是给拥有者带来溢价、产生增值的一种无形的资产，它的载体是用以和其他竞争者的产品或劳务相区分的名称、术语、象征、记号或者设计及其组合。增值的源泉来自消费者心智中形成的关于其载体的印象。更深层次的表达是：能够做到口口相传的牌子才称得上品牌。

2．品牌的特性

品牌特征与品牌价值、排他性、不确定性等紧密结合在一起，具体内容如下所述。

1) 品牌是企业的无形资产

随着社会生产的发展和人们思想观念的转变，越来越多的名牌企业开始利用自己的品牌这一无形资产兼并、控制了比自己大数倍的资产，超越了旧时“资本本位”的观念。中国的三九药业集团以“三九”品牌兼并和控制了众多跨地区、跨行业的资产即是明证。

品牌本身没有物质实体，不占有空间，它与厂房、设备等有形资产不同，不能仅凭人们的感官直接感觉到它的存在与大小，但它却客观存在。于是品牌拥有者可以凭借品牌资产的优势不断获取利益，可以利用品牌的市场开拓力、形象扩张力、资本内蓄力不断发展，因此我们可以看到品牌的价值。这种价值并不能像物质资产那样用实物的形式表述，但总体上它能使企业的无形资产体现出增长的趋势，有时在世界范围内的品牌价值也迂回变化，我们可以参照看一下表 5-1。

表 5-1　Interbrand 发布 2012 全球品牌价值排行榜

2012	公司名称	所处行业	2012 价值 (十亿美元)	2011 价值 (十亿美元)	变动	2011	变动
1	可口可乐	饮料	$77.84	$71.86	8%	1	0
2	苹果	科技	$76.57	$33.49	129%	8	6
3	IBM	商业服务	$75.53	$69.91	8%	2	−1

续表

2012	公司名称	所处行业	2012 价值 (十亿美元)	2011 价值 (十亿美元)	变动	2011	变动
4	谷歌	科技	$69.73	$55.32	26%	4	0
5	微软	科技	$57.85	$59.09	-2%	3	-2
6	通用电气	多元化	$43.68	$42.81	2%	5	-1
7	麦当劳	餐饮	$40.06	$35.59	13%	6	-1
8	英特尔	科技	$39.39	$35.22	12%	7	-1
9	三星	科技	$32.89	$23.43	40%	17	8
10	丰田	汽车	$30.28	$27.76	9%	11	1
11	奔驰	汽车	$30.10	$27.45	10%	12	1
12	宝马	汽车	$29.05	$24.55	18%	15	3
13	迪士尼	媒体	$27.44	$29.02	-5%	9	-4
14	思科	商业服务	$27.20	$25.31	7%	13	-1
15	惠普	科技	$26.09	28.479	-8%	10	-5
16	吉列	快速消费品	$24.90	$24.00	4%	16	0
17	路易·威登	奢侈品	$23.58	$23.17	2%	18	1
18	神谕(Oracle)	商业服务	$22.13	$17.26	28%	20	2
19	诺基亚	电子产品	$21.01	$25.07	-16%	14	-5
20	亚马逊	网络服务	$18.63	$12.76	46%	26	6

品牌作为无形资产较之资本是更先进的生产要素，在经济生活和经济发展中能起到更大的作用，且不会因为使用而损耗，相反会因为扩大使用和影响而使无形资产增值。企业品牌这样的无形资产不一定只有依附于有形资产才能发挥作用，而是可以游离于企业资产之外发挥作用。

2) 品牌具有独特性

品牌是用以识别生产或销售者的产品或服务的。品牌拥有者经过法律程序的认定，享有品牌的专有权，有权要求其他企业或个人不能仿冒、伪造，这一点指品牌的排他性。然而我国的企业在国际竞争中却没有很好地利用法律武器，没有发挥品牌的独特性。

3) 品牌提供的未来经济效益具有较强的不确定性

品牌的不确定性，指品牌潜在价值可能很大，也可能很小，即有时可使产品取得很高的附加值，有时则由于社会环境、市场变化、自身在技术上和经营服务更新方面竞争不力，未能保持产品质量更好，使企业原有的品牌迅速贬值。正如我们在前面所说，美国可口可乐的品牌价值虽然一直排在世界最有价值品牌之首，其实在最近几年其品牌资产不断在下降。对于品牌的风险，有时由于企业的产品质量出现意外，有时由于服务不过关，有时由于品牌资本盲目扩张、动作不佳，这些都给企业品牌的维护带来难度。

3. 品牌的种类

品牌可以依据不同的标准划分为不同的种类。

1) 根据品牌知名度和辐射区域划分

根据品牌的知名度和辐射区域划分，可以将品牌分为地区品牌、国内品牌和国际品牌。

地区品牌是指在一个较小的区域之内生产销售的品牌。例如，地区性生产、销售的特色产品。这些产品一般在一定范围内生产、销售，产品辐射范围不大，主要是受产品特性、地理条件及某些文化特性影响，这有点像地方戏种，如秦腔主要在陕西、晋剧主要在山西、豫剧主要在河南等现象。

国内品牌是指国内知名度较高，产品辐射全国，全国销售的产品。例如，家电巨子——海尔，香烟巨子——红塔山，饮料巨子——娃哈哈。

国际品牌是指在国际市场上知名度、美誉度较高，产品辐射全球的品牌，如可口可乐、麦当劳、万宝路、奔驰、爱立信、微软、皮尔·卡丹等。

2) 根据品牌产品生产经营的不同环节划分

根据产品生产经营的所属环节可以将品牌分为制造商品牌和经营商品牌。制造商品牌是指制造商为自己生产制造的产品设计的品牌；经销商品牌是经销商根据自身的需求，对市场的了解，结合企业发展需要创立的品牌。制造商品牌很多，如SONY(索尼)、奔驰、长虹等；经销商品牌如“西尔斯”(百货店如“王府井”)等。

3) 根据品牌来源划分

依据品牌的来源可以将品牌分为自有品牌、外来品牌和嫁接品牌。自有品牌是企业依据自身需要创立的，如本田、东风、永久、摩托罗拉、全聚德等。外来品牌是指企业通过特许经营、兼并、收购或其他形式而取得的品牌。例如，联合利华收购的北京“京华”牌，香港迪生集团收购法国名牌商标 S.T. Dupont。嫁接品牌主要指通过合资、合作方式形成的带有双方品牌的新产品，如琴岛-利勃海尔。

4) 根据品牌的生命周期长短划分

根据品牌的生命周期长短来划分，可以分为短期品牌和长期品牌。

短期品牌是指品牌生命周期持续较短时间的品牌，由于某种原因在市场竞争中昙花一现或持续一时。

长期品牌是指品牌生命周期随着产品生命周期的更替，仍能经久不衰，永葆青春的品牌。例如，历史上的老字号：全聚德、内联升等；也有些是国际长久发展来的世界知名品牌，如可口可乐、奔驰等。

5) 根据品牌产品内销或外销划分

依据产品品牌是针对国内市场还是国际市场可以将品牌划分为内销品牌和外销品牌。由于世界各国在法律、文化、科技等宏观环境方面存在巨大差异，所以一种产品在不同的国家市场上会有不同的品牌，在国内市场上也有单独的品牌。品牌划分为内销品牌和外销品牌虽对企业形象整体传播不利，但由于历史、文化等原因，不得不采用，而对于新的品牌命名应考虑到国际化的影响。

6) 根据品牌的行业划分

根据品牌产品的所属行业不同可将品牌划分为家电业品牌、食用饮料业品牌、日用化工业品牌、汽车机械业品牌、商业品牌、服务业品牌、服装业品牌、网络信息业品牌等几大类。

除了上述几种分类外，品牌还可依据产品或服务在市场上的态势划分为强势和弱势品牌；依据品牌用途不同，划分为生产资料品牌等。

5.1.2　品牌与产品、商标的关系

1. 产品

产品是指能够提供给市场，被人们使用和消费，并能满足人们某种需求的任何东西，包括有形的物品、无形的服务、组织、观念或它们的组合。

1) 产品整体概念

20 世纪 90 年代以来，菲利普·科特勒(Philip Kotler)等学者倾向于使用五个层次来表述产品整体概念，认为五个层次的表述方式能够更深刻、更准确地表述产品整体概念的含义。产品整体概念要求营销人员在规划市场供应物时，要考虑到能提供顾客价值的五个层次，如图 5-1 所示。

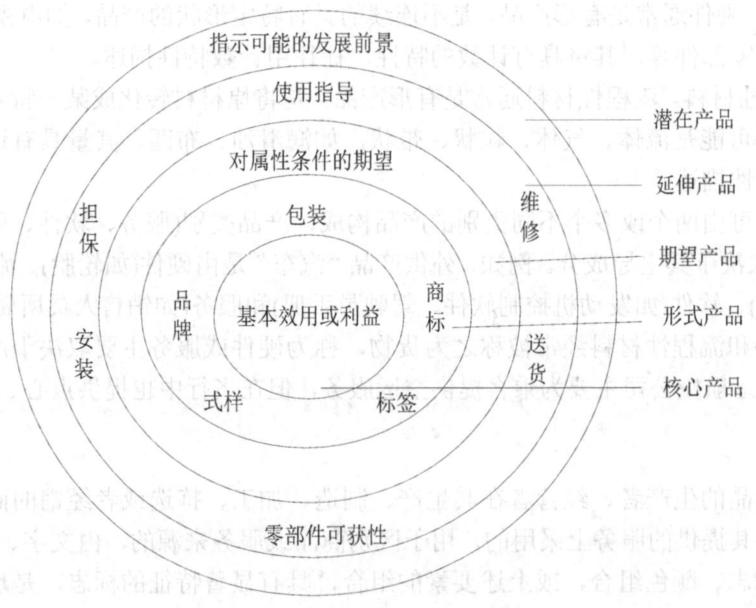

图 5-1　产品整体概念的五个基本层次

(1) 核心产品。核心产品是指向顾客提供的产品的基本效用或利益。从根本上说，每一种产品实质上都是为解决问题而提供的服务。因此，营销人员向顾客销售任何产品，都必须具有反映顾客核心需求的基本效用或利益。

(2) 形式产品。形式产品是指核心产品借以实现的形式，由五个特征构成，即品质、式样、特征、商标及包装。即使是纯粹的服务，也具有相类似的形式上的特点。

(3) 期望产品。期望产品是指购买者在购买产品时期望得到的与产品密切相关的一整套属性和条件。

(4) 延伸产品。延伸产品是指顾客购买形式产品和期望产品时附带获得的各种利益的总和，包括产品说明书、保证、安装、维修、送货、技术培训等。国内外很多企业的成功，

在一定程度上应归功于他们更好地认识到服务在产品整体概念中所占的重要地位。

(5) 潜在产品。潜在产品是指现有产品包括所有附加产品在内的，可能发展成为未来最终产品的潜在状态的产品。潜在产品指出了现有产品可能的演变趋势和前景。

2) 产品的分类

(1) 服务。服务通常是无形的，是为满足顾客的需求，供方(提供产品的组织和个人)和顾客(接受产品的组织和个人)之间在接触时的活动以及供方内部活动所产生的结果，并且是在供方和顾客接触上至少需要完成一项活动的结果，如医疗、运输、咨询、金融贸易、旅游、教育等。服务的提供可涉及：在顾客提供的有形产品(如维修的汽车)上所完成的活动，在顾客提供的无形产品(如为准备税款申报书所需的收益表)上所完成的活动，无形产品的交付(如知识传授方面的信息提供)，为顾客创造氛围(如在宾馆和饭店)。服务特性包括安全性、保密性、环境舒适性、信用、文明礼貌以及等待时间等。

(2) 软件。软件由信息组成，是通过支持媒体表达的信息所构成的一种智力创作，通常是无形产品，并可以方法、记录或程序的形式存在，如计算机程序、字典、信息记录等。

(3) 硬件。硬件通常是有形产品，是不连续的具有特定形状的产品，如电视机、元器件、建筑物、机械零部件等，其量具有计数的特性，往往用计数特性描述。

(4) 流程性材料。流程性材料通常是有形产品，是将原材料转化成某一特定状态的有形产品，其状态可能是流体、气体、粒状、带状，如润滑油、布匹，其量具有连续的特性，往往用计量特性描述。

一种产品可由两个或多个不同类别的产品构成，产品类别(服务、软件、硬件或流程性材料)的区分取决于其主导成分。例如，外供产品“汽车”是由硬件(如轮胎)、流程性材料(如燃料、冷却液)、软件(如发动机控制软件、驾驶员手册)和服务(如销售人员所做的操作说明)所组成。硬件和流程性材料经常被称之为货物，称为硬件或服务主要取决于产品的主导成分。例如，客运航空公司主要为乘客提供空运服务，但在飞行中也提供点心、饮料等硬件。

2. 商标

商标是商品的生产者、经营者在其生产、制造、加工、拣选或者经销的商品上或者服务的提供者在其提供的服务上采用的，用于区别商品或服务来源的，由文字、图形、字母、数字、三维标志、颜色组合，或上述要素的组合，具有显著特征的标志，是现代经济的产物。在商业领域，文字、图形、字母、数字、三维标志和颜色组合，以及上述要素的组合，均可作为商标申请注册。经国家核准注册的商标为“注册商标”，受法律保护。商标通过确保商标注册人享有用以标明商品或服务，或者许可他人使用以获取报酬的专用权，使商标注册人受到保护。

1) 商标的特征

(1) 商标是用于商品或服务上的标记，与商品或服务不能分离，并依附于商品或服务。

(2) 商标是区别于他人商品或服务的标志，具有特别显著性的区别功能，从而便于消费者识别。商标的构成是一种艺术创造。

(3) 商标是由文字、图形、字母、数字、三维标志和颜色组合，以及上述要素的组合的可视性标志。

(4) 商标具有独占性。使用商标就是为了区别与他人的商品或服务，便于消费者识别。所以，注册商标所有人对其商标具有专用权、受到法律的保护，未经商标权所有人的许可，任何人不得擅自使用与该注册商标相同或相类似的商标，否则，即构成侵犯注册商标权所有人的商标专用权，将承担相应的法律责任。

(5) 商标是一种无形资产，具有价值。商标代表商标所有人生产或经营的质量信誉和企业信誉、形象，商标所有人通过商标的创意、设计、申请注册、广告宣传及使用，使商标具有价值，也增加了商品的附加值。商标的价值可以通过评估确定。商标可以有偿转让，经商标所有权人同意，许可他人使用。

(6) 商标是商品信息的载体，是参与市场竞争的工具。生产经营者的竞争就是商品或服务质量与信誉的竞争，其表现形式就是商标知名度的竞争。商标的知名度越高，其商品或服务的竞争力就越强。

2) 商标注册原则

(1) 自愿注册和强制注册相结合原则。我国大部分商标采取自愿注册原则。国家法律、行政法规规定必须使用注册商标的商品(主要指卷烟、雪茄烟、有包装的烟丝)的生产经营者，必须申请商标注册，未经核准注册的，商品不得在市场销售。

(2) 显著原则。申请注册的商标，应当具有显著特征，便于识别，并不得与他人在先取得的合法权利(如外观设计专利权、姓名权、著作权)相冲突。

(3) 商标合法原则。申请注册的商标不得使用法律禁止的标志。县级以上行政区划的地名或者公众知晓的外国地名，不得作为商标。但是，地名具有其他含义或者作为集体商标、证明商标组成部分的除外；已经注册的使用地名的商标继续有效。就相同或类似商品申请注册的商标是复制、模仿或者翻译他人未在中国注册的驰名商标，容易导致混淆的，不予注册并禁止使用。就不相同或者不相类似商品申请注册的商标是复制、模拟或者翻译他人已经在中国注册的驰名商标，误导公众，致使该驰名商标注册人的利益可能受到损害的，不予注册并禁止使用。未经授权，代理人或者代表人以自己的名义将被代理人或者被代表人的商标进行注册，被代理人或者被代表人提出异议的，不予注册并禁止使用。商标中有商品的地理标志，而该商标并非来源于该标志所标示的地区，误导公众的，不予注册并禁止使用，但是，已经善意取得注册的继续有效。

(4) 对商标注册申请进行审查公告时，坚持申请在先为主、使用在先为辅的原则。两个或者两个以上的商标注册申请人，在同一种商品或者类似商品上，以相同或者近似的商标申请注册的，初步审定并公告申请在先的商标；同一天申请的，初步审定并公告使用在先的商标，驳回其他人的申请，不予公告。

(5) 禁止抢注商标原则。申请商标注册不得以不正当手段抢先注册他人已经使用并有一定影响的商标。

3．品牌与产品的关系

1) 品牌以产品为载体

产品不一定必须有品牌，但每一个品牌却均有产品(包括有形产品和无形产品)。产品是品牌的基础，没有好的产品，这个用于识别商品来源的品牌就无以存在；品牌以产品为载体，品牌是产品与消费者之间的纽带。

2) 品牌的属性源于产品属性

品牌能使人们识别它所标定下的产品有别于其他品牌产品的质量、特色和设计等最本质的特征。品牌不仅代表着一系列产品属性，而且还体现着某种特定的利益，如功能性或情感性利益等。品牌的这种使人感知的利益是由产品属性转化而来的。品牌的属性以及品牌给消费者带来的利益，都渊源于它所标定下的产品。

3) 品牌的承诺借助产品来兑现

品牌代表着产品属性，同时也体现着某种特定的利益。不仅如此，品牌就其实质来说，它是一种承诺。品牌代表着销售者对交付给买者的产品特征、利益和服务等的一贯性的承诺。佳洁士承诺的是使消费者拥有健康的牙齿，金利来向消费者承诺的是使消费者增添男子汉魅力。可见，品牌的这种承诺是借助产品实现的，没有产品和服务，品牌的承诺就无以兑现。

4) 产品可以更新换代，品牌则一牌到底

纵观市场上的品牌，有刚创立起来的，还有十几年、几十年甚至上百年的老品牌，如具有十几年历史的海尔，还有上百年的可口可乐、同仁堂等；还有的曾一时声名显赫，如今却很少有人知晓；还有的品牌短命至极，只在市场上存活几年就振作不起来了。品牌的这种创立、发展、消亡，说明品牌不像产品那样存有一定的市场生命周期。

5) 品牌推动了产品的生存与发展

品牌的有无对产品的销售有很大的影响。一般来说，同种同质的产品给消费者带来的利益是相同的，理应确定相同的价格。可是，由于品牌能够产生超过产品价值以外的附加价值，从而使得有品牌产品的价格可以高于无品牌的产品。例如，我国传统的出口商品丝绸，长期没有品牌，使得国外消费者只知道这丝绸产自中国，在美国丝绸市场上其标价仅为25美元，而在美国的另一家意大利产品，因为有品牌，虽然质地、款式、印花等方面无明显差别，其标价却为900美元。这一实例表明品牌的发展势在必行。

6) 品牌的差别便于消费者选购产品

随着市场经济的发展，买方市场的特征越来越明显，面对市场上种类、花样繁多的商品，消费者的选择余地越来越大。但受市场竞争的影响，同一种商品的质量在不断提高，加之商品科技含量越来越高，使得人们辨识商品的能力相对越来越低。如果仅靠消费者自身依据产品本身的特征去辨识产品质量好坏进而决定是否购买，那几乎是不可想象的事情，而且还难以使自己满意，这就客观地需要外界信息提供支持。品牌就是一个重要的消费者接受得到的(通过品牌传播)对选购商品有支持作用的信息源。借助品牌，使消费者对处在不断发展变化中的商品及其相关信息能够做到及时的、全面的、动态的了解。由此，也使得消费者选购时实现了从一般的商品选择进入品牌选择阶段。

4．品牌与商标的关系

1) 概念范围——品牌出于商标又胜于商标

品牌是从商标中发展而来。长期以来，商标一直是为生产者提供法律保护的一种工具，它只是作为商品的识别标志。与此相比，品牌的概念更广泛，它所衍生出来的作用和意义超出了法律保护的单一功能，它还向消费者提供有关产品个性及企业形象等诸多方面的信

息。《整体品牌设计》中写道："商标不是品牌的全部，而仅仅是品牌的一种标志或记号。"就是说，商标是品牌的一部分，这样的观点基本上成为社会的共识。

品牌与商标都是用以识别不同生产经营者的不同种类、不同品质产品的商业名称及其标志。商标不仅只是一种标志或标记，它也包括而且更多的时候包括名称或称谓部分。在品牌注册形成商标的过程中，这两部分常常是一起注册，共同受到法律的保护。在企业的营销实践中，品牌与商标的基本目的也都是区别商品来源，便于消费者识别商品，以利竞争。可见，品牌与商标都是传播的基本元素。

2) 概念属性——商标属法律概念，品牌属营销概念

从实践上看，品牌的市场作用表现在有益于企业营销增加效益，有利于顾客选购商品，有助于政府调控市场等多方面的作用。所以说，品牌应该是一个营销学上的概念，它是消费者对商品和服务以至公司的总体概念，这种概念是消费者长期使用该商品和服务而获得的。与品牌相对应，商标则是一个法律意义上的概念，即商标强调对生产经营者合法权益的保护，它的法律作用主要表现在通过商标专用权的确立、续展、转让、争议仲裁等法律程序，保护商标权所有者的合法权益；同时促使生产经营者保证商品质量，维护商标信誉。在与商标有关的利益受到或可能受到侵犯的时候，商标显现出法律的庄严与不可侵犯。

品牌有一个最显著特点是它的附加价值，这种附加价值丰富了品牌的内涵。消费者使用某种品牌的产品，除可获得功能享受以外，还可以获得精神上的享受，这种精神上的享受通常称为附加价值。它是通过消费者使用品牌的感受，以及广告包装而建立起来的。这也是品牌与商标的明显区别之处。

品牌在实际应用中一般是指品牌名称，如"同仁堂"、"海尔"等都是品牌名称，这些名称不论以何种字体出现都是某特定商品的品牌。当它们以某独特字体、图案出现，或相互结合时，则是商标。

5.1.3　品牌效应

品牌是商品经济发展到一定阶段的产物，最初的品牌使用是为了便于识别产品。品牌迅速发展是在近代和现代商品经济的高度发达的条件下产生，其得以迅速发展即在于品牌使用给商品生产者带来了巨大经济和社会效益，即品牌效应。

1. 品牌给经营者带来的效应

1) 利润效应

具有强势品牌的产品，一般具有比较价位优势，或者是同价位的畅销，它们都会为企业带来大量的现金收入和利润。

2) 规模效应

在强势品牌的支撑下，品牌成了产品畅销的通行证。品牌在不断扩大市场份额的同时，也成为其他竞争者进入市场或发展的障碍。企业得以能够不断扩大生产能力和生产规模，从而推动企业规模在一定范围内的扩大，分摊企业固定成本，形成企业的规模效益。

3) 资产效应

品牌属于无形资产，但强势品牌能为企业带来巨大的无形价值，这种价值体现在商品

或服务的质量、技术上，或体现在品牌的形象上。品牌的这种价值经过评估，就能转化为独立的价格资产形态，并入企业总资产，且参与利润分配。

4) 管理效应

具有良好品牌形象的企业，由于更易于在市场取得成功，能为其企业内部管理提供巨大的支持和帮助。比如员工积极性相对较高，流失率较小，更易于获得成就感等，会导致企业的规章和管理制度得到更有效的执行。

5) 文化效应

每一个企业的品牌总是包含着一定的文化内涵。从某种意义上说，品牌是企业按照社会文化方式运作的结果，其独特的文化内涵必须成为公司的一种素质和形象。品牌形象的拓展也就是一个人 、一个企业甚至一个民族在理想信念、价值追求、意志品格和行为准则等方面的传播和宣传。

2．品牌给社会带来的效应

1) 示范效应

名牌产品和明星企业对社会上其他企业有巨大的示范作用。市场参与者总是趋利避害的，具有强势品牌的企业或产品与服务能比较主动地满足多数消费者的生理和心理需求，受到人们的追逐，从而使企业获利甚多。因此，其他市场参与者(如竞争对手)也会趋向于强势品牌的企业经营行为，以求获得更多的利益。

2) 优化效应

优化效应指品牌对社会资源合理配置所带来的效果和反应。在市场经济条件下，市场机制的作用是通过价格变化来实现的，而价格机制又只有在竞争条件下才能发挥效力。在竞争条件下，由于消费需求和消费偏好多样化，使价格不再是唯一的经济信号来引导社会资源的移动和配置，集聚经济信号的品牌标志也参与到指导社会资源的使用流向中来。

3) 国力效应

国力体现在经济方面即是指一个国家的国民生产总值和人民生活水平。在世界经济一体化的竞争态势下，某国生产的产品和服务被世界人民接受和认可的程度将直接影响其综合经济实力。因此，对于一个国家而言，知名跨国公司和品牌越多，该国综合竞争实力就会越强。所以，品牌是具有较强的国力效应的。

3．品牌效应的影响力

1) 品牌有助于有效的推销

品牌在产品宣传中能够使企业有重点地进行宣传，简单而集中，效果明显，印象深刻，有利于使消费者熟悉产品，激发购买欲望。

品牌效应是产品经营者因使用品牌而享有的利益。一个企业要取得良好的品牌效应既要加大品牌的宣传广度、深度，更要以提高产品质量、加强产品服务为其根本手段。

2) 品牌是一笔巨大的财富

品牌包含着知识产权、企业文化以及由此形成的商品和信誉。一般来说，有了品牌也就容易塑造企业的形象，反过来说如果在品牌的基础上进一步推行企业的整体形象战略，也就更有利于品牌的扩展和延伸。

企业的集约化经营和集团化发展，甚至企业间的兼并与重组，正在伴随着国有经济改革的深入发展而成为人们关注的热门话题。在集团化发展的过程中注意处理经济规模与规模经济的关系，注重效益的提高和优化是必要的。

3) 品牌优势

品牌优势在竞争中的有利地位正逐步被业内人士所认识，中小企业如果没有技术上的精益求精和工艺上的专业特色，在未来竞争中很难站住脚。如今企业间的竞争越来越表现为产品的竞争、品牌的竞争。但打造一个品牌又绝非一朝一夕之功，因此加盟一个在市场有较高知名度的品牌，对于商家来说实在是走了一条捷径。于是一些成功企业将整套的知识产权、经营模式、管理制度、企业文化作为资本对加盟者进行改造，从而使企业间的合作进入高级的资本运营阶段。但连锁也不是只有收取加盟费、给块招牌那么简单，实际上连锁的管理比创建分公司要复杂得多。

5.1.4 品牌作用

品牌是一种识别标志、一种精神象征、一种价值理念，是品质优异的核心体现。培育和创造品牌的过程也是不断创新的过程，自身有了创新的力量，才能在激烈的竞争中立于不败之地。

1. 品牌对于企业的作用

从企业的角度看，品牌的作用主要体现在以下几个方面。

1) 有利于企业参与竞争，促进产品销售

由于品牌代表了企业对于消费者的承诺，所以，通过品牌，消费者可以了解到有关产品质量、特性等方面的信息，记住生产产品的企业名称，从而树立起企业的市场形象；通过品牌，可以让消费者记住自己在产品购买以及消费过程中所得到的各种利益，从而建立对品牌的忠诚度，随着对品牌信任程度的不断提升，企业在市场竞争中的地位和竞争力，以及市场信誉度也将随之得到提高；通过品牌，消费者还可以将企业所生产的产品同竞争对手的产品区别开来，促进产品的销售。

2) 有利于树立和维持产品质量

每一个久负盛名的品牌都是优质产品质量的保证。在建立品牌的过程中，实际上凝聚了一个企业在其产品设计以及生产上所花费的全部心血，代表了企业产品的质量，表明了企业对于所生产产品质量的一贯承诺。同时，当一个耗费巨大的知名品牌建立起来以后，一旦产品质量下降，就意味着多年的心血全部白费，企业损失巨大，所以对于企业来讲，不仅要建立品牌，还要维持品牌，而维持品牌背后就是要维持一贯的产品质量。

3) 有利于广告宣传

品牌一般都非常简洁、易读易记，但在简单的背后却蕴含了丰富的企业和产品信息。企业在做广告宣传时，这种特性可以帮助企业在有限的时间和空间内，用寥寥数语表达很多的含义，让消费者通过简单的符号和语言记住企业，记住产品。

4) 有利于提高顾客忠诚度

如果一个品牌在市场中建立并保持了较高的顾客忠诚度，这就意味着其现实和潜在的

竞争对手要想将这些顾客从他们所钟爱的品牌那里拉过来，必须付出很大的代价，包括产品研发、生产、销售等各方面的支出都会有很大的增加，无形中会提高竞争的难度，所以强势的品牌可以有效地阻止其他品牌进入市场。

5) 品牌是企业的无形资产

拥有好的品牌，实际上就拥有了一笔巨大的无形资产，之所以称之为“无形”，是因为作为能够给企业带来收益，而且是超过一般资产收益的超额收益的资产，但并不在企业的资产负债表上标示出来，所以说是一项“无形”资产。

2. 品牌对消费者的作用

从消费者的角度来看，品牌对于消费者有如下的作用。

(1) 品牌有利于消费者识别各种产品，简化购买的决定过程，便于有效地选择和购买产品。随着技术的发展和进步，产品的科技含量不断提高，每一个企业都在尽力采用最好的技术为消费者生产最好的产品。但不同企业所生产的同类产品在技术含量上的差别越来越小，让普通消费者越来越难以辨认，无形中给消费者增加了购买的难度。而借助于品牌，消费者就可以清晰地辨别出不同企业产品的特性，以及所具有的独特利益，从而根据自身的需要来加以选购。

(2) 品牌有利于建立消费者的品牌偏好，满足消费者的精神需要。品牌能够给消费者带来独特的利益，从而建立品牌偏好，在某种程度上还可以满足消费者的精神需要。例如雀巢的老板彼得·包必达(Peter Brabeck)就认为品牌给消费者带来了温暖、亲切感和信任。曾经有学者做过这样一个有趣的实验，他调查了2000多位抽烟的男士。这些人都宣称非常喜爱万宝路香烟，抽烟只抽万宝路，是因为喜欢它那独特的味道。在此基础上，这位学者向这些男士提供了不带万宝路品牌的香烟，这些香烟确实是由万宝路生产的，只不过不带牌子而已。当这些男士抽过这些香烟之后，学者提出可以半价向他们提供这种香烟，结果只有大约24%的男士愿意购买。从中可以看出，有些消费者之所以愿意消费某种品牌的产品，有时完全是出于精神上的某种需要。

3. 品牌对竞争者的作用

(1) 可以推出相对应的品牌进行反击。

(2) 竞争者可采用“品牌补缺”战略占领一部分市场，从而获取利润。竞争对手的品牌组合或产品组合无论多深多广，都很难满足所有消费者的需求。“没有饱和的市场，只有未被发现的市场”。

(3) 竞争者可不做品牌而做销售。品牌不是万能的，开发市场需多种因素组合。例如，消费者对某些产品购买介入程度不深，对产品品牌抱着一种无所谓态度，也就是消费者对某类产品的品牌不敏感，他们可能是价格敏感者，或从众者，或质量、功能敏感者。竞争者只要抓住一点或几点，就可以吸引一部分消费者。

4. 名牌效应

名牌是知名品牌或强势品牌，其巨大的作用在于它的名牌效应。

1) 聚合效应

名牌企业或产品在资源方面会获得社会的认可，社会的资本、人才、管理经验甚至政策都会倾向名牌企业或产品，使企业聚合了人、财、物等资源，形成并很好地发挥名牌的聚合效应。

2) 磁场效应

企业或产品成为名牌，拥有了较高的知名度，特别是较高的美誉度后，会在消费者心目中树立起极高的威望，表现出对品牌的极度忠诚。企业或产品就会像磁石一样吸引消费者，消费者会在这种吸引力下形成品牌忠诚，反复购买、重复使用，并对其不断宣传，而其他品牌产品的使用者也会在名牌产品的磁场力下开始使用此产品，并可能同样成为此品牌的忠实消费者，这样品牌实力会进一步巩固，形成品牌的良性循环。

3) 衍生效应

名牌积累、聚合了足够的资源，就会不断衍生出新的产品和服务，名牌的衍生效应使企业快速的发展，并不断开拓市场，占有市场，形成新的名牌。例如，海尔集团首先是在冰箱领域创出佳绩，成为知名企业、知名品牌后，才逐步将其聚合的资本、技术、管理经验等延伸到空调、洗衣机、彩电等业务领域。

4) 内敛效应

名牌会增强企业的凝聚力。比如中国的联想集团、以民族品牌为号召的四川长虹和“明天会更好”的海尔集团等，它们的良好形象会使生活、工作在这样企业中的员工产生自豪感和荣誉感，并能形成一种企业文化，工作氛围；给每一位员工以士气、志气，使员工精神力量得到激发，从而更加努力、认真地工作。名牌的内敛效应聚合了员工的精力、才力、智力、体力甚至财力，使企业得到提升。

5) 宣传效应

名牌形成后，就可以利用名牌的知名度、美誉度传播企业名声，宣传地区形象，甚至宣传国家形象。比如，宝洁公司的知名产品飘柔、海飞丝等，人们因为了解这些产品而认识了宝洁公司或者说加深了对宝洁公司的认识；四川长虹集团在彩电业的成名不仅宣传了长虹企业，也使人们更多地提及四川省，使人们了解了绵阳市，使人们更多地关心这一地区；海尔家电在世界上创出了名牌，这一名牌不仅宣传了海尔企业，也使世界人民看到“Hair China”。

6) 带动效应

名牌的带动效应是指名牌产品对企业发展的拉动，名牌企业对城市经济、地区经济，甚至国家经济的带动作用。名牌的带动效应也可称作为龙头效应，名牌产品或企业像龙头一样带动着其他企业的发展，地区经济的增长。另外，品牌对产品销售、企业经营、企业扩张都有一种带动效应，这也是国际上所谓的“品牌带动论”。

7) 稳定效应

当一个地区的经济出现波动时，名牌的稳定发展一方面可以拉动地区经济，另一方面起到了稳定军心的作用，使人、才、物等社会资源不至于流走。

我们在看到名牌的正面效应的同时，也要看到名牌的负面效应。一个是名牌会引来众多的仿冒者，给企业造成很大的麻烦，甚至使名牌名声扫地；二是名牌成名后，受关注度

提高，形象维护难度加大，一旦维护不当，出现负面评价，将对名牌的信誉影响很大。

5.1.5 品牌策划的内涵

1. 品牌策划的含义

品牌策划是指人们为了达成某种特定的目标，借助一定的科学方法和艺术，为决策、计划而构思、设计、制作策划方案的过程。深层次表达：品牌策划就是使企业品牌或产品品牌在消费者脑海中形成一种个性化的区隔，并使消费者与企业品牌或产品品牌之间形成统一的价值观，从而建立起自己的品牌声望。

品牌策划注重的是意识形态和心理描述，即对消费者的心理市场进行规划、引导和激发。品牌策划本身并非一个无中生有的过程，而是把人们对品牌的模糊认识清晰化的过程。品牌策划价值能让企业在进入市场之前对市场需求做出正确的判断，有效阻止企业不正确的操作投入造成巨大的经济损失，为品牌投入市场提供成功的基础保障。

品牌策划的核心在于传播，如何把企业品牌形象地传播出去，打造优良的品牌形象，是品牌策划最关键的地方。而知名品牌策划传播机构品牌联播所倡导的新闻联播就是运用媒体新闻(为企业宣传的一种新型推广方式)把策划内容传播出去，相对于硬性广告或传统的B2B 平台宣传等，网络迅速发展到今天，广大网民用户对新闻的接受程度要高很多，同样是做宣传和营销，同样都是希望找到并影响、打动潜在客户，以新闻的形式做宣传，能让公众在不知不觉中接受信息，效果更佳。

2. 品牌策划的目的

品牌策划属于品牌学的范畴，它是实现品牌有效价值的手段之一，并不是一种终极目的。反过来，品牌策划的终极目的是为实现品牌最终价值服务的，为企业或产品服务的，任何超过品牌本身的策划都将是一次失败的策划。

1) 提高产品或服务的质量

只有过硬的质量才是消费者心目中的通行证，品牌的策划目的之一就是要让位于消费者，满足他们务实的心理需求。如果没有高质量的产品作为依托，任何品牌都只能是一个抽象符号而已。

2) 完善品牌的服务体系

让品牌更贴近消费者的心，最大限度地满足他们的需求。例如，到麦当劳用餐时，可以发现设置有一高一低两个洗手池，以及专为小朋友用餐特制的靠背椅，都体现了麦当劳体贴民心的人文精神，让就餐者着实体会到麦当劳不断为消费者着想的诚信态度。

3) 为品牌寻找生存和发展的空间

江泽民曾说过，创新是一个民族的灵魂，是一个国家兴旺发达的不竭动力。对于品牌来说亦是如此。让品牌不断创新才能永葆青春的活力。“开发就是经营”，这是卡西欧公司成功的要诀。“王安电脑”、“中华鳖精”等不断败下阵来，就在于原有的产品优势逐渐丧失，品牌缺乏创新所致。

4) 让品牌更具文化韵味，更具亲和力

有时候说消费者消费产品、享受服务，倒不如说他们在消费一种文化。没有文化就不可能创造品牌，更不可能成就名牌。世界著名品牌无不以独特的文化魅力吸引着消费者，没有这些文化就不会有这样的世界名牌。在传统文化沃土里成长起来的红豆集团，热衷于推动传统文化的继承，用文化铸就了品牌之魂，让华夏儿女及全世界人民体味“红豆生南国，春来发几枝？愿君多采撷，此物最相思”这样流传千年的浓浓情意。

3. 品牌策划的内容

1) 品牌有无策划

(1) 无品牌策划。无品牌策划即有些产品不使用品牌。一般来说，农、牧、矿业属初级产品，如粮食、牲畜、矿砂等，无须使用品牌。一些技术标准较低、品种繁多的日用小商品，也可不使用品牌名称。企业采用无品牌策略，可以节省包装、广告宣传等费用，降低产品成本和价格，达到扩大销售的目的。历史上许多产品不用品牌，生产者和中间商把产品直接从桶、箱子和容器内取出来销售，无须供应商的任何辨认凭证。世界著名企业杜邦公司在能源、化工方面一直是高技术的拥有者，同时也是阿迪达斯体育商、可口可乐公司等著名企业的原材料供应者。但是，杜邦公司提供的原材料均无企业名，更无品牌名。

一般来说，对于那些在加工过程中无法形成一定特色的产品，或者由于产品的同质性很高，生产者不需要提供品质、来源和辨认的标志，消费者对商品已有较多的认识，在购买时不会过多地注意品牌等的情况下，可以使用无品牌策略。此外，品牌与产品的包装、产地、价格和生产厂家一样，都是消费者选择和评价商品的一种外在线索，对于那些消费者只看重产品的样式和价格而忽视品牌的产品，品牌化的意义也就很小。

如果企业一旦决定建立新的品牌，那不仅仅只是为产品设计一个图案或取一个名称，而必须通过各种手段来使消费者达到品牌识别的层次，否则这个品牌的存在也是没有意义的。未加工的原料产品以及那些不会因生产商不同而形成不同特色的商品，仍然可以使用无品牌策略，这样可以节省费用，降低价格，扩大销售。无品牌策略的主要优点是可以减少经营管理费用；缺点是因为不为消费者所知，产品推广时渠道阻力较大，渠道公关成本可能较高。

因此，无品牌策略的产品主要见于一些原材料生产商或是生产技术简单，消费者选购时重质量轻品牌的小商品生产企业。

(2) 有品牌策划。一般来讲，现代企业都建立有自己的品牌和商标。虽然这会使企业增加成本费用，但它可以使卖主得到的好处是：便于管理订货，有助于企业细分市场，有助于树立良好的企业形象，有利于吸引更多的品牌忠诚者；注册商标可使企业的产品特色得到法律保护，防止别人模仿、抄袭。

2) 品牌统分策划

(1) 统一品牌策划。统一品牌策划，是指企业原有的品牌在某一市场取得成功，获得消费者认可后，企业开发的所有产品进入新市场或者产品进入新的市场时均采用原品牌。这样，企业的所有产品均采用统一品牌进行对外输出。例如，日本索尼公司的所有产品都使用“SONY”这个品牌，佳能公司生产的照相机、传真机、复印机等产品都统一使用“Canon”这个品牌，韩国三星电子公司生产的电视机等都使用“Samsung”等。

统一品牌的优势有两点：一是可以为企业节省巨额的市场开拓费用；二是可以利用已

经成功的品牌推广新产品，容易使消费者产生信任感，可以壮大企业的声势，提升企业的形象，节约建立新品牌的费用。

但是统一品牌策略容易产生“株连风险”，即如果某个产品信誉出现了危机，将会严重影响企业的整体形象，整个产品组合也将会面临极大的危机。

因此，企业在考虑统一品牌策略时，应在既有品牌知名度、美誉度较高且新的市场和原有市场有较高的关联度的情况下实施。

(2) 分类品牌策划。分类品牌策划也称个别品牌策划，即各大类产品单独使用不同的品牌名称。

企业生产或销售许多不同类型的产品，如果都统一使用一个品牌名称，这些不同类型的产品就容易互相混淆。例如，斯维夫特公司同时生产火腿和化肥，这是两种截然不同的产品，需要使用不同的品牌名称，以示区别。

有些企业虽然生产或销售同一类型的产品，但是，为了区别不同质量水平的产品，往往也分别使用不同的品牌名称。例如，大西洋和太平洋茶叶公司所经营的各种食品，一等品的品牌名称为“安帕格(Ailn Page)”，二等品的品牌名称为“苏坦娜(Sultana)”，三等品的品牌名称为“伊欧娜(Lona)”。

3) 多种品牌策划

多品牌策略是指企业同时经营两种或两种以上互相竞争的品牌。一般来说，企业采取多品牌策略的主要原因有以下几点。

(1) 多种不同的品牌只要被零售商店接受，就可占用更大的货架面积，而竞争者所占用的货架面积当然会相应减小。上海家化的“美加净”、“六神”、“明星”等品牌的洗发水，在抢占货架面积方面取得了理想的效果。

(2) 多种不同的品牌可吸引更多的顾客，提高市场占有率。这是因为：一贯忠诚于某一品牌而不考虑其他品牌的消费者是很少的，大多数消费者都是品牌转换者。发展多种不同的品牌，才能赢得这些品牌转换者。

(3) 发展多种不同的品牌有助于在企业内部各个产品部门之间开展竞争，提高效率。

(4) 发展多种不同的品牌可使企业深入各个不同的市场部分，占领更大市场。

多品牌策略的优势有以下三个方面。

(1) 企业原品牌在知名度不高，或美誉度不佳，或“夕阳无限好，只是近黄昏”的情况下，新的品牌可以给消费者一个全新的感受。

(2) 当某一领域市场细分过多，而企业的原有品牌“内涵”不宜做无限制延伸时，利用新品牌可以占有较多的细分市场。

(3) 即使单个品牌市场失败，亦不会对其他品牌造成影响。多品牌的劣势是市场开拓成本较高，不利于在消费者心目中形成统一的品牌形象，除非新市场利润较高，市场开拓成本完全可以抵消。

因此，在行业内市场细分多，利润丰厚，企业原品牌定位及属性不宜延伸的情况下，可以实施单独品牌策略。

4) 复合品牌策划

复合品牌策划是指企业名称与个别品牌名称并用，即企业决定其各种不同的产品分别

使用不同的品牌名称，而且各种产品的品牌名称前面还冠以企业名称。例如，美国凯洛格公司就采取这种决策，推出“凯洛格米饼”、“凯洛格葡萄干”。企业采取这种决策的主要好处是可以使新产品合法化，能够享受企业的信誉，而各种不同的新产品分别使用不同的品牌名称，又可以使各种不同的新产品具有不同的特色。

5) 本土化品牌策划

本土化品牌策略，是指企业开拓新的区域市场或国际市场时，迫于当地环境压力(如商标被抢注，现有品牌不适合当地文化和信仰等)不得以修改品牌以适应本地文化和信仰的行为。如同药业第一品牌“同仁堂”在很多国家被抢注，所以“同仁堂”药业要想进军海外市场，必须另起新名。可口可乐公司要进入中国市场，为了适应中国文化和信仰也起了一个非常中国化的名字“可口可乐”和原英文商标同时使用，业界认为，“可口可乐”这一中文译名音、形、义俱佳，为“可口可乐”开拓中国市场立下了汗马功劳。

本土化品牌策略优势是由于新品牌名能融入本地文化和信仰，所以易于为当地消费者接受；劣势是放弃了原品牌的号召力，重新塑造一个新品牌。因此，本土化品牌策略作为非常规手段不宜常用，除非面临较大的文化和信仰差异等不可抗拒的因素。最好的办法还是“国际化品牌，本土化沟通”。

6) 贴牌策划

贴牌策划是指某企业生产的产品冠之以其他企业的产品品牌。贴牌策略本质上是一种资源整合，优势互补。例如，体育用品业的超级品牌“耐克”，所有产品均为贴牌产品，耐克公司只负责营销。

贴牌策划的最大优势是贴牌企业(采购方)省去了生产、制造和技术研发的成本，被贴牌企业(被采购方)则省去了营销、传播、运输、仓储成本，应是双赢的结果。

贴牌策划的劣势是贴牌的对方一般是竞争对手，如果同一产品在同一渠道出现，双方就不可避免地会产生竞争。

因此，贴牌策略的双方，最好避免在同一渠道出现，同时，双方的品牌定位应避免是同层次，这样，双方就可减少直接冲突的可能。

7) 品牌质量策划

在进行品牌策划时，必须决定其品牌的质量水平，以保持其品牌在目标市场上的地位。品牌质量，是指反映产品耐用性、可靠性、精确性等价值属性的一个综合尺度。

品牌质量策划时，首先要决定其品牌质量目标——低质量、一般质量、高质量、优质量。一般来讲，企业的盈利能力、投资收益率会随着品牌质量的提高而提高，但是不会直线上升。优质产品只会使投资收益率少量提高，而低质量品牌却会使企业投资收益率大大降低。因此，企业应当提高质量品牌。但是，如果所有的竞争者都提供高质量品牌，这种战略就难以奏效。

进行品牌战略策划时，随着时间的推移，需决定如何管理其品牌质量。在这个方面，企业有三种可供选择的决策，即提高品牌质量，以提高收益和市场占有率；保持产品质量；逐步降低产品质量。

近年来，日本、德国等国的企业，为了提高其产品的竞争能力，特别注意加强产品的质量管理。在这种情况下，质量管理不是生产组合的一部分，而是市场营销组合的一部分。

8) 品牌忠诚策划

品牌忠诚策划是品牌策划的重要内容，其目的是留住老顾客，吸引新顾客，从而扩大企业的销售与利润。

(1) 品牌忠诚的重要性。品牌忠诚，是指由于质量、价格等诸多因素的影响，使消费者对某一品牌产生感情，形成偏爱并长期重复购买该品牌产品的行为。它体现了消费者对某品牌的偏爱程度，也反映了一个消费者的偏好由一个品牌转向另一个品牌的可能程度。

在品牌竞争中，品牌忠诚为企业提供了从容调整的时间。如果竞争对手推出了一个新产品、消费者的忠诚会使企业有一定的时间来制定对策，改进产品。因为忠诚的消费者不会轻易改变使用的品牌，除非竞争对手的新产品充满了吸引力，但这需要一段时间。例如，美国“三一”冰激凌店多年来一直是美国最大的冰激凌连锁店，它向美国消费者提供最多可供选择的冰激凌。当“三一”冰激凌所向无敌的时候，哈根达斯冰激凌店策划了一种新的酸乳酪——霜酪，该产品味道甜美，但卡路里含量较低，上市不久就赢得了一部分消费者的青睐，但大部分“三一”冰激凌店的老顾客对其抱有怀疑的态度。“三一”冰激凌店利用这一时机，抓紧研制新产品，不久也推出了自己的霜酪，确保了原有的市场地位。

(2) 品牌忠诚度的衡量。消费者对某品牌的忠诚度，可以用下列标准进行测量。

第一，顾客重复购买的次数。在一定时期内，消费者对某一品牌产品的重复购买数愈多，说明对这一品牌的忠诚度愈高，反之则越低。

第二，顾客挑选产品的时间。一般来说，顾客挑选时间愈短，说明他对该品牌忠诚度越高，反之，则说明他对该品牌的忠诚度愈低。

第三，顾客对价格的敏感程度。事实表明，对于喜爱和信赖的产品，消费者对其价格变动的承受能力强，即敏感度低；而对于不喜爱和不信赖的产品，消费者对其价格变动的承受能力弱，即敏感度高。

第四，顾客对竞争产品的态度。如果顾客对竞争品牌有兴趣并抱有好感，那么就说明他对本品牌的忠诚度低；如果顾客对竞争品牌不感兴趣，即没有好感，就可以推断他对本品牌的忠诚度较高。

(3) 品牌忠诚的营造途径。品牌忠诚的营造，要求企业始终树立以消费者为中心的概念。千方百计满足顾客的需求，赢得消费者的好感和信赖。这是提高企业品牌忠诚的根本途径。

与价格、质量因素不同，企业形象是提高品牌忠诚度的“软件”，它要求企业做长期的、全方位的努力。任何一个有损于企业形象的失误，哪怕是微小的损失，都有可能严重削弱消费者的忠诚度，甚至导致忠诚的转移。

9) 品牌扩展策划

品牌扩展策划是指企业利用其成功品牌名称的声誉来推出改良产品或新产品，包括推出新的包装规格、式样等。此外，还有一种品牌扩展，即制造商在其耐用品类的低档品中增加一种式样更加简单的产品，以宣传其品牌中各种产品的基价很低。例如，西尔斯·罗巴克公司大肆宣传其经营的各种空调器最低价格仅 120 美元；通用汽车公司大肆宣传其新雪佛莱汽车售价仅 3 400 美元。这些公司可以利用这些“促销品”来招揽顾客，吸引顾客前来购买式样较好的高档产品。制造商采取这种决策，可以节省宣传介绍新产品的费用，使新产品能迅速地、顺利地打入市场。

10) 品牌定位策划

某一个品牌在市场上的最初定位即使很好，随着时间推移也必须重新定位，这主要是因为以下情况发生了变化。

(1) 竞争者推出一个品牌，侵占了本企业的品牌的一部分市场定位，使本企业的品牌的市场占有率下降，这种情况要求企业进行品牌重新定位。

(2) 有些消费者的偏好发生了变化，他们原来喜欢本企业的品牌，现在喜欢其他企业的品牌，因而市场对本企业品牌的需求减少，这种市场情况变化也要求企业进行品牌重新定位。

11) 品牌设计策划

企业一旦决定使用自己的品牌，就要对品牌进行命名和设计。对于一个品牌的设计通常由专业公司完成，但作为企业的领导和管理者在命名与设计时要给专业公司提供相应的原则与素材，这些内容包括以下几点。

(1) 易于发音、识别记忆。品牌名称要易于拼读，要力求文字简洁。根据人们的记忆规律，一般以不超过五个字为宜。一个读音响亮、顺口、听起来顺耳的品牌，自然易于流传。

(2) 独特新颖、寓意深刻。好的品牌要有独特的风格，不要盲目模仿他人，更不要与其他品牌雷同。独特的品牌便于记忆和识别，随大溜、无个性的品牌容易被市场上众多的品牌所淹没，或让人误解为大路货。例如，“老板”这个品牌的前身是“红星”，因为“红星”实在是太普通了，不能吸引消费者注意。

(3) 提示产品特色，易于联想。品牌名称不允许直接用来表达产品性能、状态、质地。但是，好的品牌名称又必须与产品本身有某种联系，能暗示有关产品的某些优点或使人产生某种联想。例如，红豆作为衬衣品牌给人的印象是一种相思的感觉。

(4) 遵守法律，尊重习俗。品牌作为一种话意符号，往往隐藏着许多鲜为人知的秘密，选择不慎，便可能触犯目标市场所在国家或地区的法律，违反当地社会道德标准或风俗习惯，使企业蒙受不必要的损失。例如，我国上海生产的“芳芳”幼儿香粉在美国遭到冷遇，原因就在于“fang fang”在当地是狼牙的意思。

4．品牌策划的原则

品牌策划应遵循以下原则。

1) 高度原则

高度原则就是根据品牌传播的辐射范围，或站在行业制高点，或站在城市制高点，或站在区域制高点，或站在全球制高点来确立品牌传播的目标定位、品牌定位、主题定位。例如，海南博基，由原来的一个落后封闭的小渔村转变成为世界会展和旅游胜地，它就是站在世界的高度，举办博鳌亚洲经济论坛，由此决定了它的价值高度，从而为舆论造势、价值演绎提供了有利的地位和深广的空间。占据这一制高点，才能产生高山滚石的强势效应，才能对所有对手形成压制。

2) 广度原则

广度原则就是在品牌战略运筹的特定范围内，力求影响和控制尽可能广阔的时空，以便最大可能地吸纳整合各种优势资源，激活调动各种强势力量，赋予传播品牌、传播主题更普遍、更广泛的价值。品牌策划中的品牌定位或主题定位通常着眼于一个多层次的时空平台。比如，奥运会鸟巢场馆的建设，既将其放在北京城市平台上，将其作为“新奥运、新北京”来演绎，同时，又将其放在世界奥运和全球平台上，作为奥运事业浪潮的引领者来传播。再如上海浦东新区，既把它放在上海城市发展的平台上，将其作为上海走向海洋时代的一个战略支撑点来演绎，同时，又把它放在全球平台上，将其作为世界城市的标志性城区来凸现。

3) 深度原则

深度原则就是力求在更深层次、更本质的联系上把握和控制相关要素，把握和深化一个品牌的生存空间，以便驾驭错综复杂的市场，使品牌更具有渗透力、穿透力、生命力。一个品牌的成长空间有多大，一方面取决于自身的优势和潜能；另一方面则取决于所处的产业生态，而产业生态则取决于经济生态、文化生态、社会生态。对产业生态的把握深度、融入程度，不仅决定品牌的成长空间，也决定品牌的价值高低。品牌的产业生态又集中体现在产业、行业的整体价值上，因而对产业、行业价值或生态的推广传播，尤其重要。

4) 强度原则

强度原则是指在品牌策划中，在一些关键节点上，务必全力以赴，甚至不惜代价也要达到规定的传播强度、预期的营销效果，这就是品牌策划所坚守的强度原则。

5. 品牌策划的定位

品牌策划应在以下八个方面进行准确定位。

1) 目标市场定位

目标市场定位即要以消费者为导向，如“太太口服液”，就是用品牌信息去启发和引导产品的消费者。太太是被周围的亲属所包围着的，大家都可以给太太们献出爱心。

2) 消费感受定位

消费感受定位即要以产品功能所产生的消费效果为导向，如“农夫山泉”矿泉水，给消费者创造一种想象，潜意识里引导、告诉消费者矿泉水的出处是山泉，从山林里自然流淌出来的矿泉，所以有点甜。

3) 情感形象定位

情感形象定位即要以产品给客户带来的形象变化为品牌导向，如娃哈哈。

4) 产品形式定位

产品形式定位即要以产品特征为导向，如“白加黑”感冒片，白天吃白片、晚上吃黑片，容易记忆，非常形象，品牌名称本身就是对消费者使用产品的指导。

5) 功能定位

功能定位即要以产品独特的使用功能为导向，用极大的使用功能吸引消费者的眼球，如脑白金、蓝天六必治等。

6) 文化定位

文化定位即要将某种文化的内涵或观念注入市场产品品牌之中，形成独特的品牌文化差异。文化定位不仅可以提高品牌的品位和品牌形象，而且容易引起消费者的共鸣，能够减少消费者的品牌认知时间，如诸葛亮牌香烟等。

7) 服务定位

服务定位即要以产品的延伸服务进行定位，强调服务的完善和优势，以此来消除消费者的疑虑，增强消费者的购买信心。因为市场竞争，不仅仅是质量和性能等产品本身的竞争，更重要的是附加于产品之上的服务的竞争。

8) 消费诉求定位

消费诉求定位即要以消费期望为导向，在消费者的心理上形成某种价值定位功能，给消费者以心理上的满足和享受。

6．品牌策划的意义

能够实现品牌策划的目的，便达到了品牌策划的意义。品牌策划的意义很广泛，总体划分有两个方面。

1) 实现产品或服务的价值

通过品牌策划，可以提高企业的整体技术水平，提高产品或服务的质量，增加品牌的文化韵味，最大限度地满足消费者的需求，实现产品或服务与消费者的交易过程，实现其价值。

2) 实现品牌附加值

品牌的附加值属于品牌的间接价值，通过品牌策划来塑造起良好的品牌形象后才能达到，从而进一步增强品牌的竞争力。由品牌附加值带来的竞争力，来自品牌赋予产品更强的优势和更大的功能。优秀的品牌具有更高的附加值，其超额的好处在于能对消费者产生强大的吸引力，在品牌营销时产品价格居高反而销售额上升。

5.2　品牌形象策划

塑造和传播品牌形象，是品牌营销的主要任务。那么为品牌策划目标形象，这就是品牌营销策划的重点和首要工作。形象是品牌的灵魂，塑造出一个理想的品牌目标形象将赋予品牌强大的生命力，而品牌的目标形象如果塑造得不合理，将会导致整个品牌营销计划的失败。只有正确地塑造品牌形象，品牌营销活动才显得有意义，所以首先必须对品牌目标形象进行科学的设计策划，尽可能地设计出一个理想的品牌形象来。

5.2.1　品牌形象的相关概念

品牌形象是企业或其某个品牌在市场上、在社会公众心中所表现出的个性特征，它体现公众特别是消费者对品牌的评价与认知。品牌形象与品牌不可分割，形象是品牌表现出来的特征，反映了品牌的实力与本质。品牌形象包括品名、包装、图案广告设计等。形象是品牌的根基，所以企业必须十分重视塑造品牌形象。

1．品牌形象的定位

品牌形象是主体与客体相互作用，主体在一定的知觉情境下，采用一定的知觉方式对客体的感知。从心理学角度讲，形象是人们反映客体而产生的一种心理图式。

要正确进行企业品牌形象的定位应重点做好以下几方面的工作。

1) 做好市场调查

企业正确的品牌形象定位，来自对消费者的需求、消费心理以及其他品牌特点的了解。做到知己知彼，有备而战，这就要求企业必须要做好市场调查。首先，要在消费者中正确定位，确定好自己品牌的价格档次、消费范围等，了解该类消费者的文化品位、消费习惯等。其次，要了解顾客期望在本类商品的购买中得到什么样的满足，即做好消费心理定位。最后，要在与同类商品、企业的比较中进行定位，突出自己与众不同之处，创立自己独特的风格。例如海尔冰箱就是以其高价格、高品位、高质量使海尔形象在众多冰箱品牌中独树一帜、脱颖而出的。

2) 个性化的品牌形象设计

进行企业品牌形象设计应综合以下几种主要参考因素，合理设计确定。

(1) 产品本身的特征。品牌形象的设计应根据产品本身及消费者群体的层次特征确定其形象定位，重点突出本身特色，以达到让消费者过目不忘的效果。例如，服装业名牌金利来原名金狮，勇猛有余，高雅不足，与绅士身份的概念相去甚远。改成金利来以后，“男人的世界”的地位已不可动摇，以至于广告业人士在为服饰广告创意时，再也不敢用“男人”两个字，否则会立即令人想起金利来而帮人家做了宣传。这是金利来结合自己品牌高档名贵的特征，合理确定品牌形象的成功证明。

(2) 产品的品牌名称。有些产品所使用的名称，其本身就能给人一种固有的印象。一个好的品牌名称不仅有利于市场竞争，而且还能给人以美的享受，从而产生使人过目不忘的效果。这也不乏成功的例子，如可口可乐的中文品牌名称就属其中的扛鼎之作，甚至比其英文原名更好，令人拍案叫绝。它除了顾及原文的音译外，更说明了饮料应有的条件：不但美味可口，而且饮后带来快乐舒适之感。据说当年可口可乐公司是以重金征得此名的。如今可口可乐已是家喻户晓的饮料，其绝佳的品牌名称可以说是功不可没。因此企业在突出自己产品特征的基础上应精心策划，树立自己品牌的独特风格。

(3) 与众不同的包装。包装不但可以从视觉上代表产品的质量、价格等因素，而且对消费者来说，包装还在很大程度上代表了品牌的概念。产品的包装如果太普通，没有一点创意，在消费者心目中就不会留下什么特别的印象，其产品的品牌形象更不易建立。质量差异是否显著，产品的包装是否新颖奇特，往往能左右消费者的购买行为，尤其是对第一次的使用者而言，外观设计得好坏，往往是消费者选择品牌的重要依据。

3) 开展行之有效的品牌宣传

开展行之有效的品牌宣传，要注意以下两个问题。

(1) 品牌宣传要准确。例如中美合资的广州宝洁公司对其产品品牌的宣传就非常强调准确性，一切广告语都有特指的个性：“潘婷——拥有健康，当然亮泽”(强调维生素对头皮健康的作用)，“飘柔——头屑去无踪，秀发更出众”(强调去头屑的功效)。相比之下，我国一些产品品牌在宣传时总希望包容人世间的一切美好作用：“集天地之灵气、汇日月之精华，有病治病，没病防病”，“既滋阴壮阳又延年益寿”，王婆卖瓜样样说了一大堆，唯恐遗漏了什么，“老少皆宜”，个个都是目标消费者，什么都想突出，结果什么也没有突出。而品牌形象定位的实质就在于找到一块足够小的市场空间，集中优势兵力，于狭小范围内突出最

大的品牌特征，从而使产品占有最大的市场份额。因此产品的利益点要小而精，就好比拿一支矛去戳一个目标，矛的尖端当然是越尖越利效果就越好，而不是越宽越钝越好。

(2) 产品品牌的推广过程要具有科学性。人们对品牌从认识(知名度)到好感(美誉度)，从好感到记忆(追忆度)，从记忆到消费(知名度)，从消费到宣传(推介度)的深化，有其内在的逻辑性。这个推广过程不是简单重复就可以解决问题的。广西有一家原来颇有名气的万历啤酒，但因其品牌形象的推广是千篇一律的“行万里路，喝万历酒”，十几年不变，效果不佳，导致其品牌力日益下降。相反，广东的小霸王学习机从“你拍一，我拍一，小霸王出了游戏机……”到“你拍六，我拍六，小霸王出了 486”，从“望子成龙”到“小呀么小儿郎”，层层推进，品牌定位日益鲜明，品牌力日益强盛。

2．品牌形象的构成内容

良好的品牌形象是企业在市场竞争中的有力武器，深深地吸引着消费者。品牌形象内容主要由两方面构成，即有形的内容和无形的内容。

品牌形象的有形内容又称为“品牌的功能性”，即与品牌产品或服务相联系的特征。从消费和用户角度讲，“品牌的功能性”就是品牌产品或服务能满足其功能性需求的能力。例如，洗衣机具有减轻家庭负担的能力；照相机具有留住人们美好的瞬间的能力等。品牌形象的这一有形内容是最基本的，是生成形象的基础。品牌形象的有形内容把产品或服务提供给消费者的功能性满足与品牌形象紧紧联系起来，使人们一接触品牌，便可以马上将其功能性特征与品牌形象有机结合起来，形成感性的认识。

品牌形象的无形内容主要指品牌的独特魅力，是营销者赋予品牌的，并为消费者感知、接受的个性特征。随着社会经济的发展，商品丰富，人们的消费水平、消费需求也不断提高，人们对商品的要求不仅包括了商品本身的功能等有形表现，也把要求转向商品带来的无形感受、精神寄托。在这里品牌形象的无形内容主要反映了人们的情感，显示了人们的身份、地位、心理等个性化要求。

3．品牌形象的有形要素

品牌形象的有形要素包括产品形象、环境形象、业绩形象、社会形象、员工形象等。

1) 产品形象

产品形象是品牌形象的代表，是品牌形象的物质基础，是品牌最主要的有形形象。品牌形象主要是通过产品形象表现出来的。产品形象包括产品质量、性能、造型、价格、品种、规格、款式、花色、档次、包装设计以及服务水平、产品创新能力等。产品形象的好坏直接影响着品牌形象的好坏。一个好的产品可以使广大消费者纷纷选购，一个差的产品只能使消费者望而生厌。品牌只有通过向社会提供质量上乘、性能优良、造型美观的产品和优质的服务来塑造良好的产品形象，才能得到社会的认可，在竞争中立于不败之地。

2) 环境形象

环境形象，主要是指品牌的生产环境、销售环境、办公环境和品牌的各种附属设施。品牌厂区环境的整洁和绿化程度，生产和经营场所的规模和装修，生产经营设备的技术水准等，无不反映品牌的经济实力、管理水平和精神风貌，是品牌向社会公众展示自己的重要窗口。特别是销售环境的设计、造型、布局、色彩及各种装饰等，更能展示品牌文化和品牌形象的个性，对于强化品牌的知名度和信赖度，提高营销效率有更直接的影响。

3) 业绩形象

业绩形象是指品牌的经营规模和盈利水平，主要由产品销售额(业务额)、资金利润率及资产收益率等组成。它反映了品牌经营能力的强弱和盈利水平的高低，是品牌生产经营状况的直接表现，也是品牌追求良好品牌形象的根本所在。一般而言，良好的品牌形象特别是良好的产品形象，总会为品牌带来良好的业绩形象，而良好的业绩形象总会增强投资者和消费者对品牌及其产品的信心。

4) 社会形象

社会形象是指品牌通过非盈利的以及带有公共关系性质的社会行为塑造良好的品牌形象，以博取社会的认同和好感，包括奉公守法，诚实经营，维护消费者合法权益；保护环境，促进生态平衡；关心所在社区的繁荣与发展，做出自己的贡献；关注社会公益事业，促进社会精神文明建设等。

5) 员工形象

品牌员工是品牌生产经营管理活动的主体，是品牌形象的直接塑造者。员工形象是指品牌员工的整体形象，它包括管理者形象和员工形象。管理者形象是指品牌管理者集体尤其是品牌专家的知识、能力、魄力、品质、风格及经营业绩给本品牌员工、品牌同行和社会公众留下的印象。品牌专家是品牌的代表，其形象的好坏直接影响品牌的形象，为此，当今众多品牌均非常重视品牌专家形象的塑造。员工形象是指品牌全体员工的服务态度、职业道德、行为规范、精神风貌、文化水准、作业技能、内在素养和装束仪表等给外界的整体形象。品牌是员工的集合体，因此，员工的言行必将影响到品牌的形象。管理者形象好，可以增强品牌的向心力和社会公众对品牌的信任度；职工形象好，可以增强品牌的凝聚力和竞争力，为品牌的长期稳定发展打下牢固的基础。因此，很多品牌在塑造良好形象过程中都十分重视员工形象。

5.2.2 品牌形象与附加价值

提起海尔、美加净、小天鹅等品牌，消费者头脑中的反映已不单单是它们提供什么产品，而是联想到一系列与该品牌有关的特性与意义。这些内容深深地植根于消费者的思想和情感中，让消费者感到它们与其他同类技术、同类产品的差别，最终影响到他们做出的购买决策。这就是所谓品牌形象的存在，它提供了形象效用，给消费者带来了产品实体之外的附加价值。

1. 品牌形象的定义

虽然品牌形象的概念早已提出，但营销研究者们还没有建立起一个关于品牌形象的稳定、永恒的概念。一些代表性的定义自 20 世纪 50 年代以来不断变化，总体上反映出对品牌形象认识的不断深化，以及受市场和媒体环境变化的影响。让我们首先从形象的认识开始。

肯尼思·博尔丁(Kenneth Ewart Boulding)的著作《形象》里指出，一个象征性形象“是各种规则和结构组成的错综复杂的组织的一种粗略概括或标志”。学者杰斯奇(Gensch)写道：

“形象”这个术语是个抽象的概念，包括过去的促销、声誉的影响和对两者的深入评价,形象还包括消费者的期望。从心理学的角度看，形象是人们反映客体所产生的一种心理图式，这种图式可看作是感知的联想集合。它依赖于三种主要变量的相互作用：客体的属性、知觉方式和知觉情境。所谓客体属性，是指一个产品的质量水准、外观、价格、品牌名称、包装等；知觉方式表现在对客体的部分属性或整体的认知上，不同的人会注重某一属性，而忽略另一属性，或注重更多属性甚至整体；知觉情境指的是知觉过程所处的情境关系。具体来说，对一个产品的知觉背景是在超级市场里，还是在地摊上，在大众媒体还是在其他促销背景下，都影响着人们对形象的评价。上述三个变量反映了客体与主体的相互作用。关于一个对象的形象，既有客观性，也有主观性，它们的相互作用是复杂的，并处于变化之中。

2. 品牌形象与品牌资产

品牌形象与品牌资产最基本的区别是，品牌资产属于财务和经营上的概念，是一种超越生产、商品、所有有形资产以外的价值，可视为将商品或服务冠上品牌名称后，所产生的额外进账；而品牌形象原属于广告和营销策略上的概念，品牌的独特资产就是指满足消费者需要的那种独特的意义和象征。从消费者的角度看，可视为品牌资产是由品牌形象驱动而带来的市场价值或称附加价值，如图 5-2 所示。

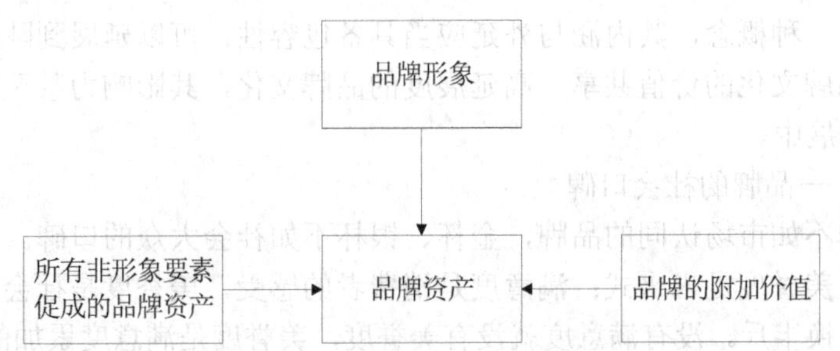

图 5-2　品牌形象驱动品牌资产

对于企业经营者来说，他们对品牌资产更感兴趣，因为它为企业的产品销售带来额外的进账，为新产品的推出提供了资本和优势，为品牌的买卖或特许使用提供了价格依据。

3. 品牌形象的附加价值

在众多关于品牌的理论中，知名度与美誉度恐怕是被提及最多的概念。然而，任何品牌的创建、提升、维护与塑造，还应从鲜明度、覆盖度、满意度、持续度、延展度、忠诚度与联想度等多个层面进行综合考量，简称为“品牌九段论”。

围棋有九段之说，段位越高，层次越高。“品牌九段论”，与围棋的段位定级有异曲同工之处。鲜明度、知名度与覆盖度是品牌创建的基础，满意度与持续度是品牌提升的内容，延展度与美誉度是品牌维护的目标，忠诚度与联想度是品牌塑造的愿景。

1) 鲜明度——品牌的形象建立

品牌的形象包括中英文命名、企业视觉形象识别系统及终端的形象，命名是形象的基础，企业视觉形象识别是形象的设计，终端是形象的体现，缺一不可。其中，尤为重要的

是品牌的命名，如同人的姓名一样，好的品牌命名本身就是广告。

2) 知名度——品牌的对外传播

声名在外，先声后名。供过于求的时代，“酒香也怕巷子深”。在产品高度同质化的行业中，借助各类传播媒介把品牌的声音传递八方是关键，做到了家喻户晓，才有可能进入千家万户。

3) 覆盖度——品牌的销售网络

一花独放不是春，百花齐放春满园。知名度飘在空中，覆盖度贴近地面。销售网络构成品牌渠道，唯有不断“跑马圈地”，建立起密集的产品销售网络，才能促成品牌在当地市场的深度覆盖。

4) 满意度——品牌的对称服务

鲜明度入眼，知名度入耳，覆盖度入地，满意度入心。满意度就是满足并超越消费者的期望，实现的手段是高品质的产品与服务，实现的时间与地点就在销售终端的购买现场。

5) 持续度——品牌的个性塑造

优秀的品牌能经得起时间的考验，历久弥新，甚至穿越时空的局限，影响一代甚至几代消费者，顽强的生命力正是源于品牌背后的文化。每一个品牌如同每一个人，千人千面，品牌也是如此。文化是品牌个性的突出体现，宜一以贯之，忌朝令夕改。

6) 延展度——品牌的文化辐射

品牌文化是一种概念，其内涵与外延应当具备包容性，可以延展到陆续推出的系列化产品中，实现品牌文化的价值共享。高延展度的品牌文化，其影响力甚至可以辐射到品牌跨行业的多元拓展中。

7) 美誉度——品牌的社会口碑

金牌、银牌不如市场认同的品牌，金杯、银杯不如社会大众的口碑。对品牌而言，满意度是现在式，美誉度是未来式；满意度是消费者的感受，美誉度是社会大众的肯定。人心换人心，八两换半斤。没有满意度就没有美誉度，美誉度是满意度累加的质变。

8) 忠诚度——品牌的稳定拥众

“拥众”，就是拥护品牌的忠实消费群体。在消费者心目中建立起忠诚度的品牌，将成为消费者重复购买的第一选择。

9) 联想度——品牌的价值输出

高联想度，即是高感化度。具备高联想度的品牌，让消费者在购买品牌产品时，感受到的不仅仅是高品质的产品与服务，更能体验到品牌所倡导的生活方式。上升到高联想度的品牌，已经深入人心，不但会成为消费者生活中的一部分，还能通过品牌行为影响、引导甚至改变消费者的意识形态。

4．品牌形象的多种驱动因素

品牌形象最直接的理解，是消费者对品牌具有的联想，或者说是一提到品牌名消费者便会想到的东西。这种联想可能是硬性的属性，特别是对可以有实质感受及功能属性的认知时，如速度、高价位、容易操作等；也可能是软性、感性的属性，如兴奋、信赖、趣味、阳刚或是创新等。这些属性要素，在消费者心智与记忆中形成一个总体的集合或网络，它

们之间具有相关关系而可被消费者陆陆续续地回想起来。从图 5-2 中看到，驱动品牌资产的两个轮子是品牌形象和非形象要素(如市场成长、利润等)，而品牌形象本身又受许多要素的驱动，其主干要素包括三大方面：产品或服务提供者的形象、使用者的形象、产品或服务本身的形象。品牌联想越丰富，品牌资产越大。对驱动品牌资产来说，能让消费者联想起的一个品牌的周边资产越多，对于这个品牌价值的建立帮助越大。

1) 产品或服务提供者的形象

产品或服务提供者的形象的硬性属性有科技水平、服务等，软性属性有领导性、个性等。奥格威(David Ogilvy)早年承接的施威普斯威士忌广告就是通过产品提供者来塑造品牌形象的一个例子。提供者形象的主要驱动力是企业形象。它一般通过 CI(企业识别)系统的建立而得到规范化的运作。

2) 使用者的形象

使用者的形象是一个重要的方面。硬性属性有使用者的年龄、职业等，软性属性有生活形态、个性等。它通过使用者自身形象与产品的联结来形成品牌形象，这有以下两种情况。

(1) “真实自我形象”的联结，即通过产品使用者内心深处对自己的认知结果来联想品牌形象，它往往借助于合适的模特儿或消费者自身来表现。

(2) “理想自我形象”的联结，即通过产品的使用者对自己的期许，也就是希望自己成为一个什么样的人来联想品牌形象，“万宝路”广告就是这样的情况。另外，名人推荐也是常用的途径，力士香皂就是一个典型。

3) 产品或服务自身的形象

产品或服务自身的形象，硬性属性有价格、速度、耐用性、功能等，软性属性有青春感、体面、高雅、珍爱等。李奥•贝纳(Leo Burnett)1935 年为绿色巨人公司的豌豆而虚构的人物就是直接表现产品形象的一个典型。

以上这些要素的影响力视产品类别及品牌而有所不同。另外，要注意的一点是，与产品或其提供者紧密相连的是国家或地域的概念因素，它可能会是一个强有力的标志而影响品牌形象。例如德国通常让人想到啤酒和极品汽车，而意大利则是皮鞋和皮制品，法国是时装和香水，瑞士是钟表。这些联想都可以将品牌与国家联系起来而受益。

此外，竞争者的品牌形象也会产生正面或负面的影响力。

5.2.3　品牌形象策划的基本内容

为品牌策划目标形象，是品牌营销策划的重点和首要工作。形象是品牌的灵魂，塑造出一个理想的品牌目标形象将赋予品牌强大的生命力，而品牌的目标形象如果塑造得不合理，将会导致整个品牌营销计划的失败。只有正确地塑造品牌形象，品牌营销活动才显得有意义，所以首先必须对品牌目标形象进行科学的设计策划，尽可能地设计出一个理想的品牌形象来。

1. 品牌形象策划的方法

打造品牌形象策划就是运用营销手段来塑造品牌形象，品牌形象策划得好，就是品牌形象塑造得出色。打造产品品牌形象策划时必然要面临的一些内容如下。

首先我们要明白，产品品牌形象策划不是孤立存在的，它是由许多营销中的其他形象罗织起来的，如产品的形象、价格的形象等，它们都关系到产品品牌形象的建设。

1) 如何建立品质形象

品质形象是产品品牌形象策划的基础。建立品质形象并不是简单地提高一下产品的质量，关键是要建立起“良好品质”的印象。很多时候人们购买的是一种视觉上的需求，做到在同类产品中第一眼就进入客户的视线，良好的第一印象就成功了一半。另外，产品品质形象不能仅仅停留在“用了就说好”的层面上，要做到“看了就说好”才行。所以说，品质形象要有“看得见、摸得着、感得到”的改善才能满足打造品牌的要求。

2) 如何建立价格形象

在大众看来，价格高的产品一定就是好产品，觉得高价格体现的是一种高端，是种好形象，其实这样一概而论有失公允。应该说，价格的高低是相对而言的。只有在同类产品中我们才会找到差别，在产品缺乏“看上去就好”时，订高价会有损品牌形象，消费者会问“凭什么”。但当产品的品质形象建立时，订低价也会有损品牌形象，消费者会问“为什么”。所以我们认为，品质形象和品牌形象又是价格形象的基础。那些以成本定价者太保守，以利润定价者太感性，因此，“品质/价格”和“品牌/价格”的定价模式才更合乎打造产品品牌形象的一些需要。

3) 如何建立企业形象

品牌是隶属于一个市场主体的，产品品牌形象与企业形象是息息相关的。建立企业形象，可从“有形的建设和无形的建设”入手。前者指的是导入企业形象识别系统(CIS)，后者指的是营造企业的精神文化，但这些都是企业内部的打造。建立企业形象，关键还是在于更多地进行媒体的宣传报道。当然，这些媒体消息必须是有利于企业的。如果缺乏媒体的支撑和传播，企业的形象就不可能转化为市场的形象。企业的形象终究还是要得到市场和社会的承认。

4) 如何建立广告形象

做市场就要做广告，但做广告可不一定就能做好市场。卖产品就要做广告，但做广告可不一定就能卖出产品。造成这一尴尬结果的原因，很多情况是因为广告形象不好引起的。我们要建立广告形象，企业有两条可控制因素和一条不可控制因素。可控制的因素：一是选择大媒体做广告，二是进行大投入做广告。不可控制的因素：就是广告质量，包括创意和制作水平。简而言之，建立广告形象需要“二大一高”，即“大媒体、大投入、高水平”。媒体大、形象就大；投入大，形象就强；水平高，形象就好。其实就这么简单。

5) 如何建立顾客形象

在 20 世纪 70 年代的时候有一个十分重要的营销理论诞生，那就是美国人里斯(AI Ries)和特劳特(Jack Trout)的“定位论”。自那时起，产品就不再是为大众服务的了，而是为一部分人享有的。这一部分人就产生了特定的“顾客形象”。你可以想一想：坐“奔驰”汽车的都是些什么人，穿“耐克”鞋的属于哪一类，谁才会常常喝“茅台”酒。没错，品牌的管理者就应理所当然地使品牌为这些人服务。但要做好这一点，最有效的方法就是动用价格杠杆。我们若想招徕大多数人的生意，就放低价格门槛。如要维护少数人的利益，就设置价格障碍。价格自然会把人群区隔开来，顾客的形象也来自他自己的支出水平。

6) 如何建立促销形象

销售促进是产品品牌形象策划中一种十分有效的市场推广手段。但它也是一柄双刃剑，弄不好也会伤及自身。由于产品品牌形象策划在打造过程中，需要经常使用一些促销技巧，品牌经理就必须仔细考虑哪些促销方法有可能损害品牌形象。“打折销售”是比较明确的一种损害品牌形象的促销方法。当然，“大甩卖”就等于把品牌扔进了泥潭。只要我们用心看一下，就不难发现，凡是那些与“降价”有关的促销方式对品牌形象的打造都是不利的。但有些事情也物极必反，“狠狠地降一回价”有时也可以引起一波市场革命。市场得以重新整理，地位可以重新排队。品牌的知名度和消费关注度也会有意想不到的提升。1996 年 3 月中国的长虹彩电大降价 18%即是如此，它的市场占有率当年上升了 13.5%。

7) 如何建立通路形象

完整的销售通路是中间行销加上终端行销。中间行销指的是批发销售，终端行销指的是零售。通路的形象必须建立在零售商的基础上，即零售商的形象就是我们的通路形象。在 20 世纪 60 年代，“索尼”电视进入美国市场的时候，起初在寄卖店里销售，于是美国消费者称之为“瘪三”产品。后来索尼公司认识到这是一种错误，下大气力把产品从寄卖店里收回，终于又摆到了鼎鼎大名的马希里尔百货公司的货架上，于是消费者纷纷购买。“索尼”的品牌从那一时刻才真正开始有了起色。

2．品牌形象策划的基本要求

企业品牌形象的策划是一项艺术性很强的工作，具有特殊的操作程序，必须遵循基本的策划要求。

1) 形象变化要符合基本建设的要求

为了迎接信息化时代的挑战，发达国家的优秀企业已着手进行信息化和知识化的基本建设，企业经营模式产生了根本性的变化，其他所有变化都建立在这两个基本建设的基础之上。信息化使技术驱动的大规模生产转变为市场的灵活生产，促使企业面向市场；知识化打破了建立在分工基础之上的官僚等级体制。信息、知识和技术的扩散效应，使得无差异化的生产市场逐渐形成，产品在质量和技术等硬件方面的差异已经消失，全球性的标准化生产现象已初露端倪。

在这种背景下，企业不可能在硬件指标上形成自己的个性，只有借助文化，以文化战略建立起企业的个性化优势。从形象的内在机制来看，企业品牌形象要有核心主题，这是统率整体的根本。确定形象核心时，要突出文化色彩，营造文化意境，以提高企业品牌形象的文化品位，强化企业品牌形象的宣传影响。

2) 形象定位的高科技化要求

社会的进步，依赖于科学技术的发展。对于企业而言，形象的塑造同样依赖于先进的技术和科学的工艺。没有相应的技术含量，形象指标设计得再好，失去基本的依据，也是不可能形成市场冲击力的。因此，形象定位时，应强调高科技化的要求，使公众从根本上依赖企业的经营内容，依赖企业品牌的形象。

3) 形象诉求的有效性要求

脱离公众认同的形象是“乌托邦”式的形象，虽然美好，但是没有实际作用。策划企业品牌形象时，应注意诉求上的有效性，无论是内容还是形式，都应力求符合公众的心理需求。这样公众才能接受企业品牌形象，使企业品牌形象有效地影响公众，真正地产生良好的效果。

4) 形象市场的有效性要求

品牌形象是面向市场的，市场是形象生存与发展的“根据地”。我们策划企业品牌形象的具体内容和形式时，不仅要注意公众的各种需求，而且要符合市场运作机制，力求产生良好的市场效力，为企业取得良好的市场效应奠定基础。

5) 形象口号的大众化要求

企业形象要能广泛地影响公众，就必须具有可传性，能借助符号形式进行宣传。为此，在品牌形象策划中，还要善于设计准确表达形象意境的品牌名称和宣传口号。根据现代公众追求感性的特点，设计的企业品牌和宣传口号不能追求表面上的深邃，而应大众化，以便公众记诵、流传。

6) 形象标志的审美化要求

标志是企业品牌相对稳定的标记符号，是企业接近公众、影响公众的主要途径。我们策划企业的品牌形象时，要善于借助标志、图形、图案等象征性符号来展示企业品牌形象的意境。在设计品牌形象的标志时，要遵循审美原则，以美的形式表现美的形象，以美的标识给公众美的感受，以美的联想影响公众的审美化消费心理。

7) 形象规划的战略性要求

品牌形象的塑造是一项时间跨度比较大的工程。塑造企业品牌形象，不是一朝一夕就能完成的。我们帮助企业规划品牌形象、实施形象工程时，要注意战略性，立足长远目标，进行长期规划，谋求长期效应，使企业形象永葆活力。

8) 形象对比的差异化要求

品牌是企业的一种“身份证”，是接近公众的“通行证”。为了发挥品牌形象的客观效应，形象的设计应讲究差异性，让公众从形象之中轻而易举地发现行业与行业之间、同行内企业与企业之间的不同。企业策划品牌形象时，要充分注意它与其他企业品牌形象之间的关系，在符合行业形象的基础上，强调个性化、差异化，切忌雷同。这样，就可以从鲜明的对比中提高企业品牌形象的竞争力。

9) 形象宣传的立体化要求

企业品牌形象策划过程，离不开宣传战略的制定。开展形象宣传，应该充分调动员工，运用各种媒介，实行全员化、全方位的宣传，创造出企业宣传上的规模效应，以宣传的规模效应和气势强化企业品牌形象的冲击力和感染力。

10) 形象变革的时代化要求

企业品牌形象是在特定的时代条件下塑造出来的，随着社会的进步与时代的发展，品牌形象的内容、形式可能会丧失吸引力，甚至成为企业开拓公众市场的障碍。因此，应该根据时代特点和公众在新时期的需要，及时变革企业品牌形象，这样才能永久性保持品牌形象的影响力。

5.3　塑造品牌形象

产品塑造品牌形象已成为营销和传播的一项基本工作。在营销和企业界广泛运用长期投资回报的财务观点评价品牌经营的背景中，品牌形象仍是一项核心的策略要素。研究者已经证明，品牌形象与品牌资产息息相关，积极的品牌形象是驱动品牌资产的重要成因。

5.3.1　实施品牌特征策略

品牌特征指的是个别品牌的特征反映，也就是一个品牌区别于其他品牌的地方。品牌特征如同品牌的指纹，一个品牌一个品牌特征。品牌是消费者眼中的产品和服务的全部，也就是人们所看到的各种因素集合起来形成的产品表现，包括销售策略、人性化的产品个性、销售策略和产品个性的结合，或者是全部有形或无形要素的自然参与，比如品牌名称、标识、图案这些要素等。

1．品牌特征与品牌价值

品牌特征与品牌价值如图 5-3 所示。

1) 品牌的一般特征

(1) 品牌的专有性。品牌是用以识别生产或销售者的产品或服务的。品牌拥有者经过法律程序的认定，享有品牌的专有权，有权要求其他企业或个人不能仿冒、伪造。这一点也是指品牌的排他性。

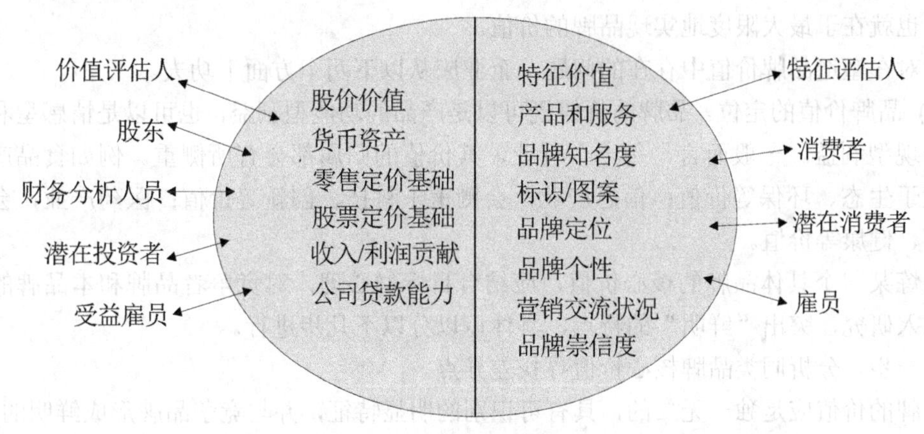

图 5-3　品牌特征与品牌价值

(2) 品牌的价值性。由于品牌拥有者可以凭借品牌的优势不断获取利益，可以利用品牌的市场开拓力形成扩张力，因此品牌具有价值性。这种价值并不能像物质资产那样用实物的形式表述，但它能使企业的无形资产迅速增大，并且可以作为商品在市场上进行交易。

(3) 品牌发展的风险性和不确定性。品牌创立后，在其成长的过程中，由于市场的不断变化，需求的不断提高，企业的品牌资本可能壮大，也可能缩小，甚至在竞争中退出市场。品牌的成长由此存在一定风险，对其评估也存在难度，品牌的风险有时产生于企业的产品质量出现意外，有时由于服务不过关，有时由于品牌资本盲目扩张，运作不佳。

(4) 品牌的表象性。品牌是企业的无形资产，不具有独立的实体，不占有空间，但它的目的就是让人们通过一个比较容易记忆的形式来记住某一产品或企业，因此，品牌必须有物质载体，需要通过一系列的物质载体来表现自己。品牌的直接载体主要是文字、图案和符号，间接载体主要有产品的质量，产品服务、知名度、美誉度、市场占有率。优秀的品牌在载体方面表现较为突出，如“可口可乐”的文字，使人们联想到其饮料的饮后效果，其红色图案及相应包装也能起到独特的效果。

(5) 品牌的扩张性。品牌具有识别功能，代表一种产品、一个企业。企业可以利用这一优点施展品牌对市场的开拓能力，还可以帮助企业利用品牌资本进行扩张。

2) 品牌价值的塑造

所谓“品牌价值”，指一个品牌的净值、财务状况和其他相关的部分。品牌价值包括品牌的有形资产和无形资产，从另一个方面来讲，品牌价值是能够使购买目标更具有吸引力的那些利益。属于品牌特征一部分的“声誉”源自于品牌的无形资产，而且品牌特征所体现出的个性魅力吸引着广大消费者，能够形成潜在的品牌价值。由此可见，品牌特征所形成的价值属于品牌总价值的一部分。例如，沃尔沃(Volvo)公司曾经累积了很有实质性的品牌价值，它的品牌价值由许多因素组成，其中包括它素有的声誉，也就是沃尔沃固有的品牌特征——沃尔沃牌轿车安全性能是最好的。但是，在几年前沃尔沃公司的电视广告使用了虚假的碰撞测试，夸大了汽车的性能，使沃尔沃汽车安全运输的特征受到侵害，品牌价值也开始下滑。这一实例说明品牌特征时刻影响着品牌的价值，塑造、强调品牌特征的根本目的也就在于最大限度地实现品牌的价值。

针对在塑造品牌价值中存在的问题，企业应从以下两个方面下功夫。

(1) 品牌价值的定位。品牌的价值既可以是产品的功能型利益，也可以是情感型利益和自我表现型利益。一般而言，每一个行业，其价值的归属都会有所侧重。例如食品产业，会侧重于生态、环保等价值；信息产业，会侧重于科技、创新等价值；医药产业，会侧重于关怀、健康等价值。

提炼某一个具体品牌的核心价值，应结合目标群心理，对竞争者品牌和本品牌的优势进行深入研究，突出“鲜明”的特点，具体可以分以下几步进行。

第一步，分析同类品牌核心价值寻找差异点。

品牌的价值应是独一无二的，具有可识别的明显特征，并与竞争品牌形成鲜明的区别。塑造差异化的品牌价值是企业避开正面竞争、低成本营销的有效策略。农夫山泉在竞争异常激烈的瓶装水市场杀出一块地盘，靠的就是“源头活水”这一高度差异化的核心价值。

企业在定位差异化价值时首先应对同一生存环境下的其他品牌的价值做分析，尤其是要分析主要竞争者的核心价值，品牌的价值要与竞争者有所区别；其次可以分析一下竞争品牌的核心价值与这一企业的核心竞争力，以及长远发展目标是否相一致。如果确信竞争者的核心价值并不适合其长远发展，而又与自己非常贴切，则可以取而代之。

第二步，从同一品牌下的不同产品中寻找共同点。

品牌价值也是消费者对同一品牌下的不同产品产生信赖和认同的共同点。在确立品牌价值时，应考虑到它的这一包容性。对品牌下属的所有产品进行清理盘点，找到其共同点。有的品牌可能只有一个产品，也有可能拥有几十个或上百个产品，品牌的价值就是要在它们身上找到共性。

品牌的价值包容企业的所有产品，为企业日后跨行业发展留下充分的空间。通过市场调查获得能拨动消费者心弦的品牌价值。

第三步，一个品牌价值只有贴近消费者的内心，才能拨动消费者心弦，从而使消费者喜欢。所以提炼品牌价值，一定要揣摩透消费者的内心世界，他们的价值观、审美观、喜好、渴望等。

企业可以召集消费者进行座谈会、深度访谈等定性调查。座谈会、深度访谈等定性调查能有效地激发消费者把各种想法详细地讲出来，如信仰、意见、态度、动机、对产品的使用评价、对各竞争品牌的看法等都蕴含着提炼差异化价值的机会。

(2) 品牌价值的推广。品牌价值要想水到渠成地烙在消费者脑海里，从而建立起丰厚的品牌资产，需要做到以下两个方面。

① 用品牌的价值统率企业的一切营销传播活动。只有产品功能、包装与外观、零售终端分销策略、广告传播等所有向消费者传达品牌信息的机会都体现出品牌价值，即用品牌价值统率企业的一切营销传播活动，才能使消费者深刻记住并由衷地认同品牌价值。这就是名牌企业的最佳实践。

② 持续地维护和宣传所定位的品牌价值。品牌价值一旦确定，就应保持相对的稳定性。在以后的十年、二十年，乃至上百年的品牌建设过程中，始终不渝地坚持这个品牌价值。

品牌价值不仅仅在于帮助企业提高销售额，同时也见证了企业成长壮大走过的每一步，品牌价值是品牌的精髓，是一个品牌区别于其他品牌最为显著的特征，品牌价值对于企业的进一步发展起到不可替代的作用，因此企业抓住品牌价值是当前品牌建设的关键一步。

2. 品牌特征受品牌标志的影响

1) 品牌标志

品牌标志与品牌名称都是构成完整的品牌概念的要素。

品牌标志是一种“视觉语言”。它通过一定的图案、颜色来向消费者传输某种信息，以达到识别品牌、促进销售的目的。品牌标志自身能够创造品牌认知、品牌联想和消费者的品牌偏好，进而影响品牌体现的品质与顾客的品牌忠诚度。因此，在品牌标志设计中，我们除了最基本的平面设计和创意要求外，还必须考虑营销因素和消费者的认知、情感心理。

2) 品牌标志对品牌特征的影响

品牌特征的持久力表现在它的名称上，如麦当劳、万宝路、可口可乐等许多名牌，名称标志就体现了品牌特征。所以说品牌特征包括品牌名称、标志等，好的名称标志能够塑造有效的品牌特征，更好地实现品牌价值。例如，1994 年联邦快递公司的更名。一夜之间，联邦快递公司把它的飞机、货车和公司标志都变成了“FedEx”，大胆地使用这个新符号来迎合公众对这个品牌早已形成的概念。公司管理层解释说，用更改名称的方法可在这类业务范围内大大增加品牌的价值，这个名称“FedEx”能够加强公司在这个行业里的地位，甚

至在通过别的快递公司送货的公司的印象里，FedEx 公司的形象都能增强。名称和标志像是一种黏合剂，它将品牌特征粘在一起。名称与标志是最常见和最常听见的关于品牌传播的东西，它们会极大地影响消费者和潜在消费者如何看待一个品牌。

3．品牌特征与品牌定位、品牌个性

品牌定位和品牌个性是品牌特征最主要的组成部分，它们能够决定消费者和潜在消费者如何判断品牌的吸引力和存在的必要性。换句话说，人们买这些品牌的商品，主要是因为他们能够把这些品牌和自己的生活联系在一起，他们喜欢这些品牌的个性。

品牌定位是营销组合因素的战略起源。如果一个公司想要改变品牌定位，它会向市场发出信息。无论何时，只要品牌定位改变了，就会从根本上影响品牌特征。品牌重新定位的这种努力，对品牌总体特征起到了很好的作用。

品牌个性是指每个品牌的向外展示的品质。品牌的公众形象是品牌定位的延伸，品牌战略个性是品牌带给生活的东西，也是品牌与现在和将来的消费者相联系的纽带。它有魅力，也能与消费者进行感情方面的交流。强生公司的儿童洗发液专为儿童设计，并以“不再刺激眼泪”(No More Tears)的特征，支持它的稳妥定位。通过名称、标签、产品表现和抚爱孩子的电视广告，这个品牌的个性多年来一直在展示着。这个品牌特征也使这个品牌有可能实现第二种定位，说成年人若想保护自己的头发，也可以选择这种洗发液。在这种情况下，尽管品牌个性使品牌变换了最初的定位，但却能使两种定位都得到保全。

5.3.2 品牌的定位策略

定位的重点在于对可能成为顾客的人的想法施加影响，唤起或强化顾客原本已存在的欲望和渴求，使他倾向于企业的导引。所以，定位最根本的目的就是使品牌在顾客心目中取得一个无可替代的位置，树立起品牌的正面形象。

1．品牌定位论

1) 品牌定位论的产生

著名广告经理人艾・里斯(Al Ries)和杰克・特劳特(Jack Trout)认为：“定位从产品开始，可以是一件商品，一项服务，一家公司，一个机构，甚至是一个人，也可能是你自己”；“定位是在我们传播信息过多的社会中，认真处理怎样使他人听到信息等种种问题的主要思考部分”，“定位并不是要你对产品做什么事，定位是你对未来的潜在顾客心智所下的功夫，也就是把产品定位在你未来潜在顾客的心中”。由此可见，艾・里斯和杰克・特劳特把定位当作是一种纯粹的传播策略，让产品占领消费者心智中的空隙。

但是现在，艾・里斯和杰克・特劳特的定位理论对营销的影响超过了原先把它作为一种传播技巧的范畴，而演变为营销策略的一个基本步骤。“定位”功能的这一转变，反映在营销大师科特勒对定位所下的定义中：定位是对公司的提供物和形象的策划行为，目的是使它在目标消费者的心智中占据一个独特的有价值的位置。

2) 品牌定位的意义

品牌会使人们在甚至不了解产品的情况下仅凭“牌子”而心甘情愿地掏腰包，这便是品牌的魅力所在。而正确的品牌定位是一切成功品牌的基础。

(1) 品牌定位有助于潜在顾客记住企业所传达的信息。现代社会是信息社会，人们从睁开眼睛就开始面临信息的轰炸，消费者被信息围困，应接不暇。各种消息、资料、新闻、广告铺天盖地。

以报纸为例，美国报纸每年用纸过千万吨，这意味着每人每天每年消费 94 磅报纸。一般而言，一份大都市的报纸，像《21 世纪经济报道》，可能包含有 50 万字以上，以平均每分钟读 300 字的速度计算，全部看完几乎需要 30 小时。如果仔细阅读的话，一个人一天即使不做其他任何事情，不吃不睡，也读不完一份报纸，更何况现代社会的媒体工具种类繁多，电视、杂志、网络上的信息也铺天盖地，更新快速。

如此多的媒体，如此多的产品，如此多的信息，消费者无所适从是必然的，这也使得企业的许多促销努力付诸东流，得不到理想的效果。

科学家发现，人只能接受有限度量的感觉。超过某一点，脑子就会一片空白，拒绝从事正常的功能。在这个"感觉过量的时候，企业只有压缩信息，实施定位，为自己的产品塑造一个最能打动潜在顾客心理的形象，才是其唯一明智的选择。品牌定位使潜在顾客能够对该品牌产生正确的认识，进而产生品牌偏好和购买行动，它是企业信息成功通向潜在顾客心智的一条捷径。

(2) 品牌定位的理论基础。品牌定位，是建立品牌形象的提供价值的行为，是要建立一个与目标市场相关的品牌形象的过程和结果。品牌定位的提出和应用是有其理论基础的。

人们只接受他们喜欢的事物，对于不喜欢的东西看得越多反而越感厌恶，不但没有美感，反而更觉得丑陋。一个定位准确的品牌引导人们往好的、美的方面体会，反之，一个无名品牌，人们往往觉得它有很多不如其他商品的特点。广告之所以是促销的有力武器，就在于他不断向潜在顾客传达其所期望的奇迹和感觉。

人们排斥与其消费习惯不相等的事物。消费者在长期的购买、消费行为中往往形成了特定的好习惯。如有的人喜欢去大商场买服装、家电，去超级市场购买日常用品、食品；而有人喜欢喝果汁，有人喜欢饮用可乐……消费习惯具有惯性，一旦形成很难改变，需要企业付出巨大的努力。品牌定位有利于培养消费习惯，提高顾客忠诚度。

人们对同种事物的记忆是有限度的。正如我们前面所讲到的，这是个信息超量的时代，产品种类多到前所未有的地步，然而人们的记忆是有限的，很少有人能准确列出同类商品七个以上的品牌，人们往往能记住市场上的"第一、第二"，在购买时首先想到的也往往是某些知名品牌。例如，可口可乐、柯达、IBM、摩托罗拉等名牌产品往往是消费者心目中的首选。

(3) 品牌定位是市场营销发展的必然产物。任何企业都不可能为市场上的所有顾客提供所有产品或服务，而只能根据自己的具体情况选择具有优势的细分市场，否则，就会处处兼顾、处处失败，处于被动境地。品牌定位作为市场定位的核心，就是帮助企业确定最有吸引力的、可以提供有效服务的目标。

2. 品牌定位的实质

品牌定位实质是营销战略工具和沟通战略工具。

1) 营销战略工具

定位是一种树立企业形象的有效方式，也是设计有价值的产品的行为，以使细分市场的顾客了解企业与竞争者的差异。产品和品牌是营销者用来满足各个细分市场中存在的差异化需要和欲望的“载体”。因此，对产品和品牌的定位实质是要提供目标市场一种差异化的利益，这属于营销战略的范畴。例如，雀巢公司将不断提供优质、方便的食品作为雀巢产品的主要定位。在李维斯(Levis)公司的远景规划中，把李维斯品牌建立在不同顾客群体的基础上，以更细致、更准确的方式细分顾客群体，向不同的群体提供适合他们特定要求的产品：合身、时尚、颜色适中、与众不同，具有特定品位。

2) 沟通战略工具

这种差异化的利益，要有效地与目标市场沟通，占得消费者心中的特定位置，才能使营销战略富有竞争力，才能使你选定的目标市场真正成为你的市场。因此，定位也是一种沟通战略。在艾·里斯和杰克·特劳特看来，定位的基本原则并不是去塑造新奇的东西，而是去操纵人类心中原来的想法，打开联想之结，目的是要在顾客心目中，占据有利的地位。唯有如此，方能在市场上赢得先机。百威啤酒在产品的导入期和成长期的广告极力塑造强势品牌形象，加强与目标消费者的沟通，以极具视觉冲击力的广告画面突出表现美国最佳啤酒的高品质形象——King of Beer。它的广告诉求重点以25～35岁的青年人为主要目标对象，最后通过美国风格的宣传，吸引了大批向往美国生活方式的年轻人。

3. 品牌定位的基本原则

品牌定位作为企业与目标消费者互动性活动，其成功在于企业的主动进攻打破消费者的心理障碍。因此企业在品牌定位过程中，要根据实际情况考虑目标市场的特征，与目标消费者的需求相一致。只有这样，才能使品牌形象真正深入目标消费者的心中。具体的品牌定位有六大原则：执行品牌识别、切中目标消费者、积极传播品牌形象、创造差异化优势、考虑竞争者的定位及品牌定位要考虑成本效益比。

1) 执行品牌识别

当一个品牌的定位存在时，该品牌的识别和价值主张才能够完全地得到发展，并且具有系统脉络和深度。对某些品牌而言，品牌识别和价值主张被整合在一起，并作为品牌定位之用，但在大部分的情况下，前者的内涵明显大于后者。

2) 切中目标消费者

品牌定位必须设定一个特定的传播对象，而这些特定对象可能只是该品牌所有目标对象中的一部分。品牌定位完全站在消费者的立场上，最终借助传播让品牌在消费者心中获得一个有利的位置。因此，首先必须考虑目标消费者的需求。借助于消费者行为调查，可以了解目标消费者的生活形态或心理层面的情况。这一切，都是为了找到切中消费者需要的品牌利益点。

3) 积极传播品牌形象

品牌是在消费者心中被唤起的想法、情感、感觉的总和，因此，只有当消费者心中关于品牌定义的内容得以确认时，公司的资源才可能产生积极的效益。品牌定位可以看作是连接品牌识别和品牌形象之间的桥梁，也可以看作是调整品牌识别与品牌形象之间关系的工具。

4) 创造差异化优势

竞争者是影响定位的重要因素。没有竞争的存在，定位就失去了价值。因此，不论以何种方法，策略定位始终要考虑与竞争者的相对关系。

差异创造竞争价值，差异创造品牌的“第一位置”。品牌定位本质上展现其相对于竞争者的优势，通过向消费者传达差异性信息而让品牌引起消费者注意和认知，并在消费者心智上占据与众不同的有价值的位置。像迪士尼公司就对老少皆宜、充满想象和幽默的卡通片情有独钟，并始终坚持这种风格，它的定位是：制造欢乐，销售欢乐，这种欢乐是家庭共享的欢乐。无论是迪士尼的电影，还是迪士尼公园，以及其他许多的迪士尼产品，都始终贯彻了这种定位。这种与其他娱乐公司显然不同的差异化定位，使迪士尼欢乐产品不仅赢得一代又一代孩子们的喜爱，而且也深深吸引了热爱生活、崇尚欢乐的成年人的心，当然也赢得了巨大的财富。

5) 考虑竞争者的定位

在市场竞争十分激烈的情况下，几乎任何一个细分市场都存在一个或多个竞争者，未被开发的空间越来越少了。在这种情况下，企业在进行定位时更应考虑竞争者的品牌定位。应力图在品牌所体现的个性和风格上与竞争者有所区别，否则消费者易于将后进入企业的品牌视作模仿者而不予信任。

6) 品牌定位要考虑成本效益比

品牌定位是要付出经济代价的，其成本的多少因定位不同而有所差异。不考虑成本而一味付出、不求回报不符合企业的经营宗旨，所以，企业在定位时还必须考虑成本效益比。在定位时要遵循的一条基本规则就是：收益大于成本。收不抵支的品牌定位，最终只能导致失败。

4. 为品牌重新定位

消费者的要求是不断变化的，市场形势也变幻莫测。一个品牌由于最初定位的失误或者即使最初定位是正确的，但是随着市场需求的变化，原来的定位也可能再也无法适应新的环境，此时，进行品牌的重新定位就势在必行了。

品牌定位既是确立品牌独特形象的活动过程，也是形成独特品牌个性的结果。消费者的要求是不断变化的，若品牌的个性与形象不能与市场很好地对接，消费者不能认可和接受，还得及时修正或变更，即为品牌重新定位。

1) 品牌重新定位的情况

企业可以从以下几种情况进行判断是否要重新定位。

(1) 竞争者推出了一个新品牌，且定位于本企业产品的旁边，侵占了本企业品牌的一些市场份额，致使本企业品牌的市场占有率下降。

(2) 新产品问世时，消费者的品牌偏好有了变化，致使本企业品牌的市场需求下降。

(3) 环境意识普及，人们对会污染环境或不能回收再利用的产品不再像以前那样感兴趣。

(4) 经济不景气，高价位产品市场缩小。

(5) 健康意识普及，人们对高脂肪、高含盐量、高卡路里食物兴趣大减。

总之，当宏观或微观环境发生变化，且这种变化和本企业相关时，品牌经营者就要着手考虑是否要改变原先的定位。企业可以从通过为竞争品牌重新定位，获得本品牌发展的空间或者调查研究消费者的需求，为本企业品牌重新定位两个角度来思考。

2) 品牌重新定位的注意事项

品牌重新定位并非品牌更新，并不意味着经营者马上放弃现在的品牌定位，重要的是通过解决一些问题，以保持品牌的成长和稳定。品牌经营者在重新定位时应注意以下几个问题。

(1) 分析研究当初该品牌建立的突破点是什么，是什么发生了改变。

(2) 不要纸上谈兵，要进行市场调研，找出人们对该产品的态度是否已经发生了改变，同时讨论竞争者的情况。

(3) 切莫过早放弃一个产品，事实证明当媒体谈到“下一波大趋势”时，社会大众并无多大兴趣。

(4) 不要把任何事情都视为理所当然，要时时重新评估本企业的产品销售、品质、形象，考虑是否应加强品牌形象。

(5) 尽量维持一定的曝光率，不要在业绩不佳或时机不好时削减投入，减少曝光率。

(6) 为消费者保留该企业产品的独特卖点。

5. 品牌定位策略的运用

品牌定位并非确定产品真正是什么，而是期望消费者对品牌产生什么样的认知。品牌定位是被积极地传播而形成的。公司可以选择不同的定位策略，通过拟定定位主张，结合品牌的包装、销售渠道、促销方式、品牌形象等向市场传达定位概念，通过总结国内外知名品牌的定位经验，得出以下品牌定位策略。

1) 市场主导者的品牌定位

市场主导者多数是该行业的龙头企业，它通常不仅拥有相关产品的最大市场份额，而且在价格升降、新产品引入、分销渠道及其覆盖面和促销强度上占据支配地位，如日用洗涤品业的宝洁公司。这些企业的主导地位是在竞争中形成的，但并不是稳定不变的，它们往往也是其他企业挑战、模仿的对象。在变幻莫测的市场竞争中，市场主导者的营销战略通常有三个重点。

(1) 开拓市场总需求。

(2) 保护企业现有总份额。

(3) 扩大市场份额。

领导品牌绝不是稳定不变的，企业绝不能故步自封，对自己所有领域的发展置之不理。拥有领导品牌的企业应当高度关注新技术、新产品的发展，不放过任何有希望的新动向。

2) 跟进者的品牌定位

一种新品牌的开创者需要花费大量投资才能取得成功，并获得市场主导者地位，这只有少数企业能做到，大多数企业从事模仿或改良产品，同样可以获得高额利润，这些企业称为市场跟随者。市场跟随者并不企图向市场主导者发动进攻并取而代之，而是跟随在主导者之后自觉地维持共处局面。

3) 切忌盲目定位

定位之于品牌就像方向盘之于轮船，它决定着品牌经营的方向，决定着企业的成败。正确的品牌定位无异于为企业插上了腾飞的翅膀，但盲目定位也会使企业陷入失败的深渊。

事实证明，在市场上和领导品牌直接对抗需要极大的付出和冒极大的风险，而且常常是不明智的定位观念。品牌定位要获得成功，绝不能离开自己品牌已占有的位置，绝不能忽视竞争性品牌的市场位置。

5.3.3　塑造品牌战略个性

在商品世界中，有不计其数的商品同台竞争。然而，消费者只记住了极少数品牌的名称和标志，绝大多数商品在生生不息的商战中，都只是过眼云烟。只有个性才能帮助品牌尽可能地加深在消费者心中的印象。

1. 品牌个性

个性的概念原本只用于表述人的性格特征，现在已被扩展至产品甚至城市等方面。有人评价，上海最奢华、大连最男性化、杭州最女性化、苏州最精致、南京最伤感、拉萨最神秘、重庆最火爆、西安最古朴等，一个形容词就能把一个城市的魅力概括殆尽，足见“个性”描述的特殊功效。个性的魅力之源在于差异，差异就是与众不同，就是自己与别人的区别，这种差异越大，个性就越鲜明。市场上的商品越同质化，消费者对品牌个性的呼唤就越强烈。

美国品牌大师大卫·艾克(David A.Aaker)将品牌个性分成五大个性要素，认为品牌能依人口统计项目(年龄、性别、社会阶级和种族等)，生活形态(活动、兴趣和意见等)或是人类个性特点(外向性、一致性和依赖性等)来予以描述。他将品牌五大个性要素分类为：纯真、刺激、称职、教养和强壮，如表 5-2 所示。

表 5-2　品牌的五大个性要素

个性要素	举　例	感　受	特　点
纯真	康柏 贺轩 柯达	纯朴 诚实 有益 愉悦	家庭为重的、小镇的、循规蹈矩的、蓝领的、美国的 诚心的、真实的、道德的、有思想的、沉稳的 新颖的、诚恳的、永不衰老的、传统的、时尚的 表情的、友善的、温暖的、快乐的
刺激	保时捷 ABSOLUT 班尼路	大胆 有朝气 富想象 最新	极时髦的、刺激的、不规则的、俗丽的、煽动性的 年轻的、活力充沛的、外向的、冒险的 独特的、风趣的、令人惊异的、有鉴赏力的、好玩的 独立的、现代的、创新的、积极的
称职	AMEX CNN IBM	可信赖 聪明 成功	勤奋的、安全的、有效率的、可靠的、小心的 技术的、团体的、严肃的 领导者的、有信心的、有影响力的

续表

个性要素	举　例	感　受	特　点
教养	凌志 奔驰 露华浓	上层 阶级 迷人	有魅力的、好看的、自由的、世故的 女性的、流畅的、性感的、高尚的
强壮	真维斯 万宝路 耐克	户外 强韧	男子气概的、正派的、活跃的、运动的 粗野的、强壮的、不愚蠢的

品牌个性是品牌综合反映的结果，而且品牌行为对品牌个性的形成具有直接影响。大卫·爱格将几个品牌行为和品牌个性的对应关系列出，如表 5-3 所示。

表 5-3　品牌行为与品牌个性的对应关系

品牌行为	个性特色
经常改变定位、产品形式、象征、广告等	轻浮的、精神分裂的
经常性的赠送和折扣券	廉价的、未受教育的
密集广告	外向的、受欢迎的
强势服务、易使用的包装等	易亲近的
特性、包装的延续	熟悉的、舒适的
高价值、独占的流通，在高级杂志做广告	势利眼、世故的
友善的广告，背书人	友善的
与文化事件、公共电视的联想	具文化意识的

2．品牌个性的重要性

品牌个性就是当我们把品牌想象成是一个人时，这个“人”的个性：是青春靓丽或是成熟性感，是前卫或典雅，是内向或外向，是富有激情或沉着稳重。

品牌个性是品牌展现出的一种性格，是品牌与消费者之间的感情冲击。品牌个性特征必须反映品牌，必须受到目标消费者的欢迎，必须满足消费者自我表达的需要，必须加强消费者对于公司产品及服务的体验。

3．品牌个性与品牌形象

品牌形象是一个涵盖更广的名称，不仅包括品牌个性，还包括产品属性、用户与品牌有关的利益等。当我们谈及品牌个性时，指的是消费者认知品牌的尺度，它典型地反映一个人的个性触及品牌的核心领域。把品牌个性理解成产品或服务的特色是不恰当的。如果与品牌形象做一比较，它们之间的区别是：品牌形象包括硬性和软性的属性，而品牌个性强调其软性的属性。举个例子说明，可口可乐的品牌形象包括独特口感、弧线瓶包装、历史悠久、品质过硬、真实、可信等，但它的品牌个性是真实和可信。因此，可以说，品牌个性是品牌形象中能体现差异、最活跃激进的部分，它通常用形容词加以描述。因此，品牌个性并非抛弃品牌形象，而是找到了塑造当作形象差异的一条有效途径——把品牌当作

一个人，创造它的性格(个性)，而非特征。外表的形象是可以模仿的，但个性无法模仿。个性具有许多特征，如气质、性格、情绪等。个性心理学家们提出了许多形容词来描述人的各类个性特征，对品牌个性的描述同样适用。

表 5-4 所示是一些著名企业的品牌个性描述。

表 5-4　著名企业的品牌个性描述

著名品牌	品牌个性描述
百事可乐	年轻、活泼、刺激
李维氏	纯真、刺激、称职、强壮
锐步	野性、户外、冒险、年轻、活力充沛
柯达	纯朴、顾家、诚恳
奔驰	自负、富有、世故
惠普	有教养、影响力、称职

4．品牌个性产生的源泉

品牌个性是品牌定位的战略延伸，它反映的是消费者对品牌的感觉，或者品牌带给消费者的感觉。品牌个性可以来自与品牌有关领域的任何一个角落。纵观品牌个性的来源，可归纳为以下四种。

(1) 产品自身。

(2) 传递品牌信息的广告主。

(3) 品牌使用者。

(4) 品牌创始人。

5．建立品牌个性的步骤

我们想要通过规范步骤来建立品牌个性，那都是很困难的。但仔细考虑建立品牌个性的工作，还是有一些步骤是十分必要的。

开发一种品牌个性，开始的时候，要审视全部定量数据和过去的研究结果。这些信息可能对研究未来受众的需要、期望和态度十分重要，因为人们就是根据这些来判定品牌个性的。正确的品牌个性可能就诞生在一次新的广告宣传活动中，或者是某次公关活动中。它也许是一个人单独创造的，也许是合作的产物。现在我们总结一下塑造品牌个性的几个必要的步骤。

1) 从每个消费者出发，考虑不同的方案

无论人还是品牌，强有力的个性在与人接触时，都将是最有效的宣传。当世嘉公司(Sega)和任天堂(Nintendo)公司设计它们电子游戏时，它们预见到未来的消费者会要求自己逐渐提高控制水平。这些品牌个性中的部分内容，就是品牌与用户之间的联系。作为设计者，他们的成功一部分就是来自规划和设想未来人们是如何玩游戏的。

2) 从品牌定位出发，展望品牌个性

品牌定位是品牌个性的基础，品牌个性是品牌定位的延伸。品牌定位与品牌个性联系得越紧密，消费者被品牌吸引的可能性也就越大。万宝路既具有单独的品牌特征，又具有联合的品牌特征，根本说不清品牌定位和品牌个性的起点在哪里。

3) 从主要的情感出发，考虑品牌个性

品牌个性与人的情感是密不可分的。每一种情感都可能帮助形成品牌个性。不过如果它们都与品牌个性的核心情感有关，事情就复杂了。在戴·比尔斯(De Beers)牌的例子中，品牌个性表示为这样一种感情，也就是永恒的结合，正如那个广告标识语所描绘的“钻石恒久远”。

4) 发挥品牌个性的潜力，增强信心

人们对品牌的信心也是很重要的。没有这种信心，一个潜在消费者就不会相信一个品牌所做出的那些承诺，无论人们怎么想凌志牌(Lexus)轿车，这个品牌的轿车的广告都给人以信心。它的广告标识语“The Relentless Pursuit of Perfection”(不懈地追求完美)展示了一个主题：注意汽车的每一项性能。凌志牌轿车的广告宣传对于这个品牌的成功，起了重要的作用。因为这些宣传建立了一种品牌个性，十分有把握地使未来的购买者放心，凌志牌绝对是最好的车中的一种。

5) 进行再投资

塑造一个品牌特征以及它最重要的组成部分——品牌个性，就像照顾和抚育一个孩子一样，需要培育、投资，这些投资包括时间、才智、能量和金钱。

6) 设立“品牌个性的监督员”

品牌塑造的过程中，个人监督是不可替代的。在品牌队伍中，至少要有一个人主要负责品牌战略个性的创新和改进工作。负责这项工作的人，要与原来说的品牌定位监督员密切合作，做到两个人各自明了自己责任的重大。他们两个要对职员范围内所有好的和不好的事情做出说明。如果能建立一个监督系统那就更好了，它能够帮助公司保持自己的品牌个性和战略框架，加强日常维护。

确认品牌能有一个正确的品牌个性，是营销队伍的一种挑战，也是品牌队伍面对的最艰巨的工作。决定品牌个性的目标时，品牌队伍成员需要认真讨论，并且仔细了解信息。此外，他们还必须同意根据直觉来做决策。在市场营销工作中，可能没有什么工作比创建有效的品牌个性的工作更难的了，而这项工作又往往容易被人忽略。大卫·马丁(David Martin)说：“失去品牌个性，便会失去特权。”

5.3.4 塑造品牌形象的途径与策略

企业整体形象的核心是质量服务形象，而其根本则是品牌形象。公众对于企业的看法，是建立在品牌认知基础上的。品牌形象就是公众心目中的“企业形象”。企业以一流的产品、一流的服务和合理的价格，满足公众物质上和心理上的需求，就能树立一流的品牌形象，进而可以强化企业整体形象。

1. 塑造品牌形象的途径

企业品牌形象的塑造是一个系统化工程，涉及产品、营销、服务诸方面的工作，常见的途径主要有以下几种。

1) 推行规模化、集团化、国际化经营战略

品牌形象的塑造需要内在的实力，这就是规模化、集团化、国际化、多角度化的经营。在塑造企业品牌形象的过程中，我们应该利用自身积累的资金，积极开发企业形象的“聚合效应、磁场效应和扩散效应”的价值，同时大胆运用资本经营策略、负债经营策略、兼并策略等，组建集团化公司，经营多种体系化的业务，主动开拓国际市场，实现规模化营运，以有效地创造出规模经济效应，为品牌形象的塑造奠定良好的基础。

2) 重视优质产品的开发

技术是品牌形象的支柱。企业品牌形象的好与坏，取决于产品的水平和质量。企业品牌形象的本源是产品形象。要塑造品牌形象，最根本的措施就是塑造产品形象。为此，企业应该积极引进高科技人才和现代经营管理人才，全力推进产品的科研、开发战略，用新材料、新技术设计新产品，以款式新颖、性能先进的产品满足公众的需要。不断推出新产品，为公众提供优质产品，这是强化品牌实力、树立品牌优势的关键，也是塑造企业品牌形象的根本。

3) 重视企业质量保证体系的构建

公众购买商品时，比较注重商品的功能、造型、设计和眼前质量等直观性指标，而对于深层次的质量指标，因为一时还无法辨识，所以暂不会提出更多的要求。但是，随着时间的推移，公众对于商品的质量指标就会高度敏感。质量在公众心中具有至高无上的意义，我们应该健全企业的质量保证体系，强化质量工程的一票否决制，力求质量取胜，从根本上保证企业品牌形象工程的推进。

4) 重视品牌的定位策划

根据企业的产品特性和公众的心理差异，我们应该确定出企业品牌的商业方位，选择好自己的品牌地位。

品牌定位应该重视公众的需求。对于公众来说，定位是公众能够切身感受到的。也就是说，定位要切合公众的实际需要和个性特点。对于企业来说，定位要以产品的真正优点为基础，以突出企业的技术优势和竞争优势。另外，企业定位应该清楚、明白，使公众能够在繁杂的商品中迅速分辨出企业的品牌形象。

在实际的工作中，品牌定位的方式有优势定位、跟随定位、是非定位、逆向定位等。①优势定位就是企业找出产品在价格、性能、质量方面的绝对优势，以及在企业文化、产品社会地位、消费者身份方面的相对优势，以优势作为区别竞争者的特性，形成自己的商业位域。②跟随定位就是在市场选择、广告宣传、产品设计以及公共关系活动方面，采取与竞争对手相似或相同的策略方式，跟随他人，坐收市场利润。③是非定位则是企业在宣传中，对消费市场或公众群体有意进行人为的区分，使产品在品种、性别、年龄、职业、地域以及生活方式方面有别于其他企业，创造出对立于竞争对手的公众市场。由于这个市场是全新的，因而具有特别的意义，能够保证企业的市场利润。④逆向定位是按照公众市场一般的发展趋势，逆向进行策划，找出怀旧性的发展机会，使企业的产品带有明显的传统化、回归性色彩，以传统和回归为手段创造出自己的顾客群体。企业品牌的定位方式多种多样，在策划过程中，我们应该组合性地运用，全方位地设计出企业的品牌形象。

5) 重视品牌的包装设计

包装本来是为了保护商品而设计的外护物品，但是，现在它已成为企业商品的“脸面”，是公众选择商品的基本依据。因此，应该高度重视品牌的包装设计，为商品策划出一流的品牌名称和商标。

6) 积极参与市场竞争

品牌是在市场竞争中成长起来的，通过竞争的优胜劣汰机制，品牌得到公众的认同，就成了名牌。因此，在塑造品牌形象的过程中，应选择权威性、具有辐射效应的市场，积极推介企业的商品，并根据公众的消费意见，及时革新产品设计，使企业在竞争中脱颖而出，最终确立起自己的品牌形象。

7) 强化顾客的忠诚度

顾客忠诚度表明了某种品牌在公众中受欢迎的程度。公众在情感上偏好企业的品牌，乐意重复购买某种商号下的商品，而且挑选商品的时间比较短，表明顾客忠诚度高。反之，就是忠诚度低的表现。但是，顾客忠诚度的提高有一个过程，因为公众对品牌形象的认知存在反复性。在塑造品牌形象的过程中，为了提高顾客忠诚度，我们应该策划有效的市场促销活动，引导公众踊跃购买商品，并逐步树立起对商品、特别是品牌的好感。

8) 注重品牌管理

品牌形象的塑造，离不开品牌管理。强化品牌管理，具体内容主要有：在时间上，多注重品牌形象的持续性和稳定性；在空间上，不断开拓市场领域，提高市场占有率，以赢得具有优势感的市场地位；在经济上，注重谋求经济效益，提高品牌的价值效应；在社会形象上，积极参与公益事业、社会问题的宣传和解决，不断提高品牌的社会声望。

2. 塑造品牌形象的策略

企业品牌形象的策划是一门专业性相当强的艺术，其基本的策略主要有个别品牌策略、一元化品牌策略、大品牌小品牌策略、多品牌策略和多元化品牌策略。

1) 个别品牌策略

个别品牌策略就是企业通过一系列似乎毫不相关的产品商标来进行经营。在这种策略中，企业对自己所经营的产品组合中的每一个产品项目都使用一个不同的品牌名称，或者要求自己的子公司设置独家使用的公司名称与记号，从而分散企业营销的总体风险，防止子公司或其中任何一个产品项目出了问题后关联到整个企业，影响其他产品项目的市场地位与销售。这种策略由于品牌之间没有相关性，因此混乱的可能性较小，有利于公众识别其中的品牌。但是这种品牌策略使得企业整体的识别性降低，广告宣传与公关传播没有规模效应，需要对企业的每一个产品项目所使用的品牌进行设计包装、个别促销和市场维护，因此，整个产品组合的营销费用很高，不利于新产品推进市场。个别品牌策略一般适用于单位价值比较高的产品。

2) 一元化品牌策略

这种策略又称为家族品牌策略，其策划要点就是企业所有的子公司、产品都采用一个商标名称。

在这种品牌策略中，由于企业对产品组合中的全部产品项目均采用一个品牌名称或标记，具有结构单一、识别性强的特点，而且有利于强化员工对企业的忠诚度，增强企业的凝聚力。企业为一个品牌做广告宣传费用比较低，有利于新开发出的产品进入市场。但是营销风险比较大，其中一个商品出了质量问题，就会发生连带性的不良影响，使企业所有的产品都受到打击。这是我们策划一元化品牌策略必须注意的问题。一般而言，这种品牌策略主要适用于产品更新换代频繁、技术进步和革新速度较快的行业。

3) 大品牌小品牌策略

这种策略的实质是企业名称和商品个别品牌名称同时连用的策略。在实际操作上，就是把企业的名称冠于各个子公司、商品名称之前，而企业的各个子公司、商品又要拥有自己独立的名称。

大品牌小品牌策略要求我们对企业的产品采用个别品牌名称的时候，标上企业名称的标识，因而具有较强的识别性，市场细分明确。在实际操作中，它可以减少营销企业对每个品牌的市场促销努力和费用，有利于企业借助原有的良好形象来对新的品牌进行促销。此外，它还能够有效防止在市场营销活动中某种品牌出现问题后对其他产品可能产生的不利影响，这对于市场形象好、知名度高的企业极其有利。

4) 多品牌策略

多品牌策略就是指企业以一个相同的产品项目两个或两个以上的品牌进行营销。

多品牌策略能够使本企业的产品在经销商那里争取到相对一个品牌多一些的“商品展示面积”，使得偏爱该品牌的公众始终都能够在企业的产品之间进行转换购买，从而增加销量。但是，这种策略容易引发出这样一个问题：使市场的竞争发生在企业的同一个产品项目之间，竞争成为企业内部的自相残杀，而不是与竞争对手的较量。多品牌策略主要适用于市场销量不断增加的行业。

5) 多元化品牌策略

多元化品牌策略就是以企业的核心机构或者是拳头产品的品牌作为整个企业的名称，并以它为基础，不断发展出其他独立的机构、品牌。

多元化品牌策略的核心问题就是以企业的优秀产品为龙头，推出系列化的产品组合，以最大限度地获取市场利润。这种策略既有利于新上市的产品能够借助企业已有的良好形象进入市场，又可以强化各企业经营上的灵活性和可塑性。但是在操作上，多元化策略容易使企业的形象品牌变得多样化，所以识别性比较差，而且在传播上也不经济，不能有效地创造出巨大的公众市场。

本章小结

品牌作为企业产品和服务立足于市场的个性形象的集中体现，是一种潜在竞争力与获利能力；是质量与信誉的保证，可以减少消费者的购买风险与成本；更是一项重要的可积累的无形资产。

品牌策划是指人们为了达成某种特定的目标，借助一定的科学方法和艺术，为决策、计划而构思、设计、制作策划方案的过程。深层次表达：品牌策划就是使企业品牌或产品品牌在消费者脑海中形成一种个性化的区隔，并使消费者与企业品牌或产品品牌之间形成统一的价值观，从而建立起自己的品牌声望。

企业品牌由于其信誉高、销量大、附加值高，可以使企业加速资金周转，获得高额利润。因此，企业品牌战略应纳入企业整体战略中去，而企业品牌战略作为企业战略的一部分，只有与企业整体战略有机结合，才能发挥整体效应，否则，遗憾无穷。企业的品牌战略具有长期性、整体性和前瞻性的特点，这就要求企业必须树立“品牌”意识，端正“创立品牌”思想。

本章主要阐述了企业品牌策划的相关概念、组成部分以及品牌策划的基本步骤。重点是掌握品牌战略定位策划、设计策划、推广策划、品牌资产管理策划的概念以及内容。通过本章的学习，读者能够理解品牌策划与其各组成部分的内涵、意义、基本步骤，以及由此产生的品牌策划问题。

思考与练习

1. 品牌与品牌策划的内涵是什么？
2. 品牌的作用主要体现在哪些方面？
3. 品牌策划的内容是什么？
4. 品牌形象与品牌资产的关系是什么？
5. 品牌形象策划须遵循哪些基本要求？
6. 塑造品牌形象的途径和策略主要有哪几种？
7. 举例说明怎样塑造品牌的个性。

第6章　广告策划

【学习目标】

- 掌握广告策划的相关概念。
- 了解广告创意中的思维活动。
- 熟悉广告创意的策略。
- 掌握广告创意的方法。
- 掌握广告媒体的选择程序。
- 熟悉广告媒体的选择策略。

广告是与商品经济紧密相连的经济范畴，它伴随着商品经济的产生而产生，也伴随着商品经济的发展而发展。随着社会经济的日益繁荣，科学技术的不断进步，广告已深入社会经济、文化、生活的诸多方面，广告就像阳光、空气和水一样，广泛地存在于我们周围，就在我们身边，与我们朝夕相伴。事实上，广告已成为人们日常生活的重要组成部分，可以说，现代社会已成为一个充满广告的社会，整个地球已成了一块巨大的广告牌。翻开报纸，打开电视，走出家门，形形色色的广告扑面而来，令人目不暇接、随处可见。就连人们呼吸的空气也包含有广告的因子。随着市场经济的深入发展和逐步完善，市场竞争和广告大战必将愈演愈烈。广告不仅将成为发展经济、拓展市场的排头兵，而且将成为公众认识环境、满足需求的向导。

6.1　广告策划概述

广告策划是现代商品经济的必然产物，是广告活动科学化、规范化的标志之一。美国最早实行广告策划制度，随后许多商品经济发达的国家都建立了以策划为主体、以创意为中心的广告计划管理体制。1986 年，中国大陆广告界首次提出广告策划的概念。这是自 1979 年恢复广告业之后对广告理论一次观念上的冲击，它迫使人们重新认识广告工作的性质及作用。广告工作开始走上向客户提供全面服务的新阶段。

6.1.1　广告

广告是企业的一项重要竞争策略。当一种新商品上市后，如果消费者不了解它的名称、用途、购买地点、购买方法，就很难打开销路，特别是在市场竞争激烈，产品更新换代大大加快的情况下，企业通过大规模的广告宣传，能使消费者对本企业的产品产生吸引力，这对于企业开拓市场是十分有利的。提高商品的知名度是企业竞争的重要内容之一，而广告则是提高商品知名度不可缺少的武器。精明的企业家，总是善于利用广告，提高企业和产品的“名声”，从而抬高“身价”，推动竞争，开拓市场。

1．广告的概念

广告的定义尽管多种多样，但我们认为，根据广告的发展过程和《中华人民共和国广告法》的规定，可以将广告定义为：广告是广告主支付一定的费用，有计划地通过一定的媒介和形式，直接或间接地宣传自己的商品或服务，并说服消费者购买的信息传播活动。这一定义不仅将它与非商业广告区别开来，而且明确了以下五个问题。

(1) 广告是一种有计划的、付费的信息传播活动。

(2) 广告的主体是广告主，广告的对象是广大的消费者。

(3) 广告宣传的内容是有关商品或劳务方面的信息。

(4) 广告的手段是借助广告媒体直接或间接地传播信息。

(5) 广告的目的是说服消费者购买广告所宣传的商品或服务，促进销售，以提高企业经济效益或树立良好的企业形象。

2．广告的要素

现代广告是由若干个相互联系的要素构成的有机系统，它涉及方方面面。要使现代广告业迅速而健康地发展，必须使这个有机系统的各要素都处于良性运转状态。广告的基本要素主要有以下几方面。

1) 广告主体

广告主体亦称广告客户或广告主，是指需要做广告并有支付广告费能力的企业、事业单位和团体。广告起始于广告主体——启动广告过程的个人或组织。广告主是广告面向什么人、广告出现在什么媒体、广告预算的大小以及广告战役持续时间长短的最后决定者。广告主是广告代理商的客户或委托人，所以，广告主有时候也被称作广告客户。

广告主是广告系统的动力。这是因为：①广告主是广告系统的最基础的要素，也是广告系统得以存在和发展的原始动力。正是由于广告主的存在才产生了广告系统的其他要素。②广告主是广告系统活力的前提。广告主的数量多寡和行为的活跃与否，直接关系着广告系统的生命力，这一点可以从一个国家的人均广告费用和广告营业额中得到验证。事实证明，凡是广告主队伍庞大、广告竞争激烈的国家，必定是商品经济十分发达，广告系统较为健全活跃的国度。

广告主的类型多种多样，有的以制造产品或提供服务为主，有的则以向最终消费者销售制造商生产的产品为主；有的以表现他们提供的服务为主，也有的以使用广告向公众提供服务为主。承担上述任务的各种经营者可以被细分成为以下四种类型。

(1) 制造商广告发布者。制造商制造产品或服务并将它们分发给中间商或最终用户以获取利润。制造商广告发布者通常围绕着一个产品品牌名称来构造广告。正因为巨大数量的广告费用用于这类制造商发起的广告，所以人们对这类广告最为熟悉，如可口可乐广告等。

(2) 中间商广告发布者。中间商包括批发商和零售商，他们将制造商的产品分发给其他的转卖者或最终使用者。批发商通过人员推销来促销他们的货物，因而他们对广告的专业知识知之不多。相反，零售商则大量进行广告活动，或者以同制造商合作的方式进行，或者单独进行。

(3) 个体广告发布者。个体广告发布者属于平民百姓，他们希望推销自己的个人产品以获取利润，求得某种特别需求的满足，或者表达一种愿望或意念。例如，一个有意卖掉自己计算机的大学生可能在学校的报栏上贴一张广告。在西方国家，政治家经常向选民发布广告以表达他们的地位或某种政治主张。

(4) 机构广告发布者。机构广告发布者与其他类型广告发布者的明显区别在于其起始目标并非为了销售产品或者获取利润，而是提出论点、引导观念、影响法律、提供社会服务、按社会需要变革行为风尚。例如，中央和地方电视台发布的各种社会公益广告、扶贫广告等。

2) 广告客体

广告客体即广告对象。现代广告学要研究的一个重要问题就是明确向谁广告，即广告对象问题。

广告不是泛泛的广而告知，而是针对特定目标对象的广而告知。知己知彼是成功的前提。确定向谁进行广告，是确定广告主题、进行广告表现创作、选择广告媒体等问题的前提条件，也是评价广告作品的依据。但在实际操作中，这个问题经常被忽视。例如，在某次广告创作评奖中，获一等奖的是一种儿童铅笔广告，奖项公布后，业内人士颇有微词，该广告虽然设计得古典而雅致，但却忽略了或者说并没有充分考虑到儿童的审美特点。这就是把广告看成了纯艺术作品，而忘记了广告最终是为了促进销售。

一般来讲，不能促进销售的广告不能算好广告。把艺术创作与最终销售割裂的广告多数是不成功的，而这也是广告实践中最常出现的问题。

广告对象首先是由企业的目标市场决定的。但是，广告对象又不完全等同于企业的目标市场。

从质上看，企业目标市场所强调的是企业所生产商品的使用者群，而广告对象不仅要强调使用者群，而且要强调实际购买对象。因为在很多情况下，商品的使用者和购买者并非是完全一致的，如儿童用品、老年人的用品购买者可能是中青年人。同时说服使用者和购买者便成为广告对象的特点之一。

从量上看，广告对象可能大于或小于企业的目标市场。如果企业目标市场中一部分人经常熟悉本企业商品，那么，在一定时间内，这部分人可以不作为广告对象看待，这样广告对象就可缩减为企业目标市场中的其他潜在者。

3) 广告信息

广告信息是广告的内涵要素，是广告负载的信息总量。

(1) 实体内涵。广告的实体内涵是指广告宣传的商品的性能、质量、价格、品牌规格等实体信息。如果是企业形象广告，实体信息则是指企业的实力、经营范围、业绩、战略等因素。实体内涵具有信息量大、准确性高的特点。经过广告的宣传，重点突出，有助于消费者加深记忆，从而影响消费者实施购买行动。

(2) 形象内涵。广告的形象内涵，是指经过广告主和广告商加工后的商业形象信息。例如，商品的造型、色彩，赋予商品的种种人格化、人性化特点，情感或观念象征特征，商品的某种附加值等。形象内涵信息的感染力、说服力较强，个性较为突出，能激发人的想象力，能调动人的情感，有助于增强商品生产者与消费者之间的联系。

实体内涵与形象内涵成为对立统一的两个矛盾方面。实体内涵是广告内容的基础，它具有科学性，需要搜集、分析、对比、鉴别、验证才能明确；形象内涵则是广告内容的最富个性的创造，具有较高的艺术性，需要通过比喻、联想才能发现。一般来说，实体内涵是先行确定的、客观的，而形象内涵则是十分固定的。一种实体内涵存在从多个方面延伸艺术构想，产生不同形象内涵的可能性。反过来，形象内涵一经捕捉到，实体内涵又因此而重新筛选、集中、强化，最后，达到形象内涵与实体内涵的有机结合。

4) 广告载体

广告载体是在广告媒体传播过程中用以扩大和延伸信息传递的媒体工具。信息只有靠载体才能传播。广告载体就是这种传播信息的中介物，它的具体形式有报纸、杂志、广播、电视等。国外把广告业称为传播产业，因为广告离开传播，信息交流就停止了。由此可见广告载体的重要性。

5) 广告代理

广告代理是指在广告经营过程中，代理广告客户进行广告业务活动的一种专业性的广告组织，广告客户与广告代理在思想方法上的高度统一，是广告成功的首要前提。

6) 广告费用

广告费用即广告业务活动中的经费支出。广告是一项付费的大众宣传方式，它需要有一定的经费保证，利用媒介要支付各种费用，如购买报纸、杂志版面需要支付相应的费用，购买电台、电视的播演时间也需要支付一定的费用。即使自己制作广告，如布置橱窗、印刷招贴和传单等，也需要一定的制作成本。广告主进行广告投资，支付广告费用，其目的是扩大商品销售，获得更多利润。为了降低成本，取得最大的经济效益，在进行广告活动时，要编制广告预算，有计划地进行广告活动，以节约广告费开支，获取最佳广告经济效益。

3. 广告的特性

1) 目的性

一个企业、一个团体、一个单位或者一个人，谁都可以做广告。但是，他们或者他为什么要做广告，之所以要做广告，总是要通过广告来达到某种特定的目的。或者是提高产品的知名度、美誉度，或者是塑造品牌和企业形象，或者是诱使消费者购买商品或消费劳务。不管商业广告所传播的信息内容是什么(商品、劳务、理念、形象)，其最终目的都是促进商品的销售，并使广告主从中获得利益。

2) 信息性

广告是借助于一定的载体在有限的时间和空间传播信息来达到特定的目的的。按照信息理论，信息不是物质，它必须借助于信息传播媒体才能传播。因此，广告也必须借助广告媒体才能把信息传播出去。但是广告传播的信息不是原始的信息，而是经过加工之后的信息，这个加工过程是一个复杂的过程，包含着艺术加工与制作加工两个方面。广告力求通过其铺天盖地地宣传，向广告受众表达一种意向，传递一定量的信息。如果广告受众不能从广告中得知一定的信息，那么，此则广告就是败笔之作。可见，广告必须具备一定的信息性。

3) 有偿性

由于广告的传播要借助大众的传播媒介，而传播媒介作为信息的“运输工具”，是要支付费用的，但这部分费用将会增加商品的价值。因而在广告表现及其他广告费用支出中将有一部分要追加到商品的价值中去，另一部分则作为纯粹流通费用而成为社会财富的耗费。

4) 传播性

广告是信息科学的一部分，广告业隶属于信息传播业，广告科学属于信息传播学的范畴。传播是传播者(信息源)将自己要传播的信息整理、归纳后表述出来(编码)并通过一定的方式(信息通道)把信息传送给接受者(信息归宿)，信息接受者再对已经过编码的信息进行自己的理解和分析(译码)的完整的过程，广告传播过程如图 6-1 所示。

编码　　　　译码

信源 ——→ 信道 ——→ 信宿

图 6-1　广告的传播过程

在广告信息传播活动中，广告主(企业)或广告公司(广告代理)是“信源”，广告策划、广告设计、广告制作是“编码”，广告媒体和广告方式是“信道”，广告受众是“信宿”，广告受众对广告的认识、理解和掌握是“译码”。广告是一种非人际传播，人们获取商业方面的信息，主要通过人际传播和非人际传播两种方式。人际传播，即个人与个人之间的交流，如推销员上门推销，但消费者之间相互转告消费信息是一种非人际传播，即通过一定的媒体来得到有关的信息。广告主要通过报纸、杂志、广播、电视等大众传播媒体和其他媒体向消费者进行传播，是一种非人际传播。传播广告的媒体很多，随着科技的进步，新的媒体还在出现。不同的媒体具有不同的传播特点和优势，广告主可以选择利用相应的媒体，以较快的速度、广泛的范围、低廉的价格、较高的信誉等，向目标消费者发布有关信息，争取较好的传播效益。

5) 劝告性

广告在传播信息时，与其他传播方式不同的一个突出特征是采取说服劝告的方式。这是因为广告传播的信息，若要引人注意，令人感兴趣，必须做到以理服人、以情动人。这种说服力来自广告信息的准确性、艺术感染力、独具匠心和喜闻乐见。广告要有较高的表现技巧，根据不同传播对象的需求和特点，迎合消费者的兴趣和欲望，采取不同的劝导说服方式，使消费者易于和乐于接受广告信息。当然，广告信息首先应真实、准确，这是说服成功的基础和起点。

6) 针对性

成功的广告都具有鲜明的针对性，即广告所针对的对象并非所有的社会公众，而是根据组织的需要或企业营销的重点所确定的目标市场而定。因此，作为一项广告活动，事先必须经过充分的社会调查，进行周密的策划，确定广告目标。广告内容的创作或定稿以及广告计划的实施，也都是针对目标市场与目标公众进行的。

7) 自控性

广告主对广告的发布具有一定程度的自控权，这是广告与公关活动、新闻报道等传播活动的主要区别点之一。对于企业的新闻报道，记者写不写稿、写什么样的稿、编辑是否决定刊播、媒介何时刊播等，被宣传者——企业均无权干涉。但广告则不同，由哪家媒介刊播、何时刊播、刊播什么内容，广告主都有一定程度的控制权力。当然这种控制权也是有限的，因为广告必须符合国家的各项法规和政策，符合媒介的刊播标准，并非广告主只要花钱就什么广告都可以做。

8) 责任性

广告是社会整体交流中的一部分，它必须真实，并以对目标公众及社会负责为前提，任何作假愚弄目标公众的广告都必须受到惩罚，一方面是受到受众的抛弃，致使产品快速死亡；另一方面则要受到社会法制的惩罚，追究其相应的责任。广告的责任分布在广告主、广告代理、广告传媒、广告监督机构等方面，可谓是一种责任链。明确广告责任是社会文化的要求，是一种健全的制度性反应。

4. 广告的功能

在现代社会中，广告的功能是多方面的。对于企业，它帮助推销商品和劳务，帮助提高企业知名度，帮助形成独特的企业文化，帮助树立企业形象；对于消费者，广告帮助消费者了解商品信息、了解商品知识，开阔眼界，刺激消费需求，帮助形成新的消费观念；对于广告媒体，它丰富传播内容，帮助获得维持生存与发展的条件；对于整个社会，它沟通产供销环节，发展生产，活跃经济，美化生活，美化环境，促进精神文明的建设和社会的进步。

归纳起来，广告的功能，主要体现在以下几方面。

1) 广告的基本功能

(1) 联系产销的功能。在激烈的市场竞争中，企业要想在市场占有一席之地，并不断开拓，主要靠两条：一是靠“货硬”，即产品质量好，适销对路；另一条是靠“吆喝”，即诚实、正确的广告宣传。“货好还要会吆喝”，两者缺一不可。可见广告在企业市场营销中具有重要作用，没有广告，企业将寸步难行。通过广告，企业可以向消费者传递有关商品和劳务的性能、特点、质量、价格、购买及使用方法等方面的信息，也可以将企业新产品的开发、产品的改进、产品或企业的更名、产品价格的变动、包装的变化及有利于企业营销的观念等信息传递给消费者。这些信息将企业的生产与销售联系起来，在产销之间架起了一座金桥，缩短了产品流通的时间，加速了产品的周转，也开辟了新的销售地区，使产品得以顺利地扩大销售，生产得以更快地发展。

(2) 引导消费的功能。广告的引导消费功能主要表现在两个方面：一是引导消费者如何选择商品；二是刺激消费者如何认识新商品。伴随着科技的发展，新产品的开发越来越多，产品的更新越来越快，面对五光十色的商品，消费者在购买时就很难做出判断和选择。如果通过广告对商品的性能、特点、用途、价格等情况进行详细的介绍，那么，消费者就能提高对商品的认识，从而做出正确的购买决定，尤其是新产品上市，广告的消费和引导就更为迫切和重要。强有力的广告宣传，不仅会使消费者改变原有的消费习惯，也会因趋于时尚而改变消费观念，大胆接受新的消费理念。也就是说，广告在引导和刺激消费的过程中，能起到创造时尚的作用，对市场的需求方向能产生一定的影响力。在广告发达地区，广告深入生活，影响生活，许多流行性商品的出现是与广告的宣传分不开的，消费者的消费模式，也会受广告影响而得以改变和更新，从而建立新的消费模式，创造、开发出新的消费市场。

(3) 推动竞争功能。商场如战场，商战如兵战。企业要想在市场竞争中取得有利的地位，就必须在产品开发、质量保证、价格定位、款式设计、花色造型、品种结构等方面更加努力，以战胜竞争对手。但是，这些竞争方面的信息如果不能通过广告及时地传达给消费者和公众的话，那么，它的效果就要大打折扣。例如，本企业在电冰箱生产上做了改进，不但增加了新的功能，而且还比原来的价格降低了不少，这本来会增加本企业在市场上的竞争力，但是，由于未做广告，很少有人知道这一信息，只能依靠消费者的购买经历和口头传播来产生效果。其结果是，等消费者渐渐了解了本企业产品的这一信息，竞争对手也已研制出了新的同类产品，并通过广告广泛宣传，使本企业的先手之利荡然无存。从另一方面来说，为了战胜竞争对手，每个企业都会各出奇招，力求出奇制胜。但是，竞争的特色如果不被消费者和公众所知，就只能是“有女名花初长成，养在深闺无人知”。而广告不但可以及时地把竞争的特色传播出去，同时，广告多样化的表现方式和多种媒体的传播渠道可以更加形象、更加充分地体现企业的竞争特色。例如，本企业生产了一种无线耳机，通过报纸、杂志广告详细介绍这种耳机的技术参数，以表明在音色上它可与有线耳机相比美；通过电视广告表现使用这种耳机既不影响别人，自己也无牵无挂、无拘无束，还可以在室内来回行走，边做家务边欣赏音乐。利用广告把本企业产品与竞争产品的区别充分地体现出来，可以最大限度地激发消费者的购买欲望，达到促销、扩销的目的。

(4) 加速流通的功能。广告的产生离不开商品经济，离不开商品交换的矛盾运动。在商品经济条件下，流通，也即以货币为媒介的商品交换，把生产和由生产过程决定的分配同消费联系起来，成为生产和消费之间不可缺少的环节。商品流通的出现克服了物物交换的困难，但同时又加深了商品经济的矛盾，由于流通把交换过程分解为卖和买两种独立的行为，就出现了有人卖了商品而不立即购买的现象，从而也使经济危机有了形式上的可能。要解决这一矛盾，就要依赖交换的实现。现代广告正是服务于商品流通的，它为商品进入消费提供服务，与“物流”“商流”一起共同发挥完成使用价值运动和价值运动全过程的功能。广告的加入，大大加快了社会再生产诸环节的运动速度。

(5) 树立形象功能。现代社会中，由于生产技术的进步，同类产品在质量上趋向一致，价格差别不大，要想在激烈的竞争中获胜，需更多地依赖于企业的形象。所以，当代企业的竞争，首先是企业形象的竞争。企业形象的基础，是产品的质量和经营信誉，以及品牌意识、经营策略、产品开发、销售服务、员工素质、企业理念等。企业只有塑造起良好的形象，才能参与市场竞争，尤其是入世以后，对企业要求更为严格，竞争更为激烈，消费者对企业印象的好恶往往决定着购买行为，因而利用广告宣传来提高企业的知名度和美誉度就成了必由之路。同时，由于各企业在产品种类、产品质量上的相近或相似，要帮助消费者认牌购买，创造出差异性，突出特性，增强企业的识别性，也要靠广告宣传突出企业的形象识别。

2) 广告的其他功能

(1) 传播功能。信息是当今社会中市场竞争及经济成败的关键性因素，也是现代社会组织机体运动存续的新鲜血液。在宏观上，信息已成为国家的经济建设和决策者进行决策的基础；在微观上，信息已成为企业决策与计划、生产与经营的重要依据，谁掌握了流通领域的信息，谁就赢得了市场的主动权。广告作为一种公开的信息传播活动，其重要功能之一就是把商品和劳务等方面的信息传递到消费领域，并使之深深扎根于消费者心中，以此沟通和促进生产和消费过程。现在，许多企业都是“广告做到哪里，产品就销到哪里，产品未到，广告先行”。企业通过广告向消费者提供信息，消费者根据信息找到自己所需要的商品和服务。随着市场经济的发展，广告的信息传播功能将越加显要与突出。

(2) 催化功能。广告的催化功能表现在产品在市场上的发育和成长。一个好的产品可能在当地深受欢迎，市场占有率很高，但若没有广告的信息传播，这个产品可能依然是地区性产品。而广告则可使这一信息在一定时期内让更多的目标对象所了解，从而产生需求愿望，其结果即是此产品从地区性产品成为区域性产品乃至全国性的产品。同时，随着生产数量的增加，可以实现规模化生产，继而带来成本的降低，使消费者受益，使企业的综合实力增强。由于能够以较低的价格购买到质量可靠、知名度高的商品，人们的生活水平和质量也会逐步提高。因此，广告在商品流通乃至推动商品在更大的市场中销售，以及提高市场占有率等方面都具有很强的催化效用。

(3) 刺激功能。消费者对某种产品的需求，往往是一种潜在的需求，这种潜在的需求与现实的购买行为，有时是不完全一致的。广告的功能之一就在于通过介绍商品及服务的各种特点，吸引人们的注意力，使其对商品或服务产生兴趣，诱发他们的购买欲望，刺激需求，促进潜在需求转变为现实的购买行为，以实现商品交换。

广告刺激需求，包括初级需求和选择性需求两方面的内容。初级需求就是消费者对某类商品的需求。新产品进入市场初期，多数用广告来刺激初级需求，即通过广告的提示、诱导、说服，唤起人们对新产品的兴趣，从而刺激需求。20 世纪 80 年代以后我国电视机市场的变化即是例证。刚开始是黑白电视机上市，厂家通过广告宣传，介绍该产品视听兼具的优越性；彩色电视机上市后，广告则通过突出宣传彩色电视机的逼真效果和清晰图像来刺激消费者的初级消费需求，从而使消费者的消费欲望发生转移。选择性需求是指消费者对特定商品品牌的需求，这是在初级需求形成后进一步发展起来的更高层次的需求。广告通过突出介绍某一品牌商品的优点和有别于其他同类产品的特色，来刺激消费性需求，引导消费者认牌购买。

此外，广告在刺激需求方面，还可以起到创造流行、创造时尚的作用。实际上许多流行性商品的出现，都是与广告的大肆宣传、提倡和刺激分不开的；消费者也会受广告宣传的影响而接受新的消费观念，从而建立起新的消费习惯。多年来，可口可乐的流行就是一例：早期，可口可乐强调的是青春、欢乐、充满朝气。

20 世纪 20 年代，可口可乐出现在报纸上的广告语是：“想提神，请留步”，这被公认为经典的广告佳作。

20 世纪 30 年代，可口可乐的广告主题是：“喝新鲜饮料，干新鲜事”。

20 世纪 40 年代，随着第二次世界大战的爆发，大量美军涌出国门，可口可乐随即提出：“哪里有美国士兵，哪里就有可口可乐！”

第二次世界大战后，可口可乐演变成为国际性饮料，其广告主题变成“可口可乐，一个全球性的符号”。

20 世纪 60 年代，可口可乐得上电视，强调：“好味道的标志”、“真正清凉的饮料”。

20 世纪 70 年代以后，尽管其广告主题仍在不断变换，但是持续百年的品名、字体、包

装、标准色依然未变，广告投入逐年增加，近年来达 3 亿美元。长年的广告宣传，累积出世界名牌、世界精品的广告效果。可见不同的年代，可口可乐通过变化广告主题达到了刺激需求、扩大销售的目的。

(4) 教育功能。在市场经济迅速发展的今天，广告已成为现代社会的一个重要组成部分，成为一种新思想、新观念、新文化的象征。它在宣传教育、传播社会新文化、新思想方面功用显著。任何一种广告必然涉及宣传什么、提倡什么，即有鲜明的倾向性。广告在宣传过程中，其内容蕴含着思想性、政策性和艺术性。优秀的广告作品可以用劝告性语言、艺术形象、符号、画面等展示现代文化和现代文明，利用其艺术感染力去影响社会、教育人民。例如，公关广告提倡的“五讲四美”、爱护公共设施、保护文物古迹、尊老爱幼等。还有宣传维护社会公德、礼貌待人、遵守交通秩序等广告，都直接起到宣传教育的作用，对提高人民的思想、文化素质，建设精神文明社会有着深远的影响。

(5) 美学功能。广告采取各种艺术手段去表现商品的完美，陶冶人们的情操，鼓励人们去欣赏美、追求美。五彩缤纷、万花筒般的广告世界把人们带进了美轮美奂的境界，使人们的生活绚丽多姿，丰富多彩。事实上，好的广告实际上就是一件精美的美术作品，或是一支优美的歌曲，一幕感人的短剧。广告不仅真实、具体地向人们介绍商品，而且让人们通过对作品形象的观摩、欣赏，引起丰富的生活联想。广告在满足人们对物质上的要求的同时，还给予人们精神上的美的享受，从而丰富人们的文化生活。现代广告的发展趋势，已从专门为推销商品而大喊大叫的直接商品广告，逐渐向树立企业形象或新的消费观念以影响人们的情绪等方面转化，广告的娱乐性越来越浓厚。现在，某些电视广告，几乎和观赏性的娱乐节目分不开。

美国电视广告歌曲之王史提夫·卡文(Steve Calvin)创作了近千首广告歌，有些流行曲连三岁的儿童也会唱，被称为是“广告奏鸣曲贝多芬”。他为了宣传纽约州的旅游业写了一首广告歌《我爱纽约》，流行一时，后被纽约州州长定为州歌。

上述例子说明，广告与戏剧、音乐、诗歌的结合越来越密切，广告可以美化生存环境，丰富人民文化生活的功能也越来越重要了。

(6) 信用功能。广告的信用功能表现在企业或管理机构可以通过广告发布权的形式进行抵押，以此获得企业发展所需要的资金等资源。对于某些企业而言，由于行业性质的不同，可以用作广告的媒体资源有公司建筑物、公交公司的车辆等。这些公司可以以此作为抵押，获得银行贷款或以此来换取商品。例如，公交公司就可以以三年公交车的车身广告发布权为信用保证，与某中介单位达成协议，由中介单位购买一定数量的公交车交由公交公司投入运营。这样，公交公司可以不必花费大笔资金用于购置车辆，即可改善公交车的硬件设施，为广大市民提供更好的服务；中介公司以广告发布权招揽广告生意，以广告费来支付车辆款并能从中获利；而广告主将在这些广告信息的传播中获得企业知名度的提高、产品销售额的增长、企业利润额的扩大等多重收益。

6.1.2　广告与宣传

广告与宣传在某些方面有叠合之处，例如都要传递某种信息，充分调动必要的手段、技巧。但如从各自的内涵分析，广告与宣传则是两个不同的概念。在共同的社会历史条件下，广告和宣传形成了各自的规律，有各自的作用方式和范围。为了更深入地理解广告的定义，我们有必要明确广告与宣传的关系，既要看到两者之间的联系，又要看到两者的区别，从对立统一的矛盾中理解他们的相互作用和相互渗透的关系。由于广告是以向人们提供信息为主，其基本属性是真实性、客观性和艺术性，而宣传是以激发人们的思想为主，具有强烈的鼓动性和灌输性，因而形成了两种不同的内涵。但他们之间并不存在不可逾越的鸿沟，宣传可以利用广告扩大影响，增强说服力，及时提高宣传效果，广告也可以按照一定的宣传意图来选择、编排和发布，所谓宣传意图就是力图使人接受自己的思想观点。

1. 宣传

1) 宣传的概念

宣传是一种专门为了服务特定议题(议事日程，agenda)的信息表现手法。在西方，宣传原本的含义是“散播哲学的论点或见解”，但现在最常被放在政治脉络(环境)中使用，特别是指政府或政治团体支持的运作。同样的手法用于企业或产品上时，则通常被称为公关或广告，是运用各种符号传播一定的观念以影响人们的思想和行动的社会行为。

宣传是社会组织通过传播一定的观念来影响或控制他人的信仰、态度或行为的劝说活动，是一种十分古老的人类活动，它拥有独立的逻辑机制。依据实际情形，宣传可以分为政治性宣传与社会性宣传、煽动性宣传和稳固性宣传、垂直性宣传和水平性宣传、理性宣传和非理性宣传。在具体的操作中，或者加以恶名，或者美化标榜，或者现身说法。宣传也依靠大众传媒，但也更加信任其他活动方式。它的目的是通过有计划的活动，使受众采纳某一信念、态度。

2) 宣传的特点

尽管宣传可以划分为各种形式和不同层次，但它们具有共同的特点。

(1) 目的性。所有宣传者都旨在影响受众，力图使受众按宣传者的意图行动。

(2) 倾向性。在意识形态领域，宣传的倾向性不仅表现在不同阶级、阶层和集团的宣传者所宣传的内容上，也表现在他们所运用的手法上。

(3) 社会性。一般来说，宣传都要面向社会各阶级、各阶层，以求影响大多数的受众。

(4) 现实性。表现在宣传目标、宣传材料和宣传效果等方面，没有现实的宣传目标和宣传材料，就不能获得现实的宣传效果。

(5) 附和性。宣传往往依附于其他的文化传播领域。新闻是宣传最易依附的手段，原因之一是宣传能借力于新闻告知的职能而获得影响受众的机会；其次是新闻客观报道的形式容易掩盖宣传的目的性而产生潜移默化的效果。教育也是宣传易于依附的领域，因为教育是人的社会化的基本途径。

人们通过接受教育获取有关社会的和自然的各种知识，建立人生观念和价值观念，因而高层次的宣传(即灌输)最容易在教育领域发挥效能。文艺也是宣传的一种好形式，寓教于乐，动之以情，效果显著。

3) 宣传的作用

宣传是一种由各种阶级、各种势力所参与的社会活动，宣传的倾向性带有强烈的阶级烙印，不同阶级的宣传，对社会历史的发展有不同的影响和作用。一般来说，革命阶级的发展壮大，总是伴随着积极的宣传活动。革命阶级代表着社会发展方向，因而总能有效地利用宣传而达到推动社会历史前进的目的。无论是资产阶级的革命历史，还是无产阶级解放全人类的奋斗历程，都雄辩地证明了宣传的这一积极历史作用。宣传同样也是没落阶级用以阻挡社会历史前进的手段，从中世纪的封建僧侣神权制到 20 世纪垄断资产阶级的法西斯统治，都曾运用宣传手段积极维护腐朽的反动统治。

新闻是宣传的一种重要形式。宣传者运用新近发生的事实的报道，阐述一定的观点和主张，以达到吸引受众和争取受众的目的。新闻和宣传都是信息的传递，两者既有明显的区别，又在很大程度上交叉。新闻和宣传的结合必须尊重新闻规律和宣传规律，通过受众所关注的事实的传播，表达思想观点，使受众乐于接受，而达到预期的效果。

2．广告与宣传的比较

1) 广告与宣传的共同点

(1) 表现形式相同。广告过程和宣传过程都是一种“传”，一种传播现象，都是传方(广告工作者、宣传工作者)通过一定的传播渠道(如报纸、广播、电视等)将内容传之于受方(消费者、宣传对象)的活动。两者完全可以通过同一传播媒介和途径来进行，都要遵循相同的传播规律，具有相同的特点，如广泛性、单向性、超越性、组织性等。因此，仅从表现形式上看，是无法将两者截然区别开来的。

(2) 目的相同。不论是广告还是宣传，它们的传播活动都是为使某种思想意识或观念、观点达到有效的扩散，以诱导传播对象的心理变化，使之产生符合传播者意念的信念或行动。从这个意义上讲，广告和宣传都是一种劝服活动，都是力图用传播者自己的意见、观点来影响传播对象，期望传播对象能够按照传播者的意向去行动。所以说，广告和宣传从根本上说都是一种“利己”行为。

(3) 受信力相同。从广告和宣传的受众来看，接受者都是被动的，传播者都必须运用各种启发、诱导的手段反复地，甚至是固执地不断传播某一信息，这样才有可能被传播对象所注意、所接受。广告和宣传一样，对于拒不接受的受众来说，都只能无可奈何。

2) 广告与宣传的不同点

(1) 产生条件不同。宣传是伴随着人类社会生产和生活中适应精神交往的需要而产生的，广告则是随着商品生产的发展和交换的需要而产生的，两者产生的条件、基础不完全一致。

(2) 花费代价不同。广告是一种商业活动，是一种营利的手段，广告商以承办广告业务作为其经营项目，广告主必须支付广告费。宣传则是作为灌输某种思想意识的手段，其目的往往是为了唤起人们的注意，并接受某种观念，或采用相应的行动，宣传是不能收费的，如若收费，宣传的性质就会发生变化，它就会失去宣传的本来面目而衍生为广告。

(3) 传播要求不同。广告主要是向人们提供信息，因而它必须客观、真实，可以通过艺术加工使受众更容易接受广告信息。但是，不管怎样，广告信息必须真实，不能弄虚作假，否则就会受到制裁。而宣传则是以激发人们的思想、信念为主，因而它必须要有强烈的鼓动性和灌输性，它要依据时代和政治的要求对信息进行取舍。所以，宣传相对广告来说，在传播过程中有着更大的自由性，而广告传播则必须以商品或劳务的基本属性为前提，在信息的选择上没有宣传的自由度大。

(4) 传播手段不同。广告基本上通过大众媒介给予公开发布，特别是在现代社会中，离开了大众媒介，广告几乎无从谈起。而宣传的手段则要广泛得多，除了公开的媒介以外，它还可以利用谈话、走访、演说、文艺演出、美术、图表等多种手段。当然，现在许多企业也采取了诸如此类的手段，但是要想达到应有的促销效果，大众媒介还是最重要、最基本的传播工具。

(5) 传播内容不同。广告更多的是传播经济方面的信息，如商品劳务等，正因为如此，广告常常被归属于经济范畴。而宣传的内容尽管十分丰富，但其中心议题不外是灌输一种“主义”或政治观点，所以，宣传多属于政治范畴。

6.1.3 广告策划

广告是一种促销手段，它推动人们去购买商品、劳务或接受某种观点。它力图使人们了解他们的需要，并促使他们为满足这种需要而购买商品，帮助他们改善生活条件。在商品推销的过程中，商品的品牌是消费者选择的依据，也是商品品质的标志，所以广告策划显得尤为重要。

1. 广告策划的概念

广告策划就是通过细致周密的市场调查与系统分析，充分利用已经掌握的知识(信息、情报与资料等)和先进的手段，科学、合理、有效地部署广告活动的进程。简言之，广告策划就是对广告运作的全过程做预先的考虑与设想，是对企业广告的整体战略与策略的运筹与规划。

正确理解广告策划的概念，有以下几个关键点。

(1) 广告策划的目的是追求广告进程的合理化与广告效果的最大化。

(2) 企业的营销策略是广告策划的根本依据，广告策划不能脱离企业营销策略的指导。

(3) 广告策划有其特定的程序，这种程序应该是科学、规范的而不是盲目地凭空设想与随心所欲。

(4) 广告策划应该是广告运动的整体策划，停留在具体操作层面的“广告计划”并不是广告策划。

(5) 广告策划必须以市场调查为依据，市场调查为广告策划提供了市场环境、消费心理、竞争对手等方面的重要信息。

(6) 广告的心理策略、定位策略、规划策略、创意策略、文案写作、媒介策略及效果评估是广告策划的核心内容。

(7) 广告策划书(文本)是广告策划结果的一种可见的形式，它为广告运动提供了运行的蓝图与规范。

(8) 广告效果的测定方法与标准应该在广告策划中预先设定。

2. 广告策划的基本内容

一项较完整的广告策划主要包括以下六个方面的内容。

1) 市场调查

市场调查是进行广告策划的基础，只有对市场和消费者了解透彻，对有关信息和数据掌握充分，才可能做出较为准确的策划。市场调查安排，就是要确定要向什么市场、什么用户、进行何种方式的调查。

2) 消费心理分析

对于消费者心理与行为的分析、研究是广告策划的前提。具体来讲，只有准确地把握住消费者的需要、动机、注意、知觉、记忆、想象、态度、情感与情绪等心理因素，才能有较准确的广告定位与较高水平的广告创意。

3) 广告定位

采取广告定位，是为了突出广告商品的特殊个性，即其他同类商品所没有的优点，而这些优点正是特定的用户所需求的。广告定位确定了广告商品的市场位置，符合消费者的心理需求，就可以保障广告取得成功。有了准确的广告定位，广告主题也就可以确定下来。

4) 广告创意

广告创意是决定广告策划成败的关键。高规格定位之后的问题就是，如何根据广告定位，把握广告主题，形成广告创意。成功的广告在于它能够运用独创的、新奇的诉求策略与方法，准确地传递出商品信息，有效地激发消费者的购买动机与欲望，持续地影响其态度与行为。

5) 广告媒介安排

广告媒介安排是广告策划中直接影响广告传播效果的重要问题。媒介选择和发布时机安排得当，广告发布的投入产出效果就比较好；反之，企业投放的广告费用就不能收到预期的效果。

6) 广告效果测定

广告效果测定，这是全面验证广告策划实施情况的必不可少的工作。企业委托的广告公司的工作水平、服务质量如何，整个广告策划是否成功，企业是否感到满意和更有信心，将以此为依据来做出评价。

3. 广告策划的步骤

科学周密的广告规划再加上具体扎实的行动，是达成广告最终目标的基础。表 6-1 给出了某广告公司广告策划的具体步骤，它分为 4 个阶段，共有 35 个步骤。

表 6-1　广告策划的具体步骤

阶　段	步　骤	具体内容
调研	01	对产品进行分析，明确产品定位
	02	对同类产品进行分析，明确竞争对象
	03	对市场进行分析，明确市场目标
	04	对市场发展机会进行分析，明确潜在市场在何处
	05	对消费者进行分析，明确广告对象

续表

阶 段	步 骤	具体内容
策划	06	对企业指标进行分析，明确销售策略
	07	确定广告目标和广告指标
	08	明确广告目的
	09	确定广告战略
	10	制订最佳推销综合方案
	11	明确创意观念
	12	决定广告内容
	13	决定广告预算
	14	确定媒体策略
	15	制订实现广告计划的不同方案
	16	对不同的广告计划方案进行评估
	17	决定最佳广告计划方案
实施	18	确定广告设计方案
	19	明确广告创意要点
	20	决定广告表现战略
	21	确定广告文案方案
	22	确定广告地区
	23	确定广告媒体选择
	24	确定广告时间
	25	确定广告单位数量
	26	广泛征求意见，取得广告负责人认可
	27	召开客户参加的提呈会议，取得其认可
	28	制作广告作品
	29	检查广告作品的质量，进行评议或修改
	30	将完成的广告作品送到媒体刊登或播放
评估	31	搜集广告信息反馈
	32	评定广告效果
	33	总结经验教训
	34	再次进行市场调查
	35	制订新的广告计划

6.2 广告创意策划

广告创意与广告策划联系紧密，广告创意地位重要，是广告策划的灵魂，它的作用主要表现在本身构成广告策划的一部分，为广告策划彰显艺术魅力和提升广告策划的促销能

力三个方面。在当代社会，要做出优秀的广告策划，必须充分重视广告创意。

6.2.1　广告创意中的思维活动

思维同感知一样是人脑对客观现实的反映，它反映的是事物的本质和事物间规律性的联系。广告创意的过程不仅是一个充满着思想与情感认识的过程，同时也是一个冷静与理智的思维过程。

1. 形象思维

形象思维，又称“艺术思维”，即运用形象所进行的思维活动。过去，形象思维只局限于艺术创作的范畴。《辞海》关于“形象思维”的解释是：“形象思维是文学艺术创作者从观察生活、吸取创作材料到塑造艺术形象这整个创作过程中所进行的主要的思维活动和思维方式。”事实上，当今时代，形象思维的概念已经远远超出了这个定义的范围。

在我们的经济生活中，从产品的设计开发，到产品的生产制造，从营销策略的确定，到广告作品的设计落实，都会涉及形象思维，作为集科学、艺术、文化于一体的广告创意，更离不开形象思维。形象思维既遵循思维的一般规律，又有其特殊的规律，虽然它不能脱离一般事物的具体表象，但是又不得不舍弃那些偶然的、次要的、表面化的东西。广告大师大卫·奥格威(David Ogilvy)有一句名言：“所谓广告，就是对品牌形象的长期投资。”由此可见“形象”在广告创意中的地位。

形象思维在广告创意中有以下几个作用。

1) 强化产品定位

广告中运用形象思维的作用之一就是强化企业的产品定位。例如“万宝路”香烟借助于美国西部牛仔形象强化了一个铁骨铮铮的男子汉形象，代表了一种“美国精神”；“卡西欧”电子琴借助于阿童木形象，强调其科技感与娱乐性。

2) 构思广告内容

下面是阿迪达斯球鞋设计的一则广告。

广告标题：捉老鼠与投篮——两色底皮面超级篮球鞋。

配合图像：一只球鞋，一只小猫。

广告正文：猫在捉老鼠的时候，奔跑、急行、回转、跃扑灵活敏捷，这与它的内垫脚掌有密切的关系。

同样的，一位杰出的篮球运动员，能够美妙地做出冲刺、切入、急停、转身、跳投到进球的连续动作，这除了个人的体力和训练外，一双理想的篮球鞋，是功不可没的。

新推出的阿迪达斯两色底皮面超级篮球鞋，即刻就获得喜爱篮球运动的人士的赞美。

因为，它有独创交叉缝式鞋底沟纹，冲刺、急停时不会滑倒。

因为，它有七层不同材料砌成的鞋底，弹性好，能缓解与地面的撞击。

因为，它有特殊功能的圆形吸盘，可密切配合急停、转身跳投。

因为，它有弯曲自如的鞋头和穿孔透气的鞋面，能避免脚趾摩擦挤压，维护鞋内脚的温度，穿久不会疲劳。

细读广告正文我们就能够发现，广告中的猫捉老鼠也好，运动员投篮也好，统统都是在运用形象思维，都是形象地为阿迪达斯超级篮球鞋的新产品属性来服务的。我们不能不佩服广告创意者观察问题的细腻。他把猫捉老鼠的“奔跑、急行、回转、跃扑”和运动员投篮的“冲刺、切入、急停、转身、跳投”分解动作描绘得惟妙惟肖，最后的结论是：猫捉老鼠的灵活敏捷应归功于内垫脚掌，篮球运动员的投篮命中应归功于一双理想的篮球鞋。广告正文中四处“因为”的排比，把这种新型篮球鞋的特色与好处，描述得淋漓尽致，令人折服。这个广告创意全仗了“猫捉老鼠”这一形象思维的比喻，如果抽掉了这个形象，剩下的只有打篮球得有一双好的篮球鞋，这鞋如何好，完全是叫卖式的，也就索然无味了。

3) 安排广告形式

“万宝路”香烟的西部牛仔形象的特点简单地概括为三个字，那就是“人、马、景”。人是铁骨铮铮的男子汉，马是真正的宝马，景色之优美胜过了世外桃源。

4) 塑造企业的整体形象

若以整合营销传播的眼光来看待广告创意中的形象思维，我们塑造的是企业的整体形象，而不仅仅限定在个别的、具体的产品形象或人员形象要素上。现代广告策划则强调各种形象要素之间的整体联系和整体效果。即使是对于个别的形象要素，如产品的包装形象，也要从它对企业整体形象的影响效果来考虑。脱离了总体形象的规范，视觉效果再好的个别形象也是不符合广告策划的整体要求的。不能配合整体形象塑造的个别形象投资，从广告策划的角度来看是一种浪费。因此，我们是从全局的、系统的、统一的角度来考虑广告策划中的形象问题。

2．逻辑思维

逻辑思维是人们在认识过程中借助于概念、判断、推理反映现实的过程，对于理性的消费者来讲，他们绝对不会无缘无故地购买自己并不需要的东西，广告策划人必须给他们一个充足的理由才行。广告创意应当遵循逻辑思维的规律，具体要求有以下几点。

1) 概念要明确

概念是反映客观事物本质属性的思维形式。所谓本质属性，就是决定该事物之所以成为该事物并区别于其他事物的属性。

概念在广告创意中最直接的作用，是确定广告定位。清晰的广告定位往往可以运用概念来形成。运用概念获取广告成功的例子很多，如体得乐的“解口渴，也解体渴！”“创维的健康电视”等。

2) 判断要恰当

判断就是对事物有所断定的思维形式，判断反映的是概念与概念之间的关系。联系到广告创意，就是要通过广告用严密的逻辑语言，建立起概念之间的合乎逻辑的关系，促成消费者对企业的产品形成有利于企业的判断。典型的一个例子是嘉士伯的“可能是世界上最好的啤酒”。这是一个比较恰当的判断，因为没有把话说死，所以不会引起消费者的反感。

3) 推理要合乎逻辑

推理就是根据一个或几个已知判断推出另一个新判断的思维形式。要保证推理能获得正确的结论，必须同时具备两个条件：前提要真实，推理形式要合乎逻辑。

多年前，珠海巨人集团曾经推广过一个叫“脑黄金”的产品，但失败了。专家们分析了许多原因，但我们认为问题出在它的广告语上。它的广告语是这样说的：

"让一亿人(中国人)先聪明起来!"

一看这句话，就知道它是模仿邓小平的一句名言："让一部分人先富起来。"回想一下邓小平当时讲这番话的情景，那时中国人全部都是穷得叮当响，才有了"部分先富"的说法。回过头来一想，这个广告语犯了一个致命的逻辑错误，那就是它的逻辑前提："十二亿中国人全是傻瓜和笨蛋!"

4) 论证要有说服力

在论证的过程中，要善于运用"充足理由律"，其公式为

$$[(p\to q)\wedge p]\to q$$

例如，令 p=喝了娃哈哈；q=吃饭就是香。

公式所描述的情景是："如果你喝了娃哈哈，那么你吃饭就会感觉到美味无比"，现在，我买了娃哈哈，喝了以后怎么样呢？如果真是"吃饭就是香"的话，我就会持续购买；反过来，如果是喝了以后拉肚子，我还有什么理由去购买它呢？

事实上，对于消费者来讲，所谓"论证过程"，正是企业产品发挥其功能的过程。如果产品的质量不可靠，那么一定会在这个论证过程中失败，这就是市场的逻辑。

3. 情感思维

情感是指人的喜怒哀乐等心理表现。广告作为一种信息传递工具，其中一项重要的功能是"传情达意"，即对人与人、人与物、人与大自然之间美好感情的表达。

广告创意中的情感思维，就是研究广告如何发现、发掘、沟通人们潜在的情感，引起人们的心理共鸣，以达到吸引注意，促进销售的目的。

(1) 情感诉求是当今广告创意的一个明显的趋势。

(2) 广告情感导向的主要任务是"传情达意"。

(3) 情感思维的策略是让消费者由"他人劝导"转向"自我卷入"。

从操作层面上来讲，在广告创意中运用情感思维的关键词有：热情、激情、爱情、亲情、友情、抒情与移情。

4. 直觉思维

直觉思维是指思维对感性经验和已知知识进行思考时，不受某种固定的逻辑规则约束而直接领悟事物本质的一种思维方式。

直觉思维的主要特点有：①突发性——突如其来，稍纵即逝；②偶然性——偶然激发，难以预料；③不合逻辑性——并非依照逻辑规则按部就班地进行，可以是荒诞、怪异、幻视、变形等。

直觉思维有多种多样的表现形式，想象、幻想、猜想、联想、灵感等都属于直觉思维的形式。大体上可以分为想象式直觉和灵感式直觉两种。

1) 想象式直觉

想象是指人们在某些已有材料和知识的基础上，让思维自由神驰，或通过新的组合，或借助丰富的联想，或利用猜想、幻想，从而领悟事物的本质和规律的思维过程。

例如联想，它的四个基本形态在广告创意中都是十分有用的。这四种形态分别是：①接

近律，如：“香烟——白酒”；②对比律，如：“白天——黑夜”；③类似律，如：“鸟类——飞机”；④因果律，如：“摩擦——生热”。

众所周知，克林顿总统与莱温斯基的“风流韵事”，的确是一件让人头痛的事情。TYLENOL 止痛药商巧妙地运用了“头痛”的联想，把这两件看似无关的事件联系起来。虽然此“头痛”非彼“头痛”，它们却被聪明的广告人以黑色幽默的形式给串联起来达到了意想不到的传达效果。广告语：“特别功效，专治头痛。”

2) 灵感式直觉

灵感是指人们在研究某个问题正苦于百思不得其解的时候，由于受到某种偶然因素的激发、产生顿悟、使问题迎刃而解，就似“山重水复疑无路，柳暗花明又一村”。据大卫•奥格威(David Ogilvy)回忆，戴着眼罩的“穿 Hathaway 衬衫的男人”的广告创意就是因灵感而激发的。

6.2.2 广告创意策略

随着现代传播和市场营销理论的发展，广告创作注入了新的科学内涵和活力，丰富并发展了广告创意策略。

1. 广告创意策略的定义

创意策略(creative strategy)就是对产品或服务所能提供的利益或解决目标消费者问题的办法进行整理和分析，从而确定广告所要传达的主张的过程。

广告创意是使广告达到广告目的的创造性的想法和意念，在商业广告中能使广告达到促销目的独特主意。它是决定广告设计水准高低的关键环节。

广告策划中的“创意”要根据市场营销组合策略、产品情况、目标消费者、市场情况来确立。针对市场难题、竞争对手，根据整体广告策略，找寻一个“说服”目标消费者的“理由”，并把这个“理由”用视觉化的语言，通过视、听表现来影响消费者的情感与行为，达到信息传播的目的。消费者从广告中认知产品给他们带来的利益，从而促成购买行为。这个“理由”即为广告创意，它是以企业市场营销策略、广告策略、市场竞争、产品定位、目标消费者的利益为依据，不是艺术家凭空臆造的表现形式所能达到的“创意”。

广告创意贵在创新，只有新的创意、新的格调、新的表现手法才能吸引公众的注意，才能有不同凡响的心理说服力，加深广告影响的深度和力度，给企业带来无限的经济价值。

设计师要有正确的广告创意观念。创意过程中，从研究产品入手，研究目标市场、目标消费者、竞争对手、市场难题，确定广告诉求主题，到确定广告创意、表现形式，创意始终要围绕着产品、市场、目标消费者有的放矢地进行有效诉求，才能成为促销的广告创意。设计师在思维上要突破习惯印象和恒常心理定势，从点的思维转向发散性思维、多渐性思维。善于由表及里，由此及彼地展开思维，学会用水平思维、垂直思维、正向思维与逆反思维，以使思路更开阔、更敏捷，在发散思维的同时把握住形象思维与逻辑思维的辩证规律，充分发挥设计师的想象力，使广告更加富有个性和独创性。

2．广告创意策略的类别

1) 目标策略

一个广告只能针对一个品牌、一定范围内的消费者群，才能做到目标明确，针对性强。目标过多，过奢的广告往往会失败。

2) 传达策略

广告的文字、图形避免含糊、过分抽象，否则不利于信息的传达。要讲究广告创意的有效传达。

3) 诉求策略

在有限的版面空间、时间中传播无限多的信息是不可能的，广告创意要诉求的是该商品的主要特征，把主要特征通过简洁、明确、感人的视觉形象表现出来，使其强化，以达到有效传达的目的。

4) 个性策略

赋予企业品牌个性，使品牌与众不同，以求在消费者的头脑中留下深刻的印象。

5) 品牌策略

把商品品牌的认知列入重要的位置，并强化商品的名称、牌号，对于瞬间即失的视听媒体广告，通过多样的方式强化，适时出现、适当重复，以强化公众对其品牌的深刻的印象。

3．广告创意策略的原则

1) 立于真实

广告必须真实，真实是广告的生命。从广告创意这个角度来看，必须坚持“诚实的广告才是最好的广告”的信念，该信念的内涵有三：①弄虚作假是广告创意的大忌；②广告承诺要具体、实在；③广告创意不可无中生有，凭空捏造。在表达广告真实性的广告创意中，实证广告便是一种重要的方法，具体做法有以下几点。

(1) 直观表演，通过现场演示，通过试用、试穿、试饮让消费者亲身感受，从而建立起信任感。

(2) 现身说法，通过消费者的亲身经历来证实产品的质量、品质的安全性与可靠性。

(3) 真凭实据，是银奖不能说成金奖，是省优不能说成部优，是内销产品不能说成出口产品，只出口到一个国家不能说成畅销全球，是治某种疾病有效，不能说成包治百病……如此种种，都得拿出真凭实据来。

2) 突出个性

广告创意要解决的问题有很多，核心问题只有两个，那就是：“我是谁？”与“谁是我？”CI 战略的一个关键词是“identity”，其核心含义就是“识别”。

为一个产品做广告首先我们必须弄清楚该产品的最大优点是什么，这一优点同其他同类产品相比较，其独特的优势在哪里。这好似老生常谈，一句话，要让自己与众不同，让消费者从众多的同类产品中把自己识别出来。例如，“象牙”肥皂是可以漂浮在水面上的肥皂；“海飞丝”是一种去头屑的洗发水；M&M 巧克力“只溶在口，不溶在手”；只有“水井坊”才是“真正的酒!”等。

3) 以小见大

所谓以小见大，就是在广告创意过程中，善于捕捉一些关于事件、事实或情景描述的细节，通过对于这个细节的“特写”，突显企业产品的优势与独到之处；通常我们所说的“一滴水可以见太阳”讲的就是这个道理。正如管中窥豹、一叶知秋，以小见大从细微之处着眼让消费者看到了产品的优势与独到之处。

4) 删繁就简

广告用语贵在精练，言简意赅，意尽言止，不说废话。这正如郑板桥的诗中所写：“删繁就简三春树，领异标新二月花。”美国广告专家马克斯·萨克姆(Max Sarkum)也说：“广告要简洁，要尽可能使你的句子缩短，千万不要用长句或复杂的句子。”

简洁广告比啰唆广告的效果要好。梁新记牙刷的“一毛不拔”，四通的“不打不相识”，华丹啤酒的“没有华丹不成席”这些简洁明了的广告，都能使人过目不忘、耳熟能详，印象特别深刻。

以报纸广告为例，有些广告主认为自己花了这么多的广告费，就应尽量多登一些图片及文件资料、从企业的历史到生产作业线，从产品的性能到企业领导形象等，应有尽有，面面俱到，五彩缤纷一大版，把整幅广告填得满满登登，结结实实。像这样眉毛胡子一把抓、分不出轻重缓急的广告，结果是消费者根本不看，效果适得其反。

5) 注重文采

写文章要有文采，写广告文案更要有文采。没有文采的广告是枯燥乏味的广告。枯燥乏味的广告吸引不了人，也就达不到广告传播的目的。因此，广告人常常把“语不惊人死不休”作为广告创意的座右铭。

叶圣陶为书所做的广告文笔十分优雅，例如他为来自朱自清散文集《背影》所做的广告是这样写的：“叙情则悱恻缠绵，述事则熨帖细腻，记人则活泼如生，写影则清丽似画，以至嘲骂之冷酷，讥刺之深刻，真似初写黄庭，恰到好处。”他为沈从文的《春灯集》、《黑风集》所做的广告是这样写的：“作者被称为美妙的故事家。小说当然得有故事，可是作者以体验为骨干，以哲理为脉络，糅合了现实跟梦境，运用了独具风格的语言文字，才使他的故事成了‘美妙’的故事。”

6) 以情动人

所有广告创意必须强调情感，只有“情如春雨细如丝”，才能使人在潜移默化中受到美的感染。正如我们在前面“情感思维”中所提出的那样，要充分用好热情、激情、爱情、亲情、友情、抒情与移情等手法，使广告创意能够以情动人。

情景交融，是广告追求的一种理想境界。在澳大利亚海滨城市悉尼，中秋佳节来临之际，“中国城”的一家华人商店，有一幅月饼对联广告充满了思乡之情：“五岭甫来，珠海最好明月夜。层楼北望，白云犹是汉时秋。”这幅月饼对联，巧嵌华南地名，纵思千年历史，寄情祖国山水，爱国之情跃然纸上，好一个情景交融的广告。

7) 意在言外

意在言外是指语意含蓄，广告创意的功力不只是文字的表面，高明的广告创意不是明言直说，而是旁敲侧击，剑走偏锋。或是寄寓想象或是借助形象，往往是欲擒故纵、避实就虚，一句话：贵在含蓄。此策略在实际创作中常常是“言有尽而意无穷”，不要把什么都

说“白”，而是留下一个“灰色地带”，把没有说出来的话借助特定的意境让消费者自己去领会。这正如画家齐白石所说：“很多艺术品的美，不在似与不似之间，太似则媚，不似则欺世。”广告创意的魅力，很可能就在这“白”与“灰”之间。

8) 出奇制胜

著名广告人张小平(黑马)有一句名言：“凝聚每一份热，旨在爆冷。”广告创意是一种创造性的劳动，它以标新立异、推陈出新作为自己的特点。只有出奇、爆冷的广告，才能引起注意，给消费者留下深刻的印象。广告创意时常会针对人们普遍存在的逆反心理与好奇心理，创意求新，不落俗套。当别人的广告说：“做女人挺好”的时候，你千万不能学说“做男人也挺好”，因为“嚼别人吃过的馍——不香！”

在实际操作中，广告人常常运用对比、夸张、悬念、悖理、意外、反响、变异等手法以达到出奇制胜的效果。

6.2.3　广告创意的产生及方法

1．广告创意的产生

美国广告大师詹姆斯·韦伯·扬(James Webb Young)，在他所著的《产生创意的方法》中提出了下面的两项关于创意的重要原则。

(1) 创意完全是把原来的许多旧的要素做新的组合。

(2) 涉及把旧的要素予以新的组合的能力，此能力大部分在于对事物间相互关系的了解。在心理上养成寻求各事物之间关系的习惯，是产生创意中最为重要的事。

具体来说，产生创意的整个过程可以大致划分为前后相互关联的五个阶段，具体分述如下。

1) 收集原始资料

广告创意的第一步是收集原始资料。收集原始资料有两个方面的内容，一方面是你眼前问题所需的特定知识的资料，另一方面是你在平时连续不断累积储存的一般知识的资料。

特定资料是指那些与产品有关的资料，以及那些计划销售对象的资料。我们都在不停地诉说要拥有对产品以及消费者深入的知识的重要性，而事实上，大家却很少对此事努力。然而，假如我们研究得够深够远，我们几乎就能发现，在每种产品和某些消费者之间，都有其相关联的特性，这种相关联的特性就可能导致创意。

2) 用心审查资料

广告创意的第二步，用你的心去仔细检查这些资料，这是一个内心消化的过程。对这些资料你要细细加以咀嚼，正如你要对食物加以消化一样，你现在要寻求的是事物间的相互关系，以使每件事物都能像拼图玩具那样，汇聚综合后成为一个恰当的组合。创作人员在这一阶段给人的印象是“心不在焉，神不守舍”。此时，会有两件事发生。

(1) 你会得到少量不确定的或部分不完整的创意。不管它如何的荒诞不经或支离破碎，把这些都写在纸上，这些都是真正的创意即将到来的前兆。

(2) 渐渐地，对这些拼图感到非常厌倦。不久之后，你似乎要达到一个绝望的阶段，在心里，每件事物都是一片混乱。

3) 深思熟虑

广告创意的第三步是加以深思熟虑的阶段，你让许多重要的事物在有意识的心理之外去做综合性的工作。这一阶段，要完全顺乎自然，不做任何努力。把题目全部放开，尽量不要去想这个问题。有一件事你可以去做，那就是去干点别的，诸如听音乐、看电影、阅读诗歌或侦探小说等。在第一阶段，你收集食粮；在第二阶段，你将把它嚼烂；现在是到了消化阶段，你要顺其自然——让胃液刺激其流动。

4) 实际产生创意

广告创意的第四步就是实际产生创意的阶段。如果在前三个阶段当中，你的确尽到了责任，那么将会进入第四阶段：突然间会出现创意，或由于某种偶然因素的激发，或根本没有任何充足的理由。也许它来得不是时候，这时你正在刮胡子，或是正在洗澡，或者最常出现于清晨的半醒半睡之间，或在夜半时分把你从梦中唤醒。这便是创意到来的情形，在你竭尽心力之后，休息与放松之时，它突然跃入你的脑海。

5) 实际应用

广告创意的第五步是使其能够实际应用，这是创意的最后阶段，真可谓黑暗过后的曙光。在此阶段，你一定要把可爱的“新生儿”拿到现实世界中，让它能够适合实际情况，让它发挥作用。

你还可以惊异地发现，好的创意似乎具有自我扩大的本质。它会刺激那些看过它的人们对其加以增补，大有把你以前所忽视而又有价值的部分发掘出来并加以放大的可能性。

这就是詹姆斯·韦伯·扬的“广告创意过程论”。在这里我们似乎感觉到，韦伯·扬所描绘的广告创意过程和科学史上许许多多发明创造的产生过程非常相似。事实上，作为一种创造性的思维活动，广告创意与科学发明创造之间有许多共通之处。

2．广告创意的方法

1) 垂直思考法

垂直思考法，又称直接思考法或逻辑思考法，这是一种十分理性的思考方法，它按照一定的方向和路线，运用逻辑思维的方式，在一个固定的范围内，面向纵深即垂直方向进行的一种思考方法。这种思考方法就是传统的深思熟虑，至今仍然是我们进行广告创意最经常、最基本的思考方法。垂直思考法的重点是思考的深度而不是广度。它要求思考问题的人目标集中、用心专一。例如，在广告调研的过程中，对于环境、市场、竞争者、消费者的分析过程中，如果没有深入地分析、研究与思考过程，就没有清晰的广告定位。如果有清晰的广告定位，就不可能有高质量的广告创意。

台湾顺风牌电扇在1952年上市时，提出“一户一台”的广告口号，开拓市场。自1961年起，以“一房一台”为广告口号，积极扩大市场。1966年后，又创出7英寸及8英寸的小电扇，便以“一人一台”为广告口号，进一步扩大市场。1969年，顺风再创出“以旧换新”的新口号，更深入地挖掘市场潜力。

2) 水平思考法

英国生态心理学者爱德华·德·博诺(Edward De Bono)认为，平常人都习惯以叠罗汉的方式一件一件地做累积式的思考。这就像在地面上挖洞一样，越挖越深，这就是上边介绍的垂直思考法。为了打破传统的单一方向的思考习惯，爱德华·德·博诺又提出一个新的

思考方法，他称之为水平思考法或横向思考法，如图 6-2 所示。

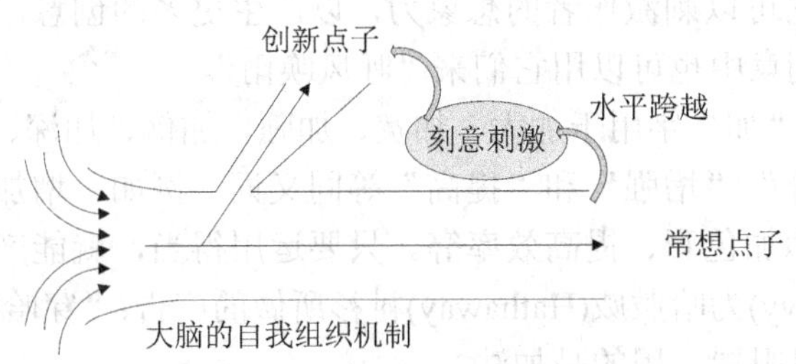

图 6-2　水平思考模式

水平思考法的主要用意在于打破定型化的思考模式，依靠“非连续式”及“为变而变”的横向思考而重新建构一种新概念、新创意。

爱德华·德·博诺建议，通过以下几种方式可以激发水平思考，它对我们的广告创意很有启发。

(1) 提出对应现状的弹性方案。

(2) 向现有的假设提出挑战。

(3) 革故鼎新。

(4) 暂时搁置对某事的判断。

(5) 推翻一般的诉求方法。

(6) 对某一情景建立起类比思考。

(7) 动脑法。

例如，类比思考，就是在广告创意中常常引用的一种基于水平思考的典型方法。

3) 逆向思考法

逆向思考法实际上是一种颠倒思考法，对广告创意来说，有时把自己的思路颠倒一下来思考，也能够发现许多新东西。在广告创意的过程中，逆向思考法往往是“反其道而行之”。它常常是打破心理定势，导致思维“突变”，以此获取让人意想不到的效果。

4) 分析综合法

在广告创意的主题中，有一些主题比较单一，而另一些主题比较复杂。对复杂的广告主题，在广告创意时，可采用分析综合法，即在对广告的局部细节处理时运用分析的方法，对广告创意的整体布局上运用综合的方法。

分析思考法要求我们凡事都要深入细节。广告创意在整体构思时虽然要“大胆地假设”，但在表现策略上还得“细心地考证”。研究诸多广告的失败原因，大都是因为“细小的失真”。就此事而言，说广告创意的“细节决定成败”，一点也不夸张。

综合思考法又称系统思考法，是广告创意中一种力求全面、丰富、系统、综合的思考方法。综合思考的基础是对细节(如产品定位是否清晰等)的分析与把握，系统思考的核心是“见树先见林”，它克服了分析思考法中过于关注细节而导致“一叶障目，不识泰山”的缺陷。

5) 加减乘除法

“加减乘除”是小学算术中最基本的运算法则，俗称“四则运算”。就加、减法而言，亚历山大·奥斯本(Alex Osborn)认为："思考如何将物品加大或缩小之类的问题，是激活思维的重要方法之一，它可以刺激作者的想象力，以产生更多的创意。""加减乘除"在数学中千变万化，在广告创意中也可以用它们来"呼风唤雨"。

(1) "加"法。把"加"字用于加大、加宽、加强、加倍、加深、加速、加热等，还可以用"增"、"添"、"补"、"增强"和"提高"等同义词。例如，增加厚度、增加密度、添油加醋、添加气氛、添加色彩、提高效率等。只要运用得当，就能产生新创意。例如，大卫·奥格威(David Ogilvy)为哈撒威(Hathaway)衬衫所做的广告："穿哈撒威衬衫的男人"，奥格威给这个人戴上一只眼罩，用的是加法。

(2) "减"法。"减"是"加"法的逆运算，在广告创意上运用减法同样会产生较好的创意。减字的字面意思是减少，可用于减缩、减低、减轻、减迟、减速、减色、减免、削减、缩短等，也可以用"去"、"消"、"缩"、"降低"、"弱化"、"免去"和"消退"等同义词。例如，"祛斑"、"减肥"、"消炎止痛，选择×××"、"只需轻轻一按，免去××烦恼"。

(3) "乘"法。"乘"是指成倍增加，用以强化"加"的概念，加快"加"的速度，这种方法也可以帮助广告人创造具有新意的广告作风。除此之外，"乘"字还有许多另外的含义，诸如"乘坐"、"乘借"、"乘势"、"搭乘"、"乘东风"、"乘风破浪"、"乘龙快婿"等，都是广告创意中常常考虑的因素。

(4) "除"法。原意是指成倍减少，但在实际运用之中往往取其"排除"与"否定"之意。例如，"除此之外"、"除非……"、"除了……还有"，还可以用"无"、"不"、"非"之类带有否定意义的词来强化广告概念。例如，"非可乐"、"无糖分"、"不含色素"、"没有防腐剂"、"绝无苏丹红"等。

6) 巧布疑阵法

巧布疑阵法，又称悬念法或质疑法，也称解决难题法。用这种方法来进行广告创意，一开始并不一语道破，和盘托出，而是藏而不露，故弄玄虚，让人猜测，使之情趣盎然。巧布疑阵法的心理学依据是人们的求异心理与求知欲望，对于一个"悬念"，你想知道它的结果；对于一个"难题"，你想立刻得到答案；对于连续发生的事件(连环扣)，你想搞清楚它们的逻辑关系；当你的思维陷入困境(迷宫)时，你想急于摆脱它。基于此，运用质疑法进行广告创意，大致上有设悬念、出难题、连环扣、布迷宫四种具体做法。奔驰汽车的"刹车痕"广告与三星电视的"分眼儿童"广告，就是巧布疑阵的典型代表。

7) 自由发挥法

广告创意是一种创造性的劳动，文无定法，创意可以根据内容自由发挥。自由发挥法大多源于直觉思维，如前所述，直觉思维具有突发性、偶然性与不合逻辑性的特点。在广告创意中，自由发挥法常常冲击传统观念、突破心理定势、打乱逻辑规则，它运用想象、幻想、猜想、联想、灵感等方法，其表现手法往往是荒诞、离奇、怪异、幻视、变形等。这类创意虽然会有一些风险，但往往能够起到标新立异、出奇制胜的效果。

8) 头脑风暴法

头脑风暴法由美国 BBDO 广告公司的策划人奥斯本在 20 世纪 40 年代首先提出。头脑风暴法采用会议的形式，引导每个参加会议的人围绕某个中心议题，广开思路。头脑风暴法是一种激发个人创造性思维的方法，该方法的问题求解模式如图 6-3 所示。

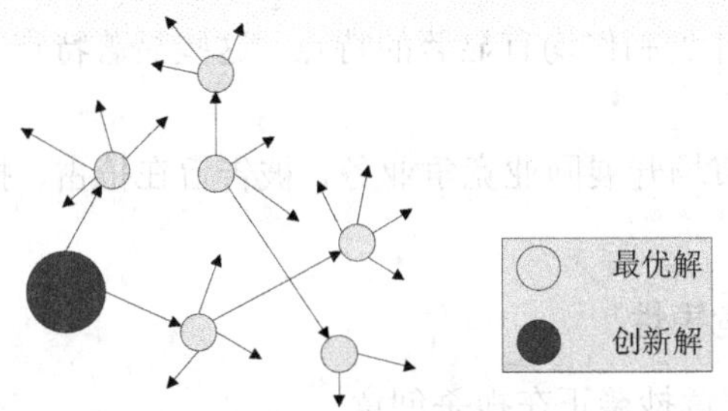

图 6-3　头脑风暴法的求解模式

在广告创意的过程中，我们可以应用头脑风暴法来激发灵感，毫无顾忌地发表独立见解，并在短时间内从与会者处获得大量的思想、观点、想法与创意。应用头脑风暴法必须遵守下列四个原则。

(1) 畅所欲言，无论想法是多么幼稚，甚至是荒唐，都可以照提不误。

(2) 强调数量，发表意见多多益善。

(3) 对于任何人提出的任何意见与想法都不能批评，也不做评论。

(4) 集思广益，强调群体意见的相互启发与结合。

6.2.4　广告创意的抄袭之风

在国内，“依葫芦画瓢”似乎已经成为众多广告商获得新思路的主要途径。在这股来势汹汹的广告抄袭模仿之风中，被模仿的大到汽车、商品房的宣传用语，小到饮料包装的外观设计。几乎所有的广告商都在借鉴别人的构思来丰富完善自己的广告创意，尤其是一些广告商在模仿别人的广告时，对被模仿的对象很少甚至不做任何修改。

1. 广告创意抄袭的表现及特征

1) 广告抄袭的表现

(1) 广告创意方面的抄袭。

(2) 商标及企业形象的雷同。

(3) 平面广告版面设计上相似。

(4) 广告语如出一辙。

(5) 宣传与推广形式极为接近。

除了广告创意、设计方面的抄袭与模仿之外，宣传与推广形式极为接近也是广告抄袭的一种形式。

2) 抄袭、模仿广告的特征

(1) 被告的抄袭与模仿行为并存，抄袭、模仿原告广告特点行为与使用同原告相近似商标、广告语行为并存。

(2) 原告大多是境外的企业或境外企业在华的销售商，经营国外产品，要求保护的广告大多在境外设计、制作。

(3) 国内企业广告互相抄袭、模仿情况在实践中很普遍，但国内企业主张权利的微乎其微。

(4) 原告的广告从设计到制作均有显著的特点，这些显著特点有可能成为判断抄袭、模仿广告的重要依据。

(5) 原、被告在同一市场开展同业竞争业务，被告旨在抢占、排挤被模仿人的产品或服务市场。

2．广告创意抄袭的危害性

1) 日益猖獗的广告创意抄袭正在扼杀创意

日益猖獗的广告创意抄袭大大地挫伤了创意人员进行广告原创的积极性，抑制了他们创作的欲望与创作激情，最终会使广告创意失去创作的原动力。

2) 恶性循环，抄袭本身也成了学习的榜样

在国内缺乏市场约束机制的环境中，甚至一些国际知名品牌也开始照搬其他产品的广告创意和形象设计，而这在海外市场是难以想象的。奥姆尼康集团(Omnicom Group)下属的DDB广告公司的亚洲区董事会主席阿伦·劳(Aaron Lau)回忆起他们的设计创意被盗用的一次经历：一个客户曾要求他们为其在中国香港和大陆市场上的产品设计包装，由于种种原因，双方未能达成协定，他们失去了这个客户，但是七个月后他们却在商店的货架上看到了自己的设计。创意抄袭之风盛行，形成恶性循环，抄袭本身也成了学习的榜样。本土大公司抄袭国外大公司的创意，小公司抄袭大公司的创意。更有甚者，大公司竟然也抄起小公司的创意来了。另外，广告主在广告招标、比稿的过程中，置广告公司的知识产权而不顾。“招标”是假，“搜集”广告创意是真，广告主用了中标者的创意倒也无可厚非，往往是将被淘汰公司的创意窃为已有，更是令人发指。

3) 抄袭削减优秀广告的价值并缩短其商业寿命

如果没有一个完善的法律环境的支持，广告主找不到恰当、有效的方法来保护自己的广告创意不被侵害，结果只能是用更快的节奏与频率来更换自己的广告，以回避抄袭者，这样就使得广告的生命周期变短。据估计，在国内，现在一则电视广告的平均寿命只有 6 个月，大大低于 20 世纪 90 年代后期 1～2 年的周期。更有甚者，会使得一个极花心血的精巧构思胎死腹中。例如，李奥·贝纳(Leo Burnett)广告公司曾因广告雷同而放弃了菲亚特汽车的“镜中影像”的广告创意，广告生命周期缩短所导致的第一个结果就是加重了广告主的经济负担，使得企业的广告投入的费用大增，造成经营成本的攀升。而这个提升的经营成本最终还是由消费者来承担，换言之，广告生命周期缩短的最终受害者仍然是消费大众。

4) 看重速度而非创造性的结果

更为可怕的是，一些广告客户并不认为模仿是一种剽窃行为，一些企业为尽快推介自己的产品，增加销售额，更看重的是速度而不是创造性，对于广告公司模仿他人的广告创意，或是根本不知情，或是睁一只眼闭一只眼。雷同的广告会极大地损害一个品牌产品的声誉，迷惑那些不善于区分不同品牌产品的消费者。李奥·贝纳广告公司的前创意总监关欣说：“一些中国的企业认为他们自己的聪明之处在于，他们比别人更早模仿了好的广告宣传的模式，并且能够尽快地将其付诸实施。”可以想象，一个连广告创意都是抄袭他人的企业，它的创新能力在哪里，一个片面追求速度而不是创造性的企业，其生命力何在，它又如何能够使自己的基业常青。看重速度而不是创造性，进一步强化了企业经营管理的短期行为，这种经营管理的短视症，恰好正是中国企业落后于世界水平的一个重要原因。

5) 广告公司不敢把最好的创意留给客户

一些广告公司被迫改变了在中国的运营方式。以前为了招揽客户，他们往往把最好的创意提供给对方，但现在却抛弃了这种做法，而所有这些改变势必会削弱整个广告业界的创新能力。为了防止客户窃取自己的创意并把它授权给收费较低的公司，一些广告公司表示，现在他们在与客户分享创意构思之前，会调查这些潜在客户是否曾有过侵犯知识产权的行为，并且要求客户签署具有法律效力的协定，这样的做法又使得客主双方沟通与交易的费用大大增加。虽然如此，这个方法“只防得了君子，却防不了小人”。

目前中国社会对知识产权的认识还比较模糊，更谈不上尊重。你的想法很快就会被别人抄袭，因为获得市场竞争优势的唯一办法就是尽快将你的构思付诸实施，而不必顾及获取这个创意的手段是否合法，是否遵循相关社会伦理的标准。只要能够拿到创意，不管用什么样的手段，只要拿来就得快速用掉，速度才是一切，法律与道德则在其次。

6) 严重影响我国广告业的国际形象

近年来，中国广告业以每年 30%的速度快速增长着。随着广告行业竞争的加剧，广告的创意和形象成为容易受到侵害的目标。跨国企业和中国当地的企业相继卷入这股抄袭模仿的旋涡之中。从深层次来看，仿造他们的广告比仿造他们的产品，更让这些企业头疼，对他们的危害可能会更大。

一般的消费者可以非常清楚地知道他们自己在街头购买的是盗版光盘、仿制的冒牌皮鞋或手袋。但是，雷同的广告却会极大地损害一个品牌的声誉，模仿广告会削弱一个品牌的名气，混淆消费者的视听，让他们在极其相似的广告面前无所适从。所以说抄袭已经不仅仅是创意能力的问题，而是一个国家与民族是否尊重知识、尊重劳动、尊重他人人格的问题。目前看来，对这种抄袭行为的主要遏制力量来自广告业的自律和同行间遵守职业道德规范的压力。但是这种压力没有任何强制力，在中国这个广告业发展还不十分成熟的国家，它所能发挥的作用更是十分有限的。所有这些，对于中国广告业如何应对国际市场的挑战，如何以良好的形象进入国际市场影响巨大，不可小视。

3. 广告创意抄袭问题的解决对策

我国目前出现广告创意抄袭问题的原因是广告法规滞后、不完善，广告相关管理制度不合理，广告从业人员素质低，广告主存在错误的广告观念等。所以，要想解决广告创意抄袭问题，就要从源头抓起，健全法律法规、完善管理制度、提高广告主及广告人员素质、转变观念。

1) 健全广告法规、完善广告管理

健全广告法规，加大对违法者的处罚力度，特别是经济罚款力度，使违法成本远远大于由于广告违法带来的收益，杜绝故意违法以获得超额利益的广告创意抄袭问题。

对于我国的广告监督管理，由于目前广告的监督管理多是被动的，大多是有投诉才查处，所以要进一步完善政府主导型广告监管模式。作为广告监管部门的工商机关应该加强对广告市场主体的交易行为和竞争行为、广告发布活动和广告经营活动的全方位监管，大力加强事前审查和事中监督管理，尤其是要在主动进行日常监督管理方面加强力度，堵塞漏洞。

广告业内部还必须建立综合性与专业性相结合的多层次广告自律组织，并改进广告自律管理方法。虽然目前我国有全国及地方广告协会，但是广告自律组织的作用却没有发挥出来。由中国广告协会起草的《中国广告行业自律规则》的发布是一个很好的开端。

2) 注重广告道德教育、提高从业者素质

广告人素质较低是产生广告创意抄袭问题的又一根本原因，提高广告人素质是一个长期的工程，不是短期就能完成且取得效果的。对于广告人才的培养，首先，要发展高等广告教育，培养高层次的广告专业人才和骨干。现代广告人已不是单靠职业教育和训练就足够，要借鉴国外相关学者的观点，广告专业教育中应加强广告道德知识的传授，普及相关法律知识。其次，要建立广告专业技术资格认证制度和认证机构，争取广告从业人员全部持证上岗，为与国际广告市场接轨打好基础。只有这样才能建立一个文明有序的广告文化环境，从源头上消除各种商业广告创意抄袭问题。

3) 广告主要转变观念、提高广告价值

广告主作为发布广告的主体要正确认识广告对企业的作用，同时要真正做到以消费者为中心，加强消费者的研究和广告效果研究。另外，从长期角度看，任何一个广告主都应该使广告为企业长远发展服务，所以在广告中要体现企业的社会责任、价值观和使命。这样，广告就不仅仅是促进产品销售为企业带来短期利益，更重要的是为企业长期发展积聚能量。

同时，还需要完善社会监督机制，充分发挥消费者及消费者组织的作用，监督广告当事人及媒介单位，发挥新闻媒体的作用，对广告创意抄袭进行公开曝光、批评等。媒体自身也要加强自律，筛选不道德的创意抄袭广告，维护媒体的公信力和影响力，这样才能保证并增加媒体广告可信度，形成良性循环。

6.3 广告媒体策划

广告媒体策划是一个与众多因素密切相关的过程，它不但与媒体的类型、形式与单位有关，而且也与广告策划中的经费预算、信息创作、经营管理等因素以及企业营销计划息息相关。因此，我们必须对广告媒体策划的内容进行审慎的研究与分析后，才能进行具体的策划工作。

6.3.1 广告媒体概述

广告信息并不能直接到达消费者，它必须通过一定的中介物。我们一般是通过翻看报纸、杂志，收看电视，收听广播来获得广告信息。因此，与其说我们生活在广告的海洋里，倒不如说我们生活在广告媒体的海洋里。换句话说，媒体是传播的根本要素之一，没有媒体，所有的传播都不能成立。

1．广告媒体的分类

1) 按表现形式分类

广告媒体按其表现形式进行分类，可分为印刷媒体、电子媒体等。印刷媒体包括报纸

说明书、挂历等；电子媒体包括电视、广播、电动广告牌、电话等。

2) 按功能分类

广告媒体按其功能进行分类，可分为视觉媒体、听觉媒体和视听两用媒体。视觉媒体包括报纸、杂志、邮递、海报、传单、招贴、日历、户外广告、橱窗布置、实物和交通等媒体形式；听觉媒体包括无线电广播、有线广播、宣传车、录音和电话等媒体形式；视听两用媒体主要包括电视、电影、戏剧、小品及其他表演形式。

3) 按影响范围分类

广告媒体按其影响范围的大小进行分类，可分为国际性广告媒体、全国性广告媒体和地方性广告媒体。国际性媒体，如卫星电路传播、面向全球的刊物等；全国性媒体，如国家电视台、全国性报刊等；地方性媒体，如省、市电视台、报刊、少数民族语言文字的电台、电视台、报纸、杂志等。

4) 按接受类型分类

广告媒体按其所接触的视、听、读者的不同，可分为大众化媒体和专业性媒体。大众化媒体包括报纸、杂志、广播、电视；专业性媒体包括专业报纸、杂志、专业性说明书等。

5) 按时间分类

按媒体传播信息的长短可分为瞬时性媒体、短期性媒体和长期性媒体。瞬时性媒体，如广播、电视、幻灯、电影等；短期性媒体，如海报、橱窗、广告牌、报纸等；长期性媒体，如产品说明书、产品包装、厂牌、商标、挂历等。

6) 按可统计程度分类

按对广告发布数量和广告收费标准的统计程度来划分，可分为计量媒体和非计量媒体。计量媒体，如报纸、杂志、广播、电视等；非计量媒体，如路牌、橱窗等。

7) 按传播内容分类

广告媒体按其传播内容来分类，可分为综合性媒体和单一性媒体。综合性媒体指能够同时传播多种广告信息内容的媒体，如报纸、杂志、广播、电视等；单一性媒体是指只能传播某一种或某一方面的广告信息内容的媒体，如包装、橱窗、霓虹灯等。

8) 按照与广告主的关系分类

广告媒体按照与广告主的关系来分，又可分为间接媒体(或称租用媒体)和专用媒体(或自用媒体)。间接媒体(或租用媒体)是指广告主通过租赁、购买等方式间接利用的媒体，如报纸、杂志、广播、电视、公共设施等；专用媒体(或自用媒体)是指属广告主所有并能为广告主直接使用的媒体，如产品包装、邮寄、传单、橱窗、霓虹灯、挂历、展销会、宣传车等。

2. 报纸与杂志

报纸、杂志通过印刷文字将大量的信息和意见传递给公众属于印刷类大众传播媒介。广告传播工作是离不开报纸、杂志的。报纸作为一种印刷媒介，是以刊登新闻为主的面向公众发行的定期出版物。杂志也是一种印刷媒介，它是定期或不定期成册连续出版的印刷品。报纸与杂志各有其优缺点。

1) 报纸传播信息的优势

(1) 传播面广。报纸发行量大，触及面广，遍布城市、乡村、机关、厂矿、企业、家庭，有些报纸甚至发行至海外。

(2) 传播迅速。报纸一般都有自己的发行网和发行对象，因而投递迅速准确。

(3) 具有新闻性，阅读率较高。报纸能较充分地处理信息资料，使报道的内容变得深入细致。

(4) 文字表现力强。报纸版面由文字构成，文字表现多种多样，可大可小，可多可简，图文并茂，又可套色，引人注目。

(5) 便于保存、利于查找。报纸信息便于保存、利于查找，基本上无阅读时间限制。

(6) 传播费用较低。

2) 报纸传播信息的弱点

(1) 时效性短。报纸的新闻性极强，因而隔日的报纸容易被人丢弃一旁，传播效果会大打折扣。

(2) 传播信息易被读者忽略。报纸的幅面大、版面多、内容杂，读者经常随意跳读感兴趣的内容，因此报纸对读者阅读的强制性小。

(3) 理解能力受限。受读者文化水平的限制，更无法对文盲产生传播效果。

(4) 色泽较差，缺乏动感。报纸媒体因纸质和印刷关系，大都颜色单调，插图和摄影不如杂志精美，更不能与视听结合的电视相比。

3) 杂志传播信息的优势

(1) 时效性长。杂志的阅读有效时间较长，可重复阅读。在相当长一段时间内具有保留价值，因而在某种程度上扩大和深化了广告的传播效果。

(2) 针对性强。每种杂志都有自己的特定读者群，传播者可以面对明确的目标公众制定传播策略，做到“对症下药”。

(3) 印刷精美，表现力强。

4) 杂志传播信息的弱点

(1) 出版周期长。杂志的出版周期大都在一个月以上，因而即效性强的广告信息不宜在杂志媒体上刊登。

(2) 声势小。杂志媒体无法像报纸和电视那样造成铺天盖地般的宣传效果。

(3) 理解能力受限。像报纸一样，杂志不如广播电视那么形象、生动、直观和口语化，特别是在文化水平低的读者群中，传播的效果受到制约。

3. 广播与电视

广播与电视同属于电子媒介。广告经常要运用广播、电视去播发新闻、广告，及时、有效地影响公众，是非常重要的广告传播手段。

广播这里指通过无线电电波或导线传送声音节目、供大众收听的传播工具。广播分无线广播和有线广播。通过无线电波传送声音符号称无线广播，通过导线传送声音符号称有线广播。

电视是用电子技术传送活动图像的通信方式。它应用电子技术把静止或活动景物的影像进行光电转换，然后将电信号传送出去使远方能即时重现影像。

1) 广播传播的优势

(1) 传播面广。广播使用语言作工具，用声音传播内容，听众对象不受年龄、性别、职业、文化、空间、地点、条件的限制。

(2) 传播迅速。广播传播速度快，能把刚刚发生和正在发生的事情告诉听众。

(3) 感染力强。广播依靠声音传播内容，声音的优势在于具有传真感，听其声能如身临其境、如见其人，能唤起听众的视觉形象，有很强的吸引力。

(4) 多种功能。广播是一种多功能的传播工具，可以用来传播信息、普及知识、开展教育、提供娱乐的服务，能满足不同阶层、不同年龄、不同文化程度、不同职业分工的听众多方位的需要。

2) 广播传播的弱点

(1) 传播效果稍纵即逝，耳过不留，信息的储存性差、难以查询和记录。

(2) 线性的传播方式，即广播内容按时间顺序依次排列，听众受节目顺序限制被动接受既定的内容，选择性差。

(3) 广播只有声音，没在文字和图像，听众对广播信息的注意力容易分散。

3) 电视传播的优势

(1) 视听结合传达效果好。它用形象和声音表达思想，这比报纸只靠文字符号和广播只靠声音来表达要直观得多。

(2) 纪实性强、有现场感。电视能让观众直接看到事物的情境，能使观众产生身临其境的现场感和参与感，时间上的同时性、空间上的同位性。

(3) 传播迅速、影响面大。它与广播一样，用电波传送信号，向四面八方发射，把信号直接送到观众家里。传播速度快，收视观众多，影响面大。

(4) 多种功能、娱乐性强。由于直接用图像和声音来传播信息，因此观众完全不受文化程度的限制，适应面最广泛。

4) 电视传播的弱点

(1) 和广播一样，传播效果稍纵即逝，信息的储存性差，记录不便也难以查询。

(2) 电视广告同样受时间顺序的限制，加上受场地、设备条件的限制，使信息的传送和接收都不如报纸、广播那样具有灵活性。

(3) 电视广告的制作、传送、接收和保存的成本较高。

4. 国际互联网

国际互联网即 Internet，它是指全球最大的、开放的、由众多网络互联而成的主要采用 TCP/IP 的计算机网络以及这个网络所包含的巨大的国际性信息资源。

Internet 是现代计算机技术、通信技术的硬件和软件一体化的产物，代表了现代传播科技的最高水平。Internet 这种全新的媒介科技，具有与传统的大众媒介和其他电子媒体不同的传播特征，主要表现在下述几个方面。

(1) 范围广泛。Internet 实际上是一个由无数的局域网(如政府网、企业网、学校网、公众网等)连接起来的世界性的信息传输网络，因此，它又被称为“无边界的媒介”。

(2) 超越时空。Internet 的传播沟通是在电子空间进行的，能够突破现实时空的许多客观的限制和障碍。真正全天候地开放和运转，实现超越时空的异步通信。

(3) 高度开放。Internet 是一个高度开放的系统，在这个电子空间中，没有红灯，不设障碍；不分制度，不分国界，不分种族。任何人都可以利用这个网络平等地获取信息和传递信息。

(4) 双向互动。Internet 成功地融合了大众传播和人际传播的优势，实现了大范围和远距离的双向互动。

(5) 个性化。在 Internet 上，无论信息内容的制作、媒体的运用与控制、还是传播与接收信息的方式、信息的消费行为，都具有鲜明的个性潮流，使人际传播在高科技的基础上重放光彩，非常符合信息消费个性化的时代。

(6) 多媒体，超文本。Internet 以超文本的形式，使文字、数据、声音、图像等信息均转化为计算机语言进行传递，不同形式的信息可以在同一个网上同时传送，使Internet 综合了各种传播媒介(报纸、杂志、书籍、广播、电视、电话、传真等)的特征和优势。

(7) 低成本。相对其巨大的功能来说，Internet 的使用是比较便宜的。

由于 Internet 具有以上与传统的大众媒介和其他电子媒体不同的传播特征，作为政府与企业，欲与自己的相关公众进行有效的沟通，不约而同地选择了 Internet 这个双向交流与沟通的渠道。如今，“网上公关”、“网上广告”对大多数组织与公众来讲，已经不再是一个陌生的词语了。作为广告策划人员，如果不懂得如何运用 Internet 的强大功能来从事广告活动的话，他就可能成为一个信息化社会的落伍者。

5．其他广告媒体

1) 户外广告

户外广告与我们的经济与社会生活密切相关，它从一个侧面代表着一个国家经济发展与社会文明的水平。常见的户外广告大致有：路牌广告、电动或电子户外广告、灯箱广告、交通广告、海报与招贴、运动场地广告、节日广告、民墙广告。

另外，由于科学技术的快速发展以及现代人思维方式的宽松解放，户外广告在其表现形式上也有许多重大的突破。例如，卫星发射现场广告、空中广告(如龙行表演、跳伞表演、热气球球身广告)、活人(模特)活动广告、实物放大(缩小)模型广告、充气放大模型广告、自动翻转(多向)广告、激光投射广告(或利用建筑物反射，或利用空中飞行物，或利用云层反射)等，这些全新形式的户外广告，在视觉外观上富有强烈的表现力与冲击力，因而在传达效果上比其他传统形式的户外广告更胜一筹。

2) POP——销售现场广告

POP 广告是指在商品进行销售和购买活动的场所所做的广告，它属于销售现场媒体广告。销售现场媒体是一种综合性的媒体形式，从内容上大致可分为室内媒体和室外媒体。

室内媒体主要指货架陈列广告、柜台广告、模特广告、四周墙上广告、圆柱广告、空中悬挂广告等。销售现场的室外媒体主要指销售场所如商店、百货公司、超级市场门前和附近的一切广告形式。譬如广告牌、灯箱、霓虹灯、电子显示广告牌、招贴画、商店招牌、门联、门面装饰、橱窗等。

3) DM——直接邮寄广告

DM 是英文 Direct Mail 的缩写，是直接邮寄的意思。在我国，邮寄广告的发展较为迅速，已不局限于征订单之类的初级邮寄函件了。邮寄广告分为一次性邮寄和数次性邮寄两

类，主要是根据邮寄的目的和产品(或服务)的性质而定。

4) 包装广告

包装广告，可以说是无声的推销员。包装广告是与产品贴得最近的广告宣传。包装有小包装、中包装、大包装，内包装、外包装，软包装、硬包装。大包装、外包装、硬包装又称为运输包装，而小包装、内包装、软包装则都附带产品说明的性质，产品的详尽信息或企业观念的宣传大都体现在上面。

5) 展览、电影及礼品广告

(1) 展览广告。展览的形式多样，有博览会、展销会、交易会、洽谈会、新产品发布会，以及固定场所的产品陈列等。因而展览广告的形式也是综合的、多种多样的。

(2) 电影广告。因为制作、费用等多方面原因，电影广告在我国还未普及，电影院这一比较有效的媒体还未为厂家和广告主广为利用。电影广告大都较短，1～5 分钟不等，在正式电影开映前加映。

(3) 礼品广告。以小型礼品或纪念品的馈赠为手段，博取用户对企业的好感和记忆。

6.3.2　广告媒体的选择程序

从现代广告策划的角度讲，对广告媒体的选择并非是进行简单的广告媒体排列或机械的组合，而是通过对各种广告媒体的深入分析研究，拟订出一整套传播广告信息的方案，因而广告媒体策划讲究遵守程序。

1. 调查研究

调查研究是广告媒体选择的首要环节，是拟订广告媒体计划的必要前提。这一阶段包括了解与分析各个广告媒体的覆盖面、收视(听)率、触及率、频繁率、广告成本及其他方面的情况，以明确广告计划的目标与广告媒体之间存在的差距，其中心是分析广告媒体的数量与质量问题。

广告媒体调查研究分为四个具体步骤：分析媒体的性质、特点、地位、作用；分析媒体传播的数量与质量；分析受众对媒体的态度；分析媒体的广告成本。

在媒体调查研究的诸多方面中，媒体传播的数量和质量是最紧要的问题，因此，应将其列为重点，格外予以重视。

1) 媒体的量

媒体的量或称数量，是指媒体的量的价值，也就是媒体所能传播的受众的数字与广告成本的比例关系。

2) 媒体的质

广告媒体的质或称质量，是指媒体的质的价值，是某种媒体已经建立起来的影响力和声誉，以及它在表现形式上的心理效能。

2. 广告媒体的评价指标

广告媒体评价指标主要有以下八个方面的内容。

1) 权威性

权威性是衡量广告媒体本身带给广告的影响力大小的指标。媒体的权威性指标为广告带来的影响举足轻重，不可忽视。

2) 覆盖面

覆盖面是指广告媒体在传播信息时主要到达并发挥影响的地域范围。在选择广告媒体时，首先应考虑的就是这个媒体的覆盖区域有多大和在什么位置。

3) 触及率

触及率是指一则广告借助某一媒体推出后，可能只会让部分受众接收到，媒体的触及率就是用来衡量这一比率的。触及率表征一则广告推出一段时间后，接收到的人数占覆盖区域内总人数的百分比。

4) 毛感点

毛感点又称毛平点，是各项广告推出后触及人数占总人数比例之和，该指标表征的是大体上能够达成的总效果。

5) 重复率

重复率表征每一个接收到广告信息者平均可以重复接收此项广告多少次。以重复率衡量广告媒体是基于两个原因：一是细分媒体效果，研究广告产生影响的可能性；二是借以研究媒体使用方法，制定广告的推出形式。

6) 连续性

连续性是指同一则广告多次借助同一媒体推出所产生的效果的相互联系与影响。此外，又可用来衡量在不向媒体上推出同一广告，或者同一媒体与不同时期广告运动间的联系与影响。

7) 针对性

针对性是表征媒体的主要受众群体的构成情况的指标。针对性指标通常包括两项内容：一项是媒体受众的组成情况，另一项是媒体受众的消费水平与购买力情况。

8) 效益

效益是指衡量采用某媒体可以得到的利益同所投入的经费之间关系的指标，是对媒体经济效益的度量。评价的方法应以广告运动的需求为基点，比较购买这一媒体的时间与空间的所需费用。

3. 确立媒体目标

确立目标，就是明确媒体计划的具体目标对象。确定目标就是要明确以下四个因素。

1) 明确传播对象

明确传播对象就是明确谁是广告媒体的传播对象，这是决定广告效果的重要因素。广告主或广告策划者必须将传播对象弄得清清楚楚，把握准确。

2) 明确传播时间

明确传播时间，也就是选择恰当合适的时间作为广告推出的时间，消费者购买商品往往具有一定的时间性和季节性。

3) 明确传播区域

明确传播区域，是指确定市场的位置，并按照市场的位置选择广告媒体。目标市场消费者究竟居于何处，是在城市还是在乡村，是在江南还是在北国等。

4) 明确传播方法

明确传播方法，涉及选定广告推出的次数及广告推出的方法这两个问题。

(1) 广告推出的次数，这是一个受众率和频率的问题。一般来说，广告推出的次数愈多，对受众的影响当然也就愈大。

(2) 广告推出的方法。广告推出的方法是指广告形式的选择。广告的表现形式与体裁是多种多样的。

4．选择媒体方案

一般来说，可供选择的媒体方案有以下几种。

1) 单一媒体方案

单一媒体方案，是指只选择运用某一种媒体作为传播广告信息通道的方案。例如，只运用杂志媒体，或者单独运用电视或广播媒体等。

2) 多媒体组合方案

多媒体组合方案，是指在同一时期内，选用两种或两种以上的媒体，传播内容基本相同的广告信息的方法。同单一媒体运用相比，两种或多种媒体交错配合使用，同时展开广告宣传，可以产生出乎意料的良好效果。

3) 综合性媒体方案

综合性媒体方案是指充分发挥各式各样的众多媒体的优势与特长，科学有效地构成多层次、全方位、立体式的广告宣传网络。这种媒体组合气势恢宏，耗资巨大，效果最佳，符合整合营销的传播理念。

5．媒体方案评估

为了精心选择广告媒体，减少广告计划制订过程中的偏差失误，必须对广告媒体方案进行充分严格的分析与评价。媒体方案评估的主要内容包括以下三个方面。

1) 效益分析

确定媒体方案前，必须充分考虑方案的可行性。所谓可行，也就是符合广告的最终目标，取得最理想的经济效益与社会效益。对经济效益的分析，应从广告投资额度与促销效果彼此间的比较中得出结论。

2) 危害性分析

广告是超越时间与空间的信息传播，是一种负有责任的信息传播，对社会有着重大的影响。对媒体方案进行评估，必须具有风险意识，着力分析评价方案实施后可能造成的危害与不良影响。

3) 实施条件分析

实施条件分析，主要是指对实施媒体方案时可能遇到的麻烦或阻碍等客观棘手情况的分析。发生类似问题大致有两种可能：一是媒体经营单位的广告制作水平或传播信息的能力低下，并不具备圆满完成媒体方案的传播任务；二是客户(或广告代理)与媒体经营单位的关系紧张，媒体经营单位不愿意承担客户委托的任务。

6．组织实施

组织实施，这是对前面广告媒体方案的具体落实，是媒体选择程序的最后一个阶段。

这一过程包括四个具体步骤。

(1) 与广告主签订媒体费用支付合同。

(2) 购买广告媒体的版位、时间与空间。

(3) 推出广告，并监督实施。

(4) 搜集信息反馈，并对传播效果做出及时的评价。

6.3.3 广告媒体的选择策略

正确选择广告媒体，是广告运动取得成功的重要因素。为了减少广告媒体选择决策中的偏差与失误，必须善于灵活巧妙地运用广告媒体选择的方法，遵循广告媒体选择的原则。

1. 广告媒体选择的原则

进行广告媒体的选择时，必须遵循如下五项原则。

1) 目标原则

现代广告媒体策划的根本原则，就是必须使选择的广告媒体同广告目标、广告战略协调一致、不能背离相违，广告目标和广告战略是影响媒体选择的首要因素。

2) 适应性原则

情况总是在不断地发展变化，对于广告媒体的选择来说，对其能够产生影响的诸多情况(如市场竞争、广告法规、受众心理、媒体经营方式与广告媒体价格等)都是不断发展变化的。对此我们要保持媒介策略的弹性，以适应相应的变化。

3) 优化原则

在众多广告传播媒体中，对广告信息的传播也会产生不同的效果。正因为如此，我们就应该认真分析了解各种媒体的性能与特征，做出最优的选择。优化原则对于单一媒体策略来讲，就是要选择传播效果最好的广告媒体。对于多种媒体策略来讲，就是要选择最佳的媒体组合。

4) 同一原则

在广告运动中，媒体的选择要与广告内容的表达相一致。同一原则在媒体选择上提出了两方面的要求。

(1) 媒体的选择要有利于广告内容的统一表达。

(2) 同一媒体在不同时期的广告内容要前后一致。

5) 效益原则

无论选择何种广告媒体都应该将广告效益放在重要的位置上，在广告主费用投入能力的范围之内，尽力争取获得理想效益的广告媒体。同一份报纸，广告版面的大小、版位的划定会不同；同一家电视台，会有播放时间的长短、占据的是一般时段还是“黄金时段”的不同，所有这些都会涉及成本的高低与效益好坏的问题。

2. 广告媒体选择的方法与步骤

1) 媒体选择的方法

广告媒体选择的方法很多，通常有如下几种方法。

(1) 按目标市场选择的方法。无论任何产品，均有其自身特定的目标市场，因此，在目标市场已经明确后，广告媒体的选择即可紧紧瞄准这个确定的目标市场进行分析定夺。若以全国范围为目标市场，就应在全国范围内展开广告宣传，媒体的选择应寻求覆盖面大、影响面广的传播媒体。若以特定细分市场为目标市场，则此时考虑的重点是传播媒体能够有效地覆盖与影响这一特定的目标市场。

(2) 按产品特性选择的方法。不同产品适用于不同的广告媒体，因此，应按产品的特性慎重选择广告媒体。一般来说，印刷类媒体适用于规格繁多、结构复杂的产品；色彩鲜艳并需要进行产品性能演示的产品最好运用电视媒体。工业产品多属于理智型购买品，若技术性较强，则宜选择专业杂志、专业报纸等；若技术性一般，可选择电视和一般报刊。生活消费品多属于情感型购买品，那么，它就适宜选择广播、电视、报纸杂志等媒体。

(3) 按产品消费者层选择的方法。一般来说，软性产品均有其较为固定的消费者层即特定的使用对象，因此，广告媒体选择应根据其目标指向性，确定消费者层喜欢的媒体。例如，一种新型美容系列化妆品的广告，其使用对象是女性，主要购买者是青年女性。根据这一特性，就可以选择年轻女性最喜欢的传播媒体来发布该产品的广告。

(4) 按记忆规律选择的方法。广告是间接推销，人们接受了广告，由于时间与空间的原因，一般不会听了广告就去立刻购买，而需经过一定时间之后才付诸行动。因此，广告应该按照记忆原理，不断加深与强化消费者对广告产品的记忆与印象，并起到指导购买的作用。如果广告产品在全国范围内销售，那么，不仅要选择全国最有影响的报刊、广播与电视媒体，还应认真考虑其传播广告信息的连续性，达到强化消费者对广告产品记忆的目的。

(5) 按广告预算选择的方法。这种方法，就是按照广告主投入广告成本的额度进行媒体的选择。每一个广告主的广告预算都是不同的，这就决定了对广告媒体选择必须量力而行。广告主在推出广告前，必须对选择的媒体价格进行精确的测算。如果广告价格高于广告打出后取得的经济效益，自然就不能选择高价格的广告媒体了。

(6) 按广告效果选择的方法。广告效果问题是一个相当复杂的问题。一般来说，在选择媒体时应坚持选择投资少而效果好的广告媒体。例如，在发行量为 75 万份的报纸上做广告，价格为 15 000 元，广告主在每张报纸上只花 2 分钱。若只有 10%的人对广告做出反应，广告主在每张报纸上花费就是 2 角钱。即使如此，也比邮寄信件要便宜得多。

(7) 按提高知名度目标选择的方法。提高企业或产品的知名度与影响力，不在乎产品在一朝一夕销售了多少，而在于产品未来的影响力。它并不要求广告即刻促使消费者购买商品，而是要求广告能使消费者对企业或产品产生好感，树立起对企业或产品的信任感。这种选择方法可以考虑采用中心城市的广播电视、大型报刊、户外广告及公益赞助活动等形式，以此引起公众的注意，提高企业的知名度与影响力。

2) 媒体选择的步骤

明确了广告媒体的选样方法后，还涉及怎样运用此法进行选择的步骤问题。具体选择媒体一般要经过以下几个步骤。

步骤一：确定媒体级别。

确定媒体级别就是确定应采用哪类媒体，如究竟应在广播、电视上做广告，还是在报纸、杂志上做广告等。这是具体选择媒体的第一步。在这一步，主要从四个方面进行分析。

(1) 各类媒体的费用档次，凡是广告预算支付不起的媒体就应该从考虑的范围中划掉。

(2) 同类媒体的优缺点比较，根据广告活动的需要看媒体各自的优劣长短。

(3) 与以前广告的衔接问题，若本次广告活动所采用的媒体同前几次一致，则容易产生积累的效果。

(4) 广告竞争问题，考虑所采用的媒体能否同竞争对手的广告攻势相抗衡，以配合企业的整体竞争战略。

步骤二：确定具体媒体。

在已选定的媒体类别中，选择一个或几个适合本次广告活动需要的具体媒体，进一步落实媒体计划。例如，已经确定将要采用报纸类的媒体推出广告，需要在这一步中做的工作，就是应该确定是在一般性报纸还是专业性报纸上推出广告。若是一般报纸，那么，是全国性的还是地区性的等。在这里应格外注意媒体的针对性、覆盖率及可行性。

步骤三：确定媒体组合原则。

一般来说，一次广告活动都不会只在单一的媒体上推出广告，而应利用多种媒体推出。由于广告活动的目标是统一的，因此，在每一个媒体上推出的广告必须相互协调，其效果可以配合起来。在协调不同媒体时需要有一套媒体组合原则，制定媒体组合原则时需考虑的问题有二：一是"面"，即如何包括所有的目标市场消费者；二是"点"，即媒体影响力集中点的恰当选取。

步骤四：进行媒体试验。

一套媒体方案一旦确定下来，很可能就在几个月甚至几年内会保持不变，以便积累对消费者的持续性的影响力。因此，为了保证所采用的媒体方案行之有效，最好是在正式启用之前，先对其进行一次试验。试验方法是，在选定并做好组合的媒体上，小规模地推出广告，然后调查目标市场消费者的反应，由此判断此套广告媒体方案的成败得失。

3. 选择最佳媒体组合

广告媒体组合运用是广告传播中经常采用的一种方法。广告媒体组合是在同一时期内，运用两种或两种以上媒体发出内容大致相同的广告。媒体组合的方式多种多样，可以在同类媒体中进行组合，也可以用不同类型的媒体进行组合。每种组合方式均有其独特的长处，而最佳媒体组合是通过使各种媒体科学地相互协调、效果配合。效果较佳的媒体组合形式，主要有如下几种。

(1) 报纸与广播媒体搭配。这种组合可使各种不同文化的消费者都能接受广告信息。

(2) 报纸与杂志媒体搭配。它可利用报纸广告做强力推销，而借助杂志广告稳定市场；或者利用报纸广告进行地区性信息传播，而借助杂志广告做全国性大范围的信息传播。

(3) 报纸与电视媒体搭配。它可以用报纸广告作先行，先将广告信息传播给广大受众，使之通过文字对本产品先有个较为全面详细的了解，再运用电视媒体通过视频图像进行大规模的广告宣传，制造声势，逐步扩大产品销售市场，此方法特别适用于强力推销。

(4) 报纸或电视与销售现场媒体搭配。这种组合方法有利于提醒消费者购买已有印象或已有购买欲望的商品。

(5) 报纸或电视与邮政媒体搭配。它应以邮政广告为开路先锋，做试探性的广告宣传，然后利用报纸或电视广告做强力推销。这样，先弱后强，分步推出广告，可以取得大面积

成效。

(6) 电视与广播媒体搭配。它有利于城市与乡村的消费者普遍地接收广告信息。

(7) 邮政广告与销售现场广告或海报搭配。这种组合可以对某一特定地区进行广告宣传，以利于巩固与发展市场。

本 章 小 结

高科技信息时代的广告策划是现代社会颇具品位的艺术文化现象，是新经济的先锋产业，对市场经济的整体发展有显著的拉动作用。广告策划为企业塑造形象，快速打造品牌产品，塑造品牌个性，为产品开辟新的市场空间，在人类的社会生活、经济生活、文化生活等方面不同程度地支配着人们的消费观念、消费文化、消费方式、消费节奏，影响着人们的自然观、社会观、价值观、生活观。

现实中，广告界更愿意以“广告作品的创意性思维”来定义广告创意。广告创意简单来说就是通过大胆新奇的手法来制造与众不同的视听效果，最大限度地吸引消费者，从而达到品牌声望传播与产品营销的目的。广告创意是指广告中有创造力地表达出品牌的销售信息，以迎合或引导消费者的心理，并促成其产生购买行为的思想。

媒体策划是一种独特的管理职能，与公关策划相似，是当代营销整合的重要核心，所不同的是，媒体策划是帮助一个组织建立并维持它与媒体之间、与公众之间的相互沟通，是企业品牌传播和市场推广的关键之一，凭借广泛的媒介覆盖网络和对媒介的深刻了解，整合报纸、网络、电台、电视台、移动电视、手机短信等各种传媒资源，用社会文化运作的手法，引导公众关注，从而达到导航舆论、诠释职能、树立良好的产品消费文化的目的。

本章介绍了广告策划的基本内容和广告的创意，使读者了解到广告、宣传和广告策划的关系，认识到我国现阶段广告业存在的创意抄袭之风非常严重，广告从业人员应该提高自身素质，杜绝这股不正之风。学习完本章之后，读者能对广告和广告媒体有一个初步的认识，明确广告策划在现实生活中的重要地位。

思考与练习

1. 如何正确理解广告策划的概念？
2. 简述形象思维及其在广告创意中的作用。
3. 简述直觉思维及其特点。
4. 简述“加减乘除法”的创意思路。
5. 在表达广告真实性的广告创意中具体做法有哪些？
6. 为什么广告人常常把“语不惊人死不休”作为广告创意的座右铭？试找一篇你认为有文采的广告作品，对它加以分析评论。

第7章　促 销 策 划

【学习目标】

- 掌握促销策划的含义。
- 了解影响促销策划的因素。
- 熟悉促销策划的原则、步骤和意义。
- 了解促销组合的概念。
- 了解促销组合的影响因素。
- 掌握营业推广促销策划的内容。

促销(sales promotion)是一种有着明确目标的市场营销工具，它通过提供一些临时性的附加利益，以实现对消费者、中间商及厂商销售人员交易行为的积极影响。促销策划则是在市场目标的导向下，使促销与多种市场工具实现良好交互作用的策略设计、策略评价和策略控制过程。同时，它也是追求促销投入效益最大化，通过提供一些临时性的附加利益来进一步实现对消费者、中间商或内部销售人员的积极影响的策略规划活动。

7.1　促 销 概 述

促销是企业在一定时期内，采用特殊方式对顾客进行强烈刺激，以激发顾客强烈的购买欲望，促成迅速购买的一种营销方式。在营销活动中，促销策略往往配合人员推销、广告、公关等方式使用，使整个营销活动产生热烈的氛围和强烈的激励作用。

7.1.1　促销的概念

促销有广义和狭义之分。广义的促销是指 4Ps 组合策略中，与产品、价格、渠道并列的促销组合策略；狭义的促销是指与人员推销、广告、公共关系统称为促销组合策略的促销策略，理论界习惯称之为营业推广、销售促进，但营销实践界却习惯称之为促销。与营销实践中的习惯用法保持一致，我们所讲的促销仅指狭义的促销策略。

促销策划就是通过对促销组合诸要素的运筹帷幄，形成有效的策划思路和策划方案，从而指导促销活动的有效开展，是企业市场营销策划的重要内容之一。企业整个促销过程所完成的是让顾客从不知道、不了解产品或服务，到最终产生购买的欲望与态度转变的工作，整个过程是一个持续转变顾客对产品信念和态度的过程。通过与目标顾客进行沟通，有效地传达企业、产品和服务的各种信息，最终让顾客喜爱或购买本企业的产品和服务。

促销策划的核心是促销方式的创意，因此，我们首先对针对消费者的促销方式、针对中间商的促销方式、针对企业内部销售人员的促销方式进行分析研究，然后介绍促销策划的程序与方法。

7.1.2 促销的作用

作为信息传播与沟通手段的促销活动，促销策划对企业的生存和发展是至关重要的，其作用主要体现在如下几个方面。

1. 提供商业信息

促销可使顾客了解企业生产经营什么、有什么特点、在何处购买、购买成本等，从而引起顾客注意，激发其购买欲望，为实现和扩大销售做好舆论准备。

2. 突出产品特点，提高竞争能力

通过促销可以宣传本企业产品的特点，努力提高产品和企业的知名度、信誉度，使顾客产生对本企业产品的偏爱，增强信任感，提高企业和产品的竞争力。

3. 强化企业形象，巩固市场地位

促销活动可以树立良好的企业形象和产品形象，能促使顾客对企业及其产品产生好感，从而培养和增加该品牌的忠诚顾客，巩固和扩大市场占有率，影响消费，刺激需求，开拓市场。无论是新老产品，促销都能引起顾客兴趣，诱导需求，并创造新的需求，从而为企业产品打开市场，建立声誉。

7.1.3 促销的目标

1. 促销的目的

公司无论是自己策划还是聘请专家去做，首先要做的事就是明确促销的目标，也可说是明确促销的目的和任务。各种促销的目的是不同的，一般可概括为两大类：一类是短期效果促销活动，另一类是长期效果促销活动。

1) 短期效果促销活动

短期效果促销活动的目的是通过短时间促销立即提高商品的销售量，使从未使用过本品牌的顾客或现在没有使用本品牌的顾客，尝试使用本品牌，使习惯消费者购买的数量增多，刺激、吸引潜在消费者。这种促销能通过经销商的配合而使商品流通更畅通，短期内提高本产品的竞争能力。一般可以通过三种途径实现。

(1) 增加购买的人数。就是使非使用者购买该品牌或促使购买其他品牌的消费者改变习惯，具体方法有 POP 推广、竞赛、减价、优待和免费样品。

(2) 提高人均购买次数，即提高重复购买率。由于顾客可以省钱，赠寄代价券、价格折扣、附加赠送、赠品都可以有效地提高重复购买率。

(3) 增加平均购买数量，即使消费者觉得买得越多越便宜，如价格折扣、奖品、附加赠送等方法可以起到这种作用。

2) 长期效果促销活动

长期效果促销活动是配合广告活动而做的促销工作，以提高广告的效果，建立良好的品牌形象和企业形象，广告、公共关系对于此目标的实现是比较好的手段，其他促销方式也要配合广告来实施。这种方法花费的成本高，而且效果不是短期就可评估的，除广告、公关之外，竞赛和赠品也是比较实用的形式。

2. 促销的目标

在选定具体的促销目标时，由于各个公司的自身条件和所处的外部环境是不一样的，它们所要解决的问题和把握的机会也是各式各样的，因而相应的具体目标也是不同的，大体可归纳为七种。

1) 增加市场销售金额

公司有时为了调整现有库存，或为了在竞争对手打入自己市场之前争取到更多的顾客而增加销售额，这是为消费者提供更多的附加利益或优惠，以刺激消费者的购物欲望。

2) 发展新的顾客

在竞争激烈、变幻莫测的市场中，一个公司无论它的产品有多高的市场份额，总会存在市场空白，这些还未开发的市场对公司来说就是巨大的发展机会。所以公司要不断地开拓市场，挖掘市场的潜力，这对于保持公司发展的势头是很重要的。

3) 培养和强化顾客的忠诚度

顾客对公司的产品有了一定的忠诚度意味着对产品形成了偏爱，这种偏爱往往带有较浓的感情色彩，一经形成，顾客对某种商品就形成了依赖感，就不会轻易改变自己的消费方向。具体的形式有：建立顾客联谊站，组织较长期的凭证收集活动，经常回访顾客听取他们的意见与见解。

4) 增加商品的价值和扩大商品价值

每一种商品一般都有几种功能，可是却很少有人知道。一方面，通过促销活动，把商品的功能体现出来，使公众更普遍地使用它，这必然会扩大现有商品的价值。另一方面，随着大众消费口味的不断变化，商品的功能不断更新。为此，有意识地做一些开发工作经常会取得意想不到的效果。具体形式有：采取联合促销或比较促销，开展宣传、介绍活动等。

5) 提高公众的兴趣

在日常生活中，人们需要各种休闲方式来丰富自己的生活。购物也一样，为了摆脱单调的购物，需要有意识地变换购物气氛或购物环境，通过各种形式尤其是趣味活动，不仅有助于打消现有顾客更换购物场所和购物对象的念头，而且还能把别的顾客吸引过来。

6) 争取中间商的支持

有些产品或服务的促销是针对中间商的，如批发商、经销商和代理商。能够得到某些中间环节的帮助，对公司产品的销售会很有好处。为了取得他们的支持，公司可以采取以下措施去实现：制订具体针对中间商的计划，给他们更多的优惠；鼓励和奖励对公司带来正面影响的中间商等。

7) 建立良好的品牌形象

促销在树立公司形象和提高品牌意识方面有特殊作用，一旦把塑造公众的品牌意识作为现在的促销目标就要暂时放弃其他的目标和利益，并且几种促销方式要互相配合，使用多种形式和内容的宣传品和资料。

7.1.4 促销策划的原则

美国 IBM 公司创始人沃森(T.J.Watson)说过："科技为企业提供动力，促销则为企业安上了翅膀。"企业生产管理中的一个重要环节就是促销，促销的好坏直接决定着企业在市场竞争中的成败。如何扩大企业的产品销售，提高企业的销售力，对企业促销策划人员来说是一个十分重要的课题。

许多企业的促销策划人员都认为"企业促销策划无定法"，只要有利于企业销售，促销策划就是好的。其实这种认识是片面的。"利于企业销售的方法是好的"，它说明了促销策划的效果，并没有道出制定促销策划的原则。企业的策划人员在进行促销策划时，应遵循以下原则。

1. 效益原则

效益原则是指在进行促销策划时，必须考虑以最少的投入产生最大的效益，实现最佳的促销效果。企业是以经济效益为中心进行运转的单位，它经营的直接目标是利润，间接目标是社会效益。如何以最少的投入获得最满意的促销效果，减少意义不大的开支，杜绝不必要的浪费，把有限的经费集中用在关键之处，成为企业最关心的问题。因此，在促销策划时，就要进行经费预算，以效益原则作为策划的主要原则，同时也是首要原则。

2. 系统原则

系统原则是指在促销策划时，必须综合考虑各种因素，使各种促销效果相加。企业的促销活动是一个系统工程，是由很多相互独立又相互联系的子系统所组成的总体，策划必须注重整体的运作。将各子系统的策划有机地协调起来，充分发挥整体作战策略，从而实现整体大于各部分之和的效应。对促销活动的策划，必须实行系统运筹，通盘考虑系统中的各项活动，使其相互协调又相互制约，相辅相成，从而使整个营销策划目标一致，实现整体的最佳组合效应。

3. 真实原则

真实原则是指以事实为依据，用实事求是的态度来进行促销策划，企业传递给顾客的信息，应该是企业的实际反映，不能用不真实的信息误导、诱导甚至于欺骗顾客。只有顾客获得了企业本质的、真实的信息，才能对企业产生信赖感，才能加入企业的顾客队伍中来，也只有这样，企业才能获得公众的信任，达到促销或提升企业形象的目的。

4. 心理原则

心理原则是指促销策划人员在谋划促销活动过程中，要运用心理学的一般原理及其在营销中的应用，正确把握公众心理，按公众的心理活动规律，因势利导。公众心理是公众根据自己的需要和爱好，选择和评价组织的心理过程，它支配着公众的行为。影响公众行为的因素有很多，一般来说，有知觉、价值观、态度、需要、性格、气质六个方面。策划人员要善于把握影响公众心理的这几个主要因素，使策划的促销活动能最大限度地吸引公众，给人留下深刻印象。

5．科学原则

科学原则是指促销策划以科学为依据。所谓科学原则，这里有几层含义：首先，促销策划是建立在广泛的调查基础上的。只有对公众进行了系统调查，证明策划的促销活动符合公众的需要，才能在公众心目中产生强烈的共鸣。其次，促销活动是和宣传联结在一起的，是建立在对相关媒介的实证分析基础上的。只有充分分析了促销宣传的特点和媒介的特点，才能保证在该媒介上所推进的促销宣传产生最优化效果。最后，促销策划是建立在精心策划和论证基础上的，只有充分地分析和研究了促销活动的运动规律，然后把这些规律反映到策划方案之中，并经过系统的可行性论证，促销策划才能产生效果。

7.1.5　促销策划的内容

1．促销时间策划

一般情况下，促销活动在什么时间举行、举办的时间应是多长，这些都是拟订促销计划必须考虑的因素之一。通常来说，顾客的购买行为会深受季节、月份、日期、天气、温度等因素的影响。如果是在夏季举办促销活动，则促销商品的选择多以清凉的饮料、果汁等为主；如果是在冬季举办促销活动，促销品多选择床上用品或补品等；如果在一年中的不同月份举办促销活动，则一般 3、4、6、11 月是销售淡季，而 5、10、12、1 月是销售旺季；如果选择同月中的不同日期，一般而言，顾客月初的消费能力比月底强，而周末的购买力又比平日强。此外，重要的节日也是商家促销活动的一个有利时机，常常作为促销活动时间的一个主要选择。

2．促销商品选择

促销活动的目的离不开商品销售量的增加。那么，选择同一种商品作为促销载体也成了促销策划的关键。促销商品是否对顾客有吸引力、价格是否有震撼力，都将直接导致促销活动的成败。零售店选择促销商品时，既可以选择一些敏感性的商品，又可以选择一些不太敏感的商品，组成促销商品组合。这就需要考虑季节变化、商品销售排行榜、厂商的配合度、竞争对手的状况等来加以衡量，选择最适合的促销商品。

3．促销主题策划

商家在举办促销活动之时，往往都会拟定一个促销主题，这样更容易赢得顾客的好感，使之了解商家促销的原因。大多数商家将节日作为促销的主题，当然，也可以别出心裁，选择一些其他商家没有使用过的主题，这样更有利于吸引顾客的注意力。促销主题往往具有画龙点睛的效果，因此，必须针对整个促销策划内容，拟定具有吸引力的促销主题。

4．促销方式选择

促销方式有人员促销和非人员促销两种，又可具体分为广告、人员推销、营业推广和公共关系四种促销方式。零售店的具体促销方式更多，常用的有宣传广告、降价、试吃、举办竞赛活动、猜奖与摸彩、限时采购、折扣、贵宾卡、现场示范、优惠券等。各种促销方式各有优缺点，因而在促销策划过程中，企业要根据产品的特点和营销目标，综合各种影响因素，对各种促销方式进行选择、编配和组合运用。

5. 促销经费预算

促销经费预算是指企业在计划期内对有关促销费用支出的预算。促销支出是一种费用，也是一种投资，促销费用过低，会影响促销效果；促销费用过高，又可能会影响企业的正常利润。编制促销预算也是促销策划的一个重要内容，其常用方法主要有以下几种。

1) 营业额百分比法

它是指根据年度营业目标的一定比例来确定促销预算，再按各月营业目标进行分配。该方法简单、明确、易控制，但缺乏弹性，未考虑促销活动的实际需求，可能影响促销效果。

2) 量入为出法

它是指根据零售店的财力来确定促销预算。该方法能确保企业的最低利润水平，不至于因促销费用开支过大而影响利润的最低水平，但是，由此确定的促销预算可能低于最优预算支出水平，也可能高于最优预算支出水平。

3) 竞争对等法

它是指按竞争对手的大致费用来决定企业自身的促销预算。该方法能借助他人的预算经验，有助于维持本企业的市场份额。但是情报未必准确，而且具体预算应因不同企业而异。

4) 目标任务法

此类预算就是根据促销目的和任务确定促销预算。此类预算方法注重促销效果，使预算较能满足实际需求。

但是促销费用的确定带有主观性，且促销预算不易控制。应特别注意的是，许多促销效果具有累积性，必须达到一定的程度才能发挥应有的效果。如果促销费用忽上忽下，或发生中断，都会使促销效果不大或无法延续，还可能会打击企业内部士气，甚至会引起经销商或零售商的反感。

7.2 促销组合策划

企业的全部促销组合工具的运用应当是一种整体行为，其目标和衡量标准应当是整体促销活动的高效率和低成本。企业通常会采用增加高效率促销工具的投入和减少低效率促销工具的方法来改善促销组合效率。营销人员在设计和管理一个全新的促销组合或者要对一个低效率的促销组合进行大的调整时就需要了解影响促销组合的主要因素和掌握必要的行业经验。

7.2.1 促销组合的概念

所谓促销组合，是一种组织促销活动的策略思路，主张企业运用广告、人员推销、公共关系、营业推广四种基本促销方式组合成一个策略系统，使企业的全部促销活动互相配合、协调一致，最大限度地发挥整体效果，从而顺利实现企业目标。

促销组合体现了现代市场营销理论的核心思想——整体营销。促销组合是一种系统化的整体策略，四种基本促销方式则构成了这一整体策略的四个子系统。每个子系统都包括了一些可变因素，即具体的促销手段或工具，某一因素的改变意味着组合关系的变化，也就意味着一个新的促销策略的诞生。

7.2.2　促销组合的要素

促销组合是为了达到某一预定的销售水平，企业可以采用的各种促销方式或促销工具的组合。它秉承营销整体决策思想，从而形成完整的促销策划。

促销组合主要由四种促销方式组成：广告、人员推销、营业推广和公共关系促销，如图 7-1 所示。

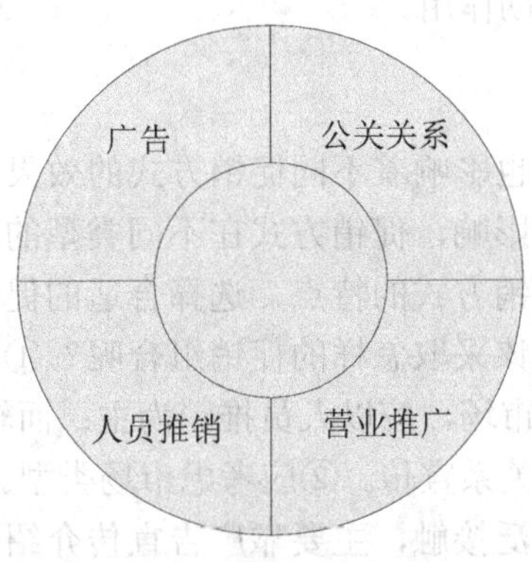

图 7-1　促销组合要素

1．广告

广告是一种通过大众媒体与有选择的受众进行付费的、非人员的信息沟通。广告作为一种信息沟通活动，它是企业在促销组合中应用最广泛的促销方式。

2．人员推销

人员推销是企业利用推销员进行面对面推销产品的活动，主要是派出推销员与可能的购买者交谈，以口头陈述方式沟通信息并促成交易；或者是企业设立销售门市部，由营业员与购买者沟通信息，推销产品。

3．营业推广

营业推广是为了正面刺激消费者的需求而采用有奖销售、折扣优惠、赠品销售等方式，鼓励购买或销售商品并在短期内即可见效的促销措施。

4．公共关系促销

公共关系促销是为了使公众理解企业的经营方针和经营策略，企业有计划地加强与公众的联系，建立和谐的关系，树立企业信誉的一系列活动。它以客观报道的方式树立企业形象。

7.2.3 促销组合的影响因素

影响促销组合的因素主要有以下几点。

1．促销目标

企业促销包含着很多具体的目标，如提高企业和产品的知名度；使顾客了解本企业的产品并产生信任感；扩大产品销量和提高市场占有率等。相同的促销手段在实现这些不同的促销目标上，或不同的促销手段在实现同一促销目标上，其成本效益是大不相同的。广告和公共关系，在提高企业知名度和声望方面，远远超过人员推销。在促进顾客对企业及产品的了解方面，广告和人员推销的成本效益最好。在促销订货方面，人员推销的成本效益最大，营业推广则起协调辅助作用。

2．市场特点和性质

企业目标市场的不同特点也影响着不同促销方式的效果，市场特点受各地区的文化、风俗习惯、政治经济环境等的影响，促销方式在不同类型的市场上所起作用是不同的，所以我们应该综合考虑市场和促销方式的特点，选择合适的促销方式，使他们相匹配，以达到最佳促销效果。那么究竟应该采取怎样的促销组合呢？①应考虑市场的地理位置和范围大小。规模小、距离近的本地市场，应以人员推销为主；而较大规模的市场(如全国市场)，进行促销则应采用广告和公共关系宣传。②应考虑市场类型。消费品市场的买主多而分散，不可能由推销人员与消费者广泛接触，主要靠广告宣传介绍产品吸引顾客。工业品市场的用户数量少而购买量却大得多，应以人员推销为主。③应考虑市场上不同类型潜在顾客的数量。

3．产品类型

不同类型产品的消费者在需求、购买方式等方面是不相同的，需要采用不同的促销方式。一般来说，生活资料的购买品种既多又分散，因此，依靠广告可以达到促销的目的；生产资料往往技术性强，购买较集中，如果使用人员推销为主、其他方式为辅的组合策略比较容易达成交易。

4．促销费用预算

企业用于促销的费用，也是决定促销策略的重要依据。不同的促销手段所需费用多少不同，有的费用较高，如电视广告、大型展销会、派送赠品等；有的费用较低，如邮寄广告等。企业应在促销费用预算的限度内，选择促销效果尽可能好的促销组合方式。

5．产品生命周期

企业促销组合策划的另一个因素是产品在其生命周期中所处的阶段。对处于不同阶段的产品，促销的重点应不同，所采用的促销方式也应有所区别。当产品处于产品引入阶段时，需要进行广泛的宣传，以提高知名度和信誉度，因而广告和公共关系促销的效果最佳，营业推广也发挥着一定作用，可鼓励顾客进行试用；在市场成长阶段，广告和公共关系促

销仍需加强，营业推广则可相对减少；到了市场成熟阶段，应适当增加营业推广，削减广告；进入市场衰退阶段，某些营业推广措施仍可适当保持，广告仅仅是提示而已，至于公共关系促销活动则可完全停止。生命周期不同阶段的促销方式比较如表 7-1 所示。

表 7-1　生命周期不同阶段的促销方式比较

产品生命周期	促销目标	主要方式
介绍期(引入期)	认识、了解产品	广告与公共关系为主，辅以营业推广，人员推销
成长期	增进了解与兴趣	利用广告和公共关系扩大知名度，用人员推广降低成本
成熟期		广告与营业推广增加销量，削减广告
衰退期	促进信任购买	营业推广为主，辅以提示性广告

促销策略的选择除了考虑以上因素外，还要考虑消费者的行为、企业的营销环境和分销成本等。

7.2.4　促销组合的类型

促销组合的类型主要有以下两种。

1. 推动策略(从上而下式策略)

推动策略中以人员推销为主，辅之以中间商销售促进，兼顾消费者的销售促进。推动策略是把商品推向市场的促销策略，其目的是说服中间商与消费者购买企业产品，并层层渗透，最后到达消费者手中。

2. 拉引策略(从下而上式策略)

拉引策略就是企业不直接向批发商和零售商做广告，而是通过创意新、高投入、大规模的广告轰炸，直接诱发消费者的购买欲望，由消费者向零售商、零售商向批发商、批发商向制造商求购，由下至上，层层拉动购买。企业的促销活动，必须顺应消费需求，符合购买指向，才能取得事半功倍的效果。许多企业在促销实践中，都结合具体情况采取“推”、“拉”组合的方式，既各有侧重，又相互配合。促销组合类型如图 7-2 所示。

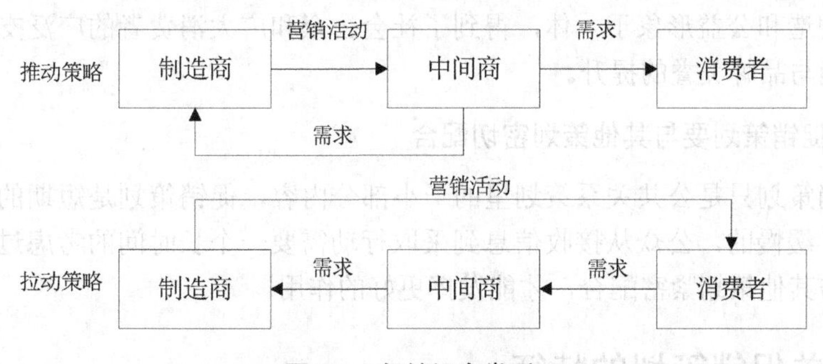

图 7-2　促销组合类型

7.3 公关促销策划

随着社会的发展，公共关系在企业的发展和营销策略的执行过程中，扮演着越来越重要的角色，尤其是处在市场整合期。企业如果能正确把握公关的方向和技巧，就会给自己创造一个良好的、宽松的外部环境，对企业的品牌建设起到不可估量的作用；而企业一旦公关意识淡薄或者方向技巧不对，将会对企业的发展带来很大的阻力，严重的可能会使企业面临灭顶之灾。

7.3.1 公关促销策划的内涵

公关促销策划全称为公共关系促销策划，是指根据企业销售的目的，运用公共关系手段对企业开展的销售活动进行全面、细致、客观的安排和规划，从而创造出具有影响力的、有效的销售方案的过程。其基本含义包括以下几点。

1. 公关促销策划的目的是快速增加企业商品的市场占有率

例如，某次促销策划的目的是使企业的市场占有率从15%增加到20%。在策划过程中，策划人员必须始终围绕企业的促销目标、消费者的消费需求来展开工作。公关促销策划活动的开展，以调动消费者的潜在购买意识，使之产生购买动机进而形成真正意义上的购买行为为最终目的。

2. 公关促销策划的关键是挖掘创新思维

要根据企业所处的社会环境和经济环境及自身优势，创造新颖独特的促销方案，以刺激和吸引社会公众的注意力，从而唤起购买欲望。“以旧换新”是家电行业常用的促销方式之一。通常的做法是无论旧机能不能用都能折价换购新机，甚至没有旧机也一样享受折价优惠。而TCL彩电开展的“以旧换新爱心助学”活动则与众不同，活动采取顾客预约登记购买新机，技术人员上门鉴定旧机，证实旧机仍然能够正常收看，再向顾客销售新机。回收的旧机实行公开拍卖，所得收入全部用于资助失学儿童。TCL的此次活动在物质层面上强调了新品的技术与功能价值，在心理层面上强调了活动参与者的精神价值。活动集产品促销、品牌塑造和公益形象于一体，得到了社会公众和广大消费者的广泛支持，有力地促进了产品促销与品牌美誉的提升。

3. 公关促销策划要与其他策划密切配合

公关促销策划只是公共关系策划里的一小部分内容，促销策划是短期的，公共关系策划是长期的、缓慢的，公众从接收信息到采取行动需要一个长时间的考虑过程。因此，促销策划必须与其他策划紧密配合，才能发挥更好的作用。

7.3.2 公关促销策划的特征

公关促销是公共关系活动中的短期活动方式之一，对刺激消费，增加企业的产品销量

和提高企业的社会知名度有着很好的促进作用。公关促销策划具有以下特征。

1．及时性

公关促销活动是根据企业公共关系活动的特定需要而采取的短期公共关系活动方式。通过向公众提供短期的强烈诱惑，激发公众的购买欲望，从而采取购买行为。企业的促销活动，由于有权威机构的参与，公正性和权威性得到提升，消费者的顾虑得以减轻和消除，因此，可在短期内取得良好的社会效益。

2．刺激性

公关促销活动具有强烈的刺激性，它通过降价、优惠购买、赠送礼品、抽奖等一系列诱发因素刺激公众的购买欲，使公众能立即产生购买冲动。

3．灵活性

公关促销活动可以根据企业、市场的现实情况灵活运用，既可以是短期的，也可以是不定期的；既可以是对内的，也可以是对外的，具有充分的灵活性。

4．直接性

公关促销活动与其他销售活动相比更具有直接性的特征。其诱导方式刺激消费，使消费者的购买欲望迅速增强，比其他销售方式更直接，如打折和赠券是餐饮业常用的促销方式。与一般做法不同，“绿茵阁”西餐厅的“八国护照”活动很有新意。就餐顾客只要加 2 元就可获得精美“护照”一本，就餐一次可在护照上加盖一国公章，盖到八国公章就可以参加抽奖，奖励出国旅游。该活动以出国旅游作为诱因，对西餐厅的顾客有较强的吸引力；用护照加盖公章作为活动参与的形式，对西餐厅的顾客有较强的趣味性，因此，能够得到西餐厅顾客的响应，活动得以成功。

7.3.3　公关促销策划的意义

公关促销策划的意义主要体现在以下四个方面。

1．公关促销策划是公共关系策划的重要组成部分

公关促销策划的有效实施对企业的经营与发展具有很大的促进作用，同时更能进一步加强企业文化的建设，对提高企业的社会影响力贡献极大。例如，西铁城 2007—2008 年围绕“提升品牌内涵、强化品牌地位、传承并巩固西铁城所固有的品牌价值、增强消费者的品牌认同感”的品牌塑造目标，在我国的许多城市开展了一系列的促销活动，如新产品发布会、产品巡展、用户俱乐部、媒体节目冠名、慈善捐助“国际狮子会”对我国白内障患者的治疗、各种形式的广告宣传等。通过这些活动的开展，较好地提升了消费者对西铁城系列产品及特性的认知。通过产品特性和目标受众利益的互动，促进了目标受众对产品的认可，增加了产品的美誉度。而长达数年的、持续不断的公关促销活动，使更多的消费者从手表的计时性、功能性消费，逐步在向符号性、情感性的消费转移。西铁城的系列公关促销活动对消费者形成、建立新的“表文化”起到了不可低估的作用。

2．公关促销策划具有很强的竞争力

成功的公关促销活动能使本企业在同行业中具有更强的知名度。市场竞争越激烈，公共关系越重要。创新独特的公共关系促销方式能使企业在同行业中独树一帜，格外吸引社会公众的注意力，具有很强的竞争力，而这种竞争力必须通过公关策划来实现。今天，“真诚到永远”已成为海尔的“代名词”，它长期坚持的定期电话回访制度形成了海尔服务亲切周到的形象；同样，TCL 彩电“亲切的服务态度、专业的服务水平、迅速的服务效率”构成了公司的整体服务形象，使 TCL 在激烈的彩电竞争中走得更远。

3．公关促销策划使企业的销售活动过程更加有效

21 世纪的消费者，其需求与心理在文化、环境、技术的作用下发生了翻天覆地的变化。企业的促销活动必须跟上时代发展的步伐、必须跟上消费者物质与精神需要变化的幅度。企业为了提高自身的市场占有率、品牌知名度、美誉度、赞誉度，促销理念、促销手段必须创新。2005 年中国的创可贴市场上，绝对的领头羊邦迪，几乎就是创可贴的代名词。为了打破邦迪的垄断，云南白药充分利用伤科圣药的优势，在创可贴里加入了白药成分，让创可贴不再仅仅停留在保护伤口的功效上，而能够更好地治愈伤口。在宣传推广上，云南白药采取了更加有效的差异化竞争策略——不是单纯宣传疗伤效果如何好，而是凸显了邦迪所不具备的独特优势：有药的创可贴。邦迪的宣传强调保护、材质的舒适性，而云南白药“有药的创可贴”、“有药好得更快些”的诉求引领着创可贴完成了从“保护到治疗”的升级。云南白药用“有药”和“无药”树立了创可贴的新认知范式。这种认知范式的重建符合消费者对伤口快速愈合、复原的需求，将云南白药这一百年品牌的“止血”疗效与现代衍生产品密切联系起来。

云南白药创可贴“有药好得更快些”促销活动的开展取得了巨大的成效，之后企业的调查显示：87%的受访者认为创可贴的功效应该治疗伤口，75%的受访者表示考虑首先购买有药的创可贴。而终端的拦访调查证明，消费者的重复购买率上升 22%，2006 年市场份额同比上升 120%，实现云南白药创可贴历史上的最高增长。

4．公关促销策划可以有效地降低企业的促销费

公关促销策划不同于其他的营销策划，它在策划中考虑问题更全面、更细致，即对公关促销经费的使用更科学、更系统。例如，1964 年亚科卡在其策划的“野马”轿车的整体促销活动中，将活动起点聚焦在新闻记者身上。宣传推广活动的第一步就是邀请各大报社参加“野马”轿车大赛，请 100 名新闻记者亲临现场采访，数百家报纸杂志如期报道了“野马”轿车大赛的盛况。此后，在密集性广告战术的配合下，“野马”轿车的促销活动空前成功。原计划销售 5 000 辆，而实际销售了 418 812 辆，仅头两年，就获利 11 亿美元。“野马”轿车大赛这一宣传性公关促销活动，只是当时“野马”轿车整体促销策划的一部分内容，却获得了“事半功倍”的效果，更为企业节约了相当可观的成本开支，也成为汽车销售中的“神话”，更为亚科卡赢得了“野马”车之父的美誉。

7.3.4　公关促销策划的程序

公共促销策划的程序如下所述。

1．分析公共关系现状

公共关系现状分析，就是要求策划人员在策划公共关系活动方案之前，首先要通过相关的调查研究工作，深入了解企业当前的公共关系状态如何，即深入了解以下问题：企业在社会公众中的知名度与美誉度如何？存在的问题是什么？造成问题的原因是什么？企业期望解决的公共关系问题是什么？解决这一问题的关键是什么？

2．确定公关促销目标

确定公关促销目标是策划公关促销方案的前提。一般来说，根据调查研究所确认的企业营销活动中，需要重点解决的公共关系问题，就是公关促销工作的具体目标。确定公关促销目标，一般要遵循如下四项基本原则。

1) 与企业整体目标一致的原则

这种一致性的原则要求公关促销目标要从企业的整体利益出发，做好通盘考虑与整体规划。而不能为了实现短期的促销目的，不择手段或急功近利地开展公关促销活动。

2) 塑造企业有效形象的原则

选择企业利益与公众利益的相交点，是确定公关促销目标和塑造组织有效形象的关键。策划开展的任何一件公关促销活动都要以塑造企业有效形象为原则，不能因促销活动的开展而损毁企业的形象。

3) 把抽象的概念具体化的原则

公关促销策划中，要把公关促销的目标具体化、明确化，这样既有利于实施，又便于评估检验。

4) 可行性与可控性原则

可行性是指目标切实可行能够实现，可控性是指目标要有一定的弹性，要留有余地，以备条件变化时灵活应变。

3．策划公关促销主题

公关活动的主题统率所有具体的公关活动，是联结所有公关活动项目的核心。每一项公关活动都应该体现一个主题，活动必须围绕主题展开。主题的表现形式很多，可以是一个简洁的陈述，也可以用醒目简短的口号来表示。设计一个好的主题应该考虑三点：体现公关促销目标、适应公众心理和符合信息传播特性。

4．选定公关促销对象

公共关系的对象是社会公众。策划人应该依据企业某一阶段的经营环境和公关促销目标，确定适当的公众作为公关活动的对象，有的放矢，使公关促销活动的效果实现最大化。一般而言，公关促销活动最为关键的对象是目标顾客，其次是经销商、供货商、合作者、竞争对手以及企业内部员工等首要公众；再次是媒介、政府、社区等次要公众；最后是其

他一些边缘公众。

5. 形成公关促销创意

如何通过独特的创意，脱颖而出，吸引媒体的注意力，得到广泛的报道，是公关促销策划中最为核心的问题。一个好的公关促销创意应该具有以下三个基本要素。

1) 定位一致

即与企业或其产品的市场定位保持高度的一致，并起到“烘云托月”的作用，只有把握好企业或其产品市场定位的创意才能够达到预期的正面传播效果。

2) 有效传播

创意必须能够将欲传达的关键信息正确无误地传递给目标受众。因此，策划人员要综合利用“运势、用奇、求变、谋合”等多种创意技法，形成好的公关促销创意。

3) 方案完善

任何一个好的创意，都必须有完善、详尽而又灵活的实施方案来保证落实，否则，再好的创意也只能停留在头脑里，不能带来预期的效果。

6. 设计公关促销活动方式

不同类型的企业，或者同一企业的不同发展阶段，或者同一阶段中针对不同的公众对象以及公关目标，都需要有不同的公共关系活动方式。表 7-2 所示为常见公共关系活动类型及方式，策划人可根据实际情况进行选择策划。

表 7-2 公共关系活动方式一览表

根据公共关系工作的业务特点划分的公共关系活动方式(公关战略)	
宣传型	广泛宣传：发新闻稿、公关广告、发行公关刊物、视听资料、表演、讲座等
交际型	广交朋友：座谈会、宴会、工作餐会、招待会、谈判、专访、慰问、接待参观、电话沟通、电子邮件、亲笔信函等
服务型	服务大众：消费者教育、消费者培训、销售服务、社区服务、家庭式服务等
社会活动型	回馈社会：赞助文化、体育、教育、卫生等事业；支持福利事业、慈善事业；参与国家或社区重大活动、为社会提供公益活动
征询型	了解舆情：来信来访制度、合理化建议制度、热线电话、投诉处理制度、社会调查、信息交流等
根据不同的组织环境和组织公共关系现状划分的公共关系行为方式(公关战术)	
建设型	第一印象：开业庆典、剪彩活动、落成庆典、开业广告
维系型	保持关系：提示性企业广告，企业 CI 的持续性宣传，服务性、信息性邮寄品分发，节假日专访，慰问，优惠老顾客等
防御型	防患于未然：未雨绸缪、积极行动
进攻型	积极应变：公开报道、建造玻璃屋、增加透明度、危机公关
矫正型	重塑形象：勇于认错、修正行为、挽回信誉、危机公关

7. 策划公关促销活动方案

公关促销活动方案策划是公关策划的核心内容，具体来说，主要包括以下几项内容。

1) 策划活动时机

对公关活动时间进行安排在方案策划中尤为重要，时机选择恰当，公关活动可以收到事半功倍的效果。公关活动的时间往往可以选择企业成立或新产品推出之时，也可以选择企业纪念日或社会喜庆日，还可以选择重大活动发生时、企业形象受损时和突发事件发生时等。公关促销时机选择是公关促销活动能否成功的关键，也是公关促销策划重要的创意内容之一，通常应该满足四项要求：①符合公众利益；②符合企业利益；③与企业或其产品有关联；④有较强的新闻价值。

寻找四者的结合点是把握公关促销时机的关键。公关促销可利用的时机有很多，主要有企业自有的时机、公众提供的时机、社会环境提供的时机和传播媒介提供的时机。

2) 策划活动地点

这主要是对公关活动的空间地域进行谋划与构思。开展公关活动的地点选择也是十分重要的，地点适当，公关效果会十分显著，取得事半功倍的成果。

3) 策划活动媒体

这是指选择适当的媒体来宣传企业形象。传播媒体有大众传播媒体、组织传播媒体和个体传播媒体。大众传播媒体有报纸、杂志、广播、电视等；组织传播媒体则是指组织利用自控媒介在内部成员之间以及组织之间进行互动过程的媒介，如视听资料、闭路电视、有线广播、内部刊物、墙报、板报等；个体传播媒体主要以具体的个人为传播沟通的媒介，如口头交流、演讲、谈判、劝说等。大众传播、组织传播和个体传播各有其特点，大众传播受众广泛、影响大，组织传播权威性和可信度高，个体传播亲切可信，易于接受。因此，策划媒体时，要考虑各种传播的特点，使各种传播媒介之间形成良好的配合、互补、协调效应。

4) 预算活动经费

公共关系活动的开展离不开经费的支持，因此，公关促销活动方案的制订必须考虑可以使用的经费情况。公关预算主要包括：主体活动费用及整体活动所用的设备和材料费，广告宣传费，工作人员劳务费，其他费用(如电话费、差旅费、交通费、机动费用)等。

8. 评估公关促销活动效果

效果预测与评估是公关促销策划的重要环节。在一般的公关策划中，一般是以“三度”，即认知度(或知名度、展露度)、美誉度及和谐度为基础来评估公关活动效果的。认知度与美誉度的建立，必须通过提高公关促销活动的公众参与度实现；和谐度则是指公关策划应该能够实现各种利益主体利益的一致。除此之外，公关促销策划还应该考虑对销售业绩的促进与提高方面的效果。

7.3.5 公关促销专题活动的策划

公关促销专题活动的策划如下所述。

1．新闻发布会

新闻发布会，也称记者招待会，是企业为公布重大新闻或解释重要方针政策而邀请新闻记者集会，先将信息公告给记者，然后通过记者所属的大众传播媒介告知公众的一种公共关系专题活动。它是企业传播各类信息，吸引新闻界客观报道，处理好媒介关系的重要手段。特别是当企业遇到一些问题需要向社会公众解释时，借助新闻媒介向公众传递真相、澄清事实、引导舆论、树立或维护企业形象，及时召开新闻发布会便是一种有效的措施。

新闻发布会的特点是形式正规、隆重、规格较高；能与记者互动沟通，加深理解。但组织新闻发布会成本高、代价大；发言人和主持人要求思维敏捷，机智冷静。其策划要点有：确定会议主题、会议主持人、会议发言人，邀请参会对象，准备会议资料，选择会议地点，制定会议预算，具体事务安排等。

2．展销会

展销会是通过展示产品实物、图像，以直观的方式展现、介绍产品，宣传形象，使人们了解企业产品的外观、性能、特点的一种公关活动。由于它图文并茂，直观形象，往往会给公众留下深刻的印象，因此展销会也是企业公关促销的重要手段之一。其策划要点有：展销产品、展销对象、展销形式、展销地点、展销工作人员培训、展位布置、编写宣传材料、前期宣传、费用预算等。

3．业务洽谈会

业务洽谈会是企业与供应商、中间商或其他合作者之间为了寻求业务合作而进行洽谈协商的一种公共关系专题活动。其策划要点有：洽谈标的、洽谈对象、洽谈时机、洽谈会地点、洽谈会日程等。

4．赞助活动

赞助活动是企业无偿地提供资金或物质支持某一项社会事业或社会活动，以获得一定形象传播效益的公共关系专题活动。它可以使企业与所赞助的项目同步成名，是一种信誉投资和感情投资行为，也是一种积极有效的公共关系促销手段。具体而言，赞助活动主要有赞助体育活动、赞助文化活动、赞助教育事业、赞助慈善福利事业、赞助纪念活动等类型。其策划要点有：赞助目的、赞助对象、赞助方式、赞助时机、费用预算、赞助方案等。

5．对外开放参观

对外开放参观是企业为了让公众更好地了解自己，面向社会各界开放，及时组织和安排广大公众到企业内部参观、考察，以提高组织的透明度，争取公众了解和支持的一个重要手段。其策划要点有：确立主题、安排时间、成立专门机构、准备宣传工作、规划参观内容与路线。

6．庆典活动

庆典活动是企业为庆祝某一重大事件而举行的一种公共关系专题活动，如开业或周年店庆、新设施奠基、展销会开幕式、签字仪式等。目的在于联络公众、广交朋友、增进友

谊、扩大影响。举行一次气氛热烈、隆重大方的庆典活动，就是一次向社会公众展示自身良好形象的机会。其策划要点有：庆典主题、庆典方式、活动程序、宾客名单、典礼程序、致辞剪彩人员、渲染气氛、礼后活动等。

7.4 营业推广促销策划

在促销活动中，营业推广方法具有举足轻重的作用。可以认为，公共关系提供的是企业形象，广告促销提供的是购买理由，而营业推广提供的是购买刺激。它区别于人员推销、公共关系和广告宣传，但又给这些营销手段以有效的补充，被誉为现代营销的开路先锋，销售的推进器，为各国工商界广泛使用。当前，我国消费品的消费总量很大，但潜能还没有完全发挥出来，消费品供大于求的总格局还在持续发展。由于消费品品牌数量的增加，竞争对手频繁地使用促销手段，消费者更看重交易中的优惠，经销商要求制造商给予更多的优惠，广告媒体价格的上升与广告效益的下降，使得越来越多的企业营销经理在增加销售额的压力下接受并有条件地使用了营业推广这一促销工具。

7.4.1 针对消费者的促销策划

针对消费者的促销方式主要有以下几种。

1. 折价促销策划

1) 折价促销的概念

折价也称价格折扣，是厂商通过降低商品的正常售价，以提供给消费者经济利益，从而激发消费者购买欲望，促进商品销售的一种促销方式。

2) 折价促销的优点

(1) 效果明显。价格往往是消费者选购商品时的主要决定因素之一，特别是对于那些品牌知名度高的产品。因此，折价是对消费者冲击最大、也最有效的促销方法。由于折价的促销效果明显，厂家常常以此作为应对市场突发状况，抗击对手产品促销活动，处理到期产品或过季产品、减少库存量、加速资金回笼、配合商家促销等，有时也是销售人员完成销售目标的应急手段之一。

(2) 活动易操作。厂商可以根据不同区域、不同时间，在允许的促销预算范围内，设计不同的折扣率。这种促销方法的工作量少，成本和风险也容易控制。

(3) 最简单、最有效的竞争手段。为了抵制竞争品牌产品的销售增长，为了抵制对手新产品的上市或新政策的出台等，及时采用折价方式刺激消费者购买本产品，减少顾客对竞争产品的兴趣，并通过促进消费者大量购买或者提前购买，来抢占市场份额，打击竞争对手。

(4) 有利于培养和留住现有消费群。直接折价活动能够产生一定的广告效应，塑造质优低价的产品形象，吸引已经使用过本产品的消费者重复购买，形成稳定的现有消费群体。

折价促销可以吸引零售终端的人流量，刺激本产品和其他产品的销售。促销员也能够通过折价促销尽快实现商品的销售量，并因为人流量的增大，来刺激其他非折价产品销售，加速完成销售指标。

3) 折价促销的局限

(1) 一味折价不能解决根本问题。折价促销虽然短期内能增加产品销量和提高市场占有率，但不能解决厂商销售的根本问题，反而还会误导厂商对市场的正确认识，不利于产品结构的调整。这种方式会使销售管理者沉迷眼前销量的假象，不思索解决问题的方法，甚至对这种促销产生依赖。

(2) 折价损失的利润难以弥补。折价促销如果能在利润率控制的范围内执行还好，若由于厂家相互竞争造成的无节制的折价将会使企业销售愈陷愈深，造成折价损失难以弥补。

(3) 经常折价会对产品和品牌造成伤害。消费者往往会认为经常折价的产品质量会低于售价高的竞争品牌，会认为原来的售价不合理，会认为厂家现在降低了产品的档次和质量，从而会降低品牌在消费者心中的地位，会降低品牌自身的价值和地位，会给产品的涨价造成无形阻碍。如果消费者或客户习惯了产品打折后的价格，品牌在消费者心中的地位也就是折价后这个档次和形象了。

(4) 折价促销不利于建设品牌忠诚度。折价可能吸引一些对价格关注度特别高的消费者，而这类消费者往往习惯于那些折价的产品，根本没有多少品牌的忠诚度。一旦产品折价促销结束，他们可能会马上转换到产品折价促销相对较低的品牌那里。但是那些对于品牌高度忠诚的消费者，往往会因为产品的折价而感觉产品、品牌档次在下降，影响自己的身份和形象，而不再选择这个品牌的产品。

(5) 折价促销容易引起价格战。高幅度、高频率的折价促销会引发品牌间的相互恶性价格竞争，不利于维护产品的价格形象和合理的利润空间。

4) 常见的折价促销形式

(1) 直接打折。直接打折就是对某商品或服务的价格直接打折销售，如“全场 8 折”、“9 折销售”等。这种促销方式的优点是，消费者可以明确知道该商品此时购买能便宜多少，能比较强烈地引起消费者的注意，并刺激消费者做出购买决策，促使消费者改变购买的时间(提前或推后)，或增加购买的数量。据估测，通常折扣率至少应该达到10%～20%才能对消费者产生影响，一些实施高质低价定位战略的商品折扣率在5%左右也能发挥促销作用。对于品牌知名度高、购买频率高、消费者关注度比较高的日用消费品，直接打折效果比较明显。对于同质化程度比较高的商品而言，如果品牌知名度不高，即使采取较高的折扣，效果也不会十分明显。

(2) 数量折扣。数量折扣是指对大量购买某种商品或服务的消费者提供的一种价格折扣。数量折扣通常是按照购买数量的多少，分别给予不同的折扣，购买数量越多，折扣越大。数量折扣可以是消费者一次购买某种商品达到一定数量或金额，或者一次购买某几种指定或不指定商品达到一定数量或金额，或者一段时期内累计购买商品达到一定数量或金额给予一定的折扣优惠。数量折扣的目的在于鼓励消费者大量购买或集中购买，因此适用于那些购买频率高，消费者需求量大的日用消费品。

(3) 附加赠送。这是指当消费者购买一定数量或金额的产品后，按照一定比例附加赠送同类产品，如买一赠×就是最常见的促销方式。这种方式实质上还是打折促销，适用于单价较低、包装简单、使用频率较快的日用消费品，也有人称这种方法为酬谢包装。

(4) 加量不加价。这种做法也称酬谢包装，是指在产品出厂前，就有目的地提高原产品的容量，但仍旧以未加量的价格出售，并在包装物上醒目提示“加量不加价”的促销方式。这种方式适用于那些消费者熟悉或经常购买的品牌。例如，一些牙膏、洗发水生产企业经常使用这种方式促销。但如果是陌生品牌或新产品，促销效果要差一些。

5) 折价促销的流程

(1) 确定促销产品，即我们进行折价的促销产品是哪些。

(2) 明确促销目的。企业决定采用“折价”促销活动这一工具，最本质的目的是增加产品的销量。

(3) 选择促销时机。如饮料的折价促销可以选择夏季或者节假日。

(4) 明确时间长度。如果活动运作正常的话，举办“折价”促销期间的销量应比平时增加 20%以上，且活动期间销量增长最为明显。随着活动的进行，增长幅度会逐渐下降。因此，通常一个“折价”活动时间设定为 4～6 周为宜，一般不应超过 2 个月，否则消费者和零售商一旦习惯折价，就很难再将价格恢复至正常水平。

(5) 确定折价金额。“折价”的奖励，并非幅度越大效果越好。应根据产品的不同，制定不同的折扣幅度。一般来讲，折扣率应该在 10%～20%才会比较有效。折扣率太低，等于浪费广告费。如果是品牌知名度较低，市场占有率较小的产品，折扣额度需要更大一些才能吸引消费者。如果折扣只有原价的 5%左右，无论什么品牌，几乎都不会有什么效果。

(6) 进行宣传设计。“折价”的奖励幅度要标识得越简单易懂、越醒目明了越好，并要用消费者喜欢的语句来表达。例如，“现在购买只要 10 元”，就不如“现在购买省 10 元”更有冲击力，更能令消费者产生共鸣。因为前者是要你“掏钱买”，而后者则是“帮你省”，在心理感觉上是不一样的，当然接受效果也会有差别。那些复杂、花哨的语句，虽具艺术性，却让消费者不知所云，从吸引力的角度来看效果反而差。

(7) 费用评估。折价促销是一种销售活动，因此不可避免地会产生一些活动费用，包括场地费、劳务费、通信费等。

2．优惠券促销策划

1) 优惠券促销的概念

优惠券也称折价券，它是企业通过一定形式向目标顾客免费赠送的，持券人在指定地点购买商品时可以享受一定优惠的促销方式。按照优惠形式不同，优惠券可分为两种：一种是标明优惠折扣比率的优惠券，持券人可以按此折扣比率打折购买商品；另一种是标明优惠金额的优惠券，持券人购买时免付一定金额。优惠券按照发放对象划分，可以分为两大类。

(1) 零售商型优惠券，只能在某一特定商店或连锁店使用。

(2) 厂商型优惠券，一般可以在各零售点使用。

2) 优惠券促销的优点

(1) 帮助企业开拓新顾客。优惠券的发放可以有效刺激非目标群体对商品进行尝试使用，扭转消费偏好，较快地显示促销效果。

(2) 提高现有客户的购买量和购买频率。优惠券通常是对现有顾客进行优惠，通过多

次、分阶段地使用优惠券促销，可以有效提高顾客的购买量以及购买频率，使消费者习惯使用本产品，培养忠诚顾客。

(3) 留住老顾客。刺激忠诚的消费者对商品进行持续、稳定地重复购买。

(4) 有利于改进商品。门店可以通过收回优惠券的机会，要求消费者填写相应的市场调研信息，了解商品和品牌在消费者心目中的地位和商品的改进方向。

3) 优惠券促销的缺点

(1) 效果难以预测。部分优惠券可能过了很长一段时间才来兑换，因此影响整体促销计划的实施，导致活动效果难以预测。

(2) 对新品牌或品牌知名度不高的商品促销效果不明显。面对一个陌生品牌或者是不了解的商品，无论优惠券上的折扣多么诱人，消费者也会因为预防心理或无从判断心理而放弃使用优惠券。

(3) 兑换率难以把握。不同的市场、不同的时间、不同的优惠券发送方式以及不同的优惠券的创意表现都会对消费者的参与程度产生影响，进而影响兑换率。

(4) 不成功的优惠券设计会损害品牌形象。优惠券的本质是价格折让，这种促销方法会在一定程度上损害品牌的形象。门店必须精心设计和制作优惠券的表现方式和文案内容，最大限度地传递产品或者品牌的美誉度和信誉度，提高优惠券的兑换率。

4) 优惠券的发放方式

优惠券的发送方式可以划分为以下四种。

(1) 直接送达消费者。可以采取街头散发、零售点自取、邮寄等办法将优惠券送达目标顾客手中。

(2) 借助媒体发送。这种方式是将折价券印制或夹塞在报纸、杂志等媒体上，或者通过网络下载等方式将优惠券送达消费者。

(3) 随商品销售发放。可以通过将优惠券印制在包装、购物小票或购物袋上，或者直接塞入包装内等方式送达消费者。这种方式的优点是方便灵活，渠道广泛；缺点是增加印制成本，优惠券只能在下次购买时使用(效果明显减弱)，不便于统计和管理。

(4) 卖场赠送。这种方式在当前终端市场销售特别流行，尤其是那些即买即送优惠券更能促进商品和人流量的集中。

5) 优惠券促销流程

优惠券促销是商家为了应对市场竞争，在短期内迅速吸引目标客户群、增加店内客流量、提高销售额的最为直接和最具消费导向性的一种促销方式。在具体应用中，要注意对优惠券的设计和送达方式的选择，以及整个活动的时间、空间、气候上的把握，这样才能使优惠促销活动获得成功。

(1) 优惠券设计。优惠券的设计，通常按照纸币的大小形状来印制。优惠券的信息传达应清晰，引人注目。优惠券的设计应包括面值或优惠折扣、使用方法、限制范围、有效期限、解释权归属、品牌 LOGO、地址、电话、网址等，如果能加上一段极具销售力的文案诉求以鼓励消费者使用，效果更佳。

(2) 优惠券促销的实施要领主要有以下三点。

优惠幅度有足够的吸引力。根据门店引力水平的不同而定，一般零售价 10%～30%的优惠是立项参考指标，也能获得最好的兑换率。

选择兑换率高的递送方式。顾客在门店第一次消费完毕之后，由店员直接赠送给顾客为最佳。

充分考虑优惠券的到达率。消费者对商品的需要度、品牌认知度、品牌忠诚度、优惠券的优惠条件、使用范围、竞争品牌的活动内容以及促销广告的设计和表现等都会影响兑换率，必须制定相应的措施。

其他注意事项：①限制每次购物仅使用一张优惠券，回收后统一销毁；②优惠券的价值不宜过高，以免不法分子伪造获利；③单一品牌的优惠券，其价值不应当超过商品本身价值；④使用方法清晰易懂，务必让店员易于处理和承兑；⑤限制在某一特定商店或者连锁店使用。

(3) 优惠券的管理。在采取优惠券促销的过程中，我们要注意对其进行管理，主要是对以下几个方面的管理。

① 在制作优惠券时必须充分考虑优惠券的使用范围、优惠幅度、使用期限、使用方法以及具体设计等问题，并在推广的过程中加强管理，选择好的推广时机和频率，真正达到吸引客流、提升企业形象等促销目的。

② 优惠的幅度应当根据顾客购买数额的分布曲线来进行设定，优惠折扣范围则根据促销成本、促销期长短、促销方式而定。

③ 优惠券的有效期限的设定应当结合促销目的、顾客行为、顾客的自然到店频率等因素而改变。例如，如果针对普通群众，优惠券的有效期限一般为 1～2 周；如果针对白领阶层，要多留几个周末来作为有效期；如果只是针对开业的优惠，有效期为开业后的 10～30 天。

④ 在设计上要求简洁清晰，便于在短时间内传递促销信息，同时还要便于顾客携带。如果优惠券的面额较高，则应注意防伪问题。

⑤ 优惠券需要加强监控，避免人为漏洞，如优惠券不与其他优惠卡同时享用、不可购买特价商品。

⑥ 对于优惠券的派发，一定要按照计划落实到位，真正渗透到目标消费群体。

⑦ 提前做好店员、收银人员的培训工作，因为部分顾客可能会不明白优惠券的使用规则，需要店员做好解释工作。

表 7-3 所示是需要注意的事项和采用方法。

表 7-3　优惠券的管理

事项和方法	内　容
影响因素	优惠券派送方式 优惠券优惠额度 优惠券的设计与表现形式 顾客对商品的需要程度 顾客的品牌认知度和忠诚度 品牌的经销能力 品牌的新旧程度 使用地区范围 竞争品牌的促销活动 品牌自身的等级

续表

事项和方法	内　容
采用的方法	优惠券价值不宜过高 优惠券设计不易仿造 兑换办法和说明必须明确、清楚 该商品在商场的普及率达 60%以上才可使用优惠券促销 先在局部测试，然后再在大范围区域内开展优惠券促销活动 最好用彩色印刷优惠券，由于仿造难度加大，可降低仿造优惠券的可能性

(4) 优惠券的兑换。优惠券兑换过程中将花费促销活动的主要费用。因此，要提高优惠券兑换率。

(5) 优惠券促销费用计算。优惠券促销的费用预算包括直接发生费用和可能发生费用两部分，具体内容如表 7-4 所示。

表 7-4　优惠券促销费用一览表

事　项	直接发生费用	可能发生费用
费用含义	不考虑优惠券兑换数量，必须支出的费用	与优惠券最终被兑换多少(即兑换率)有关的费用
费用内容	优惠券印刷费和送达费	优惠券优惠费用和兑换处理费

① 优惠券的印制费。优惠券的印制费用随优惠券的递送方式不同而有所差别。在报纸杂志的传递方式中，印制费实际是广告的制作费；而在其他三种形式的递送中，是指优惠券自身的制作费用。

② 优惠券的送达费用。优惠券的送达费用因发送方式的不同而有所差异，主要内容包括：分送人员的劳务费、直接邮寄费、广告的刊登费以及将优惠券置于包装内的费用。

3. 赠送样品促销策划

1) 赠送样品促销的概念

赠送样品促销是指向目标顾客免费赠送商品样品，以鼓励目标顾客试用的促销方式。某些单位价值较低、易于以独立小包装的形式分送的日用消费品，可以采用赠送免费样品的促销方式。

这种方式能使消费者对企业的产品迅速产生兴趣和购买欲望并扩大产品的市场覆盖率。从最早商场里的食品品尝，到挨家挨户的样品派送，乃至今天新型的大型耐用品定期租用等，赠送样品的形式在不断发展。采用此种销售促进方式，有助于企业实现下列目标。

(1) 可使新产品迅速进入市场。

(2) 提高销售业绩较差地区的销售量，给没有使用过该产品的消费者试用的机会，变潜在顾客为现实顾客。

(3) 在销售业绩好的地区继续保持优势，打击拥有竞争性产品的对手。

(4) 借以调查消费者对其产品的意见。

(5) 达到公开宣传，扩大影响的目的。

2) 赠送样品促销的优点

(1) 吸引消费者积极参与。由于我国是发展中国家，消费水平低。免费样品的试用率是很高的，特别是日用品，这是一种传递产品信息较为理想的方式。

(2) 充分展示商品特性。心理学家的实验结果表明，人们对亲身经历的事情能记住 90%，对看到的事情能记住 50%，对听到的事情只能记住 10%。赠送样品的目的是让消费者亲自试用，充分感受商品的使用价值，这样商品的特性也就充分地展示给消费者了。

(3) 有效培养品牌忠诚者。赠送样品不仅仅是增加商品的销售量，更重要的是在消费者试用商品时，加深了消费者对产品的了解并产生对产品的信赖，这些会使顾客在以后的消费过程中有可能成为企业产品品牌的忠诚者。

(4) 灵活机动地选择销售对象。无论采用何种方式赠送样品，其赠送对象的选择权都掌握在企业手中，因此，企业可以根据促销需要，选择特定的目标对象，可以扩大赠送范围，也可以缩小赠送范围。尽管有时赠送样品的数目不大，但可以收到事半功倍的效果。

3) 赠送样品促销的缺点

(1) 花费昂贵。赠送样品的尝试购买效果虽好，但花费亦高。厂商务必认清必需的成本支出，有样品费、分送处理费、相关的广告辅助等花费。

(2) 仅适用于大众化的消费性商品。对特殊性商品而言，由于市场目标及特定对象的限制极严，名单取得不易，因此对赠送样品促销来说不易命中目标群，效果势必大打折扣。

(3) 经济效益偏低。免费样品是花一元就是一元的硬碰硬促销方式，其经济效益甚低，特别是对优惠券而言，在尝试购买率上，简直不堪比拟。

(4) 样品分送极难驾驭。当寄送样品时，常会面对邮资高涨、寄达时效无法掌握、邮寄条件的限制等困难。厂商对样品是否完整而且准时地送至消费者手中，完全受制于邮递公司，本身难以控制。当采用直销公司直接送递时，同样也是难以控制。

(5) 经常遭遇样品失窃问题。不论分送的方式或样品的价值，在运送过程失窃的问题都有可能发生，从递送公司到零售店员工皆可能是偷窃者，极难防止。

免费样品促销的缺点虽多，但是绝大部分都可以通过完善周详的活动规划加以克服。

4) 赠送样品的方式

(1) 直接邮寄。通过邮寄或民间专门的快递公司和促销公司，将样品送到消费者手中。该赠送方法送达率较高，因而效果显著，在以住户为对象的赠送过程中，尝试购买率可达 70%～80%。但是，这种赠送方式往往受到很多限制，如液体样品很难通过邮局邮寄、样品的包装必须牢固等，而且以重量计价的邮寄成本很高。

(2) 逐户分送。由专人将样品送到消费者手中，一般将样品放在门外或信箱内，或交给开门的消费者。这种方式在居住比较密集的城市采用较为普遍有效，但是，这是所有发送方式中最花钱的一种。另外，不管是国内还是国外，居民区的安全防范措施都较为严格，从而会影响样品的正常送达，所以局限性较大。

(3) 定点分送及展示。这是直接将样品交到消费者手上的另一种赠送方式，通常选用的地点是零售店里、购物中心、重要街口、转运站或其他人潮汇集的公共场所内，将样品分送给消费者，并同时告知有关产品的销售信息以广为宣传。此种发送样品的方式，如果再搭配送优惠券或其他购买奖励，效果会更突出。例如，天津的“天益牌”辣精、北京的“酱

王牌”面酱，都是通过此种方式让消费者认知他们的新产品的。不过，要切记一个营销准则，只要在一家零售店免费派送样品，则必须家家依样执行，以免偏颇。

(4) 媒体分送。如果样品体积小，可以附在大众媒体特别是普通报纸、杂志里向顾客赠送样品，同时还可以附一份有关产品的说明书或宣传资料。在样品送入家庭和机构的同时，传达有关商品信息。但由于我国大众媒体的主要订户是机关团体，因此，目标顾客群命中率低，而且样品制作成本高。目前，这种方式并不是一种有效的分送方式。

(5) 零售点分送。在零售店内销售试用样品，已成为新增的一项重要促销方式。厂商生产小号装产品以低价供零售商贩卖给消费者，零售商由此获得的利润往往比卖其他竞争品来得高。此种推广商品的方式，花费既低，又可有效吸引消费者尝试购买。由某些实例获悉，厂商甚至还可从中获利，因而不论厂商或零售商，面对利润的诱惑，对此种促销方式均大表欢迎。

(6) 联合或选择分送。专业的营销服务公司规划了各种不同的分送样品方式，以有效地送到各个精选的目标消费阶层手上。例如，新娘群、军职人员、中学生、新妈妈群或其他特定的消费群等，视个别需要将相关性却不是竞争商品集成一个样品袋送给他们，由于深具巧思，当然特别吸引受赠对象的喜爱。由于样品袋组合精致，送得贴切自然，而且由于各品牌分摊费用使成本无形中降低许多。比方“新娘礼品袋”在婚后立即送到新娘手中，这种针对特定对象分送组合样品的方式，最大的优点在于既迅速又直接地接触目标群，而没有像用其他方式那般来得困难和费用高昂。

(7) 入包装分送。选择非竞争性商品来附送免费样品，此时该样品常被视为此商品的赠品。由于受限于此商品消费对象的购买及尝试意愿，因而许多案例显示，此促销方式是所有免费样品分送中最省钱的一种，但效果偏低。

5) 赠送样品的促销流程

(1) 估算赠送样品的促销费用。促销范围广且变动又快，其成本花费不可能精确核算出来。为了让大家对成本的粗估有所依循可依靠下列几种方式。

① 直接邮寄成本估算。邮资计算是以商品重量和送达时间的快慢来决定其金额的。

② 逐户分送成本估算。费用估算的弹性相当大，主要依分送户数的多寡而定，还必须考虑到所选的都市形态、区域大小、各户的相隔距离，皆影响其成本的变动。以北京及其市郊为例，1993 年，逐户分送样品的处理成本为每千个 1 500 元，其进行的方式为，样品重 100～200 克，被装在透明塑料袋内，逐户分送，同样收费还可再加放优惠券在样品袋内，不另加价。此种分送方式，每人每天约可送出 25 份样品(请注意：国内大部分城市有些对逐户分送的样品赠送尚不熟悉和习惯，在拟订计划前务必调查清楚街道管理部门是否同意)。有关此种方式的花费，包括有样品费、分送各户处理费、宣传印刷品费(如优惠券、包装材料费)等。

③ 定点分送成本估算。以样品分送者或示范者每人每天的平均工资计酬，并不考虑分送出的样品数量。成本估算以 1993 年北京为例，人员开销每人每日 125～160 元，再加交通费及样品费、促销宣传辅助物、优惠券等的支出。

④ 联合式分送成本估算。在所有免费样品分送的方式中，以此种联合多种非竞争性商品组成样品袋，送给经过筛选的特殊对象的分送方式，费用较不浪费。因为样品分送费由

各品牌分摊，费用自然降低，此外，请切记再加上样品费及其他促销宣传品费。

⑤ 包装分送成本估算。此种将样品置于包装内或附在包装上的分送方式，成本最低。因为其花费只有样品费、附于包装的处理费及其他宣传辅助物等，而样品分送给消费者的花费极少，甚至可以说没有，开销当然最少。

为有效核计免费样品促销活动的成本支出，特依实际执行时可能发生的项目列举如下：样品费；邮寄直送的名单查询费；邮资或分送费；活动处理费，如通过专业邮递公司或直销公司必须的处理费；广告费及其他促销辅助物的费用，含样品包装上的宣传广告物；样品的包装费，包括纸盒、纸箱、袋子或分送所需的其他包装材料费；优惠券折价面值及零售点和促销公司的优惠券兑换处理费；样品置于包装内或附于包装上的处置费。

(2) 赠品选择。某些商品运用单纯的免费样品促销时，常创佳绩。一般而言，以新商品或改良后商品最具代表性、表现最佳，而一些商品在外观特性上与竞争商品有显著差异时，进行样品赠送亦有意想不到的成果。通常以经常性购买商品和大众化消费品较适用免费样品，其成效颇值得称道。至于一些回转慢、非经常购买的商品，则不适用于免费样品促销。同样地，对于个性化强烈的商品，或富选择性变化的商品(如因色彩、香味、口味等的差异，而影响消费者选择偏好的刮胡乳液、指甲油、口红等)，也不适用样品促销。

其他运用此法效果不好的商品，其特征为缺乏明显的利益，或与竞争对手相比差异不大、难以脱颖而出。对处于成熟期或旧有品牌的商品，运用免费样品促销毫无益处可言，除非厂商考虑在新消费区域或偏远地区推广。

(3) 赠送时机的选择。样品赠送活动不能频繁地举行，对企业来说它是一笔庞大的开销，所以选择适当的时机是十分重要的。策划样品赠送的时机应考虑以下几个问题。

① 企业在市场上的广告宣传活动。样品赠送常常需要配合一定规模的广告宣传活动，尤其是一种新产品进入市场，消费者对其品牌很陌生的情况下，广告宣传更是必不可少。样品赠送活动与广告宣传的时间关系，应当是广告宣传在前，样品赠送紧随其后。企业在该市场的广告宣传进行 4～6 周之后，消费者对产品品牌已经有了一定的感性认识，此时，是实施样品赠送活动的最佳时机，因为消费者得到样品后，必然有兴趣参与试用。需要特别指出的是，在样品赠送期间，企业在该市场上的广告宣传不能停止。

② 产品在市场上的经销数量。这实质上也是一个时间问题，在一个市场区域内，样品赠送活动必须在经过该产品的零售店达到一定规模后方可进行，不能操之过急。要使经销该产品的零售店达到一定规模，需要一定时间，不可能在一夜之间遍地开花。

③ 产品消费的季节性。对于季节性消费者而言，最好在消费旺季到来之前举行样品赠送活动。因为经过消费者试用后，产品在市场上的知名度迅速提高，若正赶上消费旺季，则必将给企业带来理想的销售额。

(4) 赠品规格的选择。免费试用的样品规格，并无大小的硬性规定，通常只要让消费者够用就可以了。所以，其生产依据常规商品的产品特色而定，例如口味不错，送一次用量就够了；如果必须多次连续使用才能体验商品效果，则分量必须多些。一般来说，分量多的样品比小试用品更讨好消费者。当您决定采用较小规格的样品时，最好以原商品的造型缩成迷你型包装让消费者试用，如此，当消费者前往零售点选购时，自然易于辨认，而不至于误买。

(5) 赠品的试用与使用。奥美广告的小查理·菲德瑞克(Charles Frederick)曾在一次演讲中提到：送免费样品和送优惠券对消费者从试用者转成固定使用者的比较研究发现，关于品牌转换率方面，样品赠送的影响力总低于送优惠券，以百分比来看，因免费样品导致的转换率为20%～30%，因送优惠券导致的转换率达30%～40%。菲德瑞克表示，依其经验获悉样品和优惠券二者之间的试用和使用关系变化，可以用下列100个样本表示。

	送免费样品	送优惠券
总样本数	100	100
试用数	80	20
品牌转换率	25%	35%

如上所示，在获得试用的兴趣上，运用免费样品显然比优待券效果好，但是因试用而转为品牌爱用者，则比优惠券差太多。若以此观之，免费样品促销对品牌转换的影响的确偏低。

(6) 媒体运用原则。当通过媒体广告诉求赠送免费样品的信息时，请务必在广告文案中力求显眼、清楚地告知消费大众。比如，“这里有个免费样品，正要送给您”，不论文字或图片都应避免难懂、难念，务求精简突出，因为销售方的主要目的，是让消费者来索取样品，而不是在创意如何获得金奖的广告。

4. 退款促销策划

1) 退款促销的概念

退款促销是指企业根据顾客提供的购买某种商品的购物凭证给予一定金额的退款，以吸引顾客，促进销售。退款可以是商品购价的一部分，也可能是全部或超额。一般来说，在售价20%以上的退款才能引起消费者的兴趣。

退款促销兴起于20世纪80年代的美国零售行业。现在，它已经成为最热门的促销方式之一。据美国尼尔森公司的调查显示，全美国有4%的家庭了解退款促销，而且每个家庭平均每年参加4次这样的商品促销活动。现在，我国许多零售企业在重大节日期间，也常常采取退款促销的策略，例如“买100送30”就属于这种退款促销的方式。

退款促销运用起来非常简单。通常是零售商店为了吸引顾客，在其购买商品时，给予某种定额的退费，退费数额小到商品售价的百分之几，大到几乎是商品价格的全额，各不相同。商场可以自行决定退款优惠的范围，可用在同家厂商的同一类型商品上，也可与别家厂商的商品联合举办。

2) 退款促销的功能和作用

退款促销对于零售企业来说，具有以下功能和作用。

(1) 维护顾客对商场的忠诚度。如果消费者到某商场购买过许多次商品，而且能得到退款优惠，则有可能养成购买的习惯，并建立对商场的忠诚度。同时，在消费者得到退款优惠时，也会为商场进行免费宣传，这也有助于提高商场的形象和声誉。

(2) 吸引消费者试用商品，以较低的费用激起消费者的购买欲。

(3) 激励消费者购买较高价位的品牌或较大包装的商品。由于退款优惠的特点是消费者易于参与，而又没有任何明显的风险，所以能吸引消费者花较多的金钱买较高价位的商品，

或较大包装的商品。

3) 退款促销的优点

退款促销被零售企业广泛地运用，主要是因为它有以下优点。

(1) 提高商品的形象。虽然退款促销使顾客购买商品所付的实际花费要少得多，但是却可以使消费者在心目中提高对商场的认识，认为自己以较低的价格买到了高价格的商品，获得了实惠。退款促销活动可以让服务员在陈列标有退费标签的商品时，不必大力宣传就可以使商品备受瞩目，从而增加销售。

(2) 退款促销相对于折价促销而言，较为隐蔽，不会损害产品品牌形象，也不会引发价格战。

(3) 由于退款促销有一定的时限，到期后消费者因种种情况退款率常常会低于预算成本。

(4) 建立顾客忠诚度。多数退款促销活动要求顾客多次、重复购买同一商品，自然可以促使顾客提高购买频率，进而建立对商场的忠诚度。

(5) 对于过季商品有时采用退款优惠，也可吸引消费者大量购买。

4) 退款促销的缺点

(1) 退款成本或促销效果难以预测，这是因为高额退款一定程度上可以提高商品牌知名度，但如果顾客参与率过高，可能会导致销售失控或厂商付出巨大的退款成本。因为不是UPN 退款，所以对消费者即刻行动的刺激力不大。

(2) 退款促销还会增加额外的管理成本，如特殊的广告宣传、退款凭证的印制、回收物品的处理、资料整理、公证等额外支出。

5) 退款促销的方式

(1) 单一商品的退款促销。单一商品的退款促销适用于理性购买的个性化商品，或高价位的食品、药品、家用品以及健康和美容用品等。这种方式一般由零售商店和生产企业联合举办。例如，现在许多家电专卖店为了吸引消费者购买电器，甚至为顾客提供几百元不等的退款优惠。这里的退款，既有专卖店出让给顾客的自己应得的销售利润，也有电器生产企业出让给顾客的生产利润，也就是说是由两方共同举办的退款促销活动。

(2) 同一商品重复购买退款优惠。这种促销通常用于购买率较高、使用较快的商品。消费者购买两次或两次以上的同一商品时，就可以有资格领取退款，这是商家常用的退款优惠方式。比如有一家超市规定，凡是购买果汁饮料的顾客，依其购买果汁数量的差别，提供不等的退款优惠。例如，买 5 罐退 1 元，买 10 罐退 3 元，买 15 罐退 5 元，结果收到了很好的效果。

(3) 同一厂商多种商品的退款优惠，即消费者购买同一厂商生产的不同的商品时，所获取的退款优惠。这种退款促销也由零售商店和生产企业联合举办。通常，生产厂商在举办退款促销活动时，可提供不同的商品系列，以便消费者任意选购所需商品，并同时收集不同的标签，从而获得相应的退款优惠。一般情况下，这种退款优惠的商品购买数量应有所限制，最好是在 5 种之内。

(4) 相关性商品的退款优惠。即将相关的商品放在一起销售，并为购买者提供退款优惠。比如可以将内衣与大衣放在一起，联合举行退款促销，只要消费者买了规定品牌的大衣之后，再去购买内衣时，就可获得退款优惠。

6) 退款促销策划的注意事项

(1) 时机的选择。退款促销在以下两种情况下举办效果最明显。

① 很少搞促销活动的商品，尤其是深受大众欢迎的商品。这种商品采取退款促销，可以吸引许多消费者，促使其用较低的价格买到自己喜欢的商品。

② 促销活动或媒体广告只是间歇性举办的商品类别，而对于促销活动频繁的商品和大量购买、快速周转的商品而言，退款促销的效果并不佳。

(2) 提升退款促销的效果。举办退款优惠，首先要使参加规则清晰明了，包括清楚地标明必须购物满一定金额才可以享受到退款优惠，或者集几个购物凭证才可享受退款优惠；明确何种购物凭证才符合要求。

为提升退款促销效果，还应提高退款优惠的价值。较高的退款优惠，可以提高顾客的参与率；相反，较低的退款优惠，则会使顾客的参与率降低。此外，还应尽量减少购物凭证的数量。若商店要求的购物凭证数量增多，顾客的参与率会降低；反之则参与率提高。

(3) 顾客参与率的评估。退款促销的顾客参与率与所运用的媒体有关，据美国尼尔森公司的调查报告表明，现金退费的顾客参与率为：①在印刷媒体上刊登退款促销信息约为1%，在零售商店的POP广告上说明退款促销信息约为3%；②利用商品包装说明退款促销信息约为4%。当然，顾客的参与率高低还受退款金额的多少和回馈条件的影响。如果退款优惠再结合其他促销手段一起运用，则参与率就会上升。比如，在用广告媒体宣传的同时，还利用零售商店的POP广告进行强化，则顾客的参与率可提高到5%~6%。

(4) 费用估计。这里的费用除了退款促销本身的负担外，还包括媒体的促销广告开支、零售店POP广告印刷品的设计和印制费、促销商品的处理费用。

5. 赠品促销策划

1) 赠品促销的概念和作用

赠品促销是指厂商为了鼓励或刺激消费者购买其产品而向消费者免费赠送奖品或礼品。一般是买某件产品，赠送该品牌旗下的其他种类产品，也可能是其他厂商的产品。营销实践中，赠品促销的一种特殊形式是，消费者除支付所购商品费用外，还需要支付一定的费用才能领取到赠品，这种方法解决了赠品成本较高的问题，可使消费者对赠品有更大的选择余地。一般消费者需要支付的费用在赠品市价的30%~50%最为理想。

赠品促销的主要作用包括以下几点。

(1) 吸引消费者的注意力，增加顾客的好感，刺激顾客的购买欲望。

(2) 刺激顾客转移消费品牌。

(3) 刺激顾客转移消费档次，购买高档、昂贵的商品。

(4) 刺激顾客购买新品。

(5) 保持顾客购买的忠诚度，鼓励顾客重复消费或增加消费量。

(6) 增加了服务项目的附加价值，能与竞争对手形成差异化。

(7) 对抗、抵御其他品牌的促销手段。

(8) 加大促销力度。

(9) 宣传品牌气势。

(10) 突出活动主题。

2) 赠品选择的原则

(1) 赠品的价值要在允许的成本范围内对消费者有吸引力。

(2) 赠品应该设计独特、制作精良，一般不易在零售店内买到。

(3) 赠品最好要和促销产品有关联(如买锅送围裙、买自行车送雨披)。

(4) 赠品必须符合目标顾客的心理特点。

(5) 避免与竞争对手采用同样的赠品。

(6) 尽量挑选目标顾客喜闻乐见的产品作赠品。

3) 赠品的设计规则

(1) 赠品要让人容易获得。容易获得才可以激发大家参与，促销的“势”才容易造出来，否则，赠品让人感觉与自己无缘，那你的赠品只能算是“样品”。最好让参与的每一个人都能感到可以获得，“可遇而不可求”是赠品应该回避的。

(2) 赠品与产品有相关性。选择的赠品和产品有关联，这样很容易给消费者带来对产品最直接的价值感。如果赠品与产品相互依存和配合得当，其效果最佳。

(3) 赠品与众不同，效果与众不同。

(4) 赠品的使用率要高。

(5) 赠品也重质量。赠品体现商家诚信的宗旨。不要以为“赠”就是“白送”，便可随意“忽悠”。赠品质量不仅是国家法律条文所规定的，而且是赠品能否起作用的基础，甚至影响企业的生存和发展。因为赠品不仅代表了自身的信誉，而且是商品企业信誉、质量的代表。与主商品和企业存在一损俱损的唇齿关系。当赠品选取别家公司产品时，赠品的质量问题还会侵犯“赠品”公司权益，引起法律问题，扰乱正常的市场秩序。

(6) 送就请送在明处。有时我们明确地告诉消费者赠品的价格，也有非常好的效果，即使是便宜的赠品。因为消费者是冲着产品去的，赠品是你给消费者的一个购买诱因。你可以增加消费者的认同感，让消费者认为你对其是真诚的，这比通过广告等别的方式提高消费者对你的忠诚要省钱得多。

(7) 别忘记，赠品也有季节性。企业一样东西一送到底，将消费者不同季节的需求丢到一边，这样的错千万不要犯了。因为消费者对赠品的要求也是有季节性的。

(8) 给赠品一个好听的名字，也就更容易记住你的品牌。一个好的名字会激发消费者美好的联想，这种联想不但可以对促销起到好效果，而且可以促使产品销售得更长远，因为美好的印象是有延续性的。给赠品起个吸引人的名字，可以加快推动商品的流通，同时，也增加了品牌的附加价值。好的命名胜过好宣传，对销售相当有利。不过千万不要让你的赠品的名字抢了产品的风头。

(9) 把企业或店铺的信息告诉消费者。很多企业一方面为自己的品牌传播苦恼，另一方面又总是忽略赠品这个载体。在赠品上印上企业或店铺标识，设计可爱的电话号码都是顺手就能做到的事情。这样可以让消费者每次使用赠品时，都想到企业或店铺。

4) 赠品的赠送方式

赠品可以放在促销商品包装内赠送，也可以与促销商品捆绑赠送，也可以凭借购物票据到指定地点领取；或者让消费者将购物凭证邮寄到指定部门，然后由促销人员邮寄给

顾客。

(1) 店内附赠。一般都是在终端店内设立专柜或单独展示台，由雇用的促销小姐，将已准备好的产品分成一份或一杯；或将赠品贴附于产品上，在消费者浏览产品时分送给消费者。像化妆品、保健品等这些在卖场有销售专柜的产品适合用这种方法。

(2) 积分赠送。为了更好地稳固客户，许多厂家采用积分方式的赠送，以精美的赠品来促动终端主推自己的产品。这种赠品费用一般高一些，但所达到的目标十分明确，让人留下很深的印象。例如，长期的促销活动中常用累计积分的方法来确定赠送对象。

(3) 当场发送。随着物流服务的崛起，大型停车场和车辆集中地成为商家青睐的地方，也是分送赠品最佳的场所。有心的商人会发现这样一种现象，一件产品只要有一个人敢当场接受，尔后立马会围观一大群人来争先恐后地争抢，这种方式传播最快，也最有效。这种方法比较适合大众消费品，并且赠品价值低的这一类产品。

(4) 随产品送。比如电饭煲内放入木勺赠品，这就是随产品一起赠送的方式，这要求赠品容易和产品摆放在一起。有不少厂家还专门开发了异种包装，以便减少赠品的遗失、截流。

5) 赠品促销的关键点

(1) 主题策划。在促销活动的信息上进行筛选和提炼，突出核心利益点，然后借助巧妙的手段进行概念转换，转译为受众喜闻乐见的信息。

(2) 赠品决策。包括赠品选择、赠品的发送即顾客的获取方式、后续赠品的承接。也就是说，在一次买赠促销活动结束后，后续进行的买赠活动中所选择的赠品与现时所使用赠品的关联度。

(3) 立体辅助支持。立体辅助支持包括很多的环环相扣的细节，例如，整个促销活动的各种媒介的宣传造势，主推品的品牌力和产品力(主要是质量、包装等)，包括价格设置、铺货上的配合，以及店铺促销气氛的生动化营造等。立体辅助支持系统要求整个赠品促销活动在运作上应自成体系，有一个完整的策划方案和执行方案，有可行性的论证和促销预算成本控制，有预防变故的备选方案和危机协调机制。

6) 赠品促销的操作要点

(1) 先声夺人，广告信息准确发布。在施行赠品促销之前，广告宣传的工作便是头等大事了，如果把赠品促销活动比作是一场战争的话，那么，未雨绸缪的广告宣传就是“逢山开路，遇水架桥”的先锋部队。广告宣传的策划必须符合本次赠品促销的目标消费群体的地域划分、人口分布、购买习惯、购买地点、兴趣偏好等相关元素的相应特征。有的放矢地把促销的地点、方式方法、赠品推荐等信息发布出去。

(2) 引人入胜，突出赠品的独特卖点。送赠品的目的是什么，当然是要通过赠品吸引消费者购买企业或店铺的产品。因此，这里就给我们提出了一个问题，你拿什么来吸引顾客？所以我们必须要给赠品取一个响亮的名字，叫起来既要响亮还要朗朗上口，最重要的就是还得与产品的独特卖点挂钩。要想给你的赠品取个好名字，我们就必须首先摸清楚促销的目标消费群体喜欢什么，对什么敏感，最近有哪些热点使他们关注或兴奋，然后将这些元素与售卖产品本身的核心利益相结合。

(3) 理性为先，凸显促销赠品价值。我们可以清楚地知道，在通过赠品吸引消费者前来

光顾促销和到店铺购买的策划中，商品本身为消费者提供的利益已经不再是唯一的诱惑点了。在市场的“广阔天地”里，同规格、同功效、品质相近的同类产品挤在一起时，消费者有很大的选择空间。在这时，凸显你的赠品价值就显得非常有必要了。

(4) 情感助阵，适当炒作赠品价值。也许你会说，假设我们的赠品比较廉价或者普通怎么办？其实我们在前面已经提到过，在消费品促销活动中，赠品的价值一般都不会太大，那就看你如何炒作宣传了。炒作价值和夸大价值不同。夸大价值是直白地告诉你这件赠品价值多少钱，过分的夸大令人难以信任；而适当地炒作赠品价值则需要从赠品的使用利益与情感利益等方面进行炒作。

(5) 强化概念，赠品是附加值的体现。在进行赠品促销时，一些企业往往把概念颠倒了过来，或者说没有完全弄清楚概念。他们在宣传口径上常常这样说：只要您购买了多少价值的产品你就能获得什么样的赠品。这样往往给消费者一种他支付的价值里面包括了赠品价值的概念。假设我们换一种口径来宣传呢。

例如：“我们这次促销的价格在同类产品里是很优惠的了，您今天购买产品能够得到实实在在的优惠，而且，为了感谢您的光顾，我们还将免费赠送××”。

哪种口径最能打动消费者呢？不言可知，肯定是后者了。因为他强调了“免费”这两个字，在感觉上，把前面口径里的“买了才能送”变成了后者的“不但买得实惠，而且还有赠品送”。

我们可以看到前后两者的本来意思是差不多的，但是效果却是天壤之别。

(6) 借力打力，依靠外部现身说法。在赠品促销活动中，仅仅依靠促销执行人员“王婆卖瓜”式的自卖自夸，宣传我们的赠品如何好、如何有价值还是不够的。在这时，一些企业往往会利用产品代言人或者临时聘请的明星主持人等在公众中有一定影响力的人进行宣传。事实证明，这种方法的效果比较好，虽然从某种角度上来看，这样的成本要比一般性的宣传要多，但是其所产生影响也是很大的，特别适用于大规模赠品促销活动。而且通过这种方法宣传的赠品具有较长时间的生命周期，不至于出现制作的赠品做完一次活动后就没用了的现象。

(7) 集中摆放，注重赠品陈列和展示。对于赠品与产品关联性的强调，除了通过现场的节目、游戏等方式操作之外，赠品展示也是行之有效的方法。

(8) 欲擒故纵，设置悬念造成紧张感。在依靠赠品促销的活动中这种手法也是经常被使用的。譬如在广告中告知消费者“本活动自今日起至××月××日为止，赠品数量有限，送完即止”。以此达到催促消费者尽快购买的目的。所以，在经过对赠品和活动本身的宣传，在赠品对目标消费群体具有一定吸引力后，采用限量赠送的方法时，特别在促销现场，我们尽量不要让消费者看到赠品过多堆积的场面。在兑换点和舞台上适宜仅摆放少量的赠品，舞台旁边或者兑换点角落等地方适当地摆放一些盛装赠品的空箱子，对于一些消费者非常喜欢的赠品则应摆放更少。

7) 赠品促销需要注意的问题

(1) 避免长期使用同一赠品。赠品是诱饵，不是常规产品的组成部分，因此一旦赠品没有了吸引力，就应该马上更换。

(2) 避免无节制地使用赠品。现在促销中有个怪现象：产品卖不动就送赠品、做特价、搞抽奖。天天都有的赠品，还能有促销作用吗？只会让消费者对赠品产生依赖，一没有赠品，就不买账。

(3) 不要用产品作赠品。产品作为赠品最省事，却是最容易让消费者厌倦的做法，而且直接降低了产品的心理价位。如果非要这么干，只能是专门的小规格包装，并正式注明“赠品”，以免消费者将赠品作为产品重新估价。

6．集点换物促销

1) 集点换物促销的概念

集点换物也称印花促销或积分优待，是指消费者凭借购买凭证换取相应的奖励。作为积分的凭证通常是产品包装，或者是包装上的某一特殊标志，如瓶盖、商标贴或包装内的小卡片，也可以是厂商发放的积分卡或者积分记录。这种方法适合于购买频率高、消耗快的产品，特别是当各种品牌之间无明显差异，导致消费者难以选择时，举办此类活动可以吸引消费者对产品的注意。

2) 集点换物促销的优点

(1) 集点换物可以建立起消费者的多次购买行为，以培养消费者的品牌忠诚度。消费者需要多次购买，重复购买，才能收集到兑换凭证以兑换奖品，在这个重复过程中，通过行为对意识的影响，就会不断养成使用该产品、购买该产品的习惯。

(2) 集点换物的活动成本较低。相对于赠品促销、折价促销以及免费样品试用等来说，集点换物的成本较低。主要有两方面的原因：一方面是由于所提供的奖品成本可以分解到多次购买的商品中；另一方面是由于不少人在收集了积分券后，由于种种原因而没有去兑换赠品。

(3) 集点换物可选赠品的范围较大。相对于单一赠品促销，集点换物的可选择赠品能够随着点数的增加而扩大，不像随货赠品那样受成本限制而捉襟见肘。

(4) 集点换物能作为广告宣传的主题，并以此造成差异化。当今，大众消费品的差异化越来越难找，而普通的广告又不能引起大众群体足够的注意。集点换物需持续一段较长的时间，如果赠品优秀，就可作为宣传的诉求点。

(5) 集点换物可以提高产品的竞争力。一般参加了活动的消费者是不会轻易退出而转向竞争品牌的，所以对竞争品牌是一种遏制。

3) 集点换物促销的缺点

(1) 这种活动更适用于购买频率高、消耗量大的产品，而对一些使用周期长，不经常购买的商品，如领带、台灯、手表等则毫无用处。

(2) 集点换物活动费时较长，是对消费耐心的一种考验，会使很多消费者对它失去兴趣，除非是积点数量要求低、赠品又格外的吸引人。

(3) 兑换的难度直接降低了消费者的参与热情。兑换点不是很近、兑换手续的复杂等都会增加兑换的难度，直接导致消费者对活动缺乏兴趣，甚至还会造成已经参加活动的消费者中途退出活动。因此，集点换物的兑换工作需组织严谨，方便消费者兑换。

(4) 集点换物对激励经销商、零售店增加经销业绩的帮助不大，因为他们更喜欢能够直接兑现的促销方式。

(5) 集点换物方式对吸引新客户试用产品的效果比较差。

4) 集点换物促销应注意的问题

(1) 活动时间。在集点换物过程中，有些商家有时间上的规定，比如在一个月或一年中购满多少金额的商品或集够多少数量的凭证，消费者才可以享受商家的换取物品，这种叫做有时间限制的集点换物；另一种是没有时间限制的，不管多长时间，你只要消费到商家规定数量的产品或金额，就可以享受从商家换取指定物品的待遇。

前者对消费者来说，难度较大，但商家操作相对容易。后者对商家来说，管理上是一个问题，另外在成本上也存在问题，因为你不知道消费者什么时候集够点数来换东西，所以总会在手中保留一定数量的兑换物，以便随时应对消费者的兑换，在成本上是一个不小的负担，但对消费者来说却较为有利。一般来说，前者适合于消费者短时间内需要反复消费的商品，比如饮料、小食品这些低价值商品；后者则适合一些价值较高的商品，或者为了长期挽留顾客。

(2) 操作原则。对商家来说，集点换物还有一个换取物的选择和采购问题。换取物如果选择不当，就无法引起消费者的兴趣，从而失去促销的意义，商家在这方面需要仔细选择。集点换物的另一个难题，是兑换点的设置。兑换点少，交通不方便，同样会使消费者失去兴趣，因为消费者会觉得那太麻烦；兑换点多了，商家在管理和成本上又是一个问题。所以简单来说，在操作上总的原则是，兑换物有吸引力，兑换方便。

在细节上，要保证兑换物的充足供应，如果消费者费力地从大老远跑了过来，你却告诉他东西兑完了，让他过几天再来，消费者心理肯定会抱怨，会不高兴。其次，活动的门槛不能太高，门槛设置得太高，使消费者望而却步，这不是在给消费者找别扭，而是商家在给自己找别扭。对于商家来说，如果你觉得自己的承受能力有限或控制能力有限，那么你可以设置一个界限，比如事先就告诉消费者，此活动一共设置了多少兑换物，先来先得，送完为止。这样商家既可以将活动控制在自己能够掌握的范围之内，又不会引起消费者的埋怨。更精明的做法是随时将活动的进程公告大家。

总地来说，集点换物这种促销方式，在成本上要远低于折扣促销，但效果不如折扣促销。相对于赠品促销，集点换物这种方式因为具有一定的门槛，可以将赠品促销中分散的资金集中起来加以运用。在兑换物的选择上空间比较大，可以选择一些比赠品促销价值更高的兑换物，对消费者产生更大的吸引力，只不过在方便性上较赠品促销稍逊一筹。两种方法各具利弊，商家可根据自己的具体情况进行选择。对于那些经济实力有限，但头脑灵活、眼光独到、能够经常设计出新花样的小企业来说，集点换物这种方式则具有普遍适用性。

7. 有奖促销

1) 有奖促销的概念

有奖促销是一种极具魅力的促销手段。它集竞赛、抽奖与促销于一身，通过有奖竞赛、抽奖等形式来吸引消费者，从而扩大销售。为吸引更多的消费者，有奖促销的奖品也是五花八门，各具特色，从日常用品到汽车、珠宝等无所不有。

对于企业来说，当企业产品销售不畅而未实现预期目标的时候，采用有奖销售活动，就如同一剂兴奋剂，迅速地刺激销售，增加利润。有奖促销作用如此之大，其根本原因就是抓住了消费者的心理，以诱人的奖品来吸引消费者来试试运气，给消费者提供了赚取比实际支付金额多的利益的机会。但这种效益多数是短期效益，企业推出有奖促销时，销售猛增，既定利润目标实现；当企业不再进行有奖促销活动时，能否保持一定的销售水平及利润水平则很难明确断定。因此，企业的促销活动应有计划，而有奖促销可以作为计划中的一部分，以实现企业既定利润目标。

有奖销售常使用抽奖的形式，是针对具有运气的消费者主办的。获奖者是从参加者中抽出的，奖品的赠送全凭个人的运气。而另一种常见的形式是竞赛，就是请消费者运用和发挥自己的才华，去解决或完成某一特定问题的活动。竞赛的获奖者则是那些有足够才识及充分的想象力的人。

2) 有奖销售的优点

(1) 以购买为前提的有奖销售能够直接促进销售额的提升。

(2) 促销奖品的费用比较稳定和容易控制。

(3) 适当的奖品有助于提升品牌形象。

(4) 对产品的宣传力度也较大。

实践证明，抽奖的促销效果是明显的，它迎合了人们追求刺激、希望“以小博大”侥幸获奖的心理，满足了消费者获得意外收获的心理需求。

3) 有奖销售的缺点

(1) 各国都有相应的规章条款限制与规范抽奖活动，因此这种促销方法受法律的限制比较大。

(2) 会引起获奖消费者的不满。

(3) 对促销方案设计和活动组织实施的要求比较高。

(4) 通常需要大规模的广告宣传吸引足量的购买者，活动才能获得效果。

4) 有奖促销的方式

(1) 免费抽奖。免费抽奖就是免费为消费者提供抽取大奖的机会，消费者无须购买任何产品，也不需要任何参与条件，获奖者完全是随机产生的。价格促销是给购买目标群以实实在在的优惠，对于不感兴趣或无消费需求的消费者起不到明显的作用，而免费抽奖则能调动几乎所有人的神经，对于提高消费者对产品和品牌的认知度和参与度有着明显的作用。如果和其他促销方式有机合用，能迅速为零售商打开销路，实现品牌知名度、美誉度的快速提升。

免费抽奖是所有促销方式中最能聚集人气、创造轰动效应的方式，有人气才有商气，有了商气才会有商机；免费抽奖不是单纯为抽奖而抽奖，也不仅是聚聚人气、轰动一下图热闹，而是要利用这种人气来达到有效销售和传媒效应。因此，聚集人气只是第一步，与其他促销方式的配合使用显得尤为重要。

就免费抽奖本身来讲，它又是最便于管理的促销方式。由于奖品总额固定，便于消费者参与，并能巧妙地鼓励购买。同时，免费抽奖可以和多种促销手段、营销手法相结合，具有很大的创新空间，如果根据不同的促销目标，选择最合适的免费抽奖方式，将会形成一种将人气顺利转化为销售的良性循环链。

免费抽奖操作方法一般有如下几种。

① 个人信息法。即给抽奖者发放一张卡片，参与者只要在卡片上填上自己的个人姓名、地址、电话或是调查信息，放在指定的抽奖箱内就可以了。在开奖时，从箱子里任意抽出一定数量的中奖者就可以。做商务活动可以让参与者直接投递名片。

② 号码公开法。给参与者每人发放一张带有公开号码的卡片，约定在规定时间内开奖，随机开出的中奖号码公布后，由参与者自行查看自己的号码是否中奖。你可以把卡片做成会员卡，凡参与抽奖的人自动加入会员，你也可以把卡片做成优惠券，使两种促销方式结合使用，即使没有抽到大奖的消费者也可以凭优惠券享受到购物优惠。最起码你要在卡片上做上醒目的广告。

③ 号码隐藏法。零售商先公布中奖号码(或图案)，然后给参与者发放带有涂盖层的卡片，参与者刮开涂盖层核对即知是否中奖，也可以直接在涂盖层下面写上奖品名称或大小，这种方式也被人们称之为刮刮卡。它可以属于免费抽奖的范畴，但零售商也可以购买产品方能获得中奖机会。

免费抽奖可能根据促销目的不同、促销产品不同、促销对象不同而非常复杂，在实际操作中，要充分把握时局，合理安排。另外要注意活动的公正性，不要欺骗参与者，还要考虑法律的约束。

(2) 即时开奖。所谓即时开奖，指消费者拿到开奖凭证后，马上就可以知道自己是否中奖，如上节所述刮刮卡实则也属即时开奖的范畴。

但这里所要重点讲述的是基于产品的即时开奖。它不同于免费抽奖的每个参与者都有机会抽奖，参与者只有购买到产品后才有博奖的机会，因为中奖内容设计在商品包装里，只有购买并开启包装才能知道是否中奖。例如，设计在饮料瓶盖或易拉罐里面的抽奖，消费者购买到产品后，打开瓶盖就可以知道是否中奖。成本相对较低、消费量大、同质化严重的产品最适合做即时开奖促销活动，在活动中必须设一项以上大奖、20%以上小奖(视具体情况而定)，大奖虽少但能使消费者受到中奖机会的吸引，从而影响他们的购买决策；较大比例的小奖使消费者不会因为未中大奖而对购买行为产生失望的心态。

为了更加有效地吸引消费者、鼓励其购买该品牌产品而非竞争品牌产品，在促销活动前应做好广告攻势的配合。一是媒体广告，二是产品包装广告。如果有事件营销的配合，效果将达到最佳。

实践证明，每运用一次即时开奖的促销方式，消费者的回应率就会下降一次。如果你想长期运用这种方式，必须不断推出新的开奖方式，只有不断改变其促销活动的本质，以强烈的新鲜感刺激消费者，才能充分调动顾客的思维。如果成功运用事件营销造势，消费者在第一次活动结束后将急切期盼第二次活动的开展。

在所有抽奖活动中，必须重点考虑其安全性、公正性、中奖号码分布的合理性。具体操作过程中，必须保证：一等奖不会在促销活动开始不久就产生出来，也不要在活动快要结束的时候还没有产生；二是建议大奖至少设 2～3 个；三是小奖金额不必过大，但数量必须多。

(3) 竞赛活动。竞赛活动是培养新用户、巩固老用户的一种有奖促销方式，参与者必须通过技巧、思维、判断力在竞赛中获胜才能得奖。竞争活动同时也是品牌与消费者对话的有效方式，是树立品牌、加强品牌与消费者之间的沟通的方式。

竞赛的参与率一般都很低，据统计，一般性竞赛活动有 0.5%的参与者就算是相当高了。但竞赛活动本身的影响力能使他们对促销产生兴趣，同时也会使品牌在他们心目中活跃起来。即使购买产品的顾客不参与竞赛活动，但仍能有效地提高他们对产品的认知、兴趣，增强产品冲击力。竞赛活动影响的人数要远远多于最终参加竞赛的人数，吸引这些人的注意属于有效的促销目标，只有注意力上来了，你才会有机会进一步抓住他们，如同是先有人气才会有商气一样。

竞赛活动一般有如下几种方式。

① 知识型竞赛。例如，行业知识竞赛、产品知识竞赛、品牌知识竞赛和企业信息知识竞赛等，旨在培养消费者对行业、品牌、产品以及企业的认知，具体方式有：试卷型判断、填空或问答，市场调查内容，补充句子，找不同之处等。知识型竞赛的试题都比较客观，一般都有标准答案，在企业的相关资料中都会很容易找到答案，且最容易解释，也最容易评判成绩，参与者一般只需认真阅读企业相关信息就可以完全做出正确的答案。企业在参与者回答的过程中得到宣传与普及。这种方式常常和抽奖配合运用，如回答正确的都有一件礼物，再在回答正确的参与者中抽出 10 名特等奖、50 名一等奖等。

② 思维型竞赛。参与者如果参与此类竞赛活动，需要充分调动思维的灵活性、创意性，运用自己的智力资本博得奖品或礼物。如征文比赛、广告语征集、消费感受征集、点子大赛、创意大比拼等。这种方式一般有两个目的，第一个目的是向消费者借脑，在行业中或消费群中隐藏着大量对品牌发展和产品销售大有帮助的高人，利用重金向他们借出的点子一般都对企业大有帮助；第二个目的是产生类似于事件营销的轰动效应，广泛引起社会的关注。近几年内搞这种思维型竞赛活动的企业很多，了解内幕的人一般都知道，十有八九在欺骗参与者，因为最吸引人的大奖一般都开到公司某位老总的头上，这笔重金一般又会流动到公司的账上。

③ 技能型竞赛。这是通过一些专业人士所具备的技能而举办的竞赛活动。这类活动一般都会有场面，通过场面吸引观众、引导消费。例如，调料产品举办口味品鉴竞赛；洗衣粉可以搞洗衣比赛，比赛谁洗得干净；啤酒可以搞喝啤酒大赛；歌舞厅可以搞卡拉 OK 大赛等。

所有的竞赛仅仅只是一种形式，把奖品送给那些表现突出的参与者，目的是吸引消费者，引起人们对品牌、产品、促销活动的注意。竞赛不是能力考验，所以你的问题一定要清楚简单，否则将不会有人参与。同时还需做得快乐有趣，让你的目标人群从中找到快乐。儿童永远对竞赛活动充满吸引力，假如你从事的是与儿童有关的产业，不妨多用用这种手段。奖品不能使用现金，一般都是以该品牌产品或优惠券作为奖品。

(4) 游戏活动。大多数人都喜欢玩，特别是场面热闹的玩法，如果制造各种各样的游戏活动来带动人潮，使消费者除了购物外，还能获得极大的乐趣与满足。把促销的内容有机地融进游戏活动本身，就能在不知不觉中起到促进当前销售、渗透品牌意识的目的。

游戏活动的内容广泛，形式多样，可以搞竞猜游戏、棋牌游戏，也可以是拼图、猜谜游戏；可以是任何人都免费参与，也可以要求以购买产品为前提；游戏可以在终端集中操作，也可以在包装上操作；可以在广告中，也可以是单独的卡片。无论哪种形式，都是以奖品为诱因，以兴趣为基础，以促销为目的。

举办游戏促销要注意以下几点。

① 游戏主题。要设计出一个有创意、简单的、极具吸引力的主题，其内容不但要具备趣味性，能够吸引顾客的注意力，而且要将产品或品牌内容巧妙地融入其中。如果具备一定的新闻性就更好了。

② 参与条件。参与门槛越低越好，零售终端游戏活动最好不要限制参与条件，以集聚人气、寻求商机为目的，制造商以产品为载体的游戏活动可以配合优惠券一起操作。

③ 奖品设置。消费者参与的诱因归根结底还在于奖品上，奖品的设置同样是以大奖吸引人、以多数小奖平衡其心；一般不用现金作为奖品，大奖可以是小汽车或出国旅游，中奖一般为产品，小奖一般为纪念品。同时，奖品设置应不忘品牌传播。

游戏一般应和免费抽奖、即时开奖、竞赛等活动一起操作，使促销活动更有趣、更有看点，消费者更喜欢参与。同时也可以把优惠券等促销方式融合在一起操作。

5) 奖品的选择

竞赛与抽奖活动的吸引力主要是奖金或奖品。奖品组合采用金字塔形，即一个高价值的大奖，接着是中价位的奖品，最后是数量庞大的低价位的小奖品及纪念品。一个好的奖品选择，必须考虑以下两个方面的因素。

(1) 奖品的价值。在设计奖品价值时，应以小额度、大刺激为原则，同时由于《中华人民共和国反不正当竞争法》中规定，对抽奖促销的最高资金不能超过 5 000 元。奖品不能靠高额度的大奖取胜，而应靠奖品的新奇和独特性取胜。

(2) 奖品的形式。奖品组合中一定要有一两个诱惑力很大的大奖，二等奖的数量要稍多一些，并与头等奖的价位不能相差太多，这样有利于调动顾客的积极性，更好地加入活动中来。

6) 活动规则的制定

竞赛与抽奖活动取得成功的基本保证之一就是有严格、清晰、易懂、准确的奖励规则。由于消费者对有奖销售的具体方式有自己的理解，并且这种理解的差异性很大，这就要求每次都必须将具体规则公诸于众，并受公证机关的监督。

一般而言，在进行有奖促销活动时要向消费者公布以下的活动内容：有奖销售活动的起止日期；列出评选的方法并说明如何宣布正确的答案，列出参加条件、有效凭证，列出奖品和奖额，标示评选机构以示信用，告知参加者与活动有关的所有资料，中奖名单的发布公告，说明奖品兑现的赠送方式。

活动规则一旦确定并公布以后，必须严格按照规则履行承诺，而不应以任何理由改变规则或不予兑现。否则，不仅损害了消费者的利益，也是对企业形象的一个极大的伤害。从长远利益来考虑，这是非常不明智的。

7) 费用预算

在策划有奖促销活动时所发生的促销费用主要由以下三个方面来构成。

(1) 促销活动的宣传费用。不论是竞赛还是抽奖，或其他形式的促销活动，都需要组织广泛而有力的广告宣传活动，以唤起广大公众的注意与兴趣。宣传费用投入的高低，决定着该项活动是否广为人知，直接影响着活动的效果。

(2) 在设计奖品费用时，要综合考虑促销的商品、促销活动的主题以及开展活动的地区与促销费用总预算等诸多因素。同时，也要注意实物奖品往往比现金奖品更能节省奖品费用。因为现金奖品没有打折的余地，5 000 元的奖金就意味着必须花费 5 000 元货币，但提供与 5 000 元等值的实物奖品，就可能不必支付 5 000 元货币，因为可以利用业务合作关系，以较低价格从奖品供应商处获得奖品实物。

(3) 有奖促销的费用还包括表格和其他印刷宣传品的印刷费用，来件的评选处理费用及其他费用(如税金、保险费、公证费等)。

如何筹集、运用、监控有奖促销活动的费用，也是有奖销售整体策划内容之一。通常在筹集资金上可以采用自有资金，也可以与厂商合作或寻求其他赞助等方式来取得资金。

8．会员制促销

1) 会员制促销的概念

会员制也称“俱乐部制”，是指企业以某项利益或服务为主题将人们组成一个俱乐部形式的团体，开展宣传、销售与促销活动。顾客成为会员的条件可以是缴纳一定的会费或购买一定数量的产品等，成为会员后就可以在一定时期内享受入会时约定的权利。以组织和管理会员的方式开展商务活动的优点主要有以下两点。

(1) 了解顾客信息，认证顾客身份。

(2) 通过会员制锁定目标顾客群。

常见的会员制有三种形式：①优惠类会员制，凭借会员卡可以享受优惠；②积分类会员，凭借累计积分领取奖品；③便利类会员制，定期接受促销信息、送货上门等。

2) 会员制促销的优点

(1) 能够稳固消费者群体，并与消费者建立良好的关系，培养消费者对企业的忠诚度。开展会员制促销的最大好处莫过于可以缩短企业与消费者之间的信息沟通渠道，直接与目标消费者进行一对一交流，从而将消费者牢牢地团结在自己身边，免受竞争品牌的侵扰。

(2) 增强产品品牌的竞争力。开展会员制促销可以使企业与消费者由单向信息传递改为双向信息交流，企业能有更多机会了解消费者的需求变化，以及他们对产品、广告、销售促进活动等的意见，以便进行更合理的市场细分，设计更有效的营销策略。企业甚至可根据消费者的特别需求，提供定制产品和个性服务，提高消费者的满意度。

(3) 会员制更容易抑制竞争对手。在会员制促销中，促销信息只针对会员，因此比较隐蔽，不易被竞争对手觉察，始终使企业在经营中占有主动的位置。

3) 会员制促销的缺点

(1) 会员制促销活动成本较高，一般小型的服饰企业较难操作，它更适合于大型服饰企业。小型企业除了“会刊”以外的环节也可以操作，例如组织会员活动或会员联谊会等。

(2) 会员制促销是一套较为完整的营销模式，对服饰企业的经营管理能力有较高的要求，企业必须具备较高素质的经营人员和足够的组织能力才能运作好“会员俱乐部”。

(3) 效果难以预计。会员制促销所提供的服务是否真正受欢迎，只有待这种促销活动运转一段时间后，才能真正得以了解，这就给事前的效果预估带来了困难。由于会员制促销是一个长期的过程，很多所谓的会员忠诚度不够，即使在会员制促销之初广受顾客好评，

但如果不能与时俱进，一旦其他企业推出了更优秀的产品及服务、更优惠的激励手段，就会被会员们抛弃，最终走向失败。

4) 会员制促销的运作

(1) 明确促销的目的。开展会员制促销，首先必须了解会员制促销的特点及功能，这样做想要达到什么目的。然而，在促销实践中，很多企业错误地认为，会员制促销和折价销售、游戏促销等销售促进方式一样，都是为了在短时期内提高销售量，结果必然失败。

(2) 瞄准目标顾客。据国外某著名咨询公司针对制造业的一项研究表明：通过关注并跟踪企业的顾客保留情况，制订相应的顾客忠诚度计划和目标，努力实现并超越既定目标的企业，比那些没有顾客忠诚度计划的企业能提高 60%的利润。

而要制订并实施顾客忠诚度计划和目标，首先就要在细分市场的基础上，根据各细分市场的需求、竞争情况和企业的优势资源，选择理想的目标市场即目标顾客群，并且还要进一步明确现有的忠诚顾客才是最理想的目标顾客，对自己不是十分忠诚的、有潜在需求的、对竞争者不是真正忠诚的顾客，则是企业需要努力争取的目标顾客群体。明确了自己的目标顾客群，弄清了他们的需求偏好和想要得到的利益，才能有针对性地设计出会员制促销方案。

(3) 为会员提供他们所喜欢的“利益包”。“利益包”是会员制促销中最为重要也最为复杂的一个操作要点。只有提供有较强吸引力的“利益包”，才能吸引顾客入会，促使他们积极参与企业的促销活动，并最终成为企业的忠诚顾客。在具体操作中，要注意以下三点。

① 在招募会员时，最好要向目标对象宣传俱乐部的章程及详细的会员义务和富有诱惑力的权利。如果仅仅把“会员”作为一个空洞的字眼提出来，而不具体说明作为会员可以享受什么样的优惠服务，能得到多少利益，或者只是很笼统地许诺“您将享受会员的特殊优待”，在当今市场竞争激烈的情况下，是很难招募到会员的。

② 所提供的利益必须具有较强的针对性。很多时候，提供的利益并非越大越有吸引力，只要有较强的针对性，才能够打动会员的心，即便提供的利益不是很大，也能吸引住顾客。

③ 价格优惠是吸引顾客入会和维系俱乐部的基本手段，但不能是唯一的，还应该提供其他多方面的手段。

(4) 为会员构建一个沟通交流的平台。为会员构建沟通交流平台，目的是要让它发挥以下作用。

① 让会员及时了解企业的产品、价格、服务等最新信息。

② 便于企业收集和更新会员的信息资料，准确把握会员的需求和心理变化情况。

③ 及时了解会员对企业提出的各种意见和建议，以便企业改进产品或服务，不断增强竞争力。

④ 为会员们相互之间进行交流提供便利，增强会员对俱乐部的情感依赖。

很多实行会员制促销的企业为了加强同会员的沟通交流，惯用做法是：定期给会员邮寄相关信息资料、对会员开展各种形式的调查、召开会员联谊会或交流会等。

随着网络技术的迅速发展和普及，越来越多的企业利用网络为会员建立沟通交流平台。企业可以在这个平台上发布最新消息，会员们可以利用这个平台抒发自己使用产品和服务的感受、同其他会员交流产品的使用方法、向企业提出自己的意见和建议。

(5) 做好财务方面的预算。会员制促销的开展及维护费用较高。很多实行会员制促销的企业之所以失败，其中一个主要原因就是没有严格控制成本。所以，制订一个长期的、详细的财务预算计划非常重要。财务预算计划的内容应该包括各个环节和各项活动可能产生的成本以及收回这些成本的可能性。这些成本包括：招募会员的广告宣传费用、为吸引会员入会所提供的奖励优惠、会员卡费用、会员资料的收集和管理费用、为会员提供的日常优惠和服务费用、与会员进行各种形式的沟通费用等。

(6) 加强会员制促销的组织与管理。美国一个规模很大的教堂，为了吸收会员常常开展专门的演唱会或活动，但对已经入会的会员却不管不问。会员们反应过来后，就会退出。教堂的会员数目永远无法达到本可以达到的水平，因为人员总在流动。同样，如果消费者被商家一时的吸引而参加俱乐部后，把会员卡往皮夹中一塞，就不再或很少光顾商店购买商品了，这不能不说是会员制促销的失败。吸引会员加入只是会员制促销的开始，能否让会员投身进来，主动参与和关心俱乐部的活动，持续不断地光顾和购买才是最重要的。维持俱乐部的运转，绝不仅仅是简单地寄发会员期刊、组织联谊活动，而必须以满足会员的真正需要为宗旨，以全面系统、持续不断地与会员进行沟通交流为原则，不断创新和超越，才能将会员紧紧地吸附在身边。所以，这就必须加强会员制的组织与管理，各相关部门群策群力，密切协作。

组织与管理的内容主要包括：设立组织与管理机构，比如会员服务中心等；明确组织与管理机构的权限和责任；制定俱乐部章程、入会条件及会员的权利义务；规划设计招募会员和维持俱乐部运转的总体性、长期性方案；根据方案实施的需要，合理配置企业的各种相关资源；组织实施，综合协调等。

(7) 建立与及时更新会员的数据资料库。美国管理大师罗伯特·布拉特伯格(Robert C.Blattberg)曾经说过："拥有客户数据库或许不再是一项竞争优势，但没有客户数据库，却绝对是一项竞争劣势。"这句话对于会员制促销来讲，尤为重要。

实行会员制促销的目的在于培养顾客忠诚，使之产生更多的后续购买行为。实现该目的的关键是千方百计地提高顾客的满意度。要提高顾客的满意度，就必须了解和掌握顾客需求的各种信息，以制定更有针对性的营销策略和开展营销活动。所以，建立与及时更新会员的数据资料库，是成功实施会员制促销的最重要的基础工作之一。建立与更新会员的数据资料库，将会员的相关信息资料整合到企业的开发、产品管理、市场调研等其他部门，还可以有效提高这些部门的工作业绩。

9. 路演促销

1) 路演促销的概念

"路演"译自英文 Roadshow，路演促销是企业在超市卖场外或其他场所开展现场宣传活动，通过与消费终端的直接沟通树立品牌形象，并在活动中推荐或销售产品，直接拉动产品现场销售的促销方法。

2) 路演促销的优点

(1) 路演促销投入较小、见效更快，适合小企业运作，也适合中小企业集中优势资源，击破各个目标市场。将产品的特点融入表演和展示中，有效地、活性化地传递产品的信息，

从而取得良好的宣传效果。

(2) 与消费者进行面对面的沟通与交流。可以聚焦人群，制造轰动效果，引起目标顾客的密切关注，形成良好的口碑传播。

(3) 在路演促销现场，可以促使目标顾客购买，实现销售，其中更难得的是创造宝贵的首次购买机会，促使顾客试用产品。

(4) 通过足够数量的路演促销以点带面，可以成功地启动一个个区域市场，尤其适合三、四级市场。

3) 路演促销的缺点

(1) 造成通路成本不断增加，中间商要求增多。

(2) 很难预计促销奖励回报。

(3) 影响对消费者的促销预算，影响品牌建树。

4) 路演促销策划的程序

(1) 设定活动主题。路演要想取得预期效果，一定要有一个明确的主题。主题是路演的宣传口号，对活动的开展和宣传具有重要意义。主题的选择要与产品的媒体传播概念遥相呼应，通过活动的推广促进消费者对产品及文化的理解与记忆，同时也对品牌产生正面的联想，进而加深对品牌的记忆。路演主题应简洁、健康、紧扣推广内容、符合企业形象，并体现出企业为消费者带来的切实利益。

(2) 选择路演形式。常常有劲歌、热舞、游戏、魔术、曲艺、模特表演、产品信息发布、产品展示、产品试用、优惠热卖、现场咨询、填表抽奖、礼品派送、有奖问答、文艺表演、比赛等多种形式的现场路演促销活动。选择路演促销的形式应该注意以下两个问题。

① 营造热烈的现场气氛。路演一定要能够吸引足够的人气，才能营造出热烈的现场气氛。

第一，活动现场的设计和布置要有足够的视觉吸引力，用表演道具提高现场气氛。例如，使用充气拱门、气球、遮阳伞、彩旗、专业音响、企业宣传碟片、产品手册、海报、条幅等手段渲染路演效果。

第二，主持人要有主持路演活动的经验，善于调动和把握现场的气氛。

第三，表演的节目、游戏和活动要有创意，注重和现场观众的互动。路演活动中穿插的趣味游戏、有奖问答、产品演示及歌舞表演等内容，应尽可能做到丰富化、趣味化、大众化，这样才能吸引现场消费者的注意力。

第四，游戏设置一定要简单、有趣，互动性一定要强，这样才能让参加者和围观者乐在其中。

第五，节目设计除了要体现出欢乐、互动、快节奏的特点外，还要尽量展示企业的特点，即使这种特点没有在音乐、舞蹈中表现出来，也应该从主持人的串词中不经意地流露出来。

第六，一般情况下，每个节目的时间大约是 5 分钟，每三四个节目就应穿插一个互动游戏(互动游戏的时间不宜太长，否则很可能会流失大量观众)。

② 把产品巧妙地融合到活动宣传中。平衡好表演和产品宣传的比例，熟悉产品特性，掌握产品的品牌定位，把握好宣传的时机，与目标消费者进行有效沟通。例如，有奖问答

既能聚集人气又能传播产品知识，但问题一定要简单、好记、通俗易懂，而且答案也是参加者在现场能够快速找到的(如现场的喷绘图、DM 单等)。

(3) 选择恰当的路演时间和地点。路演的时间与地点要根据目标顾客集会的时间与地点而定，如人流集中或必经的大卖场外、城市中心广场、高档社区等场所。

(4) 精心组织路演活动流程。为了使路演促销有序进行，一般要制定详细周密的活动流程表或活动流程图。在活动正式开始前，必须完成活动现场的各项准备工作(如布置舞台、张贴喷绘、促销员的分配、设计编排节目、人员安排和人员培训等)。一般来说，路演活动的频次不低于 2 次/天(上下午各 1 次)，活动时间以 1 小时为最佳。

10. 其他促销方式

1) 以旧换新

以旧换新是指当企业产品进入成熟期后，为了鼓励消费者购买本企业的产品，明确规定消费者可以用自己的旧产品折价抵补一定的现金购买新产品的促销方式。

2) 免费试用

对于一些耐用和半耐用的消费品，如汽车、服装等，可以采取在一定地点和时间内请顾客免费试用、试穿的方式，以达到促进销售的目的。

3) 返券促销

购物返券就是零售商在商品销售过程中推出“购×元送×元购物券”的促销方式。购物返券的实质是商家让利于消费者的变相降价，返券促销的目的是鼓励顾客在同一商场重复购物。返券促销的方式目前有较大争议，如果商家能够讲求诚信，则可以运用返券获得较多的商业机会，消费者也的确能从中得到购物实惠。

4) 信贷促销

信贷促销主要指厂商借助金融手段，为消费者提供商业信贷，以促进商品销售的方法。常见的信贷促销方式有分期付款、赊销、银行按揭、银行贷记卡等形式。这类促销方式主要运用于高额耐用消费品的销售中，如住房、汽车、家电等产品的销售。

5) 竞赛和游戏

竞赛和游戏是企业通过游戏、有奖征集(广告词、吉祥物、代言人、标志等)、有奖问答、竞技比赛等形式，以特定奖品为诱因，促使消费者积极参与并期待中奖的一种促销活动。竞赛和游戏不一定以消费者购买本企业商品为前提，其目的在于展示产品魅力、普及产品知识、培育潜在市场或积聚人气烘托气氛等。

6) 服务促销

服务促销即通过热情周到的服务促使顾客产生购买动机，具体有售前服务、售后服务、开架服务、订购服务、加工服务、维修服务、培训服务、代办托运服务、保险服务、咨询信息服务等。

7.4.2 针对中间商的促销策划

1. 进货折扣促销

进货折扣使用广泛、操作简便、效果显著，是厂商吸引中间商的重要促销形式。常见

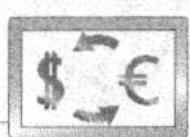

的进货折扣促销形式有以下几种。

1) 现金折扣

这是指厂商对于在约定时间内提前付清货款或用现金付款的客户给予一定比例的折扣。例如，“2/10，net30”就是指客户需要在 30 天内付清货款；如果 10 天内付款，将给予 2%的折扣；如果超过 10 天，在 30 天内付款，不给予折扣。

2) 数量折扣

这是指厂商向大量购买本企业产品的中间商提供价格折扣。厂商通常和客户事先约定，按照购买数量或金额的多少给予不同的折扣。数量折扣分为累计性购买数量折扣和一次性购买数量折扣。例如，购买饮料，进货 5 箱折扣 2%，6～10 箱折扣 5%，进货 10 箱以上折扣 10%等。

3) 附加赠送

厂商根据中间商的购买数量，向其赠送一定数量的相同产品。例如，进货 50 件送 5 件产品。附加赠送实质上还是一种数量折扣的形式，但与数量折扣相比，这是一种减少库存的好办法，对于厂商而言更愿意采用这种促销方式。

4) 提前采购折扣

这是指厂商对在销售淡季购买或提前购买产品的客户给予一定比例的折扣，以减少积压，转嫁存货风险。

5) 职能折扣

这是指厂商根据中间商承担的营销职能情况给予不同的折扣。这些营销职能主要指商品分销中储存运输、广告宣传、销售服务等。显然，中间商承担的职能越多，应该享受的折扣也越大。

6) 协作表现折扣

协作表现折扣主要是指厂商根据中间商的忠诚度与协作状况给予不同的折扣。一般从以下四个方面考察中间商的表现。

(1) 对本企业产品的陈列数量、场所、位置等。

(2) 中间商遵守厂商规定的统一出货价格或遵守销售责任区域划分制度等。

(3) 客户对厂商开展的促销活动的配合与支持表现。

(4) 中间商对厂商产品所做的售点广告宣传或橱窗展示的情况。

7) 进货品种折扣

这是指厂商根据中间商进货品种结构状况给予一定的折扣优惠，主要目的在于促使中间商兼顾畅销品和滞销品、新产品与老产品的销售。进货折扣的支付方式一般有以下四种情况。

(1) 现金支付。折扣采用现金的形式，或者在支付货款时直接扣除，或者在季度末、半年末或年底结算支付。

(2) 公积金支付，是指厂商把折扣金额积存下来，等到年底一次性支付，或者在客户整修店面、购买销售设备时支付。

(3) 实物支付，即厂商用提供销售工具等实物的形式来支付客户的折扣，如货架、货车、柜台、冰箱等。

(4) 产品支付。厂商用相当于折扣金额的产品支付给中间商。

2. 随货赠品促销

1) 箱外赠送

箱外赠送，是指厂商按照中间商进货的多少赠送一定数量的物品。这些赠品一般放在箱外随货送出。箱外赠送一般适用于对批发商的促销。这些物品可以是本企业生产的其他商品或其他企业生产的产品，也可以是赠品券、折价券、抽奖券、优惠券等。但赠品一般是与产品有一定关联的物品，例如，饭店销售某一品牌的酒水，赠送的物品可能是冰柜、计算机等，也可以是挂历、计算器、烟灰缸、茶杯、牙签筒、桌布、打火机等物品；也有的厂商赠送刮刮卡或抽奖券等。

2) 箱内赠送

箱内赠送是指将赠品放在封装好的包装内，这主要适用于对零售商或整件批量购买的消费者的促销。放在箱内可以避免批发商遗忘或从中克扣，保证零售商开箱后得到赠品，感受到实实在在的优惠。

3. 销售奖励促销

1) 年度销售奖励

这是指厂商在年初事先设定销售目标，如果中间商在一个经营年度内达到了或者超额完成这个目标，则给予奖励。销售目标可以是单一的销售量指标，也可以是分阶段的月度、季度及年度指标，也可以是综合销量、品种、回款、价格执行等因素的综合指标。奖励形式除传统的返利外，还有运输工具、销售工具、计算机、灯箱广告等物品形式，也有提供人员培训、旅游、考察、度假机会，以帮助中间商提高经营管理水平为奖励形式。

2) 阶段性销售奖励

由于短期奖励更具有即时兑现的激励作用，同时也可以在不同阶段保持和抢占较高的市场份额，为了实现某一段时间内的销售目标，厂商也会进行阶段性的奖励促销。

4. 销售竞赛促销

销售竞赛促销由厂商主持与组织，在中间商之间依照一定规则，对销售目标完成情况展开竞赛，并对优胜者进行奖励。这是厂商常用的激励中间商的促销方式。

1) 销售量竞赛

一定时期内，以中间商销售本企业产品的数量和金额作为竞赛项目，优胜者获奖。当然，不同的中间商会因负责市场区域不同和自身因素不同在销售量上不具有可比性。此时，可以选择目标完成率进行比较，或者将中间商划分等级，实力相当、情况相近的中间商进行比较。

2) 陈列竞赛

陈列竞赛主要是根据中间商陈列本企业产品的数量、位置和陈列美观性进行比较。

3) 店铺装饰竞赛

店铺装饰竞赛是指厂商根据中间商利用厂商提供的 POP 广告或者利用自有器材对店铺的装饰效果进行评比。

4) 销售技术竞赛

销售技术竞赛主要以中间商业务员或店员为对象，从接待技巧、劝说技巧、推销口才、商品知识、商品功能现场演示、包装技巧、理货速度、计算技能、库存管理、商品货架摆放技巧、售后服务技术等方面进行评比。

5) 创意竞赛

它是指针对广告用语、新产品命名、新产品开发、老产品改进、商品陈列、售点广告等方面进行设计而展开的竞赛。

5．补贴促销

厂商还常常对中间商采取各种补贴的措施，以激励他们的支持、合作与努力销售。常见的补贴方式主要有以下几种。

1) 售点广告补贴

它是指由厂商因中间商在销售现场布置售点广告发生费用支出而给予一定的补贴。可以全部承担，也可以双方合理分担。

2) 合作广告

合作广告，即厂商与中间商签订合同，约定共同分担广告费用，为厂商的产品在当地进行广告宣传。

3) 商品陈列展示补贴

厂商支付中间商一定补贴，条件是要求中间商把厂商商品陈列在显要的位置上。例如，把商品大量陈列在通路两旁，或进行橱窗展示，或在店头设置专柜陈列，以增加销售机会。

4) 产品示范表演和现场咨询补贴

如果厂商派专员占用商场中间场地与设施进行产品功能演示或咨询活动，一般要支付中间商一定的补贴。

5) 降低零售价补贴

如果厂商要求零售商参加促销活动，在指定时间内降低售价以优惠消费者，一般也要给零售商相应的补贴，以弥补其损失。

6) 盘点存货补贴

盘点存货补贴是指厂商为了促进产品销售，承诺在某次促销活动中根据实际销售量给予中间商一定金额的补贴。其主要做法是，在促销活动开始时盘点存货，加上促销期间新进商品量，再扣除促销结束时的剩余库存量，其差额就是厂商应该补贴的实际销货量。

7) 恢复库存补贴

在促销活动结束，盘点存货补贴结束后，中间商通常不太愿意进货。为了解决这个问题，厂商为了通过向中间商施加压力，恢复销售活力，往往开展“恢复库存补贴活动”。其做法是，厂商承诺，如果中间商将库存恢复到促销活动开始时的库存量(或者历史最高库存)，则对于新进货量，厂商给予中间商一定金额的补贴。

8) 延期付款或分期付款

为了解决中间商资金周转困难的问题，厂商有时也会实施给予中间商一定信用额度与期限的延期付款或分期付款政策。

9) 赊销或代销

赊销或代销是指厂商供货给中间商销售并承诺滞销货物可以退回，中间商承诺按照约定期限结算货款的办法。这种促销方式，对厂商来说存在较大风险，常常出现中间商恶意拖欠货款或者卷款而逃的情况。这就需要厂商在选择与监控中间商方面多下功夫。

6. 其他促销方式

除上述五类主要的促销方式外，厂商还经常采用各种各样的促销方式来激励中间商。例如，采取租赁促销方式，厂商将设备、房屋等商品让渡给买方使用，将其价值分期收回的租赁促销；采取互通有无、既是买方又是卖方的互惠贸易促销方式；采取订货会与展销会的促销方式，是以实物形式将商品集中展现在顾客面前的促销方式。

7.4.3 针对销售人员的促销策划

针对企业内部销售人员的促销方法可分为三大类。

1. 销售竞赛

销售竞赛，即在一定的时期内，在企业内部销售小组或销售人员之间开展多种形式的竞赛活动。竞赛项目可针对销售额、销售增长率、目标达成率、拜访客户数、开发新客户数、货款回收率、销售毛利、销售知识与技术以及客户服务技巧等方面。奖励可以是物质奖励，可以是晋升、晋级、授予荣誉称号、颁发荣誉证书等精神奖励，也可以是免费观光旅游、带薪休假、教育培训等综合性奖励。

2. 销售赠奖

销售赠奖是指厂商在销售人员正常的薪酬制度之外，按照事先约定的奖励规则，根据其销售业绩的目标完成情况支付一定奖励的促销方法。

3. 其他措施

其他措施包括培训和协助等措施。培训是指对销售人员进行入职培训和继续培训，目的在于通过提高销售人员的总体素质以促进销售；协助是指厂商向销售人员提供统一职业装束、用具、产品样品或模型、销售手册等销售道具，目的在于提高销售人员的销售效率。表 7-5 总结了常用的促销方式。

表 7-5 常用促销方式一览表

类 型	方 式
针对消费者	折价促销(包括直接打折、数量折扣、附加赠送、加量不加价等)、优惠券促销、赠送样品促销、退款促销、赠品促销、集点换物促销、有奖促销、会员制促销、路演促销、以旧换新、免费试用、返券促销、信贷促销、竞赛和游戏、服务促销

续表

类　型	方　式
针对中间商	进货折扣促销：现金折扣、数量折扣、附加赠送、提前采购折扣、职能折扣、协作表现折扣、进货品种折扣 随货赠品促销：箱外赠送、箱内赠送 销售奖励促销：年度销售奖励、阶段性销售奖励 销售竞赛促销：销售量竞赛、陈列竞赛、店铺装饰竞赛、销售技术竞赛、创意竞赛 补贴促销：售点广告补贴、合作广告、商品陈列展示补贴、产品示范表演和现场咨询补贴、降低零售价补贴、盘点存货补贴、恢复库存补贴、延期付款或分期付款、赊销或代销 其他方式：租赁促销、互惠贸易促销、订货会、展销会
针对销售人员	销售竞赛、销售赠奖、培训和协助等

本 章 小 结

促销策划是指运用科学的思维方式和创新的精神，在调查研究的基础上，根据企业总体营销战略的要求，对某一时期各种产品的促销活动做出总体规划，并为具体产品制订详细而严密的活动计划，包括建立促销目标、设计沟通信息、制订促销方案、选择促销方式等营销决策过程。

企业的促销组合，实际上就是对促销方式的具体运用。在选择采取哪一种或几种促销方式时，要确定合理的促销策略，实现促销手段的最佳结合，必须注意把握影响促销策略的各种因素：促销目标、市场特点和性质、产品类型、促销预算、产品生命周期。

公关促销并不是推销某个具体的产品，而是利用公共关系，把企业的经营目标、经营理念、政策措施等传递给社会公众，使公众对企业有充分了解；对内协调各部门的关系，对外密切企业与公众的关系，扩大企业的知名度、信誉度、美誉度。为企业营造一个和谐、亲善、友好的营销环境，从而间接地促进产品销售。

营业推广同人员推销、广告及公共关系相比，具有独特的作用。一方面，营业推广的对象是顾客、经销商或推销人员，通过强有力的宣传推广或提供特殊激励条件，可以调动有关人员的积极性，立即促成交易行为；另一方面，营业推广的方式多种多样，企业可以根据产品的特性、顾客心理及市场状况灵活运用，具有较强的吸引力，能迅速收到促销效果。

本章从促销策划的基本原理入手，介绍了促销策划的概念、作用、内容和原则，引申出促销组合的要素、影响因素和类型。而后两节则分别阐述了公关策划的内涵、意义、程序及策划方式和营业推广促销策划的各项内容。通过本章的学习，读者对促销策划的内容应有一个大致的了解，明确促销组合和公关促销的概念，掌握对营业推广促销策划的运用。

思考与练习

1. 促销策划的概念是什么？
2. 促销组合策划的要素有哪些？
3. 简述公关促销策划的程序。
4. 简述公关促销专题活动的策划步骤。
5. 简述企业实施促销策划的必要性。
6. 论述营业推广促销策划对企业的意义。

第8章 渠道策划

【学习目标】

- 了解营销渠道的概念、任务与功能。
- 理解营销渠道的基本结构和发展趋势。
- 掌握营销渠道策划的流程。
- 理解营销渠道冲突的类型、原因。
- 掌握渠道窜货的产生原因和规避措施。
- 掌握解决渠道冲突的方法。

渠道是营销“4P”组合中的重要环节，是商品和服务从生产者向消费者转移过程的具体通道或路径。渠道策划是企业加强渠道建设和管理的重要工具，是一个完整的营销策划的重要组成部分。美国市场营销学权威菲利普·科特勒认为：营销渠道是指某种货物或劳务从生产者向消费者移动时，取得这种货物或劳务所有权或帮助转移其所有权的所有企业或个人。简单地说，营销渠道就是商品和服务从生产者向消费者转移过程的具体通道或路径。

8.1 渠道策划概述

8.1.1 营销渠道的概念

营销渠道亦称分销渠道，是指产品(或服务)的所有权和实体从生产领域流转到消费领域所经过的通道。它由所有参与使产品从生产领域向消费领域运动的组织和个人组成，主要包括生产商、批发商、零售商、代理商和储运企业等，甚至包括消费者，他们都是渠道成员，其中批发商、零售商和代理商通常被称为中间商。

作为战略营销的工具，以前营销渠道往往不受重视，都是先考虑其他三个营销组合(产品、价格、促销)战略要素。但是，近几年对营销渠道相对忽视的情况有所改观。这种转变至少有五个方面的原因：获取持久的竞争优势更加困难，分销商特别是营销渠道中的零售商权利日益增长，需要削减分销费用，增长的新压力，技术日益增强的作用。

营销渠道是将产品送到目标市场的保证，也是企业的“触角”和“神经”。在目前的市场中，大多数生产者都不是直接将其产品销售给终端消费者。在生产者和终端者之间，由批发商与零售商采购商品，取得所有权后再转售出去。营销渠道决策是市场的重要决策之一，会影响其他营销决策。

营销渠道的建立不是一朝一夕的事情，需要依靠内外部力量的结合，并且投入大量的时间、人力和物力才能建立起来。它代表公司与中间商之间的一种长期稳定的承诺，也代表公司的营销组合策略的选择。因此，在选择营销渠道时必须注意营销环境的趋势变化，以长期的、发展的眼光来规划营销渠道，同时也要注意保持渠道的灵活性。

营销渠道示意图如图 8-1 所示。

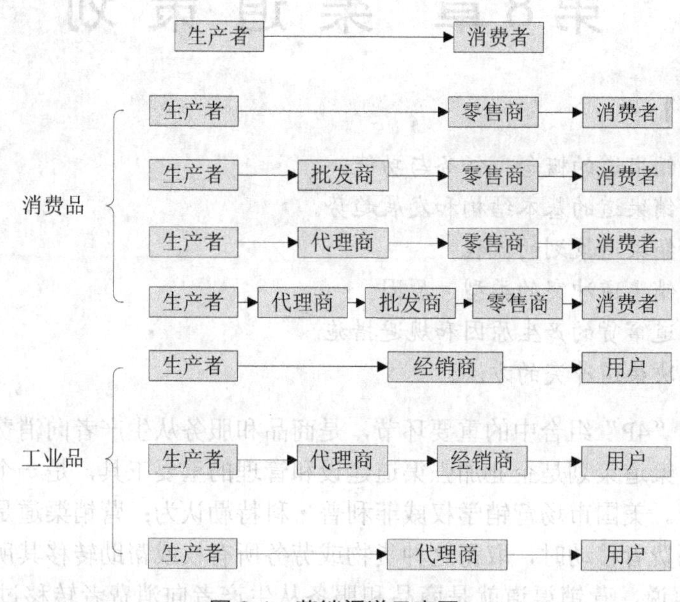

图 8-1 营销渠道示意图

8.1.2 渠道策划的作用

渠道策划是企业整体市场营销策划中不可缺少的一部分。由于渠道的建立需要企业经过多年的努力，一旦建立起来往往很难改变。因此，企业在进行渠道的设计与策划时应十分慎重。根据菲利普·科特勒(Philip Kotler)的观点，一个渠道执行的功能是把商品从生产者那里转移到消费者手里，它弥合了产品、服务和其他使用者之间的缺口。因此营销渠道的好坏直接影响产品能否有效地满足顾客需要，营销组合中的其他要素能否按预期目标实现，企业能否快速有效地掌握市场信息。一个好的渠道策划可以发挥以下作用。

1. 降低销售成本，增加利润

中间商是专门从事将产品从生产商传递到消费者手中这一活动的商人，他们从传递的渠道中获得利益，同时对销售渠道产生积极的促进作用，所以整个流通渠道也因劳动分工受益。此外，好的中间商还能促进高产量、高销售额，因而好的营销渠道有利于顾客，有利于生产商占领和扩大市场，有利于企业声誉的建立，从而扩大产品销售。因此，选用良好的经销商可以减少产品所有权的转移次数，从而降低销售成本。好的营销渠道可以减少分销中的不必要环节，减少产品运输的时间和费用，加速商品的流通和资金周转；合理的营销渠道有助于减少商品运送和贮藏时的损耗，降低经营费用。

2. 有助于找到最佳营销组合

合理的渠道策划可以事先判断并选择出较好的营销渠道，更有助于找到最佳营销组合。好的营销渠道，可以使消费者对产品有良好的形象定位；好的营销渠道可以降低不必要的

渠道费用；好的营销渠道也将有助于生产商贯彻促销策略。生产商在做促销工作时，需要考虑中间商的推销能力、覆盖面、激励程度和所需培训等方面。通过合理的渠道策划，生产商可以找到最佳的中间商来传递促销策略。

3．及时获得市场信息

生产商通过中间商来接触终端消费者，因此中间商也是生产商获得消费市场信息的重要通道。通过中间商，生产商可以了解产品的市场销售情况、顾客的反应、竞争者的行动以及营销策略的有效度等。好的营销渠道可以使企业及时获得信息反馈，并降低获得信息的成本。对于新产品开发来说，它可以使企业快速找到目标消费群，确定营销方案及其实施的时间、地点。

4．规避风险，达到融资的功效

营销渠道中的中间商一旦介入了某种商品的分销工作之后，首先完成了该商品从产品到商品的转化，同时也意味着该产品的所有权已经从企业转移到中间商手中。而此时，企业便不再承担该产品的销售市场风险。同时，中间商也为本渠道所开展的各项工作筹集了使用资金，通过支付货款或订货款，为生产企业进行下一轮生产提供资金，达到融资的功效。

8.1.3　渠道策划的任务与功能

渠道策划应基于企业的市场目标，目的在于解决如何“多快好省”地将产品和服务送达目标客户的问题。作为营销手段和企业的营销能力之一，渠道策划有三大基本任务：一是完成产品的交易任务；二是满足顾客的需求与欲望；三是塑造产品形象和企业形象，扩大企业的知名度，强化用户对产品的满意度。现代营销渠道应该具有以下几个功能。

1．商品流通功能

企业的营销渠道包括一定数量的分销机构或网点，它具有达成交易、交付产品和提供服务的功能。分销机构或网点接近或渗透顾客的所在区域，能方便顾客采购以及满足顾客所需要的各种服务，更好地体现企业的经营宗旨。

2．营销推广和形象传播功能

现代的营销渠道在完成销售功能的同时兼具了营销推广的职能。企业形象的建立和传播一般是通过产品质量保证、品牌建设、广告推广、公共关系管理等途径来完成的，而企业在做好营销渠道建设的同时若能扩张分销体系，形成较大的分销和辐射范围，分销商自然而然就成为企业形象的外在代言人。分销渠道越广泛、越巩固，顾客接触到企业产品和服务的机会也就越多，其形象和品牌传播就越容易。

3．信息采集功能

营销渠道为消费者提供产品或服务，同时方便厂家获取消费者的需求信息，以求达到供求平衡。分销机构接近顾客，服务网络渗透于目标区域，企业就能不断采集信息，充分

发掘市场的需求潜力，及时把握市场机会，进而巩固自身的市场地位，增强市场竞争力。一个完善的营销渠道可以最大限度地降低库存，减少销售费用。

4. 人才吸纳功能

庞大的营销渠道的触角无论延伸到哪里，都会极大地树立企业在当地的形象，吸纳当地的人才，为实现企业的人才本地化提供了平台。所以，加强营销渠道建设也是企业占领市场、获取人力资源的重要手段之一。

8.1.4 渠道的评价标准

评价渠道的首要标准是评价它所提供的服务能否满足各个渠道成员的需要；其次是评价渠道的营销成本，低成本的营销渠道可以提高它的竞争地位；最后是渠道的灵活性，看它能否适应市场变化的需要。

渠道的最主要目的是为消费者提供产品或服务，为生产商提供销货途径，为中间商提供盈利机会等。具体来说，渠道的评估标准可以分为以下几个方面。

(1) 顺畅：这是渠道最基本的要求。

(2) 便利：最大限度地接近消费者，使消费者感到方便、快捷。

(3) 经济性：成本最小原则。

(4) 增加流量：追求铺货率，能够迅速占领市场，多路并进。

(5) 开拓市场：主要依靠强有力的中间商。

(6) 提高市场占有率：这是渠道维护的重要因素。

(7) 扩大品牌知名度：争取顾客的忠诚度。

(8) 市场覆盖范围和密集度：这是多家分销和密集分销的重要目标。

(9) 控制渠道：企业不断增强实力来培植自己的分销渠道，掌握渠道的主动权。

8.2 营销渠道的构架

8.2.1 营销渠道的基本结构

营销渠道主要有层级结构、宽度结构和类型结构三种基本形式。

1. 营销渠道层级结构

营销渠道层级结构指的是一个渠道系统中包括的中间机构的层次数量，也就是通常所讲的渠道长度。每个中间机构只要在产品及其所有权向最终买主转移的过程中承担若干工作，就是一个渠道级，中间机构的级数被用来表示渠道的长度。由于生产者和消费者在产品所有权转移的过程中都担负了某些工作，他们也成为渠道的组成部分。

(1) 依据营销渠道含有中间机构的数目多少，可以将营销渠道分为零级渠道、一级渠道、二级渠道和三级渠道。

① 零级渠道。在零级渠道中，产品不经过任何中间商转手直接卖给消费者或用户。它

适用于产业用品和单位价值较大的消费品的分销。鲜活消费品也适用这种分销渠道。直接分销渠道是产业用品的主要分销渠道。

② 一级渠道。在一级渠道中，产业用品不经过零售商，一般由产业分销商、制造商代表或销售机构将产品分销出去；消费品则要经过零售商，零售商分布广泛，可以使产品经过这一环节之后有效满足消费者的需求。

③ 二级渠道。在二级渠道中，对于消费品而言，制造商首先将产品分销给批发商或代理商，然后再经零售商转卖给最终消费者；对于产业用品而言，则是由制造商代表或销售机构将产品分销给产业分销商，再由产业分销商卖给工业用户。

④ 三级渠道。在三级渠道中，对于消费品而言，依次分别经过代理商、批发商和零售商的渠道到达最终消费者手中。在产品种类繁多、目标市场分散的情况下，采用此种渠道形式，有利于提高产品分销的有效性。

(2) 依据营销渠道级数的多少，可以将营销渠道划分为长营销渠道和短营销渠道。级数越多，渠道越长；级数越少，渠道越短。

(3) 依据产品是否通过中间机构到达消费者手中，可将营销渠道划分为直接渠道和间接渠道。直接渠道就是零级渠道；间接渠道是指至少含有一个中间机构的情况，是消费者市场上占主导地位的营销渠道类型。根据所含中间机构的多少，可分成上述的一级渠道、二级渠道、三级渠道等。

(4) 根据消费品市场与工业用品市场和产业市场在营销渠道上的差异，可以将营销渠道分为消费品市场营销渠道和产业市场营销渠道。

2. 营销渠道宽度结构

营销渠道的宽度是指营销渠道中同一层次选用中间商数目的多少，多者为宽，少者为窄。根据同一层次中间商数目的多少，可以有三种形式的渠道宽度结构，即密集型营销渠道、选择型营销渠道和独家型营销渠道。

1) 密集型营销渠道

密集型营销渠道也称广泛型营销渠道，是指在同一层次上使用较多的中间商，即凡符合厂家最低要求的中间商均可参与营销渠道。一般来说，产品的营销密度越大，销售的潜力也就越大。密集型营销渠道是宽渠道。

密集型营销渠道的优点是：市场覆盖率高、便利顾客。密集型营销渠道的缺点是：市场竞争激烈，价格竞争激烈，导致市场混乱，有时会破坏厂家的营销意图，渠道的管理成本(包括经销商的培训、营销系统支持、交易沟通网络的建设等费用)很高。

密集型营销渠道比较适宜日用消费品的营销。例如，通用电气公司在对产品进行营销时，不只是使用独立零售商，诸如百货公司、折扣商店、商品目录商店等，而且还直接向建筑承包商销售大型的家用电器，这种做法实际上更像是在与零售商进行竞争。又如，IBM公司在将其所研制出的个人电脑投放市场时，为追求投放的速度，曾采用过多渠道营销的方式。当时它所动用的商店多达 2 500 家。除了自设 IBM 产品中心之外，它们还与西尔斯(Sears)、大陆计算机公司以及其他各种计算机商店、办公用品经销商、加工转卖商等签订营销合同。对于投向大学内的计算机，更是大打折扣，这也一度引发了众多零售商的抱怨和不满。

2) 选择型营销渠道

选择型营销渠道是指在同一层次上或一定区域内，精选少数符合要求的中间商，经销本企业的产品，即从入围者中选择一部分作为经销商。选择型营销渠道通常由实力较强的中间商组成，能有效地维护制造商品牌信誉，建立稳定的市场和竞争优势。这类渠道多为消费品中的选购品和特殊品、工业品中的零配件等。选择型营销渠道是中宽度渠道。

选择型营销渠道的优点是：比密集型营销渠道能取得经销商更大的支持，同时又比独家型营销渠道能够给消费者购物带来更大的方便，一般来说，消费品中的选购品和特殊品适宜采用选择型营销渠道。选择型营销渠道的缺点是：中间商的竞争较独家型营销渠道时激烈，而且选择符合要求的中间商较困难。消费者和用户在选购商品时会进行商品的比较，所以没有密集型营销渠道那么方便顾客。

3) 独家型营销渠道

独家型营销是指制造商在某一地区的某一渠道层次上选用唯一的一家中间商来分销产品。通常是双方协商签订独家经销合同，规定中间商不能经营竞争者的产品，明确双方的权利和义务。独家型营销渠道是窄渠道。

独家型营销渠道的优点是：中间商能获得企业给定的产品的优惠价格，不能再代销其他竞争性的相关产品。对于独家经销商而言，经营有名气的企业产品，可凭名牌产品树立自己在市场上的声望和地位，同时可获得制造商广泛的支持，所以能提高中间商的积极性。对于企业而言，易于控制产品的零售价格，易取得独家经销商的合作。独家型营销渠道的缺点是：因缺乏竞争，顾客的满意度可能会受到影响，经销商对制造商的反控力较强。

此种模式适用于技术含量较高，需要售后服务的专用产品的营销，如机械产品、耐用消费品、特殊商品等。具体而言，如新型汽车、大型家电、某种品牌的时装等。例如，东芝在进入美国市场的早期，将80%的产品交给史勒伯百货连锁店销售。

3．营销渠道类型结构

按照营销渠道终点——消费者或工业用户的不同，可以把营销渠道分为消费者市场营销渠道和工业品市场营销渠道，如图 8-2 所示。

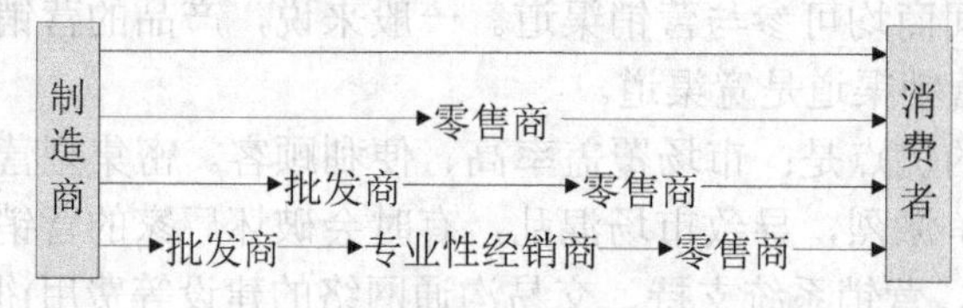

(a) 消费者市场营销渠道

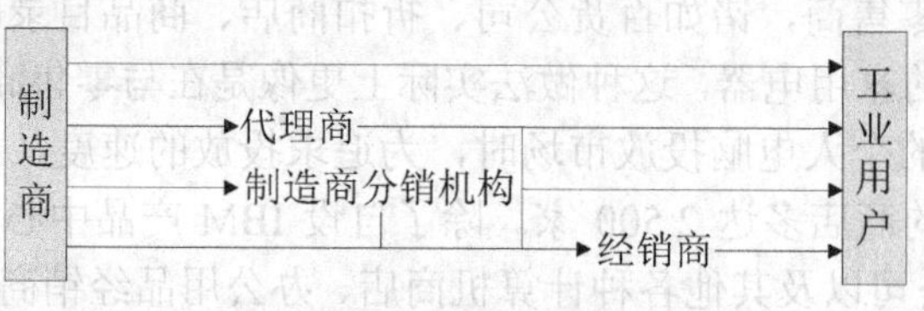

(b) 工业品市场营销渠道

图 8-2　营销渠道的类型结构

8.2.2　营销渠道的系统结构及其发展

20 世纪 80 年代以来，营销渠道系统突破了由生产者、批发商、零售商和消费者组成的传统模式，有了新的发展，形成了整合渠道系统，如垂直渠道系统、水平渠道系统和多渠道营销系统等，从而克服了由传统渠道系统成员之间的松散关系所带来的各自为政，各行其是，为追求其自身的利益最大化而不惜牺牲整个渠道系统的利益的缺陷。

1. 垂直渠道系统

垂直渠道系统是由生产企业、批发商和零售商纵向整合组成的统一系统。该渠道成员或属于同一家公司，或将专卖特许权授予其合作成员，或有足够的能力使其他成员合作，因而能控制渠道成员的行为，消除某些冲突。垂直营销渠道的特点是专业化管理、集中计划，销售系统中的各成员为共同的利益目标，都采用不同程度的一体化经营或联合经营。这种垂直营销渠道在一些发达国家已成为消费品市场的主要营销形式。比如在美国，这种垂直渠道系统已成为消费品市场的主要力量，其服务覆盖了全美市场的 70%～80%。在我国，这种垂直营销渠道也逐渐成为主要的发展趋势。垂直渠道系统主要有三种形式，如图 8-3 所示。

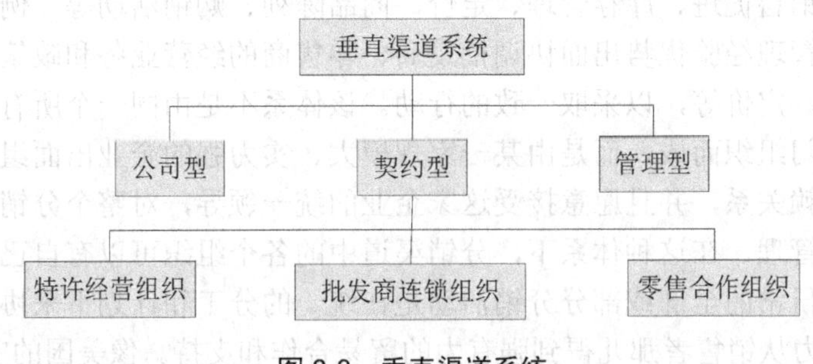

图 8-3　垂直渠道系统

1) 公司型垂直系统

公司型垂直一体化分销体系是指一家公司拥有和统一管理若干工厂、批发机构和零售机构，能够控制市场分销渠道的若干层次，甚至控制整个市场分销渠道，综合经营生产、批发、零售业务。公司型垂直一体化分销体系可以由生产制造企业来向前领导，从生产到销售建立分销网络，例如国际上知名的胜家缝纫机公司，在美国各地设有缝纫机商店，自产自销，并经营教授缝纫等服务项目。公司型垂直一体化分销体系也可以由批发商或零售商向后联合，把批发或零售阶段之前的生产与交换活动纳入自己的领导与控制之下。例如，美国著名的大零售商西尔斯(Sears)公司 50%以上的所售商品都是从它的股权控制下的生产制造商或供应商那里获得的；美国假日旅馆控制着家具制造厂、地毯厂等众多企业；美国一些钢铁批发商除批发与分销钢材外，也兴办生产性服务中心，承接某些钢材的加工业务，如钢材的切割、焊接和造型等，这些服务中心在美国的钢材批发市场上已经占据了主导地位。

(1) 公司型垂直一体化分销体系通过产权纽带而形成公司组织内部的分销网络，克服了分散化分销网络的缺点，提高了分销的组织性和效率，主要优势有以下几点。

① 帮助企业建立良好的品牌和企业形象。

② 尽可能地接近目标顾客。

③ 减少分销程序和交易业务环节，提高分销效率。

④ 避开低效率的中间商。

⑤ 一体化运营，可降低分销成本。

⑥ 企业对渠道的控制能力得到了大大加强，特别是对销售终端的控制力增强，有利于企业实施市场战略。

(2) 公司型的分销渠道也有不少的缺陷：①建立一个公司型分销渠道，其投资成本较高；而通过兼并、控股或收购等方式来形成一个产权控制的公司型分销渠道，先期投资大，可能会带来日常经营活动的财务压力。②公司型分销渠道的管理成本十分巨大，企业需要建立一个统一的完善的管理机构来管理生产、经营及市场营销等业务。一旦管理不完善，不仅是成本的问题，更重要的是可能出现管理失控，各地销售机构各自为政，收支混乱，渠道成本和效率均受影响。③较大规模的公司型分销体系灵活性较差，当公司目标对象变化或销售形式变化时，常常难以迅速调整。

2) 管理型垂直系统

管理型垂直系统指通过渠道中某个有实力的成员来协调整个营销渠道的销售管理业务，其业务涉及销售促进、库存管理、定价、商品陈列、购销活动等。例如，宝洁公司以其品牌、规模和管理经验优势出面协调批发商、零售商的经营业务和政策，如商品陈列、货架位置、促销、定价等，以采取一致的行动。该体系不是由同一个所有者属下的相关生产部门和分销部门组织而成，而是由某一家规模大、实力强的企业出面组织，渠道成员承认相互之间的依赖关系，并且愿意接受这家企业的统一领导，对整个分销渠道的产品流通活动进行协调与管理。在这种体系下，分销渠道中的各个组织可以有自己的经营目标和组织结构，但是其日常的全部或部分分销活动是在统一的分工和计划下来协调的。在这里，名牌制造商有能力从销售者那儿得到强有力的贸易合作和支持。像美国的宝洁公司、柯达、吉列、克拉夫特公司都凭着实力在商品流通的各环节起到协调和管理的作用，能在有关商品展示、货架位置、促销活动和定价政策等方面取得批发商和零售商的积极合作。

美国内陆钢铁公司用十年时间，花了 2 000 万美元建立了一个在全美钢铁企业中最先进的生产日程和监控系统，解决了生产企业和分销组织之间如何确定耗资昂贵的缓冲库存的难题。由于该公司能迅速可靠地发货，从而减少了产品库存的开支成本，使得该公司与发货较慢的日本制造公司在竞争中处于有利的地位，并抵消了生产成本一般高于日本制造公司 10%的不利因素。

美国的食品和日杂商品批发商也采纳了管理型垂直一体化分销体系，对零售商提供各种扶助的服务，如货架陈列与管理，零售财务计划和价格援助，帮助策划采购和维修有关零售电子设备，提供商品促销和广告、商店布局、营业空间的管理、合作与支持，并确保提供所需的商品，从而建立起稳固的分销关系。

杭州的某食品专业市场，根据食品批发与零售非常分散、规模效应比较小的特点，采取由专业市场出面组织，在市区组成 1 000 家经销点网络，由专业市场提供所需商品和 30%的铺底，送货上门，赠送招牌，并由专业市场进行广告促销。这一做法引起商家极大反响，

也引起同行的关注，这样能很好地控制渠道，保证渠道的忠诚。

管理型垂直系统有三个优势。首先，管理型分销体系的建立可以极大地提高产品的销售量和利润，避免或降低不必要的相互竞争。其次，提高了生产与分销的计划性，实现供应链一体化运作。例如，以大企业为核心，通过分工、联合、协作及结盟等方式，把上下游的企业结成一个分工与合作的网络式关系，企业间的关系由独立的以市场机制为基础的竞争关系转变成管理式的合作关系，使分散无序的渠道市场竞争得到有效的组织。再次，便于控制和掌握各种中间机构的销售活动，极大地方便了生产调度和库存管理。最后，通过核心企业的统一管理和优势引导，可以提高渠道成员的竞争力和经营效益，合理安排经营资源，提高商品销售管理的效率，稳定商品的销售价格。

3) 契约型垂直系统

契约型垂直系统也称合同型垂直系统，指不同层次的独立制造商和经销商为了获得单独经营达不到的经济利益，以契约为基础实行的联合体。它主要分为三种形式。

(1) 特许经营组织。它是近年来发展最快和最令人感兴趣的零售组织，主要有以下三种。

① 制造商倡办的零售特许经营或代理商特许经营。零售特许经营多见于消费品行业，代理商特许多见于生产资料行业。例如，丰田公司对经销自己产品的代理商、经销商给以买断权和卖断权，即丰田公司与某个经销商签订销售合同后，赋予经销商销售本公司产品的权利而不再与其他经销商签约，同时也规定该经销商只能销售丰田品牌的汽车，实行专卖，避免了经营相同品牌汽车的经销商为抢客户而竞相压价，以致损害公司名誉。

② 制造商倡办的批发商特许经营系统。大多出现在饮食业，如可口可乐、百事可乐，与某些瓶装厂商签订合同，授予其在某一地区分装的特许权，以及向零售商发运可乐等的特许权。

③ 服务企业倡办的零售商特许经营系统。多出现于快餐业(如肯德基快餐、麦当劳等)，汽车出租业(如赫茨、阿维斯公司等)和汽车旅馆行业等。

(2) 批发商倡办的连锁店，即批发商组织独立的零售商成立自愿连锁组织，帮助他们和大型连锁组织抗衡。批发商制订一个方案，根据这一方案，使独立零售商的销售活动标准化，并获得采购方面的好处，这样，就能使这个群体有效地和其他连锁组织竞争。

(3) 零售合作组织，即零售商可以带头组织一个新的企业实体来开展批发业务和可能的生产活动。成员通过零售商合作组织集中采购，联合进行广告宣传。利润按成员的购买比例进行分配。非成员零售商也可以通过合作组织采购，但不能分享利润。

2. 水平渠道系统

水平渠道系统指由两家或两家以上的公司横向联合起来的渠道系统。它们可实行暂时或永久的合作。当面临一个新的市场机会时，这些公司或因资本、生产技术、营销资源不足，无力单独开发市场机会；或因惧怕独自承担风险；或因与其他公司联合可实现最佳协同效益，因而组成共生联合的渠道系统。这是在同一层次的若干生产商之间、若干批发商之间、若干零售商之间采取的横向联合方式。总之，这种系统可发挥群体作用，共担风险，获取最佳效益。例如，日本共同网络股份有限公司(CN)，由大中型旅游公司、票务公司、体育娱乐服务公司等 27 家企业出资组建，这些公司共享信息资源，协力开拓和服务于旅游市场。

水平渠道系统如图 8-4 所示。

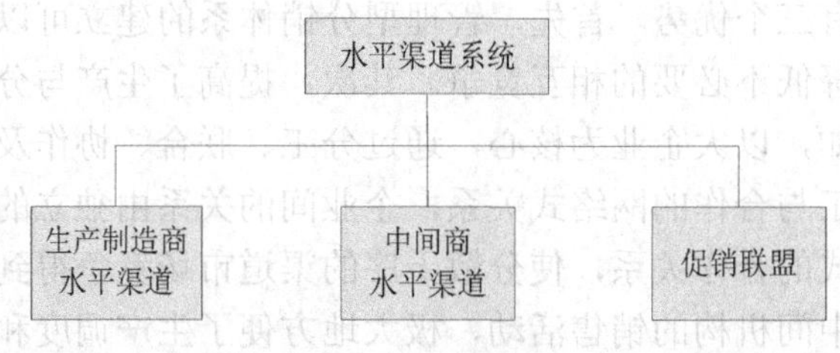

图 8-4　水平渠道系统

3. 多渠道营销系统

多渠道营销系统指对同一市场或不同的细分市场采用多条渠道营销系统。这种系统一般分为两种形式：一种是生产企业通过多种渠道销售同一商标的产品，这种多渠道营销系统也称为双重营销。例如，康柏公司除了直接向公司购买者出售个人计算机外，还通过大众化电器零售商、小型计算机专业商店等渠道出售产品；又如软饮料制造商可口可乐或百事可乐，不仅通过杂货店还要通过餐馆和自动售货机来销售产品。另一种是生产企业通过多渠道销售不同商标的差异性产品。此外，还有一些公司通过同一产品在销售过程中的服务内容与方式的差异，形成多条渠道以满足不同顾客的需求。多渠道系统为制造商提供了三方面的利益：扩大产品的市场覆盖面、降低渠道成本和更好地适应不同顾客要求。但该系统也容易造成渠道之间的冲突，给渠道控制和管理工作带来很大难度。

8.2.3　营销渠道结构发展的趋势

由于市场的发展变化以及宏观、微观环境的影响，渠道结构也有了新的发展趋势。企业对于渠道的重视角度也有所改变。

1. 渠道扁平化趋势

很长一段时间以来，中国企业习惯沿用传统的批发零售模式。但传统的渠道模式存在许多不可克服的缺点：一是由于渠道过长而使制造商难以有效地对销售渠道实行控制，信息不能得到准确、及时地反馈；二是多层结构延误了产品到达消费者手中的时间，却难以得到很好的解决。

渠道扁平化已经成为渠道发展的必然趋势。因为扁平化的销售模式简化了销售过程，制造商可以对渠道进行很好的控制，也利于了解终端的销售情况，同时缩减了销售成本，使所有渠道成员都获得了较大的利润空间。但渠道扁平化并不是一味地追求减少销售环节，而是对原有的价值链进行客观的评估，进而优化，剔除价值链中没有增值的环节。

2. 高度重视终端建设

顾客资源才是企业最重要的资源，顾客是企业利润的最终来源。而很多企业依旧认为只有经销商才是他们的主要客户，却忽略了终端的顾客需求。随着买方市场的来临，脱离顾客需求的做法往往会断送企业的前途。近年来，超级终端开始出现，渠道中的控制权也开始逐渐向渠道终端转移。

在这种思想指导下，建立营销渠道的逆向模式也应运而生。具体来说，就是在建立营销渠道时根据消费需求、消费者的购买习惯和产品特性选择零售终端，接着根据中间商的财力、信誉、能力和与零售终端的关系，进一步向上选择中间商直至与企业有直接业务联系的经销商，最后将整条渠道纳入企业的营销体系。这样建立起来的营销渠道才是真正适合目标客户的，同时制造商也能很好地对终端进行控制，充分激发消费者的购买欲望。

3. 渠道管理的信息化

当今社会已经进入信息化时代，电子商务的发展尤为迅速，渠道的建设与管理自然与信息化息息相关。很多经销商开始建立起自身的网络渠道，这是与顾客保持密切联系的另外一种新型方式。同时，经销商也可以将自身的网络系统与制造商的信息管理系统互联，实现对渠道变化的灵敏反应，这有利于缩减管理成本。

8.3 营销渠道设计

营销渠道设计是指为实现分销目标，对各种备选渠道结构进行评估和选择，从而开发新型的营销渠道或改进现有营销渠道的过程。

需要指出的是，广义的营销渠道的设计包括公司创立之时设计全新的渠道以及改变或再设计已存在的渠道。对于后者，现在也称为营销渠道再造，是市场营销者经常要做的事。

相比之下，从一开始就设计全新的营销渠道的情形少得多。除生产商之外，制造商、批发商(消费品类与工业品类)以及零售商也都面临着渠道设计问题。对零售商来说，渠道设计是从生产商与制造商的对立面着手的。为了获得可靠的产品供应，零售商要从渠道的末端向渠道的上游看，而不是看渠道的下游(对生产商与制造商来说却是如此)。而批发商处于渠道的中间位置，对渠道设计的决策需要从两个方面着手，既要考虑上游，也需要了解下游的情况。

8.3.1 营销渠道设计的原则

1. 经济性原则

经济性原则是指从成本与收益的角度对不同的营销渠道进行评价。首先要测算营销渠道的成本。例如，对是采用本公司的销售人员还是采用代理商的问题，企业的选择是：销售量在 S 点以下时，宜采用代理商，因为代理商已建立健全的网络，容易与客户接触，单位产品均摊的营销费用低；如果销售量达到 S 点以上时，则适合采用本公司的销售人员，即自己组建销售队伍。因为大规模的销售足以为企业带来良好的利润，如图 8-5 所示。

这给我们一个启示：大企业宜自己组建销售队伍和营销网络，中小企业应采用代理。

2. 高效畅通原则

企业的存在以营利为目的，企业进行生产的目的是追求利润最大化，力争在一定投入的条件下收益最大或在一定收益的条件下投入最少。要提高企业营销渠道效益，就要降低营销渠道成本。近几年，中国市场许多领域供大于求，企业之间的竞争日益激烈，由于企业产品价格屡次下调，企业利润也日趋下降，营销渠道的利润空间也相对变得狭小起来。因此，这就要求控制产品营销渠道的成本，通过降低产品营销渠道的成本来增加利润，包括生产企业的利润和整个产品营销渠道通路的利润。通过提高产品销售量和销售额，来提高营销渠道成员和产品的市场占有率，扩大利润。

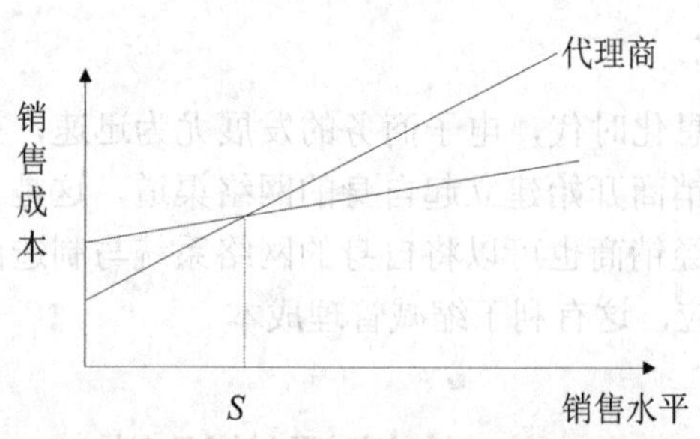

图 8-5　依据经济性原则设计营销渠道

企业营销渠道不仅要提高效益，还要提高效率。产品营销渠道是为企业服务的，经过改进和构建的产品营销渠道应更能促进效率的提高。效率一般包括两方面：①一定的投入获得较高的利润。相对于营销渠道来说，主要有两个指标率，即销售费用率和资金收益率(利润/资金)。②获得一定的利润所需时间较短。相对于营销渠道来说，主要有三个指标，即销售增长率、市场占有率和利润增长率。

3. 稳定可控原则

企业使用中间商的市场营销渠道，一旦与中间商签约确定买卖关系，双方便建立了合作关系，这种关系使营销渠道具有相对稳定的特征。企业的营销渠道模式一经确定，便需花费相当大的人力、物力、财力去建立和巩固，整个过程往往是复杂而缓慢的。所以，企业一般轻易不会更换营销渠道模式及成员。只有保持渠道的相对稳定，才能进一步提高营销渠道的效益。畅通有序，覆盖适度是营销渠道稳固的基础。

4. 客户导向原则

营销渠道模式设计与选择的基点一定是客户和市场，是整体客户的价值导向。这个客户不但包括产品的生产者、产品终端消费者，而且包括产品经销商和零售商。企业欲求发展，必须将市场客户要求放在第一位，建立客户导向的经营思想。这需要通过周密细致的市场调查研究，不仅要提供符合消费者需求的产品，同时还必须使营销渠道为目标消费者的购买提供方便，满足消费者在购买时间、地点以及售后服务上的需求。客户价值导向，一是要为终端消费者创造价值，产品和服务要赢得终端消费者的认同；二是要为产品经销商及其合作伙伴创造价值。

5. 协调平衡原则

1) 要协调营销渠道成员之间的利益分配

企业在选择营销渠道时，不能只追求自身的效益最大化、忽略其他营销渠道成员的利

益，合理分配利益是营销渠道合作的关键，利益的分配不公常常是营销渠道成员矛盾冲突的根源。因此企业应该设置一整套合理的利益分配制度，根据营销渠道成员负担的职能、投入的资源和取得的成绩，合理分配营销渠道合作所带来的利益。

2) 市场容量与批发商能力协调

要保证区域市场容量与批发商和终端的营销能力协调平衡，批发商的市场覆盖能力和零售终端的密度直接关系着企业营销渠道整体布局的均衡状况。必须根据区域市场的容量和结构的变化，结合各营销渠道成员的具体发展状况，营销渠道绩效评价体系研究进行适时的调整，使得营销渠道成员保持协调平衡。

3) 企业营销渠道与产品营销渠道相匹配

企业营销渠道的改进和构建必须顺应我国企业的发展趋势，做到与时俱进，协调发展。同时，企业营销渠道应当与产品营销渠道的环境相匹配。产品营销渠道环境影响着产品营销渠道的建立模式，产品营销渠道只有适应产品营销渠道环境，渠道才能有效运转。

6. 分工协作发挥优势原则

企业在改进和构建营销渠道时，要注意发挥自己的特长，确保在市场竞争中的优势地位。现代市场经济的竞争早已是整个规划的综合性网络的整体竞争。企业依据自己的特长，构建合适的营销渠道模式，能够达到最佳的经济效应和良好的客户反映。同时企业也要注意通过发挥自身优势来保证渠道成员的合作。贯彻企业自身的战略方针，与营销渠道成员之间要分工协作、优势互补和资源共享，这样才能有效地获得系统协同效率，即提高产品营销效率，降低营销渠道运营费用。

生产企业利用管理经验、市场能力、技术服务等营销资源优势，承担品牌运作、促销策划、促销支持和市场维护等管理职能；核心经销商利用网络、地缘优势、资金、配送等资源优势，承担物流、结算、配合促销实施、前期推广等营销职能；各产品零售终端利用地理位置、影响力、服务特色等优势，承担现场展示、用户沟通、客户服务和信息反馈等销售职能。

7. 目标差异性原则

制造商使用销售代理必然遇到中间商的目标与制造商的目标不一致的问题。中间商往往不能有效地配合制造企业的整体营销战略。因此，制造商要评价这种差异的程度究竟有多大，这种背景是否影响企业的长远利益。如果中间商是在积极合作的前提下追求自身利益的最大化，这是可以接受的；如果与制造商的目标相去甚远甚至抵触，则应及时调整渠道成员。

8. 适应性原则

营销渠道的设计要本着适应环境和企业总体发展规划的方针，充分体现适应性的特征。比如与销售机构签订销售合同时，合同的有效执行年限不宜过长，要为企业灵活改变营销渠道留有余地。

9. 维护声誉原则

企业的声誉影响企业对营销渠道的选择。要达到通过选择营销渠道而提高企业声誉的

目的，企业首先要精心选择中间商，拒绝与声誉差的中间商建立业务关系，同时适当激励在渠道建立方面对企业贡献大的中间商。

8.3.2 渠道策划的流程

应该说，一个成功的科学的渠道能够更快、更有效地推动商品广泛地进入目标市场，为生产商及中间商带来极大的现实及长远收益。对于渠道的策划就是要设立渠道的目标和各种限制因素，判别出主要的可选渠道方案，并且作出评价分析。

1. 消费者需求分析

营销的最终客户是终端消费者，所以在进行渠道策划时，首先应该了解消费者的服务需求，用客户的需求作为渠道的目标。

消费者的服务需求一般有以下几类。

(1) 购买规模。购买规模指客户购买产品的单位数量。不同的消费者购买规模有明显的不同。

(2) 市场分散度。这是指产品、产品信息和技术支持等与消费者居住地的远近程度。换句话说，就是渠道为顾客购买产品所提供的便利程度，市场分散度这一消费者需求一般在直接营销中被进一步强调。

(3) 产品品种和种类。这是指消费者希望产品品种多样化的类型和程度。一般来说，顾客喜欢多样化程度高的品种样式，多样化程度高可以有更多满足消费者需求的机会。

(4) 交货时间。交货时间也称等待时间，这是指产品从订货到货物到达消费者手中的时间。有的消费者希望马上能拥有产品，而有的则更关心交货的质量保证。

以上四种服务需求是任何产品的消费者的共同点，在涉及不同行业的产品时，每个行业都会有一些自己这个行业特点所决定的消费者服务需求。

(5) 提供产品信息。对于一些产品，消费者需要更多的信息，如新兴产品、技术复杂的产品或技术更新迅速的产品。

(6) 产品用户化。消费者希望产品能符合自己个人的使用要求，对产品在技术上能够做出一些调整。即使是标准化产品，根据客户的具体需要，生产商也需要对产品的大小、规模、质量等级等因素进行调整。

(7) 保证产品质量，即产品的可靠性和完善性，这是消费者十分看重的一点。

(8) 售后服务，即为消费者提供产品安装、维护、维修和质量保证等服务。

(9) 后勤工作，指产品的运输、储存等服务。例如，对一些危险的化学物质，使用特殊的运输工具就是一项必不可少的后勤工作。

2. 厂家选择分销渠道的限制条件

有效的渠道设计，应以确定企业所要达到的市场为起点。每一个生产者都必须对影响分销渠道选择的各种因素进行认真的分析才能确定其渠道目标。产品、市场、企业自身状况，以及企业政策和环境特性等都是分销渠道的限制条件。

1) 产品因素

产品存在多方面特性，这些将影响渠道的选择，下面具体列出了产品影响渠道选择的八个特性。

(1) 产品的重量、体积。产品的重量与体积直接影响运输和储存等销售费用。对于较轻、较小的产品，可用较长、较宽渠道；而笨重及大件的产品，应尽可能地选择最短的分销渠道。

(2) 产品的物理、化学性质。对运输条件要求高的产品、易变质的产品或危险产品、易损易腐产品，应尽量避免多转手、反复搬运，故多用较短渠道，以便尽快送到消费者手中。

(3) 产品单价高低。一般而言，价格昂贵的产品，多用较短、较窄的渠道分销，以便减少流通环节，避免造成售价提高，影响销路；较便宜的一些产品，销售渠道则较长、较宽。

(4) 产品的标准化程度。标准化程度高、通用性强的产品，渠道可长可短。大批量生产的日常生活用品，消费者分散度广，应该采用间接渠道，使用零售商进行销货；非标准化的专用性产品，渠道宜较短、较窄，例如需要供需双方见面协商产品样式议价的应该直接供货。

(5) 产品技术的复杂程度。产品技术越复杂，对有关销售服务尤其是售后服务的要求则越高，例如消费品中的大型电器，一般多用较短渠道，这样可以向消费者提供及时的售后技术服务。

(6) 产品时尚性。一般变化较快的流行性产品应多用较短渠道，以减少中间层次或环节，减少上市所需时间；款式不易变化的产品，可用较长渠道。

(7) 是否新产品。新产品上市，多用较短渠道。一是因为销售渠道尚未畅通，企业缺乏选择的自主权；二是因为短渠道有利于企业强劲促销，既可以推销新产品，还可以直接接触终端消费者，了解他们对新产品的反映以便及时总结经验教训。若是已经打开销路的产品，可以考虑用较长渠道。

(8) 产品的生命周期。产品在不同的生命周期采用的渠道选择也应该是不同的，例如处在衰退期的产品利润已经很低了，这时就应该压缩渠道的长度。

2) 市场因素

市场对营销渠道选择的影响主要体现在以下几方面。

(1) 市场区域的范围大小。市场区域宽广，它的批量也大，宜用较宽、较长渠道；地理范围较小的市场，可用较短、较窄的渠道。

(2) 市场的地区性。国际市场聚集的地区，营销渠道的结构较短，而一般地区则大多采用传统性经由批发商和零售商的渠道方式。

(3) 顾客的集中程度。顾客较为集中，可用较短、较窄渠道甚至直接营销；顾客分散，多用长宽渠道与之相适应。

(4) 竞争状况。通常企业使用与竞争者品牌相同或类似的渠道。竞争特别激烈时，则应寻求有独到之处的销售渠道。例如，竞争者普遍使用较长、较宽渠道分销产品时，企业一反常规使用较短、较窄渠道。

(5) 消费者的购买习惯。①顾客每次的购买量。购买量较小，一般需要较长、较宽的渠道与之适应，故消费者市场用此类渠道；反之，顾客一次购买批量较大，如生产者市场、社会集团市场，则可用较短、较窄的渠道。②购买频率。顾客经常要买的产品，应用较宽的渠道；购买频率较低的产品，可用较窄的渠道。③季节性。消费有明显的季节性的产品，宜用较长渠道分销，由较多层次的中间商分担储存任务；反之，可考虑较短渠道。④选择性。顾客需求的选择性较强的产品，多用较窄的渠道分销。

(6) 品牌敏感性。顾客对品牌较为敏感的，产品多用较窄的渠道，如专卖店等。

3) 中间商特性

设计渠道时，还必须考虑执行不同任务的市场营销中间机构的优缺点。渠道策划可以反映不同的中介机构在执行任务时的优势和劣势。不同的中介机构在促销、谈判、储存、交际和信用各方面的能力不同，中间商一般应考虑以下几个因素。

(1) 合作的可能性。中间商普遍愿意合作，企业可利用的中间商较多，渠道可长可短，可宽可窄；否则，只能使用较短、较窄渠道。

(2) 费用。利用中间商分销要支付一定的费用，若费用较高，企业只能选择较短、较窄的渠道。某些中间商掌握重要的资源，则企业产品消费需要依赖中间商，如药品、医疗器材等。

(3) 服务。中间商能提供较多的高质量服务，企业可选择较长、较宽的渠道；倘若中间商无法提供所需的服务，企业只有使用较短、较窄的渠道。

4) 企业自身因素

企业自身因素决定了企业对渠道的支配能力以及能否使用这一渠道，所以它所起的作用是非同小可的。企业自身影响渠道策划的因素主要有以下几方面。

(1) 企业的实力。企业的实力包括它的规模和财务。企业的规模决定了它的市场规模以及得到中间商支持的难易度；企业的财务决定了企业所能够承担的营销职能以及能够选择什么样的中间商来从事这些营销活动。

(2) 企业的销售能力。企业如果自身具有强大的销售能力，那么对于中间商的依赖性将大大降低甚至可以不用中间商，采用直接销售。

(3) 企业的产品组合。企业产品种类的多少是指产品组合的宽度，而各种产品型号规格数目的平均数则表明了产品组合的深度。一般来说，企业销售批量越大，生产越合算，而零售商则是多品种、多规格、小批量的进货比较划算。产品组合越广、越深，企业直接向顾客出售的能力越大；产品组合宽度和深度越小，则企业只有通过批发商、零售商将产品转卖给最终消费者。

(4) 企业的市场信息收集能力。如果企业收集市场信息的能力弱，对用户缺乏了解，就需要和终端消费者接触广泛的中间商来销售商品。

(5) 企业对分销渠道的控制能力。企业能否控制分销渠道是一项综合能力，这取决于企业的声誉、财力、经营能力等多方面因素。如果企业的产品质量好、声誉好、资金雄厚又有经营管理销售业务的能力和经验，那么企业就能够加强对流通渠道的控制，挑选合用的分销渠道和经销商，甚至将部分销售职能集中在自己手中，建立自营体系；反之，若公司财力薄弱，或者缺乏经营管理销售业务的经验和能力，一般只能通过中间商推销自己的产品。

5) 竞争特性及经济效益

竞争特性及经济效益对营销渠道选择的影响表现在以下方面。

(1) 竞争渠道分析。生产者的渠道设计还受到竞争者所使用的渠道的影响。因此，了解竞争者如何处理他们的营销渠道系统，可以学习使用与他们相同的渠道方式。

(2) 使用与竞争者相同的渠道。在企业及其产品具有一定优势的情况下，为了争夺市场与竞争者使用相同的渠道，有时也不得不使用这一方式，例如食品生产商就必须把自己的产品放在零售店中同竞争者的产品并列。

(3) 躲避竞争者。了解竞争者的营销渠道还可以使自己绕过常用渠道，躲避竞争者，可以学习竞争者如何处理开支压力和保持盈利，可以了解他们用来刺激需求的市场策略以及用来支持营销渠道的营销计划。

(4) 经济效益分析。一个企业决定采用何种渠道，其前提是考虑对企业利润的影响程度。通过中间商企业的销售收入要低于直接销售，但节省了销售费用的支出。两相比较，哪种销售渠道能够给企业带来的利润多，就应采取哪种销售渠道。

6) 环境因素

影响渠道结构和行为的环境因素大致有以下几种。

(1) 社会文化环境，指国家或地区的思想意识形态，以及道德规范、社会风气、社会习俗和民族特性等。这些可以影响消费者的时尚爱好，以及其他与市场营销有关的一切社会行为。

(2) 经济环境，指国家或地区的经济制度和经济活动水平，它包括经济制度的效率和生产率以及与之相关的人口分布、资源分布、经济周期、通货膨胀、科学技术发展水平等。

(3) 竞争环境，指其他企业对本企业分销渠道及成员的影响。

渠道目标就是目标服务产出水平，在了解了上述渠道策划的限制因素以后，企业就可以根据限制因素条件来确定自己的目标服务水平，这一水平的期望是使整个渠道费用最经济，也就是在达到预想的消费者服务需求的同时，渠道费用最小。

3. 企业分销渠道规划

在研究了渠道的目标与限制条件之后，渠道设计的下一步工作就是明确各主要渠道的交替方案。渠道的交替方案主要涉及以下三个基本因素：中间商的基本类型、每一分销层次所使用的中间商的数目、渠道成员的条件和责任。

1) 中间商的基本类型

企业首先应明确可以完成其渠道工作的各种中间商的类型。一般中间商的基本类型有图 8-6 所示的几种。

2) 中间商的数目

在每一渠道类型中的不同层次所用中间商数目的多少，受企业追求的市场展露程度的影响，市场展露程度可分为密集分销、选择分销和独家分销三种。

(1) 密集分销是指生产商尽可能多地通过负责任的、适当的批发商、零销商推销其产品。消费品中便利品和产业用品中的供应品，通常采取密集分销。

(2) 选择分销是指生产商在某一地区仅仅通过少数几个精心挑选的、最合适的中间商推销其产品。选择分销适用于所有产品。

(3) 独家分销是指制造商在某一地区仅选择一家中间商推销其产品，通常双方协商签订独家经销合同，规定经销商不得经营竞争者的产品，以便控制经销商的业务经营，调动其

经营积极性，占领市场。

3) 渠道成员的条件和责任

每一个生产者都必须解决如何将产品转移到目标市场上这一问题，所以生产者需要确定渠道成员的条件和责任。必须区别对待每个渠道成员，并且给他们盈利的机会。

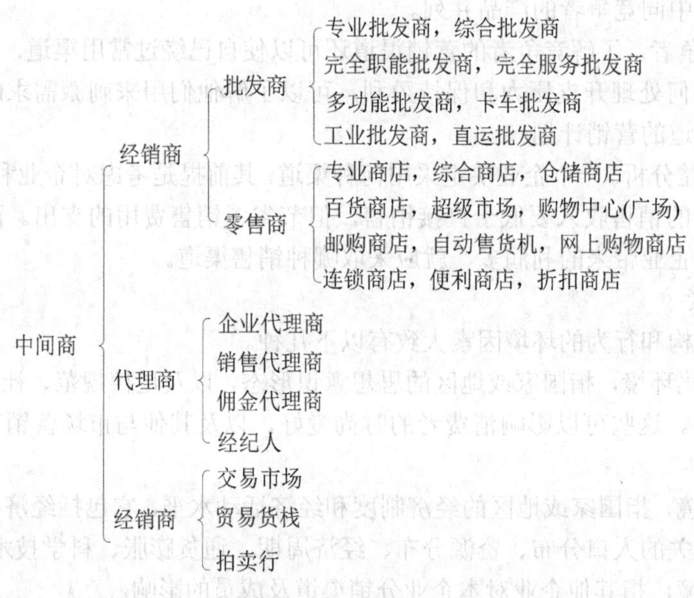

图 8-6 中间商的基本类型

4. 渠道评估

分销渠道方案确定后，生产厂家就要对各种备选方案进行评价，找出最优的渠道路线。通常渠道评估的标准有三个：即经济性、可控性和适应性，其中最重要的是经济性标准评估。

1) 经济性标准评估

经济性标准评估主要是指比较每个方案可能达到的销售额及费用水平。首先比较由本企业推销人员直接推销与使用销售代理商哪种方式销售额水平更高。其次比较由本企业设立销售网点直接销售所花费用与使用销售代理商所花费用，看哪种方式支出的费用大。一般来说，企业自己建设营销网络所付出的固定成本要远远高于使用销售代理商所需支付的固定成本。一旦企业自身建成了营销网络后，它的边际成本是很低的，而使用销售代理商则相反。现实选择时企业应对上述两种情况进行权衡，从中选择最佳分销方式。

2) 可控性标准评估

通常，采用中间商可控性小些，企业直接销售可控性大；分销渠道长，可控性弱；渠道短，可控性较强。企业必须进行全面比较、权衡，选择最优方案。

3) 适应性标准评估

如果生产企业同所选择的中间商的合约时间长，而在此期间，其他销售方法如直接邮购更有效，但生产企业不能随便解除合同，这样导致企业选择分销渠道缺乏灵活性。因此，生产企业必须考虑选择渠道的灵活性，不签订时间过长的合约，除非在经济或控制方面具有十分优越的条件。

5．确定渠道成员

企业在确定了分销渠道之后需要完成的任务就是根据已确定的渠道策略来选择渠道成员，这也是渠道策划的最后一步，从众多的相同类型的分销成员中选出适合公司渠道结构的成员。在选择中间商成员时一般还要考虑中间商的市场范围、中间商的产品政策、中间商的产品知识、中间商的地理区位优势、预期合作程度、中间商的财务状况及管理水平、中间商的促销政策和技术，以及中间商的综合服务能力等具体条件。

6．渠道的修正和改进

市场是动态的，为了适应多变的市场需要，需要对整个渠道系统或部分渠道系统随时加以修正和改进。特别是以下情况，更需要作出调整：分销渠道的运行偏离了计划、消费者的购买模式发生了变化、市场进一步扩大、新的竞争对手出现、新形式的分销渠道出现、产品进入了生命周期的衰退阶段。企业市场营销渠道的修正与改进可以从三个层次上来研究。

(1) 从经营层次上看，其修正与改进可能涉及增加或剔除某些渠道成员。

(2) 从特定市场的规划层次上看，其改变可能涉及增加或剔除某些特定的市场营销渠道，创设全新的渠道方式。

(3) 从企业系统计划层次上看，其改变可能涉及所有市场上进行经营的新方法。随着新技术的不断进步与应用，分销网络也发生了变化。这时全新的分销形式不断涌现，调整分销渠道也可以考虑吸收最新的分销方式，如网上销售、邮购销售等，这些方式将完全打破传统的模式和思维上的定式，以一套新的方式来经营。

8.3.3　营销渠道设计的创新

1．营销渠道的逆向模式

市场营销中的营销渠道是多种多样的。有些产品，消费者可以在各种商店买到，如 OTC 产品；而有些产品，消费者只能在专卖店里才能买到，如哈慈五行针。随着现代商业的发展，消费者获得商品和服务的方式层出不穷，企业面对的中间商各式各样，如何构建一个成功的营销网络是渠道策略的重要组成部分。

在传统的营销渠道构建中，一般以正向模式选择各级经销商，即以厂家为出发点选择一级经销商，再由一级经销商选择次级经销商，直至产品流向终端零售商。在这种选择模式下企业只能较大程度地参与与其有直接交互作用的一级经销商的选择，而对后续环节的介入程度逐渐弱化，因而营销渠道管理的参与性和主动性较差。没有一个营销渠道成员拥有全部的或者足够的控制权，在支离破碎的网络中松散地排列着生产商、批发商和零售商，企业对终端几乎没有控制能力，往往当产品流到零售终端时已使企业感到“鞭长莫及”，而终端形式在多大程度上符合消费者的行为特征和产品特性则不得而知，出现不能货畅其流、服务中断、信息歪曲遗失和资金周转不灵的现象，使营销渠道的功能大打折扣。

成功构建营销网络的关键是以满足消费者的需要为前提，并正确地处理企业与中间商的关系，在这种思想指导下，营销渠道的逆向模式应运而生。企业产品营销渠道的逆向模式即根据企业产品的消费需求、消费行为和产品特性选择零售终端，充分考虑终端的特性和利益，并根据中间商财力、信誉、能力和与零售终端的关系，进一步向上选择中间商，直至与企业有直接业务联系的经销商，将整条营销渠道纳入企业的营销体系，通过加强各环节的协作达到企业的战略意图。例如药品，由于产品的特殊性，产品的销售国家有严格的控制与规定，尤其是处方药依然以医院为主渠道。但是对于非处方药而言，其销售渠道逐步市场化，渠道模式也日趋多样化，逆向模式不失为一种更好的渠道模式选择。

2. 渠道正向模式和逆向模式的区别

逆向模式是以系统化的经销商甄选标准和过程化的控制模式为基础，以协作、双赢、沟通为基点来加强对渠道的控制力，达到为消费者创造价值的目的。简单来说，这种渠道模式就是“弱化一级中间商，加强二级中间商，决胜终端零售商”，厂家一方面通过对中间商、经销商、零售商等环节的服务与监控，使自身的产品能够及时、准确地通过各环节到达零售终端，提高产品的展露度，使消费者买得到；另一方面，厂家加强终端管理，激发消费者的购买欲望，使消费者愿意买。这种模式和不久前 IBM 对营销模式改造有异曲同工之处，为了适应国内 PC 市场日益剧烈的竞争，IBM 将营销渠道绩效评价体系研究渠道“IBM—总代理—经销商—用户”的塔式转向“最终用户—经销商—IBM+分销商”的倒三角式，可见逆向模式是更适应市场的一种渠道创新模式。与传统模式比较，它在渠道目的、性质等方面都有所区别，如表 8-1 所示。

表 8-1　营销渠道正向模式和逆向模式的对比

项　目	正向模式	逆向模式
渠道目的	短期利益	长期利益
渠道性质	交易型	关系型
渠道重心	前端	末端
渠道控制	逐级控制	全员控制
厂家态度	消极被动	积极主动
终端覆盖	盲目覆盖	有效覆盖
终端作用	企业产品售卖点	企业形象宣传点

3. 营销渠道逆向模式的合理性

与正向模式相比，营销渠道逆向模式在理念与操作上都有所不同，其优势也就显而易见。从理论和实践上看，逆向模式的合理性体现在它的目标性、战略性和协同性。

1) 逆向模式真正体现了营销活动“顾客满意”的目标

现代营销思想已深入人心，“4P”向“4C”的转变要求经营者多从消费者的角度考虑营销策略的选择，把企业利润最大化建立在消费者利益最大化基础之上。渠道所体现的消费者利益就是获得商品的方便性和经济性，即“买得到，买得起”。随着现代商业的发展，消费者获得商品时间和空间的自由度和选择度加大，消费者行为也发生了转变，厂家为使自己的产品买得到，就应考虑消费者的行为特性，选择合适的销售形式并加强对终端的管理和控制，以方便消费者购买，这是其一。其二，产品的价格不仅仅取决于生产该产品的单位成本，而且取决于流通费用的补偿；不仅取决于生产企业的产品整体效用，而且取决于因经销商的声誉、实力和分布密度所带来的市场份额的大小。严格的渠道选择和控制可以提高渠道效率，为消费者节省成本。相较于传统渠道模式，逆向模式在以上两点都有更多考虑，真正体现了营销活动的目标。

2) 逆向模式有利于实施名牌战略

过去，企业在树名牌的过程中，过分注重广告的拉动作用，忽视了渠道的推动作用，通过广告“轰炸”出来的品牌只能树立知名度，而品牌的美誉度更多地是依靠企业和经销商孜孜不倦的努力加以塑造的。拥有合理分销网络的企业，其品牌形象会得到强化支持，拥有良好的终端，其品牌形象会得到强化。特别是在品牌成长的各个阶段，渠道成员的作用是不同的，在利益驱动下，经销商往往嫌贫爱富，表现为在品牌开拓阶段，经销商不愿合作促进品牌成熟，在品牌成熟阶段，经销商蜂拥而至，如此大起大落是不利于实施名牌战略的。通过逆向选择建立起来的渠道将渠道成员统统纳入自己的营销体系，经销商成为厂家实施名牌战略不可或缺的成员，可使企业的品牌意识贯彻于整条渠道，准确地传达给消费者。

3) 逆向模式有利于发挥渠道成员的协同作用

逆向模式通过厂家与经销商一体化经营，实现厂家对渠道的集团控制，使分销的经销商形成一个整合体系，渠道成员为实现自己或大家的目标共同努力，追求双赢，达到“2+2=5”的效果。企业与经销商共同进行促销，共享市场调查、竞争形式和消费动向。企业为经销商提供人力、物力、管理和方法等方面的支持，以确保经销商与企业共同进步、共同成长；同时，经销商为厂家提供市场信息反馈、竞争对手信息，使企业适时而动，快速准确地作出决策。

4．营销渠道逆向模式的设计思路

(1) 在一个城区市场按零售点分布情况划片区经营，在每一片区选取经销商服务零售点，配备公司业务人员协助经销商工作，加强终端工作的深入化和细致化。

(2) 将经营重心下移，加强与批发商和零售商的联系。公司直接和批发商做生意，同时派人员加强终端维护和推销工作，依据零售点普查所掌握的资料对零售点进行分级管理。

(3) 强化公司对经销商的服务和经销商对零售商的服务。对经销商的服务体现在帮助其拓展生意，服务其下属的零售点，加强终端销售力。

(4) 和经销商结成“命运共同体”，达成双赢，一致对外。双方相互承诺，履行应尽的义务，享受应享受的权利。公司对经销商提供销售支持，同时经销商不得倒货，不能与公司认可的价格差异过大。

8.4　营销渠道冲突与管理

对渠道无论进行如何周密的策划，总会出现某些冲突，最根本的原因就是各个独立的业务实体的利益不可能达到完全一致。本节主要对营销渠道冲突的类型、营销渠道冲突的

原因、渠道窜货及规避措施、怎样对渠道冲突进行有效的管理进行研究。

8.4.1 营销渠道冲突的类型

渠道领袖必须关注渠道成员以及尽力解决渠道成员之间的冲突。只有当所有成员彼此合作并达到最佳的工作效率时，营销渠道才能平稳运行。然而渠道成员常常孤立、分散地进行运作，有时甚至恶性竞争。一般情况下，冲突大致可以分为同质冲突、水平冲突、垂直冲突和多渠道冲突，如图 8-7 所示。

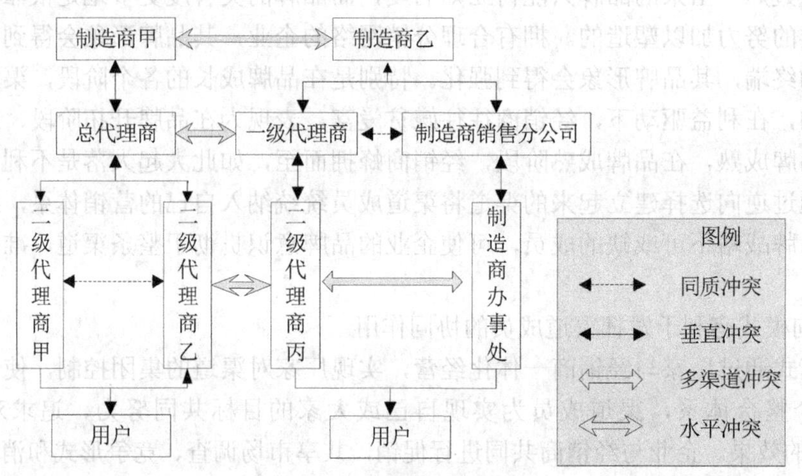

图 8-7 渠道冲突类型

1. 同质冲突

同质冲突是指在一个宏观环境的市场中一家企业的营销渠道与另一家企业的营销渠道在同一层级上的冲突，如富士与柯达的民用胶卷的冲突。

2. 水平冲突

水平冲突是指存在于渠道同一层次的成员公司之间的冲突。例如，两家或两家以上的批发商或零售商之间所发生的争执，或是同类营销中介之间的争执，或是经销相同产品的不同类营销中介之间的争执，如两家折扣店或是几家零售店之间的争执。

3. 垂直冲突

垂直冲突是指同一渠道中不同层次之间的利益冲突，这类冲突更为常见。例如，零售商开发自己的自有品牌从而与生产商的产品形成了竞争，或者生产商建立自己的零售店或开展邮购业务从而同经销商发生竞争。如果生产商试图绕开营销中介直接向消费者销售产品，那么可能激怒批发商和零售商。

4. 多渠道冲突

多渠道冲突是指企业建立了两条或两条以上的渠道向同一市场分销产品而产生的冲突，其本质是几种分销渠道在同一个市场内争夺同一种客户群而引起的利益冲突。市场竞

争的压力使企业加强了对市场的争夺，几乎到了“寸土必争”的地步，所以在同一区域市场往往使用多种分销渠道，不可避免地会发生几种分销渠道将产品销售给同一客户群的现象。

当 SONY 公司在自己的网站上销售唱片时，遭到了零售商的极力反对。并将 SONY 告上了法庭，理由是 SONY 在唱片包装上印有自己的网站地址。零售商认为这是试图将顾客引向网络渠道的做法，严重侵害了他们的利益。最终，SONY 不得不停止了这种做法。

8.4.2 营销渠道冲突的原因

渠道冲突的原因可以归纳为目标差异、角色对立、大客户的存在、感知差异、期望差异、决策领域分歧和沟通障碍等。

1. 目标差异

营销渠道的每个成员都有各自的目标，当这些目标不一致时就会产生冲突。渠道成员之间的目标差异是经常存在的。例如，制造商想要通过低价政策获取快速市场增长，而经销商更偏爱高价销售从而获得短期的盈利。

2. 角色对立

角色是对某一岗位的成员的行为所做的一整套规定。应用于营销渠道中，任一渠道成员都要实现一系列应该实现的任务。例如，特许权授予者应该向特许经营者提供广泛的经营协助以及促销支持。同样，特许经营者也应该严格按照特许权授予者的标准来经营。如果有一方偏离其既定的角色，冲突就会产生。

3. 大客户的存在

制造商与中间商之间存在的持续不断的矛盾来自制造商与最终用户建立的直接购销关系。这些直接用户通常是大用户，即厂家直接与这些大客户交易而把余下的市场份额交给渠道中间商。大客户直接向企业购买产品必然威胁中间商的生存。

4. 感知差异

感知指的是人对外部刺激进行选择和解释的过程。由于每个人认知的差异与经验水平的不同，感知刺激的方式也存在显著差异。在营销渠道中，不同的成员可能感知的是同一种刺激，但对其解释却大相径庭。例如，制造商可能对未来一段时间的经济前景表示乐观并要求经销商多备货，但经销商却对经济前景不看好，反而想减少进货而规避风险。此时制造商和经销商之间也容易引起冲突。

5. 期望差异

不同的渠道成员会预期其他成员的行为，这些预期就是对其他渠道成员未来行为的预言或预测。但有时预测的结果是不确切的，而预测一方的渠道成员却根据预期结果采取行动，其结果可能导致成员之间的冲突。

6. 决策领域分歧

营销渠道成员都希望以某种形式为自己争取一片独享的决策领域。在特许经营等合同渠道体系中，合同会明确划清决策领域的界限并作出详尽解释。然而在有些独立公司组成的比较传统、组织松散的渠道中，决策领域有时“需要争夺”。因此，当触及“谁有权决策，做何决策”的问题时，渠道成员之间便会引发冲突。

7. 沟通障碍

沟通障碍往往是造成渠道成员之间冲突的主要原因。如果渠道成员之间能够有效沟通，就能增进双方的理解，相互冲突的机会就较小。然而，在任何组织里都存在大量不利于信息沟通的因素，无形中增加了相互之间产生冲突的可能性。沟通是渠道成员之间相互理解的主要方式。如果不能有效地沟通，渠道成员之间的合作可能很快演变成冲突。

8.4.3 渠道窜货及规避措施

1. 窜货的概念

窜货是指分销网络中的分公司、经销商、业务员由于受利益驱动，人为地将货物销往契约规定或分销成员间默认的销售区域之外的区域，从而造成价格混乱，使其他经销商对经销该产品失去信心，消费者对品牌失去信任的一种营销现象。它最后会导致整个营销体系全盘崩溃，致使企业千辛万苦经营的市场也随之毁于一旦。

2. 窜货的类型及危害

1) 窜货的类型

窜货问题之于渠道管理，恰如疾病对于人体，而且窜货的种类也与影响人体的肿瘤一样，分为良性和恶性。因此，根据窜货的表现形式及其影响的危害程度，可以把窜货分为自然性窜货、良性窜货和恶性窜货。

(1) 自然性窜货。自然性窜货是指经销商在获取正常利润的同时，无意识地向自己辖区以外的市场倾销产品的行为。这种窜货在市场上是不可避免的，因为商品流通的本性是从低价区向高价区流动，从滞销区向畅销区流动。

(2) 良性窜货。良性窜货是指企业在市场开发初期，有意或无意地选中了流通性较强的市场中的经销商，使其产品流向非重要经营区域或空白市场的现象。

(3) 恶性窜货。恶性窜货是指为获取非正常利润，经销商蓄意向自己辖区以外的市场倾销产品的行为。经销商向辖区以外倾销产品最常用的方法是降价销售，主要是以低于厂家规定的价格向非辖区销货。

企业还必须警惕另一种更为恶劣的窜货现象：经销商销售假冒伪劣产品。假冒伪劣产品以其超低价诱惑着销售商铤而走险。销售商往往将假冒伪劣产品与正规渠道的产品混在一起销售，掠夺合法产品的市场份额，或者直接以低于市场价的价格进行倾销，打击了其他经销商对品牌的信心。

2) 窜货的危害

(1) 窜货使相关渠道成员对经营产品失去信心。一个渠道成员(经销商或分销商)销售某

一品牌的产品其主要目的和动力就是产品的利润(经销差价)，当渠道链出现窜货而产生价格混乱时，渠道成员的正常销售就会受到严重打击，导致利润的减少，进而会使销售商失去对该品牌经营的信心。

(2) 混乱的价格和市场上充斥的假冒伪劣商品会吞噬消费者对品牌的信心。消费者对品牌的信心来自良好的品牌形象和规范化的价格体系。窜货行为造成的结果损害了企业产品的品牌形象。

(3) 窜货现象会导致价格混乱和渠道受阻，严重威胁品牌的无形资产和企业的正常经营状态。在品牌消费的时代，消费者对商品指名购买的前提是对品牌的信任。由于窜货导致的价格混乱会损害品牌形象，一旦品牌形象不足以支撑消费者购买的信心，企业通过品牌经营的战略会受到灾难性的打击。

(4) 窜货现象严重破坏企业的销售网络。销售网络的实质是厂商之间，经销商与批发商、零售商之间通过资信关系形成的一种利益共同体。他们之间通过级差价格体系及级差利润分配机制使每一层次、每一环节的经营者都能通过销售产品获得相应的利润。一旦发生窜货现象，网络内部的通路价格必将受到骚扰，级差价格体系遭到毁坏，级差利润无法实现，各层次利益受到损害，于是网络生存受到威胁，甚至发生危机。

(5) 竞争品牌会乘虚而入，取而代之。在同一行业中，不同的品牌面对竞争格局会更加关注对手。一旦出现市场机会，便会全力以赴打击竞争品牌，从而实现市场占据。

3．窜货产生的原因

1) 厂商方面的主要原因

(1) 厂商对渠道的政策差异。为了适应不同区域和对象的需求，把产品快速有效地分销到最终消费者手中，厂商经常会针对不同市场选择不同的渠道模式。在有的市场采取厂商直销和渠道扁平化策略，由厂商或总代理商直接向终端客户销售；在有的市场会采取多层次批发，最后到零售的渠道模式，渠道的差异会导致不同环节的成本差异。另外，根据顾客 ABC 管理法，厂商对不同客户也会给出不同优惠，特别是对于某些长期合作的大客户，厂商会主动让出部分利润。同时，厂商有时为了扶持大客户，也会对个别大的分销商给予特殊的政策支持，例如，广告宣传、批量价格优惠、账期支持、运费支持、个性化促销和激励等，这些行为使某些分销商比其他分销商拥有更多的利润空间，使分销商窜货有了客观基础。

(2) 销售任务过重。现代企业为了发展，往往会制定一年高过一年的任务指标，并把整体的销售指标分解到渠道，同时也将压力部分转移到分销商身上。很多厂商不是积极地想办法挤占竞争对手的份额，寻找产品销售的新增市场，而是单凭经验和感觉，盲目地对分销商加压。这种不经过科学预测和理性判断的销售指标，在通常情况下会超过分销商的实际销售能力，使得分销商丧失销售该产品的积极性，在完不成销售任务的情况下，被迫向周边区域窜货。

(3) 对分销商激励不当。为了在激烈的市场竞争中取胜，提高产品的市场占有率和市场增长率，厂商会采取一系列措施去激励分销商的销售热情，提高销量。但厂商在制定激励政策时，通常重视销售量、市场占有率、回款率等硬指标，忽视分销商铺货、形象宣传、信息提供等软指标，并实行销量台阶激励法，销量越大，返利越高。于是，原有价格体系

的平衡被年终返利打破，分销商为了获得高额返利，会想方设法提高销量，甚至降价销售和窜货。

(4) 市场推广费用运作不当。市场推广费用是厂商在运作市场时的一种基本投入。为了提高分销商销售的积极性，增强产品竞争力，尤其是对新开拓市场，厂商会给予大量的市场推广费用。但目前，很多厂商都疏于对市场推广费用的使用进行科学合理的规划，往往只是按销售量拨给分销商一定比例的市场推广费用，委托分销商支配使用，并没有很好地监管费用的使用情况和使用效果。在这种情况下，分销商往往会把推广费用折到产品价格中，为窜货留下了空间。

(5) 销售队伍管理失控。一些厂商在销售过程中，患有"营销近视症"，只看表面现象，片面追求销售量，对销售人员只考核销售指标，销售人员的个人奖金始终与销售业绩挂钩。销售人员为了完成自己负责区域的销售指标，会鼓励或默许本区域分销商向其他区域窜货，而厂商此时被眼前一时的"繁荣"景象所迷惑，放松了警惕，不能及时发现和制止窜货。

2) 分销商方面的主要原因

(1) 注重短期利益。在通常情况下，分销商是独立的法人实体，从理性的角度出发，他们必然追求自身利益的最大化。如果分销商确信自己经营的某种产品可以获得稳定、长期、适当的利润，那么他们通常不会频繁更换所经营的产品，也就不会采取低价窜货这种危害厂商和渠道利益的方式来赚取短期利润。而现实中，由于市场环境和厂商政策可能会不断变化，分销商更倾向于相对短期的、高的盈利率，缺乏和厂商长远合作和发展的眼光，所以当厂商遇到某些困难时，渠道成员在压力面前，不是想着如何共渡难关，而是可能采取窜货等极端方式套现。

(2) 部分分销商缺乏诚信。分销商在和厂商签订协议时，会承诺遵守厂商规定，包括严禁窜货等条款。但现实中部分分销商缺乏诚信，为了自身利益违反承诺低价窜货，视厂商的政策如白纸。如果厂商取消其代理资格，这些分销商更会变本加厉地疯狂窜货。同时，某些缺乏诚信、缺乏行业道德的分销商在准备放弃销售该产品时也会采取窜货方式，以减少自身损失，而不顾其行为对厂商和其他渠道成员可能带来的危害。

(3) 市场报复。某些分销商为了扰乱竞争对手的市场，会少量购买竞争对手的产品，然后以低于竞争对手的价格在市场上销售，破坏竞争对手的价格体系，扰乱市场秩序，破坏竞争对手和产品在消费者心目中的形象，导致消费者对竞争对手的产品和品牌产生信任危机。更为恶劣的窜货行为是，分销商将假冒伪劣产品同正品混同，低价销售。

4. 规避窜货的措施

1) 从根源上解决窜货问题

解决窜货问题首先要消除窜货产生的条件。发生窜货需要具备三个条件：窜货主体、环境、诱因。所以，要想从根源上解决窜货问题，就必须从这三方面入手。

(1) 选择好中间商。在制定、调整和执行招商策略时，要明确的原则就是避免窜货主体出现或增加。要求企业合理制定并详细考察中间商的资信和职业操守，除了从经销的规模、销售体系、发展历史考察外，还要考察中间商的品德和财务状况，防止有窜货记录的中间商混入销售渠道。对于新中间商，企业不太了解他们的情况，一定做到款到发货。宁可牺牲部分市场，也不能赊销产品，防止某些职业道德差的中间商挟持货款进行窜货。此外，企业一定不能让中间商给市场拓展人员发工资，企业独立承担渠道拓展人员的工资。

(2) 创造良好的销售环境，主要包括制订科学的销售计划、合理划分销售区域。

① 制订科学的销售计划。企业应建立一套市场调查预测系统，通过准确的市场调研，收集尽可能多的市场信息，建立起市场信息数据库，然后通过合理的推算，估算出各个区域市场的未来进货量区间，制定出合理的任务量。一旦个别区域市场进货情况发生暴涨或暴跌，超出了企业的估算范围，就可初步判定该市场存在问题，企业就可马上对此作出反应。

② 合理划分销售区域。合理划分销售区域，保持每一个销售区域中间商密度合理，防止整体竞争激烈，产品供过于求，引起窜货；保持销售区域布局合理，避免销售区域重合，部分区域竞争激烈而向其他区域窜货；保持销售区域均衡，按不同实力规模划分销售区域、下派销售任务。对于新中间商，要不断考察和调整，防止对其片面判断。

(3) 制定完善的销售政策，包括完善价格政策、完善促销政策和完善专营权政策。

① 完善价格政策。许多企业在制定价格政策时由于考虑不周，隐藏了许多可导致窜货的隐患。企业的价格政策不仅要考虑出厂价，而且要考虑一级批发出手价、二级批发出手价、终端出手价。每一级别的利润设置不可过高，也不可过低。过高容易引发降价竞争，造成倒货；过低调动不了中间商的积极性。价格政策还要考虑今后的价格调整，如果一次就将价格定死了，没有调整的空间，对于今后的市场运作极其不利。在制定了价格以后，企业还要监控价格体系的执行情况，并制定对违反价格政策现象的处理办法。企业有一个完善的价格政策体系，中间商就无空可钻。

② 完善促销政策。企业面对滞销的局面，常常是促销一次，价格下降一次。这就表明企业制定的促销政策存在不完善的地方。完善的促销政策应当考虑合理的促销目标、适度的奖励措施、严格的兑奖措施和市场监控。

③ 完善专营权政策。在区域专营权政策的制定上，关键是法律手续的完备与否。企业在制定专营权政策时，要对跨区域销售问题作出明确的规定：什么样的行为应受什么样的政策约束，使其产生制度约束力。此外，还应完善返利政策。完善的专营权政策可以从根本上杜绝窜货现象。

2) 有效预防窜货策略

(1) 制定合理的奖惩措施。在招商声明和合同中明确对窜货行为的惩罚规定，为了配合合同有效执行，必须采取一些措施，主要包括两个方面。

① 缴纳保证金。保证金是合同有效执行的条件，也是企业提高对窜货中间商威慑力的保障。如果中间商窜货，按照协议，企业可以扣留其保证金作为惩罚。这样中间商的窜货成本就高了，如果窜货成本高于窜货收益，中间商就不会轻易窜货。

② 对窜货行为的惩罚进行量化。企业可选择的惩罚方式有警告、扣除保证金、取消相应业务优惠政策、罚款、货源减量、停止供货、取消当年返利和取消经销权。同时奖励举报窜货的中间商，调动大家的防窜货积极性。

(2) 建立监督管理体系，具体内容如下所述。

① 把监督窜货作为企业制度固定下来，并成立专门机构，由专门人员明察暗访中间商是否窜货。在各个区域市场进行产品监察，对各中间商的进货来源、进货价格、库存量、

销售量、销售价格等了解清楚，随时向企业报告。这样一旦发生窜货现象，市场稽查部就马上可以发现异常，企业能在最短的时间内对窜货作出反应。

② 企业各部门配合防止窜货的发生。比如，企业可以把防窜货纳入企业财务部门日常工作中。财务部门与渠道拓展人员联系特别紧密，多是现款现货，每笔业务必须经过财务人员才能得以成交。因此财务人员对于每个区域销售何种产品是非常清楚的。所以只要企业制定一个有效的防窜货流程，将预防窜货工作纳入财务工作的日常基本工作中，必将会减少窜货现象的发生。比如，利用售后服务记录进行防止窜货。售后记录记载产品编号和中间商，反馈到企业后，企业可以把产品编号和中间商进行对照，如果不对应就判断为窜货。

③ 利用社会资源进行防窜货。方式一：利用政府的地方保护行为。与当地工商部门联系，合作印制防伪不干胶贴。方式二：组成中间商俱乐部，不定期举办沙龙，借此增进中间商之间的感情。方式三：采取抽奖、举报奖励等措施。方式四：也是最好的方式，即把防伪防窜货结合起来，利用消费者和专业防窜货公司协助企业防窜货。

(3) 减少渠道拓展人员参与窜货，具体措施如下所述。

① 建立良好的培训制度和企业文化氛围。企业应尊重人才、理解人才、关心人才，讲究人性化的方式方法，制定人才成长的各项政策，制定合理的绩效评估和酬赏制度，真正做到奖勤罚懒，奖优罚劣。公正的绩效评估能提高渠道拓展人员的公平感，让员工保持良好的工作心态，防止渠道拓展人员和中间商结成损害企业的利益共同体。

② 内部监督渠道拓展人员，同时不断培训和加强对市场监督人员管理。

(4) 培养和提高中间商忠诚度。随着行业内技术的发展与成熟，产品的差异化越来越小，服务之争成为营销竞争一个新的亮点。完善周到的售后服务可以增进企业、中间商与顾客之间的感情，培养中间商对企业的责任感与忠诚度。企业与渠道成员之间的这种良好关系的建立，在一定程度上可以控制窜货的发生，中间商为维系这种已建立好的关系，轻易是不会通过窜货来破坏这份感情的。有条件或无条件地允许中间商退货，尽量防止中间商因产品出现积压而窜货。

(5) 利用技术手段配合管理。利用技术手段配合管理的效果和目的如同在交通路口安装摄像头，可以利用技术手段弥补营销策略缺陷，如建立销售服务防窜货平台，适时监视中间商，帮助收集窜货证据。基于这种目的，采用带有防伪防窜货编码的标签对企业产品最小单位进行编码管理，把防伪防窜货结合起来，便于对窜货作出准确判断和迅速反应。还可借助消费者力量建立窜货预警平台，在矛盾激化前平息问题，保证整个销售体系的和谐、平顺。目前，许多先进的生产企业已经率先采用了防窜货技术。这种技术手段，主要借助通信技术和计算机技术，在产品出库、流通到经销渠道各个环节中，追踪产品上的编码，监控产品的流动，对窜货现象进行适时的监控。

5. 窜货的善后工作

一旦出现窜货现象，企业应积极进行处理，将损失降低到最低限度，主要应做好如下工作。

(1) 防止窜货的扩大。①允许窜货中间商将所窜货在被窜货市场销售，直到被窜的产品被完全消化，但销售价不能低于企业规定的价格；②责令窜货中间商停止继续窜货。

(2) 制裁窜货中间商。根据不同情况可采取以下方式进行惩罚：没收保证金、取消年终返点奖励、取消年终奖金、取消广告支持、取消经销资格等。

(3) 安抚被窜货中间商。当窜货发生时，企业或者被窜货中间商收购窜货产品，防止窜货冲击当地价格体系，同时给被窜货中间商适当的补偿，以减少其不满情绪。

8.4.4　渠道冲突的管理

1．解决渠道冲突的流程

要处理好传统的渠道冲突，需要企业在具体渠道运作层面进行改进。解决渠道冲突的流程主要包括以下三个步骤。

(1) 及时发现渠道冲突。发现渠道冲突的方法主要有三种。

① 对渠道成员进行定期调查，比如采用走访、观察的方式，及时听取渠道成员对各种问题的反馈，对问题进行汇总。

② 进行市场营销渠道审计。所谓市场营销渠道审计，是对渠道的环境、目标、战略和活动进行的全面的、系统的、独立的和定期的检查，目的在于发现机会，找出问题，提出正确的行动方案，以保证渠道计划的实施或不合理的渠道计划的修正，提高组织的总体营销绩效。

③ 定期召开经销商大会。在大会上应该及时介绍公司的新政策，对经销商进行培训，同时表扬优秀经销商，让经销商之间相互传授成功的经验或总结失败的教训。在经销商之间进行交流的时候应该创造宽松和谐的气氛，鼓励经销商把他们的不满、疑问等提出来，以便制造商掌握第一手情况。

(2) 在发现渠道冲突的基础上，进行进一步的分析评估，尤其是评估冲突对渠道成员之间的关系以及对渠道绩效产生的影响。制造商必须判断渠道冲突到底是处在哪一个水平上，是低水平冲突、中等水平冲突还是高水平冲突。

(3) 保持现状或解决渠道冲突。每个水平的渠道冲突其影响各不相同，而且从某种意义上说，渠道冲突是不可能完全解决的。比如低水平和中等水平的渠道冲突反而具有建设性的一面，制造商可以不出面，但要时刻关注其发展的态势，以免恶化成高水平冲突。高水平冲突会给营销渠道带来破坏性的影响，必须及时加以解决。

2．解决渠道冲突的方法

某些渠道冲突能产生建设性的作用，当然更多的冲突是失调的。问题不在于是否彻底消除这些冲突，而在于如何更好地管理它，使它往好的方向发展而不是继续恶化。下面是几种管理冲突的方法。

(1) 采用超级目标法。超级目标是指渠道成员共同努力，以达到单个渠道所不能实现的目标。例如，渠道成员有时以某种方式签订一个基本目标协议，而这种目标往往是单凭一个渠道成员无法完成的，这会起到团结渠道成员的积极作用。或者当渠道面临外部威胁时，如更有效的竞争渠道、法律的不利规定或消费者要求改变时，渠道成员之间经过商讨也会联合起来排除威胁。

(2) 在两个或两个以上的渠道层次上互换人员，以加强沟通而取得更多的理解。

(3) 建立渠道管理委员会，定期评估可能引起冲突的问题。委员会通过讨论不同渠道成员的意见从而发挥危机控制职能。

(4) 设立一个专门的特殊组织，有计划地为渠道成员收集各种信息。该组织负责向所有渠道成员提供与渠道有关的信息以帮助渠道成员制定目标，弄清各自的职责范围，并减少各成员之间的感知差异。

(5) 设立营销主管，负责解决与营销相关的问题。该主管还可以帮助公司的其他主管更深入地了解可能影响公司效率的冲突，清楚掌握渠道冲突的现状，并提出相应的解决方案。

(6) 当冲突变成长期的或非常尖锐的时候，冲突方必须通过协商、调解或仲裁解决。

上述各种解决冲突的方案中，到底哪种更加有效，应视不同的渠道类型和不同的情况而言。例如，对一家规模相对较小的制造公司而言，其产品只是由几家小型批发商经销，此时建立渠道管理委员会或设立专门的营销主管不太现实；而众多特许经营者与其特许权授予者存在冲突时，诉诸法院比交付仲裁可能更具威慑力；对由许多成员组成的长渠道而言，设立采集信息的独立机构可能显得累赘，而且代价也很高。

本 章 小 结

从经济系统的观点来看，市场营销渠道的基本功能在于把自然界提供的不同原料根据人类的需要转换为有意义的货物搭配。市场营销渠道对产品从生产者转移到消费者所必须完成的工作加以组织，其目的在于消除产品(或服务)与使用者之间的差距。

营销渠道结构的三大要素是渠道中的层次数、各层次的密度和各层次的中间商种类。渠道层次是指为完成企业的营销渠道目标而需要的渠道长短的数目，渠道密度是指同一渠道层次上中间商数目的多少，中间商种类是指有关渠道的各个层次中应分别使用哪几种中间商。

营销渠道成为建立和发展企业核心竞争力的重要源泉，而非仅作为一项管理的职能与日常运作，其核心竞争优势是使企业在激烈的市场竞争中始终保持有效生存与发展的能力。

当前企业对营销渠道进行了许多变革和创新，主要从渠道的长度与宽度、渠道类型、渠道成员的合作方式、渠道的运作方式和渠道的地理影响力等方面入手。

本章以渠道策划为主题，重点介绍了营销渠道的基本构架、渠道设计和渠道冲突。对营销渠道结构的了解和趋势的把握是做好渠道策划的重要前提，需要企业掌握好各种渠道组合类型的优、劣势，以选择适合自身的策略；营销渠道设计是企业进行渠道策划的实际操作内容，需要掌握渠道设计的原则、方式和影响因素；渠道冲突是企业不可忽视的问题，要解决好渠道冲突，需要对产生冲突的原因、形式有深入的理解，同时对业已形成的渠道冲突管理方式，企业需要学会灵活运用。

思考与练习

1. 营销渠道的概念是什么？
2. 营销渠道的任务与功能是什么？
3. 简述营销渠道的系统结构的发展。
4. 简述营销渠道设计的原则。
5. 简述营销渠道冲突的原因。
6. 论述渠道窜货规避措施。

第9章 价格策划

【学习目标】

- 了解价格策划的含义。
- 熟悉影响价格策划的因素。
- 了解价格策划的原则、步骤、意义。
- 掌握制订价格策划、调整价格策划、折扣价格策划。
- 掌握新产品价格策划。

价格策略是给所有买者规定一个价格，是一个比较近代的观念。它形成的动因是19世纪末大规模零售业的发展。历史上，在多数情况下，价格是买者做出选择的主要决定因素；在最近的十年里，在买者选择行为中非价格因素已经相对地变得更重要了。但是，价格仍是决定公司市场份额和盈利率的最重要因素之一。在营销组合中，价格是唯一能产生收入的因素，其他因素表现为成本。

9.1 价格策划概述

价格策划是一个以消费者需求的经济价值为基础，综合考虑各种影响因素，确定价格目标、方法和策略，制定和调整产品价格的过程。由于策略的结果涉及企业、消费者、竞争者和社会等各方面利益，因此是一个难度很高的策划项目。

9.1.1 价格策划的含义及理论

从宏观角度来了解价格，可以借鉴马克思对价格的定义："价格是对象化在商品内的劳动的货币名称。"这句话揭示了价格的本质，同时也揭示了价格、价值、货币三者之间的关系：价值是实体，是内容，是决定价格的依据，是形成价格的基础；货币是衡量价值的尺度，而且货币本身的价值也影响着价格的变动，价格是度量出来的标志，是价值的表现形式，与价值是形式和内容、现象和本质的关系。

从微观角度或者营销学角度来理解，价格是消费者所需要为产品或者服务支付的货币代价以及厂家销售商品或者服务所要获取的货币收入的衡量尺度。价格一方面联系着消费者，表示消费者需要为某件商品或者服务支付的货币代价，是消费者选择购买产品或者服务的首要决定因素；另一方面也联系着厂商，表示厂商所能获取的货币收入将直接影响企业的销售量和利润。正是由于价格的这种矛盾，使得价格与营销"4P"中的其他因素(产品、渠道和促销)有着紧密的联系，在市场营销组合中是一个最活跃也最难把握的因素。

价格影响到一种产品的寿命周期，一个企业的市场份额、品牌形象与经济效益诸多方面。因此，策划价格并不仅仅意味着定价方法与技巧的简单组合，而是要将价格作为一个整体的系统统一把握。这就必须系统地处理好企业内部不同产品之间的价格关系，同一产品不同寿命周期阶段的价格关系，本企业产品价格与竞争者产品之间的价格关系，本产品与替代品和互补品之间的价格关系，以及企业价格策略与营销组合中其他策略，如产品策略、渠道策略、促销策略等之间的关系。

1．价格策划的含义

价格策划是企业在一定环境下，为实现长期的营销目标，协调配合营销组合其他方面的策略，对价格进行决策的全过程。价格策划既包含了定价的过程，也包含了定价影响因素、定价方法和定价策略分析和确定，所以价格策划不仅仅是企业定价。价格策划作为企业营销策划的一部分，是站在整体的、全局的立场上看问题的，是对企业市场营销策划的整体谋划。

2．价格的“3C”理论

影响企业定价的主要因素有：成本(cost)、顾客(customer)、竞争者(competitors)，即价格的“3C”理论。企业定价的“3C”理论模型如图 9-1 所示。

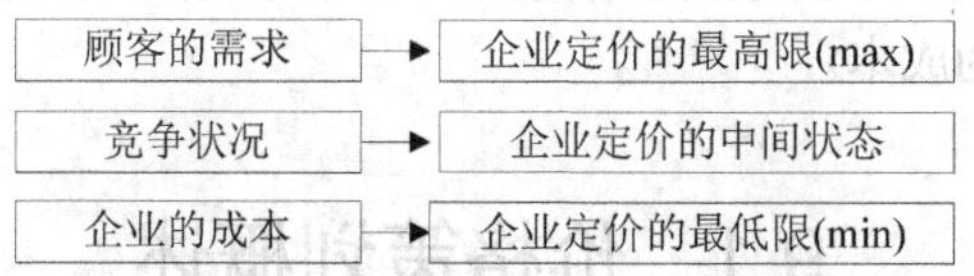

图 9-1　企业定价的“3C”理论模型

1) 成本

成本分析是指对策划的产品或者服务相关的成本数据进行的分析，主要包括生产领域的固定成本及其分摊方法、总变动成本、单位变动成本、增量成本(即边际变动成本加上部分固定成本)、不同的经济规模下单位产品的成本等，也包括销售领域的渠道成本、物流成本、促销成本和服务成本等。此外也要分析影响价格变动的敏感因素或者易变的因素，以便合理地估计未来的价格变动趋势，比如对原材料、能源未来价格的预测，对信贷政策给企业带来的财务成本的预测，渠道的变动情况对价格的影响等。

2) 顾客

顾客分析的关键在于对消费者认知价值的分析，而认知价值分析的关键在于细分市场，确定不同的市场定位，然后针对各个不同的细分市场按消费者的认知价值制定相应的价格。哈默(Harmer)1989 年按照消费者认知价格与认知价值差异的感受将消费者划分为四种，如图 9-2 所示。

(1) 价格型购买者(prize buyers)。此种类型的购买者总是寻求价格最低的销售者，他们对产品质量要求不高，只要满足可接受的最低质量水平就行，不愿意为产品质量的改进支付相应的溢价。价格型购买者一般选择价格低廉的渠道购买商品。面对此种类型的购买者，销售者可以制定最低的价格。

(2) 便利型购买者(convenience buyers)。此种类型的购买者对各种产品或者服务品牌中间的差异不太关注，但是也不太关注价格。他们一般会选择最方便的方式购买，比如就近购买，或者向比较熟悉的销售商购买。对于此种类型的购买者，提供一定的延伸服务是非常重要的。

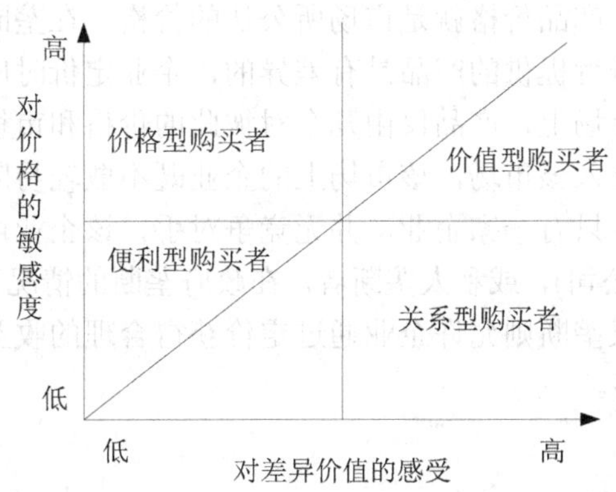

图 9-2　消费者细分模型

(3) 关系型购买者(relationship buyers)。此种类型的购买者对某些品牌已经形成强烈的偏好，除非价格大大超出其心理承受范围，否则他们是不会轻易更换销售商的。对于此种类型的购买者，商家可以通过未来持续的良好合作关系来吸引他们。

(4) 价值型购买者(value buyers)。此种类型的购买者关注产品或者服务的性价比，他们愿意为产品或者服务性能的提升支付相应的溢价。购买前，此种类型的购买者会通过各种信息渠道收集相关信息，充分比较各种产品或者服务的性能与价格。此种类型的购买者总是寻找价格和价值的匹配。对于此种类型的购买者，企业可以采取认知价值定价法。

3) 竞争者

市场主体是多元化的，企业在进行价格策划时不是“闭门造价”，而是要充分地考虑竞争者的价格策略，做到知己知彼。任何一项产品或者服务都要受到竞争者的影响，双方处于一个博弈的状态。

4) 其他

除了成本、竞争、顾客三个因素之外，以下因素也会影响企业的定价。

(1) 产品特征，主要包括产品的形态、产品的生命周期、产品品牌的知名度、产品本身的物理属性、产品的差异性、产品的技术含量等。

(2) 企业整体的营销组合策略。企业的价格策略要与企业的其他“3P”紧密地结合起来，价格策略要充分地考虑企业整体的营销策略，要为企业的整体策略服务，而企业的价格策略也体现了整体的营销策略。

(3) 外部环境因素，主要包括宏观经济环境、行业环境、科技发展状况、社会环境等。

9.1.2　价格策划的影响因素

产品定价要考虑的因素很多，包括市场因素、需求因素、心理因素、成本因素、促销因素、竞争因素等，因此，产品价格的确定也是一个动态过程，不可能一蹴而就。

1. 市场因素

市场类型会影响产品的价格。在经济学中，将市场划分为四种类型，每一种类型市场上的定价考虑都会有所不同。在完全竞争的市场上，不需进行营销调查、产品开发、定价决策、广告和促销活动，产品价格就是市场所公认的价格。在垄断竞争的市场上，有众多的竞争者存在，各个竞争者提供的产品是有差异的，企业定价时应根据产品差异来确定价格水平。在寡头垄断的市场上，产品仅由几个对彼此的价格和市场营销战略极敏感的企业提供，外来竞争者很难进入该市场，该市场上的企业既不敢轻易降价，也不敢轻易提价。而在完全垄断的市场上，只有一家企业，并无竞争对手，该企业可能是政府部门，或政府部门授权垄断者(如电力公司)，或私人垄断者。在政府垄断的情况下，制定价格主要是为公众服务，不为盈利；授权垄断则允许企业通过定价获得合理的收益率；私人垄断则可以根据自身目标自由设定价格。

2．需求因素

市场需求是影响价格的重要因素，它决定了产品价格的上限，企业定价与调价必须考虑用户对不同价格的接受程度与反应状况。

一般来说，产品的价格越高，该产品的需求量就会越小；相反，价格越低，需求量就会越大。这就是需求规律。它表明，市场需求随着产品价格的上升而减少，随着价格的下降而增加，但是也有一些产品的需求和价格之间是同方向变化的，如有价值的收藏品或装饰品等。

3．心理因素

通过市场调查的手段可以取得目标市场中消费者愿意支付的价格，虽然每个人愿意支付的价格不一样，但是可以归纳出一个为大多数人可以接受的价格区间，例如春节礼盒一般人愿意花费的价格为300～500元，这个价格区间就称为价格带。

4．成本因素

成本是产品价格的下限。从长期来看，任何产品的价格都应高于所发生的成本费用，生产经营过程中发生的耗费才能从销售收入中得到补偿，企业才能有所收益，再生产活动才能得以继续进行。因此，企业进行价格决策时必须估算成本。

1) 产品成本

产品成本即企业在生产领域制造产品过程中所发生的成本总和，它主要分为下列形式。

(1) 固定成本，指在既定生产经营规模范围内，不随产品种类及数量的变化而变动的成本，如固定资产折旧、照明空调、产品设计、市场调研、管理人员工资等项支出。

(2) 变动成本，指随产品种类及数量的变化而变动的成本，主要包括原材料、燃料、运输、存储等方面的支出，以及生产工人工资、部分市场营销费用等。

(3) 总成本，指全部固定成本与变动成本之和。当产量为零时，总成本等于未开工时发生的固定成本。

(4) 平均固定成本，指单位产品所包含的固定成本的平均分摊额，即总固定成本与总产量之比，它随产量的增加而减少。

(5) 平均变动成本，指单位产品所包含的变动成本的平均分摊额，即总变动成本与总产量之比。它在生产初期水平较高，其后随产量的增加呈递减趋势，但达到某一限度后，会

由于报酬递减率的作用转而上升。

(6) 平均成本，指总成本与总产量之比，即单位产品的成本费用。

企业定价必须首先使总成本费用得到补偿，这就要求价格不能低于平均成本费用，但是这仅仅是获利的前提条件。利润取决于价格、平均成本和销售量。就单个产品而言，如果成本费用不变，则价格越高，盈利越大。企业的盈利总额并不是单位产品盈利之和，单位产品包含的盈利水平高并不意味企业总盈利水平必然就高。正确的计算公式是：

企业盈利=全部销售收入-全部成本费用

=商品销售数量×(单位商品价格-单位商品成本费用或平均成本费用)

可见，企业盈利是单位产品实现的盈利与销售数量两者的乘积，但这两个因素是相关的。由于价格对需求存在反向作用，价格过高可能导致需求量及销售量的缩减，进而减少企业收入及盈利水平。因此，其他条件既定，企业盈利状况最终取决于价格与销售数量之间的不同组合。利用边际收入与边际成本的分析结果，可以知道当价格等于边际成本时，价格与销售数量达到最佳组合，从而实现企业的利润最大化。

2) 商业成本

商业成本即企业在流通领域经营产品过程中所发生的成本费用的总和，它主要分为产品的进价成本和产品的流通费用。

(1) 产品的进价成本，是指企业购入商品的价格。国内购进产品的进价成本包括：国内购进产品的原始进价和购入环节缴纳的税金。国内购进产品的原始进价是指按照国家规定价格或市场价格等，实际支付给供货单位的进货价格；国外购进产品的进价成本是指进口产品在到达目的港口以前发生的各项支出，包括进口价格、进口税金、实际支付给代理单位的进口合同价格之外的涉外运费、保险费、佣金等。

(2) 产品流通费用，是指企业在进行采购、运输、保管和销售过程中所发生的各项费用。①经营费用，即企业在整个经营环节中所发生的各种费用，包括由企业负担的运输费、装卸费、包装费、保险费、展览费、检验费、广告宣传费、商品损耗和经营者的工资及福利费用等；②管理费用，即企业行政管理部门为管理和组织商品经营活动而发生的各项费用，包括管理人员工资及其福利费、业务招待费、技术开发费、职工教育费、劳动保险费、折旧费、房产税等；③财务费用，即企业为筹集资金而发生的各项费用，包括利息净支出、支付的金融机构手续费等。企业进行价格运作时，必须注意使产品在进、销、储、运各环节发生的成本费用得到补偿。

5. 促销因素

企业促销策略和战略也会影响到产品的定价。价格是“4P”营销组合工具中的一种，要和产品、促销、渠道以及公司战略相互配合使用才能发挥更好的效果。在某些情况下，厂家的定价纯粹是一种宣传促销手段。例如，商家可以通过制订一个较高或较低的价格而制造一个“新闻”热点，从而带动其他产品销售。还有一些厂家的定价主要是为了扩大市场占有率或击败竞争对手等战略目的。

6. 竞争因素

产品的最高限价取决于该产品的水平，最低限价则取决于该产品的成本费用。那么产

品价格在最高限价与最低限价之间的波动幅度则取决于市场的竞争态势。

1) 竞争态势

不同的竞争环境，企业控制价格的回旋余地不同，在定价与调价时，企业必须对产品的竞争程度予以分析，从而把握市场态势。

(1) 完全竞争的态势(自由竞争态势)，是指在市场上的买卖双方对于产品的价格均不能产生任何影响力，价格完全由供求关系决定。在这种竞争态势中企业不可能采用提价或降价的方法增加收益，只能靠提高生产率、降低成本的方法提高获利水平。

(2) 完全垄断的态势(独占态势)，是指在市场上产品完全被某个供应商所垄断和控制，他有完全自由的定价权利，可以通过垄断价格获取高额利润。现实中某些国家特许的独占企业在完全垄断的态势中扮演着主要角色(如邮政、铁路、电信、供水)，但是这些企业的产品价格也往往受到政府的干预。

(3) 垄断竞争的态势，这是既有独占倾向，又有竞争成分的市场状况。其主要特点是：同类产品在市场上有较多的生产者，市场竞争激烈；同类产品存在差异性；进入或退出市场比较容易，不存在什么障碍。在这种竞争态势中，少数竞争者凭借优势可对市场价格产生较大影响。

(4) 寡头垄断的态势，是指产品绝大部分由市场中的少数几家企业所垄断和控制，产品的价格不是通过供求关系决定的，而是由几家大企业通过协议或默契规定的。价格一旦确定，它们就互相牵制，一般不能轻易变价。供货商与零售商交易时，产品供货价有时会出现这种情况。

2) 竞争者产品价格

企业在进行价格决策时，还要参照竞争者的产品及其价格。既可以搜集竞争对手的产品价目表或买回其产品进行分析研究，也可以派出专门的“市场行情调查员”了解上市同类产品的平均价格水平。如果企业的产品与竞争者的同类产品质量相近，那么，两者的市场价格也应大体一致；如果本企业的产品质量较高，则市场价格相应较高；如果本企业的产品质量较低，不如竞争对手的产品，那么市场价格相应也就较低。

9.1.3 价格策划的定位策略

企业在进行定价决策时，首先要考虑自己的价格定位策略，避免和竞争者采取相同的价格定位。价格定位就是建立消费者对企业产品或者服务的价格的认知或者印象，消费者根据这种认知或者印象进行相应的购买评价、购买决策。现代营销理论认为，顾客在市场上是通过将不同企业提供的产品或者服务进行价值和价格的比较后，来判断和一个企业进行交易是否合理。顾客的标准是相对的，顾客以其自身诸多因素(包括购买力、爱好、消费知识水平等)为约束条件，以求最高的性价比。企业采取不同的价格定位策略，其实就是对不同的细分市场的划分在价格策略上的体现。

价格定位策略总共有三种类型九种策略，详见表 9-1。

表9-1 价格定位策略

质量＼价格	高	中	低
高	1. 溢价策略	2. 高价值策略	3. 超值策略
中	4. 高价策略	5. 普通策略	6. 优良策略
低	7. 一次性策略	8. 虚假性策略	9. 经济策略

价格定位组合有三种类型，从左上角到右下角即 1、5、9 为一种策略类型，这类价格定位策略被称为常规价格策略，即“质量=价格”，消费者得到与其付出的货币成本相对的产品价值，厂商获得了与其产品质量相对的价格收入；处于对角线右上部分的 2、3、6 策略，属于低价或者渗透价格定位策略，即“质量＞价格”，在这种策略中消费者得到了比其所付出的货币成本多的价值；处于对角线左下部分的 4、7、8 策略，属于高价或者撇脂价格定位策略，即“质量＜价格”，在这种策略中厂商得到了与其产品质量相比多的价格收入。从表面上来看，常规价格策略实现买卖双方的均衡，而其他的两个策略是不均衡的。但是，评判价格定位策略的好坏要综合地看是否与企业的营销策略相一致，主要包括：与企业的产品生命周期相一致；与消费者对企业产品价值的认知相一致；与企业和产品在市场中的市场定位相一致等。

9.1.4 价格策划的原则

1. 前瞻性

这一原则就是对未来市场的变化和产品成本有相对明确的预测，对竞争对手的价格策略有相对准确的判断，这样，才能在价格决策中掌握先机。同时，对国家产业政策的变化和调整也要有充分的估计，尤其是对于相对垄断的行业而言，这点更为重要，因为国家的产业政策有可能使过去拥有的资源优势在极短的时间内丧失。在多数情况下，价格策划需要未雨绸缪、高瞻远瞩。

2. 整体性

这一原则的核心就是要充分了解与企业价格行为有关的政策法规，充分了解市场环境和本企业的资源条件，避免触犯政策法规和损害企业形象。个别市场价格策略的实施要与公司整体市场和整体战略紧密结合，即企业价格策划要服从于企业总体营销活动的需要。①价格策划要始终与企业经营目标保持一致，才能具有意义；②价格策划作为营销策划的组成部分，必须要与其他营销要素的策划相配合，体现整体的优势。例如，高价商品如果没有高质量做后盾，那么价格就难以实现；物美价廉的商品如果没有广告的配合，消费者的认识程度就会减半。

3. 目的性

任何策划方案都是在一定的目的驱使下进行的，价格策划当然也不例外。企业在进入市场和在市场中生存的不同阶段，面对不同的竞争对手以及为了适应某种政治或其他环境方面的要求，都会有不同的价格策略，这是服务于公司整体经营目标的。因而，价格策划方案只有与企业的战略和具体的经营目标相结合时才有可能起作用。在价格学理论中，强调定价的总目的是为了利润。但是，在具体的商务实践中，为了达到这一根本目标，企业往往将定价作为一种战术来采用。企业的定价方法是多种多样的，正是为了达到长期的盈利目的，企业有时会在短期内牺牲利润，以低利润、零利润甚至是负利润定价来渗透市场，扩大或巩固市场占有率，以达到阻击竞争对手、垄断市场的目的。此时，“适度降价”就必然成为战胜对手、占领市场的最佳选择。

价格企划的目的性非常重要。任何企划方案都是在目的驱动下进行的。例如，如果为了保护原有市场占有率，或原产品失去市场优势，为了出清货物，企业往往采取拼价策略，若要拼，就必须拼到底，拼到底价，将竞争者彻底击垮。若企划方案在“拼”上做得不够，就会导致实施中的惨败。相反，若企业行销新产品，为了尽快收回投资，就应该用高价吸脂法。企划时，既应注意前期高价投入的时机和节奏，又要注意后期跟随者进入市场时降价转移风险的节奏。若企划不能兼顾这个关键阶段，就会给实施带来风险。总之，价格策划的方案必须同目的相匹配才能真正起到作用。

4．合理性

定价不是一成不变的，价格策划也不是单纯以低价和降价为研究对象。价格策划时采用低价还是高价、降价还是提价，具体情况具体分析。若企业产品有明显的竞争力，公司的营销方向应集中在提高产品附加值的研究上，如改变包装装潢、款式或质量，这样一来，可以通过制订较高价格去获取更大的价差利润；而无明显竞争力的产品，则宜采取薄利多销的定价策略。若行业总市场发展向卖方市场过渡，厂家在价格调整时应重点考虑提价及相关的配套措施；若行业总市场发展向买方市场过渡，厂家在价格调整时则应重点考虑降价及相关的配套措施。

企业价格策划要自觉执行价格方针政策，服从价格的宏观管理。企业必须依据国家的价格政策，按照国家制定的企业定价权限和范围开展价格策划工作。保持市场价格稳定，维护国家、企业、消费者利益是我国长期坚持的基本方针。从客观上讲，企业拥有自主定价权以后，影响物价稳定的因素增多了，不规范的价格行为时有发生。作为企业，在维护自身利益的同时，要积极配合政府稳定价格，特别是在市场物价上涨较大的某些时期，严禁利用不正当手段变相涨价，哄抬物价，影响社会安定。在价格策划中自觉贯彻国家的价格政策，服从价格的宏观管理，有利于树立良好的社会形象，提高消费者对企业的忠诚度，对企业的长远发展具有积极的作用。

同时，企业定价要遵纪守法，促进公平竞争和资源的合理配置。市场经济必然存在竞争，合理竞争受到法律保护，不正当竞争受到法律制裁。当前一些企业一方面在叫喊自己的定价受到控制；而另一方面却在利用价格搞欺诈，搞垄断，从事价格违法行为获取非法所得。企业必须认识到随着市场经济的发展，市场法规及价格法规将不断完善，因此，企业价格策划要自觉贯彻市场法规，维护公平竞争的环境，这样做同样也是给企业自身创造良好的经营环境，大家在同一起点上竞争，有利于促进资源的合理流动和配置。

5. 适时性

价格相对稳定是商家经营的基本原则，变化频率过高的厂家会失去消费者的信任。但是，相对稳定并不是说不能变化，只要时机选择得合适，企业仍然能利用价格因素直接获利或达到排斥竞争者的目的。简单来讲，这一原则就是要把握好价格变化的时机。对于不同的行业其时机是不一样的，但总的原则应该是服务于企业的整体战略和适应当地市场的具体情况。

6. 适应性

适应性即适应市场，以市场为准的原则。任何价格策划方案都必须接受市场的检验，脱离市场要求的价格策划只是一纸空文，我们只有遵循市场原则，企业才能提高竞争力，获取最大利润。在实际工作中，企业定价有上限和下限的限制，价格的变动应当在这个上下限规定的区间里变动，突破这个区间有可能带来副作用。虽然利用品种的更换，用价格战术抽动市场，是无可非议的，但是，目标已经达到时，价格就应该有相应变化。如果用战术取代了战略，那就会犯原则性错误。如果长期将某一名牌定位在普通价位上，该名牌在消费者心中的品位降低会反过来影响该名牌在市场中的销售。

7. 新奇性

价格策划应当出奇制胜，在实施时才能先发制人。要达到先发制人和出奇制胜的效果，就必须在制定价格策略时早做准备，事前保密，因为价格策略的实施往往关系到企业的利润和市场份额以及竞争对手的反应等诸多复杂的市场变化。没有准备或准备不充分的价格策略会给企业带来无法挽回的损失。

8. 动态性

价格的变化要根据市场的具体情况灵活运用，任何一种价格策略都必须符合当地、当时的市场状况，如果过度拘泥于一定的模式或方式，没有丝毫灵活性，则再好的价格策略也是没有意义的。

9.1.5 定价方法的策划

定价方法是企业为实现其定价目标所采取的具体方法，可以归纳为成本导向、需求导向和竞争导向三类，如图 9-3 所示。

1. 成本导向定价法

成本导向定价法是以产品单位成本为基本依据，再加上预期利润来确定价格的成本导向定价法，是中外企业最常用、最基本的定价方法。成本导向定价法又衍生出了总成本加成定价法、目标收益定价法、边际成本定价法、盈亏平衡定价法等具体的定价方法。

1) 总成本加成定价法

在这种定价方法下，把所有为生产某种产品而发生的耗费均计入成本的范围，计算单位产品的变动成本，合理分摊相应的固定成本，再按一定的目标利润率来决定价格。

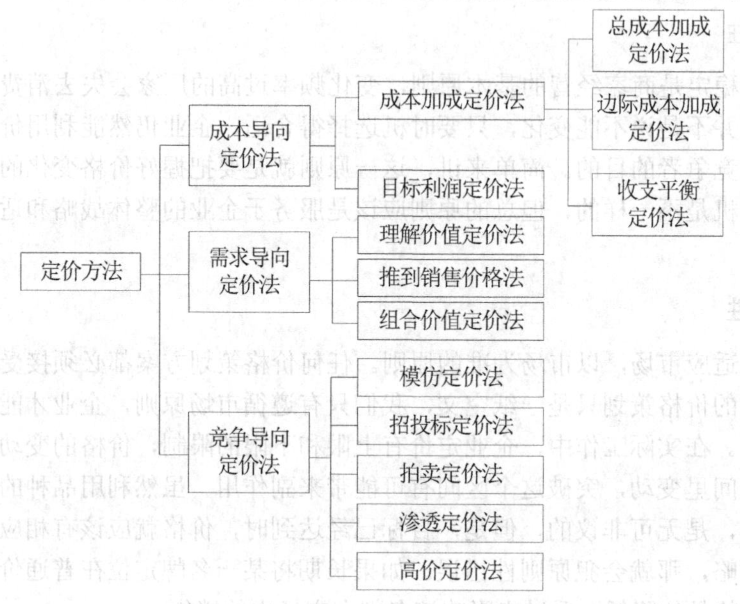

图 9-3　定价方法

总成本加成定价法计算公式为

$$商品售价 = 完全成本 \times (1 + 加成率) \frac{完全成本}{1 - 利润率 - 税率}$$

2) 目标收益定价法

目标收益定价法又称投资收益率定价法，是根据企业的投资总额、预期销量和投资回收期等因素来确定价格。

3) 边际成本定价法(边际贡献定价法)

边际成本是指每增加或减少单位产品所引起的总成本变化量。由于边际成本与变动成本比较接近，而变动成本的计算更容易一些，所以在定价实务中多用变动成本替代边际成本，而将边际成本定价法称为变动成本定价法。

边际成本定价法计算公式为

$$边际贡献=价格-单位变动成本$$

$$单位产品定价 = \frac{总变动成本 + 边际贡献}{现实生产量(销售量)}$$

4) 盈亏平衡定价法

在销量既定的条件下，企业产品的价格必须达到一定的水平才能做到盈亏平衡、收支相抵。既定的销量就称为盈亏平衡点，这种制定价格的方法就称为盈亏平衡定价法。科学地预测销量和已知固定成本、变动成本是盈亏平衡定价的前提。

2．需求导向定价法

需求导向定价法是指根据市场需求状况和消费者对产品的感觉差异来确定价格的定价方法。它包括认知导向定价法、逆向定价法和习惯定价法三种。

(1) 认知导向定价法，是根据消费者对企业提供的产品价值的主观评判来制定价格的一

种定价方法。

(2) 逆向定价法，是指依据消费者能够接受的最终销售价格，考虑中间商的成本及正常利润后，逆向推算出中间商的批发价和生产企业的出厂价格。

可通过公式计算价格：

出厂价格=市场可零售价格×(1−批零差率)×(1−进销差率)

(3) 习惯定价法，是按照市场长期以来形成的习惯价格定价。

3．竞争导向定价法

在竞争十分激烈的市场上，企业通过研究竞争对手的生产条件、服务状况、价格水平等因素，依据自身的竞争实力，参考成本和供求状况来确定商品价格。这种定价方法就是通常所说的竞争导向定价法。竞争导向定价主要包括随行就市定价法、产品差别定价法和密封投标定价法。

(1) 随行就市定价法。在垄断竞争和完全竞争的市场结构条件下，任何一家企业都无法凭借自己的实力在市场上取得绝对的优势，为了避免竞争特别是价格竞争带来的损失，大多数企业都采用随行就市定价法，即将本企业某产品价格保持在市场平均价格水平上，利用这样的价格来获得平均报酬。此外，采用随行就市定价法，企业就不必去全面了解消费者对不同价差的反应，也不会引起价格波动。

(2) 产品差别定价法。产品差别定价法是指企业通过不同营销努力，使同种同质的产品在消费者心目中树立起不同的产品形象，进而根据自身特点，选取低于或高于竞争者的价格作为本企业产品价格。因此，产品差别定价法是一种进攻性的定价方法。

(3) 密封投标定价法。在国内外，许多大宗商品、原材料、成套设备和建筑工程项目的买卖和承包以及出售小型企业等，往往采用发包人招标、承包人投标的方式来选择承包者，确定最终承包价格。一般来说，招标方只有一个，处于相对垄断地位，而投标方有多个，处于相互竞争地位。标的物的价格由参与投标的各个企业在相互独立的条件下来确定。在买方招标的所有投标者中，报价最低的投标者通常中标，它的报价就是承包价格。这样一种竞争性的定价方法就称为密封投标定价法。

9.1.6　价格策划的步骤

价格策划在理论的指导下，要遵循一定的步骤，以保证其科学性和计划性。价格策划经过以下六个步骤，如图 9-4 所示。

1．宏观环境分析

宏观环境分析的目的是了解企业定价的外部环境，从宏观层面把握影响企业定价决策的信息，以保证企业定价的适应性。宏观环境分析主要包括经济环境、市场环境和社会文化环境三大因素。

1) 经济环境

随着经济全球化和我国市场经济的不断发展，外部经济环境对企业经营活动的影响越来越大，企业的经营活动与外部经济环境只有保持高度的一致性和适应性才能取得发展。

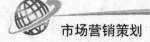

外部的经济环境因素主要有：经济发展速度、经济结构的调整、物价水平、消费者景气指数、生产者景气指数、行业发展政策、宏观调控政策、相关经济机构的活动(如银行、中介机构)等。

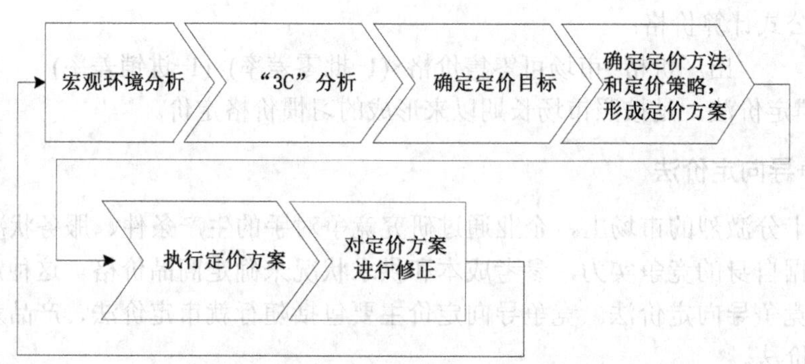

图 9-4　价格策划的六步工作法

2) 市场环境

市场环境分析的目的是了解消费者的需求和行业的竞争状况。消费者的需求是动态的、不断发展的，没有一成不变的消费需求。营销活动策划是以消费者的需求变化为指引的。价格策划也不例外。企业的价格决策也要转变观念，由过去的以企业的需求为主转变为以消费者的需求和对产品或者服务的价值判断为主。

3) 社会文化环境

社会文化环境包含的因素很多，价格策划只是关注影响消费者消费观念变化的因素。比如，消费者的价值评判标准、群体文化对消费者价格认知的影响、社会环境对消费者消费观念的影响、公共关系对消费者的影响、消费者对企业社会责任的要求、社区对企业营销活动的影响等。

2．"3C"分析

"3C"分析主要对成本、顾客、竞争者进行分析，以便从微观层面掌握企业价格策划的相关信息，增强价格策划的针对性和目的性。"3C"分析模型如图 9-5 所示。

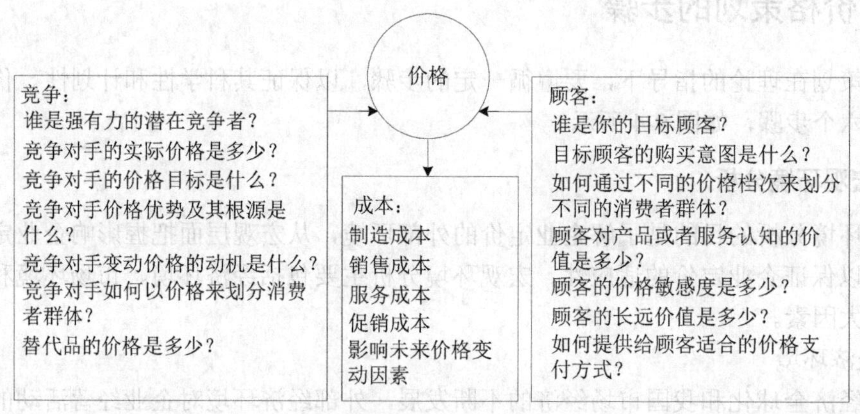

图 9-5　3C 分析模型

1) 成本战略

以自制或购买为例。在劳动力成本迅速攀升的情况下，是否将企业的组装业务转包出去，就成了一个非常重要的战略决定。如果竞争对手不能迅速将生产功能转移给承包商和供营商，那么，该公司与竞争对手的差别最终将表现在成本结构上以及应对需求波动的反应能力上，而这些差别对企业经营与市场竞争将产生至关重要的影响。

提高成本效益，可通过以下三种基本方式实现。

(1) 较之竞争对手，更为高效地减少成本费用。

(2) 简单化和优化选择受理的订单、提供的产品、执行的功能。这种“摘樱桃”(选取最好的)的做法对企业运营影响巨大，一些经营业务、生产功能被削减之后，企业运营成本下降的速度要比营业收入增加的速度快。

(3) 将企业某项业务的关键功能与其他业务共享，甚至与其他公司共享。 经验表明，很多情况下，在一个或多个次级营销功能领域进行资源共享是有利的。

2) 顾客战略

顾客是所有战略的基础，毫无疑问，公司首先要考虑的应该是顾客的利益，而不是股东或者其他群体的利益。从长远来看，只有那些真正为顾客着想的公司对于投资者才有吸引力。 顾客群体的合理划分法有以下三种。

(1) 按消费目的划分，即按照顾客使用公司产品的不同方式来划分顾客群。以咖啡为例，一些人饮用咖啡是为了提神醒脑，而另一些人则是为了休闲交际(如会议茶休期间边饮咖啡边做交谈)。

(2) 按顾客覆盖面划分。这种划分法源于营销成本和市场面的平衡研究。此研究认为，不论营销成本与市场面二者关系如何变化，营销收益总是在递减的。因此，公司的任务就是要优化其市场面。优化的依据既可以是消费者的居住地域，也可以是公司的分销渠道。通过这一做法，企业的营销成本较之竞争对手将处于更加有利的地位。

(3) 对顾客市场进行细分。在一个竞争激烈的市场上，公司的竞争对手极有可能采取与自己类似的市场手段。因此，从长远来看，企业最初制定的市场分割战略其功效将逐渐呈现下降趋势。出现这样的情况后，企业就应该进一步聚焦一小部分核心客户，重新审视什么样的产品和服务才是他们真正需求的。

随着时间的推移，市场力量通过影响人口结构、销售渠道、顾客规模等，不断改变消费者组合的分布状态，因此，市场划分也要因时制宜。这种变化意味着公司必须重新配置其企业资源。

3) 竞争者战略

除了要考察公司所有的关键功能外，战略家还必须有能力从整体上紧紧盯住自己的竞争者，包括在如下几个关键战略要素方面的状况：研究与开发能力，在供应、制造、销售和服务方面所拥有的资源及其他利润来源(包括竞争者可能从事的所有经营项目)等方面。他还必须设身处地地考虑对方公司战略规划者的地位，以便探知对方制定战略的基本思想和假设。所以，战略规划单位最好建立在一定的层次上，在该层次能够充分注意到以下几点。

(1) 所有需要和目的相同的顾客群组成的主要市场区隔。

(2) 本公司的所有重要功能，以使公司能充分运用必需的功能，在顾客心目中建立起与

众不同的独特形象。

(3) 竞争者的所有关键方面，以便公司能抓住机会占据主动，使竞争对手不能毫无顾忌地使用它的实力来占公司位子。

3．确定定价目标

企业的定价目标有以下七种。

1) 生存目标

当企业面临产能过剩，竞争激烈或者消费者需求变化较快时，企业可能只是将维持生存作为定价的目标，只求能使企业存活。

2) 预期收益目标

产品或者服务的价格在成本的基础上，加入了预期收益。这样一来企业就要事先估计产品按照什么价格、每年销售多少、多长时间才能得到预期收益水平。确定预期收益时既要能实现企业的利润目标，又要使价格被顾客所接受。预期收益一般都要高于银行的同期贷款利率。

3) 利润最大化目标

利润最大化目标是指企业希望获得最大限度的销售利润或投资收益，这几乎是每家企业期望的目标。利润最大化目标并不必然导致高价。企业要在销售价格和销售数量之间进行平衡，以使得销售价格和销售数量之积最大化。

4) 适当利润目标

有的企业为了保全自己，减少市场风险，或者困于实力有限，满足于获取适当的利润。比如，按照成本导向定价法决定价格，就可以使企业获得适当的利润。而“适当”的水平不是一成不变的，是随着企业产品销量、投资者要求的回报率、市场的可接受程度因素来确定的。

5) 市场占有率最大化目标

市场占有率是一个企业经营状况和竞争实力的综合反映，关系到企业的兴衰成败。许多企业都把市场占有率最大化作为定价的目标，主要有两方面的原因：①市场占有率指标比最大化利润更容易测量；②可以树立企业在市场中的领导地位，为后续的发展奠定坚实的基础。

6) 质量领先定价目标

一些企业的目标是成为市场上产品质量或者产品品质的领先者，这种依靠高质量来制定高价格的定价策略使得企业获得可观收益的同时，也能在产品质量或者产品品质方面保持领先，一举两得。但是，这种定价目标的行业适应性有一定的局限，适合于奢侈品、高档耐用消费品、精神消费品等行业。

7) 适应竞争的定价目标

一些企业的定价目标紧盯着竞争者的价格，企业非常注意搜集竞争者的价格信息，当竞争者价格有变动时，企业会在第一时间跟进，以保持相同的价格或者维持原来的价差不变。

企业在确定价格目标时，要综合考虑三个方面的问题：①价格目标受企业经营目标和

市场营销战略的制约；②以价格必达目标为主，坚固价格期望目标；③定性目标和定量目标相结合。

4．确定定价方法和定价策略，形成定价方案

企业在确定了定价目标之后就要选择与之相适应的定价方法和定价策略。

1) 定价方法

定价方法包括成本导向定价方法、需求导向定价方法和竞争导向定价方法。

2) 定价策略

定价策略包括新产品定价策略、产品生命周期定价策略、茶农组合定价策略、网络营销产品定价策略、地理定价策略、价格折扣以及价格折让策略、心理定价策略和差异定价策略。

3) 形成定价方案

定价方案是价格策划的阶段性成果，是企业制订价格的依据，为企业的营销决策提供价格因素方面的参考信息。定价方案一般包含以下四个方面的内容。

(1) 企业产品成本的测算。企业的价格策划人员必须熟悉产品或者服务的成本，掌握成本的结构，进行盈亏平衡点的计算，明确产品或者服务价格的最低限度在哪里，从而能够从容把握企业定价的变动幅度或者范围。

(2) 需求的测算。不同的价格将直接导致不同的销售水平。测算消费者的需求实际上是对于产品或者服务的需求曲线进行估计，大致确定企业产品或者服务价格的上限，即消费者心日中的“认知价值”，它指出了消费者能够接受的最高价格。

(3) 竞争者的产品或者服务价格分析。企业产品或者服务的价格是在竞争中形成的，消费者和厂商双方都能接受的价格。没有对竞争者价格策略的了解，企业的价格策划是无效的。

(4) 企业定价的实施方法、具体价格、步骤和关键点。这是定价方案核心的部分，也是实践价值最高的部分，是企业价格策略实施的主要依据。因此，价格策划人员对此部分的内容要进行详细的阐述，要具体到每一个步骤、每一个细节。

企业制订了定价方案之后，就要对备选方案进行选择。企业在评价、选择价格方案时要遵循以下原则：企业效益和社会效益相结合，经营风险和科学预测相结合，方案构想和方案实施相结合。

5．执行定价方案

企业要严格按照定价方案实施价格策略，价格方案的执行是一个原则性和灵活性相结合的过程。原则性是指企业要严格按照价格方案执行，任何人员都不得在定价上有随意性；灵活性是指定价方案也是不断发展变化的，以适应市场的变化和消费者需求的变化。

6．对定价方案进行修正

在执行定价方案的过程中一定会出现原来方案中没有预测到的情况，这就要求企业能不断地对定价方案进行修正，去除不适应市场发展现状和趋势的内容或方法，纠正其中被企业的价格实践证明不合理、不正确的做法，加入对新情况、新问题的处理。在定价方案

修正的过程中关键是建立一个有效的价格信息传递机制，使企业能够保持高度的对市场的警觉。

9.1.7 价格策划的意义

价格策划对企业的意义和作用体现在其完成企业营销目标的能力上，根据企业营销目标的不同，价格策划的意义和作用也不同，基本分为以下五种。

1. 价格策划是维持企业生存的基础

当企业面临资金短缺、竞争激烈、产品过时等涉及企业生存的问题时，利用低价策略，甚至是低于平均成本的价格政策，可以促进资金周转，减少库存积压，争取转向再度发展，这时价格策划的作用就是维持企业生存。当然，价格策划要求企业有合理的利润，这也是生产的本质所在。

2. 价格策划是争取当期最大利润的手段

以市场上所能承受的最高价进行价格策划，争取当期最大化利润是比较常见的价格策略。往往见于一些品牌竞争不够激烈、市场发展不太稳定的时期。这时的价格策划往往不考虑长期效益，只注重短期效益。新产品问世往往如此。

3. 价格策划是扩大市场占有率的武器

在竞争时代的市场上，保持和扩大市场占有率是赢得竞争和市场的关键。在价格上往往采取较低的价格，其目的是占有市场领导或主流地位，以获得长期效益，适用于实力比较强大的企业。

4. 价格策划是维持最优产品质量的保证

企业在市场上也有自己的定位，当其定位为高质高价产品时，为了维持产品的高质量，以及其售后服务的高质量、持续开发的高质量，往往采取高价的策略以赢得合理利润来进行后续运作。这种保持最优产品质量的高价定位策略的重点在于让消费者认可企业的定位，并以高质量的产品回报消费者。

5. 价格策划是抑制和应付市场竞争的方法

为避免潜在的竞争者进入市场，排挤目前的竞争者，实力雄厚的企业往往可以采取低价的方式形成价格壁垒，阻止竞争对手的进入，以期获得稳定的市场地位，而一些小型企业则难以低价跟随。这种价格策划针对性强、策略突出，需要整体的营销方案配合，以期获得长期而全面的效益。另外，价格策划还具有社会财富再分配、调控行业市场容量的作用。总之，正确的价格策划有利于促进企业改善经营，有利于实现社会生产供需的平衡，有利于正确处理国家、集体和个人之间的物质利益关系。

9.2　价格策划的内容

价格是营销策略组合中最灵活的因素，与产品和渠道不同，它的变化是异常迅速的。它直接决定着企业市场份额的大小和盈利率的高低。随着营销环境的日益复杂，制订价格策略的难度越来越大，不仅要考虑成本补偿问题，还要考虑消费者的接受能力和竞争状况。因此，价格策划十分重要而微妙，价格策划的科学性与艺术性最显著。价格策划主要包括制订价格策划、调整价格策划和价格折扣策划等内容。

9.2.1　制订价格策划

制订价格策划主要是进行定价目标策划、定价环境分析和定价策略选择。

1. 定价目标策划

定价目标策划的内容在价格策划的步骤中已做分析。此处不再赘述。

2. 定价环境分析

定价目标的实现，受到一系列因素的制约。这些影响产品价格制定的因素，构成了定价环境，具体包括以下几方面。

1) 需求

公司每制订一种价格，都会对应于一个不同的需求水平，不同的价格会导致不同的需求量，并对市场营销目标产生不同的影响。价格较高，会引起需求量的减少；反之，会引起需求量的增加。虽然需求量的多少与公司收益并不一定成正比例的关系，但是产品定价必须考虑需求的约束。一般来说，目标消费者或用户的最大价格承受能力，是该产品定价的上限。

2) 成本

需求为公司的定价确定了上限，而公司的成本是价格的下限。任何公司都希望所制订的价格至少能等于已经耗费的成本，包括固定成本和变动成本，以补偿其活劳动和物化劳动的耗费，否则无法维持再生产。售价高于成本的部分，才是公司的盈利，是对公司所做出的努力和承担风险的合理报酬。

3) 竞争

市场的需求和公司的成本分别为产品的价格确定了上限和下限，而竞争对手的成本、价格和可能的价格反应则有助于公司确定合适的价格。公司需要将自己的成本和竞争对手的成本进行比较，来分析自己是处于成本优势还是成本劣势。同时，公司也需要了解竞争对手的价格和质量。公司可以获得竞争对手的价格表，并购买其产品进行拆卸比较，模拟制订价格；公司还可以询问购买者对每一种竞争对手产品的价格和质量的看法。一旦公司了解了竞争对手的价格和产品，就可以将它作为自己定价的出发点。如果公司的产品与主要竞争对手的产品十分相似，则公司制订的价格应与竞争对手的相近，否则就会使销售量受到影响；如果公司的产品质量较低，那么其定价就不能高于竞争对手的价格；如果公司的产品质量较高，则定价可以高于竞争对手的价格。但必须认识到，竞争对手会根据公司的价格做相应的价格调整。同类产品，由于知名度不同，价格定位也不同，名牌产品在市场上即使价格较高，也仍然畅销。

3. 定价策略选择

价格通常是影响交易成败的重要因素，同时又是市场营销组合中最难以确定的因素。企业定价的目标是促进销售，获取利润。这要求企业既要考虑成本的补偿，又要考虑消费者对价格的接受能力，从而使定价策略具有买卖双方双向决策的特征。此外，价格还是市场营销组合中最灵活的因素，它可以对市场作出灵敏的反应。定价策略主要由下述价格策略组成。

1) 促销定价策略

促销定价是指公司为达成某种促销目的所做的暂时性及短期性的降价，有时促销价格甚至会低于产品成本。促销方式可分为以下几种。

(1) 特价吸引品。企业将某些产品价格定得非常低，目的在于吸引消费者光临，希望消费者能在购买特价品的同时也购买一些其他正常价格的产品，从而保证公司赚取正常利润。

(2) 特殊事件定价。销售者可以在某些特殊日子或时期举办特殊大减价，以吸引更多的顾客，如店庆、“十一”黄金周促销等。

(3) 现金回扣。消费者将购物证明(发票)及现金回扣券寄给制造厂商，厂商将若干现金回寄给购买者。

(4) 其他促销方式。如购买产品时为消费者提供低利率贷款、较长的保证期或免费维修等优惠。

2) 差别定价策略

差别定价策略又称为价格歧视，它是指企业针对顾客、产品、消费地点和消费时间的不同制订不同的价格，其实质是市场细分后的定价，具体包括以下几点。

(1) 针对不同顾客制订不同价格。针对不同顾客制订不同价格是指针对同一种商品或服务的不同消费对象，收取两种或两种以上的价格，比如，现在我国公共汽车对身高 1.30m 以下的儿童免票，公园对老年人、儿童收取低价票等。

(2) 针对不同产品制订不同价格。针对不同产品制订不同价格，也称为产品线定价策略，它是指企业有意使自己的商品形成多种档次、多种包装，这样就形成了多种价格。实行档位价格有很多好处，它可以满足不同层次的消费者，就是同种商品，因为实行了不同的包装而采用档位价格，也可以满足不同消费者的消费心理。高价可以满足高消费的炫耀心理，低价可以满足低消费的虚荣心理，中间价可以让心态稍微平衡的人选择。这样，便使自己的商品形成了一种立体消费层。例如，柯达公司提供的产品分为三种，除了普通的柯达胶卷外，还有适用于特殊的场合、定价较高的柯达忠诚金胶卷以及一种低价位的叫做快乐时光的季节胶卷。

(3) 针对不同地点制订不同价格。针对不同地点制订不同价格的做法相当普遍。例如，学校对跨学区上学的学生收取较高的学费，体育场、馆对在球场的不同位置看球的观众收取不同的票价，剧院根据座位的差别收取不同的票价等。

(4) 针对不同时间制订不同价格。针对不同时间制订不同价格通常是指在不同的季节、

日期甚至时刻制订不同的价格。比如，电厂对商业客户收取的能源费在白天、周末和晚间都不同。该策略的运行还可以体现在从商品上市开始计算，针对不同的销售时段制订不同的价格，直至售完为止。

3) 组合定价策略

企业生产或经营多种产品，在销售和使用上具有相互关联性，对此企业可用产品组合定价策略。其具体形式分为以下几个方面。

(1) 替代产品定价。性能和使用价值相似的产品为替代产品，企业灵活安排其所生产和经营的替代产品的价格比例，有利于推陈出新，扩大销售量，调整产品结构。替代产品定价策略有以下三种基本做法。

① 降低一种产品的价格，不改变另一种替代产品的价格，以扩大前者的销售量，降低后者的销售量。企业利用这种效应可以调整产品结构，发展节能降耗的产品。

② 提高一种产品的价格，不改变另一种替代品的价格，以淘汰前者，将社会需求转移到后者。企业利用这种效应也可以达到不减少收益而调整产品结构的目的。

③ 降低一种产品的价格，提高另一种替代品的价格，扩大前者的销售量，突出后者的豪华、高档特色。企业利用这种效应可以在不影响收益的前提下，为新产品创造声望，带动其他产品的销售。

(2) 互补产品定价。它是指需要配套使用的产品。在互补产品系列中，有一个在连带消费关系中起主导作用的产品或服务项目。互补产品价格策略就是降低起主导作用的产品或服务项目的价格，以打开该产品的销售，促进系列产品的销售。例如降低照相机的价格，使照相机的销售量增加，对胶卷的需求量自然增加，企业就能获得更多的利润。

(3) 副产品定价。企业在生产过程中，利用边角废料制造副产品，进行综合利用。如果不生产这些副产品，对于边角废料不仅要花钱处理，而且还会影响主产品的生产销售。企业要为副产品寻找市场，就应制订合理的价格。一般来说，能补偿生产和副产品所耗费用，略有盈利就是比较合理的价格。

4) 地区性价格策略

地区性价格策划即决定对不同地区的顾客，实行不同的价格。在策划时通常有以下四种做法。

(1) 原产地交货定价。企业按厂价交货，负责将产品送到产地某种运输工具上。从产地到目的地的费用则由买方负担，即不同地区不同价格。

(2) 统一交货定价。即在全国范围内不论远近，都以一个价格交货，运费平均计算，所以又称邮资定价。

(3) 分区定价。介于前两者之间，把位于各地的买方划分为若干价格区，在价格区内实行运费平均计算，即同一价格区同一交货价格。

(4) 运费减免定价。当企业急于和某些地区做成生意，且交易量较大、交易额较高的时候，可以考虑用销售成本的节约部分抵偿运费，从而免收运费。这样，特别容易加深市场渗透。

5) 心理价格策略

心理价格策略是指企业利用消费心理，有意识地将产品价格上调或下压，以刺激需求、扩大销售。

(1) 声望价格。著名企业的名牌产品，故意把价格定成高价，称为声望定价。质量不易鉴别的产品最适合采用此法，因为消费者有崇尚名牌的心理，往往以价格判断其质量，认为高价格代表高质量。艺术品、礼品或“炫耀性”商品的定价也必须有适当的高度，定价太低反而会卖不出去。

(2) 尾数定价。尾数定价又称零数定价法，是指企业将本可以定为整数的商品价格，定为低于这个整数的零数价格。这种方法利用了消费者求廉的心理来增加销售量，适用于低价值、购买较为频繁的日用品。尾数定价法之所以会促进销售，在于它能带给消费者特殊的心理暗示。首先是让人从心理上感觉到价格便宜。比如，当顾客看到 0.98 元时会把 1 元钱作为参照物，比较的结果是“还不到 1 元钱”，而 1.01 元却多于 1 元钱。0.98 元和 1.01 元虽然只相差 0.03 元，但在顾客心理上却相差悬殊。其次是零数定价给人以定价精确合理的感觉，进而使顾客容易产生对厂家的信任。

(3) 参照价格。当用户选购商品时，头脑中常有一个参照价格。参照价格可能是用户已了解到的目前市场上这种产品的一般价格，也可能是把以前的价格当作参照价格。企业在定价时可以利用和影响用户心目中的参照价格。例如，在陈列时有意识地将某件产品放在价格较高的产品附近，表示这种产品也属于高档商品之列。

(4) 整数价格。整数价格表现为高档耐用消费品的价格以整数结尾，这样的价格既增加了用户对产品的信任感，又利于价格核算。整数定价是相对于零数定价而言的，即将本可以定为有零数的价格定位在接近于这个零数的整数。比如，一件高级时装定价为 799.96 元的效果远不如定价为 800 元效果好。适用整数定价的商品往往是高档商品、奢侈品、时尚品等，其目标顾客多属于高收入阶层，他们一方面有能力承受较高价格；另一方面也能满足其追求地位、名牌、炫耀身份的心理。另外整数定价也简化了交易，免去了找零的烦琐和尴尬。

(5) 吉利定价。由于文化传统、风俗习惯和流行观念等因素的影响，现代人特别喜欢讨口彩，对某些数字有特殊的偏爱。比如，中国人大多对数字“8”较为钟爱，因为“8”的谐音是“发”，它预示着将要发财，会带来发达的好运。因而人们对带有数字“8”的各种商品、电话号码等趋之若鹜。另外，还有 4451(事事如意)、1635(一路顺风)、9257(就爱我妻)等数字的谐音也常为人们所用。

(6) 招徕价格。即利用用户的求廉心理，在固定时期有意识地把某种畅销品的价格定得低于一般市价，以招徕用户，增加商品的销售量，扩大企业的影响。

9.2.2 调整价格策划

一种产品价格确定以后，并非是固定不变的。随着市场环境的变化，企业常需要根据生产成本、市场供求和竞争状况对产品价格做出调整，通过降低价格或提高价格，使本企业的产品在市场上保持较理想的销售状态。价格调整的方式，主要有调高价格和调低价格两种。

1. 调高价格

1) 调高价格的原因

价格具有刚性，从长期来看，价格有不断上升的趋势。但在短期内，提高价格常会引

起消费者和中间商的不满而拒绝或减少购买和进货，甚至本企业的销售人员都反对。但是，成功的提价会极大地促进利润的增长。例如，如果企业的边际利润是销售额的3%，提价1%不至于影响销售量的话，利润就会增加33%。一般只有在某些特殊情况下采用此策略。

(1) 价格上调的一个主要原因就是通货膨胀或原材料价格上涨引起企业成本增加。企业无法自我消化增加的成本，只能通过提高售价才能维持正常的生产经营活动。成本上升使利润减少，从而使企业经常反复提价。由于预期未来将继续发生通货膨胀，所以企业提价的幅度往往高于成本的增长。

(2) 另一个导致价格上涨的因素就是产品供不应求，暂时无法满足市场需求。通过提高价格，可将产品卖给需求强度最大的顾客；也可以对顾客实行产品配额，或者双管齐下。

(3) 政策、法规限制消费或淘汰产品的税率提高也是调高价格的一个不可忽视的因素。出于保护环境和合理使用稀缺资源的需要，政府对某些产品采用经济手段调控致使价格上升。

2) 调高价格的方法

企业可以用许多方法来提高价格，与增长的成本保持一致。调高价格的方法通常包括明调与暗调两种形式。明调即公开涨价，在将涨价的情况传递给顾客时，企业应避免形成价格欺骗的形象。企业必须通过与顾客的交流活动来支持价格上涨，告诉顾客为什么价格将会被提高。企业销售人员应该帮助顾客找到节省的办法。暗调则是通过取消折扣、在产品线中增加高价产品、实行服务收费、减少产品不必要的功能等手段来实现，这种办法十分隐蔽，几乎不露痕迹。

只要有可能，企业应该考虑采用其他的办法来弥补增加的成本和满足增加的需求，而不使用提高价格的办法。例如，可以缩小产品而不提高价格，这是糖果生产商们经常采用的办法；或者可以用较便宜的配料来替代，或者除去某些产品特色、包装或服务；或者可以“拆散”产品和服务，去除和分散本应是一部分的定价因素。例如，IBM现在提供的计算机系统培训和咨询服务是一项单独定价的服务。

2. 调低价格

对企业来说，降低价格往往出于被迫和无奈，通常在下列情况下会降价。

1) 产品供过于求，生产能力过剩

这时企业需要扩大业务，然而增加销售力量、改进产品、努力推销或采取其他可能的措施都难以达到目的。企业会放弃“追随主导者”的定价方法，即设定与主要竞争者相同的价格，采用攻击性减价的方法来提高销售量。但是，在生产能力过剩行业减价会挑起价格战，因为竞争者都要设法保住自己的市场份额。

2) 市场竞争激烈，产品市场占有率下降

竞争者实力强大，占有明显优势，消费者偏好发生转移，本企业产品销量不断减少。有几个美国行业，如汽车、家用电器、手表和钢铁，都把市场份额丢给了日本竞争者，因为这些日本竞争者的产品质量更高、价格更低。美国企业采取了更有攻击性的定价行动来反击。例如，通用汽车公司在与日本竞争最激烈的西海岸，把它的超小型汽车价格降低了10%。

3) 生产成本下降，为挤占竞争对手市场

这是一种主动降价行为，可能导致同行业内竞争加剧，采取这种行为的条件是，必须

比竞争对手有更强的实力。不管企业是从低于竞争者的成本开始，还是从夺取市场份额的希望出发，都会通过销售量的扩大进一步降低成本。博士伦(Baush & Lomb)采用攻击性的低成本、低价格战略，成为软性隐形眼镜竞争市场中的早期领导者。

4) 企业转产，老产品清仓处理

在新产品上市之前，及时清理积压存货。无论是降价还是提价，都应注意调整的幅度和频率，还要把握调整的时机，以取得预期的效果。同时，调整价格要符合政府的有关政策和法律，避免违反《价格法》《反不正当竞争法》和《消费者权益保护法》等法规而受到制裁。价格是消费者最为敏感的要素，也是厂商最敏感的因素，商家调高了价格必然会带来很大的影响，这既包括消费者方面的，也包括竞争者方面的。分析这些影响然后做出相应的对策就变得尤为重要。

3. 顾客对企业调价的反应

顾客对企业调价的反应，将直接影响产品的销售，对此企业应该高度关注，进行分析预测，制定相应的策略。

1) 顾客对企业降价的反应

顾客对企业降价做出的反应是多种多样的，有利的反应是认为企业生产成本降低了，或企业让利于顾客。不利的反应有：这是过时的产品，很快会被新产品代替；这种产品存在某些缺陷；该产品出现了供过于求；企业资金周转出现困难，可能难以经营下去；产品的价格还将继续下跌。

2) 顾客对企业提价的反应

当企业提价时顾客也会做出各种反应，有利的反应会认为产品的质量提高，价格自然提高；或认为这种产品畅销，供不应求，因此提高了售价，而且价格可能继续上升，不及时购买就可能买不到；该产品正在流行等。不利的反应是认为企业是想通过提价获取更多的利润。顾客还可能做出对企业无害的反应，如认为提价是通货膨胀的自然结果。

由于不同的产品的需求价格弹性存在差异，因此不同产品的价格调整对顾客的影响是不同的。另外，顾客不但关心产品的买价，还关心产品的使用、维修费用。如果企业能够用较高的价格将产品销售出去。例如，一般的分体空调使用 3~5 年后都要加注氟利昂，而海信集团投资 100 万美元引进氟检测装置，保证了空调电器终身不用加注氟利昂，这就降低了空调昂贵的维修使用费，使企业的产品能以较高的价格出售。

4. 竞争者对企业调价的反应

在异质的产品市场上，企业和竞争者都可以通过对产品差异的垄断来控制产品价格，因此，企业调价的自由度和竞争者做出反应的自由度都很大。顾客做出购买决策时也不只是考虑价格因素，还要更多地考虑各种非价格因素，如产品的质量、款式、顾客服务等，这些因素也减少了顾客对较小的价格差异的敏感性。

在同质的产品市场上，竞争者对企业的调价的反应是很重要的。当产品供不应求的时候，竞争者一般都会追随企业的提价，因为这对大家都有好处，产品都能够在较高的价格上全部销售出去，即使有企业不提价也不会影响到企业产品的销售。当企业由于通货膨胀导致成本上升时，只要有一个竞争者因为能在企业内部全部或部分地消化增加的成本，或认为提价不会使自己得到好处，因而不提价或提价幅度较小，那么企业和追随者提价的企业产品销售都将会受到影响，可能不得不降价。企业降价时，竞争者不降价，企业产品销量会上升，市场占有率也会提高。当然，竞争者也可能采取非价格的手段来应付企业降价，但更多的情况是，竞争者会追随企业降价，企业间进入新一轮价格竞争。当企业因为成本低于竞争者而降价时，企业就拥有一定的竞争优势，拥有更多的降价空间。竞争者追随降价对损失的承受能力低于企业，这时企业有能力发动进一步降价，在这种情况下，竞争者反应的影响作用相对减弱。但缺乏低成本为依托的降价，在竞争者追随降价后，企业间又会恢复原来的竞争格局，谁也不能从降价中得到好处，这是当前市场上价格竞争最常见的结局。因此，要准确地分析、预测竞争者对企业调价的可能反应，制定相应的策略，而不是随意地进行价格的调整，这是非常必要的。

(1) 当企业只面对一个主要竞争者时，企业可以从两方面来预测竞争者对企业调价做出的可能反应。

① 假设竞争者用以前做出过的既定模式来做出反应。在这种情况下，竞争者的反应是容易做出预测的。

② 假设竞争者将企业的每次调价都看成挑战，并根据当时自身的利益做出反应。在这种情况下，企业必须确定竞争者的自身利益所在，调查竞争者当前的财务状况、生产能力和销售情况、顾客忠诚情况及经营目标。如果竞争者以维持和提高市场占有率为目标，他会在企业提价时保持价格不变，在企业降价时也追随降价；如果竞争者以当期最大利润为目标，那么会在企业提高价格时提价，在企业降价时可能不降价，而采用加强顾客服务等非价格手段来进行竞争。

竞争者可能做出的反应，与竞争者对企业调价目的的判断有关。因此，企业在搜集竞争者资料时，也要注意搜集竞争者对企业调价的看法。

(2) 当企业面对的是几个竞争者的时候，就必须对每个竞争者的可能反应做出估计。如果他们的反应类似，那么只需要对其中一个典型的进行分析即可。而各个竞争者由于在生产规模、市场份额和经营战略等方面存在差异，做出的反应也各不相同，企业就应该对他们分别进行分析。一般来说，如果某些竞争者追随企业调价，那么可以认为其他竞争者也会这样做。

5. 企业对竞争者调价的对策

在异质市场上，对于竞争者的调价，企业做出反应的自由度很大。而在同质产品市场上，企业如果认为提价有好处，也可以跟进；如果企业不提价，那么竞争者的价格最终也会降下来。而如果竞争者降价，企业也只能降价，否则顾客会转而去购买竞争者的产品。

1) 了解竞争者的调价的相关信息

面对竞争者的调价，企业在做出反应前，应对下列问题进行调查和分析研究。

(1) 为什么竞争者要调价？

(2) 竞争者的调价是长期的还是临时的措施？

(3) 如果企业对此不做出反应，会对企业的市场占有率和利润产生什么影响？

(4) 其他企业对竞争者的调价是否会做出反应，这又会对企业产生什么影响？

(5) 对企业可能做出的每一种反应，竞争者和其他企业又会有什么反应？

2) 企业的应对策略

企业经常受到其他企业以争夺市场占有率为目的而发动的挑衅性降价的攻击。当竞争者的产品质量、性能等方面与企业的产品没有差异时，竞争者产品的低价有利于市场份额的扩大。在这种情况下，企业可以选择的对策主要有以下几种。

(1) 维持原来的价格。如果企业认为降价会导致企业利润大幅减少，或认为企业顾客的忠诚度会使竞争者市场份额的增加极为有限时，可能采取这一策略。但如果由于竞争者市场份额增加而出现其竞争信心增强、企业顾客忠诚度减弱、企业员工士气动摇等情况，那么这一策略可能会使企业陷入困境。

(2) 维持原价并采用非价格手段(如改进产品、增加服务)进行反攻。

(3) 追随降价并维护产品所提供的价值。如果企业不降价将会导致市场份额大幅度下降，而要恢复原有的市场份额将付出更大代价，企业应该采取这个策略。

(4) 提价并提出新品牌来围攻竞争对手的降价品牌。这将贬低竞争对手降价品牌的市场定位，提升企业原有的品牌定位，也是一种有效的价格竞争手段。

(5) 推出更廉价的产品进行竞争。企业可以在市场占有率正在下降时，在对价格很敏感的细分市场上采取这种策略。

竞争者发动的价格竞争通常是经过周密策划的，留给企业做出反应的时间很短。因此，企业应该建立有效的营销信息系统，加强对竞争者的有关信息的搜集，以便对竞争者可能的调价行动做出正确的预测，同时还应建立应付价格竞争的反应决策模式，以便缩短反应决策时间。

9.2.3 折扣价格策划

在竞争中，企业力求保持价格的稳定以树立自己的形象，如果必须降价，往往也不应直接降价，而应采取一些隐蔽方式降价，即企业可根据交易对象、成交数量、交货时间、付款条件等情况，在价目表不变的条件下给买者以优惠折扣。这种方式的降价，称为价格折扣策略。采取价格折扣策略的好处：①可以节省由于价格变动，重新印制标签或价目表的费用；②表明企业将一部分利益回馈结消费者，从而受到消费者的欢迎；③这一策略具有隐蔽性，可在一定程度上减少竞争对手采取直接降价的竞争。价格折扣策略的具体形式有以下几点。

1．数量折扣价格策略

数量折扣价格策略是指企业以一定销售量为最低起点，买方的购买量越大，商品单价越低，反之则高的策略。在现实中表现为批量折扣价格，即卖方对大批量购进的买方，按市场价格打一定折扣，将一部分利润转让给买方。

1) 数量折扣的依据

数量折扣的经济依据是，卖方大批量销售时，可以节约费用，增加利润，其理由有三点。

(1) 签订订货单的费用降低，订货费用也随之减少。

(2) 商品经营资金周转速度加快，保管费也随之减少。

(3) 经营风险大大降低。

2) 数量折扣的类型

数量价格折扣分为一次性批量价格折扣和累计批量价格折扣两种具体形式。

(1) 一次性批量价格折扣是给予顾客一次采购超过规定数量或金额的价格折扣，目的在于鼓励买方加大一次购买的数量或金额，便于卖方大批量生产和销售，降低成本，加速资金周转。它主要适用于时令性强的产品和日用消费品。

(2) 累计批量价格折扣是给予顾客在一定时期内累计采购数量和金额超过规定数额的价格折扣，目的在于建立长期固定的贸易关系，便于卖方进行产品销售预测，减少生产经营计划的风险性。它主要适用于不宜一次大量订购的易腐、易变质产品，如大型设备、机器及耐用消费品等。

3) 批量折扣应注意的问题

实行批量折扣价格策略，卖方要解决以下问题。

(1) 确定批量折扣的最低数量起点及价格。在这里，最低批量超过起点，也可以看作是企业的正常销售量，或看作是买方的最佳订购批量。根据最低批量点确定价格，其价格称为批量价格上限，是批量价格的基础。当然，在确定最低批量点时也要注意，需要大力推销的商品，最低起点可以低一些，反之可以高一些，同时还要根据市场的变化加以调整。

(2) 划分批量折扣的档次。划分批量档次就是在最低起点的基础上，对于大于最低起点的销售量，划分出不同的档次。划分批量档次是确定不同档次交易批量折扣额(或折扣率)的依据。批量档次的划分要求卖方根据历史资料，统计买方在不同档次上的购买次数，根据市场状况及买卖双方在市场上的竞争状况确定。总的来说，各档次之间的距离不能过大，要适中。

(3) 确定各档次的折扣额或折扣率。折扣额是各批量档次价格与最低批量起点价格的总额。各批量档次的价格应根据卖方成本降低额、买方成本的增加额以及双方对净利润的分配原则来确定。最大批量的价格也应弥补生产成本。

(4) 实行批量折扣价格策略时要一视同仁。

2. 功能折扣价格策略

功能折扣也称交易折扣，即生产商按各类中间商在市场营销中的不同功能给予的不同价格折扣。

商业企业作为独立的经营主体，以专门从事商品买卖、实现商品价值为己任，并通过自身的经营活动获取利润，它同样参与社会利润分配。同时，商业企业的存在减少了工业企业为组织商品销售而支出的费用，加速了资金周转，有利于工业企业利润的增加，所以工业企业愿意通过价格折扣的方式将一部分利润让渡给商业企业，至于折扣额的大小则取决于市场竞争状态和工商双方的地位。商业企业按其在市场中的功能分为批发商和零售商，功能不同，二者在费用开支、承担风险上也有很大区别。生产企业给予批发商的折扣要大于给予零售商的折扣，因为批发商还要进一步转手，所以生产商给予批发商的折扣额中，不仅包括一级批发商的利润和费用，还包括一级批发商留给二级批发商及零售商的利润和费用，如生产商规定给批发商的折扣为 30%，给零售商的折扣为 10%，如果企业通过批发商再给零售商，那么给批发商的 30%的折扣额中还包括留给零售商的 10%的折扣额，批发商实际得到 20%的折扣额。

功能折扣的经济依据是批发与零售的区别，两者提供的服务性质不同，进货的数量大小不同，批发商一般是批量采购、批量销售，零售商是零星购进，零星出售。制定折扣大小时可按数量的大小给予区别，实行批量作价，同时考虑商品正常流通环节的多少进行调整。目前一些大型零售商为减少环节，降低费用而直接到厂家进货，也承担批发功能，对此也应给予相当于批发商的折扣。

3．季节性折扣价格策略

季节性折扣价格策略主要是针对季节性消费的一些工业品采取的策略，使淡季商品按旺季销售价的一定比例打折出售。对于生产经营季节性产品的企业来说，由于某些工业品存在着生产的常年性和消费的季节性特点，为了加速资金周转，扩大销售，减少利息和贮存费用支出，就要想方设法鼓励买方或消费者在淡季多订货、购货，运用的价格促销手段就是要使旺季价格与淡季价格拉开档次，淡季价格低于旺季价格。通过对淡季商品的降价出售，转移一部分利润和费用给买方以弥补淡季购买而增支的费用。确定折扣金额的大小除保证买方增加淡季购买而支出的费用得到补偿外，还要使买方获取一定利润，这样既有利于批发商、零售商及消费者淡季购买，又有利于增加卖方销售额，加速资金周转，保证正常生产。例如，滑雪用具的生产企业在春夏两季对零售商实行季节性折扣降价供应，航空公司也常在淡季向消费者提供季节折扣，日常生活中常见的时令服装的季节性降低等，都属于季节性折扣策略的运用。

4．现金折扣价格策略

现金折扣价格策略是指卖方为鼓励买方支付现金货款或提前付款而采取的一种价格折扣策略。我们知道，资金周转的快慢是影响企业利润率高低的重要因素之一。一方面，企业售出商品后，如不能及时收回货款，就必须增加流动资金投入和利息支出，如果能提前收回货款，则会使资金周转加速，减少利息支出，增加利润；另一方面，卖方回收现金相对接收转账货款，减少了很多麻烦和费用。因此，在资金紧张和存在企业间相互拖欠贷款的情况下，如果购货方能及时或提前支付货款或以现金支付，销货方也愿意通过价格优惠折扣的方式，让渡部分利益给买方，这对双方来说都是有利可图的。

现金折扣额的上限应低于卖方加速资金周转所增加的利润，下限应高于银行的贷款利息率。

5．奖售折扣价格策略

奖售折扣价格策略是指工商企业为扩大销售而实行的有奖销售，是一种变相的价格折扣策略，其基本内容是消费者在企业或某商场购买商品，有机会得到物质奖励。其表现形式多种多样，如某饮料厂家，在销售的全部产品中，抽出一定比例的产品，并在其产品内印有中奖标记，消费者买到印有标记的商品便可得到奖金；再如某大型商场规定，凡在本商场购买 50 元以上商品的顾客，可得到奖券一张，奖券号码与中奖号码相符便可得到奖

励等。

实行奖售折扣策略应注意以下问题。

(1) 实行奖售能促进销售，奖售的金额应能通过扩大销售增加的利润得以弥补。

(2) 奖励的金额应符合国家法律的规定。

(3) 对顾客要一视同仁，机会均等，防止弄虚作假，欺骗顾客。

(4) 购买金额起点、资金总额及档次划分等有关技术性问题，要科学计算，控制在生产者、经营者和消费者的承受能力之内。

6. 折让策略

折让策略是另一种类型的价格减价，折让是用其他东西替换比原定价格少收一定数量的价款。例如，一台冰箱标价 2 000 元，顾客以旧冰箱折价 300 元，则只需付 1 700 元，这就是以旧换新折让。如果某中间商同意某生产企业的促销活动，则某生产企业卖给中间商的货物可以打折，这就是促销折让。

9.3 新产品价格策划

新产品价格策划是指企业使自己的新产品适应消费者的需要的活动的谋划。新产品价格策划是企业新产品开发中的重要组成部分。新产品价格策划适当与否关系到新产品能否顺利进入市场、打开销路并取得较好的经济效益。

9.3.1 撇脂定价策划

撇脂定价策划是指企业的新产品一上市，便把价格定得尽可能高，以期及时获得较高的收益，在商品经济生命周期的初期便收回研制开发新产品的成本及费用，并逐步获得较高的利润。随商品经济生命的进一步成长再逐步降低价格。采用此策略的企业商品一上市便高价厚利，其做法很像从牛奶的表面撇取奶油，故又称“撇脂法”。

1. 撇脂定价的目的

在新产品上市之初立即赚取丰厚的市场营销利润，以追求短期利润最大化，获取高额利润，以迅速收回投资和弥补产品的研究和开发费用，增强企业产品的高级品形象定位，以确立企业的优势竞争地位，掌握调价主动权。

2. 撇脂定价的条件

撇脂定价的优点是尽早争取主动，达到短期最大利润目标。采用这种策划是有先决条件的，市场撇脂定价策划应在以下条件具备时采用。

(1) 企业需要迅速收回投资。企业需要迅速获得大量利润，以收回研究开发费用。利润可用来改良产品，当竞争者进入市场时，还可以支持其他各种竞争性活动。

(2) 产品价格缺乏弹性，高价造成的需求或销售量减少的幅度很小，或者早期购买者对价格反应过敏。

(3) 企业定位于增强高级品形象。

(4) 新产品质量与价格相符。

(5) 产品或服务处在介绍期，企业希望通过高价策略多获得利润。

(6) 新产品比市场上现有产品有显著的优点，能使消费者“一见倾心”；有足够多的消费者能够接受这种高价并愿意购买。

(7) 短时期内由于仿制、复制等方面的困难，类似仿制产品出现的可能性小，竞争对手少。

(8) 产品生命周期过短，采用高价策略有助于短期内收回成本。

(9) 企业重视利润，希望保持较高利润率。

(10) 受专利保护。

3．撇脂定价的优缺点

1) 优点

实行撇脂定价的优点有以下几点。

(1) 在产品进入市场的初始阶段制定较高价格，可以在短期内收回开发、研制成本和高额的促销费用，获得高额利润，并且能为以后各阶段实行降价措施准备一笔损失基金，以降低企业的损失。

(2) 由于高价策略主要是针对高收入阶层，高价格并不会对销售量产生抑制作用，加上从众效应的影响，也会吸引一部分中等收入的消费者加入消费行列，有利于扩大市场占有率。

(3) 如果产品质量、服务与价格相符，能树立起产品品牌形象，为产品今后的发展奠定基础。

2) 缺点

采取撇脂定价策略也有一些不利的方面。

(1) 如果高价与高质量、高服务不相符的话，就会给企业造成不良影响，损害企业形象。

(2) 高定价高利润，会引起竞争者的加入，从而缩短生命周期。特别是假冒产品的出现，将对企业产品销售产生直接的冲击。

(3) 排斥了中低收入阶层。

4．撇脂定价的注意事项

现实经济生活中，不少厂商选择这一定价策略时，存在着两个方面的错误认识：第一，产品本身无特色，而利用高价策略刺激消费，这无疑是一种自欺欺人的做法，不仅损害消费者的利益，企业最终也会受到社会的谴责和法律制裁，因损害自身形象而失去市场；第二，商品虽有特色，但价格高得惊人，令人望而生畏，从而影响市场销售。因此，实施高价策略的关键是要把握住以下三个基本点。

(1) 产品本身要具有实行高价策略的条件，这些条件包括商品自身的特点、企业经营特点、企业良好形象等。

(2) 高价策略不是价格越高越好。调价商品要有相应的高收入阶层配合，超越了高收入阶层收入水平的调价，只能是“空中楼阁”。

(3) 处理好“厚利”与“限售”的关系。“高价厚利”与“限售”必须互为条件、互相适应，即价格高到什么程度，利润厚到什么程度，销量限制在什么数量上，要讲究分寸，要适度，否则将不利于预定目标。例如，香烟是高利、高税产品，为了限制香烟消费并适当增加财政收入，可将香烟的价格提得再高一些，然而，如果一下子提高太多，大大超出人们的承受能力，消费者就会有消极的反应，企业销量就会减少，企业和国家都会蒙受损失。因此“厚利”并非利越厚越好，它只能控制在市场能够容纳的预期销量的某种可销的价格水平限度内；同样，“限销”也并非销量越少越好，而是要控制在销量能与供应能力相近并能实现经济效益的水平上。超过了上述界限，单位商品的“厚利”只能会使总利润由“厚”变“薄”。可见，“厚利限销”商品的价格应当是既能实现销售目标，又能获得最大限度的利润的市场适销价格。

9.3.2 渗透定价策划

渗透定价策划与撇脂定价策划正好相反，它是新产品上市时以微利、无利，甚至亏损的低价向市场推出，来吸引大批买方和赢得较大的市场份额，然后再逐步将价格提高到一定水平的策略。其直接目的是获利最高的销售额和最大的市场占有率。渗透定价策略形象地反映了企业快速占领市场的目标和行为。例如，美国得克萨斯仪器公司在半导体工业刚起步时，对自己生产的半导体芯片的定价低于初始成本。打开销路后，随着产量的增加和成本的相应下降，利润逐渐上升。当产量达到一定水平时，其他竞争者也早被赶出了半导体市场。

1. 渗透定价的目标

企业的目标是渗透新市场，立即提高市场营销量与市场占有率，并能快速而有效地占据市场空间。企业不追求短期利润最大，并以低价低利阻止竞争对手的介入。

2. 渗透定价的条件

采用渗透定价策略，一般需要具备以下条件。

(1) 该种产品市场容量大，并能替代市场上已存在的同类产品。

(2) 产品需求价格弹性大，消费者对价格敏感，低价能得到较高的市场占有率。

(3) 企业具备批量生产的能力，并且大批量生产能显著降低产品成本。

在正常情况下，渗透定价策略适用于一些低档商品、易耗商品、专用性不太强的商品和生活必需品。

3. 渗透定价的优点

(1) 扩大市场，让无法支付高价的新消费者成为实际购买者。

(2) 低价可使现有消费者增加产品使用量。

(3) 对于价格弹性大的产品，低价会促进销售，虽然单位利润低，但销售量的增加仍会提高利润总额。

(4) 作为先发制人的竞争策略，有助于夺取市场占有率。

(5) 和竞争者保持均势。如果大多数竞争者都降低价格，就必须跟进，尤其当产品价格

很敏感时，而且如果强大竞争者提供公司无法与之匹敌的附加价值时，为了做出反应，只能降低产品价格。

(6) 低价可阻止实力不足的竞争者进入市场。这种扩大市场的定价政策，使公司可在竞争压力最小的情况下，获得大量最忠实的顾客。

4．渗透定价的注意事项

厂商正是利用上述特点，通过薄利多销，打开市场销路，阻止竞争者进入市场，最大限度地控制市场。但是采取这一策略，一方面由于价低利微，企业投资费用的回收需要较长的时间，这又要求企业有雄厚的资金后盾。另一方面，也不利于企业树立品牌形象，特别是对于那些质量不易鉴别的商品，消费者往往由于价格低而怀疑商品质量，影响销量。尽管如此，实行低价策略更易为广大的消费者所接受。因此，企业采取这一策略时要注意两方面的问题。

(1) 实行低价策略，同样要有质量保证和服务保证，真正使消费者感到安全，使商品成为“物美价廉”或“好吃不贵”的大众商品。

(2) 实行低价政策，从整体看必须要保证利润总额最大化。现实中不少企业为了应付竞争而不顾企业经营状况、成本费用状况及商品特点，人为地压低价格，虽然销售额一时有所扩大，但会造成企业资金周转不灵，经营亏损。实事求是的态度是通过市场调研来确定消费者所能接受的价格水平，以此作为制定价格的上限，再结合企业的实际能力和管理水平，确定最低成本，测算价格与成本之间的差额。只要这个差额接近社会平均水平，就可以生产经营，并以此价格为标准制定出能够扩大销售量的价格水平，以销售量的有效并扩大来实现企业利润最大化。也就是说，低价策略中单位商品利润可能低于社会平均水平，但销售量的增加必须要保证利润总额等于或大于社会平均水平。

9.3.3 中间定价策划

中间定价方法介于“撇脂定价”与“渗透定价”两种方法之间，是指企业为了建立企业与产品的良好形象，把价格定在适中水平的策略。这种策略既可以避免“撇脂”定价因价高而具有的市场风险，又可以避免渗透定价出价低而带来的困难，使企业和消费者双方都有利，是一种比较平衡的定价策略，比较适合竞争实力较弱的中小企业采用，对日用小商品的定价也可采用这种策略。

虽然中间定价策略能够避免高价策略带来的竞争风险，又能防止采取低价策略给生产经营者带来的麻烦，集中了二者的优点，但实行起来困难较多，这主要有以下两点原因。

(1) 随着生产技术的不断成熟，生产规模的不断扩大，在生产规模达到经济规模之前，单位产品成本随时间的推移不断降低，价格也在不断变化，中间价水平不易确定。

(2) 新产品，特别是全新产品，市场上第一次出现，价格无参照物可比较。

可见，在初始期为新产品制订一个不高不低的适中的价格有一定困难。通常的做法是：如果新产品与老产品差别不大，可参考老产品的价格制订新产品的适中价格，或者是参照替代品价格来制订，或者是通过对不同收入层次的划分，以中等收入水平为标准来制订，或者是选择适当价格先进行试销，而后进行调整，以确定价格定位。

本章小结

价格策划就是根据购买者各自不同的支付能力和效用情况，结合产品进行定价，从而实现最大利润的定价办法。价格策略是一个比较近代的观念，源于 19 世纪末大规模零售业的发展。历史上，多数情况下，价格是买者做出选择的主要决定因素；不过在最近的十年里，在买者选择行为中非价格因素已经相对地变得更重要了。但是，价格仍是决定公司市场份额和盈利率的最重要因素之一。在营销组合中，价格是唯一能产生收入的因素，其他因素表现为成本。

本章主要从价格策划的基本理论入手，通过介绍价格策划的概念、原则和影响因素，引申出价格策划的方法、步骤及其意义，同时详细地介绍了价格策划的内容，重点分析了新产品价格策划。通过本章的学习，读者可对价格策划的基本内容与策划方法的实际应用及新产品定价有一个初步的认识，明确现代企业在产品定价和新产品研发过程中实施科学合理定价的必要性。

思考与练习

1. 影响价格策划的因素有哪些？
2. 价格策划应遵循哪些原则？
3. 简述价格“3C”理论中的因素。
4. 简述价格策划应该遵循的步骤。
5. 企业的定价目标有哪几种？分别适用于什么样的条件？
6. 定价方案包含哪几个方面的内容？
7. 简述如何进行价格调整的策划。
8. 简述如何进行价格折扣的策划。
9. 简述撇脂定价和渗透定价的区别。
10. 论述如何进行新产品的定价。

第 10 章 产 品 策 划

【学习目标】

- 了解产品整体的意义。
- 了解产品策划的概念、内容及创意来源。
- 熟悉产品策划的思路、原则和意义。
- 掌握包装策划、产品服务策划和产品组合策划。
- 掌握新产品开发与上市策划以及新产品营销组合策划。

产品是市场营销组合中最重要的因素，这是因为企业的市场营销活动是以满足市场需求为中心，而市场需求的满足只能通过提供某种产品或服务来实现。产品策划直接影响和决定着其他市场营销组合因素，对企业市场营销的成败关系重大。在现代市场经济条件下，每个企业都应该致力于产品质量的提高和产品结构的优化，以求更好地满足市场需求，取得最佳经济效益。

10.1 产品策划概述

10.1.1 产品的整体概念及其意义

人们通常理解的产品是指具有某种特定物质形状和用途的物品，是看得见、摸得着的东西，这是一种狭义的定义。市场营销学认为，广义的产品是指人们通过购买而获得的能够满足某种需求和欲望的物品的总和，它既包括具有物质形态的产品实体，又包括非物质形态的利益，这就是“产品整体”。

1. 产品及其分类

狭义的理解，产品仅仅是具有某种特定物质形态和用途的物体；广义的理解，产品是指能满足人们消费需求的物品和劳务。

按照不同的标准，可以有不同的分类，通常采用以下两种划分方法。

1) 根据产品的耐用性和有形性分类

根据产品的耐用性和有形性，产品可以分为耐用品、非耐用品和劳务。耐用品和非耐用品属于有形产品，劳务属于无形产品。

(1) 耐用品一般是指使用寿命较长、价值较高的有形产品，如汽车、计算机、机械设备等。耐用品需要提供较多的销售服务和保证。

(2) 非耐用品一般是指使用寿命较短，通常只能使用一次或几次的低值易耗品，如牙膏、肥皂、啤酒、糖果等。非耐用品因耗用快，需要频繁购买。因此，销售网点的设置应方便顾客购买，同时应加强广告宣传，以吸引顾客试用并形成偏好。

(3) 劳务又称服务，它是指看不见、摸不着，但却能够给人们带来某种利益和满足的无形产品。这种产品在人们购买和消费前往往不能够知其价值，只有通过实际消费才能够认识到其价值，它分为直接作用于人和直接作用于物两大类，前者如美容美发、宾馆、银行、娱乐、保险等服务；后者如维修、洗衣、打字、除草、航运等服务。

2) 根据产品的最终用途分类

根据产品的最终用途，有形产品还可以分为消费品和生产用品。

(1) 消费品是直接用于满足最终消费者需要的产品。通常按照消费者的购买习惯划分，消费品可分为便利品、选购品、特殊品和非渴求品四种类型。

① 便利品是指人们经常需要、随时购买、很少花时间挑选的商品，如牙膏、肥皂、洗衣粉、食盐、香烟等。

② 选购品是指人们在购买前要经过充分比较和选择，然后才实施购买的产品，如服装、皮鞋、家具、家电等。

③ 特殊品是指人们特别偏爱和忠诚，从而愿意花费更多时间和精力挑选的名牌商品，如五粮液酒、海尔家电等。

④ 非渴求品是指人们没有认识到其价值，从而不愿意购买的产品，如人寿保险、墓地等。

(2) 生产用品也称产业用品，是指人们为了用于再生产其他新产品或提供新服务而购买的物品。根据参与生产过程程度的不同，生产用品可进一步分为完全制成产品、部分进入制成产品和支持性产品。

① 完全制成产品是指一次生产过程结束之后，使用价值不复存在，价值完全转移到新产品中去的产品，包括原料、材料和零部件等。

② 部分进入制成产品是指一次生产过程结束之后，使用价值仍然存在，价值逐渐转移到新产品中去的产品，包括设施和附属设备。设施是企业的固定资产，如厂房、建筑物、固定设备等；附属设备是指在企业生产过程中起辅助作用的设备和工具，如手推车、手工工具、起重机、打字机等。

③ 支持性产品是指为了保证生产过程的顺利进行，直接或间接为生产服务的产品，包括作业用的供应品，如润滑油、洗涤剂和维修用的供应品(如钉子、钳子)等。

2．产品的整体概念

现代市场营销观念要求从产品的整体概念上来理解产品。产品的整体概念是指能够提供给市场，用于满足人们某种欲望和需要的一切物品和劳务，包括实物、服务、思想、主意或计策等。

产品的整体概念包括以下四个层次的含义。

1) 实质产品

实质产品是指产品提供给顾客的基本效用或利益，是顾客要真正购买的东西。例如，电风扇的基本效用是为人们带来凉爽和舒适；电冰箱的效用是制冷和保鲜；化妆品的效用是给人们带来美丽。如果产品没有使用价值或效用，不能够给人们带来某种利益和满足，人们就会拒绝购买。实际上，实质产品是整体产品概念中最基本、最核心的部分。它是顾客购买的目的所在，是顾客追求的效用和利益。顾客购买一种产品，不仅是为了占有一件

有形的、可触摸的物体，而是为了满足自身特定的需要和欲望。因此，在产品策划中必须以产品的核心为出发点和归宿，设计出真正满足消费者需要的产品。

2) 形式产品

形式产品是指产品呈现在市场上的具体形态，也是产品的核心部分借以实现的形式，包括质量、式样、特点、品牌、包装等。任何产品的效用或利益都必须通过某种具体形式表现出来。例如，电冰箱、电风扇的效用功能要通过一定质量、式样、品牌的机械形体表现出来。如果产品没有具体形态，产品核心部分就失去了载体，从而就不能够满足人们的某种需要和欲望。在产品策划中，对形式产品应进行精心的设计，在体现产品核心与实体的基础上展现产品具有个性魅力的物质形态。产品实体一般有五个侧面。

(1) 产品品质，主要是指产品功能、性能、适用性，这是满足消费者实际需要的最基本依据。

(2) 产品特色，主要是指产品中有别于同类竞争产品的优势，这是产品立足于市场、参与竞争的主要手段。

(3) 产品形式，主要是指产品造型、式样、风格、类型，这是产品吸引消费者的重要方面。

(4) 产品品牌。品牌进入市场的开始阶段仅仅是作为一种商品交换中的识别符号，但是随着商品交换的实现，随着产品品质对于品牌的象征意义上的积累和升华，品牌逐渐具有独立的商品化的“人格”，凝结其上的价值已经被人们普遍认识和接受。品牌战略已经成为市场竞争的锐利武器。

(5) 产品包装，主要是指产品的内包装和外包装。产品包装具有保护产品安全的功能，产品包装特别是产品外包装是构筑产品形象的重要手段。

加深对产品实体上述五个方面的认识，有助于产品策划的全面开展与实施。

3) 附加产品

附加产品是指顾客在购买产品时所获得的各种附加服务或利益的总和，它能满足顾客更多的需要，包括提供产品说明书、产品保证、安装、维修、送货、技术培训、售前与售后服务等。例如，计算机生产者，不仅出售计算机，还提供工作指令、软件程序、规划系统、人员培训、安装维护、产品保证等一系列服务项目。可以预见，未来市场竞争的关键，在于产品所提供的附加值，包括安装、服务、广告、用户咨询、购买信贷、及时交货和人们以价值来衡量的一切东西。因此，企业期望在激烈的市场竞争中获胜，必须极为重视服务，注重售前、售中和售后服务的策划。

4) 潜在产品

潜在产品是指最终可能实现的全部附加部分和新转换部分，或者说是指与现有产品相关的未来可发展的潜在性产品。潜在产品指出了产品可能的演变趋势和前景，如彩色电视机可发展为录放映机、计算机终端机等。

3. 明确产品整体概念的意义

明确产品整体概念的意义对于产品营销具有重要意义。具体来说有以下几点。

1) 有利于全面满足消费者需求

产品整体概念全面揭示了产品全面满足消费者需求的不同层次，它要求在保证消费者基本利益的同时，充分满足消费者的多方面需要。产品整体概念要求企业在提高产品质量、注重外观美化的同时，强化产品附加价值的开发。根据对产品的这一认识，全面满足消费者的需要常常成为产品策划的出发点。例如，在空调设计中，就面临全面满足消费者需求的问题。现在，随着消费者使用空调的时间越来越长，空调病的发病率有逐步上升的趋势，人们迫切希望避免空调病的发生。海尔集团以全面满足消费者需求为基本出发点，迅速推出了把变频技术和负离子技术融为一体的健康型空调。这种空调具有负离子、杀菌除尘和清新空气的功能，受到消费者的普遍欢迎。

2) 有利于形成产品的独特个性

产品整体概念由于深刻挖掘了产品的内涵，这就有利于产品策划在某一层面、某一角度进行深入诠释，形成产品有别于同类竞争产品的独特个性。例如，在上海旅游纪念品消费品博览会上，出现了在雨伞上印上王羲之的《兰亭序》、在丝巾上染上明清青花瓷图案、在木制纸巾盒上漆上马王堆的饰纹等种类的旅游纪念品，蕴含着浓厚文化底蕴的特有魅力。

3) 有利于确立企业市场定位

产品整体概念的树立有利于产品策划在各个层面上与同类产品展开竞争，如果一项产品其核心产品、产品实体、附加产品的三个层面上都比同类产品领先，那么，这一产品的市场地位是不言而喻的，并且可以从多个侧面树立企业形象，确定企业的市场定位。

10.1.2　产品策划的概念和内容

产品是企业的生命体，是企业创造社会价值和满足自身利益的唯一保障，失败的产品会给企业带来巨大的损失。国内每年上万的新产品上市，为什么成功的寥寥无几，这就是缺乏严谨的产品策划工作所造成的后果。严谨科学的产品策划能让企业的产品推向市场就收获成功，避免错误的产品为企业带来巨大的损失。

1. 产品策划的概念

从营销学的角度看，产品是指人们为满足欲望或需要通过生产而提供给市场的物质，其中包括实物和服务。提供给市场的产品一般包括五个层次(如图 10-1 所示)，每一个层次都给用户增加了新的价值，五个层次构成一个用户价值体系。

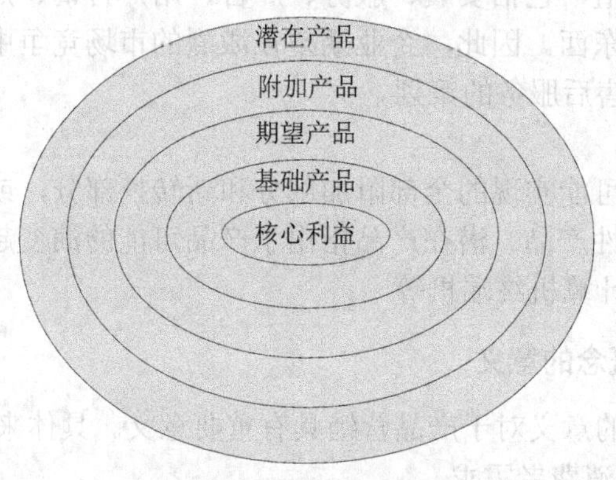

图 10-1　产品的五个层次

在此我们认为，产品的含义有广义与狭义之分。广义的产品，是指那些通过生产而提供给市场的用以满足消费者或用户需要的物质，包括有形的物质和无形的服务、创意等；而狭义的产品，是指那些通过生产而形成的能够满足消费者需求的实物生产成果，一种具有特定的物质形态和用途的物体。本书中所讲的产品是广义的产品。

产品策划就是包括对新产品的开发和推广工作以及对原有产品的优化组合。也就是说，是为了实现某个特定产品的市场目标，从产品的特性和包装、成本价格、广告宣传、市场定位、促销手段、售后服务等方面所进行的全面策划和设计。市场部、销售部、公关部等部门都以产品为基础而进行运作。

2．产品策划的内容及步骤

1) 进行充分的市场调研

市场调研是指研究市场以了解客户需求、竞争状况及市场力量，其最终目的是要发现创新或改进产品的潜在机会。可以通过以下方式进行市场调研。

(1) 与用户和潜在用户交流。

(2) 与直接面对客户的一线同事(如销售、客服、技术支持等)交流。

(3) 研究市场分析报告及文章。

(4) 使用竞争产品。

(5) 仔细观察用户行为等。

市场调研最终会形成商业机会、产品战略或商业需求文档，详述如何利用潜在机会进行产品开发。

2) 完成产品定义及设计

(1) 产品定义是指确定产品需要做哪些事情，通常采用产品需求文档来进行描述，一般包含的信息有：产品的前景、目标市场、竞争分析、产品功能详细描述、产品功能优先级、产品用例、系统需求、性能需求等。

(2) 产品设计是指产品的外观，包括用户界面设计、用户交互设计，包含所有的用户体验部分。

3) 产品开发协调与管理

根据产品设计实施产品开发，协调来自不同团队的人员，在预算内按时开发并发布产品，其中可能包含如下工作内容：确保资源投入、制订开发计划、根据计划跟踪项目进展、辨别关键路径、必要时争取追加投入、向主管领导报告项目进展情况等。在大型公司里，通常会有技术负责人来处理大部分开发管理工作，产品策划只需要提供支持。不过在创业公司里，产品策划通常需要全程参与协调管理。

4) 产品上线前的准备

(1) 产品测试。产品初步开发，组织相关人员进行测试，协调相关人员完善产品。

(2) 产品宣传，主要包括和内部同事(如老板、销售、市场、客服)沟通产品的优点、功能和目标市场，也包括向外界(如媒体、行业分析师及用户)宣传产品。

(3) 产品的相关使用文档。告诉外界有关产品的信息，通常包括制作产品的数据表、手册、网站、Flash 演示，媒体专题以及展会演示等。

5) 产品的用户反馈和改进

互联网千变万化，各种功能不断升级。通常产品都要经历概念化、发布、成熟、改进到新产品的过程。在整个周期中需要不断地收集用户的信息进行产品调整与改进直至新一轮的产品策划。

10.1.3 产品策划的创意来源

顾客导向的市场营销，关键在于发现并满足顾客的需求，而怎样才能发现顾客的需求呢？这就需要做市场研究，比如市场调查和市场洞察。在激烈的市场竞争下，环境变化很快，这就客观地要求企业必须对市场做出快速的反应。在这样的情况下，企业显然不可能在做每一个营销决策、设计出每一个产品创意的时候，都去做市场研究。既然如此，那在做产品策划的时候，是否可以在不做市场研究的前提下，还能设计出好的产品创意呢？方法还是有的，为此我们总结了产品策划常用的五个创意策略。

1．模仿跟进

模仿跟进就是竞争对手有什么产品推出市场取得了好的效果，或者说竞争对手有什么新产品经过判断将会有很好的市场前景时，那么就研发该产品推向市场。

这是不少企业常用的方法，切不可轻视这种方法，认为它太简单，体现不出策划人员的价值。其实不然，对于企业来说利润压倒一切，判断一个创意有多大价值，关键在于该策划创意能为企业创造多大的价值，能创造价值、开拓市场的产品策划方法，就是值得重视的好方法。所以模仿跟进是最经济高效的方法，市场上最常见的成功的产品策划大都源于此，比如互联网中的百度(Baidu)模仿于谷歌(Google)，源于这种模式的成功案例比比皆是。

2．空白区域

这一方法跟模仿跟进法有点类似，就是在竞争对手所没有开拓的空白市场区域，推出与竞争对手相同或相似的产品，以抢占市场空白区域。空白区域的方法还适用于企业内部分公司运用这样的思路在区域市场上运作企业样板市场被证明过的产品或模式。

空白区域方法的运用需要企业具备敏锐的市场触角、宽广的视野、快速行动的能力。为什么这样说呢？一般来说，空白区域方法的运用一般有两种情形：①区域性企业发现全国性企业其中的一个有价值的产品，然后发现该产品对于本区域是空白区域，从而快速行动推出类似产品占领市场；②全国性企业发现区域性企业其中的一个有价值的产品，然后在其他区域市场推出类似的产品快速占领市场。

3．新建品类

新建品类具体途径有品类嫁接、品类转接和市场细分。

1) 品类嫁接

品类嫁接就是把市场上两个常见的产品品类，融合进一个产品，从而诞生一个新的品类，这个新品类既是此又是彼。比如前几年卖得很火的脑白金，以及曾经如日中天的旭日升冰茶等就是运用这个方法的典例。目前也有很多企业正在运用这种方法，比如农夫山泉股份有限公司之前推出的“农夫果园”以及杭州娃哈哈集团推出的“营养快线”，就是成功

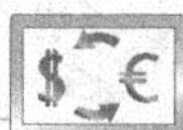

的品类嫁接。

2) 品类转接

品类转接就是把市场上比较受欢迎或者比较常见的一个品类冠名到另一个品类上，从而产生的一个新品类，它不同于品类嫁接，不会既是此又是彼。在这方面，新兴的行业(如互联网和信息技术)都在广泛地运用，并且已经取得了一定的效果，如手机电视、手机电影以及 MP3 铃声等。

3) 市场细分

市场细分就是基于消费者的市场细分，而产生的一个新品类。比如，牛奶市场中开发出早餐奶，钙片市场中细分出儿童钙片、中老年钙片等。

4．替代转换

替代转换的方法，可以是从相似行业中寻找替代转换，也可以是从相异行业中寻找替代转换。比如，在相似增值服务行业中，移动公司推出免费彩铃业务，那么联通公司也可以推出这项业务来替换以前的付费彩铃；在相异的行业中，既然电台可以提供点歌服务，那么短信同样也可以提供点歌服务。

目前这种替代转换的创意方法比较常见，而且也确实证明具有旺盛的生命力。与新建品类的方法相比，替代转换是在分流原有的市场需求，而新建品类则是构建全新的市场需求。

5．增值挖掘

增值挖掘是在企业销售的某一主打产品的基础上，挖掘与该主要产品相似或相关的需求，通过提供更多的其他产品来提高企业对平均单个消费者的销售额。比如，海尔集团在向消费者提供冰箱这一主打产品的基础上，又继续向消费者提供海尔空调等；又如，腾讯公司，在开发手机微信聊天业务的同时，又发展出一系列的手机微信游戏等。增值挖掘的方法目前可以很好地运用到互联网和信息技术增值服务行业中。

10.1.4　产品策划的思路

产品策划要围绕着企业营销战略规定的人物和顾客的需求来进行。那么谁是我们的顾客，他们的需求有哪些，这就要求策划人进行生产调研、市场细分、目标市场的确定。瞄准目标顾客的需求是策划成功的关键，必须认真研究。产品策划实际上是寻找目标顾客需求和企业资源的联结点，是凸显顾客潜在需求和个性的过程。一般来说，产品策划思路应按以下规律进行。

1．明确产品策划的前置条件

1) 明确企业营销的战略目标

提高市场占有率，是提高利润还是为了战胜竞争对手，还是这些目标兼而有之，目标是否可以阶段性变换等。

2) 周密了解企业环境和资源状况

企业战略目标、企业环境、企业资源是产品策划的基础和前提，违背上述基础和前提

的营销策划方案是不可实施的。在充分的环境分析的基础上发现需求和营销的战略机会。环境是客观的，客观的环境是不断变动的，变动的环境中各种因素之间也具有变动的相关性。

2．选择目标市场——确定产品的最终目标客户群

明确了营销的前置条件后，我们要研究市场特性，围绕策划的前置条件寻找市场特点的同质性标准，依次进行市场细分。根据企业资源状况和选择目标市场的规则确定目标市场。选择目标市场的简单标准有以下几点。

(1) 市场空间够大。

(2) 产品利润空间够大。

(3) 竞争不激烈，或者是竞争对手的水平比较低。

3．市场定位——准确把握目标顾客的真实需求

消费者的愿望是指人们最希望产品具有的属性，是产品策划工作的一个重要依据，也是市场定位的重要依据。市场定位强调的是企业在满足市场需求方面，与竞争者比较，选择本企业产品应当处于的位置，以及目标顾客群。

4．概念产品——确定产品特征

有了对需求的全面了解和掌握，接下来的问题是向市场投放什么产品。这个阶段是企业为某一种产品创造一定的特色，树立良好的形象。通过设计产品和市场营销组合，以满足消费者的特殊需要和偏爱。通过概念产品，企业可以根据消费者的愿望、竞争情况、公司的其他产品、环境变化等来描述自己的不同产品。消费者的认识是企业及其竞争对手的产品在人们心目中形成的印象。企业产品策划工作的关键在于最终市场如何看待产品组合中的各种产品。企业必须付出努力，使自己的每一种产品看上去都具有某些独一无二的特征，也就是产品差异化，而且这些差异化又是目标市场所需要的。

10.1.5　产品策划的原则

产品策划是一种理性的思维活动，它是对产品开发、生产和经营所进行的谋略和筹划。策划对于企业的创新开拓具有极其重要的意义。产品策划一般应遵循如下原则。

1．需求中心的原则

大量的事实表明，一个产品策划的成功与否，取决于产品整体对消费者需求的满足程度，消费者的需求是产品策划的起点，因为产品策划以满足消费者需求为主要依据。同时消费者需求又是产品策划的归宿，因为产品策划必须经过消费者的检验以决定其成败。因此以消费者需求为中心进行产品策划是一个最根本的原则，这和市场导向的营销理念是完全一致的。

以消费者需求为中心进行策划应特别注意消费者的需求是多层次的。现代的产品竞争已经突破了传统的单纯的产品物质实体及其功效竞争的框架，因为产品生产已进入了同质化的阶段，某一企业能达到的质量标准和功能特点，一般来说，其他企业也能做到，仅仅以产品实体作为独占市场的武器，已经是十分困难甚至是不可能了。在这种情况下，以消

费者需求为中心的产品策划，要深入了解消费者的多层次需求。特别是在消费者的心理逐步由感性消费走向理性消费的时代，产品策划更要研究消费者的心理特征，强化产品形象塑造，提升产品附加值，以征服消费者。

2．敢于竞争的原则

产品策划是企业竞争的重要一环。一个企业如果安于现状，面对激烈的市场竞争，无动于衷，不思竞争，凭想象代替策划，产品数年一面，那么，这种企业在市场竞争中落伍和淘汰是不可避免的。面对激烈的市场竞争，企业也不能妄自菲薄，自认不如，不敢竞争，这必将会失去一个又一个市场机会，使企业处于被动局面。实际上，无论产品多么层出不穷，无论消费者的需求得到多大程度的满足，总还是有市场空缺，总还是有产品开发的潜在可能。人们常说“商机无限”，就是指这一意思。敢于竞争正是企业家应该具备的最基本的素质。

3．勇于创新的原则

创新是一个企业充满活力的不竭源泉，也是产品策划的灵魂。在产品策划中人云亦云，亦步亦趋，一种产品热销，各厂家一哄而上，这也许一时能分得一点市场份额，但不能持久。在产品策划中坚持勇于创新的原则，就要展开想象的翅膀发挥创造的激情。创新总是产生于具有不断探索精神、热烈而顽强地致力于问题发现以及创造性解决问题的开拓者身上。创新总把新颖、奇特的产品作为最高的奖赏奉献给勤于思考的智者。

4．量力而行的原则

产品策划必须量力而行。这里的量力，主要是指企业本身的人力、物力和财力资源及产品开发的适用性。一种高新科技含量较高的产品开发需要有足够的科研力量、技术力量的支撑，缺乏相关专业领域知识的人才，难以成功。企业原有生产设施、生产条件难以或无法生产的新产品，一般也不宜列于开发之列。企业重起炉灶，转移本企业产品投向，必须慎之又慎。一项投资巨大的产品策划必须要进行成本核算、风险预测，绝不能贸然行动。

5．当机立断的原则

商场如战场，战局瞬息万变。企业要抓住时机，不失时机。观望、等待、优柔寡断，必将坐失良机，追悔莫及。这里所说的当机立断，不仅是指产品策划方面要当机立断，还指产品策划及实施的整个过程要讲究时效性。处处领先一步，使企业处于不败之地。

10.1.6　产品策划的意义

任何一个企业要实现企业发展的目标，都不外乎两条途径：一是通过资本运作，兼并其他企业以使本企业规模扩大；二是通过市场开拓，扩大销售规模和利润。后者就是通过产品策划来实现的，因此，产品策划具有十分重要的意义。

(1) 有利于企业产品的适销对路和利润的实现。通过产品策划，使企业的生产经营能有的放矢，用合适的产品适应消费者需求。

(2) 减轻市场竞争压力，增强竞争实力。面对日趋激烈的市场竞争，为了使企业更好地

生存和发展，一方面，通过产品策划减轻市场竞争给企业带来的压力，规避环境威胁；另一方面，通过产品策划整合企业内部资源，积极扩大市场份额。

(3) 通过产品策划提高企业的营销水平。树立和优化企业市场形象，强化企业产品和产品整体组合效果，提高市场满意度。

10.2 包装策划

包装是品牌理念、产品特性、消费心理的综合反映，它直接影响到消费者的购买欲。我们深信，包装是建立产品与消费者亲和力的有力手段。经济全球化的今天，包装与商品已融为一体。包装作为实现商品价值和使用价值的手段，在生产、流通、销售和消费领域中，发挥着极其重要的作用，是企业界、设计界不得不关注的重要课题。包装有保护商品、传达商品信息、方便使用、方便运输、促进销售、提高产品附加值的功能。包装作为一门综合性学科，具有商品和艺术相结合的双重性。

10.2.1 包装的概念和作用

包装是产品策划的重要组成部分，通常是指产品的容器或包装物及其设计装潢。现代营销策划过程中包装策划的作用已经不只是作为容器来保护产品，而是成为促进和扩大产品销售的重要因素之一。

1. 包装的概念

广义的包装是指为商品设计、制作容器或包装物品的活动过程，狭义的包装是指容器或包装物本身。

包装是产品整体概念中的重要组成部分，也是产品生产的延续，产品只有经过包装之后才能更好地进入流通领域实现交易。

产品的包装一般有两个层次。第一个层次的包装是内包装，也称销售包装，指接近产品的直接包装，如墨水瓶、牙膏皮等，主要是为便于陈列、销售、携带和使用；第二个层次是外包装，也称运输包装，即加在内包装外面的箱、桶、筐、袋等包装，主要是为了保护产品以及方便产品的储存、识别和运输等。

2. 包装的作用

随着市场经济的发展和消费者消费水平的不断提高，包装对产品销售的重要性与日俱增，成为企业重要的竞争手段。包装的作用主要表现在以下几个方面。

(1) 保护产品，便于储运，这是包装最基本的作用。有了科学合理的包装，就可以保证产品的安全、完整和清洁卫生，保护其使用价值，同时也为产品的储运、陈列、销售、携带和使用提供方便。

(2) 美化产品，促进销售。在销售过程中，首先进入消费者眼帘的往往不是产品本身，而是产品的包装。独特而精美的包装，多经精心设计和印制，既可使产品与竞争品产生区

别，不易被仿制、假冒和伪造，又可以提高产品的档次，给消费者带来美的享受，有利于宣传企业的形象，激发消费者的购买欲望，促进产品的销售。

(3) 提高产品价值。随着生活水平和消费水平的提高，消费者在购买商品的时候越来越关注商品的包装。优良的包装，可以抬高产品的身价，消费者愿意接受。另外，完善的包装，可以降低产品的损耗率，增加企业的盈利。

包装是“无声的推销员”。一个优质产品如果没有一个精美的包装相配，就会降低“身价”，削弱竞争能力，企业也就难以提高经济效益。国外学者曾做过一项研究，发现由媒体广告招引来的顾客中，有 33%的人在销售现场另行选择了包装吸引人的品牌。因此，一些市场营销人员甚至把包装称为市场营销组合中的第五个“P”，与产品、价格、地点、促销等因素并列。

10.2.2　包装的分类

1. 按产品包装所处的层次来分

(1) 首要包装，即产品的直接包装，如牙膏皮、啤酒瓶。

(2) 次要包装，即保护首要包装的包装物，如包装牙膏皮、啤酒瓶的硬纸盒或纸箱。它为产品提供进一步的保护和促销机会。次要包装又称小包装或销售包装。

(3) 装运包装，即产品储存、运输和识别所用的包装，又称大包装、外包装。

2. 按产品包装在营销中的功效来分

(1) 统一包装。企业将其生产的各种产品或各类产品，在包装外形上采用相同的图案，近似的色彩、共同的特征，使顾客容易辨认，目的是提醒顾客这是同一企业或品牌的产品，如化妆品中的系列产品。

(2) 配套包装。企业将数种有关的产品放在同一包装中，方便购买和使用，也有利于新产品推销，如工具箱、针线盒等。

(3) 等级包装。企业将产品按质量不同分成若干等级，使包装的价值与质量相称，表里如一，方便购买力不同的消费者按需要选购。

(4) 多用途包装。将产品用完后包装可作为其他用途。例如，饮料或酒所用的杯形包装，以后可作水杯、酒杯等；糖果、糕点的金属包装盒，可以改作文具盒、针线盒等。这种包装容易引发顾客购买兴趣，发挥包装物作用。

(5) 附赠品包装。这是较为流行的包装化政策，即在包装内放入给顾客的赠品或兑奖券，如在儿童食品中放入图卡、小玩具等。

(6) 变更包装。根据市场变化，对包装加以改进。在包装材料、机械、印刷等方面，采用现代化的包装技术改进材料，以提高应变能力。

10.2.3　包装的设计

包装的设计要符合以下要求。

1. 美观大方

包装设计要注重艺术性，不搞模仿，不落俗套，给人以美的享受，激发顾客的购买欲望。同时，还应突出产品个性，尤其对于以外形色彩表现其特点或风格的产品，更应显出其独特性，以便于消费者的购买。随着经济的不断发展，在产品越来越丰富的今天，人们的消费观念以及消费方式都发生了变化。消费者的消费已经由过去单纯追求“量”，开始转变为追求“质”，不仅要消费得当，还要消费得好。包装美观的产品往往在货架上、橱柜里一经展示，就产生了艺术魅力，能够引起消费者的注意，随后就有可能成为消费者的理想选择。因此，包装也要符合消费者消费观念的转变，除了起到保护产品的最基本作用外，还应该根据消费者的心理行为的变化，用新颖、别致、美观的包装来吸引消费者，满足消费者对生活质量的要求。同时，这样做还能够增加产品价值，提高产品附加值。特别是在现代社会的消费者非常注重环保的趋势下，产品如果以绿色包装出现，就可以满足人们的“绿色”观念，无形中也能起到促销的作用。

以中国中秋节的月饼、春节市场的年货、馈赠亲友的礼品等为例，过去消费者选购时，包装非常简单，点心就是以粗纸包上，然后上面放上一张写有商店名称的红纸，礼品水果也不过是用竹筐做的小篮子包装。而现在，这些产品的包装琳琅满目、异常精美，极大地满足了消费者的要求。进入 21 世纪以来，食品市场更加强调绿色和安全，产品包装能同时起到品牌商标、广告宣传等作用。

2. 便于使用

包装除了考虑艺术性方面的要求外，还要考虑销售和使用的方便，在便于使用的前提下，也要考虑储存、陈列、携带和运输的方便。

3. 迎合心理

人们消费心理的多维性和差异性决定了产品包装必须有多维的情感诉求才能吸引特定的消费群体产生预期的购买行为。包装设计的心理策略是非常逻辑化的促销创意，它不仅要从视觉上吸引特定的消费群体产生预期的购买行为，更要从心理上捕捉消费者的兴奋点与购买欲。产品包装只有把握消费者的心理，迎合消费者的喜好，满足消费者的需求，激发和引导消费者的情感，才能够在激烈的商战中脱颖而出，稳操胜券。

消费者的消费心理主要有以下几种。

(1) 求便心理。很多顾客购物时，首先考虑的就是方便，而包装的方便易用也会在一定程度上增强产品的吸引力，所以企业在设计包装时一定要考虑到这种心理。例如，采用透明或开窗式包装的食品就可以方便消费者挑选。

(2) 求新心理。对于某些具备较强好奇心的消费者来说，通过设计与众不同的新奇包装，不仅可以将产品同以往的产品相区别，给消费者带来新的利益，还可以极大地满足他们的好奇心。例如，采用凹凸工艺制作的立体式包装、防盗包装等。

(3) 求信心理。在产品上突出厂名、商标，有助于减轻购买者对产品质量的怀疑心理。特别是有一定知名度的企业，这样做对产品和企业的宣传一举两得。例如，美国百威公司生产的银冰啤酒，其包装上有一个企鹅和厂牌图案组成的品质标志，只有当啤酒冷藏温度最适宜的时候，活泼的小企鹅才会显示出来，向消费者保证是货真价实、风味最佳，满足

他们的求信心理。

(4) 求美心理。产品的包装设计是美的艺术，深具艺术魅力的包装对购买者而言是一种美的享受，是促使潜在消费者变成现实消费者，变为长久型、习惯型消费者的驱动力量。例如，人头马等世界名酒，其包装都十分考究。从瓶到盒都焕发着艺术的光彩，这是一种最优雅且最成功的包装促销。

(5) 求趣心理。人们在紧张的生活中尤其需要轻松和愉悦。美国的一家公司在所生产的饼干的包装盖上印上各种有趣的谜语，只有吃完饼干才能在桶底找到谜底，产品很受欢迎。中国儿童食品“奇多”粟米脆在每包中都附有一个小圈，一定数量的小圈可以拼成玩具，小圈越多，拼的玩具就越漂亮，结果迷住了大批的小顾客。人们的好奇心往往可以驱使他们重复购买。

(6) 求异心理。不少消费者，特别是年轻人，喜欢与众不同，喜欢求异、求奇、求新，极力寻找机会表现自我。以这类消费为目标市场的产品包装可以大胆采用禁忌用色，在造型上突破传统，在标志语中大肆宣扬“新一代的选择”，以求引导潮流，创造时尚。但是这类消费者的心理不稳定，导致难以捉摸，而且潮流变幻无常，因此对其包装促销是高风险、高回报的尝试。

消费者的心理还可以按生态心理和性别心理等标准细分。消费者心理市场细分的多层次性决定了包装促销也要从多角度进行，随着物质生活水平的提高，人们的消费心理也在不断地发展。今天的时尚，可能明天就会过时，所以产品的销售包装必须不断改进，在继承传统与创意中寻求平衡、和谐与统一。

4. 内外一体

包装物与产品内在价值和质量应相统一。产品包装应尽量使其表里如一，内外相衬，既不能单纯追求包装的华贵以致造成“金玉其外，败絮其中”，也不能“烂稻草包珍珠”，自贬身价。一般来说，包装物不宜超过产品本身价值的 13%～15%，否则，就会给人以名不副实之感。

5. 体现个性

现代企业营销要求产品按消费者需求进行个人定制化生产，体现个性化。那么与产品密不可分的包装也应成为体现企业产品创新意识和现代意识的重要一环，也就是说，对包装也要同步进行创新和个性化设计。重视创新和个性化较强的包装，对企业参与市场竞争十分有利，它不仅具有强大的广告宣传效果，而且因离消费群体最近，容易达到促进销售的作用，更重要的是能够展示企业的形象，体现一个国家经济发展的文明程度。

6. 尊重习俗

在包装设计上，必须尊重不同国家和地区的消费者的不同要求，切忌出现有损消费者风俗习惯和宗教情感，引起消费者忌讳的颜色、图案和文字。

7. 注意适度

在消费者的消费观念、方式和水平都发生了很大变化的背景下，很多企业发现精美的包装可以带来超额利润，所以把注意力都集中在了包装上，包装越来越豪华，比如中秋节的月饼包装，还有五花八门的老年人健康滋补品，包装非常精美，却普遍是“形式大于内容”。其实，这是从以前不注重包装的一个极端，走向了另一个极端，即过度包装。虽然说消费者在消费产品时比较注重包装，但其追求的最终要求是实实在在的产品，其核心需求是产品本身能够给他带来的基本利益，因此，产品的包装设计一定要根据消费者的消费层次、经济条件和消费场合的不同来设计不同的包装，而且必须能够满足消费者的核心需求，也就是必须有实在的价值，要“适度”，否则即使能够吸引到偶然的购买，也难以赢得消费者的忠诚，缺乏长远发展的动力，而且从整个社会的角度来看也是极大的资源浪费。

8. 遵守法律

包装设计必须符合有关法律规定，如在包装上应标明企业名称、地址、生产日期和保质期等。此外，还应兼顾社会利益、节约社会资源，使用无污染材料包装。

9. 强调真实

包装图案对顾客的刺激作用越来越具体、强烈、有说服力，并往往伴有立刻的购买行为。它的设计应遵循以下基本原则。

(1) 形式和内容要表里如一，具体鲜明，一看包装即可知晓产品本身。

(2) 能够充分展示产品。这主要采取两种方式：一是用形象逼真的彩色照片表现，真实地展现产品。这在食品包装中最为流行，如巧克力、糖果、食品罐头等，逼真的彩色照片将色、味、形表现得令人垂涎欲滴。二是直接展示产品本身。例如，全透明包装、开天窗包装在食品、纺织品、轻工产品中是非常流行的。

(3) 要有具体详尽的文字说明。在包装图案上还要有关于产品的原料、配置、功效、使用和养护等具体说明，必要时还应配上简洁的示意图。

(4) 要强调企业产品统一的形象色彩。凡同一家企业生产的或以同一品牌商标生产的相同或类似产品，不管品种、规格、包装的大小、形状，包装的造型与图案设计均采用同一格局，甚至同一种色调，给人以统一的印象，使顾客一望即知产品是哪种品牌，使消费者产生类似信号一致的认知反应，快速地凭借色彩了解产品的内容。例如，万宝路烟盒上面采用暗红色，下面是纯白色，色彩搭配醒目、突出，再加上烟盒上方饰有烫金的菲利浦·莫里斯公司的标志：两匹骏马护卫着一顶金色王冠，以及黑色的“Marlboro”商标，让人一眼就能认出“万宝路”这个气度不凡的产品。

(5) 要注意推销功效的设计。即无须销售人员的介绍或示范，顾客只凭包装画面中的文字和图片的“自我介绍”就可以了解产品，从而决定购买。

10. 注重保护

目前市场竞争激烈，很多企业对产品外包装及标志图案进行了设计创新，完善定型后，由于忽视防止包装的模仿和“盗版”，结果推向市场后，遇到了众多模仿者的“围追堵截”，企业花了大量心血开发出来的市场很快就被吞噬掉了。所以，在目前的情况下，企业在设计完包装后，应马上申请外包装设计专利，以取得国家法律的保护。一旦有人想要模仿，就属侵权，就要受到国家的制裁，这在很大程度上能够有效地保护企业的权利和利益。

10.2.4　包装策略策划

企业常用的包装策略主要有以下几种。

1. 类似包装

类似包装又称统一包装，是指企业生产的各种产品，在包装上采用相同或相似的图案、标志和色彩，以体现共同的特征。其优点在于能节约包装的设计和印刷成本，树立企业形象，有利于新产品的促销。该策略一般只适用于品质较为接近的产品，如果企业的各种产品品质过分悬殊，有可能影响到优质产品的声誉。

2. 组合包装

组合包装又称配套包装，是指按照人们消费的习惯，将多种相关产品配套放置在同一包装物中出售，例如工具箱、救急箱、化妆包、针线包等。这种策略可以方便消费者的购买和使用，有利于促进企业产品销售。但要注意的是不能把毫不相干的产品搭配在一起，更不能乘机搭售积压或变质产品，坑害消费者。

3. 多用途包装

多用途包装又称再使用包装、复用包装，是指原包装内的商品用完后，包装物还能移作他用，如啤酒瓶喝完之后可以做水杯使用。这种策略可以节约材料，降低成本，有利于环保；同时，包装物上的商标、品牌标记还可起到广告宣传的作用。

4. 附赠品包装

附赠品包装是指利用顾客的好奇和获取额外利益的心理，在包装物内附赠实物或奖券，来吸引消费者购买。这种策略对儿童尤为有效，如在儿童饮料或食品包装里放入图片或小型玩具等。我国某企业出口的“芭蕾珍珠膏”，在每个包装盒内附赠珍珠别针一枚，顾客购买 50 盒就可以串成一条美丽的珍珠项链，这使得珍珠膏在国际市场十分畅销。

5. 等级包装

等级包装又称多层次包装，是指将企业的产品分成若干等级，针对不同等级采用不同的包装，使包装的风格与产品的质量和价值相称，以满足消费者不同层次的需求，如对送礼的商品和自用的商品采用不同档次的包装等。这种策略能显示出产品的特点，易于形成系列化产品，便于消费者选择和购买，但包装设计成本较高。

6. 绿色包装

绿色包装又称生态包装，是指包装材料可重复使用或可再生、再循环，包装废物容易处理或对环境影响无害化的包装。随着环境保护浪潮的冲击，消费者的环保意识日益增强，绿色营销，已经成为当今企业营销的新主流。而与绿色营销相适应的绿色包装也成为当今世界包装发展的潮流。实施绿色包装策略，有利于环境保护以及与国际包装接轨，易于被消费者认同，如某食品企业将产品包装由塑料纸改为纸包装等。

7. 改变包装

改变包装又称改进包装，是指企业产品的包装要适应市场的变化，加以改进。当一种包装形式使用时间过长或产品销路不畅时，可以考虑改变包装设计、包装材料，使用新的包装，从而使消费者产生新鲜感，促进产品销售。

10.3 产品服务策划

随着科学技术的进步，产品技术越来越复杂，消费者对企业的依赖性越来越强。他们购买产品时，不仅购买产品本身，而且希望在购买产品后，得到可靠而周到的服务。企业的质量保证、服务承诺、服务态度和服务效率，已成为消费者判定产品质量，决定购买与否的一个重要条件。对于生产各种设备和耐用消费品的企业，做好产品服务工作显得尤为重要，可以提高企业的竞争能力，赢得重复购买的机会。

服务策略的制定主要在服务项目、服务水平和服务形式三个方面。

1. 服务项目

服务项目即企业拟为该产品的购买者提供哪些有关内容和形式的服务，如企业对已销售的产品，是否实行包退包换政策，什么情况下包换等。

各种服务项目，对不同行业的消费者来说，其相对重要性是不同的。例如，家用电器、电子计算机等产品，消费者对维修服务的要求十分强烈，而对家具等体积较大的产品，消费者更注意是否送货上门。企业应通过调查，了解消费者对不同产品要求的服务项目，按重要性的大小加以排列，然后作出决定，至少应在消费者认为本行业最重要的服务项目上使消费者得到最大限度的满足。

确定服务项目，不仅要根据其重要性，而且还要判断其关键性。例如，某企业研究了若干家主要的同行业企业的服务工作，发现消费者对这些企业在免费运送、及时提供零配件等方面的服务都很满意，但在技术指导方面做得不够，这样，技术指导对该企业来说就是关键性的服务项目，抓住了这个服务项目，就可胜出其他企业一筹。

2. 服务水平

服务水平即企业提供有关服务后，是否向顾客收费，依据什么标准收费。顾客在购买产品时总是期望能得到较多的免费服务。但是，企业由于市场营销能力的限制，所能提供的服务不仅有限，而且需要酌情收费。有的则把预期费用摊入产品售价，不论顾客是否要求服务，均不另外收费。一般来说，收费标准由产品性能、顾客要求及竞争者服务水平、本企业服务能力等决定。

在一般情况下，较高的服务水平将使消费者获得较大的满足，因此，就有较大的可能使消费者重复购买，但这并不是绝对的，所以提高服务水平不能笼统地指全部服务项目，需要根据消费者的要求与各服务项目已经达到的水平，加以分类，才能明确应着重提高哪些不足的服务项目的服务水平。

3．服务形式

在决定服务项目收费以后，还要决定由谁承担服务任务。例如，本企业设点或派有关人员到顾客指定地点提供服务，或委托当地促销商从事服务工作。

产品服务有两种不同的形式，即固定服务和流动服务。固定服务就是根据产品销售的分布情况，按区域或在产品销售比较集中的地区，设立固定的服务网点，开展服务工作。这可以采取以下几种不同的做法。

(1) 企业培训一批修理服务人员，派到分布在各地的修理服务站。

(2) 维修服务工作委托经销商提供。

(3) 委托专业修理店为特约修理点。

流动服务就是企业的销售服务部门根据销售档案的记载，定期或不定期地派人到各用户走访，检查、修理本厂产品，或根据消费者的要求，上门为顾客提供修理服务。

以上服务形式的选择，在很大程度上取决于消费者的需求和竞争者的策略，由企业灵活地作出选择。

10.4　产品组合策划

现代企业为了满足目标市场需求，扩大销售，分散风险，往往生产或经营多种产品。那么，究竟生产经营多少种产品才算合理；这些产品应当如何搭配；怎样才能既满足不同消费者的需求，又使企业获得稳定的经济效益。这就需要对产品结构进行认真的研究和选择，并根据企业自身能力条件，确定最佳的产品组合。

1．产品组合的相关内容

1) 产品组合、产品线和产品项目

(1) 产品组合，是指一个企业生产经营的全部产品的组合方式，即全部产品的结构。产品组合通常由若干产品线组成。

(2) 产品线，也称产品系列或产品大类，是指在功能、结构等方面密切相关，能满足同类需求的一组产品。每条产品线内包含若干个产品项目。

(3) 产品项目，是指产品线中各种不同品种、规格、型号、质量和价格的特定产品。产品项目是构成产品线的基本元素。例如，某企业生产电视机、电冰箱、空调器和洗衣机 4 个产品系列，即有 4 条产品线。其中，电视机系列中的 29 英寸彩色电视机就是一个产品项目。

2) 产品组合的广度、长度、深度和相关性

(1) 产品组合的广度，亦称宽度，是指一个企业的产品组合中拥有的产品线的数目，它表示企业生产经营的产品种类的多少和范围大小。产品线多，则产品组合广度宽，反之则窄。例如，宝洁公司的产品组合有 5 条产品线，即清洁剂、牙膏、肥皂、纸尿布和纸巾，则其产品组合的宽度为 5。

(2) 产品组合的长度，是指一个企业的产品组合中包含的产品项目总数。产品组合的平均长度，可以用产品项目总数除以产品线数目得到，它表示企业生产经营的产品品种的多

少和复杂程度的高低。产品项目多，则产品组合长度长，少则短。仍以宝洁为例，宝洁公司共有产品项目31个，则其产品组合的长度为31。

(3) 产品组合的深度，是指一个企业产品线中的每个产品项目有多少具体的品种(如花色、规格、大小、口味等)。例如，宝洁公司的佳洁士牌牙膏。假设有三种规格和两种配方，则佳洁士牌牙膏的深度为6。一般来说，用各种品牌的花色品种规格总数乘以品牌数，即可求得一个企业的产品组合的平均深度。

(4) 产品组合的相关性，是指企业各条产品线在最终用途、生产条件、分销渠道或其他方面的相关程度。它表示企业生产经营的产品之间相关性的大小，以及对企业经营管理水平要求的高低。例如，某企业生产电视、冰箱、空调等产品，则产品组合的关联性较大；若该企业同时生产化妆品和服装，那么，这种产品组合的关联性就很小。不同的产品组合的广度、长度和关联性，构成不同的产品组合方式。因此，企业的产品组合就是由这三个因素来描述的。表10-1是某企业的产品组合关系。

表10-1 某企业的产品组合关系

项目	产品组合的长度	
产品组合的广度	服装	西装、休闲装、时装、风衣、中山装
	针织品	内衣、棉衣衫、汗衫、T恤衫
	鞋类	皮鞋、布鞋、拖鞋、运动鞋、工艺鞋、凉鞋
	帽子	礼帽、凉帽、棉帽、时装帽、鸭舌帽

如表10-1所示，该企业产品组合有4条产品线，广度是4；总共有20个产品项目，则长度为20；产品组合的平均长度为5(产品项目数÷产品线数)。企业可以根据市场需求、竞争状况和自身的能力等对产品组合的广度、长度和相关性加以优化和调整。

2. 产品组合策略策划

产品组合策略策划是企业对产品组合的广度、深度和关联性等方面进行选择、调整的决策。企业在制定产品组合策略时，应根据市场需求、企业资源、技术条件、竞争状况等因素，进行科学分析和综合比较，确定合理的产品结构。同时，随着市场需求的变化，还要适时地调整产品组合，增强企业的竞争能力，为企业带来更多的利润。可供选择的产品组合策略一般有以下几种。

1) 扩大产品组合

扩大产品组合策略包括拓展产品组合的广度和加强产品组合的深度。

(1) 拓展产品组合的广度，是指在原产品组合中增加一条或若干条产品线，扩大企业的生产经营范围。当企业预测现有产品线的销售额和利润率在未来一两年可能下降时，就应考虑在现有产品组合中增加新的产品线，或加强其中有发展潜力的产品线，弥补原有产品线的不足。

(2) 加强产品组合的深度，是指在原有的产品线内增加新的产品项目，增加企业经营的花色、品种。随着市场需求不断地发展变化，企业应及时发展新的产品项目，以满足顾客的需求，增强产品的竞争力。增加产品项目的数量，可以通过发掘尚未被满足的那部分需求来确定。

一般而言，扩大产品组合，可使企业较好地实现资源的优化配置，分散市场风险，增强企业的竞争能力。

2) 缩减产品组合

缩减产品组合即减少产品线，缩小经营范围，实现产品专业化。当市场繁荣时，扩大产品组合可能为企业带来更多的盈利机会。但当市场不景气或原材料、能源供应紧张时，缩减产品组合反而可能会使总利润上升。这是因为从产品组合中剔除了那些获利很少甚至亏损的产品线或产品项目，使企业可以集中力量发展那些获利多、竞争力强的产品线和产品项目。

3) 产品线延伸

产品线延伸是指部分或全部地改变企业原有产品线的市场定位。产品线延伸策略一般可以分为向下延伸、向上延伸和双向延伸三种。

(1) 向下延伸，即生产经营高档产品的企业，在原有产品线中增加低档产品项目。这种策略通常有以下优点。

① 可以充分利用高档名牌产品的声誉，吸引购买力水平较低的顾客慕名购买这种产品线中的低档产品。

② 当高档产品的销售增长速度下降，市场范围有限时，企业可以充分利用其资源设备生产低档产品，吸引更多的顾客。

③ 企业通过进入中、低档产品市场，可以有效地提高销售增长率和市场占有率。

④ 可以填补企业的产品线空白，以防止新的竞争者进入。

实行这种策略也会给企业带来一定的风险，如果处理不慎，很可能影响企业原有产品的市场形象及名牌产品的声誉。

(2) 向上延伸，即生产经营低档产品的企业，在原有产品线中增加高档产品项目。实现这种策略的主要原因有以下几点。

① 高档产品市场具有较高的销售增长率和利润率。

② 企业自身的技术设备和营销能力已具备进入高档市场的条件。

③ 企业想成为生产种类齐全的企业。

采用这种策略的企业也要承担一定的风险，因为要改变产品在消费者心目中的原有印象是有难度的，如果决策不当，不仅难以收回开发新产品的成本，还会影响原有产品的市场声誉。

(3) 双向延伸，即原定位于中档产品市场的企业，在掌握了市场优势以后，将产品项目向高档和低档两个方向延伸。这种策略有助于企业扩大市场占有率，加强企业的市场地位，使企业得到快速的发展。

4) 产品线现代化

随着社会的不断进步，科学技术的发展也在日新月异。如何把现代科学技术应用到生产过程中去，向消费者提供品质优良、使用方便、款式美观、经济实用、符合人们现代生活方式的产品，如何降低企业的生产成本，增强企业的竞争能力，这就要求企业必须对现有的产品线进行现代化改造。企业一般可采取两种方式：一种是逐步实现技术改造；另一

种是全面更新。逐步现代化可以节省投资，但缺点是容易被竞争者察觉，从而采取对策与之抗衡；全面更新可出奇制胜，但所需投资较大。

10.5 新产品策划

对于新产品而言，一个好的营销策划对其商业成功是至关重要的。营销既然被定义为所有涉及将商品和服务从生产者转移到消费者的活动，为此，必须通过市场调研确定消费者，找到将新产品引入市场的方法，因为这是新产品营销的关键所在。

10.5.1 新产品的概念及分类

1. 新产品的概念

什么是新产品，从不同的角度去理解，可以得出不同的概念。市场营销学中所说的新产品可以从市场和企业两个角度来认识。对市场而言，第一次出现的产品是新产品，对企业而言，第一次生产销售的产品也是新产品。所以市场营销学中所讲的新产品同科学技术发展意义上的新产品是不相同的。市场营销学上新产品的概念指：凡是消费者认为是新的、能从中获得新的满足的、可以接受的产品都属于新产品。

2. 新产品的分类

新产品从不同角度或按照不同的标准有多种分类方法。常见的分类方法有以下几种。

1) 从市场角度和技术角度分类

从市场角度和技术角度，可将新产品分为市场型新产品和技术型新产品两类。

(1) 市场型新产品，是指产品实体的主体和本质没有什么变化，只改变了色泽、形状、设计装潢等的产品，不需要使用新的技术。其中也包括因营销手段和要求的变化而引起消费者“新”的感觉的流行产品。例如，某种酒瓶由圆形改为方形或其他异形，它们刚出现也被认为是市场型的新产品。

(2) 技术型新产品，是指由于科学技术的进步和工程技术的突破而产生的新产品。不论是功能还是质量，它与原有的类似功能的产品相比都有了较大的变化。例如，不断翻新的手机或电视机，都属于技术型新产品。

2) 按新产品新颖程度分类

按新产品新颖程度，可分为全新新产品、换代新产品、改进新产品、仿制新产品和新牌子产品。

(1) 全新新产品，指采用新原理、新材料及新技术制造出来的前所未有的产品。全新新产品是应用科学技术新成果的产物，它往往代表科学技术发展史上的一个新突破。它的出现，从研制到大批量生产，往往需要耗费大量的人力、物力和财力，这不是一般企业所能胜任的，因此它是企业在竞争中取胜的有力武器。

(2) 换代新产品，指在原有产品的基础上采用新材料、新工艺制造出的适应新用途、满足新需求的产品。它的开发难度比全新新产品开发难度小，是企业进行新产品开发的重要形式。

(3) 改进新产品，指在材料、构造、性能和包装等某一个方面或某几个方面，对市场上现有产品进行改进，以提高质量或实现多样化，满足不同消费者需求的产品。它的开发难度不大，也是企业产品发展经常采用的形式。

(4) 仿制新产品，指对市场上已有的新产品在局部进行改进和创新，但保持基本原理和结构不变而仿制出来的产品。落后国家对先进国家已经投入市场的产品的仿制，有利于填补国家生产空白，提高企业的技术水平。在生产仿制新产品时，一定要注意知识产权的保护问题。

(5) 新牌子产品，指在对产品实体微调的基础上改换产品的品牌和包装，带给消费者新的消费利益，使消费者得到新的满足的产品。

3) 按新产品的区域特征分类

按新产品的区域特征分类可分为国际新产品、国内新产品、地区新产品和企业新产品。

(1) 国际新产品，指在世界范围内首次生产和销售的产品。

(2) 国内新产品，指在国外已经不是新产品，但在国内还是第一次生产和销售的产品。它一般为引进国外先进技术，填补国内空白的产品。

(3) 地区新产品和企业新产品，指国内已有，但在本地区或本企业是第一次生产和销售的产品。它是企业经常采用的一种产品发展形式。

10.5.2　新产品开发的意义

进入 21 世纪，市场突出的特点就是变化，创新已成为时代发展的主旋律，大多数企业销售收入的 1/3 以上来自新产品及新服务。对企业而言，开发新产品具有重要的战略意义，它是企业生存和发展的重要支柱。具体来看，新产品的开发对企业的重要性主要体现在以下几个方面。

1．开发新产品有利于促进企业成长

任何一种产品，都不是长生不老的，都会有从鼎盛走向衰退的过程。当原有产品走向老化时，企业必须推出新产品取而代之，否则，企业就会随着其产品的衰退一同走向衰亡。在市场上，企业防止产品老化的关键就是不断创新，以此提高企业的信誉和市场地位，使企业的经营不断地发展，在竞争中保持优势。因此，一方面，企业可以从新产品中获取更多利润；另一方面，推出新产品能比利用现有产品更有效地提高市场份额。利润和市场份额是企业追求的两个重要目标，它们的增加和提高能帮助企业不断发展。

因此，国外许多大企业都十分重视新产品的开发，每年用相当于销售额的 3%～5%的资金作为新产品的开发研制费用。

在日本，每年都有七八种新产品推出，新产品的研制也给企业带来了相当可观的经济效益。有关资料表明，每投入 1 美元的开发研制费用，将获得 1 500 美元的收获。可见，开发新产品对企业的生存发展有多么重大的意义。

2．开发新产品可以维护企业的竞争优势和竞争地位

为了拥有消费者并占有较多的市场份额，企业会运用各种方式和手段来获得竞争优势，

开发新产品是当今企业加强自身竞争优势的重要手段。

如果企业只是用降价的办法来维持原产品的销售从而争取顾客，那么企业将因此付出沉重的代价。竞争者之间的竞相降价的结果只能是两败俱伤。而且降价销售有损产品的形象和企业的市场声誉，仅以价格进行竞争在当代已是一种下策。开发新产品是赢得顾客的一种有效方法，不仅可以使企业提高市场地位和产品声誉，在竞争中取得优势，而且可以使企业获得更多的利润。

3．开发新产品有利于充分利用企业的生产和经营能力

当企业的生产和经营能力有剩余时，开发新的产品是一种有效地提高其生产和经营能力的手段。因为在总的固定成本不变的情况下，开发新产品会使产品成本降低，同时提高企业资源的利用率。

4．开发新产品有利于企业更好地适应环境的变化

在社会飞速发展的今天，企业面临的各种环境条件也在不断地发生变化。这预示着企业的原有产品可能会衰退，企业必须寻找合适的替代产品，这就导致了对新产品的研究与开发。

5．开发新产品有利于加速新技术、新材料、新工艺的传播和应用

新技术、新材料及新工艺从发明到应用，还需要很长的一段路。企业就是承担着新技术、新材料及新工艺普及应用的角色。通过企业的技术改造和开发，将新技术、新材料及新工艺应用到生产经营中，开发出新产品。这样做可以使企业获得更多的利润，也普及和传播了新技术、新材料、新工艺。同时，会对人类的生产、生活方式以及社会发展产生重大的影响。

10.5.3 新产品开发的风险

企业开发新产品，一方面可能获得增加品种、占领市场、扩大经营范围的机会；另一方面，开发新产品又要受到严重挑战和高失败率的风险。现代企业新产品开发主要面临以下风险。

1．报酬递减

以下几个趋势影响着新产品的收益。①市场营销中广泛采用市场细分化策略，这就越来越迫使新产品进入销售潜力较小的市场；②竞争反应时间大幅度缩短；③技术进步使新产品很快陈旧过时。较小的市场缩短了的价格优势期以及短暂的生存周期等相互作用，导致新产品报酬在多数场合下呈下降趋势。

2．费用递减

随着技术进步的速度加快，要把现代先进技术转化为一定的产品，花费在研究与发展方面，以及打开市场方面的费用急剧上升。与此同时，通货膨胀、工资提高，以及按政府规定在安全、污染治理和能源保护方面支付高额费用等一系列问题，都使费用增加。

3．难度增大

难度不仅来自社会的力量、政府的限制、管理及人事方面的困难，以及现代技术高度的复杂性，消费需求也是一个值得注意的不确定因素。由于收入水平和受教育程度的提高，人们的生活格调和一般消费倾向发生着巨大的变化，当今的买主愈来愈精明，他们不断变化的需求使预测变得更加复杂和困难。加之需用较长时间和精力，投入大量的资金和科技力量，我们就不难明白为什么在新产品领域中隐含着那么多的风险，为什么会出现巨大的失望。

据世界一些权威机构的研究结果显示：新产品全部早期项目中仅有 2%最终可进入市场，进入市场的新产品有大约 30%完全失败。虽然这些指标带有综合性质，但国家不同、地区不同、行业不同，百分比的差异事实上很大，但新产品的高失败率却是公认的。新产品失败的主要原因有以下几点。

(1) 过高地估计了新产品的潜在需求量，并未出现开发者预期的结果。

(2) 新产品并未满足现实的需要。

(3) 产品成本过高，售价过高。

(4) 一些主要的营销工作，尤其是产品特征与顾客之间的信息沟通处理失当。

(5) 竞争反应异常激烈。

正因为如此，不少企业在新产品开发时会遇到不少困难。但是，我们绝没有理由说有价值的新产品会被市场拒绝。新产品开发要承受巨大的压力，但成功的机会也同样巨大。也正因如此，导致了目前这种世界范围的新产品竞赛的状况。只要看一下商店的货架就会发现，在那里，似乎存在永无止境的新物品，以及顾客对这些新物品永无止境的需求。一流公司所做的一切就是永不停歇地行动、再行动。当人们的某种需要被满足后，另一种需要又产生了，这就是挑战性。

10.5.4　新产品开发策划

1．新产品开发的原则

新产品开发是企业的一项关键性工作，它的成功与否，直接影响其生存与发展。为此，不仅开发工作要采取科学合理的程序，更重要的是要对开发方向和策略等一系列问题慎重作出决定。根据我国企业几年来的经验，新产品开发工作应注意遵循以下几项原则。

1) 根据市场需要，确定开发品类

生产符合社会需要的产品，是提高经济效益的关键，也是市场经济的要求。企业应当根据社会经济形势的发展、市场需求的变化来开发新产品，而不能盲目轻率地采取行动。例如，由于“三农”政策的落实，农民生活的富裕，需求也有了很大变化。就机械产品而言，中小型农业机具、农用汽车、农副产品加工设备以及能源开发设备等在农村就有了广阔市场。就消费品而言，各种高档消费品在农村也具有巨大的购买潜力。有关企业在开发新产品时，就不能不注意这些动向。

面向市场，还包括指导人民生活的含义。为此，对那些尚未进入市场，但存在潜在需要的产品，也应不失时机，尽快开发，以抢先占领市场。

2) 根据企业特点，确定开发方向

企业应当根据本身的技术力量、设备条件和销售服务等条件来确定开发方向，这样可以收到扬长避短、事半功倍之效。例如，不少军工企业在研制民用品上，由于发挥了技术优势，取得了不少成绩。有的军工厂成功地研制了摩托车；有的军工厂利用其技术力量的特点，开发人工降雨弹、防雹弹等；有的军工厂利用具有深孔加工设备的特点，制造石油钻机，也深受欢迎。同样，四川专用汽车厂考虑本身技术条件不适于制造装饰性强的车辆，转而开发环保车，开辟了一条广阔的出路。反之，如果企业忽视了本身条件，开发就难以奏效。某机械厂不顾本身技术条件与市场需要，研制民用多功能电动缝纫机，不仅性能复杂，操作难度大，而且技术也未过关，结果造成积压亏损。

开发新产品，应选择既符合本身技术条件，但又具有一定难度的产品，这样就可避免同行业纷纷加入竞争，造成市场迅速饱和的局面。

3) 根据企业实力，确定开发方式

产品开发，可采用独立开发、技术协作和引进国外技术等方式进行。企业应根据自身能力，确定开发方式。一般来说，只要条件许可，企业都应当承担独立开发的任务，特别是大型企业，还可以以一定的人力，从事基础研究和应用研究，以促进我国科技的发展。我国不仅科研单位不能忽视基础研究的工作，大企业也应在可能范围内以一定的力量从事基础研究工作。

由于许多新产品的开发工作所涉及的学科面广，需要各种实验设备，在力量不足时，可以采取协作方式，委托科研所、大专院校、群众性科研团体或其他专家共同开发。近几年来，我国企业通过这种方式，取得不少成果。

另一种形式是经过政府批准，以购买专利、合资经营等方式引进先进技术，这对发展我国经济，推动科技发展，均有着重要作用，但事先必须充分掌握市场、科技情报，进行详细可行性论证，以免造成不必要的损失。

4) 创新要求，关注开发动向

当前的产品正朝着人性化、微型化、简单化、多样化和节能化的方向发展，特别是当前在经济全球化的浪潮冲击下，新工艺与新材料不断涌现，为新产品开发不断开辟新的途径，这些都是企业应当密切重视的动向。目前，我国正面临一个“新的产业革命”挑战的形势。在这种形势下，必然是新技术新工艺不断涌现，产品生命周期日趋缩短和产品更新的日新月异。任何企业如果安于现状，得过且过，就必然会遭受落后淘汰的命运。因此，必须贯彻产业界所提出的“生产一代，研制一代，设计一代，构思一代”的要求，做到“口里有吃的，手里有拿的，眼睛有看的，脑里有想的”。过去我国许多企业，正是由于安于现状，数十年一贯制，结果在进入21世纪后，遇到了很多困难。近两年来，有些企业看到日子好过些了，又开始出现忽略新产品开发的现象，这是不符合经济发展规律要求的，应当重视这个问题，以免重蹈覆辙。

2. 新产品开发的趋势

1) 性能化

在当代科技迅猛发展的影响下，产品中的知识技术含量也日渐增多，未来新产品的高科技化趋势将日益明显。为此，采用高科技开发有时代特征的新产品，是现代产品开发的一大趋势。

2) 个性化

激烈的市场竞争使企业越来越注意消费者需求的变化。由于消费者个性化需求时代已经来临，所以企业一方面要满足消费者的个性化需求；另一方面又必须控制生产成本，而大规模定制开发新产品模式为企业快速开发出大量满足个性化的产品指明了道路。

3) 功能化

功能化就是增加产品功能，由单一产品功能发展为多功能、多用途的产品，或将各种产品功能组合移植成新产品，如多功能数字化彩色复印机、具有上网功能的手机等。

4) 方便化

新产品的开发应利用新技术、新材料、新工艺，缩小产品体积、减轻产品重量，注重人们使用的方便性。

5) 人性化

企业更注重开发更人性化的新产品，以情动人，以情感人。

3. 新产品开发的程序

在市场竞争日益激烈的环境下，由于消费者的需求不断变化，科学技术日新月异，产品生命周期大大缩短，所以，不断开发新产品成为企业生存与发展的唯一选择。同时，由于新产品开发过程中代价高昂、企业资金的短缺、外部环境的限制增多及开发周期的加快，所以，按照科学的新产品开发程序进行工作，就显得尤为重要。新产品的开发程序如图 10-2 所示。

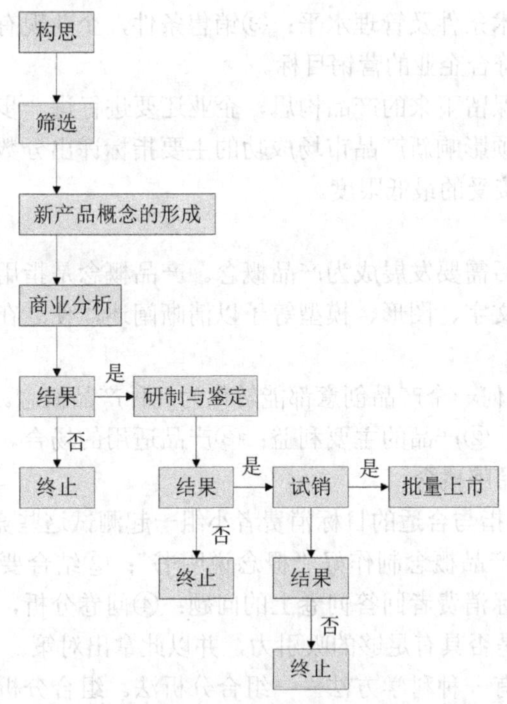

图 10-2 新产品的开发程序

1) 构思

构思指对新产品的设想，是新产品开发的起点，成功的产品来源于良好的构思。构思越多，选择的余地越大。构思来源于以下几个方面。

(1) 顾客。顾客需求是新产品构思的起点，企业应通过市场调查了解顾客的需求甚至怨言，以便得到相应的新产品构思。对顾客提出的新产品设想或自制的产品也应给予充分的重视。

(2) 科学家和技术人员。科学家和技术人员总是走在科学技术的前沿，他们的工作往往导致重大科学发现和全新产品的问世。企业应该经常了解企业内部和外部科研人员的研究进展，寻找新产品的构思。

(3) 销售人员和中间商。销售人员与中间商常常是最佳构思的重要来源，他们与市场直接打交道，了解顾客的需求与不满，了解竞争状况。越来越多的企业采用更加系统的方法发掘来自销售人员和中间商的产品构思。此外，许多经营管理者本身就是新产品构思的提出者和新产品的发明者。

(4) 竞争者。企业应随时注意竞争者的新产品开发及销售情况，分析其成功的经验和失败的教训，以丰富自己的新产品构思，少走弯路。

2) 筛选

企业在广泛征询新产品构思设想的基础上，必须对其进行筛选。其目的在于去掉那些可行性小或获利较少的设想，选出那些符合本企业发展目标和长远利益，并与企业资源相协调的产品构想。因此，筛选过程应遵循如下标准：①市场成功条件，包括产品的潜在市场，产品的竞争程度及前景，企业可能获得的经济效益；②企业内部条件，即企业资源，企业是否具有相应的技术条件及管理水平；③销售条件，企业现有的销售结构是否适合销售这种产品，产品是否符合企业的营销目标。

对完成初步筛选后保留下来的产品构思，企业还要进行进一步的评判。这种评判一般比较具体，企业对每一项影响新产品市场成功的主要指标评出分数并列出表格，最后看其总分高低，能否达到可接受的最低限度。

3) 产品概念

产品创意经过筛选后需要发展成为产品概念。产品概念是指用有意义的消费术语表达详尽描述的构思，即用文字、图形、模型等予以清晰阐述，使之在消费者心目中形成一种潜在的产品形象。

(1) 概念的发展。任何一个产品创意都能转化为几种产品概念。产品概念要求包括三项内容：①产品的使用者；②产品的主要利益；③产品适用的场合。在做好产品的概念转化以后，还要考虑产品的品牌概念。

(2) 概念测试。它是指与合适的目标消费者小组一起测试这些竞争性概念的过程。概念测试的步骤为：①根据产品概念制作好“概念说明书”；②结合要衡量的范围设计问卷；③实施问卷测试，请目标消费者回答问卷上的问题；④问卷分析，总结消费者的回答，以判断产品概念对消费者是否具有足够的吸引力，并以此拿出对策。

产品概念的测试还有一种科学方法——组合分析法。组合分析是区分消费者对一个物体的各种属性水平态度的效用价值。它向被测试者显示这些属性在不同组合水平中的各种

假设供应物，要求他们根据各种供应物进行排序，其结果可用于确定最具吸引力的最佳供应物。

产品创意转化为产品概念的关键点在于：这种创意是否符合市场需求，产品概念是否表达了消费者对产品的具体要求。例如，一种速食产品可以用来作为早餐、旅行食品、方便食品和学生课间食品等。产品概念的界定应该根据这种产品对某一个细分市场的具体情况作出选择，以最大限度地符合消费者的要求和自身的资源优势，这是确定营销资源使用方向的基础。

4) 商业分析

商业分析的目的在于预估新产品的未来销售、利润与投资报酬率，并判断是否符合企业的目标。如果符合企业的目标，则可继续发展此新产品，否则就予以放弃。商业分析并非此阶段所专有的工作，事实上，在开发过程的任何阶段，只要收到有关产品与市场的新情报，就需要做商业分析。

一般而言，在企业资源允许的前提下，凡是最后测算出来的折现现金流为正的新产品都值得开发。如果企业有多种新产品开发方案，而资源有限，则可以挑选折现现金流比较高的新产品进行开发。

5) 样品研制

如果产品概念通过了以上各个阶段，便可进入试制实体产品阶段。在此阶段，企业研究开发部门或技术工艺部门要把通过商业分析后的新产品概念试制成模型或样品，同时进行包装和品牌的设计。新产品不仅需要具备产品概念描述的所有特点和属性，还要经过严格的功能测试和消费者测试，取得各方面对新产品的考核意见后，以预算的生产成本进入正式投产阶段。功能测试是在实验室和现场条件下进行的，以确保产品运行的安全和有效，消费者测试可采用室内产品安排测试法和送样品上门试用等方法。

6) 市场试销

产品正式投放市场前，要进行产品试销。通过试销，来了解消费者的需求和购买情况，包括试用率，第一次购买试销品的比率；再购率，第二次重复购买的比率等。

同时试销还可以检验商品的质量、包装、广告的效果，还要发现和解决产品性能方面的缺陷和问题，为正式生产和投放市场提供条件。

7) 产品化

新产品开发出来后并不一定需要马上上市，但要充分做好上市前的准备工作，这些工作主要包括以下几点。

(1) 必要的准备工作。生产部门应做好大规模生产的计划，有计划地生产产品；销售部门要训练好销售人员，产品要能够迅速陈列到各销售点上；制订广告和促销方案。

(2) 设计市场进入策略。通常新产品不是一下子就以大规模的姿态在全国推出，而是首先在基本市场上推出，然后逐渐扩展到次要市场。这种预计性的市场扩张率受到多种因素的影响。假若试销结果非常满意，显示该产品可以赚大钱，或者有迹象表明竞争者可能进入同一市场，并且产品容易被仿制时，则应全面迅速推出该产品。当然，推进的速度需考虑到企业资源的许可程度。如果企业对自己的新产品信心不足，则应逐步打入市场，等到产品有被完全接受的迹象时，再做全面的推广。

(3) 制定产品营销策略。在产品上市阶段，企业必须制定一套指引新产品由导入期到其后备产品生命周期阶段的策略。在上市之初就对新产品后续各阶段可能出现的情况以及企业预计可以采取的营销策略进行设计，而不是被动地等待问题出现以后再寻找解决的方法。

4．新产品开发的策略

企业的新产品开发策略主要有抢先策略、紧跟策略、引进策略和产品线广度策略。

1) 抢先策略

抢先策略即抢在其他企业之前，将新产品开发出来并投入到市场中去，从而使企业处于领先地位。采用抢先策略的企业，必须有较强的研究与开发能力，要有一定的试制与生产能力，还要有足够的人力、物力和资金，要有勇于承担风险的决心。

2) 紧跟策略

紧跟策略即企业发现市场上的畅销产品，就不失时机地进行仿制，进而投放市场。采用紧跟策略的企业，必须随时对市场信息进行收集、处理，而且要具有较强的、高效率的研究与开发能力。大多数中小型企业都可以采取这一策略。

3) 引进策略

引进策略即把专利和技术买过来，组织力量消化、吸收和创新，变成自己的技术，并迅速转变为生产力。它可分为三种情况：将小企业整个买下，购买现成的技术，引进掌握专利技术和关键技术的人才。

4) 产品线广度策略

产品线广度是指一个企业拥有的产品系列的数目。产品线广度策略按选择宽窄程度，分为宽产品系列策略和窄产品系列策略。宽产品系列策略是指企业生产多个产品系列，每个系列又有多个品种，它是一种多样化经营策略，许多大型跨国公司和企业集团一般采用这一策略。窄产品系列策略指企业只生产一两个产品系列，每个产品系列也只有一两种产品。市场补缺者往往采用这一策略。

10.5.5　新产品上市策划

1．新产品上市应考虑的问题

对于营销人员而言，新产品管理中一个比较现实的问题是在什么时候推出新产品。这个问题之所以比较重要，原因是新产品与老产品常常存在竞争关系。如果新产品过早推出，则可能使得老产品在潜力尚未充分发挥的时候就过早地退出市场。如果新产品过晚推出并进而导致新老产品之间的衔接出现问题，则消费者可能转向竞争性产品。

无论是理论研究还是实际观察都表明：新产品开发与新产品推出是两个不同的问题。新产品开发本身更多地偏重于技术层面，而新产品推出却是和市场竞争格局高度相关的工作。通常而言，企业应当尽早完成新产品的储备，但新产品的推出则应当视市场情况而定。

何时推出新产品并无定论，但是，在新产品推出时机的决策上，存在一些共性的问题，这些问题包括如下几个方面。

1) 老产品在产品生命周期中所处的阶段

在新产品的推出过程中，老产品在产品生命周期中所处的阶段是需要考虑的关键因素。

如果老产品仍然处在生命周期的成长阶段，即便新产品在技术上已经没有任何问题，企业也未必会在这一阶段推出新产品。在老产品进入成熟阶段后，行业的盈利水平通常会降低，这个时候才是新产品开发比较理想的时机。在行业衰退阶段，老产品的替代性产品已经开始成长，企业如果在这个时候才推出新产品，可能会错过进入市场的最佳时机。

2) 企业在老产品市场上的竞争地位

老产品的市场竞争力同样是决定新产品推出时机的重要因素。如果在老产品市场上，企业处于市场领导者地位，则若没有出现明显的来自竞争性的产品的威胁，企业在新产品的推出上可以适当晚一些。如果老产品仍然非常受欢迎，企业甚至可以采取后发制人的策略，即尽早完成新产品储备，同时密切跟踪竞争对手的动向，在新产品推广上追求领先竞争对手半步即可。这样做的好处是，既可以充分发挥老产品的市场潜力，又可以不给竞争对手以可乘之机。

3) 竞争对手新产品开发的动向

作为竞争情报采集的一部分，企业需要通过各种渠道尽可能搜集竞争对手新产品开发的动向。需要搜集的情报包括：竞争对手投入了多少资源开发新产品，竞争对手开发中的新产品将具备哪些主要的特征，竞争对手新产品开发的进度如何，竞争对手希望通过新产品实现什么样的目标。

尽管新产品开发通常属于企业的机密，但是，对大部分企业而言，现实中仍然有许多渠道可以获取竞争对手新产品开发的情报。这些渠道包括竞争对手自身披露的信息、媒体的采访、来自竞争对手内部员工的信息、来自竞争对手上下游客户的信息等。鉴于新产品开发在企业竞争中的地位和作用，收集竞争对手新产品开发的动向应当成为新产品管理的重要内容。

在恰当的时候推出新产品可以彻底改变企业的竞争地位。蒙牛的发展就是一个例子。1999 年，当蒙牛起步的时候，伊利的市场规模已经达到了 12 个亿，三元称霸北京而光明领衔上海……成立之初的蒙牛销售额仅为 0.44 亿元，在全国排名第 1 116 位。但是，到 2005 年，蒙牛已经成为在多个细分市场上领先的领导性企业，蒙牛在液态奶市场的市场份额为 25.4%，居全国第一。在此过程中，蒙牛利乐枕包装的液态奶产品在公司的成长中发挥了非常重要的作用。

2000 年，经过反复的市场调查，蒙牛最终找到了市场缝隙(中价位鲜奶)——利乐枕包装液态奶。当时的市场状况有以下两个方面。

(1) “高品质加长效保质”的利乐枕牛奶充斥整个货架，但价格较贵，消费者购买时存在顾虑。

(2) 保质期较短的巴氏灭菌奶虽然价格便宜，奶质新鲜，但却给人低质低价的感觉，消费者对此种产品满意度并不高。在分析出消费者对两种牛奶的不满后，蒙牛决定推出利乐枕牛奶，秉承了两种牛奶的长处——新鲜或品质好，同时避免了两者的短处——价格贵或品质差。蒙牛成为第一个大举抢占利乐枕牛奶市场的国内企业，并由此建立了公司在液态奶市场的领先地位，蒙牛的这种领先地位一直持续到今天。

2. 新产品的上市策略

1) 新产品的上市时机

企业必须分析何时是新产品推出的最佳时机。假如企业即将完成其新产品的开发工作，而此时又听到竞争者的产品开发工作也将完成，那么企业面临三种选择：首先进入、平行进入和后期进入，企业应权衡利弊，择一而为。

首先进入的优点在于可以抢占先机，给市场留下先入为主的印象，有利于市场的进一步开拓；其缺点是企业必须为新产品的上市营造很好的市场氛围，让消费者了解这种产品的好处和给他们带来的价值，这就意味着对市场要有大量的先期培育的教育投入。如果这种新产品是消费者感到非常陌生的或者需要改变消费者以往的消费观念，则这样的过程往往是非常长的。企业如果没有足够的资源去支持这种市场的前期培育，则后果是非常严重的。因为，企业极有可能在投入大量的营销费用后，市场对这种新产品并不认可。或者当消费者逐渐认识到这种新产品对他们的价值所在之后，企业已经没有后续资金进行市场运作甚至没有力量提供产品了。前文所提到的我国茶饮料的先驱——“旭日升”冰茶的失败即是证明。虽然“旭日升”失败的原因很多，但新产品上市时机没有把握好是非常重要的一条。假如当时能够推迟上市或者在上市之后一直有后续资金跟进，则今天的茶饮料市场恐怕就不仅仅是“统一”和“康师傅”的天下了。

平行进入对于新产品来讲可以避免首先进入的缺点，各厂家为了自己的利益也会在市场总容量的扩大上共同投入，从而分摊市场培育的费用，降低营销成本。与此同时，由于产品没有差异性，在市场认同度逐步提高、生产能力逐步扩大以后，将面临激烈的市场竞争，因为失去了先入为主的优势，是否能在市场上战胜对手，就只能依靠企业的实力和营销手段了。这种一开始就进入竞争状态的情况对新产品的市场开拓未必是好事，因为激烈的竞争，尤其是价格竞争，会很快使新产品的利润下降，削弱新产品的盈利能力和今后的市场操作潜力，对参与竞争的任何一方都是没有好处的。

一般情况下，没有绝对的后发制人实力，企业不会选择后期进入，因为一旦失去市场先机，企业则必然面临非常激烈的竞争；要想抢夺更多的市场份额，就必须花费高昂的代价，这往往是不划算的，除非这种新产品的市场认同度非常低，需要长时间的市场培育过程。有能力后发制人的企业在市场上总是比较少的，况且就算有这样的实力，这些企业也未必会采用这种战术。毕竟我们处在信息时代，一种新产品的推广速度通过网络等媒体的炒作已经变得非常之快，失去先机的代价是非常高的。

时机决策还包括其他一些需要考虑的因素。如果是新产品取代企业的老产品，它应该推迟到老产品存货基本售完以后或者是选择老产品生命周期的末端上市，这样就可以使企业少受一些损失。另外，如果老产品的利润远低于新产品，则上市的时间还可以提前，对于改良性的新产品尤其如此，因为一部分老产品可能会挤占新产品的市场，在这种情况下，最好让老产品尽快退出，使新产品得到更加迅速的推广。如果产品季节性很强，新产品就应等到季节合适时再推出。这里所谓合适，是指新产品的推出最好选择在旺季来临之前，以便使新产品获得较好的营销效果。随着市场竞争激烈程度的加剧，在实际操作中这样的时间也会是提前的。

总而言之，市场进入时机是新产品在介入一个市场时必须认真考虑的，对不同的产品

和不同的市场而言，应该根据具体情况选择市场时机，采取不同的市场操作策略。

2) 新产品的上市地点

除了对新产品上市时机进行周密计划以外，企业还需要决定向哪里投放新产品，尤其是要决定新产品由哪个地方首先推出。

企业在进行有计划的市场扩展，特别是中小型企业在选择投放地区时，往往选择吸引力较强的城市或地区，一次只进入一个，然后再扩展。但这也只是通常的做法，对于具体产品而言，未必适用。例如波导在进行市场营销运作时，首先开发的市场区域是新疆，而且取得了非常好的营销效果。因此，在市场扩展中，企业必须对不同市场的吸引力作出评价。其主要评价标准是：市场潜力、企业当地的信誉、渠道建设的成本、该地区研究数据的质量、该地区对其他地区的影响和竞争渗透方式以及竞争对手实力等。只有对这些因素进行全面评估之后，才能最终确定投放区域。但要注意的是：无论选择哪一个区域，企业在此处的资源应该是最有效的，最起码也是可以保证新产品推广正常进行的，只有这样，新产品的推广才可能获得成功。

3) 新产品的目标市场

新上市的产品，最佳的促销对象应该是最有希望购买的一个群体，由这些创新使用者带来其他群体。新产品最理想的潜在顾客，一般具有下列特征：喜欢创新、喜欢冒险、大量使用、对新产品颇有好感、某一方面的意见领袖、有宣传影响力、对价格不敏感等，即市场细分消费群体中的先锋型消费者。

4) 新产品的营销策略

新产品开发过程自始至终要有营销活动参与，企业必须制订把新产品引入扩展市场的实施计划，新产品的营销预算也要合理分配到各营销组合因素中，时机不同，地域不同，营销重点也不同。新产品营销策略总体上应该服从企业已经制订的总体营销规划，除非新产品对企业的市场营销有决定性的意义，否则不宜改变原有的营销结构；而且除非新产品的利润非常可观，否则不宜对老产品的销售带来过大的冲击。但由于市场情况千变万化，各种产品本身的条件也不相同，因而这些内容只是一些原则上的概括而已，真要进行这样的策划，还必须对具体情况进行深入细致的研究。

3．新产品的推广策划

新产品经过寻求创意、甄别创意、形成产品概念、制定营销策略、营业分析、产品开发、市场试销、批量上市八个阶段被开发研制出来后，企业就应立即策划其新产品的推广策略。新产品的推广是指企业采取一定的措施，使新产品被越来越多的消费者所接受。

1) 确定新产品推广的目标受众

在新产品的推广过程中，由于消费者受其性格、收入、文化背景、受教育程度等因素的影响，在接受新产品时表现出来的接受程度和快慢是有区别的。为此企业应对消费者采用接受新产品的类型进行分析，从而确定新产品推广的目标受众。

美国著名学者罗杰斯(C.R.Rogers)将新产品采用者根据采用时间的早晚依次分为以下五种类型。

(1) 创新采用者。该类采用者占全部潜在采用者的 2.5%，一般以年轻人为主，他们极富冒险精神，收入水平、社会地位和受教育程度较高。

(2) 早期采用者，是第二类采用创新的群体，占全部潜在采用者的13.5%，他们大多是某个群体中具有很高威信的人，受到周围朋友的拥护和爱戴。

(3) 早期大众。该类采用者的采用时间比平均采用时间要早，占全部采用者的34%，一般都受过一定的教育，有较好的工作环境和固定收入，对时尚领袖的消费行为有较强的模仿心理。

(4) 晚期大众。这类采用者的采用时间比平均采用时间稍晚，占全部采用者的34%，他们一般不会主动采用或接受新产品，直到大多数人都采用并反映良好时才行动。

(5) 落后采用者。该类采用者是采用创新产品的落伍者，占全部采用者的16%，他们比较保守或收入较低、极少接触媒体、拘泥于传统的消费模式。

企业根据上述五类采用创新产品的消费者的情况，应把创新产品的推广重点放在创新采用者、早期采用者、早期大众身上，因为他们对新产品的推广、扩散具有重要的影响，并起着决定性的作用。

2) 建立独特的产品形象

新产品能否推广成功的关键因素是该产品能否给消费者带来独到的利益和超值的享受。这要求厂家通过差异化策略给消费者一个购买其产品的理由。在这方面，农夫集团的“农夫果园”进入果汁这个很有潜力但同质化程度又相当高的市场时，将差异化策略运用得淋漓尽致，值得许多企业学习和借鉴。

(1) 推出混合口味，产品设计差异化。市场上 PET 包装的果汁饮料品味繁多，但这些产品一般都是单一口味，例如统一的“鲜橙多”、汇源的“真鲜橙”、可口可乐的“酷儿”等，而且目前市场中的主要竞争停留在单一的橙汁口味。农夫果园作为一个后来推进的品牌，在产品设计上没有像一般的厂家那样依照现有的口味改进，而是独辟路径，选择了“混合口味”作为突破口，凭此屹立于强手如林的果汁市场。

(2) “喝前摇一摇”，宣传诉求差异化。当其他果汁厂家都在大力宣扬产品品质的时候，农夫果园以一个滑稽动作强调其浓度：那就是“摇一摇”。“摇”这一动作暗示了果汁中有“货”，含有丰富的果肉纤维。

(3) 在包装、容量、浓度上标新立异。市场上 PET 包装瓶口一般为 28mm，而农夫果园的瓶口直径达到了 38mm。大瓶口更具人性化，饮用时能够使整个口腔充满果汁，让味蕾更多地品尝果汁有原味。在容量上，农夫果园也显得别出心裁。农夫果园目前有两种规格，即 600mL 和 380mL。而市场上的 PET 果汁饮料，例如统一、康师傅、健力宝、汇源、酷儿等都为 500mL 或 350mL，农夫果园在容量上比同类产品多 100mL 和 30mL。这样做，有利于其在终端店头的陈列和促销员的口碑推荐，也为其价格策略做好了铺垫。在浓度上，农夫果园独树一帜。对于果汁产品来说，通常的产品浓度为 10%，农夫果园则在 PET 果汁饮料中率先向高浓度靠拢。包装标签上，“果汁含量≥30%”的字样显得异常醒目。

(4) 农夫果园的价格策略亦采取差异化。目前，果汁市场中产品的一般出厂价在每瓶 2 元左右，农夫果园在终端的销售价格在 3.5～4 元，明显高于同类果汁饮料，通过开辟 PET 高端市场，自觉回避了同类产品的价格纷争。可以说，正是这些差异性的融合整合，形成了农夫果园的核心竞争力，因此能迅速赢得市场。

3) 选择最佳的推广时机

推广时机的选择对新产品来说至关重要。台湾某大酒店研制出的一种套餐，在选取推广时机上非常高明。他们在人类登月成功后马上推出该套餐，并命名为“登月套餐”。同时，餐饮佳肴的名称均使用登月术语，立刻引得消费者争相前往就餐。选择最佳的上市时机其实就是我们常说的“抢点”。上市时“点”抢得好，不仅可以使产品易于被消费者接受，而且能让企业以较少的投入获得较大的回报。2000 年 1 月 1 日 0 时 0 分，伴随新年钟声的敲响，圣泉集团推出了零点啤酒。零点啤酒在“零点奇迹夜”于合肥各大迪厅、酒吧的推广上市无疑会对消费者产生极强的冲击力，并给人们留下深刻印象，从而为该产品的成功推广增加了砝码。

4) 进行强大的宣传造势

新产品推广上市前，厂家可以通过各种媒体进行产品宣传，旨在制造神秘感，造成一种“犹抱琵琶半遮面”的感觉。例如，曲美减肥药上市前三个月就大力宣传，造成市场饥渴感，引起了轰动效应。对大多数新产品来说，在进入市场以后，其知名度、品牌忠实度、消费者认知度都很低，该产品处于生命周期的引入期，是成为“明星”产品还是迅速滑入“瘦狗”产品而被淘汰，仍然充满风险，这就更需要厂家大力进行产品宣传。仍以零点啤酒为例，为提高产品的知名度，圣泉集团首先在 2000 年 1 月 1 日，以“零度长贮工艺”为传播主题的广告在《新安晚报》新年的第一期上与消费者见面；其电视广告在安徽卫视热门栏目“圣泉超级大赢家”中强档推出；在合肥文艺台“今夜不寂寞”栏目上冠名，并辅以海报、吊旗等，对零点啤酒进行了立体组合宣传。其次，零点软新闻宣传陆续在各大报纸与消费者见面，重点介绍“零点长贮工艺”给消费者带来的利益。每周 3～5 篇文章见报，使消费者对“零点”概念和内涵有了较深刻的理解和记忆，也使“零点长贮工艺”诉求在啤酒同质化营销中脱颖而出。最后，为进一步扩大“零点”品牌知名度及影响，该集团邀请与啤酒同名的“零点乐队”加盟，以吸引年轻消费群体，加深消费者对零点啤酒的印象，培养忠诚消费。强大的宣传造势，为零点啤酒的成功上市起到了推波助澜的作用。

5) 运用有效的促销手段

当消费者已经习惯了某个啤酒产品时，要改变消费者的消费习惯是很困难的。这就要求厂家采取一些让利促销手段，先给消费者一些甜头让他们去尝试你的产品。如圣泉集团首先推出情趣卡，每月一期不同版本的情趣卡除具有可读性，还标注“收集此卡有意外惊喜”的字样。圣泉集团针对此卡，设计了两期奖品为空调、制作精美的蓝色零点时尚手表等的寄卡抽奖促销活动。由于广告传播到位，中奖率较高，极大地促进了产品销售。不仅如此，针对中秋节、国庆节两个传统节日，圣泉集团还连续组织了两次促销活动。中秋送金戒活动在中秋节前一周内在安徽全省展开，815 枚金戒在万家团圆之时悉数送出，加强了与消费者的情感沟通。国庆节期间，圣泉集团“零点缤纷世界游”活动更是满足了部分消费者假日出游的实际需要。一波高过一波的促销活动的连续推出，不断地带动和提高人们购买零点啤酒的热情。

6) 建立顺畅的产品通路

产品通路指的是产品由生产厂家到最终消费者这一流动过程中所涉及的所有环节。顺畅的通路来源于两个方面：一是销售渠道是否通畅；二是终端理货是否科学。销售渠道的通畅主要涉及销售渠道的合理选择，而终端理货工作主要包括产品上架、布置焦点广告、营业人员培训、及时补货、帮助终端促销、及时退换不合格产品等。渠道和终端工作是否扎实、完善，对销售有很大的影响，特别是在广告打出之后。消费者采取购买行动时，由于通路的不顺畅造成产品流动受阻或消费者购买不方便，将会大大影响销售额，甚至抹杀掉在大量广告和促销手段作用下在消费者心目中产生的产品好感和购买热情。例如，“零点通路”的网络模式，通过“压缩层次”和界定区域，该销售渠道的布局趋于合理，从而充分调动起分销商的积极性，这对稳定市场起到了积极作用。此外，通过强化服务协助管理终端，提高了终端的销售力，为零点啤酒的成功推广提供了坚实的保障。

7) 进行科学的计划和管理

新产品推出上市的整个过程一定要有周密的计划，包括销售计划、广告计划、费用预算、铺货量预算、回款计划、促销计划、公共关系计划、市场拓展计划和服务计划等，然后根据目标管理的原则，对每个计划的实施、监督、评估进行严格科学的管理。以销售计划和管理为例，目前许多企业在新产品上市时缺乏计划，产品一上市反应热烈，马上大面积推广，无计划地销售，从而使好产品过早成熟，不久就在市场中消失了。例如，零点啤酒随着产品销量的扩大，其边际消费群体也随之扩大。虽然这有助于短时间内提高销量，但如不限制，将会对“零点”的主要目标消费群体形成概念冲击，使消费群体的个性化与产品个性化脱节，最终将失去主要目标消费群体，这对品牌的长期发展极为不利。于是，“零点”采取收放适度策略，放弃了一部分利润。同时，进行策略性限量，带动经销商进货和消费者品尝，实现了科学计划和有效管理的完美结合。

8) 采取科学的推广策略

新产品推广要求公司具备组织、策划、控制促销宣传活动的能力与水平，以最小的投入形成最大的推广宣传效果。另外，在超市或学校地区做促销，需要企业大量的人力、物力投入，而公司的人力、物力有限。因此，公司除自行做一些推广宣传活动外，必须鼓动客户共同参与推广宣传活动。推广宣传与目标消费群体接触面越广越大，终端的“拉动”效果也就越好。另外，做新品推广宣传活动时，尽量利用条幅、遮阳伞、帐篷等工具，确保营造好终端热销氛围。

如何拉动消费者达成首次购买，进而使消费者接受企业的产品，形成二次消费和重复购买，是企业新产品推广过程中需要解决的问题。按“铺市”与“拉动”的先后次序可分为以下三种操作方式。

(1) 先推广，后拉动。这种方法是首先进行铺市，当目标市场铺货率达到60%以上时，可以开始做一些大型的促销活动或广告宣传活动，刺激拉动消费者购买产品。这样做的优点是拉动效果能得到直接体现，由于有前期的铺货，经过推广宣传拉动后，消费者能在终端立即购买到此类产品，进而形成销售拉动；缺点是由于新产品知名度低，前期铺货难度大，速度相对较慢。如果促销宣传活动不是很有效的话，易造成部分产品积压。

(2) 先拉动，后推广。这种方法是先做促销宣传活动，进而刺激渠道成员进货和消费者购买。其优点是由于有新产品的前期促销宣传造势，新品铺市较易；缺点是新产品经过促销宣传后，补货如果跟不上，消费者在终端可能购买不到产品，会影响推广宣传的效果。

(3) 推、拉同步进行。这种方法是一边做促销宣传拉动，一边进行铺货，两者相结合。

优点是避免了前两种方法的缺点；缺点是在人力、物力有限的情况下，整体推进速度较慢。应该充分调动客户的积极性，共同开展宣传、促销等活动。

另外，推广、拉动循环至少要进行三轮。因为每次促销宣传的拉动影响效果都是有限的，只有经过数次拉动、数次铺市、补货后，才能有效地巩固消费者的记忆，形成稳定的群体和稳定的销量。

10.5.6 新产品营销组合策划

新产品开发主要解决了“卖什么”的问题，而在其上市之前则要解决“卖多少钱”、“怎么卖”、“何时卖”、“何地卖”、“卖给谁”、“谁来卖”等几个具体的问题。因此，新产品的市场营销组合策划工作主要包括以下几个方面的内容。

1. 新产品上市价格策划

根据新产品在投放市场时定价水平的高低，可以有三种类型的定价策略：撇脂定价、满意定价与渗透定价。

在营销实践中，很多企业对新产品定价缺乏深入的调研和科学的规划，要么贪心不足把价位拉高，要么凭感觉定价无策略可言。这就要求，新产品定价要根据目标市场特点、渠道对象、消费者心理以及竞争对手定价精心策划而定。

2. 新产品营销渠道策划

从试验市场到整个目标市场，渠道强度对新产品市场的扩散起着决定的作用。

1) 选择渠道模式

新产品性质不同，选择的分销渠道的模式也不相同，特别是全新产品或那些需要高度认知学习的复杂产品。新产品投放市场初期，应该采用短渠道与窄渠道。一般情况下，新产品适合采用独家代理或独家经销的方式，而产品进入成熟期后，则采用多家代理或多家经销的方式。

2) 激励中间商

在新产品投放市场初期，中间商的采购决策常常比消费者还要慎重。所以，在此阶段，需要通过举办培训班向中间商介绍新产品的使用方法与销售服务技巧；同时，还要制定比较优厚和灵活的激励政策，鼓励中间商经销或代理企业的新产品。

3. 新产品促销策划

对于新产品的促销策划，主要应从以下三方面开展工作。

1) 设定促销目标

消费者接受新产品的阶段不同，对新产品的促销目标与促销方式也不同。广告在消费者认知新产品阶段应当作为促销组合的重点选择；在消费者兴趣阶段主要选择广告、公共关系促销和人员推销的方式；在消费者评价和试用阶段，人员推销是重点；在采用阶段应主要选择人员推销和营业推广，并配合广告与公共关系促销。

2) 策划促销总策略

促销总策略根据促销合力形成的总体方向可以划分为推式促销与拉式促销两种。

(1) 推式促销，主要指客户企业直接针对中间商开展促销活动。活动过程主要是运用人员推销、营业推广等手段，把产品从制造商推向批发商，由批发商推向零售商，再由零售商将产品推向最终消费者。运用这一策略的企业，通常有完善的促销队伍，或者产品质量可靠、声誉较高。

(2) 拉式促销，主要是指企业直接针对最终消费者施加促销影响，以扩大产品或品牌的知名度，刺激消费者的购买欲望，并产生购买行为。拉式促销策略一般以广告促销为主要手段，通过创意新、高投入、扩大规模的广告轰炸，直接诱发消费者的购买欲望，使得顾客向零售商、零售商向批发商、批发商向制造商求购，由下游至上游，层层拉动以实现产品销售。运用这种策略的企业一般具有较强的经济实力，能够花费昂贵的广告和公关费用。

4．新产品销售系统

建立新产品销售系统是形成新产品市场推广“执行力”的有力保障。对于全新产品，客户企业建立的销售系统应该包括以下三部分内容。

1) 建立新产品营销队伍

应组建一支业务技能精湛，又熟悉新产品和目标市场的得力的销售人员队伍。针对新产品的促销特点，策划人员应该协助客户企业设立专门的促销机构或专职的促销人员，全面负责新产品的促销工作。策划人应该对企业经理、品牌经理、区域市场经理等关键职位人员的来源以及任职资格提出自己的意见。例如，销售经理需要通过招聘的形式引进，其学历、能力、经验等有何要求都要详细说明，供决策者参考。

2) 建立服务网络

只有建立一支反应迅速、解决问题及时、应变灵活的销售服务队伍，消费者才能获得良好的使用保证，对今后服务的承诺才会感到放心。

3) 建立物流系统

只有建立一套完备的物流系统，才能保证中间商及顾客购买的产品及时交付，减少新产品的物流成本。

策划人常常需要通过市场调查，进行客户基本资料的收集。例如，收集所有目标客户(经销商或零售商)的资料，建立客户档案，档案内容包括店名、负责人、地址、电话等，编制客户地图；根据调查资料，绘制中间商销售网点布局图、促销人员行动路线图等。然后根据这些资料合理划分客户等级(如A、B、C级别)，以确定开发目标，并予以区别对待。

本 章 小 结

产品策划，顾名思义，就是对新产品的开发和推广工作以及对原有产品的优化组合。也就是说，是为了实现某个特定产品的市场目标，从产品的特性、包装、成本价格、广告宣传、市场定位、促销手段、售后服务等方面所进行的全面策划和设计。

产品策划必须首先确定对产品的需求，确定市场需要和销售地区，确定产品的等级、数量、价格和投放市场的时间；其次才是确定具体顾客的要求和一般市场的要求和期望，包括对顾客未说明的期望和偏好进行评估，在此基础上，提出一套产品的初始规范。产品

的初始规范不同于设计，它只规定一些质量要素的要求，而设计则是将这些要求转化为材料、产品和过程的技术规范(文件)。

产品策划具有十分重要的意义：有利于企业产品的适销对路和利润的实现，减轻市场竞争压力，增强竞争实力。

对企业而言，开发新产品具有重要的战略意义，它是企业生存和发展的重要支柱，同时，开发新产品也要承担报酬递减、费用递减和难度增大的风险。

新产品要想成功地上市应考虑以下几个问题：老产品在产品生命周期中所处的阶段，企业在老产品市场上的竞争地位，竞争对手新产品开发的动向。

本章从产品整体入手，介绍了产品整体的意义，产品策划的概念和内容，引申出产品策划的创意来源、策划思路和意义，后两节分别阐述了包装策划和新产品策划等内容。学习完本章，读者可以对产品策划的基本内容和步骤有一个初步的认识，明确包装策划的概念和意义，了解新产品策划的基本方法。

思考与练习

1. 什么是产品策划？产品策划有什么意义？
2. 产品策划的思路是什么？
3. 产品策划应遵循哪些原则？
4. 产品组合的概念是什么？
5. 包装策划的原则和意义是什么？
6. 简述产品组合策划的内容。
7. 新产品开发策划的步骤是什么？策略有哪几种？
8. 请对一种新产品进行推广策划。

第 11 章　企业形象策划

【学习目标】

- 掌握企业形象及企业形象策划的内涵。
- 了解企业形象的功能及作用。
- 熟悉企业理念识别系统的内涵及要素设计。
- 掌握企业行为识别系统的内涵及构成。
- 掌握企业内外部行为识别子系统的构建。
- 掌握企业视觉识别系统策划的内涵。
- 熟悉企业视觉识别系统的设计原则。
- 熟悉企业视觉识别系统的要素设计。

企业形象策划是实现企业形象战略、塑造企业良好形象的重要手段，是企业开展市场营销活动的主要内容之一。企业形象策划的目的是使企业在社会公众心目中树立良好的形象，让公众喜欢和信赖企业。它包括导入企业形象识别系统，开展公共关系，设计公关广告和公益广告，进行企业形象宣传等活动。随着市场竞争的异常激烈和社会经济的快速发展以及消费需求层次的日益提高，顾客购买产品的过程也日趋简化和快捷，形象消费已经成为新时代的消费特点。因此，形象营销已成为企业必须持有的理念，企业必须依靠形象才能争夺顾客和市场。

11.1　企业形象策划概述

市场经济的发展不以人的意志为转移，竞争已超越产品本身，非产品竞争被置于突出地位，良好的企业形象已成为企业战胜强手、提高销售额的锐利武器。于是，企业形象策划在各行各业颇受重视，众多企业都期望以此改头换面谋求新发展。

11.1.1　企业形象的内涵

企业形象有好与不好之分，当企业在社会公众中具有良好的企业形象时，消费者就愿意购买该企业的产品或接受其提供的服务；反之，消费者将不会购买该企业的产品，也不会接受其提供的服务。企业形象的好与坏不能一概而论，多数人认为某企业很好时，可能另有一些人感到很差，而这种不良的形象将决定顾客是否会接受该企业的产品或服务。任何事物都不能追求十全十美，因此，我们在这里必须把握矛盾的主要方面，从总体上认识和把握企业形象。

1．形象的含义

从心理学的角度来看，形象就是人们通过视觉、听觉、触觉、味觉等各种感觉器官在大脑中形成的关于某种事物的整体印象，简而言之就是知觉，即各种感觉的再现。有一点认识非常重要：形象不是事物本身，而是人们对事物的感知，不同的人对同一事物的感知不完全相同，因而其正确性受到人的意识和认知过程的影响。由于意识具有主观能动性，因此事物在人们头脑中形成的不同形象会对人的行为产生不同的影响。

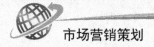

形象的原意是指事物显露在外的客观状态。《现代汉语词典》对形象的解释是："能引起人的思想或感情活动的具体形状或姿态。"它不同于印象，印象是人们受外界事物的刺激而留存于大脑中的对事物客观状态的主观认识。印象的好坏直接影响和决定着人们对事物是否接受以及接受的程度。

人们的主观认识和事物的客观状态有可能一致，也可能不一致。两者是否一致，取决于人们的主观认识能力和事物本身的显露程度及事物本身对人们思想认识和情感的影响力大小。

2. 企业形象的含义

企业形象是指人们通过企业的各种标志(如产品特点、行销策略、人员风格等)而建立起来的对企业的总体印象。企业形象是企业精神文化的一种外在表现形式，它是社会公众与企业接触、交往过程中所感受到的总体印象。这种印象是通过人体的感官传递获得的。企业形象能否真实反映企业的精神文化，以及能否被社会各界和公众舆论所理解和接受，在很大程度上取决于企业自身的主观努力。

企业形象，从客观上看，是企业的本质属性显露在外的特征和表象；从主观上看，是社会公众(包括企业内部员工)对企业的一切活动及其表现出的属性和特征的总体认识和评价，这种认识和评价形成了人们的印象和对企业的态度。企业关系者(顾客、中间商、供应商、媒体、政府等)对企业的整体感觉、印象和认识，对企业的生存和发展起着非常重要的作用。

3. 企业形象的构成

从战略上看，企业形象也称企业形象识别系统(Corporate Identity System，CIS)，或称企业识别系统，日本学者把它称为企业形象战略(Corporate Identity Strategy)。企业形象识别系统是由理念识别系统(Mind Identity System，MIS)、行为识别系统(Behavior Identity System，BIS)、视觉识别系统(Visual Identity System，VIS)三部分构成的。

MI、BI、VI 是企业形象塑造的三个不同的层次。MI 是核心和灵魂，BI 是 MI 动态的表现，VI 是 MI 静态的表现。MI、BI、VI 是有机的整体，三者必须保持和谐统一。

企业形象构成如图 11-1 所示。

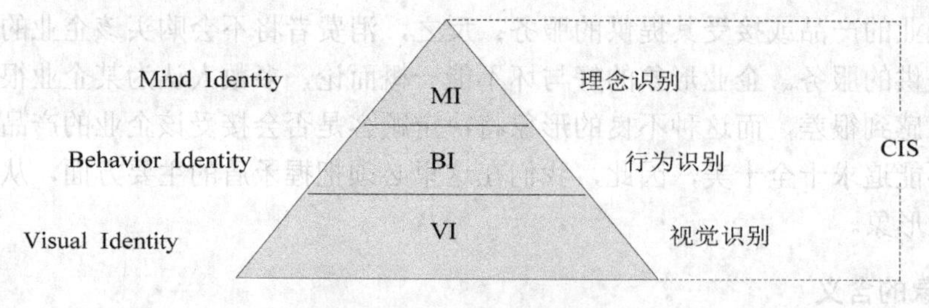

图 11-1　CIS 战略的构成

从企业形象所表现的内容看，企业形象由产品形象、服务形象、环境形象和人员形象四个方面构成。

1) 产品形象

产品形象是指产品的品牌、质量、性能、造型、包装等在公众和消费者心目中的形象，它是企业形象的基础，是塑造企业形象的前提。产品形象决定着企业形象的好坏和企业的前途命运。

2) 服务形象

服务形象是指企业给消费者所提供的服务(售前、售中和售后)的质量(项目多少、态度好坏、是否及时和快捷、效果等)给顾客留下的印象。

3) 环境形象

环境形象是指企业的生产经营活动场所的好坏给员工和社会公众留下的印象。

4) 人员形象

人员形象是指企业领导者的素质和能力、员工的素质和能力给社会公众和顾客留下的印象。人员形象决定着产品形象和企业形象，没有高素质的人员，就没有好的产品、好的环境和好的服务。所以，企业要不断地提高人员的素质，树立良好的人员形象。

4. 企业形象的功能

1) 文化教育功能

企业形象的建立依赖于企业文化并促进企业文化建设，与企业文化关系密切。企业形象建成以后，其包含的共同的价值观和经营理念会教育新的员工认同企业的精神和文化，会巩固和强化老员工的凝聚力，使新老员工效忠于企业。

2) 协调功能

好的企业形象能增强全体员工的归属感和凝聚力，增强员工的协作意识和大局观念，使员工能齐心协力地密切合作，形成强有力的团队。

3) 传播功能

企业形象是企业各种信息展示的结果，信息的统一和较强的感染力有利于企业形象的快速形成。所以，企业形象有利于企业信息更经济有效地传播，有利于企业知名度和美誉度的提高。

4) 管理功能

企业形象能对企业全体员工产生约束作用，使员工自觉地维护企业良好的形象，因此在管理上，员工就能自觉地制定和遵守各种规章制度，增强责任心，加强自我管理，提高工作效率。

5) 识别功能

企业形象的最基本的功能就是能把本企业与其他企业区别开来，使企业在公众心目中确立独特的地位和良好的感觉。

5. 企业形象的作用

在市场经济条件下，无论是小企业还是大企业都需要塑造良好的企业形象。良好的企业形象已成为企业不可缺少的一种无形财富和战略性资源，是企业生存和发展的重要基础

性条件，也是企业创造竞争优势的可靠保障，因此，良好的企业形象对企业的发展有相当重要的作用。

1) 企业形象的内部作用

(1) 有利于塑造企业理念。企业理念是企业形象的核心和灵魂，企业理念反过来又能促进企业形象的稳固和提高。

(2) 有利于增强产品的竞争力。好的企业形象有利于增强产品的影响力，塑造强势品牌，增强产品的市场竞争力。

(3) 有利于企业多元化、集团化和国际化经营。好的企业形象有利于企业进行品牌延伸和产品组合的扩大，也有利于企业进入新的经营领域和新的市场；有利于企业实施资本扩张和资产组合，组建势力强大的企业集团；有利于进军国际市场和加强同国际企业的合作。

(4) 有利于强化内部管理。企业形象对企业是一种约束和压力，如果不维护好形象就会前功尽弃。所以企业为了维护形象，会加强对生产经营活动的管理。

(5) 有利于企业文化建设。企业形象能增强员工的凝聚力，鼓舞员工的士气，从而有利于企业文化的建设和推动。

(6) 有利于提高促销效果。好的企业形象可以增强消费者的产品信念，提高顾客对品牌的忠诚度，降低促销费用，提高广告、宣传等促销活动的效果。

2) 企业形象的外部作用

(1) 有利于提高企业的融资能力。良好的企业形象可以使投资者对企业产生信心，从而有利于企业进行融资，快速扩大企业的生产规模，增强企业的竞争实力。

(2) 有利于建立消费者的品牌偏好。企业形象是产品、服务、人员等形象的综合体现，好的企业形象可以反作用于品牌形象的塑造，有利于消费者对企业的产品产生坚定的信念和品牌偏好。

(3) 有利于开展公共关系。良好的企业形象可以取得人们的认同和好感，在开展公共关系活动时，更能引起注意和形成对企业有利的信息传播，使公共关系活动取得更好的效果。

(4) 有利于吸引优秀人才。良好的企业形象可以使公众和员工看到企业的美好前途，对企业充满希望和信心，因此，能够吸引社会优秀人才到企业工作。

11.1.2 企业形象策划的内涵

企业形象策划(Corporate Identity，CI)的历史最早可追溯至20世纪初，1908年，德国著名建筑设计师彼得·贝伦斯(Peter Behrens)为德国的AEG公司设计了简明的字母化标志，并将其应用到公司的系列性产品以及便条纸、信封、建筑、店面之中，贝伦斯为AEG进行的这些设计实践被公认为是企业形象策划的雏形。自CI产生以来，欧美和日本的一些企业导入之后，以破竹之势在业中建立声誉。但企业形象策划战略并非包治百病的灵丹妙药，其合理和科学的内涵是企业走向成功的关键。

1. 企业形象策划的含义

企业形象策划是指企业通过创造性思维，巧妙地利用现有可用资源，设计和传播企业特定的理念、行为和视觉特征，使社会公众对企业产生标准化和个性化的良好形象的决策

活动。企业形象策划要符合以下要求才能成为有效的策划。

1) 要有新颖性

要是创造性思维活动产生出的新奇意境，而且必须塑造出企业鲜明的个性形象，做到与众不同。无论是企业的理念、精神、口号、行为规范都要做到新颖、独特。

2) 系统地整合可用的资源

无论是企业拥有的或是社会上可以利用的资源，只要对企业形象塑造有用，都要纳入形象策划系统加以统一使用，以较少的投入实现最佳的形象塑造效果。

3) 要有统一性

企业形象的各个组成部分之间要协调一致，形成一个统一的标准化形象。企业形象是一种战略，是企业总体战略中的重要组成部分。它要与企业的其他战略相协调，要统领与形象塑造相关的一切资源和要素。

4) 要有稳定性

企业形象一旦确定就要保持长时期内的稳定，不要轻易变动，因为经常变动会使企业形象模糊，不利于发挥形象的功能和作用，同时，也会浪费企业的资源。

5) 要有效地进行传播

形象的策划和实施实际上是信息的传播活动，企业形象能否快速地塑造好，关键是能否有效快速地把与企业形象有关的信息传播出去。所以，传播的途径要多种多样，如做公益广告、开展公共关系活动、宣传等。

6) 要有操作性

企业形象要能为顾客认同和接受，同时，开展的相关活动要符合企业实际情况，可以有效的执行和控制。

2. 企业形象策划的特性

1) 综合性

企业形象策划是集多门学科于一身的综合性学科，与市场营销学、艺术设计学、语言学、逻辑学、社会学、管理学等关系密切。

(1) 企业形象策划的理论依据是市场营销学，其目的与市场营销学完全一致，都是为了通过扩大产品销售来实现企业长期合理的经济效益。营销学中的公共关系和广告宣传都与形象策划相互补充，相互促进。

(2) 企业形象中涉及视觉的部分(色彩、图案、线条、字形、结构等)必须要符合人们的审美观，要有审美价值，就要运用美学理论和知识来设计出让消费者心动的产品。

(3) 企业形象中涉及文字表达的部分，如企业精神、口号、标语、广告词、品牌名称等都要运用语言学的知识，以增强语言的感染力和影响力，增强语言传播效果。

(4) 企业形象策划必须进行创造性思维，思维活动离不开逻辑学知识，从概念的提炼和确定，到决策制定和实施步骤都需要逻辑学的指导。

(5) 企业形象策划的创意和方案的实施，都要运用到大量的社会学知识，要符合民俗风情和地域特色，否则，方案往往就不可能具有操作性和有效性。

(6) 企业形象策划方案的实施，需要通过计划、组织、协调、控制等管理活动来加以保证。没有管理活动，就不可能顺利地形成科学、可行的方案，也不可能顺利地实施和实现预期的目标。所以，企业形象策划离不开管理学的指导。

2) 实践性

企业形象策划的应用范围很广，良好的形象是任何一个单位都需要的，形象策划是任何一个单位都需要进行的策划。同时，企业形象策划的操作性很强，策划者必须有很强的动手能力和实践工作经验，所策划出来的方案必须能够加以执行和实施。

11.1.3 企业形象策划与相关学科的关系

企业形象策划与市场营销、企业文化、公共关系、广告、宣传等有着密切的联系，要搞好形象策划，必须处理好与这些学科和活动之间的关系。

1. 企业形象策划与市场营销的关系

市场营销是企业创造和满足消费者需求，塑造良好的企业形象，以获取长期、合理利润的企业全部的经济活动。它包括企业的内部活动和外部活动。

从企业内部来看，企业的一切内部活动都是为了向消费者提供适销对路的、能让消费者满意的产品和服务。这些活动，除了与产品生产直接相关之外，还有内部员工对企业形象的认同问题。企业全体员工对企业形象的评价和认同，会直接影响到员工的工作和服务质量，从而影响到向顾客所提供的产品、服务的质量、顾客的满意度以及企业的外部形象和企业的前途命运。

企业的外部活动是指企业为促进产品销售而对消费者的心理和行为施加影响的一切活动。企业外部活动针对的不只是企业的顾客，还包括更多的与企业利益密切相关的关系者，如政府、融资者、新闻媒体等。企业在公众中的形象好坏，会影响到消费者对企业的印象和评价，从而影响到消费者对企业产品和服务的态度和选择。

就营销理念来讲，形象营销已经成为企业的重要营销理念，成为企业塑造形象的主要手段。形象营销是以企业形象塑造为核心，以形象力来实现企业营销目标的营销活动。企业开展形象营销的主要手段是：确立正确的经营理念；导入 CIS 系统；利用新闻宣传、事件、名人、公益活动、形象广告、企业文化等手段树立企业良好形象；生产优质产品，提供优质服务。

可见，企业形象策划与市场营销的关系密切，通过企业形象的塑造，可以配合企业的其他促销手段来实现高效的营销。

2. 企业形象策划与企业文化建设的关系

企业形象包含着丰富的内容，企业文化也是其中的一项。企业文化是企业全体员工在长期的生产经营活动过程中形成的共同的思想观念、价值取向、行为准则和行为方式的总和。通过企业文化建设，可以提高员工的素质，增强员工对企业的忠诚意识和对外的亲和力，促进企业的快速成长和发展。

企业形象策划与企业文化建设具有相同的目标和功能，都能增强员工的凝聚力和团结协作精神，都能规范和改善员工的行为，提高员工的工作效率和积极性，提高管理的效率和效益。企业形象策划主要是对外的行为，而企业文化建设主要是对内的行为。企业形象

策划的工作内容主要是对外形象的展示，企业文化建设的主要内容是内部员工积极性的激励和团队精神培育与建设。两者虽然工作的范围与内容有所不同，但它们都有培育企业精神、塑造共同的价值观念、遵守共同的行为规范的内容。

具体来讲，它们具有以下共同内容。

(1) 经营理念。它是企业形象的灵魂，是企业文化建设的核心。

(2) 企业制度和员工行为规划。企业形象策划要进行行为策划，而企业文化建设要求员工的行为方式和准则必须是统一的。

(3) 企业和员工的精神外貌。企业形象策划需要设计和塑造企业的视觉识别系统，同时，企业和员工的精神外貌也是企业文化建设所要追求的结果。

因此，可以说企业形象策划与企业文化建设之间能起到相互促进的作用。企业形象策划要依赖于企业文化建设，企业文化建设也离不开企业形象策划的支持和配合。

3. 企业形象策划与公共关系的关系

企业形象策划与公共关系的关系非常密切，因为它们的目标都是树立良好的企业形象。

公共关系是社会组织通过与公众的沟通，树立良好的组织形象，获取公众理解和支持的信息传播活动。对于企业来讲，通过公共关系活动的开展，面对社会公众，以美誉为目标，真诚地与公众沟通，可以使公众对企业产生好的评价和印象。

公共关系与形象策划在塑造良好的企业形象时，侧重点有所不同。企业形象策划是一种战略，是将企业理念、企业行为(包含公共关系行为)和企业视觉统一起来，通过整合企业的经营管理资源来树立企业形象；公共关系强调通过传播社会公众所关心的内容，加强与社会公众双向沟通，取得公众的理解、支持与合作，来树立企业的形象。虽然它们的工作侧重点与方式不同，但是它们都能够达到塑造良好形象，从而达到促进产品销售，顺利实现营销目标的目的。

4. 企业形象策划与广告的关系

广义的广告是广泛告知公众某种事物或信息的一种宣传活动；狭义的广告是为促进产品销售，通过传播媒体向目标顾客传播销售信息的活动。企业形象策划的目标是企业良好形象的塑造，而广告的目的是促进产品的销售，广告的对象是目标顾客。企业形象策划时，活动的影响对象范围除了目标顾客之外，还有企业内部员工、社会公众，这是企业形象策划与广告的不同之处。但是，两者也有密切的关系。广告也有提高企业知名度、宣传企业经营理念、塑造企业形象的作用，如公益广告、公共关系广告(解释广告、致意广告、倡议广告等)、企业广告(宣传性广告、声誉广告、售后服务广告)等。两者的最终目的都是促进产品的销售，所以，企业在进行形象策划时，要考虑与广告的配合，在做广告时，要考虑对企业形象塑造支持作用的发挥。

5. 企业形象策划与宣传的关系

企业形象策划与宣传有着非常密切的关系，宣传是企业形象的重要支撑因素之一。

美国市场营销协会定义委员会对宣传下的定义是：宣传是指发起者无须花钱，在某种出版媒体上发布重要新闻，或者从广播、电视和银幕、舞台上获得有利的报道、展示、演

出，用这种非人员形式来刺激目标顾客对某种产品、服务或商业单位的需求。这个定义强调的是，宣传是利用非人员的信息的传播对目标顾客实施影响，使顾客对宣传者的产品和服务产生需求，并没有反映宣传的核心内涵和特征。

乔治·布莱克(George Black)给出的定义是：宣传是企业为实现销售指标，在所有媒体上免费获得编排的版面和播放时间，供企业或顾客读、看、听的各种活动。这个定义是一种从企业产品销售的角度对宣传做的表面的、狭义的定义。从广义上来理解，宣传是指持有一定立场和观点的人，通过大众传播媒体公布自己的主张，以谋求公众支持的信息传播活动。宣传的基本内涵是通过信息传播使被影响者的价值观和态度发生对宣传者有利的变化，它可以使公众(包含目标消费者)认同和接受宣传者的观点和主张，从而有利于宣传者目标的实现。其特征有以下两点。

(1) 有高度的真实感，可信度高，有利于公众快速形成对宣传者的正确的、好的评价。

(2) 不易受人抵制。它不像其他促销方式会给顾客施加心理压力，让顾客反感。企业通过宣传，能使公众和顾客在潜移默化的宣传影响中，对企业产生好感，从而有利于产品的销售。

宣传可以提高企业的知名度，可以塑造新的品牌、启动新的市场，可以改善和巩固企业的形象，可以增强消费者对企业的信心和兴趣，这些对企业形象的策划和塑造都能起到促进作用。

11.2 企业理念识别系统策划

企业理念是企业的灵魂，是企业哲学、企业精神的集中表现，同时也是整个企业识别系统的核心和依据。企业理念要反映企业存在的社会价值、企业追求的目标以及企业经营的思想。这些内容，通常尽可能用简明确切的、能为企业内外乐意接受的、易懂易记的语句来表达。

11.2.1 企业理念识别系统的确立

1. 企业理念识别系统的含义

企业的理念识别系统，是指得到社会公众普遍认同的、体现企业自身个性特征的、促使并保持企业正常运作以及为长期发展而构建的、反映企业明确的经营意识的价值体系。

企业的 MIS 是企业的基本精神所在，是企业文化在意识形态领域中的再现，是 CIS 最基本、最核心的内容，也是企业导入实施 CIS 战略整个过程的原动力和重要组成部分。一般来说，一个企业的 MIS 主要由企业哲学、企业精神、企业道德、企业目标、企业宗旨、企业作风等要素构成。

2. 企业理念形成的主要途径

企业理念形成的途径主要有：吸取民族传统文化的精华、借鉴国外先进的企业理念、继承本企业的优良传统。

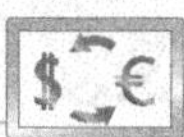

1) 吸取民族传统文化的精华

“古为今用”是吸取民族传统文化精华的重要原则。世界上每一个民族都有自己的传统文化。例如，在中华民族五千年的历史长河中，诞生了孔丘、孟轲、老庄、韩非等无数伟大的思想家，形成了以儒家思想为核心的具有中华民族特色的传统文化，成为整个人类文明的重要组成部分。虽然随着时代的发展和进步，中华民族的传统文化中有些内容已经过时，但其中很多思想在今天乃至将来仍将放射出灿烂的光芒，这些超越时代的文化精华无疑仍是现代企业理念形成的重要途径之一。

企业理念的确立不仅要吸取民族传统文化的精华，而且要结合时代精神赋予其新的内涵，丰富其内容。例如，衡水电机厂在以儒家思想为核心的民族文化中吸取营养，并结合企业的具体管理实践，创造了把企业引向成功的和谐管理模式。和谐管理思想的核心是“和”，而“和”的哲学思想不是来自其他地方，正是中国传统文化。具体落实到领导班子和谐、干群和谐、员工间和谐、与顾客和谐、与政府和谐、与社会公众和谐，从而树立起良好的企业形象。“和谐管理”的道德观念有一个“仁”字，同样也是来自儒家学说中的“克己复礼为仁”、“仁者爱人”；爱是“仁”的实质，是相互的关心、爱护、尊重和信任。衡水电机厂的这种“仁”是爱国家、爱人民、爱企业、爱员工、爱顾客，具体而富有时代性，并不是空洞的道德观念。

2) 借鉴国外先进的企业理念

“洋为中用”是借鉴国外先进文化和先进企业理念的一个重要原则。在全球经济一体化进程进一步加快的今天，一个国家一切先进的企业管理思想和管理经验常常被其他国家的企业学习和借鉴，经过改造以后融入它们的企业文化，甚至直接成为它们的企业理念。例如，日本企业“民主管理”的企业法宝就是 20 世纪 50 年代学习借鉴于我国的“马恒昌小组”，日本企业“劳资一体自主管理”的思想更是从我国的“鞍钢宪法”中学的。而我国烟台钢管厂的经营宗旨“以优质取胜，靠适销发展”就是借鉴国外企业质量管理和市场营销方面的理念而形成的。改革开放以来，我国许多企业都借鉴国外的先进企业理念，通过改造后形成适合本企业的理念。

这些企业理念尽管涉及企业文化精神层的各个方面，在表述上也不同，但其形成的途径无疑是借鉴了国外先进的企业理念。借鉴国外先进的企业理念，也要结合本国的国情和企业的实际情况，不可东施效颦。

3) 继承本企业的优良传统

继承本企业的优良传统是企业理念形成的又一重要途径。因为企业的优良传统是经过企业实践所积累的宝贵经验。设计企业理念识别系统时，应积极继承本企业的优良传统，借鉴其他企业的优良传统，并且在继承和借鉴的基础上加以发扬光大，从而形成本企业更为完善的企业理念。

3．企业理念构成要素设计

企业理念识别系统属于企业精神文化的范畴，主要由几个不同的要素构成。这几个要素尽管不同、各有侧重，但它们在本质上是和谐统一的。因此，在进行企业理念设计的时候，对这六个要素既应该有所区分，又不可机械地分离，既要在内容上力求完整、全面涵盖，又不可单纯在表达形式上强求一致。

1) 企业哲学的设计

企业哲学是从企业实践中抽象出来的、关于企业一切活动本质和基本规律的学说。它是企业经营管理经验和理论的高度总结和概括，是企业家对企业经营管理的哲学思考。企业哲学是作为工作的最高原则和基本规律被广大员工认识和掌握以后，化为他们自己的思想武器和行动指南，成为他们思考问题、采取措施、开展工作时自觉遵循的原则和规律。企业的经营管理状况是大不相同的，所以企业哲学不是明确统一的，也较难被广大员工正确理解和掌握。因此，对企业经营管理规律进行认真深入地总结和思考，通过概括、提炼、升华为企业哲学，是企业理念识别系统策划中的重要一环。

企业哲学形成的最根本途径就是企业领导者和全体员工的工作、学习和生活实践。具体来说有如下几条途径。

(1) 企业家或 CEO 自身的哲学思维及其世界观、人生观和价值观。由于被企业家或 CEO 自觉和不自觉地用来指导自身的行为，因而容易在企业范围内达成共识而被确定为企业哲学。海尔集团 CEO 张瑞敏对人与企业的关系有很深的哲学思考，曾撰文指出："现代化首先是人的现代化，现代化的主体是人。现代化的目的也是为了人，因此人的意识和价值就有着特殊的地位，谁拥有了德才兼备的现代化人才，谁就可以在竞争中获胜。"这对形成海尔"把人当作主体，把人当作目的，一切以人为中心"的哲学思想起了决定性作用。

(2) 企业优秀人物和群体的哲学思维及其世界观、人生观和价值观。由于他们的先进思想和模范行为在员工群体中有巨大的影响力和感召力，通过挖掘提炼以后容易获得从企业领导者到一般员工的普遍认同和自觉接受，进而成为企业哲学。

(3) 企业员工共同的哲学思维及其世界观、人生观和价值观。由于渗透在企业生产、经营、管理等各方面工作中，如果一旦成为企业中占优势地位的思想观念，就很可能被集中浓缩为企业哲学。

(4) 社会公众共同的哲学思维及其世界观、人生观和价值观。前者对社会有巨大影响，后者因同行之间的借鉴而对本企业也有很大影响，它们都是企业哲学形成的主要途径。

2) 企业精神的设计

企业精神是随着企业的发展而逐步形成并固定下来的，是对企业现有观念意识、传统习惯、行为方式中积极因素的总结、提炼和倡导，是企业文化发展到一定阶段的必然产物。因此，设计企业精神，首先要尊重广大员工在实践中迸发出来的积极的精神状态，要恪守企业的共同价值观和最高目标、不背离企业哲学的主要原则，要体现时代精神、体现现代化大生产对员工精神面貌的总体要求，使企业精神"源于生活又简于生活"，成为鼓舞全体员工为实现企业最高目标而奋斗的强大精神动力。

企业精神是企业价值观的集中体现，是全体员工的共同行为规范，在企业 CIS 策略的制定中具有非常重要的作用。因为对企业精神的认同是企业内部统一意志的重要内容。企业精神不仅具有思想特征，还有传播特征，如何表述企业精神关系到员工认同和记忆的问题。企业精神的表述方式主要有如下三种。

(1) 高度概括式。有的企业用高度概括的言语来表述企业精神。例如，TCL 的企业精神："敬业、诚信、团队、创新"；广东核电合营有限公司(大亚湾核电站)的精神："更高、更严、更优"；北京市公交总公司的企业精神："一心为乘客，服务最光荣"等。这种表述方式的

优点是：语言简练，易读易记。缺点是：难以准确地把握其内涵。

(2) 详细具体式。有的企业用详细具体的语言来表述企业精神。例如，北京松下彩色显像管有限公司的企业精神是："工业报国，实事求是，改革发展，友好合作，光明正大，团结一致，奋发向上，礼貌谦让，自觉守纪，服务奉献。"日本妙德公司的企业精神是："待人要亲切；勤能补拙；今日事今日毕；遇有工作上的难题，虚心请教别人；批评别人之前，自己必须自我反省；决定要做的事全力以赴，发挥敬业精神；日常行事，严肃中不失亲切。"用这种方式表述有具体可感的优点，但也有不方便记忆的缺点。

(3) 简繁结合式。这是一种折中的方法，有的企业在表述自己的企业精神时先做简要的概括，再加以具体阐述。这样的表述方式既能使员工记住要点，又能使他们理解具体的内涵。

3) 企业道德设计

企业道德是人们在经营活动中应该遵循的，靠社会舆论、传统关系和信念来维持的行为规范的总和。企业道德是对企业员工行为的软约束，不但可以弥补企业规章制度等硬约束难以面面俱到的局限，而且能够使企业员工的行为自觉地指向企业目标的实现，成为企业不可缺少的道德力量。因此，完整的企业理念识别系统策划，必须对企业道德进行科学合理的设计。

企业道德是社会道德理念在企业中的具体反映。企业道德所调节的关系的复杂性决定这种道德理念不是单一的观念和要求，而是具有多方面、多层次的特点，是由一组道德观念因素组成的道德规范体系。

4) 企业目标设计

企业目标是指企业在一个时期内通过努力而期望获得的成果。它代表一个企业的发展方向和未来的趋势，是激励全体员工的精神力量。没有目标的企业是没有希望的企业。韩国现代财团创办人郑周永曾提出："没有目标信念的人是经不起风浪的。由许多人组成的企业更是如此。以谋生为目的结成的团体或企业是没有前途的。"因此，企业目标在企业理念中处于非常重要的地位，设计企业目标在任何企业的理念识别系统策划中都是最重要的，必不可少的。

(1) 确定企业最高目标。企业的最高目标是全体员工的追求，是全体员工共同价值观的集中体现。在企业的多目标体系中，最重要的就是企业最高目标。只有确立最高目标，才能够确定整个目标体系，确定企业的其他理念。

企业有了明确的最高目标就可以充分发挥企业各级组织和员工的作用，调动他们的积极性、主动性和创造性，使广大员工将自己的岗位和工作与实现企业的奋斗目标联系起来，把企业的生产经营转化为每一位员工的具体行动。所以，在企业 MIS 策划中要十分重视企业最高目标的设计。

(2) 完善企业的目标体系。企业只有最高目标是不行的，还必须制定更详细具体的目标组合，形成完整的、可以逐步实现的目标体系(如图 11-2 所示)。在企业最高目标下面，一般分为以下若干个子目标。

方向组合：单一目标、双目标和多目标。

层次组合：战略目标、管理目标和作业目标。

结构组合：企业目标、部门目标和员工个人目标。

时间组合：长期目标、中期目标和近期(短期)目标等。

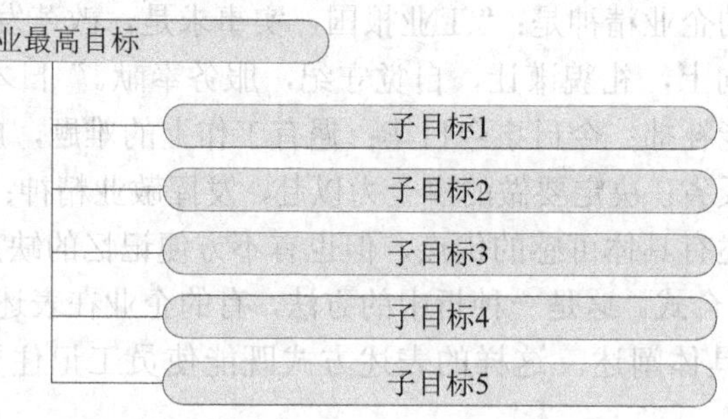

图 11-2　企业目标体系

5) 企业宗旨设计

企业宗旨是指企业所认定的追求境界、发展方向和信念柱石，体现着一个企业崇高的目标和实现目标的执着信念，是企业理念的重要组成要素之一。例如，广州本田汽车公司的服务宗旨是："为顾客提供喜悦，是我们最大的喜悦。"北京铁路局的宗旨是："人民铁路为人民。"北京同仁堂的企业宗旨是："同修仁德，济世养生"等。以上这些都体现了企业向社会做出的公开承诺，都体现了企业的社会责任感，从而反映企业存在的社会价值。

6) 企业作风设计

作风是指人们在工作、学习和生活中表现出来的态度或风格。企业作风是指企业在生产经营管理过程中表现出来的工作态度或风格，是企业风气的核心成分，也是企业理念构成的要素之一。因此，设计良好的企业作风，是形成健康的企业风气和塑造良好的企业形象的必不可少的一步。

例如，海尔作风——迅速反应，马上行动；长虹作风——团结，勤奋，民主，文明；兰州煤油厂的作风——高、严、细、实。企业共有的优良作风是多方面的，主要有团结协作之风、文明生产之风、艰苦奋斗之风、严谨之风、务实之风、勤奋之风、创新之风等。企业要根据自身的特点有所侧重地进行表述。

11.2.2 企业理念的实施

企业理念的实施要经过企业全体员工的了解、认识和实践。企业理念之所以成为企业活力的源泉，成为调动员工积极性的动力，就在于：一方面理念能把广大员工的潜力发掘出来，使之服务于该企业共同的事业；另一方面是使个人目标和企业目标得到统一，减少企业的"内耗"。

了解企业理念是渗透工程的第一步。要使企业理念内化为员工的信念和自觉行动，必须让员工知晓企业的经营方针、发展目标、行为准则、企业口号，以便使企业理念初步为员工所认识。员工对企业理念的了解程度从企业内部来讲主要取决于两个方面：①企业领导对企业理念传播的态度；②企业信息的沟通渠道及传播媒体。两者从主观决策者到信息载体，是构成企业理念传播渗透的必要条件和基础。

领悟是认知的高级阶段。企业员工了解企业理念及其具体内容，是理念识别实施过程的起点，要让员工从表层接触到心灵的契合，还要求员工对企业理念的把握上升到领悟阶段。领悟的途径有多种，如企业领导或先进模范通过切身体验和感受阐释企业理念，从而引导员工领悟理念。不仅要让企业员工领悟，而且要尽可能地成为社会公众关注的视点。

实践作为理念识别系统的实施是至关重要的，仅仅了解和领悟企业理念还不够，还应当把领悟到的精神运用到生产、经营和管理的实际行动中去。由抽象的理念感知到付诸行动是一个由内向外的复杂过程。它既带有员工个体的主观意志的认同差异，又在客观上要求理念识别的认同具有一体化的特性。解决这一矛盾，需要企业运用时间锤炼的原则，通过强化从众心理、模仿心理等手段反复教育与引导，从而使员工自觉地将理念由一种心态转换为一种行为习惯。企业可以通过培训，让新员工了解和顿悟企业理念，使他们上岗后自觉或不自觉地适应企业理念。企业还可通过赏罚分明的措施，对员工遵守企业规范的行为进行奖励，对违反企业规范的行为进行批评、惩罚。通过奖罚，使员工重复或终止某一行为，强化企业理念。

1. 企业理念的实施方法

企业理念的实施和渗透工程有种种方法，其目的是真正有效地将企业理念转化为企业共同的价值观和员工的共同心态。目前广泛采用的实施方法有反复法、翻译法、环境法、仪式及游戏法和英雄式领导法。

1) 反复法

反复法通常采用所谓“唱和”的做法，朗读企业理念的小册子，宣读张贴在墙上的企业理念。但在实施前，要考虑时机、频率、对象层的选择。因为唱和容易使人产生某种强制的感觉，同时也会让人怀疑实施对象的低层次水准，况且新老职工站在一起唱和会造成老职工的心态不平衡，因而持反对态度。在朗读企业理念的时候，要求采用精简的口语化方式，要有亲切感，避免命令式口吻。反复法不仅指唱和、朗读，也可利用立体音响，借助传播工具请传播员朗读，在公司里播放给全体员工听，或利用流行歌曲形式进行演唱。

2) 翻译法

翻译法是指结合自己的切身体验阐释自己公司的理念，使共有的企业理念化为每个员工的理解，将自己的工作实际与企业抽象理念融为一体，并在新闻或公司的刊物上，再对此进行评奖。在采用征文形式的同时，也可以用明信片形式。

3) 环境法

环境法是将企业理念视觉化，使之适用于企业环境。例如，以图案来象征企业理念，做成匾额、壁画或海报，设置于办公室、工厂或其他工作地方的墙上。

4) 仪式及游戏法

仪式及游戏法就是将企业理念的传播融进仪式或游戏活动之中，以增强凝聚力。

5) 英雄式领导法

英雄式领导法是利用英雄式领导起到示范作用。仅在口头上阐释企业理念，而不能切身体验，企业理念也就只能沦为装饰性的、虚有其表的空洞仪式。一般企业中要有一个英雄式的领导者，最好是中层主管，因为他是众人的楷模，要使他成为众人模仿的对象，要使人产生“有为者亦若是”的观念，才具有现实意义。英雄式领导法的本意是向人们昭示：企业内的人只要努力，就可以成为眼前这样的人，即使不能完全一样，也能相当接近。

2．企业理念的构成要素

企业理念识别系统有其丰富的内容和构成要素，这些内容和要素构成了理念识别系统。它主要包括：企业使命、经营宗旨、经营哲学、经营战略、经营方针、行为准则、企业价值观。

1) 企业使命

企业使命是企业行动的原动力，它含有两层意思：功利性和社会性。任何企业都将追求最大限度的利润作为其最基本的使命之一；同时它作为社会构成中的细胞，必然对社会承担相应的责任，为社会的繁荣和发展完成应尽的义务。在实际中，功利和社会责任，企业要兼顾，舍去任何一个，企业都将无法生存。因而，明确了企业使命，就明确了企业自身存在的意义，找到了企业存在的位置。企业使命是构成企业理念识别系统的最基础性的要素。

2) 经营宗旨

企业的经营宗旨就是企业的最高目标。应该说以一定的方式满足顾客的需求从而借此实现自己的利润目标，应是每一个企业的经营宗旨。任何企业都以营利为目的，但若不以满足顾客需求为经营宗旨，并借此实现这一目的，企业将失去竞争力，不能长久存在。

3) 经营哲学

企业经营哲学就是企业的指导思想，是指导企业决策及活动的工具。“顾客至上”、“质量第一”、“开拓创新”等，都分别是许多企业的经营哲学。企业哲学一旦确定，它将成为所有决策与活动的中心，即一切决策及活动将按其要求做。经营哲学是理念识别系统中的中心构成要素。

4) 经营战略

为履行企业使命，实现企业宗旨，在经营哲学的指导下，企业必然要进行战略规划。经营战略是指企业在对周围环境分析的基础上，所制定的长远目标以及为实现这一目标制订的方案和措施。经营战略是目标和手段的统一，是带有全局性、长远性、重大性的决策和规划。它为企业经营指明了方向。

5) 经营方针

经营方针是指为执行和实现企业经营战略而做的指导性规定，是企业经营哲学的细化。企业经营宗旨和战略目标甚至是战略措施相同，但企业的经营方针可以不同，它保证企业以一种什么样的方式或特色要求实现其目标。

6) 行为准则

行为准则是指企业所有员工在其各自的工作岗位上应遵守的具体规定和制度，如服务公约、劳动纪律、工作守则、操作规程、考勤制度等。

7) 企业价值观

企业价值观是指企业及所有员工对其活动意义、作用的认识、判断及由此而决定的行为趋势。它是从每一个人的认识、看法、判断方面对企业经营哲学和行为准则所进行的补充。

企业理念又包括经营理念和行为理念。经营理念是为了实现企业目的、企业使命、企业生存意义所制定出来的企业规范，也是有效地分配经营资源和经营能量的方针。行为理

念则是广大员工将企业的生存意义、经营理念转换成一种心态，在平常的言行中表现出来，以明确易懂的组织规范，让员工明了如何共同强化企业力。

企业的理念是个性与共性的统一。普遍的企业理念具有较强的时代特色，它不仅会在本企业起到很大作用，而且还会通过各种信息渠道渗透、传播到同行业的其他企业甚至不同行的企业，对其他企业起到楷模的作用。

强调凝聚力的企业，必定重视企业内部的干部教育、员工教育，将全体员工个人的思想感情、命运与企业的命运紧密地联系在一起，使他们感到个人的工作、学业、生活等任何事情都离不开企业这个集体，从而与企业同甘苦、共命运。企业理念不仅使企业领导层之间，也使干部与员工之间产生凝聚力、向心力，使员工有一种归属感。这种向心力和归属感反过来又可以转换成强大的力量，促进企业发展。

3. 企业理念的创意

企业形象必须围绕企业理念来进行创意、设计和实施。设计是一项创造性的精神劳动，大多数设计人员往往习惯于凭借自己的专业知识来从事设计，而不顾及企业形象的战略目标和企业理念，这往往导致不能正确阐述企业理念。如果我们对企业的文化背景、战略目标、经营理念在时间上和空间上所具有的共性和个性有正确的分析和把握，也就是对 CI 战略有一个正确而全面的理解，我们就可以发现，突出理念的 CI 设计是其他设计的先导，并且必定要决定其他设计的基本方向与风格。可以断言，一切其他的设计必须服务于企业理念，只有从企业理念出发，才不会偏离 CI 的本意。

“经营就是创造”，把企业经营活动看成是一种类似于艺术创造的活动，首先是一种企业理念的创意。从企业经营的全过程看，制定总体计划、招聘人才、筹集资金、建造厂房设施，开发产品等一系列活动都是创造，而这种创造都是在一定的企业理念指导下进行的。企业必须和社会一同向前发展，企业的发展是动态的，因此，企业理念也在不断的发展和变革。企业面临的内部和外部环境变化后，原来的企业理念也应有所变革。将竞争对手和企业所处的环境作为主要参照系，考察行业竞争环境对企业价值体系的直接、间接影响，并制定出可以不断适应动态革新的企业理念。企业组建成大型公司或集团公司的初期，由于见解明了的企业理念比一般的政策和系统更容易让人记住，这种比较直观的具有易于接受和传播的企业理念就要给予重新构建，以适应公司向大型化、集团化环境转变的需要，这时就必须特别重视包括制度文化在内的企业文化的审视与兼容，从而塑造新的企业形象。企业在转制时面临许多新情况、新问题，为了重振士气，也要重塑企业理念。

在制定企业理念时，需要将其具体化为理念识别的基本要素和相关的应用要素。理念识别的基本要素包括企业经营策略、管理体制、分配原则、人事制度、人才观念、发展目标、企业人际关系准则、员工道德规范、企业对外行为准则、政策等。理念识别的应用要素主要包括企业信念、企业经营口号、企业标语、守则、座右铭等。

企业理念的制定需要发动企业全体员工共同参与，通过调查企业的现状，确认企业的远景；根据调查研究结果和企业理念识别的基本要素，将企业理念识别基本要素的草案适当进行企业内外的调试：就测试结果对企业理念识别基本要素做修正定案，将修正定案的理念识别要素视作相关应用要素，将视作的相关应用要素进行企业内外测试，就测定结果对理念识别应用要素做修正定案，根据修正定案的理念识别基本要素和相关应用要素制定企业的理念识别手册。

11.3 企业行为识别系统策划

在企业识别系统中，国内外企业开发最有成效的部分是视觉识别(VI)，它力图通过企业的名称、标志、品牌、标准字、标准色建立企业的凝聚力与个性。而行为识别(BI)的基本意义是将企业的内部组织机构与员工的行为都理解为一种传播符号，通过这些活动的因素传达企业理念，塑造企业形象。并且，行为识别系统的构成与开发远比视觉识别复杂，涉及的层面和因素更多。因此，行为识别至今而言，还不能说是发展到了相当丰富、完善的水平，这意味着企业开发建立行为识别系统有着极大的空间和美好的前景。

11.3.1 企业行为识别系统的内涵

通过对企业实际状况调查，制定出企业理念之后，应通过企业整体的活动识别、视觉识别在实践中贯彻企业理念。如果说 MI 是想法，那么 BI 是做法。BI 有对内、对外两个活动，对内就是建立完善的组织、管理、教育培训、福利制度、行为规范、工作环境、开发研究等来增强企业内部的凝聚力和向心力；对外则通过市场营销、产品开发、公共关系、公益活动等来表达企业理念，取得大众认同，树立形象。

1. 企业行为识别系统的含义

企业行为识别简称 BI，是指在企业的经营理念、经营方针、企业价值观、企业精神指导下，在内部协调和对外交往中的一种规范性准则。它通过企业的经营管理活动以及社会公益活动等来传播企业的经营理念，使之得到企业内部员工的认可和支持之后，更能进一步得到社会公众的接受，从而进一步强化其品牌形象，在市场创立的品牌中树立一种美誉度极高的企业形象，创造更加有利于企业深化发展的内外部环境。从这一意义上讲，BI 是以企业独特的经营理念为基本前提，这就决定 BI 具有某些个性化的特点，并始终围绕着企业经营理念这个核心展开。

BI 还兼具一贯性、策略性特征，它区别于企业的一般性经营活动，能充分调动企业所能利用的各种媒体和传播工具，采用丰富多彩、不拘一格的活动，以最大限度地赢得内外环境的认同。这里所说的一贯性，是指具有典型识别意义的企业活动，必须长久不懈地坚持下去，比如说企业定时、定期的集会活动、典礼和仪式，以及具有企业识别意义的、由员工亲自参加的经营活动，甚至包括社会公益活动等。BI 策略性是指企业识别性活动的形式、内容、方式、时间、场合等都要根据 MI 做出策略性调整和应用。根据不同企业、不同阶段的企业目标以及不同时间、不同场合的受众情况，BI 将会有多种多样的表现形式，所有的活动都是有计划、按步骤、分阶段来实施的。图 11-3 所示是企业行为识别结构图。

2. 企业行为识别系统的特点

1) 实际而具体，易于操作

BI 本来就是 CI 的“做法”，所以它不像 MI 那样高度概括和抽象，它必须立足企业的现状，一项一项去落实，去实施。所以 BI 的所有活动、所有要求必须实际可行，联系企业的需要。BI 为 CI 的执行层面，实践性极强，所以 BI 活动的设计要讲究创新、超前，但最重要的是考虑能否操作。BI 的策划方案不能只是大的原则、方向，应尽量的周密、详尽，包括活动的组织机构、内容、时间、地点、目的要求、反馈和修改等，都要十分具体、易行。

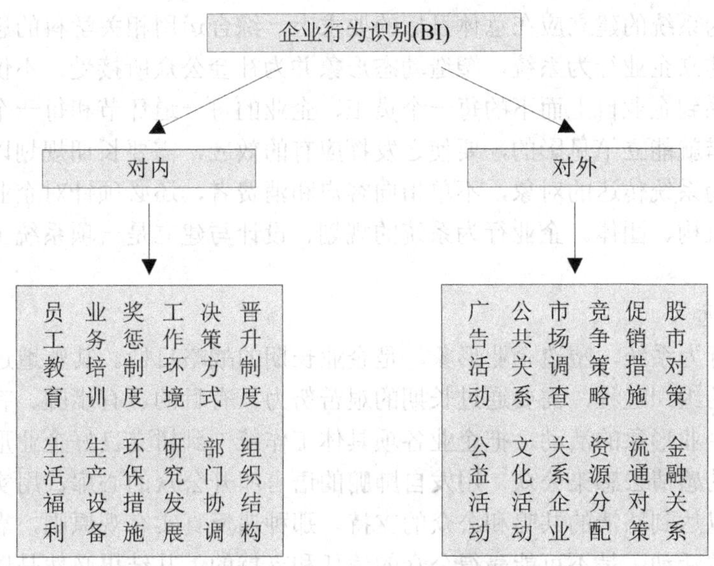

图 11-3　企业行为识别结构图

2) 真心实意，感情诉求

诚实是 CI 的生命。企业举办任何活动，都应出自真心诚意，而不是为了赶时髦、走形式、摆花架子，或哗众取宠追求新闻效应，更不允许弄虚作假，欺世盗名。

3) 复杂多样，常变常新

在 CI 策划中，理念识别具有恒定性，一经确定就要相对稳定一段时间，不能频繁改变。行为识别则不然，BI 作为 MI 的具体表现形式，应该是不拘一格、多姿多彩、常变常新。在行为识别中，尤其重要的是信息要灵通，能以最快的速度，准确地捕获市场信息，以便及时做出反应，制定应对良策。例如，电视剧《宰相刘罗锅》播出后，在全国引起轰动效应，刘罗锅一下子成了人们的议论中心。北京一家图书馆敏锐地获取人们迫切地想知道“历史上真实的刘墉”的信息，在馆内开展“刘墉其人”的历史资料展示和咨询活动，顿时，一向冷清的图书馆门庭若市，取得了很好的社会效果。企业在进行 BI 规划时也要学会审时度势，通过顾客喜闻乐见的方式表现企业的行为规范。

4) 多角度、全方位，多方兼顾，各方协调

企业举办的各种活动，必须是多方兼顾，不可顾此失彼。例如，企业经营必须讲求经济效益。就内部而言，既抓产、供、销，又抓人、财、物。既要体现社会公众的利益，又要改善职工福利。就外部而言，既要舆论宣传，又要重视公众沟通。就每一项活动而言，既有长远考虑，又有现实目标。总之，构建企业行为识别系统，必须是多层次，全方位，各方协调，配合默契，才能产生好的效果。

3. 企业行为识别系统建立的原则

企业行为系统包括的内容非常庞杂，它涉及市场营销学、广告学、公关学、传播学、管理学等多方面的内容，但行为系统并不是这些内容的全盘照搬。行为系统的目的在于通过各种有利于社会大众以及消费者认知、识别企业的特色活动，塑造企业的动态形象，并与理念系统、视觉系统相互交融，树立企业良好的整体形象。

因此，行为系统的建立应在总体目标的要求上，综合运用相关学科的思想与技巧，加以整体策划。建立企业行为系统，塑造动态形象并为社会公众所接受，不仅是公关部门的事，而且是关系到企业自上而下的每一个员工、企业的每一道环节和每一个部门的事。它不是短期的举措就能立竿见影的，要使之发挥应有的效应，需要长期规划以及全体员工的共同努力。行为系统传达的对象，不单指向客户和消费者，还必须针对企业内部员工、社会大众、相关机构、团体。企业行为系统的规划、设计与建立是一项系统工程，应遵守以下原则。

1) 立足长远

建立企业行为系统，塑造企业形象，是企业长期的战略目标。其塑造过程，可以说是企业系统工程的组织过程，需要通过长期的艰苦努力，有目的、有步骤、有组织地开展各种有利于树立企业形象的活动，把企业各项具体工作统一到树立良好企业形象这个总目标上来，用纯真的感情去感染公众，用发自肺腑的语言叩开公众的心扉，用实际行动实现对公众的承诺，以达到感情的共鸣和公众的支持。那种违反真实客观原则，靠虚假失真广告制造噱头的公关活动，是不可能赢得公众的信任和支持的，其结果必然是以害人开始，以害己告终。

2) 内外兼顾

企业开展活动，既要考虑企业内部员工的需要，又要顾及社会公众对企业的总体印象和评价。公众是形象的主要感受者，衡量企业形象好坏的主要依据是能否满足公众的利益。“当局者迷，旁观者清”，社会公众往往很容易发现企业的缺陷。如果一个企业在经营管理活动中，始终把公众利益放在应有地位，以公众利益为导向，那么这个企业在社会公众心目中会留下深刻良好的形象。因此，在CI战略中，行为识别的运作过程要随时根据公众的利益和要求加以修正和调整。

3) 广泛传播

企业举办活动要取得良好效果，除了精心设计之外，重要的是把活动信息广泛地传播给大众，取得大众传播媒体的配合。新闻媒体是树立企业良好形象的必备手段，在大众传播媒体高度发达的今天，利用新闻媒体对企业举办的活动加以多角度、多层面的正面报道，为企业扩大宣传服务，是行为系统发挥作用的一项重要工作。企业凡举办大型活动，如产品订货会、信息发布会、厂庆、专题促销活动、社会公益性赞助活动等，都应事先与有关记者取得联系，让他们进一步了解企业，扩大宣传。企业还要主动向新闻界提供准确的、有价值的新闻线索，为扩大企业宣传提供素材，有条件的企业还可以定期或是不定期地举行记者招待会，以加强沟通，增进友谊。

4) 防微杜渐

企业是一个有机体，有机体的运动必然会产生各种问题。问题出现并不可怕，关键是

对待问题的态度，活动中不论出现什么问题，对企业形象都有或大或小的影响，有的甚至会造成难以挽回的损失。因此，防止企业形象发生危机是树立、保证和维护企业形象的重要原则之一。一旦活动中出现形象危机，就应采取有效对策，以重新赢得公众的理解和支持。

4．实施 BI 的方法

BI 的实施是一个系统工程，必须把多种手段配合起来使用，常用的方法有以下几种。

1) 公关秀

公关秀就是以个别事件、偶发事件为契机，通过一系列精心策划的公关活动，打破员工的固有思维方式和旧有行为模式。作为建立 BI 系统的一种手段，公关秀具有强大的瞬间震撼力，但缺乏持续性。故往往用于建立系统工程的初始阶段，起到“脑力激荡”、“冲锋号角”的作用。但如果没有源源不断的后续手段，它的效果是非常有限的。

2) 规章制度

企业的规章制度是 BI 系统的重要组成部分。没有规章制度的企业恐怕不存在，但我国大多数的企业，尚未认识到把企业规章制度和企业理念统一起来的重要性，更不知道如何把规章制度与企业理念有机地统一起来。

3) 不成文惯例

除了规章制度之外，企业的核心价值观更多是通过不成文惯例传播的。不成文惯例可意会、可言传，却找不到白纸黑字的相关规定。所以从某些角度来看，不成文惯例也是企业的文化。要利用不成文惯例改变员工的行为规范，往往需要通过自上而下进行，有计划、有目的的示范行为，即“言传身教”。若用好了，不成文惯例比规章制度效率更高，成本更低，影响更深远。

4) 战略取向

不论是有意还是无意，我国许多企业的整个战略取向与所声称的“企业理念”南辕北辙，这必然会从根本上削弱 CI 系统的有效性。企业理念应当和企业的战略取向相呼应，理念是战略的指南，战略是理念的体现。

5) 选择合作伙伴

企业在选择合作伙伴时，也应比较双方的经营理念是否一致。有许多企业在和别的企业合作过程中，只考虑当前的物质利益，没有意识到理念冲突可能产生的严重后果。同样地，企业在招聘、选拔员工的时候，不能“唯才是用”，而应“德才兼备”，选拔一些与公司有相似理念的人才。

以上是实施 BI 的五种常用方法。必须注意的是，BI 的实施是具有持续性的，并不能一蹴而就，也不是实施过后就可以高枕无忧，因此要长期地保持实施的状态。

11.3.2　企业内部行为识别子系统的构建

企业内部行为识别子系统是通过企业组织管理、员工教育培训、员工工作环境、员工福利待遇、良好股东关系、员工行为规范等方面的策划而构建起来的，使员工对企业理念达成共识，并在企业理念的指导下形成全体员工共同遵守、自觉执行的行为准则，增强企业的凝聚力和向心力，根本上改变企业的运营机制，树立良好的企业内部形象。

1. 企业组织管理策划

企业组织管理行为是企业内部识别子系统的主要组成部分，也是企业 BIS 的重要内容，主要包括组织机构的设置、规章制度的制定和管理方法的运用等内容。所谓组织机构是指企业内部各种机构的结合状态。要实现企业 CIS 战略的目标，使企业的经营思想能指导企业的经营活动，就要求企业根据自身情况建立起一套科学的，有极强应变能力的，能输出高功能的组织结构体系。也就是要求企业根据自身的经营特点和规模，产品的复杂程度和专业分工的情况，生产、经营、销售和符合客观需要，科学合理地设置企业的管理幅度、组织层次、单位划分以及分权等。组织机构的设置、部门的划分、岗位的建立、人员配备均应以提高整体效能为目标。理想的企业组织结构，应该是精简的、职责和权限相对应的、适合企业特点的、高效能的组织机构，它是顺利实施 BIS 的基本组织保证。企业规章制度和管理方法，是全体员工必须遵守的规范和准则。企业规章制度包括生产技术规程、管理工作制度和责任制度等，主要有如下几类。

(1) 基本制度类：企业领导制度，民主管理制度，民主监督制度，职工培训制度等。

(2) 工作制度类：包括计划、生产、技术、劳动、物资、销售、人事、财务等方面的制度。

(3) 责任制度类：是依据企业的生产、劳动分工和协作的要求制定的，规定每个成员在自己岗位上应承担的任务、责任和权利的制度。

2. 企业员工教育培训策划

从企业导入 CIS 战略的内在意义上说，企业本身的自我认同，最重要的是员工对企业的认同，使全体员工从思想认识上统一到企业的经营理念、经营宗旨、经营目标和经营方针上来。因此，企业对员工的教育与培训是企业 BIS 的重要内容。没有员工的统一认识，企业的生产、经营就缺少了起码的基础。只有热心于员工教育与培训的企业，才能使员工产生积极参与的行为和对企业的归属意识。另外，当企业为了拓展事业，走向新的经营领域，确立新的经营理念、目标、方针，设立新的组织机构，采用新的管理机制和销售战略，研究开发新产品的时候，就必须使员工了解、认识和认同企业的新理念、新目标、新做法，明确作为企业的一员所必须承担的义务和责任。因此，在导入 CIS 战略时，企业首要的工作就是对全体员工进行教育培训。企业员工又是将企业整体形象传递给外界的重要媒体。对员工的思想、职业道德、人格、作风、技术和管理能力、服务态度、电话礼貌等方面的教育和培训，可以实现企业形象的提升。因此，对企业员工的教育与培训是企业 BIS 构建的重要环节。在企业员工教育培训方面的策划可以通过开展以下活动来实现。

(1) 颁发 CIS 手册，使员工熟悉载入其中的企业理念、行为、视觉和听觉识别系统等内容。

(2) 通过视、听传播形式向员工介绍企业有关 CIS 导入背景、经过及新制定的企业理念。

(3) 开办企业 CIS 战略研讨班，加深员工对 CIS 战略的理解，提高员工的参与意识。

(4) 开展企业 CIS 应用要素的实际运用活动，如企业标志、企业精神的标语口号、企业标准色、标准字等，在产品包装、宣传媒体上的应用，装饰布置企业内外环境。

(5) 举办礼仪培训班，如对员工仪表仪态、电话礼貌、应接技巧等方面进行培训，提高员工的综合素质。

(6) 开展企业内部的沟通活动，如召开员工座谈会、经验交流会等。

(7) 出版企业内部宣传简报，建立员工阅览室等。

(8) 开展形式多样的宣传活动，如举办以宣传企业理念、经营宗旨、塑造企业形象为主题的演讲比赛、文娱活动等，以展示企业的精神风貌，培养员工团队精神和集体荣誉感。

3．企业员工工作环境策划

企业工作环境，就是企业员工的岗位环境。工作岗位通常根据工作性质和任务配备办公设施，根据技术工艺过程的要求而装备相应的设备和工具。一个员工每天有三分之一时间是在工作环境中度过。环境反过来会成为一种无形的力量影响到人的行为。环境可以影响人们的精神风貌、行为模式、工作态度、人际关系、工作质量和数量。恶劣的环境，使员工把工作当成负担和折磨；优美的环境，使员工把工作当成享受和乐趣。环境对人的影响作用，是通过空间布置、光线、色彩、声音、物体的外形对人的视听觉乃至整个感知觉系统的刺激，这些刺激因素结合起来引起的感受在人的大脑中与多种观念联系在一起，形成人对客观环境中的事件和现象的评价态度。因此，企业在构建企业内部行为识别系统时，要重视员工工作环境的策划，要为员工创造良好的工作或生产环境，如生产车间安全环保，办公场所空间开放，公共场所绿化美化等。

4．企业员工福利待遇策划

企业员工福利待遇的策划是构成企业内部行为识别子系统的重要内容之一。企业对员工的福利待遇，是关系到员工切身利益的重大问题，尤其是处在发展时期的企业，要不断地改善企业员工的福利待遇，给员工基本的生活保障，消除员工的后顾之忧，调动员工的积极性，使员工能够全心全意为企业工作。企业员工福利待遇的策划主要从如下几个方面入手。

(1) 根据企业发展和员工的工作岗位性质，适当提高员工薪金。使员工感受到企业发展了，自己工资也提高了，从而使企业与员工形成“命运共同体”、“利益共同体”，增强企业的凝聚力和员工的归属感。

(2) 建立和完善企业医疗保险和劳动保险制度，消除员工的后顾之忧。

(3) 建立文体活动室，配备员工开展文体活动的设施，定期或不定期举办文娱体育比赛，活跃员工的业余生活，使员工保持健康的体魄和良好的精神风貌。

5．建立良好的股东关系

建立良好的股东关系，也是企业构建内部行为识别子系统的重要内容之一。股东是企业的投资者，他们与企业已结成“命运共同体”和“利益共同体”。建立和保持企业与股东的良好关系，争取股东对企业的了解和信任，提高股东对所有权的自尊感，唤起股东对企业的认同感，赢得股东的合作和支持，是一项十分重要的工作。建立和保持企业与股东的良好关系，可以从如下几个方面进行策划。

(1) 每逢重大节日，派送特别礼品。每逢重大节日，企业给每位股东送上一份有象征意

义的特别礼品，礼轻情义重。这份礼品有两层含义：一是对股东表示节日问候；二是沟通企业与股东的情感，保持企业与股东的良好关系。这是建立和保持企业与股东良好关系最简单、最有效的方法。

(2) 建立股东网络，发送重要信息。当今社会已进入信息时代，企业应利用 Internet 建立股东网络。企业通过网络给每位股东发送企业的重要信息或报告企业生产经营管理情况。这是企业利用现代工具经常、及时与股东沟通企业信息的一种先进方法。作为企业所有者之一的股东，他们当然有权充分了解有关企业的所有情况，这种方法既可以使股东及时了解企业信息，又增加了企业经营管理的透明度，从而进一步提高股东对企业的信任感、对所有权的自尊感、对企业的认同感，企业也因此赢得股东的真诚合作和倾力支持，促进企业不断向前发展。

6. 员工行为规范策划

制定严格的员工行为规范是企业 BIS 策划的重要组成部分。构建企业 BIS 的作用就是通过每个员工的行为在公众心目中对企业留下美好的印象，从而达到塑造良好的企业形象的目的。员工行为规范是企业员工在共同工作中自觉遵守的行为准则。这种行为规范的强制性虽然不如企业制度，但带有明显的导向性和约束性，通过在企业中的倡导和推行，容易在员工群体中形成共鸣和自觉意识，从而促进员工的言行举止和工作习惯向企业期望的方向和标准转化。

7. 编唱企业歌曲

在实施 CI 战略中，可以借公司歌曲来增强企业凝聚力。因为经过企业歌曲的编唱，既能够宣传企业的理念，又可以振奋员工的精神，缓解员工工作紧张的压力，尤其是青年员工对这种形式更是易于接受。

11.3.3 企业外部行为识别子系统的构建

企业外部的行为识别是通过产品形象、市场调查、服务水平、领导形象规范、营销活动、广告活动、公关活动和社会公益活动八个方面向企业外部公众不断地输入强烈的企业文化和经营理念，从而提高企业的知名度、美誉度，确立企业良好的社会形象，为企业的经营活动营造一个理想的外部环境。

1. 产品形象

产品形象，是指产品的命名、外形、功能、质量、商标、价格、包装等给公众留下的整体印象。产品形象的好坏直接关系到公众对企业的总体印象，良好的产品形象会给企业的生存和发展带来理想的外部经营环境。消费者对某一产品具有良好的印象，其原因并不仅仅是产品的外观、性能等，还涉及有关的质量、服务、信誉、附加值等，这些都是产品形象的重要体现。

2. 市场调查

企业必须进行市场调查，以了解消费需要，在此基础上进行新产品设计和开发，特别

是要通过市场调查确定好市场定位，即根据市场的竞争情况和本企业的条件，确定本企业的产品和服务在目标市场上的地位，从而为产品创造独特的销售主张，同时赋予一定的形象，以满足目标顾客的需求和爱好。

3．服务水平

产品的差别化战略配合良好的服务，可以更有效地赢得顾客的忠诚，也是企业一切活动的出发点和归宿，是竞争制胜的法宝。对于顾客来说，有时服务质量等软件因素比产品本身等硬件因素更为重要。

就服务内容而言，包括服务态度、服务质量、服务效率；就服务过程而言，包括三个阶段，即售前、售中和售后服务。服务活动对塑造企业形象的效果，取决于服务活动的真实、真诚。服务做不得半点虚伪，它必须是真心换真心，必须是言必行、行必果，给消费者带来实实在在的利益，让顾客感受到服务的真诚，从而成为企业的忠诚消费者。

4．领导形象规范

企业领导是企业的核心，是员工效仿的典范，也是新闻媒体、舆论界的焦点人物。企业领导常常出席各种场合，常常会见政府官员，在这些不断的社会活动中，企业领导的行为表现总是不断地向公众传递这样或者那样的信息。不管他们愿不愿意，他们的行为表现潜移默化地影响着他们在公众和员工心目中的形象，这些形象会对企业产生深远的影响。

企业领导在出席社会性、公益性的场合时，其形象所体现的是以企业领导为代表的整个企业风范和形象，这种风范和形象是企业形象的重要部分，体现的是企业对社会的态度，对公益事业的参与，对社会的义务回报，是企业文化的外在体现。

企业与社区、政府是相连的，企业领导行为的外在表现对社区、政府有着深刻的影响。从企业的利益出发，塑造良好的行为形象，没有负面影响，是每一个企业领导的不变追求。企业领导的形象通过新闻媒介的传播，可使企业形象更具权威性和说服力。

企业领导形象的内涵包括以下三个方面。

1) 企业领导的价值观

企业领导的价值观是他们的自身素质和外部环境共同作用下形成的，企业领导的价值观是由社会经济的发展水平和市场经济的竞争状况决定的。企业领导是理想主义者，又是务实专家，他们敢于想象企业的未来，他们又乐于承担风险，他们以自己独特的价值取向来经营企业，来面对环境的变迁与激烈的竞争。

2) 企业领导的世界观

企业领导的世界观要求企业领导在企业的战略上要有一种“进取心”，就是构建企业发展蓝图，这是企业领导世界观的经济性体现。企业领导的世界观体现在社会性时，必须更多地关注社会对待企业的反响。

3) 企业领导的人生观

从宏观上看，企业领导的人生观是个人对人生的态度和见解，体现在企业领导的为人处世、待人接物、言行举止以及价值观、世界观上。它是以经济行为、社会行为为根本的。从微观上看，企业领导的人生观是他们的一些不同寻常的兴趣或者爱好，人生观使他们更加适宜与其他企业领导、经营专家以及社会各个阶层的重要人物交往。同时，企业领导形

象主要体现在为人处世、社交活动、生活喜好、管理风格上。

5. 营销活动

营销活动包括营销管理、促销管理、广告管理等方方面面，活动形式具体包括产品发布会、订货台、推广会、展览会、经销商会议、消费者恳谈会、市场调研会、品牌评估会等；活动对象可分为针对经销商的营销活动行为规范，针对消费者的营销活动行为规范，针对学术活动的行为规范。

要努力做到让利于商，以诚待商并服务于商。脚踏实地地练内功，真诚地面对顾客，是实现企业长远目标的需要。经销商和消费者，是企业的两种顾客，两种顾客都要满足其需要，但两种需要是不同的：经销商需要的是市场、利润以及可持续发展的品牌；消费者需要的是优质的产品、独特的精神享受和优惠的价格。在这里，我们的服务成为日常工作的重要内容。在促销活动、市场调研活动以及各种类型的终端活动中态度要诚恳，现代营销的核心是沟通，沟通在针对消费者的营销活动中占了很大的比重，消费者动了心，才会积极响应产品，才会掏钱购买。活动以易于操作为主，避免烦琐带来的各种不利影响，任何活动都必须在一定的组织工作下开展，特别是筹备工作以及事后反馈工作。质量鉴定会、产品评优会、品牌资产研讨会、销售研讨会等学术活动的参与者大多为专家学者，层次高、影响大，因此，参加这类活动要格外谨慎其言行，要注意尊重专家。

6. 广告活动

广告可分为产品广告和企业形象广告，对企业形象识别系统而言，应更加重视形象广告的创造，以获得社会各界对企业及产品的广泛认同。企业形象广告的主要目的是树立商品信誉，扩大企业知名度，增强企业凝聚力。产品形象广告不同于产品销售广告，它不再是产品本身简单化的再现，而是创造一种符合顾客的追求和向往的形象。企业形象广告的商标，是标志本身的表现及其代表产品的形象介绍，可以让产品给消费者留下深刻的印象，唤起社会对企业的注意、好感、依赖与合作。

7. 公关活动

公关活动是树立企业形象的主要手段，所以应当充分抓好公关活动，以规范的行为来传播企业各类信息。要注意公关活动的新闻性、真实性、策划性。新闻性是指要注意把握发布新闻和制造新闻的两种技巧；真实性是指要具有真实的内容，避免制造噱头；策划性是指新闻的发布要经过严密的组织，可以延伸到市场活动中，并产生销售效应。同时文化与体育活动对企业形象知名度与美誉度的提高有直接的作用，并且文化与体育活动必须与企业市场活动紧密地联结在一起，要注意该活动的社会影响力的强弱、目标消费者的参与程度、费用、可操作程度和预期效应评估等。可以依企业实力有选择地赞助公益活动，提倡员工发扬中华民族的美德。

企业公关活动的作用主要还有树立信誉、搜集信息、协调谅解、咨询建议、传播沟通和社会交往。搜集信息，有助于全面而准确地分析企业所处的人事环境和舆论环境；协调谅解，包括及时处理组织与公众间存在的矛盾，建立预警系统并实行科学管理，协助处理

纠纷等工作；咨询建议，包括提供企业形象、公众心理、公众对企业政策的评价咨询等公关工作建议；传播沟通，通过信息传播影响舆论，做双向沟通以达到与公众协调的目的；社会交往，为企业创造和谐融洽的社会环境。

针对不同的群体，公关的手段和传播方式也是不同的。

1) 针对消费者的传播

企业与消费者的良好关系首先是以满足其需要，维护其合法权益为基础的。建立科学的顾客关系管理系统，树立真诚为消费者谋福利的观念是维持双方良好关系的前提。企业与消费者的信息传播途径有很多种，如通过销售渠道、展览展示、直接与最终用户沟通和交流、发布新闻、刊登广告、出版刊物、邮寄信函等。此外还有举办产品知识培训、试用等。

2) 针对社区公众的信息传播

除以上所提及的传播渠道外，企业还可通过座谈会、走访社区团体和部门、赞助文化和体育事业、参与社会公益事业，以取得社区公众的理解和认同，塑造良好的社区形象。

3) 针对媒体的传播活动

媒体是影响和引导社会舆论最强有力的工具，良好的媒介关系是企业建立良好的公众形象的有力武器。企业应与媒体建立一种真诚互信的关系，企业向媒体提供的新闻信息必须保证其真实可靠，以借助媒体传播事实，扩大影响。其方式主要有召开新闻发布会、记者招待会、双方互访以及与媒体合作举办各种有影响的活动。

8．社会公益活动

社会公益活动是以赞助社会福利事业为中心开展的公关促销活动，比如赞助社会福利、慈善事业、资助公共服务设施的建设等。通过这些活动，在社会公众中树立企业注重社会责任的形象，提高企业的美誉度。

社会公益活动从短期来看，往往不会给企业带来直接的经济效益，而且使企业付出额外的费用。但是，从长远来看，通过这些公关活动，可为企业树立较完备的社会形象，使公众对企业产生好感，为企业创造一个良好的发展环境。

策划社会公益性活动，可以从以下几个方面考虑。

1) 社会公益活动策划的准备性工作

在着手进行社会公益活动策划之前，应首先做好以下两项准备工作：①企业形象现状及原因分析。它要求策划人员在进行策划之前，对策划所依据的材料进行分析、审定。调查材料必须真实、可行，否则，再好的策划也不会取得成功。②确定目标，这是社会公益活动策划的前提。社会公益活动的具体目标同调查分析中所确认的问题密切相关。一般来说，所要解决的问题也就成了社会公益活动的具体目标。

2) 社会公益活动的对象选择

企业营销的具体目标不同，选择社会公益活动的对象也不一样。虽然社会公益活动总体上是以资助或赞助某一项活动为主要特征的，但是，社会公益活动的对象不同，其赞助的内容、形式、特点及效果也不同。下面就目前几种主要的社会公益性活动进行分析。

(1) 赞助体育活动。体育运动目前已成为全民性运动，特别是一些国际性的体育盛会，可以超越国家、民族和文化等各种界限，吸引成千上万的人们注意。企业向这类活动提供赞助，可以迅速地提高企业知名度，扩大产品销售。

(2) 资助灾区。资助灾区，为灾区人民排忧解难是社会公益活动的一个重要内容。中国人历来都有“一方有难，八方支援”的传统美德，当灾情到来之际，企业能够适时地组织些公关活动，就会极大地触动社会公众的情感心弦，使社会公众产生共鸣。例如，加多宝在汶川大地震时捐出了一个亿，当年加多宝还是以王老吉命名的时候，传出了“要捐就捐一个亿，要喝就喝王老吉”的佳话，大大塑造了企业的正面形象。

(3) 资助社会福利事业。企业选择对各种慈善事业、社会福利事业进行赞助，比较容易获得社会各界的普遍好感。

(4) 赞助文化教育事业。文化教育事业是一个国家的立国之本，中国人对资助文化教育事业的人和事迹称赞为“尊师重教，功泽三秦”。企业通过资助“希望工程”，设立教师或教学奖励基金等各种赞助活动，可以塑造企业形象中的民族大义和社会责任感。这类公益性活动对企业的影响是深厚、长久的。

3) 社会公益活动的运作技巧

虽然上述各种公益活动不会给企业带来直接经济利益，但是，在实施过程中，企业还是要运用各种有效的公共关系技巧，来扩大公益活动在社会上的影响。比如以下方法。

(1) 举办隆重的赞助仪式。

(2) 举办新闻发布会。

(3) 传播传奇故事。

(4) 邀请社会名流给予评价。

康佳在营销、公益活动等方面，将产品宣传融入形象之中，提高了广告、宣传的品位档次，产生了轰动的社会效应，把“康佳产品遍四方，售后服务到府上”作为企业理念的延伸，是对广大用户的承诺，举办“康佳质量万里行”等大型活动是与用户之间感情的增进。另外，捐资在延安兴办“深圳康佳希望小学”，参加电视扶贫活动，树立良好的企业形象；开展“全国家电维修技术能手大赛”等，对潜在的市场起到了导向作用。

康佳通过一系列活动的目的在于树立优良的企业形象。康佳不仅生产销售高品质的彩电，而且奉献一种优质的服务，一个大型企业振兴民族经济及回报社会的高层次文化，使消费者广泛认同，最终使消费者感受到拥有康佳，不仅仅是领略清晰的画面、悦耳的声音等高科技，同时是享有品牌文化附加值所带来的满足和自豪。

总之，企业在开始社会公益活动运作时，可以采取各种技巧和方式，打造公益活动声势，以此震撼社会公众。

11.4　企业视觉识别系统策划

在品牌营销的今天，没有视觉识别设计对于一个现代企业来说，就意味着它的形象将淹没于商海之中，让人辨别不清；就意味着它是一个缺少灵魂的赚钱机器；就意味着它的产品与服务毫无个性，消费者对它毫无眷恋；就意味着团队的涣散和低落的士气。

11.4.1　企业视觉识别系统概述

企业视觉形象(Corporate Visual Image)与企业视觉形象识别并不是一个概念。前者是企业与生俱来的客观存在要素，也就是说一个企业无论是否制定了它的视觉形象识别，也无论其所制定得是否成功，该企业的企业视觉形象都是存在的，只不过有好坏的差异罢了，而好的企业视觉形象则无疑是依赖于一套优秀的视觉形象识别设计。

1．企业视觉识别系统的内涵

企业视觉识别系统(Vision identity system，VIS)是企业识别系统(CIS)的视觉符号，是企业形象的视觉传递形式，它是 CIS 最有效、最直接的表达。

企业视觉识别系统是企业识别系统的重要组成部分。它是在理念识别(MI)和行为识别(BI)的基础上，通过一系列形象设计，将企业经营理念、行为规范等，即企业文化内涵，传达给社会公众的系统策略，是企业全部视觉形象的总和。

企业视觉识别(VI)系统将企业的品牌理念与核心价值通过视觉传播形式，有组织有计划地传递给客户、公众及企业员工，从而树立起统一的企业形象。

企业视觉识别系统是企业形象最直观的表现。企业的视觉识别系统需要保持内在的一致性和外在的差异性，即企业所有视觉设计都要严格地遵循统一的标准，同时要与其他企业保持鲜明的差异，以便促进客户产生强烈的共鸣。一个优秀的视觉识别系统可以使人们快速理解企业希望传递的信息。

企业视觉识别系统是企业形象识别系统中最具传播力和感染力的层面。人们所感知的外部信息，有 83%是通过视觉得到的。也就是说，视觉是人们接受外部信息的最重要和最主要的通道。企业形象的视觉识别，即是将形象识别的不可视内容转化为静态的视觉识别符号，以无比丰富的多样的应用形式，在最为广泛的层面上，进行最直接的传播。

2．企业视觉形象的作用

一个优秀的视觉识别设计对一个企业的作用表现在以下几个方面。

(1) 明显地将该企业与其他企业区分开来的同时又确立该企业明显的行业特征或其他重要特征，确保该企业在经济活动当中的独立性和不可替代性；明确该企业的市场定位，是企业无形资产的一个重要组成部分。

(2) 传达该企业的经营理念和企业文化，以形象的视觉形式宣传企业。

(3) 以自己持有的视觉符号系统吸引公众的注意力并产生记忆，使消费者对该企业所提供的产品或服务产生品牌忠诚度。

(4) 提高该企业员工对企业的认同感，提高企业士气。

3．企业视觉识别的系统规划

在设计开发过程中，从形象概念到设计概念，再从设计概念到视觉符号，是两个关键的阶段。这两个阶段把握好了，企业视觉传播的基础就具备了。就视觉识别设计开发的程序而言，企业视觉识别系统的规划可依以下步骤进行，如表 11-1 所示。

表 11-1　企业视觉识别规划的阶段划

一、	调研阶段
	企业内部调研，主要包括：高层领导访谈，了解一下内容，名称思路的修改意见，标志设计的修改意见，参观厂房、生产线，深入了解市场的发展方向
二、	分析阶段
	标志设计的方向分析 标准字设计的方向分析 辅助图形开发的方向分析
三、	定位阶段
	VI 定位策略 VI 定位建议 VI 定位方向
四、	提案阶段
	根据访谈结果，对前期提案进行修整设计
五、	确定方案
	对于标志设计确认，开始深入设计
六、	基础部分设计阶段
	进行核心要素的设计工作(字体、色彩、辅助图形、标准组合)
七、	应用部分设计阶段
	根据“急用先行”的原则，进行视觉识别的应用部分设计
八、	培训阶段
	组织企业相关人员，对标志的设计构想，视觉识别的整体设计思路，应用中应注意的问题等内容进行培训
九、	制作视觉识别手册阶段
十、	顾问阶段
	在企业日常形象的推广和拓展中，积极扮演顾问角色

11.4.2　企业视觉识别系统的设计原则

企业视觉识别系统的设计不是机械的符号操作，而是以企业理念识别为内涵的生动表述。所以，视觉识别设计应多角度、全方位地传达出企业的经营理念和管理风格。企业视觉识别系统的设计原则主要体现在以下几个方面。

1. 个性化原则

企业视觉识别系统的个性化原则是指对企业理念、发展战略、行为规范进行策划、整合，并力求显示出独特的视觉识别性，形成差异化，即所谓的使企业“远离竞争者”。

个性化原则表现为三个层次。

1) 行业个性化

不同行业由于其自身的行业特点和市场环境的差异呈现出不同的行业特色，如地产、广告、体育等行业，具有高风险、反馈快的特点，要求企业保持坚强、乐观、强烈的进取心；汽车销售、计算机、大众消费等风险不大、反馈极快的行业，要求企业善于沟通，具有良好的人际关系；石油开发、航空航天等行业风险大、反馈慢，要求企业具有敏锐的市场洞察力和富于远见的决策力；银行、保险等行业风险小、反馈慢，则要求企业遵纪守法、谨慎周到等。

2) 企业个性化

不同企业组织具有不同的企业理念，随着企业的成长壮大，这种理念得到进一步发展扩张，成为一个企业独特的企业文化和企业背景。要寻求企业的文化理念与其他企业的差别点，并根据企业自身的行业特点和文化理念，来决定其独特的生存方式，清楚地揭示其存在的意义，进而确立并有效传达出企业的个性。

一些企业在视觉形象塑造方面往往“脸谱化”，缺乏鲜明的个性。另外，不少企业标识意识淡漠，如一些已颇有规模的企业却没有象征企业形象的企业标识，使企业个性无从传达。

3) 竞争者个性化

企业视觉识别系统建立的目的是要建立企业形象对于竞争者的“差异性”，差异性有赖于差异化策略的实施。美国战略研究专家迈克尔·波特(Michael E. Porter)认为，“差异化就是企业在全产业范围内树立起一些具有独特性的东西，如设计名牌形象、技术特点、性能特点、顾客服务、商业网络及其他方面的独特性”。企业形象通过视觉识别差异化设计后，可以使企业避开竞争锋芒，在市场上占有一席之地。

2．民族化原则

各国的企业文化具有各国鲜明的民族特点，由此决定了企业的经营宗旨、企业精神、企业价值观等内涵须具有强烈的民族性。同时，企业视觉识别中的企业标志、标准字体、标准色等都会因民族心理、审美情趣的差异而打上民族的烙印。

一国公众认可的企业标志，由于民族文化的不同，别的国家公众不一定会认同。例如，美国太平洋银行(Security Pacific Bank)的双“s”标志，美国公众认为很优秀，但在日本得到的评价却很低，多数日本人将其认为是一家家电公司或者食品公司的标志；同样，日本第一劝业银行的心形标志受到日本民众的欢迎，认为心形的外观很有亲和力，但一些外国游客却搞不清楚心形和银行的基本业务有什么关系。可见民族差异性在标志的理解和接受上存在着很大的差异。

因此，企业视觉识别系统的设计必须充分考虑民族情趣和民族心理。国内不少企业的企业标志具有民族特性，如中国银行的标志，外形是一枚传统的古钱币，中间构成一个“中”字；华夏银行的标志是以传统的龙的形象构成了抽象的钱币图案，两者都具有强烈的民族气息，得到了公众的认可。

3．社会性原则

企业视觉识别系统的建立目的是得到社会大众的认可，从而使企业形象得到提升。因

此，企业视觉识别系统设计只有获得社会认可，才能发挥它的效用，在设计中应做到以下两点。

1) 引导社会心理

企业视觉识别设计能否取得成功，与其能否取得社会心理的认同和支持密切相关。对此，一些知名企业有深刻的认识。例如，美国宝洁公司是一家著名的生产家庭日常用品的公司，其标志为星星和月亮的图案，在刚面世时曾一度受到公众的反对，因为标志的一部分看起来像“666”字，而在圣经“启示录”中“666”就和魔鬼有关。事实上，这一部分代表的是胡须，对此，公司不得不将标志中的胡须改为平直式，消除了“666”的误解。

在企业进行标准色的设计时，社会心理的反映尤为明显。日本色彩研究所所长、色彩心理学家木下代理子认为，“CI 的意义在于公司职员对企业政策的同化和熟悉，以及顾客和职员对企业方针的接受和实现。因此，CI 的实质不仅是商品制作，更是心理问题。”欧美、日本和中国的不少企业的标准色以红、蓝较多，这种现象不是偶然，而是社会审美心理的反映。

需要指出的是，企业视觉识别设计要获得社会心理的认同和支持，并非要求简单地迎合、被动地适应社会心理，而是主张主动适应并引导社会心理。因为社会心理毕竟会随着社会发展、文化变迁而发展、变化，如果简单迎合，被动适应社会心理，就不可能产生具有先进性、前瞻性的企业视觉识别设计。

2) 顺应时代潮流

企业的经营哲学、价值观会随着时代的变化而更新发展，人们的消费观念、审美情趣也会随着时代的发展而变化，因此企业的视觉识别系统也要与时代合拍，顺应时代潮流。

自 20 世纪 90 年代以来，商品的价值判断已从“置、厚、宽、大”转向“轻、薄、短、小”，这种改变不仅促使企业界强调“产品力”的开发研究，同时对于“形象力”的塑造和诉求也有所改变。企业标志从过去的烦琐复杂的图案转向单纯简洁的几何抽象造型，体现着企业向科技、现代精神的奋进。

4．标准化原则

企业视觉识别系统的标准化原则是指在标志、标准字、标准色等视觉形象基本要素的设计和传达上要保持一致性，达到标准化。标准化原则主要体现在以下几个方面。

1) 简洁化

企业视觉识别系统的简洁化是指在一定范围内对设计内容进行简化，其实质是对客观系统的结构加以调整使之优化。例如，标志的设计要避免过于烦琐，否则不仅影响其可观性和识别性，而且也不利于标准的实施，当然简洁化也要有个合理的度，要使对象整体达到最佳。

2) 统一化

企业视觉识别系统的统一化是指同类事物两种以上的表现形式合二为一或限定一个范围。例如，公司各部门、各子公司标志应该统一为公司标志，但可以用标志整体或局部色彩差异加以区分。

3) 系列化

企业视觉识别系统的系列化是指在同一类对象的设计中的一组，结合参数、形式、尺

寸、基本结构等做出合理的安排与规划，如根据不同的产品对象设计其系列包装。

4) 通用化

企业视觉识别系统的通用化是指设计可以在各种场合使用，彼此互换。例如，标志设计时，要考虑放大或缩小可能会引起的人们视觉上的偏差。据国际检测标准检验，IBM 的标志缩小到了毫米仍可辨认，远视效果极好。

标志设计时，也要考虑不同色彩背景下给人的不同感受，使标志尽量能够通用，如不能通用，则需规定各种特殊场合的使用限制。

5) 组合化

企业视觉识别系统的组合化是指设计出若干组通用性较强的单元，可根据需要搭配成不同用途的视觉识别。例如，具体规定标志、标准字、标准色彩如何搭配，同时又规定哪些组合搭配是错误的。

5. 可实施性原则

企业视觉识别系统设计不是设计人员的异想天开，要求具有较强的可实施性。如果在实施性上过于麻烦，或因成本昂贵而影响实施，再优秀的企业视觉识别系统也会由于难以落实而成为空中楼阁。

6. 严格管理的原则

企业视觉识别系统千头万绪，因此，在积年累月的实施过程中，要充分注意各实施部门或人员的执行情况，严格按照企业视觉识别系统手册的规定执行，保证不走样。

11.4.3　企业视觉识别系统的要素设计

一般来说，企业视觉识别系统分为基础要素和应用要素两大部分。如果把企业视觉识别系统比喻成树的话，基础要素是树的根部，是企业理念与企业形象的凝缩；应用要素为干、叶、花，视觉效应也是由其而生。因此，在基础要素设计上开发好的应用要素设计也是设计的任务。

企业所有的视觉识别都是建立在基础要素设计的基础上。因此，它是企业形象识别的核心部分，它建立在企业文化、企业理念的基础上，是企业意图的充分体现；同时各设计要素要风格统一、有效配合，并且明确规范各基础要素的组合规范，以标准制图的方式呈现出来，指导企业在未来的应用设计中准确复制和应用。

1. 企业视觉识别的基础要素及其设计

企业视觉识别的基础要素一般包括：企业标志设计、企业名称设计、企业标准字体、企业标准色(色彩计划)、企业造型(吉祥物)、企业象征图案。

1) 企业标志的设计

企业标志是通过造型简单、意义明确的统一标准的视觉符号，将经营理念、企业文化、经营内容、企业规模、产品特性等要素传递给社会公众，使之识别和认同企业的图案和文字。

企业标志代表企业全体。对生产、销售商品的企业而言，是指商品的商标图案。它是视觉形象的核心，体现企业内在的品质。企业标志不仅是调动所有视觉要素的主导力量，也是整合所有视觉要素的中心，更是社会大众认同企业品牌的代表。因此，企业标志设计在整个视觉识别系统设计中具有重要的意义。

标志设计的表现形式主要分为文字标志与图形标志两大类。文字标志又可细分为中英文、全名、前线、具象、抽象及文字与图形组合等形式；图形标志又有具象、意象和抽象等表现形式的区分。标志图形设计的表现手法主要有表象手法、象征手法、寓意手法和模拟手法等。以下就标志设计的题材及表现形式进行分类说明。

(1) 以企业、品牌名称为题材。以企业、品牌名称设计字体标志是近年来标志设计的新导向。以企业、品牌名称的字首作为造型设计的题材是常用的形式，也有双字首或多字首的表现形式，而造型单位越单纯，形式也越活泼生动。在单字首型的标志中有字母(文字)结构、笔画变化和字母(文字)空间变化处理等方法。双字以上的有平列、重叠、贯通和扣连(正负)等组合方式。

还有以企业、品牌名称与其字首的组合进行设计的，这种设计形式在于追求兼顾字首形式的强烈造型冲击力和字体标志直接诉求来说明两者的优点。

(2) 以企业、品牌名称或字首与图案组合为题材。这种设计形式是把文字标志与图形标志综合，兼顾文字说明和图案表现的优点，具有视听觉同步诉求的效果。

(3) 以企业、品牌名称的含义为题材。采用与企业、品牌名称的含义相近似或具有寓意性的形象，以比拟、影射、暗示、示意的方式表现标志的内容和特点。比如用伞的形象暗示防潮湿，用玻璃杯的形象暗示易破碎，用箭头形象示意方向等。中国国航的标志图形就是以凤凰形态比拟飞行和祥瑞；联想集团的标志是用方中套圆几何图形寓示博大深远的联想空间等。按照企业品牌名称的字面意义，转化为具体的图形，能使人一目了然。这种标志的设计形式以具象化的图形居多。

(4) 以企业文化、经营理念为题材。把企业独特的经营理念与精神文化用具体的图形或抽象的符号传达出来，通过含义深刻的视觉符号唤起大众的共鸣与认同。

(5) 以企业、品牌的历史或地域环境为题材。刻意强调企业、品牌悠久的历史或独特的地域环境，诱导消费者产生权威性的认同或对于异域情趣的新奇感等，是具有强烈的故事性与说明性的设计形式。这类标志常以写实或卡通的造型作为表现形式。

(6) 以企业的经营内容、产品造型为题材。采用直接关联并具有典型特征的形象。这种手法直接、明确、一目了然，易于迅速理解和记忆。例如以钱币的形象表现银行业，以书的形象表现出版业等，具有直接说明或象征企业经营业种、工作性质、产品特色等告知作用。但应特别注意不能与商标法规相违背。

2) 企业名称的设计

企业名称是企业视觉识别众多基本要素中的首要问题，特别是如果存在企业名称不雅、名称过长导致不便记忆、与其他企业的名称相同或相似容易被混淆等问题，则必须尽快解决。

一个企业，只要其名称、商标一经登记注册，就拥有了对该名称的独家使用权，是一个企业拥有的一笔永久性的财富。企业名称是以文字来表现的识别要素，要表现出企业的本质。一个好名称能够时常唤起人们美好的联想，使其拥有者得到鞭策和鼓励，进而影响

到企业活动，对员工的纪律、士气等诸多方面也能产生影响。

具有高度概括力和强烈吸引力的企业名称，对大众的视觉刺激和心理等各方面都会产生影响。企业及企业产品的名称对消费者的选购也是有着直接影响的，所以每一位企业经营者，都能深深认识到它在竞争中所起的作用，无一例外地精心设计企业的名称。

(1) 以地名作企业名称。此种取名，在我国企业中较为常见，如长江企业公司、黄河集团公司、张家界旅游公司等。

(2) 以创业者作企业名称。以姓名作为自己企业或商标的名称，这是在世界各地很久以前就形成的一种老习惯了。企业或商标的名称和保证其质量的生产者之间联系的最佳状态，就是其以自己的名义出售产品。在我国也有许多大众熟知的以创业者姓名作为商标的，还有为了便于记忆而以其绰号为商标的，例如张小泉(菜刀)、王麻子(剪刀)等。还有近年来活跃于市场的李宁牌运动服、羽西化妆品等。除此之外，还出现了许多商标是按其法定代表人或企业主的姓名衍化出来的情况。

(3) 以吉祥和社会喜爱之物作企业名称。如熊猫电子集团公司、猴王电焊公司、春兰集团公司、金鹿集团公司等。

(4) 选用富贵气派类文字作企业名称。此类企业用名又可分为含蓄与直白两类。比较直白的企业名竭力显示自己不同凡响的气派，如金利来公司、富绅公司、富贵鸟皮鞋公司、小霸王电脑公司、皇家度假村、帝王大酒店等；含蓄的，如红都影业公司、新时代大厦等。

(5) 选用传统商业味极浓的名称作企业名称。此类名称旧时中国最为盛行，如富康钱庄、顺康钱庄、汇丰银行、瑞康盛颜料号等。这类企业名称，大都是由带有极浓商业味的汉字组合而成，取其经营生产吉利之意。

(6) 选用现代意味的字词作企业名称。一些企业为顺应时代趋势，迎合现代消费者的审美情趣，注意选用现代意味的名称，这类名称一般给人一种“洋”气、有情趣的感觉。例如，北京燕莎商厦、赛格商城、百盛集团、协和集团、美加净化妆品有限公司等。

3) 标准字体的设计

标准字体是企业形象识别系统中基本要素之一，应用广泛，常与标志联系在一起，具有明确的说明性。可直接将企业或品牌传达给观众，与视觉、听觉同步传递信息，强化企业形象与品牌的诉求力，其设计与标志具有同等重要性。

经过精心设计的标准字体与普通印刷字体的差异性在于：除了外观造型不同外，更重要的是标准字体是根据企业或品牌的个性而设计的，对字体的形态、粗细、字间的连接与配置、统一的造型等，都做了细致严谨的规划，与普通字体相比更美观，更具特色。

由于标准字是 CIS 的基本要素之一，其设计成功与否至关重要。当企业、公司、品牌确定后，在着手进行标准字体设计之前，应先实施调查工作，调查要点包括以下几个方面。

(1) 是否符合行业、产品的形象。

(2) 是否具有创新的风格、独特的形象。

(3) 是否能为商品购买者所喜爱。

(4) 是否能表现企业的发展性与依赖感。

(5) 对字体造型要素加以分析。

将调查资料加以整理分析后，就可从中获得明确的设计方向。

4) 标准色的设计

企业标准色是企业指定的运用在所有视觉传达设计的媒体上，通过色彩的知觉刺激和心理效应，显示企业的经营哲学或商品特征的某一个或某一组色彩。色彩在视觉上最容易发生作用，现代社会中色彩已成为传达意识的一种工具，因此颜色的选择与形态同样重要。例如，可口可乐饮料市场的对象多为年轻人，所以公司选定活泼、鲜明而轻快的红色作为品牌的标准色。

企业标准色具有科学化、差别化、系统化的特点。因此，进行设计活动和开发作业，必须根据各种特征，发挥色彩的传达功能。其中最重要的是，要制定一套开发作业的程序，以便规划活动的顺利进行。

企业标准色彩的确定是建立在企业经营理念、组织结构、经营策略等总体因素的基础上的。有关标准色的设计，可分为色彩情况调查、表现概念、色彩形象、效果测试四个阶段。

标准色设计尽可能做到单纯、明快，以最少的色彩表现最多的含义，达到精确快速地传达企业信息的目的。其设计理念应该注意如下事项。

(1) 标准色设计应体现企业的经营理念和产品的特性，选择适合于该企业形象的色彩，表现企业的生产技术和产品的内容实质。

(2) 突出竞争企业之间的差异性。

(3) 标准色设计应适合消费者心理。

设定企业标准色，除了全面的展开和运用，以求取得视觉综合效果以外，还要制定严格的管理办法进行管理。

5) 企业造型的设计

企业造型是象征企业经营理念、产品品质和服务精神的富有地方特色的或具有纪念意义的具象化图案。这个图案可以是图案化的人物、动物或植物，选择一个富有意义的形象物，经过设计，赋予具象物人格精神以强化企业性格，诉求产品品质。

企业造型的功能，在于通过具象化的造型，使公众理解产品的特质及企业理念，因此，在选材上须慎重。在造型的设定上，须考虑宗教的信仰忌讳、风俗习惯好恶等。

(1) 个性鲜明。造型图案应富有地方特色或具有纪念意义。选择图案与企业内在精神有必然联系，如美国的麦当劳。

(2) 图案形象应有亲切感，让人喜爱，以达到传递信息、增强记忆的目的。海尔的两个儿童吉祥物的设计，即具有活泼、亲切、可爱的形象，对海尔产品形象的推广起到了极大作用。

6) 象征图案的设计

在识别系统中，除了企业标志、标准字、企业造型外，具有适应性的象征图案也经常运用。

象征图案又称装饰花边，是视觉识别设计要素的延伸和发展，与标志、标准字体、标准色保持宾主、互补、衬托的关系，是设计要素中的辅助符号。它主要适用于各种宣传媒体装饰画，可以加强企业形象的诉求力，使视觉识别设计的意义更丰富，更具完整性和识别性。

一般而言，象征图案具有如下特性。

(1) 能烘托形象的诉求力，使标志、标准字体的意义更具完整性，易于识别。

(2) 能增加设计要素的适应性，使所有的设计要素更加具有表现力。

(3) 能强化视觉冲击力，使画面效果富于感染力，最大限度地创造视觉诱导效果。

然而，不是所有的企业形象识别系统都能开发出理想的象征图案。有的企业标志、标准字体本身已具备了画面的效果，象征图案就失去了积极的意义，这种情况，使用标准色丰富视觉形象更理想。

一般而言，标志、标准字体在应用要素设计表现时，都是采用完整的形式出现，不容许其图案相重叠，以确保其清晰度。对象征图案的应用效果则应该是明确的，而不是所有画面都出现象征图案。

象征图案的设计是为了适应各种宣传媒体需要的画面设计，但是，应用设计项目种类繁多，形式千差万别，画面大小变化无常，这就需要象征图案的造型设计是一个富有弹性的符号，能随着媒介物的不同，或者是版面面积的大小变化做适度的调整和变化，而不是一成不变的定型图案。

2. 企业视觉识别的应用要素及设计

应用要素的设计不仅以一定的设计概念为前提，而且应该反映企业的经营理念和行业特点。在应用要素的设计进入设计稿确定阶段时，应进行多次设计模拟和试验研究，最后定稿。对于一些尺寸较大的东西，如建筑物招牌，应该按原尺寸比例做成立体模型来检查其效果；交通运输工具可在实际的车辆上贴上设计模拟物来检查其效果；员工制服可在员工身上试穿样品进行比较。对设计进行模拟和试验，虽然花费一定的时间和成本，但更有利于获得符合客观条件、更为贴切的设计，以避免使用后的不适和浪费。

1) 事务用品类

事务用品在企业的生产经营中用量较大，是企业视觉识别的重要工具，具有很强的稳定性和时效性。事务用品的统一设计和规划一直被许多企业忽视，他们没有认识到其在企业视觉传达中的重要作用。同时作为企业信息的媒介物和企业形象的传递者，事务用品也需要体现企业视觉识别在实际中的运用和表现。

事务用品类包括：名片、信纸、信封、便笺、公文袋、资料袋、薪金袋、卷宗袋、合同书、报价单、各类表单和账票、各类证卡(如邀请卡、生日卡、圣诞卡、贺卡)、年历、月历、日历、工商日记、奖状、奖牌、茶具、办公设施等用具(如纸镇、笔架、圆珠笔、铅笔、雨具架、订书机、传真机等)。

主要设计要素：企业标志、企业名称、企业标准字、企业专用印刷字体、标准色彩、企业造型、象征图形。

2) 包装产品类

商品的包装一般包括零售包装、批发包装和储运包装。结合现代设计观念和企业的经营理念，通过塑造商品的个性和形象，有利于树立良好的品牌形象和企业形象，提高商品的附加价值。包装是产品的延伸，它不仅是产品功能的描述，而且还以其独特规范的设计传递企业和商品信息，实现企业和商品的视觉识别。

包装产品类包括：外包装箱(大、中、小)、包装盒(大、中、小)、包装纸(单色、双色、特别色)、包装袋(纸、塑料、布、皮等材料)、专用包装(指特定的礼品、活动事件、宣传等用的包装)、容器包装(如瓶、罐、塑料、金属、树脂等材质)、手提袋(大、中、小)、封口胶带(宽、窄)、包装贴纸(大、中、小)、包装封缄(大、中、小)、包装用绳、产品外观、产品商标表示、产品吊牌、产品铭牌等。

主要设计要素有以下两点。

(1) 包装形式：单件设计、成套设计、系列设计、组合设计、组装设计等。

(2) 构成要素：企业标志、企业标准字体、标准色彩、企业造型、象征图形；图形(摄影、插图)等；文字(使用说明、质量保证)；材质(纸、塑料、金属、布、皮革)；结构、制作工艺。

3) 旗帜规划类

企业的旗帜通常是大众首先认识企业的工具，优秀的旗帜设计是极具传递力的传播媒介，同时还能美化工作环境，对社会环境做出贡献。

旗帜规划类包括：公司旗帜(标志旗帜、名称旗帜、企业造型旗帜)、纪念旗帜、模式挂旗、奖励旗、促销用旗、庆典旗帜、主题式旗帜等。

主要设计要素：企业标志、企业名称、标准色彩、企业造型、广告语、品牌名称、商标、图形、材质(布、纸、金属)。

4) 员工服饰类

企业员工的服饰是反映企业和员工精神风貌的重要组成部分。

员工服饰类包括：男女主管职员制服(两季)、男女行政职员制服(两季)、男女生产职员制服(两季)、男女店面职员制服(两季)、男女运动夹克(两季)、运动帽、鞋、袜、手套、领带、领带夹、领巾、皮带、衣扣、安全帽、工作帽、毛巾、雨具。

主要设计要素：企业标志、企业名称、标准色彩、广告语；制服的内外造型(外观形态、内部款式)；质料，如朴素自然的棉麻布料、庄重挺拔的毛料、华丽高雅的丝绸缎料；不同岗位性质的制服色彩；专制的衣扣、领带、领带夹、拉锁、皮带等服饰配件。

5) 广告媒体类

广告媒体是强化视觉效果的有效手段。从形象识别的角度看，广告是实现视觉识别、树立企业形象的重要途径，它通过反复利用各种媒介，将企业的信息和产品信息向消费者、社会公众传达，提升企业的形象。

广告媒体类包括：电视广告、报纸广告、杂志广告、企业简介、广告简介、说明书、促销 POP、DM 广告、海报、营业用卡(回函)。

主要设计要素：企业标志、企业名称、标准字体、商标、品牌名称、象征图形等以及基本视觉要素组合方式；尺寸比例；空间位置关系；版式；格式结构关系等。

6) 室内外指示类

室内外的指示除了强化企业经营管理秩序，提高员工的工作效率外，对企业文化的传递也发挥着重要作用。

室内外指示类包括：符号指示系统(含表示禁止的指示、公共环境指示)、机构及部门标示牌、总区域看板、分区域看板、标识性建筑物壁画、雕塑造型。

主要设计要素：标识物的空间距离、角度、尺寸大小、形状、材质、加工工艺、结构方式、安装形式、企业标志、中英文标准字体、标准色、地址、电话等及其组合、色彩风格。

7) 环境风格类

企业环境分为硬环境和软环境。企业环境不仅仅是为了满足企业生产、经营的需要，还需要通过良好的环境提高员工的效率，并使员工产生自豪感和凝聚力。

环境风格类包括：主要建筑物外观风格、建筑内部空间装饰风格、大门入口设计风格、室内形象墙面、厂区外观色彩、玻璃门色彩风格、柜台后墙面设计、公布栏、室内精神标语墙、环境色彩标志、室内装饰植物风格。

主要设计要素：企业标志、企业名称全称或略称、标准字体、标准色及其应用组合；企业口号、企业造型、象征图形与其他基本视觉要素组合；比例尺寸、制作工艺、材质、安装形式。

8) 交通工具类

企业交通工具是塑造、渲染、传播企业形象特别是视觉识别形象的流动性媒介和渠道。由于企业的交通工具长期在外活动，因而它们的宣传面广，能够给企业的形象进行全方位的宣传。同时，交通工具上的企业标识是一次性的花费，几乎不用维修和整理，因此，美国的许多企业都重视利用交通工具为企业识别服务，充分发挥交通工具流动、廉价的宣传特点。

交通工具类包括：营业用工具(如服务用的轿车、吉普车、客货两用车、展销车、移动店铺、汽船等)、运输用工具(如大巴、中巴、大小型货车、厢式货柜车、工具车、平板车、脚踏车、货运船、客运船、游艇、飞机等)、作业用工具(如起重机车、推土车、升降机、拽拉车、拖车头，公共用清扫车、垃圾车、救护车、消防车、电视转播车)等。

主要设计要素：企业标志、品牌标志、标准色彩、标准字体、企业造型、象征图形及其组合方式、位置、比例尺寸、制作工艺等。

9) 展示风格类

企业通过向公众展示产品、技术，不仅增进了大众对企业的了解，扩大了企业的知名度，而且能在这种面对面的沟通中，得到消费者信息的反馈，改进企业管理。

展示风格类包括：展示会场设计、橱窗设计、展板造型、商品展示架、展示台、展示参观指示、舞台设计、照明规划、色彩规划、商标、商标名称等。

主要设计要素：企业标志、标准字体、标准色、文字、图形、企业造型、空间结构、灯光、材料、展品、影音等。

10) 专卖店风格类

干净、大气、符合企业形象的专卖店可以使消费者对企业产生良好的印象，更能促进消费者的购买，实现企业的目标。

专卖店风格类包括：各空间区域的平面图和立体图、施工图、各类材质规划、各空间区域色彩风格、功能设备规划(如水电、照明等)、环境设施规划(如柜台、桌椅等家具，盆栽、垃圾桶、烟灰缸等环境风格，各类橱柜)、店员服饰风格、店内外广告招牌造型、店内外标识类、商品展示类(如商品陈列台、促销台、价目牌、分类牌、店卡、目录架、品牌灯箱等)。

主要设计要素：企业标志、企业名称、标准字体、商标、品牌名称、象征图形等以及基本视觉要素组合方式；尺寸比例、空间位置关系、版式、格式结构关系、灯光、材料、商品造型、影音等。

本章小结

现在的市场竞争，首先是形象的竞争，企业形象是企业的综合素质、整体实力和社会表现在社会公众中获得的认知和评价。为统一和提升企业的形象力，使企业形象表现出符合社会价值观要求的一面，企业就必须进行其形象管理和形象设计。企业形象策划是塑造企业形象、获得竞争优势的强有力手段，也是消费者认识企业、企业向社会展示风采的一座桥梁。企业要在激烈的市场竞争中长盛不衰，就必须加强企业形象企划管理，塑造好企业的个性，弘扬企业精神，使消费者对企业产生深刻的印象和认同感，从而树立良好的企业形象，谋求更大的发展。

企业作为现代社会的基本单位，它的发展对人类文明的进程有着深刻的影响。企业不仅推动了社会物质文明的发展，也使人类的生活与企业结成了须臾不离的联系。工业革命以来，社会所需要的物质产品主要是企业提供的，不过更重要的是它对社会精神文明的发展与进步做出的重要贡献，因此企业被界定为一个经济组织，经济学把它定义为“有一定的行为特征，即谋求产出最大化和利润最大化的经济单元”。随着文明的进步，企业已从一元定位走向二元定位，即它不仅创造物质产品，同时创造精神价值。企业形象策划的塑造是经由理念——行为——视觉三个方面的贯彻而达成的。而这正是企业求真——向善——臻美三个过程的完美统一。

本章主要介绍企业形象及企业形象策划的内涵、构成、功能与意义；企业形象策划与市场营销、企业文化建设、公共关系、广告、宣传的关系；企业形象评价与管理的基本思路。通过本章的学习，要求了解企业形象及企业形象的概念，认识到企业形象策划对企业的重要意义和企业形象与市场营销、企业文化、公共关系、广告、宣传等学科的关系。

思考与练习

1. 企业形象的内涵是什么？
2. 企业形象策划的内涵是什么？
3. 企业形象与企业文化的关系是什么？
4. 企业形象与市场营销的关系是什么？
5. 一个完整的“引进 CIS 策划方案”，必须包括哪些项目？
6. 企业形象策划设计的内容有哪些？
7. 为一家餐饮业进行形象策划。

第 12 章　网络营销策划

【学习目标】

- 掌握网络营销策划的含义。
- 了解网络营销策划的基本内容和基本原则。
- 掌握网络营销策划的分层和流程。
- 掌握网络营销策划的步骤及方法。
- 了解网络营销策划的重要性。
- 熟悉网络营销策划的内容。

随着科学技术的发展、互联网的覆盖和普及，网民数量的激增，网络在人们的日常生活中扮演着越来越重要的角色。网络与人们的工作、学习等日常生活已经密不可分，电子商务、网上购物已经成为人们越来越重要的消费形式，发挥着越来越重要的作用，并逐步延伸到很多行业。同时，网络营销推广也凭借其诸多优点正逐渐成为最重要、最有效的营销推广方式。网络营销策划就是指企业以电子信息技术为基础，以计算机网络为媒介和手段，对将来要发生的营销活动及行为进行超前决策(包括网络营销调研、网络产品开发、网络分销、网络促销、网络服务等)。

12.1　网络营销策划概述

网络营销是以互联网为媒介，以新的方法和理念，通过一系列网络营销策划、制定和实施营销活动，更有效地促成个人和组织交易活动实现的新型营销模式。它是企业整体营销战略的一个组成部分，是为实现企业总体或者部分经营目标所进行的，以互联网为基本桥梁来营造网上经营环境的各种活动。

12.1.1　网络营销策划的内容

网络营销是一个相对复杂的系统工程，从建站、推广到成功得到订单，每个环节都需要精细化的策划和完美的执行，才能真正得到良好的效果。网络营销策划决定网络营销的投入产出比，因此对于有计划开展网络营销的企业来说，策划将决定着企业开展网络营销的成败。

1．网络营销策划的特点

1) 预见性

网络营销策划是对企业未来的市场营销行为的筹划。这种筹划借助于丰富的经验和高超的创造力，将各种营销要素进行优化组合，形成各种营销方案和行动措施。一个成功的网络营销策划必须建立在对未来市场发展趋势的准确无误的分析判断的基础上，没有这个

前提，网络营销策划就变成了无的放矢的冒险行为。

2) 系统性

系统性是指企业在整个营销过程中，分析、评价、选择可以预见到的机会，系统地形成目标并开发可以达到目标的各种项目与行动的一种逻辑思维过程。它要求具有科学性，并强调要周密、有序。所以，拍拍脑袋想出的毫无内在联系的有关市场营销的点子，最多只能算是创意而绝不能说是网络营销策划。

3) 动态性

策划是事先决定做什么、如何做、由谁做、何时做，但市场营销的过程是企业可控因素与环境的不可控因素之间的动态平衡过程，所以，网络营销策划不同于市场营销计划。市场营销计划是对网络营销策划结果的一种表述，而策划是贯穿整个网络营销管理过程中的。

4) 具体性

网络营销策划是一种思维过程，但不能只是一种空想，必须具有很强的可操作性，是经过努力可以实现的设计。所以网络营销策划的任务不仅要提供思路，而且要在此基础上产生行动方案，也就是发展出可以指导实践的市场营销计划。不能操作的方案，创意再好也无任何价值。不易操作的方案，必然耗费大量的人力、物力和财力，而且使管理复杂化，成效也不会高。

5) 可调适性

因为网络营销策划是一种超前行为，不可能详尽未来市场的一切因素，它必然会出现营销方案与现实脱节的情形。因此，任何策划方案一开始都是不完善的，都需要在实施过程中根据实际情况加以调整和补充。可见，营销方案必须具有弹性，能因地制宜。如果营销方案不能集灵活性和变通性为一体，就不能适应市场变化，也就不能实现预期效果。

2. 网络营销策划的内容体系

1) 网络营销系统的组成

企业开展网络营销是一项系统性工程，它需要企业调动人力、物力和财力进行系统的组织和开发。网络营销系统的组成主要包括基于企业内部网(Intranet)的企业管理信息系统、网络直销站点和企业经营管理组织人员。

网络营销的方法很多(如图 12-1 所示)，企业应根据自身的规模、企业与产品的性质等因素，选择不定向的网络营销方法，组织相应的系统。

2) 网络营销系统的功能

网络营销系统作为电子商务系统的有机组成部分，包括这样几大功能：信息发布与沟通、电子单据的传输、网上支付与结算、货物配送以及完善网上售后服务。

3) 网络营销系统的开发

网络营销系统的开发和建设涉及很多企业、很多部门和环节，因此系统的开发和建设必须遵循一定的开发方法和建设步骤，需要认真地策划。

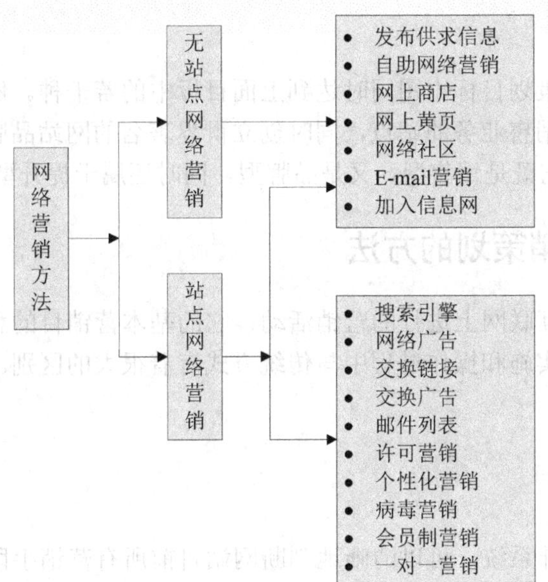

图 12-1　网络营销方法

12.1.2　网络营销策划目标的分类

网络营销策划的目标是要对营销策划所要达到的目标、宗旨树立明确的观点，作为执行本策划的动力或强调其执行的意义所在，以要求全员统一思想，协调行动，共同努力保证策划高质量地完成。

1．销售型

销售型网络营销策划目标是指为企业拓宽网络销售，借助网上的交互性、直接性、实时性和全球性为顾客提供方便快捷的网上销售点。目前许多传统的零售店都在网上设立销售点，如北京图书大厦的网上销售站点。

2．服务型

服务型网络营销策划目标主要为顾客提供网上联机服务。顾客通过网上服务人员可以远距离进行咨询和售后服务。目前大部分信息技术型公司都建立了此类站点。

3．品牌型

品牌型网络营销策划目标主要在网上建立企业的品牌形象，加强与顾客的直接联系和沟通，增加顾客的品牌忠诚度，配合企业现行营销目标的实现，并为企业的后续发展打下基础。目前大部分企业站点属于此类型。

4．提升型

提升型网络营销策划目标主要通过网络营销替代传统营销手段，全面降低营销费用，提高营销效率，促进营销管理和提高企业竞争力，如戴尔、海尔等站点属于此类型。

5. 混合型

混合型网络营销策划目标力图同时达到上面目标中的若干种。例如，亚马逊通过设立网上书店作为其主要销售业务的站点，同时创立世界著名的网站品牌，并利用新型营销方式提升企业竞争力。它既是销售型，又是品牌型，同时还属于提升型。

12.1.3 网络营销策划的方法

网络营销作为在互联网上进行的营销活动，它的基本营销目的和营销工具与传统方式是一致的，只不过在实施和操作过程中与传统方式有着很大的区别。下面是网络营销策划中的一些主要方法。

1. 网站分析

1) 网站流量分析

安装一套流量统计系统，可以清晰地判断网站目前所有营销手段的效果，可以分析到以下几点。

(1) 流量来路分析。可以清晰地统计到每年每月每日，客流是通过什么渠道来到网站的，可以清晰判断各种推广方法的效果。

(2) 浏览页面和入口分析。可以判断网站中哪个页面被浏览的次数多，并且可以分析出客流是从哪个页面进入网站的。

(3) 客流地区分布。清晰地分析出网站浏览者的地区分布，并且以图表方式显示出各个地区浏览者的比例。

(4) 搜索引擎与关键词分析。通过分析各个搜索引擎所带来的流量比例，可以分析出客流是通过搜索什么关键词来到网站的。

(5) 客户端分析。可以分析出客户端使用的操作系统等信息。

2) 站点页面分析

站点页面分析包括：主页面整体分析、页面标签分析、超链接检查、浏览速度分析、源代码设计分析。

3) 网站运用技术和设计分析

网站运用技术和设计分析包括：分析目前技术采用是否合理、分析网站构架是否合理、分析网站设计是否有亲和力、是否容易阅读。

4) 网络营销基础分析

网络营销基础分析包括：关键词分析、搜索引擎登记状况分析、搜索引擎排名状况分析、交换链接相关性、网络营销主要方法分析。

5) 网站运营分析

网站运营分析包括网络投资分析和网站运营策略分析。

2. 网站优化

(1) 网站结构优化，包括网站导航、页面布局优化。

(2) 网页标签优化，包括网页关键词标签、网页简介标签、图片注释等方面的优化。

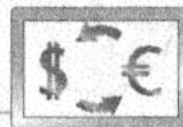

(3) 网页减肥压缩。专门的网页减肥压缩软件对网页系统进行压缩，以提高页面流量速度。

(4) 超链接优化，包括超链接结构、超链接注释、超链接路径优化。

(5) 页面内容优化。对主要页面内容、排版进行优化，让内容更容易阅读。

3. 网站推广

通过对网站进行综合分析后，选择网络推广方法。在众多网络推广方法当中，最重要的方法就是搜索引擎排名。因为其他的方法都是高成本而且效果短暂的，而搜索引擎排名做好以后，可以长期带来高质量的流量。一个网站 80%的流量都是由搜索引擎带来的。

1) 搜索引擎

(1) 关键词选择。

(2) 搜索引擎登录，包括谷歌(Google)、雅虎(Yahoo)等国内外几百个搜索引擎。

(3) 搜索引擎排名。通过我们专长的搜索引擎优化(Search Engine Optimization)，对网站整体进行优化，使尽可能多的词在各个搜索引擎的排名提升，以提高网站的流量。

2) 相关链接交换

与相关网站进行友情链接交换。

3) 网络广告投放

在网站运作过程中，建议投放一些有效的网络广告。促进新的消费需求的形成和消费方式、消费习惯的演变。

4. 网络营销培训

通过网络对网络技术人员进行培训，使其很快掌握网络营销与网站运营的秘诀，使网站能够稳定、持续地向前发展。

12.1.4　网络营销策划的基本原则

根据不同的网络营销活动以及要解决的问题，网络营销方案也会有很大区别。我们应根据目前国际流行的电子商务和网络营销观念制订行之有效的以及符合企业自身的网络营销方案。但从网络营销策划活动的一般规律来看，有些基本内容和编制格式具有共同性或相似性。一个成功的网络营销方案需要通过细致的规划设计，而且，网络营销策划也是一个相对长期的工程。期待凭借创意去完成网络营销策划，这样的网络营销策划方案想让网站的营销在一夜之间有巨大的转变是不现实的。因此，做一份优秀的网络营销策划方案必须满足以下基本原则。

1. 系统性原则

网络营销是以网络为工具的系统性的企业经营活动，它是在网络环境下对市场营销的信息流、商流、制造流、物流、资金流和服务流进行管理的。因此，网络营销方案的策划，是一项复杂的系统工程。策划人员必须以系统论为指导，对企业网络营销活动的各种要素进行整合和优化，使“六流”皆备，相得益彰。

2. 创新性原则

网络为顾客对不同企业的产品和服务所带来的效用和价值进行比较带来了极大的便利。在个性化消费需求日益明显的网络营销环境中，使用创新和顾客的个性化需求相适应的产品特色和服务特色，是提高效用和价值的关键。特别的奉献才能换来特别的回报。创新带来特色，特色不仅意味着与众不同，而且意味着额外的价值。在网络营销方案的策划过程中，必须在深入了解网络营销环境尤其是顾客需求和竞争者动向的基础上，努力增加顾客价值和效用，为顾客提供其欢迎的产品特色和服务特色。

3. 操作性原则

网络营销策划的第一个结果是形成网络营销方案。网络营销方案必须具有可操作性，否则毫无价值可言。这种可操作性，表现为在网络营销方案中，策划者根据企业网络营销的目标和环境条件，就企业在未来的网络营销活动中做什么、何时做、何地做、何人做、如何做的问题进行了周密的部署、详细的阐述和具体的安排。也就是说，网络营销方案是一系列具体的、明确的、直接的、相互联系的行动计划的指令，一旦付诸实施，企业的每一个部门、每一个员工都能明确自己的目标、任务、责任以及完成任务的途径和方法，并懂得如何与其他部门或员工相互协作。

4. 经济性原则

网络营销策划必须以经济效益为核心。网络营销策划不仅本身消耗一定的资源，而且通过网络营销方案的实施，会改变企业经营资源的配置状态和利用效率。网络营销策划的经济效益，是策划所带来的经济收益与策划和方案实施成本之间的比率。成功的网络营销策划，应当是在策划和方案实施成本既定的情况下取得最大的经济收益，或花费最小的策划和方案实施成本取得目标经济收益。

5. 协同性原则

网络营销策划应该是各种营销手段的应用，而不是方法的孤立使用。诸如论坛、博客、社区、网媒、微博等资源要协同应用才能真正达到网络营销的效果。

12.1.5 网络营销策划的分层

目前中国企业的网络营销策划大致可分为三层。

1. 信息应用层策划

这是最简单、最基本的一层。在这个层次上，企业主要通过利用 Internet 来发布信息，并充分利用网络优势，与外界进行双向沟通。在这个应用层中，不需要企业对信息技术有太高的要求，只是最基本的使用。比如，通过发 E-mail 与消费者进行沟通、交流，定期给客户发送各种产品信息邮件、产品推荐邮件、电子刊物等，加强与顾客的联系；建立企业主页，将一些有关企业及其产品、服务的介绍放在上面，辅之精美的图文，供访问者浏览；通过专用数据专线上网。

2．战术营销层策划

1) 网络营销调研

利用 Internet 在线调研可以轻松地完成大量的复杂的调研工作，能够充分满足各种统计数据的要求，提高营销调研的质量。由于它使用电子问卷，从而大大减少了数据输入工作，缩短了调研时间。

2) 网上销售

这是目前网络营销最具诱惑力的地方之一。数以千计的企业在网上安营扎寨，销售产品种类繁多。而实际中，这个企业也许仅仅就是一台计算机，没有厂房，没有员工，没有办公大楼。他们是网上的“虚拟巨商”，却又是如此的真实。网上销售与传统的商业销售的实物流程相分离，是一种信息时代的营销手段。

3) 营销战术系统

营销战术系统主要包括一些用于管理库存的子系统，用于宣传产品、链接网站的子系统及用于答复用户意见、反馈信息的子系统。决策者们利用网上的这一系统分析工具，进行着各种各样的决策活动。

3．战略营销层策划

这个层次是建立在战术营销层基础上，将整个企业营销组织、营销计划、营销理念等完全融入网络，依靠网络指定方针，开展战略部署，实现战略转移，缔结战略同盟等战略决策。

12.1.6　网络营销策划的流程

国内现在的营销渠道很多，但是随着互联网的进步，营销也逐渐以网络的姿态体现在人们周围，并且被越来越多的企业关注。但是在众多企业中，网络营销策划成功的例子没有几个。网络营销与传统营销是相似的“事无预不立”。成功与失败的关键因素在于营销策划。网络营销策划是一项逻辑性很强的工作，其一般步骤如下。

1．确立策划目的

策划目的的部分是对本次网络营销策划所要实现的目标进行全面的描述。既然投入大量的人力、物力和财力进行营销策划，就要解决一定的问题。公司在营销上可能存在这样或那样的问题，一般有以下几种。

(1) 公司还未涉足网络营销，尚无一套系统的营销方法，因而需要根据市场特点，策划出一套可供遵循的网络营销方案。

(2) 公司发展壮大，原有的网络营销方案已不适应新的形势，需要重新设计。

(3) 公司经营方向改变与调整，需要相应地调整网络营销策略。

(4) 企业原网络营销方案严重失误，需要对原方案进行重大修改或重新设计网络营销方案。

(5) 市场行情发生变化，原营销方案已不适应变化后的市场。

(6) 企业在总的网络营销方案下面，需要在不同的时段，根据市场特征和行情变化，设

有新的阶段性方案。

2．拟订策划计划书

1) 策划进程

策划进程大致有四个阶段。

(1) 准备阶段。这一阶段是为正式策划所进行的前期准备，包括物质准备、人员准备和组织准备等。这一阶段时间不宜太长。

(2) 调查阶段。这一阶段是为正式的策划收集资料。虽然调查阶段不是策划的核心，也不是策划的目的和结果，但它是全面策划工作的基础，也是策划成功和失败的第一个环节。

(3) 方案设计阶段。方案设计是基于大量调查，借助理论知识和实践经验所进行的思考和创意过程，这是营销策划的核心。

(4) 方案实施阶段。策划方案实施阶段的时间长短，由营销方案的性质决定。营销方法有两种：一种是企业的营销战略方案，该方案涉及企业的全局营销，其实施阶段的长短要根据预测的未来市场和产品状况来决定；另一种是企业的营销战术方案，该方案仅涉及公司某一次或某一段时间或某一方面的营销活动，其实施阶段的长短由活动的目的和性质而定。

2) 预算策划经费

一般而言，用于策划的费用，包括以下几项。

(1) 市场调查费。市场调查费的多少，取决于调查规模的大小和难易程度。规模大、难度大，费用必然高；反之，费用低。

(2) 信息收集费。信息收集费主要包括信息检索费、资料购置费、复印费、信息咨询费、信息处理费等。数量由收集的规模来决定。

(3) 人力投入费。策划过程要投入必要的人力，其费用的多少可以通过预计投入人力的多少来决定。

(4) 策划报酬。这是用于支付给策划人员的报酬。如果由公司内部的人员来策划，就没有这笔开支。如果是外聘策划专家，就要支付策划报酬，其数额多少，由双方协商而定。

3) 效果预测

在拟订策划书时，必须对营销策划方案实施后的效果进行评估，其主要包括两部分。

(1) 预测直接经济效果，即预测方案实施后可能产生的直接经济效益。

(2) 预测间接经济效果，即预测方案实施后企业可能因此而提高的知名度、美誉度等。

3．市场调查与预测

当营销策划计划书被公司认可以后，一般就开始市场调查。市场营销调查渗透于网络营销策划之中，具体表现在以下几个方面。

(1) 对网络市场本身的研究(消费者、竞争者、市场细分、市场潜力、市场定位等)。

(2) 新产品研究。

(3) 定价研究。

(4) 广告研究。

(5) 分销渠道研究。

(6) 促销策略与方法的研究。

(7) 网络营销技术方案。

针对公司上述几个或某个亟待解决的问题，通过周密地调查、收集、整理和分析，并做出市场报告与预测。

在市场调查与预测的基础上，根据策划目的，分析市场环境，寻找市场机会。营销策划是对市场机会的把握和利用，因此，正确地分析市场机会，就成为营销策划的关键。找准了市场机会，营销策划就成功了一半。

4. 编写策划方案

一项策划，虽然有可能仅仅存在于策划人自己的脑中而不为其他人所知，但是，就大多数策划而言，它们最终表现为策划书的形式。这是因为一项策划方案从最初的构想，到逐步完善、付诸实施，常常不再是个人的力量所能完成的，需要各方面的协调配合。策划书作为策划方案的物质载体，使策划文字化。它使策划人的策划为他人所知、所接受，使策划思想一步步地变成现实。

编写策划方案的过程，实际上与策划的过程是重叠的。策划方案不可能凭空而来，也不可能一挥而就。随着策划人在市场调查与研究的基础上，对最初的策划的不断修改、完善，策划方案也逐渐成形，逐渐接近它的最终形式。因此，可以说策划的全过程就是对公司营销中存在的问题和所发现的市场机会，提出具体解决问题的战略方案和战术性方案(根据策划的目的，可能是战略性的宏篇巨作，也可能是具体工作的行动方案)，并实施设计的过程。

5. 方案实施

经过公司决策层的充分论证(一般为战略策划)或批准(多是战术策划)，最终定稿的策划方案即成为网络营销活动的指导纲领，经过细化后成为公司不同阶段的努力目标与行动计划，指导公司的网络营销活动。

6. 效果测评

方案实施后，就应对其效果进行跟踪测评。测评的形式主要有两种。

(1) 进行性测评，即在方案实施过程中进行的阶段性测评。其目的是了解方案实施的效果，并为下一阶段更好地实施方案提供一些建议和指导。

(2) 终结性测评，即在方案实施完结后进行的总结性测评。其目的是要了解整个方案的实施效果，为以后制订营销方案提供依据。策划方案的效果测评应与市场营销控制和审计有机地结合起来。

12.1.7　网络营销策划的注意事项

1. 倾听客户

网络营销策划服务的基本出发点是满足顾客需求，它们的站点设计的共同特点之一就是便于顾客使用，这使顾客能够直接给企业反馈信息。顾客能告诉企业某种产品何时是适应市场需求的，或他们要求产品做哪些具体的改进等。很多企业发现顾客直接反馈系统能激发工作人员的潜力，促使质量的提高。供应商、零售商、顾客应是整个营销过程中的重要参与角色，由此可形成一个互动的系统。

2．循序渐进

应将每一种服务和产品都视为一个多步骤、循序渐进的过程，而不是一蹴而就的事。这要求每天都要对站点进行不断的改进，比如更换图形、修补破损的链接，改正拼写错误等。从这些小事做起，使站点精益求精。由此，顾客也会赞赏企业所做的这些持续的努力。

3．密切注意变化

企业设立站点的最初的一个原因就是要减少电话服务，但现在顾客仍然可能会打电话，就一个技术细节或比较棘手的问题咨询技术服务部门。顾客经过吸取网络站点的信息，对服务的要求与以前相比已大不相同了——他们对产品的知识基础、信息需求的水平都大大提高。公司要适应需求的增长，无疑也应不断地积累、增长自身的知识。

4．灵活性

网络媒体允许企业不断地完善和扩展它的内容，可以一步一步地扩展，而不必也不可能一下子就尽善尽美，有很大的灵活性。

5．应急支持计划

应将开发、运送、培训的部门都包括到网络顾客服务支持小组中来。如果他们都不知道网络服务是怎样运用的，就无法通过网络工具帮助顾客。同时还要考虑到某种灾难性事件发生的可能性：如果每天有 100 000 个顾客利用站点获得帮助，可是有一天系统突然出现故障，怎么办。所以企业要保证有一个应急的支持系统，支持在线数据库分析系统或其他解决问题的方法。

6．做先知更要做先行

随着科学技术的发展、网民数量的激增，网络在人们的日常生活中扮演着越来越重要的角色。同时，网络营销推广也凭借其诸多优点正在逐渐成为最重要、最有效的营销推广方式。据统计，在国外，80%的个人和企业都选择网络媒介进行营销推广，并从中获得了极好的效果。而在中国，虽然选择“网络营销”的人只有 7%～8%，不到国外的十分之一，但仅仅在这选择网络营销的“十分之一”中，就有多半的公司或个人因为网络营销的强大力量，得以在与对手的竞争中崭露头角、赢得商机。随着网络影响的进一步扩大，随着人们对于网络营销理解的进一步加深，以及越来越多的网络营销推广的成功案例，人们已经开始意识到网络营销的诸多优点并且越来越多的商家通过网络进行营销推广。

12.2　网络营销战略分析

在计算机技术的高速发展和广泛应用的基础上，我们已经进入了网络时代。在互联网

的巨大影响下，市场必然要求传统营销战略的调整和更新。不过网络营销并不能完全取代传统营销的作用，所以必须经过整合才能对现代营销起到更加积极的作用。

12.2.1　网络营销产生的基础

网络营销的产生是科学技术的发展、消费者价值观的变革和商业竞争等综合因素所促成的。

1. 网络营销产生的科技基础

计算机网络的发展，使信息社会的内涵有了进一步的改变，因此这个时代被称为信息网络时代。在信息网络时代，网络技术的应用改变了信息的分配和接收方式，改变了人们的生活、工作、学习、合作和交流的环境，企业也在利用网络新技术促进企业飞速的发展。

随着 Internet 作为信息沟通渠道在商业上的使用，Internet 的商用潜力被挖掘出来，显现出巨大的威力和发展前景。

网络的效益是网络使用人数的平方。如果入网用户呈指数增加，网络的效益也随之以更大的指数倍增加。随着宽带网工程的“跑马圈地”、入网费用的下降，我国的网络市场已经成为新兴市场。但如何在此潜力巨大的网络市场上开展营销，对企业既是机遇又是挑战。

2. 网络营销产生的观念基础

满足消费者的需求是企业经营的永恒核心。利用网络这一科技的制高点为消费者提供各种类型的服务，是取得未来竞争优势的重要途径。当代消费者心理变化的趋势和特征有如下特点。

1) 个性消费的回归

在相当长的一个历史阶段，工商业都是将消费者作为单独个体进行服务。此时，个体消费是主流。近代的工业化和标准化的生产方式，使消费的个性被大量低成本、单一化的产品淹没。同时，短缺经济和近乎垄断的市场，使消费者可挑选的产品很少，消费个性被压抑。但当市场经济发展到今天，多数产品无论在数量上还是在品种上都已极为丰富，消费者能够以个人心理愿望为基础挑选和购买商品和服务。他们的需求更多，需求的变化更快。消费者的选择不单是商品的使用价值，还包括其他的“延伸物”，这些“延伸物”及其组合可能不相同，因此，每一个消费者都是一个细分市场。个性化消费也必将再度成为消费的主流。

2) 消费的主动性增强

在社会分工日益细分化和专业化的趋势下，消费者对购买的风险感随选择的增多而上升，因而对单项的“填鸭式”营销沟通感到厌倦和不信任。在许多购买活动较小，并且大件耐用消费品的购买中，消费者会主动通过各种可能的渠道获取与商品有关的信息进行比较，以减轻风险感或减少购买后产生后悔的可能，增加对产品的信任和争取心理上的满足感。消费主动性的增强来源于现代社会的不确定性增强和人类追求心中稳定和平衡的欲望。对购买方便性的需求与购物乐趣的追求并存，一部分工作压力较大、紧张度高的消费者会以购物方便为目标、追求时间少和低劳动成本。另一部分消费者则相反。由于劳动生产效率的提高，人们的支配时间增加，一些自由职业者或家庭主妇希望通过购物来消磨时间，寻找人生的乐趣，保持与社会的联系，减少心理孤独感。因此他们愿意多花时间和体力进行购物。这两种相反的心理将会在今后较长时间内并存和发展。

3) 价格仍是影响消费心理的重要因素

虽然营销工作者倾向于以各种差别比来减弱消费者对价格的敏感度，避免恶性削价竞争，但价格最终对消费者心理仍有重要影响。这说明即使在当代发达的营销技术面前，价格的作用仍不可忽视。只要价格降价幅度超过消费者的心理界限，消费者难免会怦然心动地改变既定的购物原则。

3. 网络营销的现实基础

随着市场竞争的日益激烈化，为了在竞争中占有优势，各企业都使出了浑身解数想方设法地吸引顾客，很难说还有什么新颖独特的方法出奇制胜。一些营销手段即使能在一段时间内吸引顾客，也不一定能使企业盈利增加。市场竞争也已不再依靠表层营销手段的竞争，更深层次的经营组织形式上的竞争已经开始。经营者迫切地去寻找变革，以尽可能地降低商品从生产到销售的整个供应链上所占用成本和费用的比例，还要缩短运作周期。而对于经营者求变的要求，网络营销可谓一举多得。开展网络营销，可以节约大量昂贵的店面租金，可以减少库存商品资金占用，可使经营规模不受场地的制约，可便于采集客户信息等。这些都可以使企业经营的成本和费用降低，运作周期变短，从根本上增强企业的竞争优势，增加盈利。

总之，网络营销的产生有技术基础、观念基础和现实基础，是多种因素综合作用的结果。网络市场里蕴藏着无限商机。正如时代华纳集团旗下的新媒体公司科技与行政副总裁诺尔顿(Nolden)所言：“虽然目前我们还不知道该怎样赚钱，但必须现在就看好网络上的无限商机。”

12.2.2 网络营销的竞争优势

开展网络营销给企业带来的最直接的竞争优势是企业成本费用的控制。网络营销采取的是新的销售管理模式。它通过 Internet 改造传统的企业营销管理组织结构与运作模式，并通过整合其他相关业务部门，如生产部门、采购部门，实现企业成本费用最大限度的控制。利用 Internet 开展网络营销可以从七个方面控制企业费用。

1. 降低营销及相关业务管理费用

互联网通过开放的统一标准，将不同类型的计算机联结在一起，可以实现资源和信息共享，同时还可以实现远程的信息交流和沟通。许多企业已将互联网技术应用到企业管理中来，并且取得了很大的经济效益。利用互联网降低管理中的交通、通信、人工、财务和办公室租赁等成本费用，可最大限度地提高管理效益。许多在网络上创办的企业也正是因为网络上企业的管理成本比较低廉，才有可能独自创业和寻求发展机会。

2. 利用互联网能降低交通和通信费用

对于一些涉及全球业务的公司，业务人员和管理人员必须与各地相关者保持密切联系：

许多跨国公司的总裁多数时间是在飞机上度过的，现在利用互联网则可以很好地解决这种问题。通过网上低廉的沟通工具：如 E-mail、电话、网络会议等就可以进行沟通。据统计，互联网出现后，可减少企业传统交通和通信费用的 30%左右，这一比例还可以增加。对于小公司而言，互联网更是给他们装上“翅膀”，不出门就可以将业务在网上任意开拓。例如，美国一个小女孩 1995 年就在家创办了一个网上花店，而且生意覆盖美国。她的工作条件仅仅是一台可以接收订单和提供产品信息的服务器，然后聘请几个助手负责按地址进行邮寄即可。后来她与美国联邦快递进行联网，只需要将订单进行信息处理后交给联邦快递，由它将花从花棚接送到订花者手中。这一切都在网上完成，小女孩的生意非常红火。

3．降低人工费用

传统过程中许多需人工处理的业务，现在都可以通过计算机和互联网完成。例如，美国的戴尔(Dell)公司最开始的方法是通过电话和邮寄进行的，后来通过互联网进行直销。戴尔也无须雇佣大量的电话服务员来接收用户的电话订单。从而避免了电话订单许多无法明确的因素，大大提高了效率，同时降低了大量人工费用。因此，将互联网用于企业管理，不仅可以提高工作效率，还可以利用它减少不必要的人员，减少人为因素造成的损失。

4．降低企业财务费用

借助互联网实现企业管理的信息化、网络化，可以大大降低企业对一些雇佣员工的固定资产投入和日常运转的费用开支，企业财务费用需求得以减少。因此利用互联网可以使用很少的资金进行创业发展，现在正是英雄辈出的时代。

5．降低办公室租金

通过互联网，商业企业可以实现无店铺经营，工业企业可以实现无厂房经营。例如，亚马逊的网上书店就是典型的例子。由于其业务是通过互联网来完成的，它无须在繁华地段租用昂贵的办公场所。目前，借助互联网，许多企业都把办公室从城市繁华中心搬到宁静郊区，以避免市区的交通拥挤，且可以在环境幽雅、费用低廉的环境下工作，真是一举两得。对于生产企业，通过互联网可以将其产品发包给其他的企业生产，如美国的康柏(Compaq)公司 90%的计算机都不是它自己生产的，而是将其发包给制造企业进行生产。康柏公司提供技术、软件和品牌，然后将产品直接发给用户。互联网可以实现全球性的生产合作，“虚拟”生产不再“虚拟”了。

6．降低销售成本费用

马克思曾经将销售描述成“惊险一跳”，可见销售对企业的重要性。销售成本主要有销售人员费用、运输费用、销售管理费用、广告促销费用等。互联网的出现给企业带来了新的销售模式和管理方式，如网上直销(网上订货)和网上促销等新的销售模式，大大降低了销售成本。

7．创造市场机会

互联网上没有时间和空间限制，它可以 7×24(每周，每天，每天 24 小时)运行。它的触角可以延伸到世界每一个地区，因此，利用互联网进行市场营销活动可以延伸到过去靠人

进行销售或者传统销售所不能达到的市场。例如，一个在大型制造厂工作的塑料制品专家在网上就可以浏览和选择各种塑料供应商；同样，一个小商贩不可能接触到遍布全国的家庭用品经销商，但通过在互联网上设置站点，营造一个为小公司服务的交易环境，就能在全国甚至世界范围内找到有钱赚的新市场。

12.3 网络营销产品策划

在传统的市场营销组合策划中，产品策划是企业营销策划的一个重要组成部分，但是，随着社会生产力以及网络和信息化的发展，网络营销中传统产品策划已经开始变化，逐渐演变为满足消费者需求的营销策划。产品策划的内容已由原来单一的实物产品策划转化为实物产品策划、服务产品策划以及信息产品策划三位一体的产品策划。

12.3.1 网络营销产品的内容

1. 网络营销产品的特点

由于网络用户在初期对技术有一定要求，因此用户上网大多与网络等技术相关，网上销售的产品最好是与高技术或与计算机、网络相关的一些信息类产品，图书、音乐等也比较适合网上销售；还有一些无形产品，如服务也可以借助网络的作用实现远程销售，如远程医疗。

一般而言，目前适合在互联网上销售的产品通常具有以下特点。

(1) 产品质量。网络的虚拟性使顾客可以突破时间和空间的限制，实现远程购物和在网上直接订购，这使网络购买者在购买前无法尝试或只能通过网络来感受产品质量。

(2) 产品式样。通过互联网对全世界的国家和地域进行促销的产品要符合该国家或地区的风俗习惯、宗教信仰和教育水平。同时，由于网上消费者的个性化需求，网络营销产品的式样还必须满足购买者的个性化需求。

(3) 产品品牌。在网络营销中，小产商与经营商的品牌同样重要，一方面，若要在网络浩如烟海的消息中引起浏览者的注意，必须拥有明确、醒目的品牌；另一方面，由于网上购买者可以面对很多选择，同时网上无法进行购物体验，因此，购买者对品牌比较关注。

(4) 产品包装。作为通过互联网经营的针对全球市场的产品，其包装必须适合网络营销的要求。

(5) 目标市场。网络市场是以网络用户为主要目标的市场，在网上销售的产品要能覆盖广大的地区范围。如果产品的目标市场比较狭窄，可以采用传统营销策略。

(6) 产品价格。一方面，互联网作为信息传输工具，在发展初期是采用共享和免费策略发展而来的，网上用户比较认同网上产品低廉的特性。另一方面，由于通过互联网进行销售的成本低于其他渠道的产品，在网上销售产品一般采用低价位定价。

2. 网络营销产品分类

上述网络营销产品的特点其实是由于网络的限制，使得只有部分产品适合在网上销

售。随着网络技术的发展和其他科学技术的进步，将会有越来越多的产品在网上销售。在网络上销售的产品，按照产品性质的不同，可以分为实体产品和虚体产品两大类，如表 12-1 所示。

表 12-1　网络营销产品类型

<table>
<tr><th>商品形态</th><th>商品品种</th><th colspan="2">举　例</th></tr>
<tr><td>实体商品</td><td>普通商品</td><td colspan="2">消费品、工业品等</td></tr>
<tr><td rowspan="3">虚拟商品</td><td>软件</td><td colspan="2">计算机软件、电子游戏等</td></tr>
<tr><td rowspan="2">服务</td><td>普通服务</td><td>远程医疗、法律救助、航空、火车订票、入场券预订、饭店预约、旅游服务预约、医院预约挂号、网络交友、计算机游戏</td></tr>
<tr><td>信息咨询服务</td><td>法律咨询、医药咨询、股市行情分析、金融咨询、资料库检索、电子新闻、电子报刊、研究报告、论文等</td></tr>
</table>

1) 实体产品

实体产品是指有具体物理形状的物质产品。在网络上销售实体产品的过程与传统的购物方式有所不同，没有传统的面对面的买卖方式，网络上的交互式交流成为买卖双方交流的主要形式。消费者通过卖方的主页考察其产品，通过填写表格表达其对品种、质量、价格、数量的选择；而卖方则将面对面的交货改为邮寄产品或送货上门，这一点与邮购产品颇为相似。因此，网络销售也是直销方式的一种。

2) 虚体产品

虚体产品与实体产品的本质区别是虚体产品一般是无形的，即使表现出一定形态也是通过其载体体现出来，但产品本身的性质和性能必须通过其他方式才能表现出来。在网络上销售的虚体产品可以分为两大类：软件和服务。软件包括计算机系统软件和应用软件。网上软件销售商常常可以提供一段时间的试用期，允许用户尝试使用并提出意见。好的软件能够很快吸引顾客，使他们爱不释手并为之慷慨解囊。

服务可以分为普通服务与信息咨询服务两大类。对于普通服务来说，顾客不仅注重所能够得到的收益，还关心自身付出的成本。通过网络这种媒体，顾客能够尽快地得到所需要的服务，免除恼人的排队等候的时间成本。同时，消费者利用浏览软件，能够得到更多更快的信息，提高信息传递过程中的效率，增强促销的效果。对于信息咨询服务来说，网络是一种最好的媒体选择。用户上网的最大需求就是寻求对自己有用的信息，信息服务正好提供了满足这种需求的机会。

12.3.2　网络营销产品的策略

1．网络营销产品选择

从理论上来说，在网络上可销售任何形式的实物产品，但在现阶段受各种因素的影响，网络还不能达到这一要求，所以，在选择网络产品时应注意以下问题。

1) 要充分考虑产品自身的性能

根据信息经济学对产品的划分，产品从大的方面可划分为两类：一类是消费者在购买时就能确定或评价其质量的产品，称为可鉴别性产品，如书籍、计算机等，这类产品的标准化程度较高；另一类是消费者只有在使用后才能确定或评价其质量的产品，称为经验性产品，如服装、食品等。一般来说，可鉴别性产品或标准化较高的产品易于在网络营销中获得成功，而经验性产品或个性化产品则难以实现大规模的网络营销。因此，企业在进行网络营销时，可适当地将可鉴别性高的产品或标准化高的产品作为首选的对象和应用的起点。

2) 要充分考虑实物产品的营销区域范围及物流配送体系

不可否认，网络营销消除了地域的概念与束缚，但是在实际的网络营销中，企业还必须考虑到自身产品在营销上的覆盖范围，以取得更好的营销效果。谨防只注重网络营销全球性的特点，忽视了企业自身营销的区域范围，而使远距离的消费者购买时出现无法配送而使企业的声誉受到影响或在进行配送时物流费用过大的现象。

3) 产品市场生命周期策略

产品市场的生命周期是指产品从上市到落市的时间间隔。产品市场生命周期的长短，主要取决于产品上市后，市场对产品的需求变化和新产品的更新换代程度。在传统市场营销过程中，产品市场的生命周期一般包括试销期、成长期、成熟期、饱和期和衰退期五个阶段。

在网络营销中，由于厂家与消费者建立了更加直接的联系，企业可通过网络及时地了解和掌握消费者的需求状况，从而使新产品从上市的那一时刻起，就知道了产品应改进和提高的方向，于是当产品还处在成熟期时，企业就开始了下一代系列产品的研制和开发，系列产品的推出取代了原有的处于饱和期和衰退期的产品。因而在网络营销中，企业应特别重视产品市场的生命周期中试销期、成长期和成熟期营销策略的研究，这几方面，可采取传统市场营销中相对应的营销策略。

2. 网络产品文案

消费者在选定一件产品后，仔细查看产品说明是必不可少的一个步骤，即使是一本书，购物者也会看一下内容提要、作者简介、目录之类的介绍，如果是一件价值较高的产品，想必更希望了解详细的资料，如果得不到详细的信息，这次购物也许不会成交。

目前很多网站属于广告投放地点，除了产品图片说明外(大多是产品尺寸、外观、用途、使用寿命、重量、体积等特性)，就是产品特征。产品特性为我们描绘这个产品是什么，但其实客户并不是看中产品特性才有购买欲望，客户是在了解了产品的价值后才有了购买欲望。

下面举例说明问题。

ABC 牌扫描仪，银灰色，D 厘米长，E 厘米宽，F 厘米高，G 千克重，分辨率从 H 到 I，传送速率为 J……一大堆技术参数和使用说明。

换一种说法：想扫描一大堆文件、照片和图片吗？ABC 牌扫描仪简单易用，让您轻松上手；照片放置时间过长色彩失真，ABC 牌扫描仪能帮助您制作电子相册，免除您的烦恼；

想给美国的朋友写 E-mail，为什么不试一试 ABC 牌扫描仪，您亲切的手迹随着您的亲切问候快速轻松地飞向大洋彼岸；如果您有剪报纸的习惯，您是否面对“大堆零碎的小纸片有点烦？快来试试 ABC 牌扫描仪，轻松扫描，轻松搞定；您太太想去拍艺术照？别浪费您的钱，为什么不试着自己做，寻找另一番快乐情趣？ABC 牌扫描仪将助您一臂之力。

同样的扫描仪，后一种描述能令产品生辉，突出产品的价值。

一般而言，描述产品时应从客户需要、节省金钱、节约时间、增加财富、省事方便、通俗易用、避免冒险、节省精力等方面吸引顾客。

在制作信息产品时，名字十分重要。譬如，将一本名为《在线营销手册》改为《同样的互联网，为什么张三如此成功而李四输得那么惨》，其销售结果将差异很大。

传统营销认为，90%的精力应放在制作产品的本身，但从商业成功的角度看，在网络营销时代，90%的时间应投入产品的营销工作中。

3．提供产品信息策略

为用户提供完善的信息服务是进行网络营销的一个重要组成部分。与实体产品网络营销、服务网络营销相比，在现阶段为用户提供完善的信息服务可以说是进行网络营销的主要功能和优势所在。为用户提供产品信息服务时可采取以下策略。

1) 建立“虚拟展厅”

用立体逼真的图像，辅之于方案、声音等来展示自己的产品，使消费者如亲临其境一般，感受到产品的存在，对产品的各个方面有一个较为全面的了解。在建立“虚拟展厅”来传递信息时，为更好地满足消费者的需求，企业应在“展厅”中设立不同产品的显示器，并建立相应的导航系统，使消费者能迅速、快捷地寻找到自己所需要的产品信息。

2) 设立“虚拟组装室”

在“虚拟展厅”中，对于一些需要消费者购买后进行组装的产品，可专门开辟一些空间，使消费者能根据自己的需求，对同一产品或不同产品进行组合，更好地满足消费者个性化需求。

3) 建立自动的信息传递系统

企业要建立快捷、及时的信息发布系统，使企业的各种信息能及时地传递给消费者；要建立信息的实时沟通系统，加强与消费者在文化、情感上的沟通，并随时收集、整理、分析消费者的意见和建议。在改进产品开发、生产及营销的同时，对于帮助企业的信息提供者，应给予相应的回报。

4) 方便查询策略

由于种种原因，商家不可能在网站首页上放置很多商品的介绍，而且调查表明，网上购物者多为理智型的消费，事先会对所需商品特性、价格等有一定的计划。上网之后，一般会到合适的分类目录中查找；如果知道商品名称，也许会直接查询。如果找不到合适的目录或者查询没有结果的话，这个顾客也许很快会离开这个网站，他最有可能去的地方，很可能是竞争者的网站，这是网站经营者最不愿意看到的结果。因此，设计一个快速、简洁的主页是非常必要的。

5) 网络产品参与策略

利用网络提供的产品，除了充分显示产品的性能、特点、品质以及为顾客服务的内容外，更重要的是以个性化为顾客导向的方式，针对个别需求提供一对一的营销服务，利用网络的优势，提高消费者参与的程度。

(1) 利用电子布告栏或电子邮件提供在线售后服务或与消费者做横向沟通。

(2) 提供消费者之间、消费者与公司在互联网上的讨论区，以此了解消费需求、市场趋势等，作为公司改进产品，研发产品的参考。

(3) 提供网上互动服务系统，依据客户需求，适时地利用网络提供有关产品的服务信息。例如，汽车商在网络上提醒客户有关定期保养的通知，花店提醒客户有关家人生日的时间，银行提醒客户定期存款到期，教师提醒学生考试日期与应做的准备等。

(4) 企业各个部门的人员可以利用网络进行网上研发讨论，将有关产品构想或雏形通过网络公告，引发全球各地有关人员进行讨论。

(5) 通过网络对消费者进行意见调研，借以了解消费者对于产品特性、品质、商标、包装及式样等方面的意见，协助产品的研究开发与改进。

(6) 在网络上提供与产品相关的专业知识，增加产品价值的同时也提升企业形象，如汽车供应商提供车辆的维护保养常识，家电企业介绍家电产品的性能、使用和注意事项。

(7) 开发电子书报、电子杂志、电子资料库等信息产品，并利用网络提供物美价廉的产品。

(8) 让消费者在网络上充分展示自己的需求时可亲自设计，企业据此提供个性化的产品与服务，比如对服装、鞋帽、箱包等类商品均可运用该种方式。

12.3.3 网络营销新产品的开发策划

1. 网络营销新产品开发

1) 网络时代新产品开发面临挑战

新产品开发是许多企业市场取胜的法宝，但互联网的发展，使得在今后获得新产品开发成功的难度增大，其原因如下。

(1) 在某些领域内缺乏重要的新产品构思。

(2) 不断分裂的市场。激烈的竞争正在导致市场不断分裂，互联网的发展加剧了这种趋势，市场主导地位正从企业主导转为消费者主导，个性化消费成为主流，未来的细分市场必将是以个体为基准的。

(3) 社会和政府的限制。网络时代强调的是绿色发展，新产品必须以满足公众利益为准则，诸如消费者安全和生态平衡。

(4) 新产品开发过程中的昂贵代价。

(5) 新产品开发完成的时限缩短。

(6) 成功产品的生命周期缩短。一种新产品成功后，竞争对手立即就会对其进行模仿，从而使新产品的生命周期大为缩短。

网络时代，特别是互联网发展带来的新产品研发的困难，对企业来说既是机遇也是挑战。企业开发的新产品如果能适应市场需要，可以在很短时间内占领市场，打败其他竞争对手。

2) 网络时代新产品开发策略

与传统新产品开发一样，网络营销新产品开发策略也有下面几种类型，但策略制定环境和操作方法不一样。

(1) 新问世的产品，即开创了一个全新市场的产品。

(2) 新产品线，即使公司首次进入现有市场的新产品。

(3) 现有产品线外新增加的产品，即补充公司现有产品线的新产品。

(4) 现有产品的改良品或更新，即提供改善了的功能还有较大感知价值并且替换现有产品的新产品。

(5) 降低成本的产品，即提供同样功能但成本较低的新产品。

(6) 重定价产品，即以新的市场或细分市场为目标市场的现有产品。

企业网络营销产品策略中采取哪一种具体的新产品开发方式，可以根据企业的实际情况决定，但结合网络营销市场特点和互联网特点，开发新市场的新产品是企业竞争的核心。对于相对成熟的企业采用后面几种新产品策略也是一种短期的较稳妥的策略，但不能作为企业长期的新产品开发策略。

3) 网络营销新产品构思与概念的形成

网络营销新产品开发的首要前提是新产品构思和概念的形成。在每一个阶段，都有一些伟大发明推动技术革命和产业革命，这个时期的新产品构思和概念的形成主要是依靠科研人员的创造性来推动的。

新产品的构思可以有多种来源，可以是顾客、科学家、竞争者、公司销售人员、中间商和高层管理者，但最主要的来源还是依靠顾客来引导产品的构思。网络营销的一个最重要特性是与顾客的交互性，它通过信息技术和网络技术来记录、评价和控制营销活动，掌握市场需求情况。网络营销通过其网络数据库系统处理营销活动中的数据，并用来指导企业营销策略的制定和营销活动的开展。

网络营销数据库系统一般具有以下特点。

(1) 在营销数据库中每个现有或潜在顾客都要作为一个单独记录存储起来，只有了解每个个体的信息才能进行市场细分，并可通过汇总数据发现市场总体特征。

(2) 每个顾客记录不但要包含顾客的一般信息(如姓名、地址、电话等)，还要包含一定的范围的市场营销信息，即顾客需求和需求特性，以及有关的人口统计和心理测试统计信息。

(3) 每个顾客记录还要包含有顾客是否能接触到针对特定市场开展的营销活动信息，以及顾客与公司或竞争对手的交易信息。

(4) 数据库中应包含顾客对公司采取的营销沟通或销售活动所做反应的信息。

(5) 存储的信息有助于营销策略制定者制定营销政策，如针对目标市场或初级市场提供何种合适的产品或服务，以及每个产品在目标市场可采用何种营销策略组合。

(6) 在对顾客推销产品时，数据库可以用来保证与顾客进行协调一致的业务关系发展。

(7) 数据库建设好后可以代替市场研究，无须通过专门的市场调查来测试顾客对所进行的营销活动的响应程度。

(8) 随着大型数据库可以自动记录顾客信息和启动控制与顾客的交易，自动营销管理已

成为可能，但这要求有处理大批量数据的能力，在发现市场机会的同时对市场威胁提出分析和警告。大型数据库提供的高质量的信息使得高级经理能有效进行市场决策和合理分配有限的资源。

利用网络营销数据库，企业可以很快发现顾客的现实需求和潜在需求，从而形成产品构思。通过对数据库的分析，可以对产品构思进行筛选，并形成产品的概念。

2. 网络营销新产品研制

与过去新产品研制和试销不同，顾客可以全程参与新产品研制和开发制作。顾客参与新产品研制与开发不再是简单地被动接受测试和表达感受，而是主动参与和协助产品的研制开发工作。与此同时，与企业关联的供应商和经销商也可以直接参与新产品的研制与开发，因为网络时代企业之间的主流关系是合作，只有通过合作才可能增强企业竞争能力，才能在激烈的市场竞争中站稳脚跟。通过互联网，企业可以与供应商、经销商和顾客进行双向沟通和交流，最大限度提高新产品研制与开发。

值得注意的是，许多产品并不能直接提供给顾客使用，它需要许多企业共同配合才有可能满足客户的最终需要。

3. 网络营销新产品试销与上市

网络市场作为新兴市场，消费群体一般都有很强的好奇心和消费领导性，比较愿意尝试新的产品。因此，通过网络营销来带动新产品试销与上市，是比较好的策略和方式。但须注意的是，网上市场群体还有一定的局限性，目前的消费意向比较单一，所以并不是任何一种新产品都适合在网上试销和推广。一般对于与技术相关的新产品，在网上试销和推广的效果比较理想，这种方式一方面可以比较有效地覆盖目标市场，另一方面可以利用网络与顾客直接进行沟通和交互，有利于顾客了解新产品的性能，还可以帮助企业对新产品进行改进。

利用互联网作为新产品营销渠道时，要注意新产品能否满足顾客的个性化需求的特性，即同一产品能针对网上市场不同顾客需求生产出功能相同但又能满足个性需求的产品，这要求新产品在开发和设计时就要考虑到产品式样和顾客需求的差异性。例如，戴尔(Dell)公司在推出计算机新产品时，允许顾客根据自己的需要自行设计和挑选配件来组装自己满意的产品，戴尔公司可以通过互联网将顾客订单直接送给生产部门，生产部门根据个性化需求组装计算机。因此，网络营销产品的设计和开发要能体现产品的个性化特征，适当地进行人性化大规模生产，否则，再好的产品也很难在市场上让消费者满意。

12.3.4 网络营销的品牌策略

1. 网上市场品牌

在中国传统的商业市场，品牌的概念就类似于“金字招牌”，但在现代西方的营销领域，品牌是一种企业资产，涵盖的意念比表象的文字标记或是注册商标更胜一筹。品牌是一种信誉，由产品品质、商标、企业标志、广告口号、公共关系等混合交织形成。从网络品牌资产的角度来讲，品牌内涵指品牌的知名度、美誉度、认同度、忠诚度。品牌是极有效率

的推广手段。品牌形象有极大的经济价值，它能吸引风险投资者的兴趣。对投资人而言，可信度是投资决策的关键。

2．网上品牌的特征

网上品牌与传统品牌有着很大的不同，传统优势品牌不一定是网上优势品牌，网上优势品牌的创立需要重新进行规划和投资。在全球商业网站多如牛毛的情况下，消费者对品牌的忠诚度会越来越低，网站品牌形象的建立，也就比传统营销时代更加重要。在网络时代的数字战场上取得成功，需以品牌作为引导，将品牌带入与消费者的互动中。有许多调查结果都证实了创建网站品牌的重要意义。

根据哈利斯互动公司调查显示，在美国，网友对网站品牌普遍是健忘的。提到零售网站知名度，网友想到的总是那么几个，比如亚马逊(Amazon)、易贝(Ebay)等。消费者对品牌的好感及信任需要时间的积累。

品牌仍是无形价值的保证形式。在网上购物，品牌更为重要。消费者的购买行为是经由认知、信任进而产生行动的过程。传统品牌把大量预算花在品牌形象的塑造上，就是因为这种形象能够缩短购买的时间。如果我们把网站建设的最终目的界定为“销售”，那么，网络上的购买行为更需要品牌形象的支持，品牌带来的信誉和保证在某种程度上抵消了虚拟环境的不安全感。随着网页的不断扩充，网站运营者数量增多，一方面推动了互联网的发展；另一方面由于规章约束滞后，信息和内容良莠不齐，难以保证所有信息绝对可靠，一些网站成为推销劣质商品和发布假消息的中心。在缺乏高品质目录及传统标识界定的环境中，用户依据品牌名辨别差异，与传统营销一样，良好的品牌形象在用户潜意识中就是信誉保证。

品牌还可以抵制网络传闻带来的冲击。网络传闻指的是新闻组或在线会议的网络群中不断传达的上网经验。口耳相传的力量在网络上更甚于一般。这就是为什么有些成功的网站仍把打响品牌作为公司目标的原因。它们成功的秘诀就在于创造了一个响当当的网络品牌。从为网站所取的名字、与其他热门网站签约招揽网友，到不断投资市场，它们证明了品牌对于电子商务的重要性。

3．企业域名品牌内涵

1) 互联网域名的商业作用

互联网在商业上的应用将传统的以物质交换为基础的交易带入以信息交换替代物质交换的虚拟交易世界，实施媒体由原来的具体物理层次上的物质交换上升为基于数据通信的逻辑层次上的信息交换。这种基于信息交换的网上虚拟市场同样需要交易双方进行协商和参与，同样需要双方选择交易对象，因此网上市场虚拟交易主体双方选择和协商等行为依然存在，只是实施的媒体发生变化，减少了双方选样和协商的交易成本而已。随着互联网上的商业增长，交易双方识别和选择范围增大，交易概率随之减少，因此互联网上同样存在一个如何提高被识别和选择概率的问题及如何提高选择者忠诚度的问题。

传统的解决问题的办法是借助各种媒体树立企业形象、提高品牌知名度，通过在消费者中树立企业形象来促使消费者购买企业产品，企业的品牌就是顾客识别和选择的对象。

企业在互联网上进行商业活动，同样存在被识别和选择的问题。由于域名是企业站点

联系地址，是企业被识别和选择的对象，因此提高域名的知名度，也就是提高企业站点知名度，也就是提高企业被识别和选择的概率。域名在互联网上可以说是企业形象的化身，是在虚拟网上市场环境中商业活动的标识。所以，必须将域名作为一种商业资源来管理和使用。

也正是因为域名具有商标特性，与商标一样具有“品牌效应”，使某些域名也具有潜在价值。例如，以 IBM 作为域名，使用者很自然联想到 IBM 公司，联想到该站点提供的服务或产品，同样只有 IBM 公司一贯承诺的品质和价值，如果被人抢先注册，注册者可以很自然利用该域名所附带的一些属性和价值。对于被抢先注册的企业，不但丧失商业利润，还可能出现品牌形象受到无形损害的风险。

2) 商标的界定与域名商标

根据美国市场营销协会(AMA)定义，商标是一个名字、术语、标志、符号、设计或者它们的组合体，用来识别某一销售者或组织所营销的产品或服务，以区别于其他竞争者的商标。一方面，从本质上说是用来识别销售者或生产者的一个标识，依据商标法，商标拥有者享有独占权，单独承担使用商标的权利和义务。另一方面，商标还携带一些附加属性，它可以给消费者传递使用该商标的产品所具有的品质，是企业形象在消费者心理定位的具体依据，可以说商标法是企业形象的化身，是企业品质的保证和承诺。

(1) 域名的商标特性。对比商标的定义，域名则是由个人、企业或组织申请的独占使用的互联网标识，并对提供的服务或产品的品质进行承诺和提供信息交换或交易的虚拟地址。

域名不但具有商标的一般功能，还提供互联网上进行信息交换和交易的虚拟地址。虽然目前的域名申请规则和法律没有明文规定域名的法律地位和商标特性，但从域名的内涵和商标的范畴来看，可以将域名定义为以物质交换为基础的实体环境下延伸到以信息交换为基础的网上市场虚拟环境下的一种商标，是商标功能在新的虚拟交易环境中的一种新的形式和变种，是企业商标外延的拓展和内涵的延伸，是适应新的商业环境的需要而产生的。重新认识域名在商业环境下的商业价值和法律地位，对企业的发展有重要作用。

(2) 域名的命名。目前许多商业机构纷纷建立网站，虽然大多数企业还未能从中获取商业利润。但作为未来重要的商业模式和战略，这些企业依然坚定投资建立网站。考虑企业现在的发展和未来的机遇，有的企业为获取一个好的域名不惜代价。大多数商业机构注册域名与企业商标或名称有关，如微软公司、IBM 公司、可口可乐等。根据对互联网域名数据库网上信息中心的 288 873 个商业域名进行分析，有直接对应关系的占 58%，有间接关系的也占很大比例。由此可见，在实践中有许多企业已经意识到域名的商标特性，为适应企业的现代化发展，才采取这种命名策略。

3) 域名商标的商业价值

互联网上的明星企业网景公司(Nestscape)和雅虎公司(Yahoo)，由于其提供的 www 浏览工具和检索工具享有极高的市场占有率和市场影响力，公司成为网上用户访问最多的站点之一，使其域名成为网上最著名的域名之一。由于域名和公司名称的一致性，公司的形象在用户中的定位和知名度是水到渠成的，甚至超过公司专门的形象策略和计划。因此，域名的知名度和访问率就是公司形象在互联网商业环境中的具体体现，公司商标的知名度和域名知名度在互联网上是统一且一致的。域名从作为计算机网上通信的识别提升为从商业

角度考虑的企业的商标资源，与企业商标一样，它的商业价值是不言而喻的。

1995 年微软公司为宣传其品牌 win95 曾投入巨额资金达 50 亿美元，使其成为世界上家喻户晓的品牌；而同时期刚刚起步的网景公司借助互联网以放弃收费为代价使其网景通信公司(Netscape)浏览器不费吹灰之力就占领市场达 70%。由于公司品牌的知名度和潜在价值，公司股票上市当天就从 28 美元狂升到 75 美元，4 个月后达到 171 美元，公司的创始人也在短短时间内成为名义上的亿万富翁。可见由于互联网市场容量非常规增长，消费者群的聚集，域名商标的潜在价值是很难以常理进行预测的。传统营销联系是基于一对多的模式，企业只是借助媒体提供信息、传播信息，消费者只能凭借片面宣传和消费尝试建立对企业的形象；而互联网的交互性和超文本链接、多媒体以及操作的简易性，使在网络上进行宣传更具操作性和可信性，更易建立品牌形象和加强与顾客沟通，加强品牌忠诚度。

12.4　网络营销价格策划

12.4.1　网络营销定价概述

1．网络时代的需求方地位提升

要实现帕累托最优状态，需要同时满足以下三个条件，即生产的最优条件、交换的最优条件和生产与交换的最优条件。

所谓生产的最优条件，就是在生产要素存量一定的情况下，使产出达到最大的条件。即在不考虑需求弹性或认为需求无止境时，从生产者角度出发，力求达到产出和利润最大化的过程。随着互联网得到日益广泛的应用，特别是内部网和外联网的引入，使生产者逼近最优条件的速度和程度都得以显著提升。由内部网引发的管理革命和由外联网支撑的产业联盟体系，使生产者能够极大地提升效率，降低成本，不断地逼近“生产的最优条件”。

所谓交换的最优条件，是使交换双方得到最大满足和最高效率的条件。与生产的最优条件相反，交换的最优条件是不考虑供应弹性或认为供应无止境时，从需求者角度出发，力求达到支出不变而效果最佳的过程。外联网和互联网的引入，使交换的最优条件得以快速建立，因为通过外联网采购，可以加速生产工具和原材料市场的资源分配；同时，互联网导致需求多样、市场容量激增、消费特征变迁，并使替代品数量增多。

所谓生产与交换的最优条件，即社会生产结构与需求结构相一致，生产出来的产品都是社会需要的，不存在滞销和积压。也可以说，任何生产者都有能力快速应付需求的变化。

在工业经济时代，需求方特别是消费者，由于信息不对称，并受市场空间和时间的隔离，不得不处于一种被动地位，从属于供应方来进行满足需求。买方由于对价格信息所知甚少，所以在讨价还价中总是处于不利地位。互联网的出现不但使得收集信息的成本大大降低，而且还能得到很多的免费信息。网络技术发展使得市场资源配置朝着最优方向发展。

2．网络营销产品定价目标

企业的定价目标一般有：生存定价、获取当前最高利润定价、获取当前最高收入定价、销售额增长最大量定价、最大市场占有率定价和最优产品质量定价。企业的定价目标一般与企业的战略目标、市场定位和产品特性相关。企业在制定价格时，一般是依据产品的生产成本，这是从企业局部来考虑的。企业价位的制定更主要的是从市场整体来考虑。它取决于需求方的需求强弱程度和价值接受程度，再者是来自替代性产品(也可以是同类的)的竞争压力程度。需求方接受价格的依据则是商品的使用价值和商品的稀缺程度以及可替代品的机会成本。

在网络营销中，市场还处于起步阶段，企业进入网络营销市场的主要目标是占领市场求得生存发展机会，然后才是追求企业的利润。目前网络营销产品的定价一般都是低价甚至是免费的，以求在迅猛发展的网络虚拟市场中寻求立足机会。网络市场分为两大市场：一个是消费者大众市场，另一个是企业组织市场。消费者大众市场属于前面谈到的成长市场，企业面对这个市场时必须采用相对低价的定价策略来占领市场；企业组织市场的购买者一般是商业机构和组织机构，购买行为比较理智，企业在这个网络市场上的定价可以采用双赢的定价策略，即通过互联网技术来降低企业、组织之间的供应采购成本，并共同享受成本降低带来的双方价值的增值。

3. 网络营销定价基础

从企业内部看，企业产品的生产成本总体上呈下降趋势，而且成本下降趋势越来越快。在网络营销战略中，可以从降低营销及相关业务管理成本费用和降低销售成本费用两个方面分析网络营销对企业成本的控制和节约。下面将全面分析互联网的应用将为企业其他职能部门节约的成本费用。

1) 降低采购成本

采购过程中之所以经常出现问题，是由于过多的人为因素和信息闭塞造成的。互联网可以减少人为因素和信息不畅通的问题，最大限度地降低采购成本。①利用互联网可以将采购信息进行整合和处理，统一从供应商订货，以求获得最大的批量折扣。②通过互联网实现库存、订购管理的自动化和科学化，可最大限度地减少人为因素的干预，同时能以较高效率进行采购，节省大量人力和避免人为因素造成的不必要损失。③通过互联网可以与供应商进行信息共享，可以帮助供应商按照企业生产的需要进行供应，同时不影响生产和不增加库存产品。

2) 降低库存

利用互联网将生产信息、库存信息和采购系统连接在一起，可以实现实时订购。企业可以根据需要订购产品，最大限度降低库存，实现“零库存”管理。这样的好处是：一方面可以减少资金占用和减少仓储成本，另一方面可以避免价格波动对产品的影响。正确管理存货能为客户提供更好的服务并为公司降低经营成本，加快库存核查效率，减少与存货相关的利息支出和存储成本。减少库存量意味着现有的加工能力可更有效地得到发挥，更高效率地生产可以减少或消除企业设备的额外投资。

3) 生产成本控制

利用互联网可以节省大量生产成本。一方面利用互联网可以实现远程虚拟生产，在全球范围寻求最适宜的生产厂家来生产产品；另一方面，利用互联网可以大大缩短生产周期，提高生产效率。使用互联网与供货商和客户建立联系，使公司能够比从前大大缩短用于收发订单、发票和运输通知单的时间。有些部门通过增值网(VAN)共享产品规格和图纸，可以

提高产品设计和开发的速度。互联网发展和应用将进一步减少产品生产时间，其途径是通过扩大企业电子联系的范围或是通过与不同研究小组和公司进行的项目合作。

4．网络营销的定价特点

1) 全球性

网络营销市场面对的是开放的和全球化的市场，用户可以在世界各地直接通过网站进行购买，而不用考虑网站是属于哪一个国家或地区的。这种目标市场从过去受地理位置限制的局部市场，一下拓展到广泛的全球性市场。网络营销产品定价时必须考虑目标市场范围的变化给定价带来的影响。

如果产品的来源地和销售的目的地与传统市场渠道类似，则可以采用原来的定价方法；如果产品的来源地和销售目的地与原来传统市场渠道差距非常大，定价时就必须考虑这种地理位置差异带来的影响。例如，亚马逊(Amazon)的网上商店的产品来自美国，购买者也来自美国，那么，产品定价可以按照原定价方法进行折扣定价，定价也比较简单。如果购买者是中国或者其他国家的消费者，那么，采用针对美国本土的定价方法就很难面对全球化的市场，会影响网络市场全球性作用的发挥。为解决这些问题，可采用本土化策略，在不同国家的市场建立地区性网站，以适应地区市场消费者需求的变化。

因此，企业不能以统一的市场策略来面对差异性极大的全球性市场，必须采用全球化和本土化相结合的原则进行定价。

2) 低价策略

互联网是从科学研究应用发展而来，因此互联网使用者的主导观念是：网上的信息产品是免费的、开放的、自由的。在早期互联网开展商业应用时，许多网站采用收费方式设想直接从互联网盈利，结果被证明是失败的。成功的雅虎(Yahoo)公司是通过为网上用户提供免费的检索站点起步，逐步拓展为门户站点，到现在拓展到电子商务领域，一步一步获得成功的。它成功的主要原因是遵循了互联网的免费原则和间接收益原则。

网上产品定价较传统定价要低，有着成本费用低的基础，从而使企业有更大的降价空间来满足顾客的需求。因此，对于产品的定价过高或者降价空间有限的产品，在现阶段最好不要在网上销售。如果面对的是工业市场或者产品是高新技术的新产品，网上顾客对产品的价格不大敏感，主要是考虑方便、新潮，那么这类产品就不一定要考虑低价策略。

3) 顾客主导定价

所谓顾客主导定价，是指为满足顾客的需求，通过充分了解市场信息来选择购买或者定制生产自己满意的产品或服务，同时以最小代价(产品价格、购买费用等)获得这些产品或服务。简单来说，就是顾客的价值最大化，顾客以最小成本获得最大收益。

顾客主导定价的策略主要有：顾客定制生产定价和拍卖市场定价。这两种主要定价策略将在下面详细分析。根据调查分析，顾客主导定价的产品并不比企业主导定价的产品获取利润低。根据国外拍卖网站易贝(Ebay)的分析统计，在网上拍卖定价产品，只有 20%的产品拍卖价格低于卖者的预期价格，50%的产品拍卖价格略高于卖者的预期价格，30%的产品拍卖价格与卖者预期价格相吻合，在所有拍卖成交的产品中有 95%的产品成交价格卖主比较满意。因此，顾客主导定价是一种双赢的发展策略，既能更好地满足顾客的需求，同时企业的收益又不受影响，而且可以对目标市场了解得更充分，企业的经营生产和产品研制

开发也可以更加符合市场竞争的需求。

12.4.2 网络营销定价策略

我们知道，企业营销策略有很多种，但无论是传统营销还是网络营销，价格策略总是最富有灵活性和艺术性的策略，是企业营销组合策略中的重要部分，它在营销决策中得到越来越多的重视，是企业的一种非常重要的竞争手段。在进行网络营销时，企业应在传统营销定价模式的基础上，利用互联网的特点，重视价格策略的运用，以巩固企业在市场中的地位，增强企业的竞争能力。

网络营销价格是指企业在网络营销过程中买卖双方成交的价格。网络营销价格的形成是极其复杂的，它受到多种因素的影响和制约。一般来说，影响企业产品网上定价的因素包括传统营销因素和网络本身对价格的影响因素。其中，传统因素有内部因素(成本和利润等)和外部因素(消费者需求和市场竞争等)。由于网络的及时性和互动性等特点，网络营销会节省一定的经营成本，这必然会对价格产生一定的影响。

1. 网络营销定价策略的种类

企业在进行网络营销决策时，必须对各种因素进行综合考虑，从而采用相应的定价策略。很多传统营销的定价策略在网络营销中得到应用，同时也得到了创新。根据影响营销价格因素的不同，网络定价策略可分为如下几种。

1) 个性化定价策略

消费者往往对产品外观、颜色、样式等方面有具体的内在个性化需求。个性化定价策略就是利用网络互动性和消费者的需求特征来确定商品价格的一种策略。网络的互动性能即时获得消费者的需求，使个性化营销成为可能，也使个性化定价策略可能成为网络营销的一个重要策略。这种个性化服务是网络产生后营销方式的一种创新。

2) 自动调价议价策略

根据季节变动、市场供求状况、竞争状况及其他因素，在计算收益的基础上，设立自动调价系统，自动进行价格调整。同时，建立与消费者直接在网上协商价格的集体议价系统，使价格具有灵活性和多样性，从而形成创新的价格。这种集体议价策略已在现有的一些中外网站采用。

3) 竞争定价策略

通过顾客跟踪系统(customer tracking)关注顾客的需求，时刻注意潜在顾客的需求变化，才能保持网站向顾客需要的方向发展。大多数购物网站常将网站的服务体系和价格等信息公开声明，这就为了解竞争对手的价格策略提供了方便。随时掌握竞争者的价格变动，调整自己的竞争策略，以时刻保持同类产品的相对价格优势。

4) 竞价策略

网络使日用品也普遍能采用拍卖的方式销售。厂家可以只规定一个底价，然后让消费者竞价。厂家所花的费用极低，甚至免费。除销售单件商品外，也可以销售多件商品。目前，我国已有多家网上拍卖站点提供此类服务，如雅宝、网猎、易趣等。

5) 集体砍价策略

集体砍价策略是网上出现的一种新业务，当销售量达到不同数量时，厂家制定不同的价格，数量越多，价格越低。

6) 特殊产品的特殊价格策略

这种价格策略需要根据产品在网上的需求来确定产品的价格。当某种产品有它很特殊的需求时，不用更多地考虑其他竞争者，只要制定自己最满意的价格就可以。这种策略往往分为两种类型：一种是创意独特的新产品，它是利用网络沟通的广泛性、便利性来满足那些品味独特、需求特殊的顾客“先睹为快”的心理；另一种是纪念物等有特殊收藏价值的商品，如古董、纪念物或是其他有收藏价值的商品，在网络上，世界各地的人都能有幸一睹其“芳容”，这无形中增加了许多商机。

7) 折扣定价策略

在实际营销过程中，网上商品可采用传统的折扣价格策略，主要有如下两种形式。

(1) 数量折扣策略。企业在网上确定商品价格时，可根据消费者购买商品所达到的数量标准，给予不同的折扣。购买量越多，折扣就越多。在实际应用中，其折扣可采取累积和非累积数量折扣策略。

(2) 现金折扣策略。在 B2B 方式的电子商务中，普遍实行返券策略，即当顾客购买一定数量的产品就可以获得相应价格的代金券。

8) 产品循环周期定价策略

这种网上定价沿袭了传统的营销理论，产品在某一市场上通常会经历介绍、成长、成熟和衰退四个阶段。产品的价格在各个阶段通常要有相应的反映。网上进行销售的产品也可以参照经济学关于产品价格的基本规律，并且由于对产品价格的统一整理，能够对产品的循环周期进行及时的反映，可以更好地随循环周期进行变动，根据阶段的不同，寻求投资回收、利润、市场占有率的平衡。

9) 品牌定价策略

产品的品牌和质量会成为影响价格的主要因素，它能够对顾客产生很大的影响。如果产品具有良好的品牌形象，那么产品的价格将会产生很大的品牌增值效应。名牌商品采用“优质高价”策略，既增加了盈利，又让消费者在心理上感到满足。对于本身具有很大的品牌效应的产品，由于得到了人们的认可，在网站产品的定价中，完全可以对品牌效应进行扩展和延伸，利用网络直销与传统销售的结合，产生整合效应。

10) 撇脂定价和渗透定价策略

在产品刚介入市场时，采用高价值策略，以便在短期内尽快收回投资，这种方法称为撇脂定价。相反，价格定于较低水平，以求迅速开拓市场，抑制竞争者的渗入，称为渗透定价。在网络营销中，往往为了宣传网站，占领市场，采用低价销售策略。另外，不同类别的产品应采取不同的定价策略。例如，日常生活用品，购买率高、周转快，适合采用薄利多销、宣传网站、占领市场的定价策略；而对于周转慢、销售与储运成本较高的特殊商品、耐用品，网络价格可定高些，以保证盈利。

2．免费价格策略

1) 免费价格策略的内涵

免费价格策略是市场营销中常用的营销策略，它主要用于促销和推广产品，这种策略一般是短期和临时性的。在网络营销中，免费价格不仅仅是一种促销策略，它还是一种非常有效的产品和服务定价策略。

具体来说，免费价格策略就是将企业的产品和服务以零价格形式提供给顾客使用，满足顾客的需求。免费价格形式分为四类：①产品和服务完全免费，即产品(服务)从购买、使用和售后的所有环节都实行免费策略；②对产品和服务实行限制免费，即产品(服务)可以被有限次使用，超过一定期限或者次数后，取消这种免费服务；③对产品和服务实行部分免费，如一些著名研究公司的网站公布部分研究成果，如果要获取全部成果，必须付款给研究公司；④规定一段时间实行免费，一旦这段时间一过就进行收费。免费价格策略之所以在互联网上流行，是有其深刻背景的。一方面，由于互联网的发展得益于免费策略的实施；另一方面，互联网作为20世纪末最伟大的发明，它的发展速度和增长潜力令人生畏，任何有眼光的人都不会放弃发展成长的机会。免费策略是最有效的市场占领手段。目前，企业在网络营销中采用免费策略，一个目的是使用户免费使用形成习惯后开始收费，如金山公司允许消费者在互联网上下载限次使用的WPS2000软件。其目的是在消费者使用习惯后，然后掏钱购买正式软件。这种免费策略主要是一种促销策略，与传统营销策略类似。另一个目的是想发掘后续商业价值，它是从战略发展的需要来制定定价策略的，主要目的是先占领市场，然后再在市场上获取收益。例如，雅虎公司通过免费建设门户站点，经过4年亏损经营后通过广告收入等间接收益扭亏为盈，但在前4年的亏损经营中，公司却得到飞速增长，这主要得力于股票市场对公司的认可和支持，因为股票市场看好其未来的增长潜力，而雅虎的免费策略恰好占领了未来市场，具有很大的市场竞争优势和巨大的市场盈利潜力。

2) 免费价格策略的实施步骤

免费价格策略与企业的商业计划和战略发展规划紧密关联。企业实行免费策略带来的风险，提高免费价格策略的成功性，应从以下几个方面思考问题。

(1) 互联网作为成长型的市场在市场获取成功的关键是要有一个可能获得成功的商业运作模式，由此考虑免费价格策略时必须考虑是否能与商业运作模式吻合。

(2) 分析采用免费策略的产品(服务)能否获得市场认可，也就是提供的产品(服务)是否是市场迫切需求的。互联网上通过免费策略已经获得成功的公司都有一个特点：就是提供的产品(服务)受到市场的极大欢迎。例如雅虎的搜索引擎克服了在互联网上查找信息的困难，给用户带来了便利；我国的新浪(sina)网站提供了大量实时性的新闻报道，满足了用户对新闻的需求。

(3) 分析免费策略产品推出的时机，互联网上的游戏规则是“winner takes all(赢家通吃)”，只承认第一，不承认第二，因此在互联网上推出免费产品是为了抢占市场，如果市场已经被占领或者已经比较成熟，则要审视推出的产品(服务)的竞争能力。

(4) 考虑产品(服务)是否适合采用免费价格策略。目前国内外有很多提供免费服务的网站、互联网服务提供商(internet service provider)，它们对用户也不是毫无要求的，有的要求

用户接受广告、有的要求用户每月在其站点上购买多少钱的商品、还有的提供接入费用等。

(5) 策划推广免费价格产品(服务)的互联网是信息海洋，对于免费的产品(服务)，网上用户已经习惯，因此，要吸引用户关注免费产品(服务)，应当与推广其他产品一样有严密的营销策划。在推广免费价格产品(服务)时，主要考虑通过互联网渠道进行宣传。例如，3721网站为推广其免费中文域名系统软件，首先通过新闻形式介绍中文域名概念，宣传中文域名的作用和便捷性，然后与一些著名 ISP 和 ICP 合作，建立免费软件下载链接，同时还与 PC 制造商合作，提供捆绑预装中文域名软件。

12.4.3　网络营销促销策略

1．网络营销促销概述

促销是指企业为激发顾客的购买欲望，影响他们的消费行为，扩大产品销售而进行的一系列宣传报道、说服、激励、联络等促进性工作。作为企业与市场的联系手段，促销包括多种活动，企业的促销策略实际上是对各种不同促销活动的有机组合。与传统促销一样，网络促销的核心问题也是如何吸引消费者，为其提供具有价值的商品信息。但网络手段的运用，使传统的促销活动具有新的含义和形式。

1) 网络促销的特点

网络促销是指利用现代化的网络技术向虚拟市场传递有关产品信息，以引发需求，引起消费者购买欲望和购买行为的各种活动，突出表现为以下几个明显的特点。

(1) 通过网络传递有关信息，如产品和服务的存在、产品的功效等。它是建立在现代计算机和通信技术相结合的基础上，因此从事网络促销的营销者不仅要熟悉传统营销知识和技巧，还需要相应的计算机网络技术知识。

(2) 网络促销活动是在虚拟市场上进行的，这个虚拟市场就是互联网。互联网聚集了广泛的人才，融合了多种文化成分。所以，从事网上促销的人员必须分清虚拟市场和实体市场的区别，跳出实体市场的局限性。

(3) 互联网虚拟市场的出现，将所有的企业推向了一个世界统一的市场，传统的区域性市场小圈子正在被一步步打破。全球性的竞争迫使每个企业都必须学会在全球统一的大市场中做生意，否则，这个企业就会被淘汰。

2) 网络营销促销与传统营销促销的区别

传统的营销促销和网络营销促销都是让消费者认识、了解、熟悉本企业的产品，最终引导消费者的兴趣，激发他们的购买欲望，并付诸行动。由于互联网本身所具有的多种特性，如跨时空性、交互性、超前性、多媒体性等，使网络营销促销在时间和空间、信息传播模式上以及顾客参与程度上与传统促销相比发生了巨大的变化。

(1) 时空观念的变化。目前我们的社会正处于两种不同的时空交替作用时期。在这个时期内，我们受到两种不同的时空观念的影响。也就是说在传统的营销概念下，我们的生活和生产是建立在工业化社会顺序上的，在这个顺序中存在精确的时间和空间，而网络营销促销则没有物理上的时间和空间的限制。以产品流通为例，传统产品的生产、销售和消费者之间存在地理的限制。由于时间和空间或是这种地理条件的限制，使有些企业有能力生产某种产品而最终没生产，或是没有实现某些销售目标。网络营销则大大突破了这种限制，从订货、生产、运输到购买可以串联进行，也可以并联进行。企业的营销促销人员必须认识到这种时空观念的变化，调整自己的促销策略和具体实施方案。

(2) 信息沟通方式的变化。促销的基础是买卖双方信息的沟通。在网络上可以传输多种媒体信息(如文字、声音、图像等)，使信息交换可以以多种形式进行，同时这种双向的、快捷的、互不见面的信息传播又能够将买卖双方的意愿表达得淋漓尽致，也留给对方充分的时间思考，近似实现了现实交易。

(3) 消费群体和消费行为的变化。在网络环境中，消费者的概念及其消费行为都发生了很大的变化。网上购物者是一个特殊的群体，具有不同于一般大众的消费需求。这些消费者直接参与生产和商业流通的循环，普遍进行大范围的选择和理性的购买。这些变化对传统的促销理论和模式产生了重要的影响。

由于时空观念、信息沟通方式、消费群体和消费行为的变化，使促销的手段和方法也发生了相应的变化。促销人员应当充分意识到时代所赋予的新使命，认识到这种变化所带来的机遇与挑战，借鉴传统营销的方法，结合互联网的特点，及时调整本企业的营销战略和营销策略，使本企业在激烈的市场竞争中立于不败之地。

3) 网络营销促销的作用

(1) 发布功能。企业通过网络进行促销活动，把企业的产品、服务、价格等信息传递给目标公众，引起他们的注意。

(2) 说服功能。网络促销的目的是解除目标市场对产品或服务的疑虑。例如，在同类产品中，不同品牌的产品往往只有细微的差别，用户难以察觉。企业进行网络促销活动，宣传本企业产品区别于同类产品的特点，使消费者充分了解本企业产品的独特优势，认识到本企业的产品可能给他们带来的特殊效用和利益，进而乐于购买本企业的产品。

(3) 反馈功能。网络促销能够通过电子邮件、网站意见箱等及时地收集消费者的需求和意见。网络促销所获得的信息基本上都是文字资料，具有信息准确、及时、可靠性强等特点，对企业经营决策具有较大的参考价值。

(4) 引发需求。网络促销活动不仅可以诱导需求，而且可以创造需求。发掘潜在的消费群体，扩大销售量。

(5) 稳定销售。市场环境变化的不确定性，使产品市场地位不稳定，那么一个企业的产品销售量就会时高时低，波动很大。企业通过适当的网络促销活动，树立企业的产品形象和企业形象，有可能改变用户对企业产品的认识，增强用户对本企业产品的印象，使更多的用户形成对本企业产品的偏爱，达到稳定销售的目的。

2. 网络营销促销实施

网络促销是伴随互联网而出现的一种新兴的营销方式，所以对于任何企业来说，如何实施网络促销都是一个新问题。每一个将要从事网络促销的营销人员都必须从传统营销促销观念中跳出来，摆正自己的位置，深入了解在网络上传播产品信息的特点，分析网络信息接收对象的特点，设定合理的网络促销目标。结合传统营销促销程序，根据知名企业的网络促销经验，网络促销的实施程序可以由六个方面组成，即确定网络促销对象、设计网络促销内容、决定网络促销组合、制订网络促销预算方案、衡量网络促销效果、网络促销

过程的综合管理和协调。

1) 网络促销对象的确定

网络促销对象是指在网络虚拟市场上可能产生购买行为的消费群体。随着互联网的普及，在虚拟市场上进行消费的网络群体也在不断的壮大。这一群体主要包括以下三部分人员。

(1) 产品的使用者，指实际使用或消费产品的人。对产品的实际需求是顾客产生购买行为的直接原因。通过各种网络促销形式抓住这一部分消费者，网络销售就有了稳定的市场。

(2) 产品购买的决策者，指实际购买产品的人。在传统的市场环境下，产品的使用者和购买者常常不一致。在虚拟市场环境中，由于大部分的上网人员都有独立的决策能力，也有一定的经济收入，这就使产品的使用者和决策者往往是一致的，但在另外一些情况下，产品购买的决策者和使用者则是分离的。例如，小学生在网络光盘市场上看到富有挑战性的游戏，非常希望购买，但实际的购买决策往往需要学生的父母做出；婴儿用品更为特殊，产品的使用者是婴儿，但购买决策者是婴儿的父母或其他有关的成年人。所以网络促销同样应当把购买决策者放在重要的位置上。

(3) 产品购买的影响者。产品购买影响者只是在看法或建议上对购买决策产生一定的影响，但在低值易耗的日用品购买决策中，产品购买的影响者影响较小，而在高价耐用品的购买决策中，其影响力较大。

2) 设计网络促销内容

网络促销的最终目标是引起需求，产生购买行为。这个目标是通过具体的信息内容来实现的，所以设计网络促销内容对实现这个目标是十分重要的。消费者的购买过程是一个复杂的、多阶段的、波动性的过程，促销内容应当根据产品所处的生命周期的不同阶段和购买者目前所处的购买决策过程的不同阶段来决定。

在新产品刚刚投入市场的开始阶段，是消费者对该种产品还非常生疏的阶段，促销活动的内容应侧重于宣传产品的特点，引起消费者的注意。当产品在市场上已有了一定的影响后，促销活动的内容则需要偏向于唤起消费者的购买欲望，同时还需要创造品牌的知名度。一些产品进入成熟期后，市场竞争变得十分激烈，促销活动除了针对产品本身的宣传外，还需要对企业的形象做大量的宣传工作，树立消费者对企业产品的信心。在产品的衰退阶段，促销活动的重点在于与消费者之间密切的感情沟通，通过各种让利促销，延长产品的生命周期。

3) 决定网络促销组合

网络促销组合是一个非常复杂的问题。企业的产品种类不同、销售对象不同，促销方法与产品种类和销售对象之间将会产生多种网络促销的组合方式。因此，同一行业内部，各个企业在选择什么样的促销组合，如何分配促销预算的做法，有极大的不同。

4) 制订网络促销预算方案

公司遇到的最棘手的网络营销决策之一是究竟花多少钱在促销项目上。在互联网上促销，对于任何企业及任何营销人员来说都是一个新问题。所有的价格、条件都需要在实践中不断学习和体会，不断地总结经验。在建立整体促销预算前必须清楚以下几个问题。

(1) 必须明确网络促销及组合的方法。选择不同的宣传，价格可能悬殊极大。企业应该认真比较各网站的服务质量、服务价格、知名度、服务广度，从中选择适合本企业的信息服务网站。

(2) 需要确定网络营销的目标，是树立企业形象、宣传产品，还是宣传售后服务。确定了促销目标之后，再策划促销的内容，包括文案的数量、图片的多少、投放时间及内容更换的时间间隔等。细节确定好了，也就初步确定了投资数额。

(3) 需要明确希望影响的是哪个群体。各个站点的服务对象是有很大差别的。例如，华夏旅游网的服务对象是爱好旅游的网民，礼品网是侧重于产品消费者。所以企业促销人员应当熟知自己产品的销售对象和销售范围，根据自己的产品特点在适当的网站上进行促销。

5) 衡量网络促销效果

任何企业都必须对已经实施的网络促销活动进行评价，衡量一下促销的实际效果是否达到了预期的促销目标。对促销效果的评价主要依赖于两个方面的数据：一方面，要充分利用互联网上的统计软件，及时对促销活动的好坏做出统计。在网上可以依靠统计软件统计网站的访问人数，统计广告的阅览人数，甚至可以告诉访问者、他是第几个访问者。利用这些统计数据，网上促销人员可以了解自己在网上的优势与弱点以及与其他促销者的差距。另一方面，统计促销量的增加情况、利润的变化情况、促销成本的降低情况，有助于判断促销决策是否正确。同时，还应注意促销对象、促销内容、促销组合等方面与促销目标的因果关系的分析、从中对整体促销工作做出正确的判断。

6) 网络促销过程的综合管理和协调

网络促销是一项崭新的事业，要在这个领域中取得成功，科学的管理起着极为重要的作用。在衡量网络促销效果的基础上，对偏离预期促销目标的活动进行调整是保证促销取得最佳效果的必不可少的程序。同时，在促销实施过程中，不断地进行信息沟通的协调，也是保证企业促销连续性、统一性的需要。

3. 网络营销促销形式

传统营销的促销形式主要是五种：广告、直销、销售促进、公关与宣传、人员推销。网络促销是在虚拟市场上进行的促销活动，其促销形式可以归纳为四种：网络直销、网上销售促进公共关系和网络广告。

1) 网络直销

网络直销是指生产商通过网络直接销售渠道直接销售产品。目前通常有两种做法：一种是企业在互联网上建立自己的网站，申请域名，制作主页和销售网页，由网络管理员专门处理有关产品的销售事务；另一种是企业委托信息服务商在其他网站上发布信息，企业利用有关信息与顾客联系，直接销售产品。网络直销有以下优点。

(1) 能够促成产需直接见面，企业可以直接从市场上收集到真实的资料，合理安排生产。

(2) 网络直销对买卖双方都会产生直接的经济利益。由于网络营销可以降低企业的营销成本，从而能够使企业以较低的价格销售自己的产品，同时消费者也能够买到低于现货市场价格的产品。

(3) 营销人员可以利用网络工具，如电子邮件、公告牌等，随时根据网络上消费者的愿望和需求开展各种形式的促销活动，迅速扩大产品的市场份额。

(4) 网络直销能够使企业及时了解用户对产品的意见、要求和建议，从而使企业针对这些意见、要求和建议向顾客提供技术服务，解决疑难问题，提高产品质量、改善企业经营管理。

2) 网上销售促进

销售促进包括运用多种激励工具，这些工具多是短期的，用于刺激消费者或经销商对特定产品和服务的较快或较大的购买。网上销售促进就是在网上市场利用销售促进工具刺激顾客对产品的购买和消费使用。互联网作为交流互动的沟通渠道和媒体，具有传统渠道所没有的优势，在刺激产品销售的同时还可以与顾客建立互动关系，了解顾客的需求和对产品的评价。一般而言，网上销售促进主要有三种形式。

(1) 有奖促销。消费者总是喜欢免费的东西。但是在网上开展有奖促销时，要注意促销的产品是否适合在网上销售和推广。对于一些不适合网上销售的产品，虽然通过有奖促销可以吸引网民访问网站，但会有两种情况出现：一是只产生很少的购买量，难以达到最初的网上促销的目标；二是购买量达到预期的目标，但促销产品不适合在网上销售，导致营销费用大幅度增加。目前适合网上促销的多半是技术服务类产品和新上市的产品。另外，在互联网上进行有奖促销时，要注意充分利用互联网的交互功能，充分掌握参与促销活动的消费者群体特征和消费习惯以及对产品的评价，这样在网上促销的同时也完成了一次很好的购买行为调查。

(2) 拍卖促销。网上拍卖是新兴的一种拍卖形式，由于快捷方便，吸引了大量用户参与网上拍卖活动。

(3) 免费促销。互联网的开放性和自由性，使一些易于通过互联网传输的产品非常适合在网上促销，如许多软件厂商为吸引顾客购买软件产品，允许顾客通过互联网下载产品试用一段时间后再决定是否购买。还有一种形式是免费资源促销，主要目的是推广网站。所谓免费资源促销就是通过为访问者无偿提供各类资源(主要是信息资源)吸引访问者访问网站并从中获取收益。目前利用提供免费资源获取收益比较成功的网站很多，有提供某类信息服务的，例如提供搜索引擎服务的雅虎、中国的搜狐(sohu)，提供网上实时新闻信息的新浪等，这类网站通过免费资源扩大网站的吸引力，增加网站的访问量，使网站具有传统媒体的作用，并通过发布网上广告来获得盈利；也有提供免费网上 E-mail 空间、个人网上空间的站点，如国内的 163.Net。

利用免费资源促销要注意考虑以下几点因素。

① 提供免费资源的目的是什么。

② 提供什么样的免费资源才可能在资源丰富的网络上获得成功。

③ 利用免费资源促销的最后收益是什么。

3) 公共关系

公共关系是一种重要的促销方式，它通过与企业利益相关者包括供应商、顾客、雇员、股东、社会团体等建立良好的合作关系，为企业的经营管理营造良好的环境。网络公共关系与传统公共关系功能类似，只不过是借助互联网作为媒体和沟通渠道。网络公共关系较传统公共关系更具优势，所以网络公共关系越来越被企业一些决策层所重视和利用。一般来说，网络公共关系有下面一些目标：①与网上新闻媒体建立良好合作关系；②通过互联

网宣传和推广产品；③通过互联网建立良好的沟通渠道，包括对内沟通和对外沟通。

下面分别介绍企业如何利用互联网开展公关活动，来实现上述目标。

(1) 与网络新闻媒体合作。网络新闻媒体一般有两大类，一类是传统媒体上网，通过互联网发布媒体信息，其主要模式是将在传统媒体播放的节目进行数字化，转换成能在网上下载和浏览的格式，用户不用依靠传统渠道就可以直接通过互联网了解媒体报道的信息。另一类媒体，是新兴的真正的网上媒体，他们没有传统媒体的依托。

不管是哪一类媒体，互联网出现后，企业与新闻媒体的合作都可以更加密切，可以充分利用互联网的信息交互特点，更好进行沟通。为加强与媒体合作，企业可以通过互联网定期或不定期将企业的信息和有新闻价值的资料通过互联网直接发给媒体，与媒体保持紧密合作关系。企业也可以通过媒体的网站直接了解媒体关注的热点和报道重点，及时提供信息与媒体合作。

(2) 宣传和推广产品。宣传和推广产品是网络公共关系的重要职能之一。互联网最初是作为信息交流和沟通渠道，因此互联网上建设有许多类似社区性质的新闻组和公告栏。企业在利用一些直接促销方式的同时，采用一些软性的方式如讨论、介绍、展示等方法来宣传和推广产品效果可能更好。在利用新闻组和公告栏宣传和推广产品时，要注意“有礼有节”。

(3) 建立沟通渠道。企业的网络营销站点的一个重要功能就是为企业与企业相关者建立沟通渠道。在前面分析网站建设的主要功能和设计架构时，其中的一个重要因素是网站是否具有交互功能。通过网站的交互功能，企业可以与目标顾客直接进行沟通，了解顾客对产品的评价和顾客提出的还没有满足的需求，保持与顾客的紧密关系，维系顾客的忠诚度。同时，企业通过网站对企业自身以及产品、服务的介绍，让对企业感兴趣的群体可以充分认识和了解企业，提高企业在公众中的透明度。

4) 网络广告

网络广告根据形式不同可以分为旗帜广告、电子邮件广告、电子杂志广告、新闻组广告、公告栏广告等。

网络广告主要是借助网上知名站点(如 ISP 或者 ICP)、免费电子邮件和一些免费公开的交互站点(如新闻组、公告栏)发布企业的产品信息，对企业和产品进行宣传推广。网络广告作为有效而可控制的促销手段，被许多企业用于在网上促销，但花费的费用不少。

12.5 网络营销渠道策划

12.5.1 网络营销渠道概述

1. 网络营销渠道的功能

1) 传统营销渠道的作用

简单来说，营销渠道就是商品和服务从生产者向消费者转移的具体通道或路径。营销渠道在商品流通过程中创造了以下几种效用。

(1) 时间效用，即营销渠道能够解决商品产需在时间上不一致的矛盾，保证了消费者的需求。

(2) 地点效用，即营销渠道能够解决商品产需在空间上不一致的矛盾。

(3) 所有权效用，即营销渠道能够实现商品所有权的转移。

2) 网络营销渠道的作用

网络市场使营销渠道的三种作用得到了进一步的加强。在时间和地点上，它使产需不一致的矛盾得到了较为有效的解决。消费者能在家中从最近的地点，以较短的时间获得所需的商品；商家也能在较短的时间内，根据消费者的个性化需要进行生产、进货，并在最近的地点将货物送到消费者手中。

以互联网作为支撑的网络营销渠道也应具备传统营销渠道的功能。一个完善的网上销售渠道应有三大功能：订货功能、结算功能以及配送功能。

(1) 订货功能。它为消费者提供产品信息，同时方便厂家获取消费者的需求信息，以求达到供求平衡。一个完善的订货系统，可以最大限度地降低库存，减少销售费用。

(2) 结算功能。消费者在购买产品后，可以有多种方式方便地进行付款，因此厂家(商家)应有多种结算方式。目前国外流行的方式有信用卡、电子货币、网上划款等；而国内付款结算方式主要有邮局汇款、货到付款、信用卡以及支付宝等。

(3) 配送功能。一般来说，产品分为有形产品和无形产品。对于无形产品，如服务、软件、音乐等可以直接通过网上进行配送。对于有形产品的配送，要涉及运输和仓储问题，国外已经形成了专业的配送公司，如联邦快递公司的业务覆盖全球，实现全球快速的专递业务。因此，专业配送公司的存在是国外网上商店发展较为迅速的一个原因所在，在美国就有良好的专业配送服务体系作为网络营销的支撑。

2．网络营销渠道的特点

在传统营销渠道中，中间商是其重要的组成部分。中间商之所以在营销渠道中占有重要地位，是因为利用中间商能够在广泛提供产品和进入目标市场方面发挥最高的效用。中间商凭借其业务往来关系、经验、专业化和规模经营，提供给公司的利润通常高于自营商店所能获取的利润。但互联网的发展和商业应用，使传统营销中间商凭借地理原因获取的优势被互联网的虚拟性所取代，同时互联网的高效率信息交换，改变着过去传统营销渠道的诸多环节，将错综复杂的关系简化为单一关系。互联网的发展改变了营销渠道的结构。

利用互联网的信息交互特点，网上营销市场得到了大力发展。网络营销渠道可以分为两大类：一类是通过互联网实现的从生产者到消费(使用)者的网络直接营销渠道(简称网上直销)，这时传统中间商的职能发生了改变，由过去的中间环节变成直销渠道提供服务的中介机构，如提供货物运输配送服务的专业配送公司，提供货款网上结算服务的网上银行以及提供产品信息发布和网站建设的互联网服务提供商和电子商务服务商。网上营销渠道的建立，使生产者和最终消费者直接进行沟通。另一类是通过融入互联网技术后的中间商机构提供网络间接营销渠道。传统中间商由于融合了互联网技术，大大提高了中间商的交易效率、变化程度和规模经济效益。同时，新兴的中间商也对传统中间商产生了冲击，如美国零售业户头沃尔玛公司(Wal-Mart Stores)为抵抗互联网对其零售市场的侵蚀，在 2000 年 1

月份开始在互联网上开设网上商店。基于互联网的新型网络间接营销渠道与传统间接分销渠道有着很大不同，传统间接分销渠道可能有多个中间环节，如一级批发商、二级批发商、零售商，而网络间接营销渠道只需一个中间环节。

3. 网络营销渠道的建设

1) 不同营销方式的渠道建设

由于网上销售对象和企业自身经营特点不同，网上销售渠道与传统营销渠道有很大的区别。一般来说，网上销售有多种方式，使用较多的有两种方式。

(1) B2B，也就是企业与企业之间进行的商务活动模式。例如，厂商企业利用计算机网络向它的供应商进行采购或利用计算机网络进行付款等。这种模式每次交易量很大、交易次数较少，并且购买方比较集中，因此网上销售渠道的建设关键是建设好订货系统，方便购买企业进行选择。由于企业一般信用较好，通过网上结算实现付款比较简单。由于量大次数少，因此配送时可以进行专门运送，既可以保证速度也可以保证质量，减少中间环节造成的损伤。

(2) B2C，也就是企业与消费者之间进行的商务活动模式。例如，目前在国际互联网上已出现许多大型超级市场，所销售的产品一应俱全，从食品、饮料到计算机、汽车等，几乎包括所有的消费者。这种模式的每次交易量小、交易次数多，而且购买者非常分散，因此网上渠道建设的关键是结算系统和配送系统，这也是目前在线销售必须面对的门槛。从技术角度看，企业上网面对广大的消费者，并不要求双方使用统一标准的单据传输，在线式的零售和支付方式行为通常只涉及信用卡或其他电子货币。另外，国际互联网所提供的搜索浏览功能利用媒体界面使消费者更容易查找自己需要的产品，并能够对产品有更深入的了解。但由于国内的消费者信用机制还没有建立起来，加之缺少专业配送系统，因此开展网上购物活动时，特别是面对大众购物时必须解决好这两个环节才可能获得成功。

2) 渠道建设应注意事项

在选择网络销售渠道时还要注意产品的特性，有些产品易于数字化，可以直接通过互联网传输；而大多数有形产品，还必须依靠传统配送渠道来实现货物的空间移动。对于部分产品依赖的渠道，可以通过对互联网进行改造以最大限度地提高渠道的效率，减少渠道运营中的人为失误和时间耽误造成的损失。在具体建设网络营销渠道时，还要考虑到下面几个方面。

(1) 从消费者角度设计渠道。只有采用消费者比较放心、容易接受的方式才有可能吸引消费者使用网上购物，以克服网上购物的“虚拟”的感觉，如在中国，目前采用货到付款方式比较让人认可。

(2) 合理设计订货系统。网上企业易犯的一个错误，就是将传统印刷型订单照搬到网站上作为网上的订货单，这样做没有利用网络的某些功能，如减少顾客订货时的麻烦，提高订货的易操作性。所以，网上企业在设计订单系统时要尽可能地减少顾客的劳动，尽可能地方便、易操作，不要让消费者填写太多信息。另外，订货系统还应该提供商品搜索和分类查找功能，以便于消费者在最短时间内找到需要的商品，同时还应对商品提供消费者想了解的信息，如性能、外形、品牌等。

(3) 提供多种付款方式。在选择结算方式时，应考虑到目前实际发展的状况，尽量提供多种方式方便消费者选择，同时还要考虑网上结算的安全性。迄今，网上直接付款的问题依然没有得到完全的保证，人们对此仍无法充分信任。可以这样说，网上付款的安全问题是顾客最难以释怀的问题，毕竟这涉及企业和顾客双方的利益，所以这个问题非常重要。由于许多顾客不愿意在网上直接付款，所以站点要提供多种付款方式让顾客选择。对于不安全的直接结算方式，应换成间接的安全方式，如招商银行网站将其信用卡号和网上银行的账号分开，消费者可以自己通过信用卡终端进行转账，避免网上输入账号和密码丢失的风险。

(4) 建立完善的配送系统。消费者只有看到购买的商品到家后，才能真正感到踏实，因此建设快速有效的配送服务系统是非常重要的。

12.5.2　网上直销

1. 网上直销概述

网上直销型企业网站的价值在于企业基于网站直接面向用户提供产品销售或服务，改变了传统的分销渠道，减少中间流通环节，从而降低了总成本，增强了竞争力。网上直销与传统直接分销渠道一样，都没有中间商。网上直销渠道同样也要具有订货功能、支付功能和配送功能。网上直销与传统分销渠道是一样的，生产企业可以通过建设网络营销站点，让顾客可以直接从网站进行订货。通过与一些电子商务服务机构，如网上银行合作，可以通过网站直接提供支付结算功能，简化了过去资金流转的问题。对于配送方面，网上直销渠道可以利用互联网技术来构造有效的物流系统，也可以通过互联网与一些专业物流公司合作，建立有效的物流体系。创立于 1984 年的戴尔计算机公司，首创了具有革命性的“网上直销模式”。网上直销模式使戴尔公司能够提供最具价值的技术方案，与大型跨国企业、政府部门、教育机构、中小型企业以及个人消费者建立直接联系。在美国，戴尔已经成为占领市场份额第一的个人计算机供应商。

与传统分销渠道相比，不管是网上直接营销渠道还是间接营销渠道，网上营销渠道有许多更具竞争优势的地方。

1) 网络具有及时性和交互性

由于网络具有及时性和交互性的功能，网上营销渠道从过去单向信息沟通变成双向直接信息沟通对销售商品的数量几乎没有限制，查找非常方便，每周 7 天，每天 24 小时，这是传统营销所不具备的优势。服务也是一种商品，网上直销在消费者与销售商之间相互信任的前提下，消费者可以直接授权销售商拆开商品，用最快的速度提供诸如用户号、密码等信息，消费者甚至不用见到真正的商品就可以使用。另一些无法固化成有形的商品，如订报纸、预约服务等，也都可以通过网上直销实现。

2) 网上直销渠道可以提供更加便捷的相关服务

生产者可以通过互联网提供支付服务，顾客可以直接在网上订货和付款，然后就等着送货上门，这一切大大方便了顾客；生产者可以通过网上营销渠道为客户提供售后服务和技术支持，特别是对于一些技术性比较强的行业，如 IT 业，提供网上远程技术支持和培训服务，既方便顾客，同时生产者也可以以最小成本为顾客服务。

3) 网上营销渠道的高效性

网上营销渠道的高效性可以大大减少过去传统分销渠道中的流通环节，有效降低成本。对于网上直接营销渠道，生产者可以根据顾客的订单按需生产，实现零库存管理。同时网上直接销售还可以减少过去依靠推销员上门推销的昂贵的销售费用，最大限度地控制营销成本。网上间接营销渠道，通过信息化的网络营销中间商，可以进一步扩大规模实现更大的规模经济，提高专业化水平；通过与生产者的网络连接，可以提高信息透明度，最大限度地控制库存，实现高效物流运转，降低物流运转成本。

2. 网上支付

在日常的商业活动中，都需要以不同方式对商品和服务进行各种支付。对个人来说，现金、支票、信用卡是人们比较熟悉的支付手段；对于团体而言，电子化的资金处理则是企业目前热衷的话题。随着互联网技术的日趋成熟并逐步商业化，消费者和企业都在寻找互联网上新的支付业务的操作途径，网上支付系统应运而生。在网上进行交易时，交货和付款在空间和时间上是分割的，消费者购买时一般必须先付款后送货，付款时可以用网上支付系统完成网上支付，如图 12-2 所示。

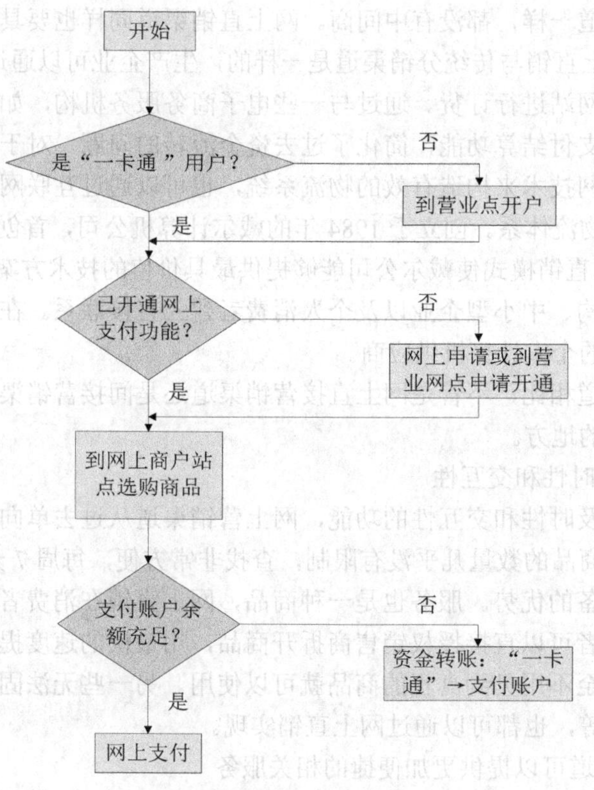

图 12-2 招商银行网上支付系统

1) 网上支付系统

网上支付系统包括四个主要部分。

(1) 电子钱包(e-wallet)，负责客户端数据处理，包括客户开户信息、货币信息以及购买交易的历史记录。

(2) 电子通道(e-Pos)。这里主要指从客户端电子钱包到收款银行网关之间的交易部分，包括商家业务操作处理(负责商家与客户的交流及订购信息的发出)、银行业务操作处理(负责把交易信息直接发给银行)、来往信息的保密。

(3) 电子银行(e-Bank)。这里电子银行不是完整意义上的电子银行，而是在网上交易过程中完成银行业务的银行网关，包括接受转账卡、信用卡、电子现金、微电子支付等支付方式，保证银行内部主机系统；实现银行内部统计管理功能。

(4) 认证机构(certificate authority，CA)，负责对网上商家、客户、收款银行和付款银行进行身份的证明，以保证交易的合法性。

网上支付系统是一个系统工程，它需要银行、商家、消费者以及信息技术企业的共同参与，系统中缺少任何一个环节都无法正常运行。由于网上商店面对的是千千万万的个体消费者，要将这些消费者纳入电子支付系统是比较困难的，因为一方面它要求个体消费者必须具有良好的信誉，另一方面消费者对网上支付的隐私安全存在顾虑。某调查公司曾对网上销售的应用前景进行过在线调查，当问到为什么不愿在线购物时，绝大多数人的回答是担心遭到黑客的侵袭而导致信用卡信息丢失。因此，目前电子支付面临着一个重要问题，就是引导和教导消费者对电子支付的了解。可喜的是，这个过程不会太长，如已有越来越多的股民选择网上炒股的方式，刷卡消费也渐成时尚。

2) 网上支付方式

网上支付是指电子交易的当事人，包括消费者、厂商和金融机构，使用安全电子支付手段通过网络进行的货币支付或资金流转。网上支付方式主要有两类：一类是电子货币类，如电子现金、电子钱包等。其中，电子现金是一种以数据形式流通的货币，它把现金数据转换成一系列的加密数据序列，通过这些序列数来表示现实中各种交易金额的币值。用户在开展现金业务的银行设立账户，并在账户内存钱，就可以用电子现金进行购物。电子现金交易时类似实物现金，交易具有匿名性。另一类是电子信用卡类，包括智能卡、借记卡、电话卡等。

3) 网上支付的安全控制

目前涉及的网上购物主要通过 Internet 进行，而当初设计 Internet 的目的是为使用者提供一种弹性、快速的通信方式，并且具备商业交易的安全性。所以，随着 Internet 逐渐发展成为网上购物的最佳载体，必须在本质上对其进行重新设计，使其满足商业交易的安全性。这包括以下方面：信息传送者和接受者的确认，保证信息在传输过程中未经篡改，保护敏感信息的隐私性，不被拒付(确信买方不能假称已经支付或卖方假称未被支付)等。只有建立一套人们能充分信任的安全保障制度，确保信息的真实性、可靠性和保密性，人们才能放心地参与网上购物。

随着技术的发展和网上交易的规范，出台了一系列的网上交易安全规范，如深圳电子产品质量检测中心协议，意在对 Internet 以信用卡交易提供加密和认证，它通过加密技术和个人数字签字技术，保证交易过程信息传递的安全和合法，可以有效防止信息被第三方非法截取和利用。为防止个人隐私受到侵犯，避免交易中泄露个人身份信息，电子现金是有

效的匿名电子支付手段。它的原理很简单，就是用银行加密签字后的序列数字作为现金符号。这种电子现金使用时无须消费者签名，因此，在交易过程中消费者的个人身份信息不会泄露，从而保护个人隐私。

3．新型电子中间商

由于网络的信息资源丰富、信息处理速度快，基于网络的服务可以便于搜索产品，但在产品(信息、软件产品除外)实体分销方面却难以胜任。目前出现了许多基于网络的提供信息服务中介功能的新型中间商，可称之为电子中间商(cybermediaries)。

下面分类介绍这种以信息服务为核心的电子中间商。

1) 目录服务

利用 Internet 上的目录化的 Web 站点提供菜单驱动进行搜索。现在这种服务是免费的，将来可能收取一定的费用。现在有三种目录服务，一种是通用目录(如雅虎)，可以对各种不同站点进行检索，所包含的站点分类按层次组织在一起；另一种是商业目录(如 Internet 商店目录)，提供各种商业 Web 站点的索引，类似于印刷出版的工业指南手册；最后一种是专业目录，针对某个领域或主题建立 Web 站点。目录服务的收入主要来源于为客户提供 Internet 广告服务。

2) 搜索服务

与目录不同，搜索站点为用户提供基于关键词的检索服务，站点利用大型数据库分类存储各种站点介绍和页面内容。搜索站点不允许用户直接浏览数据库，但允许用户向数据库添加条目。

3) 虚拟商业街

虚拟商业街指在一个站点内连接两个或两个以上的商业站点。虚拟商业街与目录服务的区别是，虚拟商业街定位于某一地理位置和某一特定类型的生产者和零售商销售各种商品，提供不同服务。站点的主要收入来源依靠其他商业站点对其的租用。例如，在我国的新浪网开设的电子商务服务中，就提供网上专卖店店面出租。

4) 网上出版

由于网络信息传输及时而且具有交互性，网络出版 Web 站点可以提供大量有趣和有用的信息给消费者。目前出现的联机报纸、联机杂志就属于此类型。由于内容丰富而且基本上免费，此类站点访问量特别大，因此出版商利用站点做 Internet 广告或提供产品目录，并依广告访问次数进行收费。

5) 虚拟零售店(网上商店)

虚拟零售店不同于虚拟商业街，虚拟零售店拥有自己的货物清单，可以直接销售产品给消费者。通常这些虚拟零售店是专业性的，定位于某类产品，它们直接从生产者进货，然后折扣销售给消费者(如亚马逊网上书店)。目前网上商店主要有三种类型。

(1) 电子零售型(e-Tailers)。这种网上商店直接在网上设立网站，网站中提供一类或几类产品的信息供选择购买。

(2) 电子拍卖型(e-Auction)。这种与现实中的拍卖类似，只是平台不同，开价高者就可以购买该商品。

(3) 电子直销型(e-Sale)。这类站点是由生产型企业开通的网上直销站点统一的中间商环节，直接让最终消费者从网上选择购买。

6) 站点评估

消费者在访问生产者站点时，由于内容繁多、站点庞杂，往往对选择站点束手无策，提供站点评估可以帮助消费者根据以往数据与评估等级进行访问。通常一些目录和搜索站点也提供站点评估结果。

本章小结

据联合国国际电信联盟(ITU)最新研究显示，截至 2014 年年底，全球网民突破 30 亿人。巨大的上网人数，带来了巨大的商机。在欧美国家，90%以上的企业都建立了自己的网站；通过网络寻找自己的客户，寻找需要的产品，这已经成为习惯。

网络营销有传播广、信息量大等特点，而且企业在网络营销投入的成本比传统营销模式要低很多。网络时代，互联网成了各种信息传播的载体，近几年网络营销方式发展渐渐成熟，消费者对网络营销也从刚开始的怀疑与不接受逐渐变成了信赖与喜爱。网络推广不仅仅是对企业形象的塑造，同时更是在建立企业品牌，借助互联网覆盖面广的特点，打造知名品牌。企业需要具有创新精神，而不是只拘泥于传统的营销方式，应该结合时代的发展尝试网络营销，从另一种不同的角度对企业进行宣传推广。

本章从网络营销策划的基本内涵入手，重点介绍了网络营销策划的基本原则、策划分层、策划流程和注意事项。进而引申出网络营销战略分析的概念，解释了网络营销的竞争优势。后三节分别介绍了网络营销的产品策划、价格策划和渠道策划。学习完本章，读者可以明确网络营销策划的基本概念和策划流程，知道对市场进行战略分析，了解网络营销中各种策划方法。

思考与练习

1. 试述网络营销策划的特点。
2. 网络营销策划应遵循哪些原则？
3. 网络营销策划方案有哪些注意事项？
4. 如何撰写网络营销策划方案？
5. 网络营销的竞争优势是什么？
6. 网络营销策划有哪些方面？
7. 试述实施网络营销策划的基本步骤。

参 考 文 献

[1] 孟韬．市场营销策划[M]．4版．大连：东北财经大学出版社，2014．

[2] 王方．市场营销策划[M]．2版．北京：中国人民大学出版社，2012．

[3] 张国良，张付安．市场营销策划[M]．2版．杭州：浙江大学出版社，2013．

[4] 王奕俊．市场营销策划[M]．北京：中国人民大学出版社，2012．

[5] 周文根，梁海红．市场营销策划[M]．北京：中国人民大学出版社，2011．

[6] 杨勇．市场营销策划[M]．北京：北京大学出版社，2014．

[7] 冯志强．市场营销策划[M]．北京：北京大学出版社，2013．

[8] 王瑞丰．市场营销策划与执行[M]．北京：首都经济贸易大学出版社，2013．

[9] 惠亚爱．市场营销策划实务[M]．北京：人民邮电出版社，2012．

[10] 张建华，王春兰．市场营销策划理论与实务[M]．上海：上海交通大学出版社，2011．

[11] 闫春荣，魏明．市场营销策划实务[M]．北京：科学出版社，2011．

[12] 董新春．市场营销策划实务[M]．北京：北京理工大学出版社，2010．

[13] 刘培艳．市场营销策划实务[M]．3版．大连：大连理工大学出版社，2012．

[14] 王宝山，肖升．市场营销策划与管理[M]．武汉：武汉理工大学出版社，2009．

[15] 杨明刚．市场营销策划[M]．北京：高等教育出版社，2009．

[16] 卜庆锋，吕永红．市场营销与策划[M]．北京：电子工业出版社，2011．

[17] 董伊人(译)．市场营销[M]．北京：世界图书出版公司，2012．

[18] 万晓．市场营销(修订本)[M]．北京：北京交通大学出版社，2012．

[19] 陆克斌．市场营销[M]．上海：上海财经大学出版社，2012．

[20] 王娜玲，吴敏良，文腊梅．市场营销[M]．长沙：湖南大学出版社，2012．

[21] 姜岚．市场营销[M]．西安：西安交通大学出版社，2013．

[22] 易正伟．市场营销[M]．大连：大连理工大学出版社，2012．

[23] 熊云南．市场营销[M]．武汉：武汉大学出版社，2012．

[24] 吴健安．市场营销学[M]．5版．北京：清华大学出版社，2013．

[25] 郭国庆．市场营销学通论[M]．6版．北京：中国人民大学出版社，2014．

[26] 孙国辉，崔新健，王生辉．国际市场营销[M]．2版．北京：中国人民大学出版社，2012．

[27] 秦仲篪．论旅游营销中的网络营销[J]．中国市场，2007．

[28] 秦仲篪．企业品牌定位战略的实施[J]．中国国情国力，2007．

[29] 秦仲篪．零售商创建自有品牌的发展策略[J]．中国市场，2008．

[30] 秦仲篪．我国企业品牌发展问题分析[J]．企业经济，2008．

[31] 秦仲篪．品牌管理的顾客价值核心策略[J]．商业时代，2008．

[32] 秦仲篪．基于品牌价值管理的企业竞争力分析[J]．中国集体经济，2008．

[33] 秦仲篪，谭坚．新型网络团购盈利模式的分析[J]．中国集体经济，2012．